에듀윌 토익 베이직
LISTENING LC

에듀윌이
너를
지지할게

ENERGY

시작하는 방법은
말을 멈추고
즉시 행동하는 것이다.

– 월트 디즈니(Walt Disney)

머리말

영어의 플라이휠(flywheel)을 돌려라

어렸을 때 팽이를 돌려본 기억이 있나요?
손가락을 비틀어 힘껏 돌리면 핑그르르, 바라보고 있는 모든 이들을 빨아들일 것처럼 힘차게 팽이가 돌아갑니다. 그렇게 한참을 돌다가 어느 순간 마찰력에 의해 멈춰버리지요. 발명가적 기질이 있는 친구라면 한번쯤 이런 엉뚱한 생각을 해 봤을 것입니다. 멈추지 않는 팽이를 만들 수는 없을까?

누군가의 그런 엉뚱한 생각이 지금의 자동차 엔진에 쓰이는 플라이휠(flywheel)의 시초라고 볼 수 있습니다. 플라이휠은 '떠 있는 바퀴'라는 뜻으로 외부 힘에 의존하지 않고 관성만으로 회전운동을 합니다. 처음에는 상당량의 추진력을 필요로 하지만 어느 정도 가속도가 붙으면 알아서 돌아가게 되죠. 아마존의 창업자 제프 베이조스(Jeff Bezos)는 이러한 원리를 경영 전략에 도입하여 큰 성공을 거두기도 했습니다. 처음에는 막대한 인프라 투자를 필요로 하지만 일단 낮은 가격으로 소비자를 끌어 모으면 공급자가 몰려들고, 공급자가 많아지면 다시 수요가 증가하는 교차 네트워크 효과를 통해 나중에는 큰 비용을 들이지 않고도 지속적인 경쟁 우위를 유지할 수 있다는 원리였습니다.

이러한 관성의 힘은 세상의 다양한 권력이 기득권을 유지하는 원리이기도 합니다. 우리가 토익을 공부하는 이유도 이 힘에서 비롯합니다. 기업은 토익을 통해 인재 채용에 들이는 거래비용을 최소화할 수 있고, 취직을 해야 하는 학생의 입장에서도 영어 공부를 할 바에야 기업에서 요구하는 토익을 하는 게 효율적입니다. 이 단순한 이해관계가 맞물려 회전력을 얻고 나니 토익은 마침내 용빼지 않고도 오랜 기간 영어 평가 시험에서 독점적 지위를 유지할 수 있게 된 것입니다.

하지만 그러한 구조를 불평만 하고 있을 필요는 없습니다. 여러분도 영어 공부로 자신만의 플라이휠을 구축해 보시기 바랍니다. 언어야말로 어느 정도의 궤도에 오르면 축적된 실력이 쉽게 줄지 않을뿐더러 가속도가 붙어 더 많은 표현을 더 빨리 습득할 수 있게 됩니다. 다만 그 궤도에 오르려면 처음에 적지 않은 공력을 필요로 합니다. 영어 학습에서 소위 '조금씩 꾸준히'가 먹히는 시점은 충분한 몰입과 제대로 된 공부를 통해 이 플라이휠을 얻고 난 후가 됩니다. 토익 역시 예외가 아니며, 이것이 바로 입문서가 중요한 이유이기도 합니다.

모든 시험이 그러하듯 토익 역시 요령이 필요합니다. 요령이라는 것은 오랜 경험을 통해 터득한 노하우로, 알면 시간과 노력을 줄여주고 모르면 손해를 봅니다. 하지만, 요령이 제 기능을 발휘하려면 기본기가 튼튼해야 합니다. 기본이 없는 요령은 늘 돌다리도 두드리며 건너야 하는 불안한 심리를 만듭니다. 이번에 처음 선보이는 에듀윌 토익 입문서는 요령을 홀대하지 않되, 대들보를 놓고 서까래를 얹듯 영어의 기본을 탄탄하게 하는 데 역점을 두었습니다. 그래서 처음에는 조금 더디고 힘에 부칠 수도 있습니다. 하지만 잊지 마세요. 공부 역시 플라이휠과 같은 회전력을 얻으려면 처음에 들이는 공력이 절대적이라는 걸! 그 플라이휠을 얻고 나면 여러 책과 강의실을 전전하지 않아도 됩니다. 어쩌면 토익 고득점을 얻는 것에 그치지 않고 영어를 평생 여러분의 성공 무기로 삼게 될 수도 있을 것입니다. 부디 에듀윌 토익 입문서 RC와 LC가 그 플라이휠의 든든한 두 축이 되어주길 바라 봅니다.

에듀윌 어학연구소 드림

목차

PART 1

기초 학습 20
- **UNIT 01** 인물 중심 사진 24
- **UNIT 02** 사물·풍경 중심 사진 40

PART TEST 56

PART 2

기초 학습 62
- **UNIT 03** Who, What·Which 의문문 66
- **UNIT 04** When, Where 의문문 78
- **UNIT 05** How, Why 의문문 90
- **UNIT 06** 일반, 부가 의문문 102
- **UNIT 07** 간접, 선택 의문문 114
- **UNIT 08** 제안·요청 의문문, 평서문 126

PART TEST 138

PART 3

기초 학습 142
- **UNIT 09** 주제·목적을 묻는 문제 144
- **UNIT 10** 장소·직업을 묻는 문제 154
- **UNIT 11** 세부사항을 묻는 문제 164
- **UNIT 12** 제안·요청사항을 묻는 문제 174

UNIT 13	앞으로 일어날 일을 묻는 문제	184
UNIT 14	화자의 의도를 묻는 문제	194
UNIT 15	시각 자료 연계 문제	204
PART TEST		216

PART 4

기초 학습		224
UNIT 16	전화 메시지	226
UNIT 17	공지	236
UNIT 18	광고	246
UNIT 19	방송	256
UNIT 20	연설	266
PART TEST		276

| 실전 모의고사 | 280 |

정답 및 해설

이 책의 구성과 특징

❶ 기초 학습

시제와 태 익히기, 유사 발음 구별해서 듣기, 패러프레이징 법칙 등 토익 리스닝에 필요한 기초 학습 내용을 파트별로 구성하여, 토익 입문자들이 리스닝의 기초를 확실하게 다질 수 있게 하였습니다.

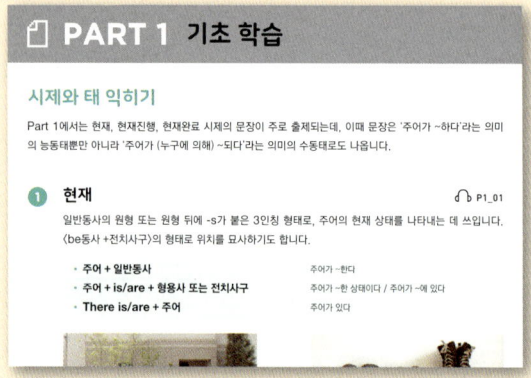

❷ 문제 풀이 전략

3-STEP 문제 풀이 과정
토익 리스닝에 가장 자주 출제되는 문제 유형을 선별하여 단계별 풀이 과정을 제시하였습니다. 문제를 풀 때 어디부터 어떻게 접근해야 하는지 막막했다면 풀이 과정을 차근차근 따라해 보세요. 입문자도 어렵지 않게 문제를 풀 수 있습니다.

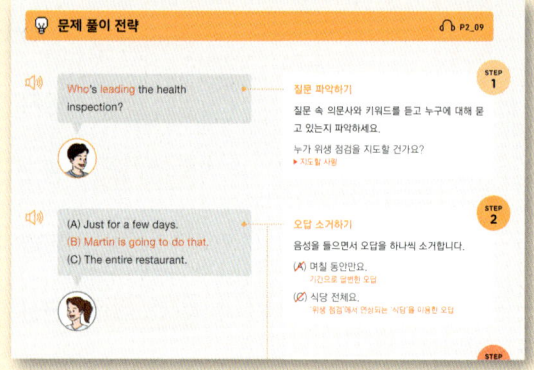

반드시 알아야 할 오답/정답 유형
문제 유형별로 풀이 과정과 함께 반드시 알아야 할 오답/정답 유형을 수록하여, 빠르고 정확하게 오답을 소거하고 정답을 선택할 수 있는 노하우를 자연스럽게 습득할 수 있습니다.

반드시 알아야 할 질문/단서 유형
문제/지문 유형별로 빈출 질문 패턴과 질문 유형을 제시하여 토익 리스닝을 푸는 데 꼭 필요한 핵심 내용 위주로 학습할 수 있습니다. 또한 각 문제 유형에서 자주 쓰이는 단서 유형들을 함께 수록하여 지문 속에서 빠르게 답을 찾아내는 능력을 키울 수 있습니다.

❸ 빈출 표현

토익 리스닝에서 가장 자주 출제되는 어휘 및 표현들을 엄선하여 수록하였습니다. 삽화와 함께 쉽고 재미있게 표현을 익혀 보세요. 이를 바탕으로 보다 정확하게 내용을 듣고 파악할 수 있습니다.

❹ 고득점 Tip

입문자들이 실제 시험에서 함정에 빠지지 않도록 문제 유형별로 가장 유용한 고득점 팁을 담았습니다. 최단 기간에 점수를 올리고 토익을 끝내기 위해 반드시 꼼꼼하게 학습하세요.

❺ 연습 문제, 실전 문제, PART TEST

5개년 토익 기출 문제를 완벽하게 분석하여 최신 기출 경향에 맞는 고퀄리티 문제만을 출제하였습니다. 앞에서 배운 내용을 바탕으로 점차 단계를 높이며 문제를 풀어 보고, 실전에 완벽하게 대비하세요.

학습 일정표

2주 완성 학습 일정표

	Day 1	Day 2	Day 3	Day 4	Day 5	Day 6	Day 7
1주	PART 1 기초 학습 Unit 01	Unit 02 PART TEST	PART 2 기초 학습 Unit 03	Unit 04 Unit 05	Unit 06 Unit 07	Unit 08 PART TEST	PART 3 기초 학습 Unit 09 Unit 10
	월 일	월 일	월 일	월 일	월 일	월 일	월 일

	Day 8	Day 9	Day 10	Day 11	Day 12	Day 13	Day 14
2주	Unit 11 Unit 12	Unit 13 Unit 14	Unit 15 PART TEST	PART 4 기초 학습 Unit 16 Unit 17	Unit 18 Unit 19	Unit 20 PART TEST	실전 모의고사
	월 일	월 일	월 일	월 일	월 일	월 일	월 일

4주 완성 학습 일정표

	Day 1	Day 2	Day 3	Day 4	Day 5
1주	PART 1 기초 학습 Unit 01 월　일	Unit 02 PART TEST 월　일	PART 2 기초 학습 Unit 03 월　일	Unit 04 월　일	Unit 05 월　일

	Day 6	Day 7	Day 8	Day 9	Day 10
2주	Unit 06 월　일	Unit 07 월　일	Unit 08 월　일	PART TEST 월　일	PART 3 기초 학습 Unit 09 월　일

	Day 11	Day 12	Day 13	Day 14	Day 15
3주	Unit 10 Unit 11 월　일	Unit 12 Unit 13 월　일	Unit 14 Unit 15 월　일	PART TEST 월　일	PART 4 기초 학습 Unit 16 월　일

	Day 16	Day 17	Day 18	Day 19	Day 20
4주	Unit 17 Unit 18 월　일	Unit 19 Unit 20 월　일	PART TEST 월　일	실전 모의고사 월　일	실전 모의고사 월　일

TOEIC 소개

💡 토익이란?

TOEIC은 Test of English for International Communication(국제적인 의사소통을 위한 영어 시험)의 약자로, 영어가 모국어가 아닌 사람들이 비즈니스 현장 및 일상생활에서 필요한 실용 영어 능력을 갖추었는가를 평가하는 시험입니다.

● 시험 구성

구성	파트		문항 수		시간	배점
Listening Comprehension	Part 1	사진 묘사	6	100	45분	495점
	Part 2	질의 응답	25			
	Part 3	짧은 대화	39			
	Part 4	짧은 담화	30			
Reading Comprehension	Part 5	단문 빈칸 채우기	30	100	75분	495점
	Part 6	장문 빈칸 채우기	16			
	Part 7	독해	단일 지문 29			
			이중 지문 10			
			삼중 지문 15			
합계	7 Parts		200문항		120분	990점

● 출제 범위 및 주제

업무 및 일상생활에서 쓰이는 실용적인 주제들이 출제됩니다. 특정 문화나 특정 직업 분야에만 해당되는 주제는 출제하지 않으며, 듣기 평가의 경우 미국, 영국, 호주 등 다양한 국가의 발음이 섞여 출제됩니다.

일반 업무	계약, 협상, 영업, 홍보, 마케팅, 사업 계획
금융/재무	예산, 투자, 세금, 청구, 회계
개발	연구, 제품 개발
제조	공장 경영, 생산 조립 라인, 품질 관리
인사	채용, 승진, 퇴직, 직원 교육, 입사 지원
사무실	회의, 메모/전화/팩스/이메일, 사무 장비 및 가구
행사	학회, 연회, 회식, 시상식, 박람회, 제품 시연회
부동산	건축, 부동산 매매/임대, 기업 부지, 전기/수도/가스 설비
여행/여가	교통수단, 공항/역, 여행 일정, 호텔 및 자동차 예약/연기/취소, 영화, 전시, 공연

● **접수 방법**

- 한국 TOEIC 위원회 사이트(www.toeic.co.kr)에서 인터넷 접수 기간을 확인하고 접수합니다.
- 시험 접수 시 최근 6개월 이내 촬영한 jpg 형식의 사진 파일이 필요하므로 미리 준비합니다.
- 시험 10~12일 전부터는 특별 추가 접수 기간에 해당하여 추가 비용이 발생하므로, 접수 일정을 미리 확인하여 정기 접수 기간 내에 접수하도록 합니다.

● **시험 당일 준비물**

- 신분증: 주민등록증, 운전면허증, 기간 만료 전 여권, 공무원증 등 규정 신분증만 인정
  (중·고등학생에 한하여 학생증, 청소년증도 인정)
- 필기구: 연필, 지우개 (볼펜, 사인펜은 사용 불가)

● **시험 진행**

오전 시험	오후 시험	진행 내용
09:30 – 09:45	02:30 – 02:45	답안지 작성 오리엔테이션
09:45 – 09:50	02:45 – 02:50	쉬는 시간
09:50 – 10:05	02:50 – 03:05	신분증 확인
10:05 – 10:10	03:05 – 03:10	문제지 배부 및 파본 확인
10:10 – 10:55	03:10 – 03:55	듣기 평가 (LC)
10:55 – 12:10	03:55 – 05:10	독해 평가 (RC)

● **성적 확인**

- 미리 안내된 성적 발표일(시험일로부터 약 12일 후)에 한국 TOEIC 위원회 사이트(www.toeic.co.kr) 및 공식 애플리케이션을 통해 성적을 확인할 수 있습니다.
- 성적표 수령은 온라인 출력 또는 우편 수령 중에서 선택할 수 있습니다.
- 온라인 출력과 우편 수령 모두 1회 발급만 무료이며, 그 이후에는 유료로 발급됩니다.

LC 파트별 문제 유형

PART 1 사진 묘사

파트 소개	제시된 사진을 보고, 4개의 문장을 들은 뒤 그중 사진을 가장 잘 묘사한 문장을 고르는 파트
문항 수	6문항
사진 유형	1인 사진 2인 이상 사진 사물·풍경 사진

문제지 형태

1.

2.

음성

Number 1. Look at the picture marked number 1 in your test book.

(A) She's putting on an apron.
(B) She's opening a kitchen cupboard.
(C) She's filling up a cup.
(D) She's drinking a glass of water.

PART 2 질의 응답

파트 소개	질문과 3개의 응답을 듣고, 질문에 가장 적절한 응답을 고르는 파트
문항 수	25문항
질문 유형	의문사 의문문, 일반 의문문, 부가 의문문, 선택 의문문, 간접 의문문, 제안·요청문, 평서문

문제지 형태

PART 2

Directions: You will hear a question or statement and three responses spoken in English. They will not be printed in your test book and will be spoken only one time. Select the best response to the question or statement and mark the letter (A), (B), or (C) on your answer sheet.

7. Mark your answer on your answer sheet.
8. Mark your answer on your answer sheet.
9. Mark your answer on your answer sheet.
10. Mark your answer on your answer sheet.
11. Mark your answer on your answer sheet.
12. Mark your answer on your answer sheet.
13. Mark your answer on your answer sheet.
14. Mark your answer on your answer sheet.
15. Mark your answer on your answer sheet.
16. Mark your answer on your answer sheet.
17. Mark your answer on your answer sheet.
18. Mark your answer on your answer sheet.
19. Mark your answer on your answer sheet.
20. Mark your answer on your answer sheet.
21. Mark your answer on your answer sheet.
22. Mark your answer on your answer sheet.
23. Mark your answer on your answer sheet.
24. Mark your answer on your answer sheet.
25. Mark your answer on your answer sheet.
26. Mark your answer on your answer sheet.
27. Mark your answer on your answer sheet.
28. Mark your answer on your answer sheet.
29. Mark your answer on your answer sheet.
30. Mark your answer on your answer sheet.
31. Mark your answer on your answer sheet.

음성

Number 7. Who has the key to the storage closet?

(A) Yes, it's quite spacious.
(B) Becky can open it for you.
(C) This store has reasonable prices.

LC 파트별 문제 유형

PART 3 짧은 대화

파트 소개	두 명 또는 세 명의 대화를 듣고, 이와 관련된 3개의 문제에 대해 가장 적절한 답을 고르는 파트
문항 수	39문항 (13개 대화문 X 3문항)
대화 유형	2인 대화 2인 대화 + 시각 자료 3인 대화
문제 유형	주제·목적, 장소, 직업·신분, 세부사항, 제안·요청, 앞으로 일어날 일, 의도 파악, 시각 자료 연계

문제지 형태

PART 3

Directions: You will hear some conversations between two or more people. You will be asked to answer three questions about what the speakers say in each conversation. Select the best response to each question and mark the letter (A), (B), (C), or (D) on your answer sheet. The conversations will not be printed in your test book and will be spoken only one time.

32. What did the man do last month?
    (A) He started a new job.
    (B) He gave a presentation.
    (C) He applied for a position.
    (D) He attended a conference.

33. What is the woman asked to do?
    (A) Lead a training session
    (B) Renew a contract
    (C) Assess job candidates
    (D) Submit a proposal

34. What does the man plan to send to the woman?
    (A) A neighborhood map
    (B) A list of dates
    (C) A feedback survey
    (D) A confirmation code

35. Where are the speakers?
    (A) At a supermarket
    (B) At a restaurant
    (C) At a cooking school
    (D) At a department store

36. Why does the man look at a schedule?
    (A) To check a location
    (B) To confirm a presenter's name
    (C) To read a guest list
    (D) To review a price

37. What will the woman probably do next?
    (A) Call a friend
    (B) Pay for a ticket
    (C) Return an item
    (D) Contact another business

38. Who are the speak
    (A) Bakers
    (B) Painters
    (C) Dancers
    (D) Fashion design

39. What are the spea
    (A) A summer vaca
    (B) A practice sess
    (C) A training strat
    (D) An upcoming c

40. What are the men
    (A) Paying a regist
    (B) Finding new gr
    (C) Transporting so
    (D) Losing potenti

41. What are the spea
    (A) An awards cere
    (B) A product laun
    (C) A clearance sa
    (D) A staff party

42. Where most likely
    (A) At a shoe store
    (B) At a post office
    (C) At a law firm
    (D) At a hair salon

43. What will the wom do?
    (A) Reserve a room
    (B) Serve some be
    (C) Approve a bud
    (D) Post some flye

음성

Questions 32-34 refer to the following conversation.

M Hello, I'd like to speak to Charlotte Willis.

W This is she.

M Hi, Ms. Willis. This is Jack Anderson. I met you briefly after the talk you gave at last month's conference in Dallas. I work for Dunbar Inc.

W Oh, yes. I remember you.

M Great! Well, I was wondering whether you do private sessions. I think your sales techniques would be perfect for our team, so we'd like to hire you for our next training event. Would that be possible?

W I'm interested, but it would depend on when you need it done.

M How about I e-mail you the dates that work best for us? Then you could let me know whether you're available.

PART 4

짧은 담화

파트 소개	한 사람이 말하는 담화를 듣고, 이와 관련된 3개의 문제에 대해 가장 적절한 답을 고르는 파트
문항 수	30문항 (10개 담화문 X 3문항)
담화 유형	전화 메시지, 공지, 광고, 방송, 소개, 연설 등
문제 유형	주제·목적, 장소, 직업·신분, 세부사항, 제안·요청, 앞으로 일어날 일, 의도 파악, 시각 자료 연계

문제지 형태

PART 4

Directions: You will hear some talks given by a single speaker. You will be asked to answer three questions about what the speaker says in each talk. Select the best response to each question and mark the letter (A), (B), (C), or (D) on your answer sheet. The talks will not be printed in your test book and will be spoken only one time.

71. What department is the speaker most likely calling from?
    (A) Marketing
    (B) Finance
    (C) Sales
    (D) Customer service

72. Why did the company change a policy?
    (A) It will form a partnership.
    (B) It is hiring new staff.
    (C) It will expand overseas.
    (D) It is trying to save money.

73. What will the speaker send to the listener?
    (A) An updated schedule
    (B) A company memo
    (C) A security code
    (D) A complaint form

74. What is the workshop about?
    (A) Interior design
    (B) Cooking
    (C) Creative writing
    (D) Hiking

75. What does the speaker suggest the listeners do?
    (A) Make adjustments
    (B) Bring supplies
    (C) Work together
    (D) Take notes

76. What does the speaker say the group will do on May 8?
    (A) Meet at a different location
    (B) Take a test

77. Who is the speaker talking to?
    (A) Retail store managers
    (B) Corporate investors
    (C) Bank tellers
    (D) Customer service representatives

78. What is the session mainly about?
    (A) Using some software
    (B) Retaining customers
    (C) Handling complaints
    (D) Increasing revenue

79. What will the speaker do next?
    (A) Introduce a new colleague
    (B) Check an attendance sheet
    (C) Show a video
    (D) Assign the listeners to groups

80. What is the advertisement about?
    (A) A cleaning agent
    (B) A cooking oil
    (C) An interior pa
    (D) A beverage m

81. What is special a
    (A) Its effects las
    (B) It is not harm
    (C) It has eco-fri
    (D) It is produce

82. What does the s listeners to do?
    (A) Try a free sa
    (B) Sign a new c
    (C) View a photo
    (D) Enter a prize

음성

Questions 71-73 refer to the following telephone message.

Hi, Aisha. It's William calling you back. To answer your question, our team has not processed your bonus payment yet. The company recently changed the payment policy because of the bank's fees. We will now send payments only once a month to cut down on costs. I hope you understand. I'll e-mail you a copy of the memo that explained this. I think you must have missed it. Thanks.

미국식 발음과 영국식 발음의 차이

토익 리스닝에서는 미국, 캐나다, 영국, 호주 총 네 나라의 발음이 나옵니다. 이중 캐나다는 미국과, 호주는 영국과 발음이 거의 비슷하기 때문에 크게 미국식 발음과 영국식 발음의 차이를 익혀 두면 토익 리스닝에 대비할 수 있습니다.

1 자음 [r]

미국에서는 혀를 굴리면서 부드럽게 'ㄹ'로 발음하는 반면, 영국에서는 음절의 끝소리 [r]을 발음하지 않습니다.

	car	door	enter	there
미국식	[카ㄹ]	[도어ㄹ]	[엔터ㄹ]	[데어ㄹ]
영국식	[카]	[도어]	[엔터]	[데어]

- She's closing a **door**. 그녀는 문을 닫고 있다.
- I just started working **there**. 저는 이제 막 그곳에서 일하기 시작했어요.

2 자음 [t]

모음 사이에 낀 [t]를 미국에서는 'ㄷ'나 'ㄹ'로 부드럽게 발음하지만, 영국에서는 'ㅌ' 소리 그대로 강하게 발음합니다.

	computer	letter	meeting	waiting
미국식	[컴퓨러]	[레러]	[미링]	[웨이링]
영국식	[컴퓨터]	[레터]	[미팅]	[웨이팅]

- A worker is typing on a **computer**. 직원이 컴퓨터로 타자를 치고 있다.
- I have a **meeting** this afternoon. 저는 오늘 오후에 회의가 있어요.

 미국식 발음과 영국식 발음

③ 모음 [a]

미국에서는 '애'에 가깝게, 영국에서는 '아'에 가깝게 발음합니다.

	ask	pass	last	plant
미국식	[애스크]	[패스]	[래스트]	[플랜트]
영국식	[아스크]	[파스]	[라스트]	[플란트]

- You should **ask** Emily. 에밀리에게 물어보셔야 해요.
- The man is watering a **plant**. 남자가 식물에 물을 주고 있다.

④ 모음 [o]

미국에서는 '아', 영국에서는 '오'에 가까운 소리로 발음합니다.

	topic	box	copy	job
미국식	[타픽]	[박스]	[카피]	[잡]
영국식	[토픽]	[복스]	[코피]	[좁]

- I'll send you a **copy**. 제가 한 부 보내드릴게요.
- Here are the **topics** we're going to cover. 우리가 다룰 주제들이 여기 있습니다.

그 외 반드시 외워 두어야 할 발음

	schedule	advertisement	produce	fragile
미국식	[스케쥴]	[애드버타이즈먼트]	[프로듀스]	[프레절]
영국식	[쉐쥴]	[어드버티스먼트]	[프로쥬스]	[프레자일]

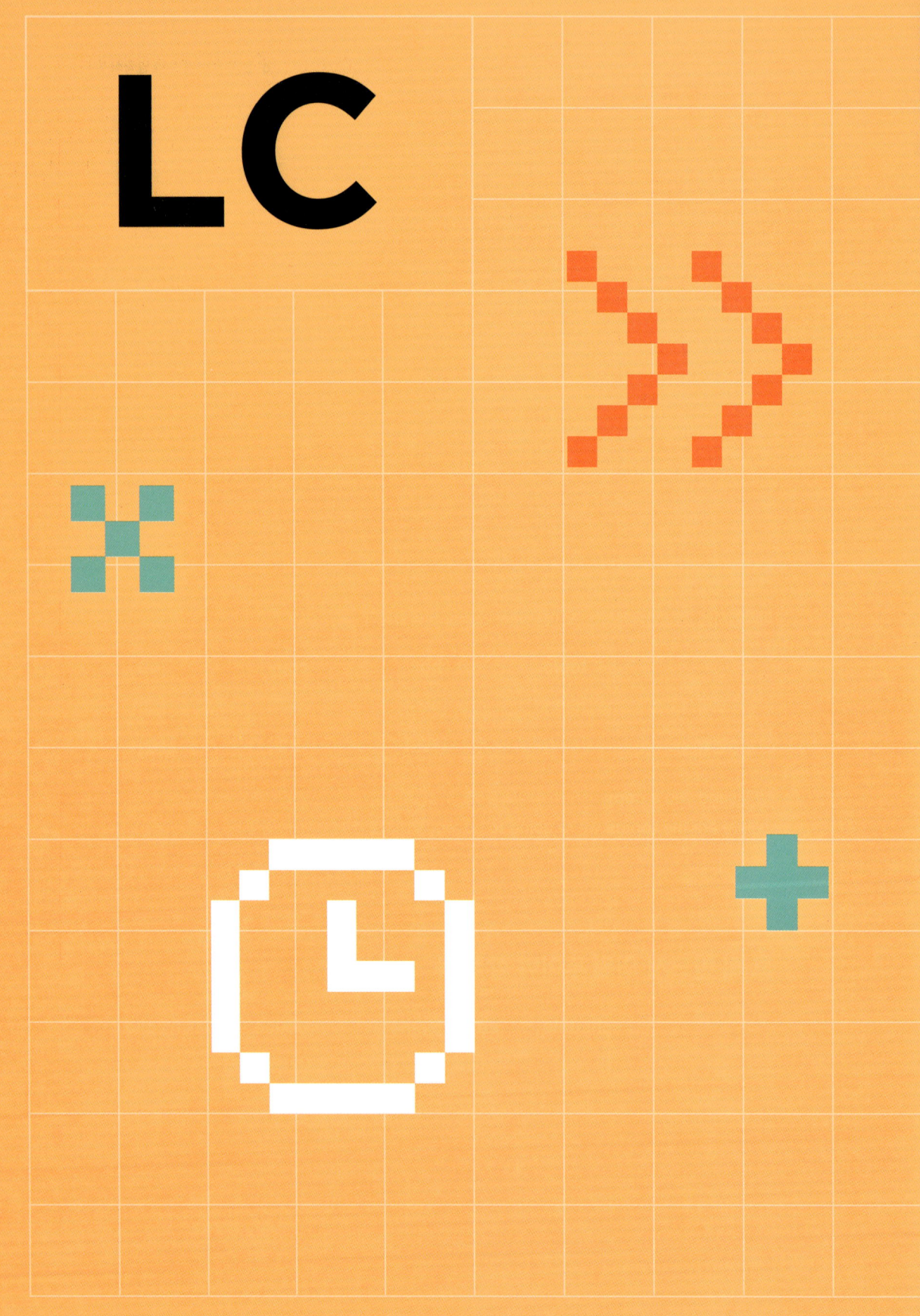

PART

1

PART 1 기초 학습

시제와 태 익히기

Part 1에서는 현재, 현재진행, 현재완료 시제의 문장이 주로 출제되는데, 이때 문장은 '주어가 ~하다'라는 의미의 능동태뿐만 아니라 '주어가 (누구에 의해) ~되다'라는 의미의 수동태로도 나옵니다.

1 현재

🎧 P1_01

일반동사의 원형 또는 원형 뒤에 -s가 붙은 3인칭 형태로, 주어의 현재 상태를 나타내는 데 쓰입니다. 〈be동사 + 전치사구〉의 형태로 위치를 묘사하기도 합니다.

- 주어 + 일반동사   주어가 ~한다
- 주어 + is/are + 형용사 또는 전치사구   주어가 ~한 상태이다 / 주어가 ~에 있다
- There is/are + 주어   주어가 있다

A low wall is in front of a door.
문 앞에 낮은 담이 있다.

There are some shoes on a rack.
선반 위에 몇몇 신발이 있다.

2 현재진행

🎧 P1_02

be동사 뒤에 동사-ing를 가지고 오는 형태로, 현재 진행 중인 동작이나 상태를 나타냅니다. 동사의 성격과 의미에 따라 동작이 되기도 하고 상태가 되기도 합니다.

- 주어 + is/are + 동사-ing   주어가 ~하고 있다

He is pushing a cart.
그는 카트를 밀고 있다.

A woman is wearing a lab coat.
여자가 실험실 가운을 입고 있다.

3 현재완료 🎧 P1_03

동사의 과거분사(p.p.)를 써서 어떠한 동작이 이미 완료된 상태임을 강조하거나 과거에 행해진 동작이 현재까지 계속 이어지고 있는 상태임을 나타낼 때 쓰입니다.

- **주어 + has/have + p.p.** 주어가 (이미) ~했다 / 주어가 ~한 상태이다

A train has arrived at a station.
기차가 역에 도착했다. (이미 도착해 있는 상태)

Some people have gathered around a table.
몇몇 사람들이 테이블 주위로 모였다. (계속 모여 있는 상태)

👍 Check-up 🎧 P1_04   정답 및 해설 p.2

사진을 묘사하는 문장을 듣고 빈칸을 채우세요.

1

_____ _____ some benches in a park.

2

A man is _____ a box.

PART 1 기초 학습

④ 현재 수동태　🎧 P1_05

주어가 어떠한 일을 당했다는 의미의 문장으로, Part 1에서 현재 수동태는 주로 사물의 상태나 위치를 나타내는 데 쓰입니다.

- 주어 + is/are + p.p.　　　주어가 ~되어 있다

A door is closed.
문이 닫혀 있다.

Some jars are placed on a shelf.
몇몇 병들이 선반 위에 놓여 있다.

⑤ 현재진행 수동태　🎧 P1_06

사물 주어에 사람의 동작이 가해지고 있는 상태를 나타낼 때 쓰이며, 사람이 없는 사진에서 오답으로 출제되는 경우가 많습니다.

- 주어 + is/are being + p.p.　　　주어가 ~되고 있다

A floor is being swept.
바닥이 청소되고 있다.

A fence is being repaired.
울타리가 수리되고 있다.

6 현재완료 수동태

🎧 P1_07

현재완료와 마찬가지로 과거에 사물에 행해진 어떠한 동작이 현재까지 이어지고 있는 상태임을 나타낼 때 쓰입니다. 단, 사진은 과거를 보여줄 수 없기 때문에 Part 1에서 현재완료 수동태는 현재 수동태와 의미상의 차이가 없습니다.

- **주어 + has/have been + p.p.** 주어가 ~되어 있다

The monitor has been turned on.
(= The monitor is turned on.)
화면이 켜져 있다.

Some plants have been set on the table.
(= Some plants are set on the table.)
몇몇 식물이 탁자 위에 놓여 있다.

Check-up

🎧 P1_08   정답 및 해설 p.2

사진을 묘사하는 문장을 듣고 빈칸을 채우세요.

1

A bicycle _____ _____ on a sidewalk.

2

Some fruits and vegetables _____ _____ _____ in baskets.

UNIT 01

인물 중심 사진

매회 2~4문제 출제

1인 사진

사람이 한 명만 등장하는 사진으로, 사진 속 인물의 동작이나 상태를 주로 묘사합니다.

💡 문제 풀이 전략

🎧 P1_09

(A) A woman is mopping a floor.
(B) A woman is putting on gloves.
(C) A woman is cleaning a door.
(D) A woman is opening a window.

STEP 1 사진 파악하기

인물의 주요 동작과 그 대상이 되는 사물부터 자세 및 옷차림과 같은 상태까지 빠르게 사진을 파악하세요.

동작 문을 닦고 있음
상태 장갑을 끼고 있음

STEP 2 오답 소거하기

동사 위주로 음성을 들으면서 오답을 하나씩 소거합니다.

(A̶) 여자가 바닥을 닦고 있다.
　　　바닥이 없음
(B̶) 여자가 장갑을 끼는 중이다.
　　　이미 끼고 있는 상태
(D̶) 여자가 창문을 열고 있다.
　　　창문이 없음, 열고 있지 않음

STEP 3 정답 선택하기

오답을 소거하고 남은 보기가 사진을 적절하게 묘사하는지 확인 후 정답으로 선택합니다.

(C) 여자가 문을 청소하고 있다.
　　 여자가 문을 닦는 모습을 적절하게 묘사한 정답

❌ 실수하기 쉬운 오답 유형

🎧 P1_10

사진 속 인물의 동작이나 사물을 이용한 오답

사진 속 인물의 동작을 사진에 없는 사물과 연결하여 혼동을 주기도 하고, 사진 속 사물을 잘못된 동작이나 상태와 연결하여 오답을 만들기도 합니다.

He's holding a file folder. (X)
그는 서류철을 들고 있다.
▶ 컵(cup)을 들고 있음

She's looking in her bag. (X)
그녀는 가방 안을 보고 있다.
▶ 가방을 메고(carrying) 있음

He's planting some vegetables. (X)
그는 야채를 심고 있다.
▶ 야채를 고르고(choosing) 있음

동작-상태 혼동 동사를 이용한 오답

옷이나 장신구를 이미 착용하고 있는 상태인데 착용 중인 동작으로 묘사하는 등, 동작과 상태를 서로 바꾸어 묘사합니다.

He's putting on an apron. (X)
그는 앞치마를 입는 중이다.
▶ 앞치마를 입은(wearing) 채로 있음

A man is getting into a vehicle. (X)
남자가 탈것에 올라타는 중이다.
▶ 탈것에 탄(riding) 채로 있음

She's picking up a suitcase. (X)
그녀는 여행 가방을 들어 올리는 중이다.
▶ 여행 가방을 잡은(holding) 채로 있음

⭕ 헷갈리는 정답 유형

🎧 P1_11

포괄적으로 묘사한 정답

인물의 동작이나 그 대상이 되는 사물을 구체적으로 명시하지 않고 포괄적인 의미의 어휘를 사용하여 묘사하기도 해요.

He's using a tool.
그는 도구를 사용하고 있다.
▶ 망치(hammer)를 사용하고 있음

She's choosing some merchandise off a shelf.
그녀는 선반에서 상품을 고르고 있다.
▶ 음료(beverage)를 고르고 있음

He's looking into an instrument.
그는 기구를 들여다보고 있다.
▶ 현미경(microscope)을 들여다보고 있음

빈출 표현 🎧 P1_12

● 동작/상태를 나타내는 표현

● 사물을 나타내는 표현

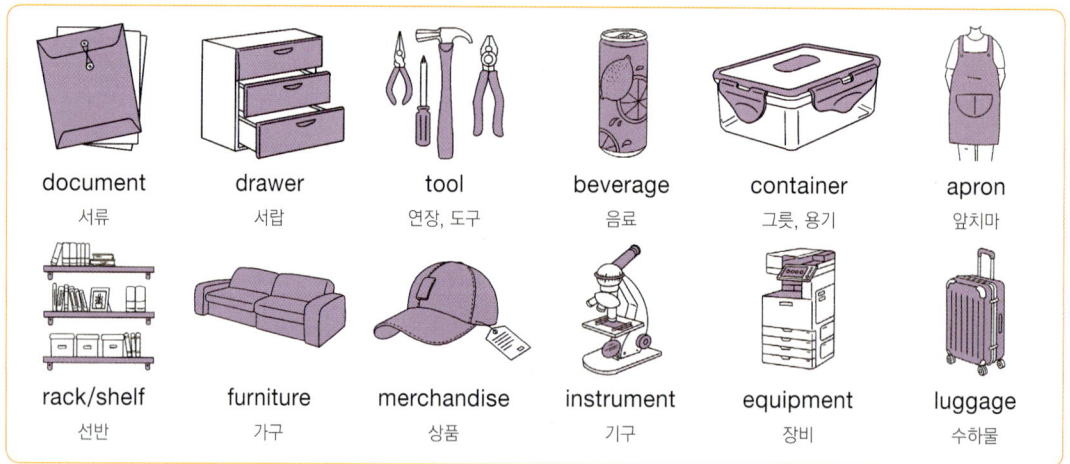

보기 형태

= 주어 + 동작/상태(is -ing) + 사물
He is holding a document. 남자가 서류를 들고 있다.

빈출 사진 및 표현 🎧 P1_13

일하는 모습

- A woman is resting her arms on a desk.
  여자가 책상에 팔을 기대고 있다.
- A woman is wearing headphones.
  여자가 헤드폰을 쓰고 있다.

무언가를 적는 모습

- She's writing on a clipboard.
  그녀는 클립보드에 필기를 하고 있다.
- She's wearing a pair of glasses.
  그녀는 안경을 쓰고 있다.

식사하는 모습

- He's having a meal in a restaurant.
  그는 식당에서 식사를 하고 있다.
- He's holding a fork in one hand.
  그는 한 손에 포크를 들고 있다.

음료를 따르는 모습

- She's preparing a beverage.
  그녀는 음료를 준비하고 있다.
- She's filling up a cup.
  그녀는 컵을 채우고 있다.

물건을 나르는 모습

- He's carrying a ladder.
  그는 사다리를 나르고 있다.
- He's wearing a safety helmet.
  그는 안전모를 쓰고 있다.

야외에 앉아 있는 모습

- A man is drinking from a bottle.
  남자가 병째로 음료를 마시고 있다.
- A man is sitting outdoors.
  남자가 야외에 앉아 있다.

🎧 P1_14

고득점 Tip!

He's consulting a manual. 그는 설명서를 참고하고 있다.

▶ consult는 '(전문가에게) 의견을 묻다, 상담하다'라는 대표 뜻을 가지고 있는 동사입니다. 하지만 '(참고서·사전 등을) 참고하다, 찾다', '(시계 등을) 보다'라는 뜻으로도 종종 쓰여요. 따라서 왼쪽 사진처럼 남자가 설명서를 들여다보는 모습을 consulting a manual로 표현할 수 있습니다.

연습 문제

사진을 적절하게 묘사한 보기를 고른 뒤, 다시 들으면서 빈칸을 채우세요.

1

(A)　　(B)　　(C)　　(D)

(A) She's _____ some seeds.
(B) She's _____ a spray bottle.
(C) She's _____ a shelf.
(D) She's _____ a pot.

2

(A)　　(B)　　(C)　　(D)

(A) A man is _____ _____ a shovel.
(B) A man is _____ some flowers.
(C) A man is _____ _____ a container.
(D) A man is _____ a wheelbarrow.

3

(A)　　(B)　　(C)　　(D)

(A) She's _____ some items.
(B) She's _____ some vegetables.
(C) She's _____ _____ a bag.
(D) She's _____ a shopping cart.

4

(A)　　　(B)　　　(C)　　　(D)

(A) She's _____ a document.
(B) She's _____ a stack of binders.
(C) She's _____ _____ a computer monitor.
(D) She's _____ _____ a shelf.

5

(A)　　　(B)　　　(C)　　　(D)

(A) A woman is _____ the kitchen.
(B) A woman is _____ _____ a faucet.
(C) A woman is _____ some dishes.
(D) A woman is _____ a cupboard.

6

(A)　　　(B)　　　(C)　　　(D)

(A) He's _____ _____ a tool.
(B) He's _____ some paper.
(C) He's _____ _____ a tree.
(D) He's _____ _____ a branch.

2인 이상 사진

여러 명의 사람들이 등장하는 사진으로, 인물들의 공통된 모습 또는 두드러지는 어떤 한 사람이나 일부의 모습을 묘사합니다.

문제 풀이 전략　　P1_16

STEP 1

사진 파악하기

인물들의 공통 동작 및 상태부터 각 인물의 개별 동작 및 상태까지 빠르게 사진을 파악하세요.

- **공통** 복사기 앞에 서 있음
- **개별** 버튼을 누르고 있음

(A) They're sorting some documents.
(B) They're plugging in a photocopier.
(C) They're using some office equipment.
(D) They're purchasing some food.

STEP 2

오답 소거하기

동사 위주로 음성을 들으면서 오답을 하나씩 소거합니다.

(A̸) 그들은 몇몇 서류를 분류하고 있다.
　　　분류하고 있지 않음
(B̸) 그들은 복사기의 플러그를 꽂고 있다.
　　　플러그를 꽂고 있지 않음
(D̸) 그들은 음식을 구입하고 있다.
　　　음식이 없음, 구입하고 있지 않음

STEP 3

정답 선택하기

오답을 소거하고 남은 보기가 사진을 적절하게 묘사하는지 확인 후 정답으로 선택합니다.

 그들은 사무 장비를 사용하고 있다.
　　　두 사람이 복사기를 사용하는 모습을 적절하게 묘사한 정답

✖ 실수하기 쉬운 오답 유형

🎧 P1_17

일부를 전체처럼 확대하여 묘사한 오답

한 사람 또는 일부의 동작이나 상태를 인물 전체의 공통 동작이나 상태로 확대해서 묘사합니다.

They're both tying their shoes. (X)
그들은 둘 다 신발끈을 묶고 있다.
▶ 한 명만 신발끈을 묶고 있음

All people are playing instruments. (X)
모든 사람들이 악기를 연주하고 있다.
▶ 한 명만 악기를 연주하고 있음

They are all sitting in chairs. (X)
그들은 모두 의자에 앉아 있다.
▶ 일부만 의자에 앉아 있음

위치나 방향을 잘못 묘사한 오답

여러 명의 사람들이 모여 있을 때, 앉은 위치나 바라보고 있는 방향 등을 틀리게 묘사하는 오답이 나오기도 합니다.

They are looking at the opposite direction. (X)
그들은 반대 방향을 바라보고 있다.
▶ 같은 곳을 보고 있음

They are sitting in rows. (X)
그들은 줄을 지어 앉아 있다.
▶ 테이블 주위로 흩어져서 앉아 있음

People are facing each other. (X)
사람들이 서로 마주보고 있다.
▶ 한 방향을 바라보며 모여 있음

○ 헷갈리는 정답 유형

🎧 P1_18

계속되는 동작/상태를 묘사한 정답

인물의 동작 및 상태는 주로 현재진행(is/are -ing) 시제로 묘사하지만, 과거에 이루어진 동작이 계속 이어지는 장면을 나타낼 때는 현재완료(has/have p.p.) 시제를 이용해 표현할 수 있어요.

People have gotten off a train.
사람들이 열차에서 내렸다.

One of the people has picked up a phone.
사람들 중 한 명이 전화를 받았다.

People have stopped near a crosswalk.
사람들이 횡단보도 근처에서 멈췄다.

빈출 표현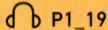

● 직업/신분을 나타내는 표현

server 서빙하는 사람	 cashier 계산대 점원	 customer 손님	 passenger 승객
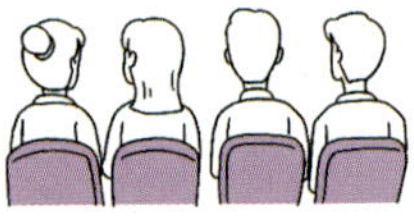 audience 청중	 presenter/speaker 발표자	 musician 음악가	 coworker 동료

● 동작/상태를 나타내는 표현

be gathered 모여 있다	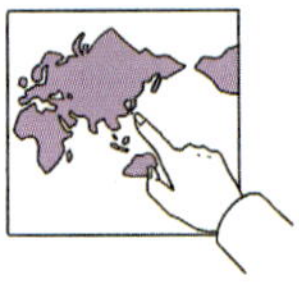 pointing to/at ~을 가리키고 있다	 shaking hands 악수하고 있다	 greeting each other 서로 인사를 나누고 있다
 waiting in line 줄 서서 기다리고 있다	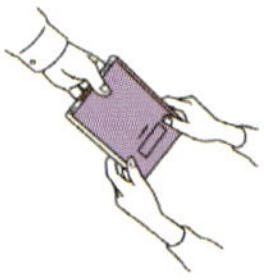 handing 사물 to 사람 ~에게 ~을 건네주고 있다	 serving 음식을 내고 있다, 접대하고 있다	 assisting 도와주고 있다
 unloading 짐을 내리고 있다	 resting 쉬고 있다	 approaching a doorway 출입구에 다가가고 있다	 playing instruments 악기를 연주하고 있다
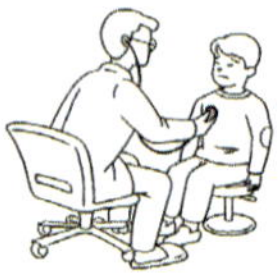 examining a patient 환자를 진찰하고 있다	 crossing the road 길을 건너고 있다	 holding onto handrails 난간을 붙잡고 있다	 doing construction work 공사를 하고 있다

빈출 사진 및 표현 🎧 P1_20

● 걷거나 달리는 모습

- Some people are approaching a doorway.
  몇몇 사람들이 출입구에 다가가고 있다.
- The woman is carrying a handbag.
  여자가 핸드백을 들고 있다.

● 발표하는 모습

- The audience is facing a screen.
  청중이 스크린을 향하고 있다.
- The presenter is standing to one side.
  발표자가 한쪽에 서 있다.

● 지도를 보는 모습

- The people are standing side by side.
  사람들이 나란히 서 있다.
- The man is pointing to a map.
  남자가 지도를 가리키고 있다.

● 무언가를 건네는 모습

- The woman is looking down at the man.
  여자가 남자를 내려다보고 있다.
- The man is handing a book to the woman.
  남자가 여자에게 책을 건네주고 있다.

● 쓰레기를 버리는 모습

- They're standing in front of some bins.
  그들은 쓰레기통 앞에 서 있다.
- The woman is putting items into a container.
  여자가 물건들을 통 안에 넣고 있다.

● 도서관을 둘러보는 모습

- They're browsing for library books.
  그들은 도서관 책을 둘러보고 있다.
- One of the women is pointing at a book.
  여자들 중 한 명이 책을 가리키고 있다.

🎧 P1_21

고득점 Tip!

One of the women is resting her hands on a clipboard.
여자들 중 한 명이 클립보드에 손을 올려놓고 있다.

▶ 사진에서 가장 두드러지는 것은 사람들이 의자에 앉아 이야기를 나누는 모습이지만, 위와 같이 상대적으로 눈에 잘 띄지 않는 손동작이나 자세 묘사가 정답이 되는 경우도 있어요.

연습 문제

사진을 적절하게 묘사한 보기를 고른 뒤, 다시 들으면서 빈칸을 채우세요.

1

(A)　　(B)　　(C)　　(D)

(A) The woman is _____ _____ an apron.
(B) The man is _____ a garden tool.
(C) The woman is _____ some boards.
(D) The man is _____ _____ protective work gear.

2

(A)　　(B)　　(C)　　(D)

(A) They're _____ _____ a parking spot.
(B) They're _____ at a bus stop.
(C) They're _____ _____ a building.
(D) They're _____ suitcases.

3

(A)　　(B)　　(C)　　(D)

(A) One of the people is _____ _____ some papers.
(B) One of the people is _____ a door.
(C) The people are _____ in a lobby.
(D) The people are _____ on a sofa.

4

(A) (B) (C) (D)

(A) One of the women is _____ an airport.
(B) One of the men is _____ a suitcase.
(C) The people are _____ in a line.
(D) The people are _____ an airplane.

5

(A) (B) (C) (D)

(A) The man is _____ _____ with one of the women.
(B) The women are _____ _____ _____ to the man.
(C) The people are _____ some cups of coffee.
(D) The people are _____ _____ a table.

6

(A) (B) (C) (D)

(A) One of the people is _____ _____ a chair.
(B) One of the people is _____ at a desk.
(C) One of the people is _____ a drawer.
(D) One of the people is _____ a file.

실전 문제

사진을 적절하게 묘사한 보기를 고르세요.

1  (A) (B) (C) (D)

2  (A) (B) (C) (D)

3  (A) (B) (C) (D)

4      (A)   (B)   (C)   (D)

5      (A)   (B)   (C)   (D)

6      (A)   (B)   (C)   (D)

UNIT 02

사물·풍경 중심 사진

매회 2~4문제 출제

사물·풍경 사진

사람이 없고 사물이나 배경만 등장하는 사진으로, 사진 속 사물의 위치나 상태 또는 전반적인 풍경을 묘사하는 경우가 많습니다.

문제 풀이 전략　　　　　　　　　　　P1_24

STEP 1
사진 파악하기

눈에 띄는 주요 사물의 위치 및 상태를 파악한 후, 그 외 주변 사물이나 배경 순으로 빠르게 사진을 파악하세요.

핵심 화분이 여러 개 놓여 있음
주변 모자, 책, 카메라가 있음

(A) Some plants have been placed on a shelf.
(B) A camera has been set on a chair.
(C) A hat has dropped onto the floor.
(D) Some books have been left in a box.

STEP 2
오답 소거하기

전치사구 위주로 음성을 들으면서 오답을 하나씩 소거합니다.

(B̸) 카메라가 의자 위에 놓여 있다.
　　　의자가 없음
(C̸) 모자가 바닥에 떨어졌다.
　　　바닥에 있지 않음
(D̸) 몇몇 책들이 상자 안에 놓여 있다.
　　　상자가 없음

STEP 3
정답 선택하기

오답을 소거하고 남은 보기가 사진을 적절하게 묘사하는지 확인 후 정답으로 선택합니다.

(A) 몇몇 식물들이 선반 위에 놓여 있다.
　　선반에 식물들이 있는 모습을 적절하게 묘사한 정답

✖ 실수하기 쉬운 오답 유형 🎧 P1_25

연상 어휘를 이용한 오답

사진에는 없지만 연상되는 사물을 이용하여 혼동을 주거나, 사진 속 장소에서 흔히 일어날 수 있는 동작이나 상태로 오답을 만들어 냅니다.

Some ships are passing under a bridge. (X)
몇몇 배들이 다리 밑을 지나고 있다.
▶ 강가에서 연상되는 배를 이용

Some pictures are hanging on a wall. (X)
몇몇 그림들이 벽에 걸려 있다.
▶ 실내 가구에서 연상되는 그림을 이용

A market is full of shoppers. (X)
상점이 쇼핑객들로 가득 차 있다.
▶ 상점에서 연상되는 쇼핑객을 이용

완료된 상태를 진행 중인 동작으로 묘사한 오답

고정된 상태로 놓여 있는 사물을 현재 동작이 가해지고 있는 진행형으로 시제만 바꾼 오답이 나오기도 합니다.

Some books are being packed up. (X)
몇몇 책들이 포장되고 있다.
▶ 이미 포장되어(have been packed up) 있음

A dining area is being set up outdoors. (X)
식사 공간이 야외에 준비되고 있다.
▶ 이미 준비되어(has been set up) 있음

Wooden boards are being installed on the floor. (X)
나무판자가 바닥에 설치되고 있다.
▶ 이미 설치되어(have been installed) 있음

○ 헷갈리는 정답 유형 🎧 P1_26

사람이 없는데 현재진행 수동태로 묘사한 정답

현재진행 수동태는 주로 사람의 동작을 묘사하는 데 쓰이지만, 꼭 사람이 주체가 아니더라도 사물에 어떠한 동작이 가해지고 있을 때 또는 무언가가 진열되어 있는 상태일 때에도 현재진행 수동태를 쓸 수 있습니다.

A car is being towed by a truck.
차량이 트럭에 의해 견인되고 있다.

Some flowers are being watered.
꽃에 물이 뿌려지고 있다.

Some clothes are being displayed.
옷들이 진열되어 있다.

빈출 표현

P1_27

● 상태를 나타내는 표현

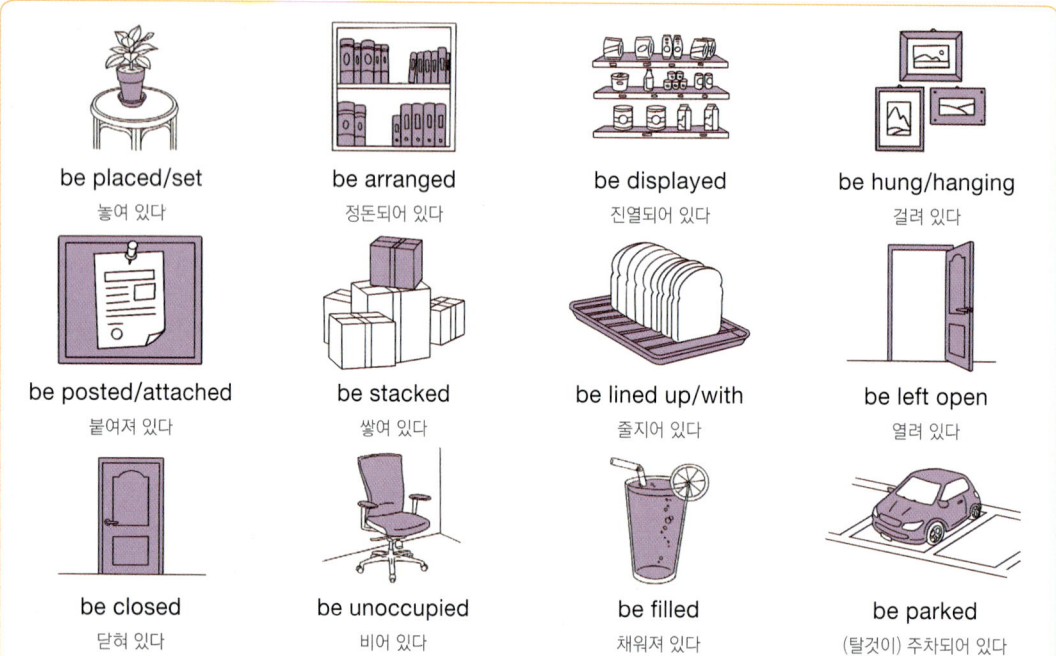

● 위치를 나타내는 표현

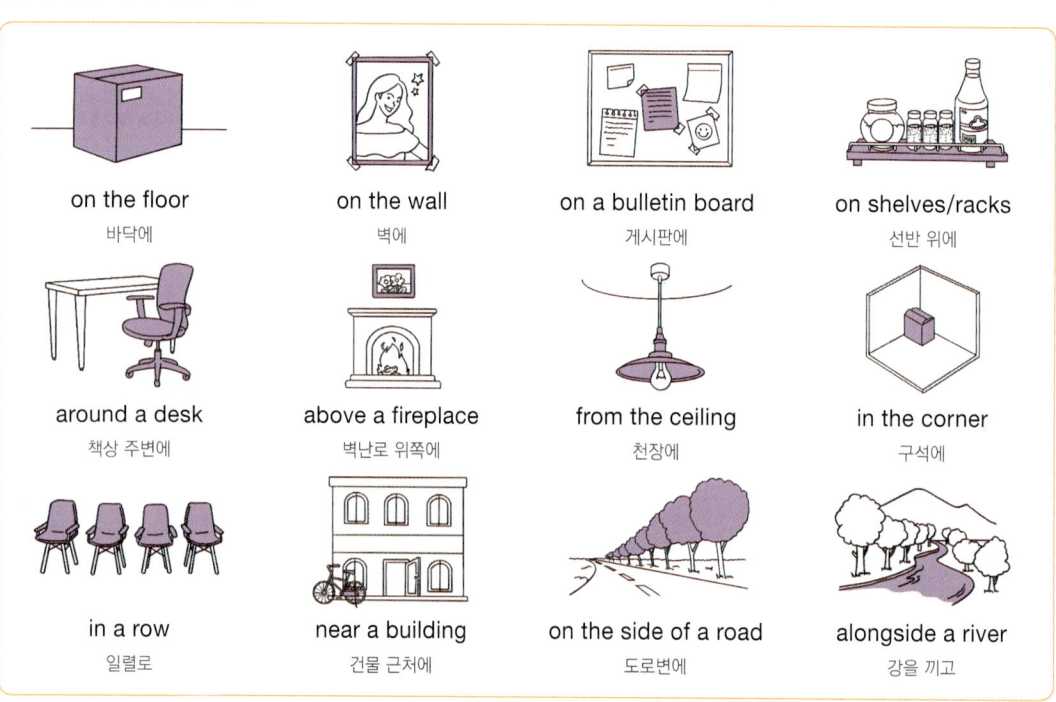

빈출 사진 및 표현

🎧 P1_28

● 가구가 배치되어 있는 모습

- Some books have been placed on shelves.
  몇몇 책들이 선반에 놓여 있다.
- A table is positioned next to a chair.
  테이블이 의자 옆에 위치해 있다.

● 액자가 걸려 있는 모습

- Some framed pictures have been hung up.
  몇몇 액자들이 걸려 있다.
- A plant is growing out of a vase.
  화초가 꽃병에서 자라고 있다.

● 물건이 쌓여 있는 모습

- Some boxes have been left open.
  몇몇 상자들이 열려 있다.
- Some books have been stacked in a pile.
  몇몇 책들이 더미로 쌓여 있다.

● 장비나 시설이 갖춰진 모습

- Some chairs have been set up for a meeting.
  몇몇 의자들이 회의를 위해 설치되어 있다.
- The room is equipped with a screen.
  방에 스크린이 갖춰져 있다.

● 배가 정박해 있는 모습

- A boat is floating on the water.
  보트가 물 위에 떠 있다.
- There's a dock overlooking a lake.
  호수를 내려다보는 부두가 있다.

● 인적 없는 거리의 모습

- Some bushes have been planted along a street.
  덤불이 거리를 따라 심어져 있다.
- A walkway leads to a house.
  보도가 집으로 이어져 있다.

🎧 P1_29

고득점 Tip!

Some trees border a pond. 몇몇 나무들이 연못에 접해 있다.

▶ 사물의 위치나 상태는 주로 '~되어 있다'라는 의미로 현재/현재완료 수동태를 이용해 묘사하지만, border(~에 접하다, 경계를 이루다), overlook(내려다보이다), separate(나뉘다, 가르다)과 같이 몇몇 동사들은 사물 주어와 함께 단순 현재 시제 능동태로 쓰여요. 따라서 동사의 시제와 태만 듣고 바로 오답으로 소거하지 않도록 주의해야 합니다.

연습 문제

사진을 적절하게 묘사한 보기를 고른 뒤, 다시 들으면서 빈칸을 채우세요.

1

(A)　　(B)　　(C)　　(D)

(A) Some clothes have been _____ on _____.
(B) Some clothes have been _____ on the _____.
(C) Some clothes have been _____ on the _____.
(D) Some clothes have been _____ in a _____.

2

(A)　　(B)　　(C)　　(D)

(A) A _____ is _____ by a fence.
(B) An _____ has been set up _____.
(C) Several _____ are _____ _____.
(D) Some _____ are stacked in a _____ _____.

3

(A)　　(B)　　(C)　　(D)

(A) Some _____ have been _____ _____.
(B) _____ is being _____ on a plate.
(C) Some _____ _____ are being _____.
(D) _____ has been _____ in a bottle.

4

(A)　　　(B)　　　(C)　　　(D)

(A) Some _____ are _____ on the floor.
(B) Some _____ has been _____ on the wall.
(C) A _____ is _____ _____ a desk.
(D) There's a _____ on a _____.

5

(A)　　　(B)　　　(C)　　　(D)

(A) Some _____ have been _____ _____.
(B) A _____ _____ is _____ above a dining area.
(C) A _____ has been _____ _____.
(D) Some _____ are stacked in the _____.

6

(A)　　　(B)　　　(C)　　　(D)

(A) Some _____ is being _____.
(B) Some _____ _____ are _____ on the grass.
(C) Some _____ _____ have been placed near a _____.
(D) A _____ has _____ _____ the equipment.

인물·사물·풍경 혼합 사진

사람, 사물 및 풍경이 함께 어우러지는 사진으로, 사진 속 인물의 동작이나 상태뿐만 아니라 사물과 주위 배경까지 모두 묘사될 수 있습니다.

문제 풀이 전략　　　　　　　　　　　P1_31

STEP 1 사진 파악하기

가장 두드러지는 인물/사물의 동작 및 상태부터 주위 배경 및 전반적인 풍경까지 빠르게 사진을 파악하세요.

- **인물** 오븐의 버튼을 누르고 있음
- **배경** 조리대에 꽃병이 있음

(A) She is removing some flowers.
(B) She is pressing a button.
(C) An oven is being cleaned.
(D) A kitchen counter is being arranged.

STEP 2 오답 소거하기

주어를 놓치지 않고 음성을 들으면서 오답을 하나씩 소거합니다.

(A̶) 그녀는 꽃을 치우고 있다.
　　치우고 있지 않음
(C̶) 오븐이 청소되고 있다.
　　청소 중인지 알 수 없음
(D̶) 주방 조리대가 정리되고 있다.
　　정리되고 있지 않음

STEP 3 정답 선택하기

오답을 소거하고 남은 보기가 사진을 적절하게 묘사하는지 확인 후 정답으로 선택합니다.

 그녀는 버튼을 누르고 있다.
여자가 오븐 버튼을 누르는 모습을 적절하게 묘사한 정답

✖ 실수하기 쉬운 오답 유형 🎧 P1_32

유사 발음 어휘를 이용한 오답

사진 속 인물의 동작 또는 사진 속 사물과 발음이 유사한 어휘를 이용해 오답을 만들어 내요.

He's walking down a store aisle. (X)
그는 상점 통로를 따라 걷고 있다.
▶ work 일하다 / walk 걷다

One of the women is writing a letter. (X)
여자들 중 한 명이 편지를 쓰고 있다.
▶ ride 타다 / write 쓰다

The man is taking off his glasses. (X)
남자가 안경을 벗고 있다.
▶ grass 잔디 / glasses 안경

어휘의 다른 뜻을 이용한 오답

사진 속 인물의 동작 또는 사진 속 사물을 나타내는 어휘의 다른 뜻을 이용해 오답을 만들어 내기도 해요.

A truck is parked on some grass. (X)
트럭이 잔디 위에 주차되어 있다.
▶ park 공원 / 주차하다

A man is fixing the tablecloth. (X)
남자가 식탁보를 고정시키고 있다.
▶ fix 수리하다 / 고정시키다

A tree has been planted in a garden. (X)
나무가 정원에 심어져 있다.
▶ plant 식물 / 심다

⦿ 헷갈리는 정답 유형 🎧 P1_33

동사 없이 묘사한 정답

행동이나 움직임을 나타내는 일반동사 없이, 〈be동사 + 형용사/전치사구〉만 이용해 인물 및 사물의 위치나 상태를 묘사하기도 합니다.

The chairs are empty.
의자들이 비어 있다.

The women are on opposite sides of a counter.
여자들이 서로 카운터 맞은편에 있다.

Books are on display in a library.
책들이 도서관에 진열되어 있다.

빈출 표현

● 사물/풍경을 나타내는 표현

framed photograph
액자에 넣은 사진

potted plant
화분에 담긴 식물

lighting fixture
조명 기구

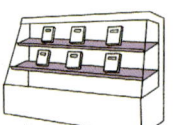
display case
진열장

desktop organizer
탁상 정리함

mobile food stand
이동식 음식 가판대

safety helmet
안전모

street light
가로등

trash bin
쓰레기통

traffic cone
원뿔형 교통 표지

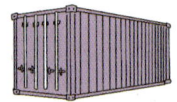
freight container
화물용 컨테이너

high rise building
고층 건물

● 사물에 가해지는 동작을 나타내는 표현

be being stored
보관되고 있다

be being removed
치워지고 있다

be being assembled
조립되고 있다

be being packed up
포장되고 있다

be being painted
페인트칠해지고 있다

be being installed
설치되고 있다

be being prepared
준비되고 있다

be being replaced
교체되고 있다

be being repaired
수리되고 있다

be being loaded
(짐 등이) 실리고 있다

be being towed
견인되고 있다

be being paved
(길·도로가) 포장되고 있다

빈출 사진 및 표현

🎧 P1_35

● 망치질하는 모습

- He's hammering a nail into a wall.
  그는 망치로 벽에 못을 박고 있다.
- A ladder is positioned next to a wall.
  사다리가 벽 옆에 놓여 있다.

● 쇼핑하는 모습

- They're shopping for clothing.
  그들은 옷을 쇼핑하고 있다.
- Some jackets have been placed on hangers.
  몇몇 재킷들이 옷걸이에 걸려 있다.

● 자전거 타는 모습

- A cyclist is riding through snow.
  자전거 타는 사람이 눈 사이로 달리고 있다.
- The mountains are covered with snow.
  산이 눈으로 덮여 있다.

● 회의하는 모습

- Some people are gathered around a table.
  몇몇 사람들이 테이블 주위에 모여 있다.
- A bookshelf has been positioned against a wall.
  책꽂이가 벽에 붙여져 놓여 있다.

● 물건을 수리하는 모습

- The man is bending over a bicycle.
  남자가 자전거 위로 몸을 굽히고 있다.
- A bicycle is being repaired.
  자전거가 수리되고 있다.

● 꽃이나 화분을 살피는 모습

- A woman is wearing an apron.
  여자가 앞치마를 입고 있다.
- Some plants have been arranged in a row.
  몇몇 식물들이 일렬로 배열되어 있다.

🎧 P1_36

고득점 Tip!

Some food is being cut with a knife. 음식이 칼로 잘리고 있다.

▶ 사람의 동작이 중심인 사진이지만, 위와 같이 동작의 대상이 되는 사물을 주어로 하고 현재진행 수동태로 동작을 나타낸 문장이 정답으로 출제되는 경우도 있습니다.

연습 문제

사진을 적절하게 묘사한 보기를 고른 뒤, 다시 들으면서 빈칸을 채우세요.

1

(A)   (B)   (C)   (D)

(A) Some cabinet _____ are _____.
(B) A man is _____ a _____.
(C) Water is _____ from a _____.
(D) Some _____ are being _____ with water.

2

(A)   (B)   (C)   (D)

(A) The woman is _____ some _____.
(B) Some _____ is _____ _____ next to the woman.
(C) Some shopping carts are being _____ _____.
(D) The woman is _____ some _____ on the shelf.

3

(A)   (B)   (C)   (D)

(A) People are _____ _____ at a register.
(B) People are _____ a _____.
(C) Some people are _____ _____ books.
(D) Some _____ have been _____ by a window.

4

(A)　　(B)　　(C)　　(D)

(A) A _____ _____ has been placed on a _____.
(B) A _____ is being _____.
(C) One of the men is _____ _____ a chair.
(D) One of the men is _____ the _____.

5

(A)　　(B)　　(C)　　(D)

(A) One of the people is _____ a _____.
(B) A _____ has been left in the _____.
(C) One of the people is _____ a _____ _____.
(D) They're _____ _____ their _____.

6

(A)　　(B)　　(C)　　(D)

(A) A man is _____ at a _____.
(B) A man is _____ some _____.
(C) A piano is _____ against a _____.
(D) A piano is being _____.

실전 문제

사진을 적절하게 묘사한 보기를 고르세요.

1  (A)   (B)   (C)   (D)

2  (A)   (B)   (C)   (D)

3  (A)   (B)   (C)   (D)

4      (A)   (B)   (C)   (D)

5      (A)   (B)   (C)   (D)

6      (A)   (B)   (C)   (D)

PART TEST

LISTENING TEST

In the Listening test, you will be asked to demonstrate how well you understand spoken English. The entire Listening test will last approximately 45 minutes. There are four parts, and directions are given for each part. You must mark your answers on the separate answer sheet. Do not write your answers in your test book.

PART 1

Directions: For each question in this part, you will hear four statements about a picture in your test book. When you hear the statements, you must select the one statement that best describes what you see in the picture. Then find the number of the question on your answer sheet and mark your answer. The statements will not be printed in your test book and will be spoken only one time.

Statement (C), "He's making a phone call," is the best description of the picture, so you should select answer (C) and mark it on your answer sheet.

1.

2.

GO ON TO THE NEXT PAGE

3.

4.

5.

6.

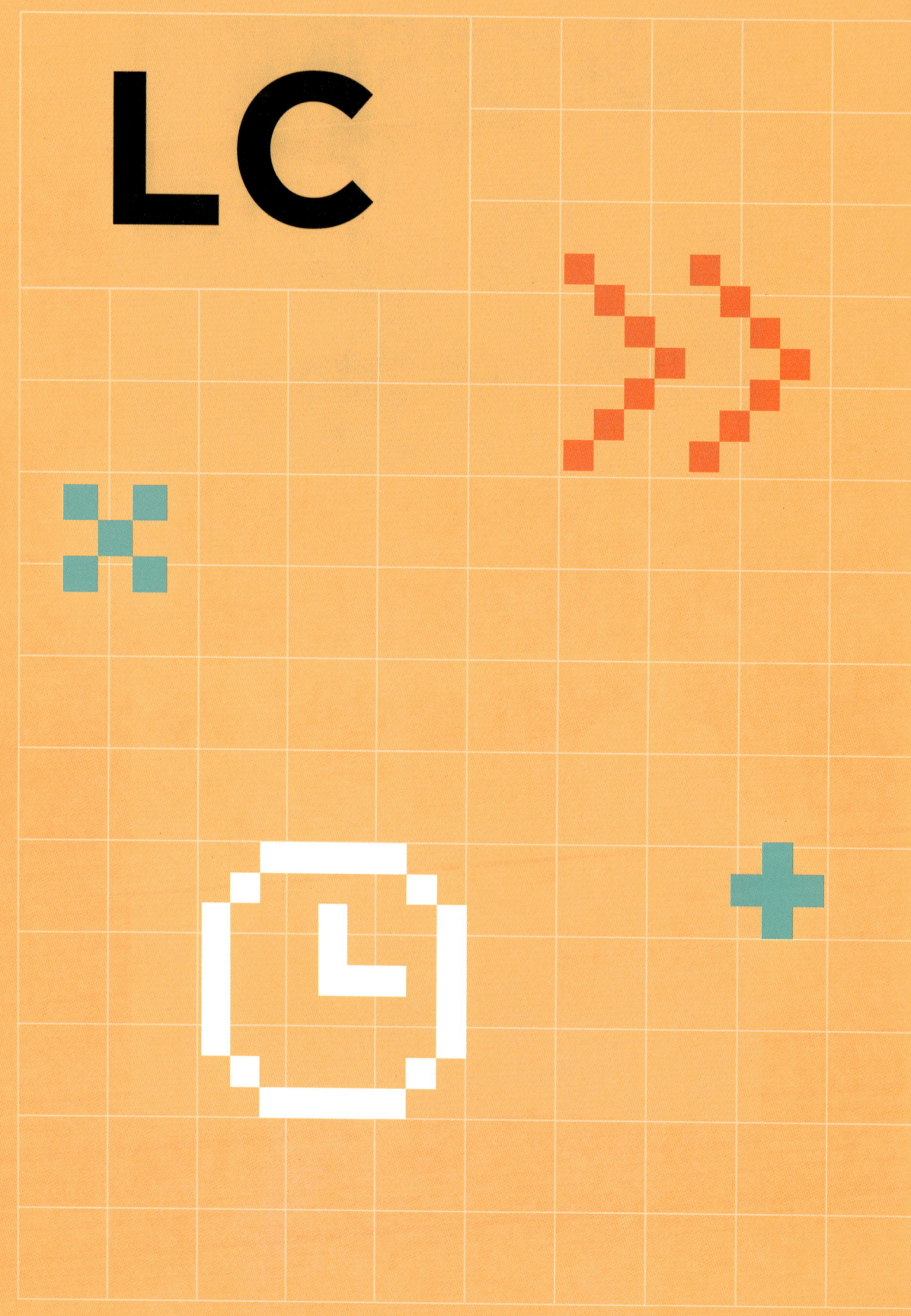

PART 2

PART 2 기초 학습

유사 발음 구별해서 듣기

Part 2에서는 질문에 나온 단어와 유사한 발음을 이용한 오답이 자주 출제되므로, 헷갈리기 쉬운 발음을 구별해서 듣는 법을 익혀두어야 합니다.

① [p] / [f] 🎧 P2_01

[p]는 입술을 다문 상태에서 'ㅍ' 하고 내는 소리인 반면, [f]는 윗니로 아랫입술을 가볍게 물었다가 떼며 바람을 뱉어 내는 'ㅍ' 소리입니다.

[p]	[f]
copy 복사(본)	coffee 커피
past 과거	fast 빠른
pile 더미	file 파일
harp 하프	half 절반
shipped 운송된	shift 옮기다

- How did you get a copy of the book? 어떻게 그 책의 복사본을 얻었나요?
- I'll make some coffee for the guests. 제가 손님들을 위해 커피를 좀 만들게요.

② [b] / [v] 🎧 P2_02

[b]는 입술을 입 안으로 물었다가 밖으로 벌리면서 'ㅂ'라고 짧게 발음합니다. [v]는 윗니를 아랫입술에 대고 성대를 울리면서 발음하는데, 입술이 간질간질한 느낌이 들기도 합니다.

[b]	[v]
berry 베리, 딸기류	very 매우
boat 보트, 배	vote 투표하다
best 최상의	vest 조끼
base 기초	vase 꽃병
curb 연석	curve 곡선

- I'm riding a boat. 저는 보트를 타고 있어요.
- You can vote for the winner on our Web site. 저희 웹사이트에서 승자에게 투표하실 수 있습니다.

③ [s] / [θ] 🎧 P2_03

[s]는 이가 절반 정도 보이게 입을 옆으로 벌리고 혀와 잇몸 사이로 바람이 나가며 'ㅆ'와 비슷하게 소리가 납니다. [θ] 발음은 th의 발음에 해당하는 소리로, 윗니와 아랫니로 혀를 살짝 물고 바람이 새면서 성대는 울리지 않는 'ㅅ' 소리입니다.

[s]	[θ]
sink 가라앉다	think 생각하다
sort 종류	thought 생각
some 몇몇의	thumb 엄지손가락
use 사용	youth 젊음
worse 더 나쁜	worth 가치가 있는

- The weather is getting worse. 날씨가 더 나빠지고 있습니다.
- This machine is worth the money. 이 기계는 그 가격의 가치가 있습니다.

④ [l] / [r] 🎧 P2_04

[l]은 혀를 윗니 뒤에 닿게 하여 내는 'ㄹ' 소리이고, [r]은 입천장에 혀가 닿지 않게 입 뒤쪽으로 당기며 'ㄹ'을 발음하는 소리입니다.

[l]	[r]
late 늦은	rate 비율, 요금
lead 안내하다	read 읽다
light 빛	right 오른쪽
load 짐	road 도로
glass 유리	grass 잔디

- Would you please wait at the traffic light? 신호등 앞에서 기다려 주시겠어요?
- Turn right at the corner. 모퉁이에서 우회전하세요.

PART 2 기초 학습

⑤ [e] / [æ] 🎧 P2_05

[e] 발음은 한국말의 '에'와 비슷합니다. 입술을 살짝 옆으로 찢어서 혀 중간 부분을 위로 올리고 짧게 '에'라고 발음합니다. [æ]는 한국말의 '애'와 비슷한데, 혀의 뒷부분을 최대한 입천장 쪽으로 올리고 입을 크게 벌려 살짝 길게 발음해야 합니다.

[e]	[æ]
end 끝	and 그리고
bed 침대	bad 나쁜
bend 굽히다	band 밴드, 악단
lend 빌려주다	land 착륙하다
merry 즐거운	marry 결혼하다

- Could you lend me the book? 저한테 그 책을 빌려주시겠어요?
- We'll be landing in half an hour. 우리는 30분 뒤에 착륙하겠습니다.

⑥ [ou] / [ɔː] 🎧 P2_06

[ou]는 o/oa에 해당되는 소리로, '오우' 발음이지만 실제로는 '오'를 살짝 길게 발음하는 느낌으로 들립니다. 반면, [ɔː]는 a/au/o/ou가 발음되는 소리이며, 우리말의 '오'에 가깝지만 '어'가 섞인 듯한 중간 발음입니다.

[ou]	[ɔː]
low 낮은	law 법
cold 추운	called 전화했다 (call의 과거)
row 열, 줄	raw 날것의
coast 해안	cost 비용
boat 보트	bought 샀다 (buy의 과거)

- I live in a town on the East coast. 저는 동해안의 한 마을에 살고 있습니다.
- How much does it cost? 그것은 비용이 얼마나 드나요?

7 [i] / [iː]

🎧 P2_07

[i]는 입을 약간만 벌리고 입술을 최대한 양 옆으로 넓힌 상태에서, 혀끝을 아래 앞니 바로 뒤에 놓고 우리말의 '이'와 비슷하게 발음합니다. [iː]는 '이이'처럼 [i]보다 약간 길고 입을 당기는 듯한 느낌으로 미소를 짓듯이 발음하는데, ee와 ea에 해당하는 소리입니다.

[i]	[iː]
it 그것	eat 먹다
bin 쓰레기통	bean 콩
sit 앉다	seat 좌석
hit 치다	heat 열
fill 채우다	feel 느끼다

- I don't like it very much. 저는 그게 별로 마음에 들지 않아요.
- Did you eat dinner? 저녁은 드셨나요?

 Check-up　🎧 P2_08　정답 및 해설 p.17

문장을 듣고 괄호 안에 알맞은 단어를 고르세요.

1 We need to buy a new (coffee / copy) machine.

2 Please see the chart on the (light / right).

3 Could I (seat / sit) by the window?

4 I have to buy some (bins / beans) for the employee bathroom.

UNIT 03

Who, What·Which 의문문

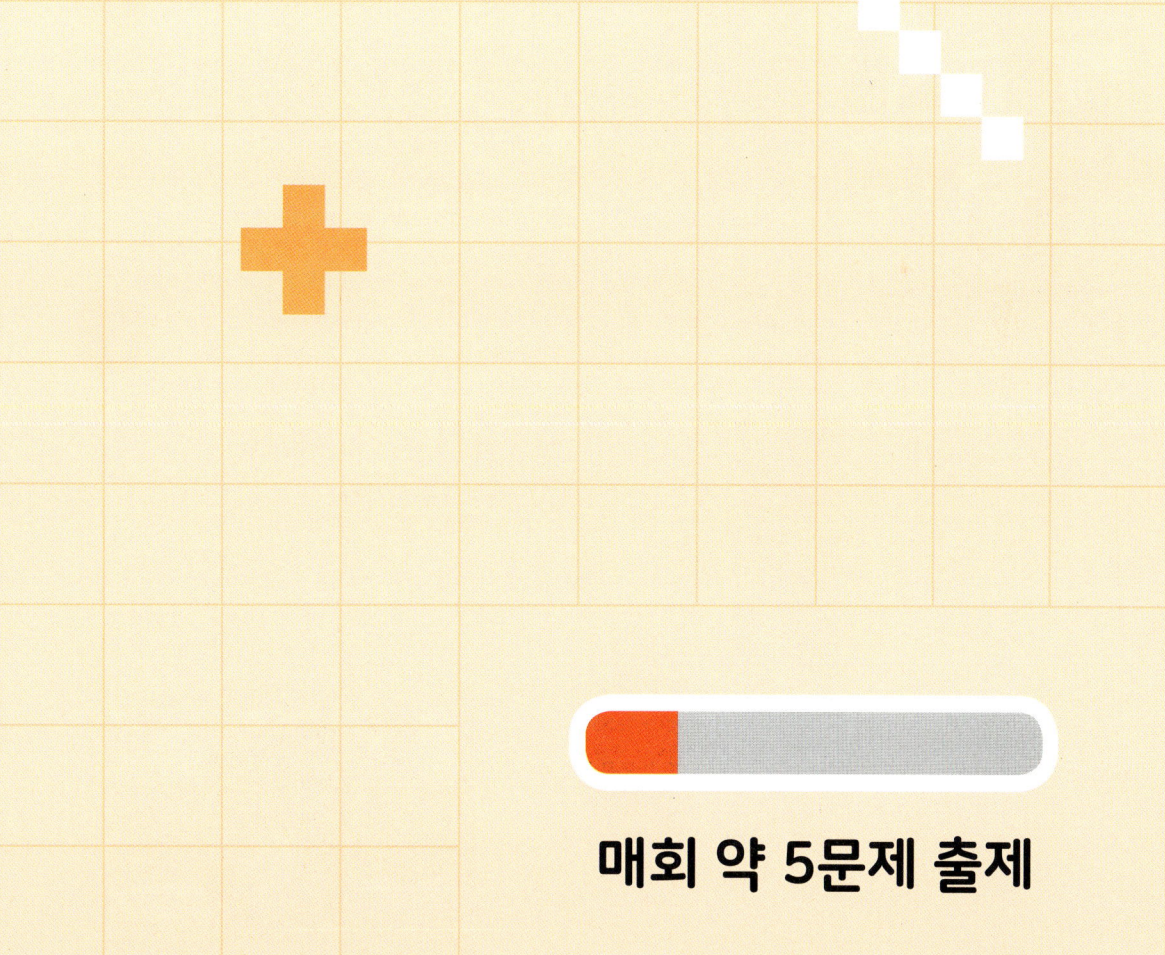

매회 약 5문제 출제

Who 의문문

의문사 Who(누구)로 시작하는 질문으로, 사람과 관련된 내용으로 답변할 수 있습니다.

문제 풀이 전략　　　　　　　　　　　　　　P2_09

Who's leading the health inspection?

STEP 1 질문 파악하기

질문 속 의문사와 키워드를 듣고 누구에 대해 묻고 있는지 파악하세요.

누가 위생 점검을 지도할 건가요?
▶ 지도할 사람

(A) Just for a few days.
(B) Martin is going to do that.
(C) The entire restaurant.

STEP 2 오답 소거하기

음성을 들으면서 오답을 하나씩 소거합니다.

(A) 며칠 동안만요.
　　기간으로 답변한 오답

(C) 식당 전체요.
　　'위생 점검'에서 연상되는 '식당'을 이용한 오답

STEP 3 정답 선택하기

오답을 소거하고 남은 보기가 질문에 적절한 답변인지 확인 후 정답으로 선택합니다.

(B) 마틴이 그걸 할 거예요.
　　사람 이름으로 적절하게 답변한 정답

✖ 실수하기 쉬운 오답 유형　　🎧 P2_10

발음이 비슷한 어휘를 이용한 오답

coffee 커피 copy 한 부	Q. Who should I talk to about the broken coffee maker? 　고장 난 커피 메이커에 대해 누구에게 이야기해야 하나요? A. 20 copies should be enough. (X) 20부면 충분할 거예요.
write 쓰다 right 오른쪽	Q. Who's going to write the quarterly report? 누가 분기 보고서를 쓸 건가요? A. To the right of the desk. (X) 책상 오른쪽으로요.
load 짐을 싣다 road 도로	Q. Who was working at the loading dock? 누가 하역장에서 일하고 있었나요? A. I know that road. (X) 제가 그 도로를 알아요.
hire 고용하다 higher 더 높은	Q. Who was hired to replace Mr. Park? 누가 박 씨를 대신하기 위해 고용되었나요? A. The price is higher. (X) 가격이 더 높아요.
launch 출시 lunch 점심 식사	Q. Who's in charge of the launch event? 누가 출시 행사 담당인가요? A. Lunch will be provided. (X) 점심 식사가 제공될 것입니다.

⭕ 빈출 정답 유형　　🎧 P2_11

누가 창고 열쇠를
가지고 있나요?
Who has the keys
to the storeroom?

사람 이름/인칭 대명사로 답변

알렉시스인 것 같아요. I think it is Alexis.	저요. I do.

직책명/부서명으로 답변

이사님이 가지고 있어요. The director has them.	시설관리 부서요. The maintenance department.

만능 답변

잘 모르겠어요. I'm not sure.	스티브에게 물어보셔야 할 거예요. You'll have to ask Steve.

빈출 표현

🎧 P2_12

● 직위/직책을 나타내는 표현

누가 오늘 회의를 이끌었나요?
Who led the meeting today?

프로젝트 책임자였을 거예요.
The project manager, I believe.

president 사장
executive 임원
supervisor 관리자
director 책임자, 이사
associate director 부책임자
department manager 부서장
senior 선임
intern 인턴, 실습생
assistant 조수, 보조원
secretary 비서

● 조직/부서를 나타내는 표현

누가 제품 설명을 할 건가요?
Who's doing the product demonstration?

마케팅 부서요.
The marketing department.

head office (= headquarters) 본사
main office 본사
branch office 지사
accounting department 회계 부서
sales department 영업 부서
marketing department 마케팅 부서
human resources department 인사 부서
maintenance department 시설관리 부서
shipping department 배송 부서
customer service department 고객서비스 부서

🎧 P2_13

고득점 Tip! 해당 정보를 찾을 수 있는 위치로 답변한 정답

Q.
Who rescheduled their doctor's appointment?
누가 진료 예약 일정을 변경했나요?

A.
It's in our patient list. 환자 명단에 있어요.
The list is in the file cabinet. 서류함 안에 명단이 있어요.

▶ Who 의문문은 '누구'를 묻는 질문이지만, 해당 정보를 확인할 수 있는 정보의 '위치'로 대답하는 것도 가능합니다. 따라서 Who 의문문과 다소 어울리지 않는 위치 표현이 들린다고 해서 바로 오답으로 소거하지 않도록 주의하세요. 핵심은 질문과 답변의 내용이 서로 연계되어 있느냐 입니다.

연습 문제

질문에 적절하게 답변한 보기를 고른 뒤, 다시 들으면서 빈칸을 채우세요.

1   (A)   (B)   (C)

Q. _____ having a _____ _____ tomorrow?
   (A) _____ the conference room.
   (B) _____ 2 to 4 P.M.
   (C) The marketing _____.

2   (A)   (B)   (C)

Q. _____ _____ decorations for the party?
   (A) _____ is.
   (B) We celebrated her retirement.
   (C) _____ and _____.

3   (A)   (B)   (C)

Q. _____ _____ the wiring in the workstation?
   (A) A _____ that was recommended.
   (B) I'll meet you at the elevators.
   (C) A string of _____.

4   (A)   (B)   (C)

Q. _____ _____ the tax information next week?
   (A) Please _____ it promptly.
   (B) I'm _____ to hear that.
   (C) A senior _____ will.

5   (A)   (B)   (C)

Q. _____ _____ talks at the conference?
   (A) I haven't _____ _____ _____.
   (B) That's probably for the best.
   (C) _____, I hope so.

What·Which 의문문

의문사 What(무엇)이나 Which(어느 것)로 시작하는 질문으로, 의문사 뒤 세부 정보와 관련된 내용으로 답변할 수 있습니다.

🎯 문제 풀이 전략　　　　　　　　　🎧 P2_15

What flowers are in the bouquet?

STEP 1

질문 파악하기

질문 속 의문사와 키워드를 듣고 무엇에 대해 묻고 있는지 파악하세요. What 뒤에 오는 명사나 동사를 잘 들어야 합니다.

부케에는 무슨 꽃이 들어가나요?
▶ 꽃의 종류

(A) Some roses and daisies.
(B) The garden is in the backyard.
(C) Not too many of them.

STEP 2

오답 소거하기

음성을 들으면서 오답을 하나씩 소거합니다.

(B̸) 정원은 뒷마당에 있어요.
　'꽃'에서 연상되는 '정원'을 이용한 오답
(C̸) 그것들이 너무 많지는 않게요.
　수량으로 답변한 오답

STEP 3

정답 선택하기

오답을 소거하고 남은 보기가 질문에 적절한 답변인지 확인 후 정답으로 선택합니다.

(A) 몇몇 장미랑 데이지요.
　꽃의 종류로 적절하게 답변한 정답

✖ 실수하기 쉬운 오답 유형

🎧 P2_16

일부 음절이 같은 어휘를 이용한 오답

ice 얼음(의) nice 좋은	Q. A.	What kind of ice cream did you buy? 어떤 종류의 아이스크림을 샀나요? They seem nice. (X) 그것들은 좋아 보여요.
training 교육 train 기차	Q. A.	What should I bring to the training session? 교육 시간에 무엇을 가져가야 하나요? Next to the train station. (X) 기차역 옆이요.
review 검토하다 view 경치, 전망	Q. A.	What proposals are you reviewing? 어떤 제안서들을 검토하고 있나요? It has a great view. (X) 전망이 아주 좋아요.
plan 계획 plant 식물	Q. A.	What do you plan for your next vacation? 다음 휴가를 위해 무엇을 계획하고 있나요? She brought some plants. (X) 그녀가 식물을 좀 가지고 왔어요.
location 위치 vacation 휴가	Q. A.	What do you think about the new office location? 새로운 사무실 위치에 대해 어떻게 생각하나요? She's on vacation this week. (X) 그녀는 이번 주에 휴가예요.

⭕ 빈출 정답 유형

🎧 P2_17

What 의문문

[What + 명사]

고객이 몇 시에 만나고 싶어 하나요?
What time does the client want to meet?

시간/색상 등 명사와 관련된 정보로 답변

오전 아무 때나 괜찮아요.
Anytime in the morning is fine.

[What + 동사]

미술 전시회에 대해 어떻게 생각했나요?
What did you think of the art exhibit?

행위/의견 등 동사와 관련된 정보로 답변

매우 즐거웠어요.
It was very enjoyable.

Which 의문문

(이 중에) 어느 사무실을 선호하시나요?
Which office do you prefer?

The one(~한 것)으로 답변

큰 창문이 있는 곳이요.
The one with the large windows.

빈출 표현

🎧 P2_18

● What 의문문 빈출 표현

이 양식을 어떻게 해야 하나요?
What should I do with this form?

저에게 주시면 돼요.
You can give it to me.

[시간] What time 몇 시에 ~하는지
[종류] What kind of 어떤 종류인지
[가격] What's the price/cost 가격/비용이 얼마인지
[정책] What's the policy 정책이 무엇인지
[일정] What's the timeline 일정이 어떻게 되는지
[방법] What's the fastest way 가장 빠른 방법이 무엇인지
[의견] What do you think about ~을 어떻게 생각하는지
[필요] What do we need 우리에게 무엇이 필요한지
[의무] What should I bring 내가 무엇을 가져가야 하는지
[미래] What will happen 무슨 일이 일어날 것인지

● Which 의문문 빈출 표현

어느 신발이 할인 판매 중인가요?
Which shoes are on sale?

이 테이블 위에 있는 것들이요.
The ones on this table.

Which ▒▒▒ can I use 어느 것을 내가 쓸 수 있는지
Which ▒▒▒ do you recommend 어느 것을 추천하는지
The 형용사 one ~한 것
The one with ▒▒▒ ~가 있는 것
The one on ▒▒▒ ~에 있는 것
The one located in ▒▒▒ ~에 위치한 것
with the tree 나무가 있는
with the large windows 큰 창문이 있는
on the left/right 왼쪽/오른쪽에 있는
on this table 이 테이블 위에 있는

🎧 P2_19

고득점 Tip! 반문으로 답변한 정답

Q.
What time does the meeting start?
회의는 몇 시에 시작하나요?

A.
Didn't you get an e-mail? 이메일 못 받으셨어요?

▶ What time(몇 시)으로 시간을 묻는 질문에 이메일을 받지 못했냐고 되묻는 답변은 이메일 안에 관련 정보가 있다는 것을 간접적으로 알려주는 정답이 됩니다. 이와 같이 반문으로 답변하는 정답은 의문사의 종류에 상관없이 모든 의문문에서 출제될 수 있습니다.

연습 문제

질문에 적절하게 답변한 보기를 고른 뒤, 다시 들으면서 빈칸을 채우세요.

1 (A) (B) (C)

Q. _____ do you _____ about our new logo?
(A) She's _____ to our team.
(B) I _____ the previous one.
(C) About _____ _____ _____.

2 (A) (B) (C)

Q. _____ should we _____ for the employee party?
(A) _____ hire a band.
(B) _____, I like that idea.
(C) _____ the office.

3 (A) (B) (C)

Q. _____ the monthly _____ of parking in this lot?
(A) _____ 10:30 this morning.
(B) There's _____ _____ for full-time employees.
(C) I have a _____ more than I expected.

4 (A) (B) (C)

Q. _____ _____ _____ should we replace first?
(A) Some confidential _____.
(B) _____ _____ on the second floor.
(C) _____, I believe so.

5 (A) (B) (C)

Q. _____ _____ do you think is more comfortable?
(A) A _____ for two, please.
(B) They are very _____.
(C) The _____ one.

실전 문제

질문에 적절하게 답변한 보기를 고르세요.

1 (A)   (B)   (C)

2 (A)   (B)   (C)

3 (A)   (B)   (C)

4 (A)   (B)   (C)

5 (A)   (B)   (C)

6 (A)   (B)   (C)

7 (A)   (B)   (C)

8 (A)   (B)   (C)

9 (A)   (B)   (C)

10 (A)   (B)   (C)

11 (A)   (B)   (C)

12 (A)   (B)   (C)

🎧 P2_22

👍 만능 답변 ①

'모르겠어요'

Q. Who's picking up the invitations from the print shop?
누가 인쇄소에서 초대장을 찾아올 건가요?

A. I don't know.
모르겠어요.

거의 모든 질문에 정답이 될 수 있는 만능 답변 표현들을 꼭 익혀 두세요.

I'm not sure. 잘 모르겠어요.
I have no idea. 모르겠어요.
Who knows? 누가 알겠어요?
No one is sure yet. 아직 아무도 몰라요.
I'm not sure but I can check. 잘 모르지만 확인해 드릴 수 있어요.

UNIT
04

When, Where 의문문

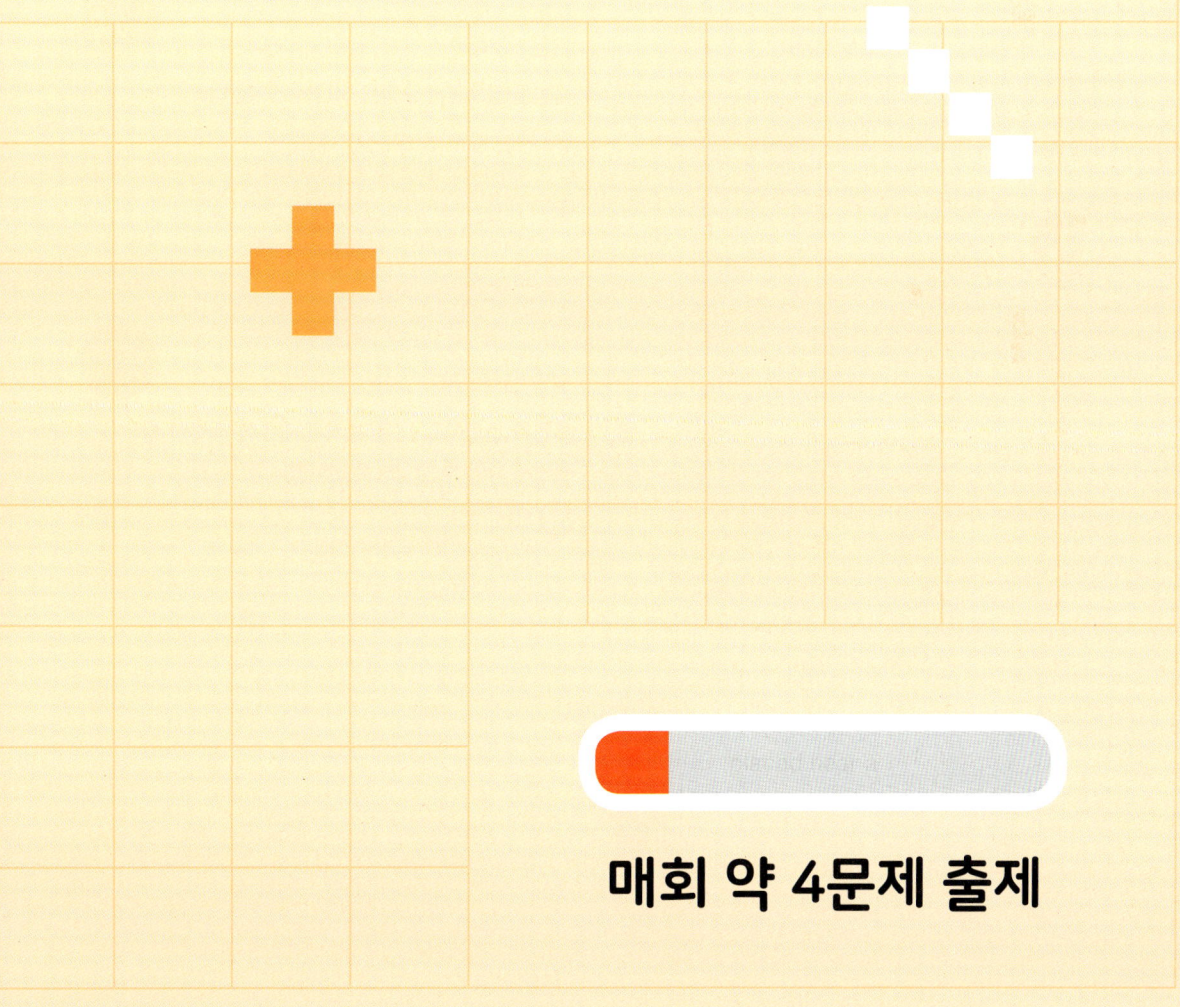

매회 약 4문제 출제

When 의문문

의문사 When(언제)으로 시작하는 질문으로, 시간과 관련된 내용으로 응답합니다.

🗝️ 문제 풀이 전략　　　　　　　　　 P2_23

When does the train to London depart?

STEP 1

질문 파악하기

질문 속 의문사와 키워드를 듣고 언제에 대해 묻고 있는지 파악하세요.

런던으로 가는 기차는 언제 출발하나요?
▶ 출발하는 시간

(A) I need a first-class ticket.
(B) She missed the train.
(C) At 10 o'clock.

STEP 2

오답 소거하기

음성을 들으면서 오답을 하나씩 소거합니다.

(A̸) 저는 일등석 표가 필요해요.
　　'기차'에서 연상되는 '표'를 이용한 오답
(B̸) 그녀는 기차를 놓쳤어요.
　　train을 반복한 오답

STEP 3

정답 선택하기

오답을 소거하고 남은 보기가 질문에 적절한 답변인지 확인 후 정답으로 선택합니다.

(C) 10시에요.
　　시간으로 적절하게 답변한 정답

✖ 실수하기 쉬운 오답 유형　　　🎧 P2_24

시간 관련 표현이 쓰였지만 묻는 내용과 관련 없는 오답

Q. When did you buy this mobile phone? 이 휴대 전화 언제 샀나요?
A. Okay. That time works for me. (X) 알겠어요. 전 그 시간 괜찮아요.

Q. When did you visit the new office location? 새로운 사무실이 위치한 곳에 언제 가 봤나요?
A. Only about 10 minutes away. (X) 10분 거리 정도밖에 안 돼요.

Q. When should we head to the welcoming party? 환영회에 언제 가야 하나요?
A. For two hours. (X) 두 시간 동안이요.

Q. When will you complete the paperwork for our clients? 고객들을 위한 서류 작업을 언제 마칠 건가요?
A. Every day from 9 to 5. (X) 매일 9시부터 5시까지요.

Q. When will the farmers' market open for the season? 이번 시즌 농산물 직거래 시장은 언제 열리나요?
A. Until 5 o'clock. (X) 5시까지요.

● 빈출 정답 유형　　　🎧 P2_25

프린터는 언제 고쳐질 건가요? When will the printer be repaired?	**시간으로 답변** 8시에요. At 8 o'clock.	15분 뒤에요. In 15 minutes.
	요일/날짜로 답변 내일 오전에요. Tomorrow morning.	이번 주 금요일에요. This Friday.
	대략적인 시점으로 답변 관리자가 승인할 때요. When the manager approves it.	우리가 서면 요청을 넣은 후에요. After we submit a written request.

빈출 표현

🎧 P2_26

● 시간/요일/날짜를 나타내는 표현

박물관은 언제 여나요?
When does the museum open?

매일 오전 10시예요.
At 10 A.M. every day.

in 30 minutes 30분 뒤에
after 2 P.M. 오후 2시 이후에
until 5 o'clock 5시까지
at midnight 자정에
at 4:30 this afternoon 오늘 오후 4시 30분에
between 2 and 3 o'clock 2시에서 3시 사이에
every 10 minutes 10분마다
on weekdays at 9 A.M. 평일 오전 9시에
on Thursday afternoon 목요일 오후에
on Friday, March 15th 3월 15일 금요일에

● 대략적인 시기를 나타내는 표현

당신의 식당은 언제 가장 붐비나요?
When is your restaurant the busiest?

보통 점심시간쯤이에요.
Usually around lunchtime.

right after lunch 점심시간 직후에
earlier today 오늘 아침 일찍
later this afternoon 오늘 오후 늦게
sometime next month 다음 달 언젠가
by the end of the day 오늘 안으로
no later than Friday 늦어도 금요일까지
not for a few weeks 몇 주 뒤에
a few weeks ago 몇 주 전에
several years ago 몇 년 전에
as soon as 주어 동사 ~하자마자

🎧 P2_27

고득점 Tip! 제3의 내용으로 답변한 정답

Q.
When will the bike race begin?
자전거 경주는 언제 시작하나요?

A.
You can still grab a cup of coffee. 아직 커피 한 잔은 마셔도 돼요.

▶ 의문사 When을 이용해 '언제'를 묻는 질문이지만, 시간 표현이 아닌 '아직 ~해도 된다'라는 제3의 내용으로 답변한 정답입니다. 다소 엉뚱해 보이지만 커피 한 잔을 마실 시간은 남아 있다는 의미이므로 When 의문문에 적절한 답변이 됩니다. 이처럼 묻는 내용에 대한 직접적인 답변이 아니더라도 끝까지 듣고 문맥적 의미를 정확하게 파악해야 합니다.

연습 문제

질문에 적절하게 답변한 보기를 고른 뒤, 다시 들으면서 빈칸을 채우세요.

1   (A)   (B)   (C)

Q. _____ is your doctor's _____?
(A) San Francisco.
(B) A routine _____.
(C) _____ lunch.

2   (A)   (B)   (C)

Q. _____ will the fabric samples be _____?
(A) _____ this week.
(B) Three different _____.
(C) _____ the cabinet.

3   (A)   (B)   (C)

Q. _____ does the heavy traffic _____?
(A) _____ _____ in the morning.
(B) _____, do you need a ride?
(C) They took the main _____.

4   (A)   (B)   (C)

Q. _____ will the board make a _____ _____?
(A) _____, that would be fair.
(B) _____ is their next meeting.
(C) The _____ of the _____.

5   (A)   (B)   (C)

Q. _____ will the funds be _____?
(A) _____ _____ _____ we complete the transaction.
(B) A small business _____.
(C) It was a lot of _____.

Where 의문문

의문사 Where(어디)로 시작하는 질문으로, 주로 장소나 출처와 관련된 내용으로 응답합니다.

문제 풀이 전략 P2_29

 Where can I find some more printer paper?

STEP 1 질문 파악하기

질문 속 의문사와 키워드를 듣고 어디에 대해 묻고 있는지 파악하세요.

프린터 용지를 어디에서 더 찾을 수 있나요?
▶ 용지가 있는 장소

(A) No, some paper clips.
(B) It's in the top cabinet.
(C) By noon today.

STEP 2 오답 소거하기

음성을 들으면서 오답을 하나씩 소거합니다.

(A̶) 아니요, 몇몇 종이 클립이요.
　　paper를 반복한 오답

(C̶) 오늘 정오까지요.
　　시간으로 답변한 오답

STEP 3 정답 선택하기

오답을 소거하고 남은 보기가 질문에 적절한 답변인지 확인 후 정답으로 선택합니다.

(Ⓑ) 그건 맨 위 캐비닛에 있어요.
　　장소로 적절하게 답변한 정답

✖ 실수하기 쉬운 오답 유형 🎧 P2_30

발음이 비슷한 의문사 When에 맞게 답변한 오답

Q. Where can I go for an eye exam? 시력 검사를 받으러 어디로 가면 되나요?
A. On Wednesday morning. (X) 수요일 오전에요.

Q. Where should I leave my application? 제 지원서를 어디에 두어야 하나요?
A. By the end of the week. (X) 이번 주 말까지요.

Q. Where can I get some safety goggles? 보안경을 어디에서 받을 수 있나요?
A. Probably this afternoon. (X) 아마도 오늘 오후에요.

Q. Where can I take an online Italian class? 이탈리아어 온라인 강의는 어디에서 수강할 수 있나요?
A. A few weeks from now. (X) 지금으로부터 몇 주 뒤에요.

Q. Where are they holding the workshop? 그들은 어디에서 워크숍을 개최하나요?
A. Tomorrow after lunch. (X) 내일 점심시간 후에요.

⭕ 빈출 정답 유형 🎧 P2_31

소프트웨어 사용 설명서는 어디에 있나요?
Where's the instruction manual for the software?

장소/위치로 답변

문서 보관함에요.
In the file cabinet.

제 책상 위에요.
On my desk.

소재/출처로 답변

온라인에서 찾으실 수 있어요.
You can find it online.

웹사이트를 확인하세요.
Check the Web site.

만능 답변

잘 모르겠어요.
I'm not sure.

확인해 볼게요.
Let me check.

빈출 표현

🎧 P2_32

● **in/on/at 전치사로 장소 및 출처를 나타내는 표현**

회사 구내식당은 어디에 있나요?
Where is the company cafeteria?

2층에요.
On the second floor.

in the file cabinet 문서 보관함에
in the supply closet 비품 보관함에
in the bottom desk drawer 책상 서랍 맨 아래 칸에
in the staff room 직원 휴게실에
in the storage room 창고에
in/on the corner 모퉁이에
on the 4th floor 4층에
on a Web site 웹사이트에
at the end of aisle 2 2번 통로 끝에
at a factory in New York 뉴욕에 있는 공장에

● **기타 장소 및 출처를 나타내는 표현**

우리 도시의 역사에 대한 정보는 어디에서 찾을 수 있나요?
Where can I find information about our city's history?

도서관을 확인해 보세요.
Try the library.

to the address below 아래에 있는 주소로
from here 이곳에서(부터)
behind the office building 사무실 건물 뒤에
near the entrance 입구 근처에
next to the library 도서관 옆에
by the bus station 버스 터미널 옆에
down the street 길 아래쪽에
somewhere in the city center 도심 어딘가에
register online 온라인으로 등록하다
try/check 확인해 보다

🎧 P2_33

고득점 Tip! 사람으로 답변한 정답

Q.
Where can I get the keys to the storage closet?
수납장 열쇠는 어디에서 받을 수 있나요?

A.
The office assistant will be back soon. 사무 보조원이 곧 돌아올 거예요.

▶ 어디인지 장소를 묻는 질문에 장소 대신 담당자를 알려주는 답변이 정답으로 출제될 수도 있어요. 위치나 장소를 묻는 의문사 Where와 다소 어울리지 않게 사람으로 답변한다고 해서 무조건 오답으로 소거하지 않아야 합니다.

연습 문제

질문에 적절하게 답변한 보기를 고른 뒤, 다시 들으면서 빈칸을 채우세요.

1 (A) (B) (C)

Q. _____ should I _____ these surveys?
(A) No later than _____.
(B) Around 20 _____ in total.
(C) _____ _____ _____, please.

2 (A) (B) (C)

Q. _____ do you have your _____ _____?
(A) I'm not a good _____.
(B) We were very _____.
(C) _____ _____ _____.

3 (A) (B) (C)

Q. _____ are the extra whiteboard _____?
(A) In the _____ _____.
(B) There's one in the _____.
(C) That's easier to _____.

4 (A) (B) (C)

Q. _____ the _____ for the new headquarters?
(A) Most of the _____ _____.
(B) Do you need _____?
(C) It's _____ _____ the post office.

5 (A) (B) (C)

Q. _____ should I _____ to find out more about voting?
(A) Try _____ _____.
(B) Usually _____ every two years.
(C) Have you seen my _____ wallet?

실전 문제

질문에 적절하게 답변한 보기를 고르세요.

1 (A) (B) (C)

2 (A) (B) (C)

3 (A) (B) (C)

4 (A) (B) (C)

5 (A) (B) (C)

6 (A) (B) (C)

7 (A) (B) (C)

8 (A) (B) (C)

9 (A) (B) (C)

10 (A) (B) (C)

11 (A) (B) (C)

12 (A) (B) (C)

🎧 P2_36

🔊 만능 답변 ②

'못 들었어요'

Q. When will the office picnic be held?
회사 야유회는 언제 열릴 건가요?

A. **I haven't heard.**
저는 못 들었어요.

거의 모든 질문에 정답이 될 수 있는 만능 답변 표현들을 꼭 익혀 두세요.

I haven't been told yet. 아직 못 들었어요.
I haven't been notified yet. 아직 통지를 못 받았어요.
I haven't heard about that. 그것에 대해 못 들었어요.
Nobody told me about them. 아무도 그것들에 대해 제게 말해주지 않았어요.
I'm still waiting to hear. 아직 소식을 기다리고 있어요.

UNIT 05

How, Why 의문문

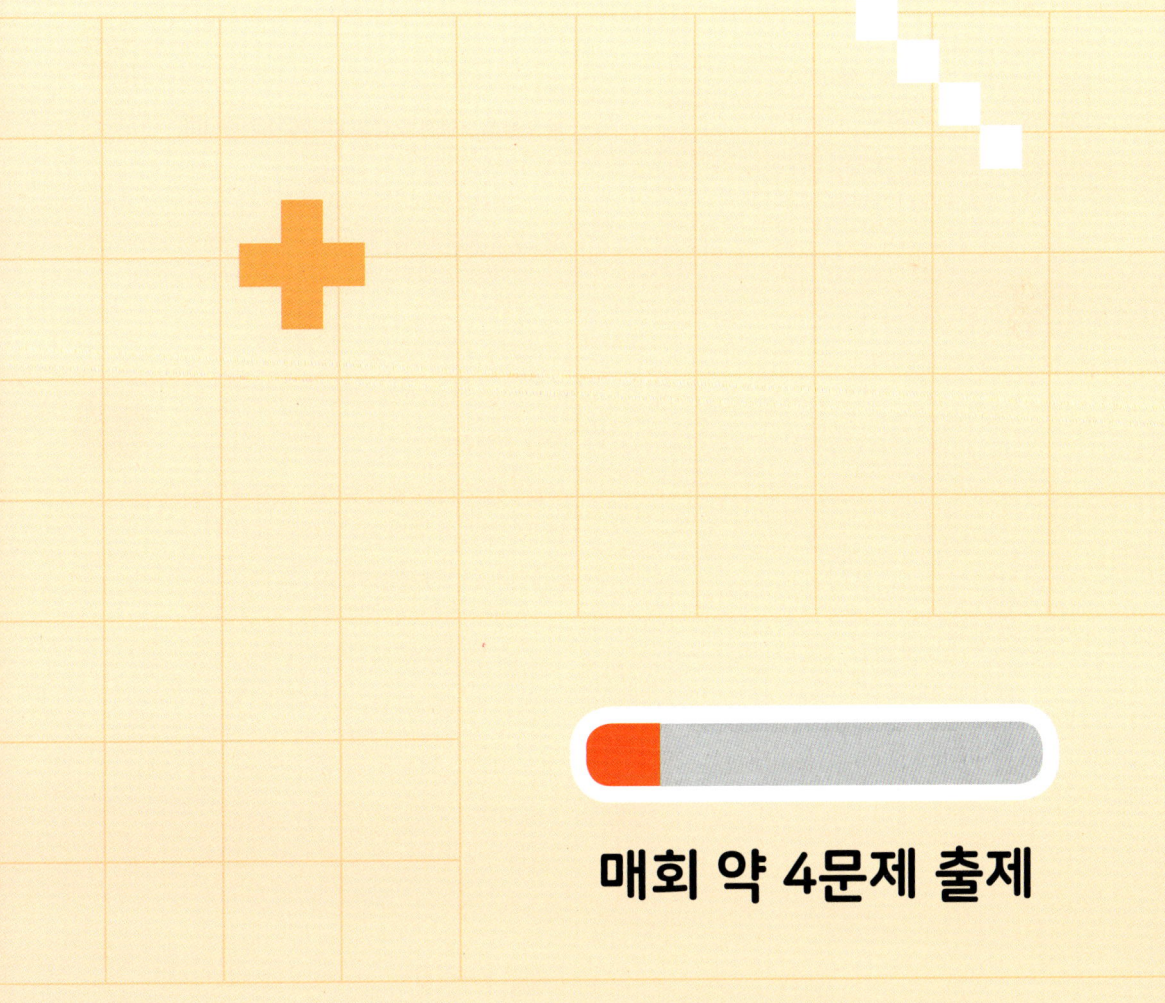

매회 약 4문제 출제

How 의문문

의문사 How(어떻게/얼마나)로 시작하는 질문으로, 방법이나 수단 외에도 의견, 수량 등을 묻기도 합니다.

문제 풀이 전략 P2_37

How do I **change** the document size?

STEP 1
질문 파악하기

질문 속 의문사와 키워드를 듣고 무엇에 대해 묻고 있는지 파악하세요. 특히 How 뒤에 오는 동사나 형용사/부사를 잘 들어야 합니다.

문서 크기를 어떻게 바꾸나요?
▶ 바꾸는 방법

(A) It is for the staff meeting.
(B) Have you exchanged the money?
(C) By pressing this button here.

STEP 2
오답 소거하기

음성을 들으면서 오답을 하나씩 소거합니다.

(A̸) 직원 회의를 위한 거예요.
　'문서'에서 연상되는 '회의'를 이용한 오답
(B̸) 돈을 환전했나요?
　change와 일부 음절이 같은 exchange를 이용한 오답

STEP 3
정답 선택하기

오답을 소거하고 남은 보기가 질문에 적절한 답변인지 확인 후 정답으로 선택합니다.

(C) 여기 이 버튼을 눌러서요.
　방법으로 적절하게 답변한 정답

✖ 실수하기 쉬운 오답 유형

질문 속 어휘를 반복한 오답

Q. How did your job interview go today? 오늘 면접 어땠어요?
A. Sorry, I can't go later. (X) 죄송해요, 더 있다 갈 순 없어요.

Q. How do you usually get to the airport? 보통 공항에 어떻게 가세요?
A. He just landed at the airport. (X) 그는 방금 공항에 착륙했어요.

Q. How should we arrange the window display? 쇼윈도 진열품을 어떻게 배치해야 할까요?
A. Sure. I'll close the window. (X) 그럼요. 제가 창문을 닫을게요.

Q. How do I get my health records from the doctor? 의사에게서 제 건강 기록을 어떻게 받나요?
A. Yes, we broke the record. (X) 네, 저희가 기록을 깼어요.

Q. How much food should I buy for the company picnic? 회사 야유회에 음식을 얼마나 사야 하나요?
A. By the company storage room. (X) 회사 창고 옆에요.

⭕ 빈출 정답 유형

[How ~ 동사]	방법/수단으로 답변
음성 사서함 메시지를 어떻게 확인하나요? How do I check my voicemail messages?	빨간색 버튼을 누르세요. Press the red button.

[How ~ 동사]	의견/상태로 답변
휴가는 어땠어요? How was your vacation?	아주 좋았어요. It was great.

[How + 형용사/부사]	수량/기간 등으로 답변
오늘 밤 영화는 얼마나 길어요? How long is tonight's film?	두 시간 정도예요. About two hours.

빈출 표현

🎧 P2_40

● 방법/수단/의견/상태를 나타내는 표현

비밀번호를 어떻게 재설정하나요?
How do I reset my password?

여기에 있는 이 링크를 클릭하세요.
By clicking this link here.

[방법] fill out/complete a form 양식을 작성하다
press the button 버튼을 누르다
enter a special code 특별 코드를 입력하다
in person/writing 직접/서면으로
through the Internet 인터넷으로
[수단] take a train/bus 기차/버스를 타다
go by taxi 택시로 가다
by cash/credit card 현금/신용카드로
[의견] It was great/excellent. 훌륭했어요.
[상태] Everything went well. 모든 것이 잘되었어요.

● 수량/가격/기간/빈도를 나타내는 표현

베넷 씨와 얼마나 오래 함께 일해왔나요?
How long have you worked with Mr. Bennett?

약 3년 동안이요.
For about three years.

[수량] how many 얼마나 많이
at least 최소한
less than ~보다 적게
enough for ~에 충분한
[가격] how much 얼마
60 dollars a month 한 달에 60달러
[기간] how long/soon 얼마나 오래/빨리
for two days 이틀간
20 minutes for each person 인당 20분
within the next month 다음 달 내로
[빈도] how often 얼마나 자주
once a week 일주일에 한 번

🎧 P2_41

고득점 Tip! How 뒤에 오는 go를 이용해 혼동을 주는 오답

Q.
How did your presentation go?
당신의 발표는 어떻게 되었나요?

A.
I got there by bus. (X) 저는 그곳에 버스를 타고 갔어요.

▶ 동사 go는 장소를 나타내는 표현과 쓰이면 '(~에) 가다'라는 의미이지만, 사물 주어와 함께 go 뒤에 장소 표현이 없다면 '(일이) 진행되다, (어떤) 결과가 되다'라는 의미입니다. 이 두 가지 의미를 이용해 혼동을 주는 오답이 종종 출제되므로, How 의문문에 go가 나오면 무조건 '어떻게 가는지'로 해석하지 말고 전체 문장 구조를 잘 확인해야 합니다.

연습 문제

질문에 적절하게 답변한 보기를 고른 뒤, 다시 들으면서 빈칸을 채우세요.

1 (A) (B) (C)

Q. _____ should I _____ _____ the airport?
(A) Just _____ _____ _____.
(B) No, my _____ was canceled.
(C) Around _____ _____.

2 (A) (B) (C)

Q. _____ _____ will the train be _____?
(A) A _____ _____.
(B) About _____ _____.
(C) The _____ _____.

3 (A) (B) (C)

Q. _____ _____ do the managers _____ the employees?
(A) _____, it didn't go very well.
(B) A list of _____.
(C) They have to do it _____ _____.

4 (A) (B) (C)

Q. _____ did you _____ the concert?
(A) That _____ be nice.
(B) It was _____.
(C) _____ a local bus.

5 (A) (B) (C)

Q. _____ _____ printers did we _____?
(A) They're _____ _____.
(B) Kelly has the _____.
(C) In alphabetical _____.

Why 의문문

의문사 Why(왜)로 시작하는 질문으로, 이유나 목적과 관련된 내용으로 응답합니다.

🎧 문제 풀이 전략   P2_43

 Why did the coffee shop close early yesterday?

STEP 1 — 질문 파악하기

질문 속 의문사와 키워드를 듣고 어떤 이유에 대해 묻고 있는지 파악하세요.

커피숍이 어제 왜 일찍 문을 닫았나요?
▶ 문을 닫은 이유

(A) I do my shopping online.
(B) Because their machines weren't working.
(C) We close at 8 today.

STEP 2 — 오답 소거하기

음성을 들으면서 오답을 하나씩 소거합니다.

(A̶) 저는 온라인으로 쇼핑해요.
    shop에서 파생된 shopping을 이용한 오답
(C̶) 저희는 오늘 8시에 문을 닫아요.
    close를 반복한 오답

STEP 3 — 정답 선택하기

오답을 소거하고 남은 보기가 질문에 적절한 답변인지 확인 후 정답으로 선택합니다.

(B) 그들의 기계가 작동하지 않았기 때문이에요.
    이유로 적절하게 답변한 정답

✖ 실수하기 쉬운 오답 유형

🎧 P2_44

의문사 의문문에 Yes/No로 답변한 오답

Q. Why is there so much traffic? 교통량이 왜 이렇게 많나요?
A. No, you should turn left. (X) 아니요, 좌회전하셔야 해요.

Q. Why is my flight delayed? 제 항공편이 왜 연착되었나요?
A. Yes, I already selected my seat. (X) 네, 저는 이미 좌석을 선택했어요.

Q. Why did the manager e-mail you? 관리자가 왜 당신에게 이메일을 보냈나요?
A. Yes, I'm sure. (X) 네, 확실해요.

Q. Why isn't the library open today? 도서관이 오늘 왜 문을 안 열었나요?
A. No, the concert starts at 12. (X) 아니요, 콘서트는 12시에 시작해요.

Q. Why was tonight's business dinner canceled? 오늘 밤 회식이 왜 취소되었나요?
A. Yes, I'm ready. (X) 네, 준비됐어요.

⭕ 빈출 정답 유형

🎧 P2_45

이 씨는 왜 떠나나요? Why is Ms. Lee leaving?	**이유/원인으로 답변** 그녀는 아프기 때문이에요. Because she is sick.	그녀는 곧 은퇴해요. She is retiring soon.
	목적으로 답변 새로운 일을 시작하기 위해서요. To start a new job.	출장을 위해서요. For a business trip.
	만능 답변 메모 못 받으셨어요? Didn't you get the memo?	부장님이 일러주실 거예요. A manager will let us know.

📢 빈출 표현 🎧 P2_46

● **이유/원인을 나타내는 표현**

배송이 왜 오늘 도착하지 않았나요?
Why didn't the shipment arrive today?

트럭이 고장 났기 때문이에요.
Because the truck broke down.

due to the national holiday 국경일 때문에
because of an approaching storm 다가오는 폭풍 때문에
because it's not finished 완성되지 않았기 때문에
because it's being repaired 수리 중이기 때문에
because a machine is broken 기계가 고장 났기 때문에
because the client requested it 의뢰인이 요청했기 때문에
because the network is down 네트워크가 먹통이기 때문에
because there is construction 공사가 있기 때문에
because they're replacing some equipment
일부 장비를 교체하고 있기 때문에
because there's a problem with the Web site
웹사이트에 문제가 있기 때문에

● **목적을 나타내는 표현**

이치로는 왜 시카고로 이사했나요?
Why did Ichiro move to Chicago?

사업을 시작하기 위해서요.
To start his own business.

to meet the client 의뢰인을 만나기 위해
to start a different job 다른 일을 시작하기 위해
to cancel the reservation 예약을 취소하기 위해
to discuss a new project 새로운 프로젝트를 논의하기 위해
to attend the board meeting 이사회에 참석하기 위해
to welcome new employees 신입 직원들을 환영하기 위해
for a business trip 출장을 위해
for personal business 개인 용무를 위해
for a vacation 휴가를 위해
for the conference next week 다음 주 학회를 위해

🎧 P2_47

고득점 Tip! 권유나 제안을 나타내는 Why 의문문에 Because로 답변한 오답

Q.
Why don't you join us for dinner?
저희랑 같이 저녁 식사 하시는 게 어때요?

A.
Because she likes the restaurant. (X) 그녀가 그 식당을 좋아하기 때문이에요.

▶ Why don't you ~?는 의문사 Why(왜)로 시작하지만 이유나 목적을 묻는 질문이 아니라, '~하는 게 어때요?'라는 의미로 상대방에게 권유나 제안을 하는 의문문입니다. 이러한 의문문에는 수락 또는 거절을 나타내는 답변이 나와야 하는데, Because(왜냐하면)를 이용한 오답이 자주 출제되므로 주의해야 합니다.

연습 문제

질문에 적절하게 답변한 보기를 고른 뒤, 다시 들으면서 빈칸을 채우세요.

1 (A) (B) (C)

Q. _____ was the attendance at the football game _____?
(A) _____ _____ the cold weather.
(B) I'll give that a _____.
(C) He's in a _____ position.

2 (A) (B) (C)

Q. _____ didn't you _____ assembling the shelves?
(A) _____, they look much better.
(B) I'm missing some _____ _____.
(C) One of the bottom _____.

3 (A) (B) (C)

Q. _____ doesn't my _____ for the Web site _____?
(A) You'd better _____ _____ the IT department.
(B) Can I use my bus _____?
(C) Thousands of _____ daily.

4 (A) (B) (C)

Q. _____ hasn't the _____ been sent?
(A) I'll open a _____ _____.
(B) _____ the banking details were wrong.
(C) _____, I'd love to.

5 (A) (B) (C)

Q. _____ is Mr. Stanley _____ to Atlanta?
(A) 10 business _____.
(B) It's my favorite book.
(C) _____ _____ the new factory.

실전 문제

질문에 적절하게 답변한 보기를 고르세요.

1 (A)   (B)   (C)

2 (A)   (B)   (C)

3 (A)   (B)   (C)

4 (A)   (B)   (C)

5 (A)   (B)   (C)

6 (A)   (B)   (C)

7 (A)   (B)   (C)

8 (A)   (B)   (C)

9 (A)   (B)   (C)

10 (A)   (B)   (C)

11 (A)   (B)   (C)

12 (A)   (B)   (C)

🎧 P2_50

만능 답변 ③

'확인해 볼게요'

Q. How often does this machine need to be inspected?
이 기계는 얼마나 자주 점검되어야 하나요?

A. **We should check the manual.**
설명서를 확인해 봐야 해요.

거의 모든 질문에 정답이 될 수 있는 만능 답변 표현들을 꼭 익혀 두세요.

I'll have to check. 확인해 봐야겠어요.
I'll check our patient list. 환자 목록을 확인해 볼게요.
I'll check to see what's available. 무엇이 이용 가능한지 확인해 볼게요.
Let me check my calendar. 달력을 확인해 볼게요.
I should check with our distributor. 저희 판매 대리점에 확인해 봐야 해요.

일반, 부가 의문문

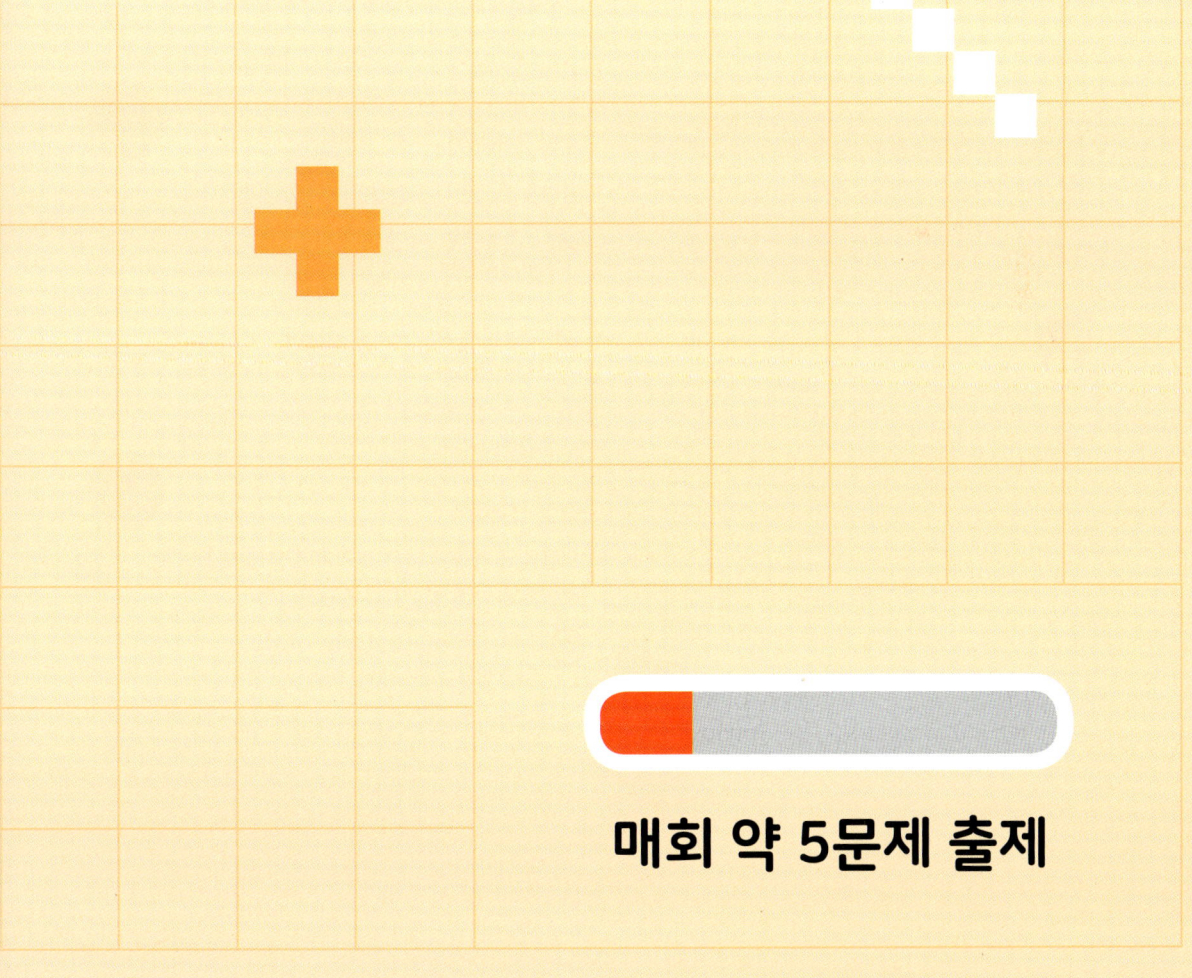

매회 약 5문제 출제

일반 의문문

의문사 없이 be동사나 조동사(Do/Have/Can 등)로 시작하는 질문으로, 묻는 내용에 긍정 또는 부정을 나타내거나 부연 설명하는 내용으로 응답합니다.

🎯 문제 풀이 전략　　　　　　　　🎧 P2_51

Is the fitness center open on holidays?

STEP 1 · 질문 파악하기

질문 속 be동사/조동사와 키워드를 듣고 무엇에 대해 묻고 있는지 파악하세요. 주어와 시제까지 잘 듣도록 합니다.

헬스장이 휴일에 문을 여나요?
▶ 문을 여는지

* be동사나 조동사에 not이 붙은 부정 의문문도 나올 수 있어요. 이 경우에도 문제 풀이 전략은 일반 의문문과 다르지 않으므로 not은 신경 쓰지 않아도 됩니다.

(A) Yes, but with shorter hours.
(B) They're on the top shelf.
(C) We had a nice vacation.

STEP 2 · 오답 소거하기

음성을 들으면서 오답을 하나씩 소거합니다.

(B̶) 그것들은 맨 위 선반에 있어요.
　　center(센터)의 다른 의미인 '중앙'에서 연상되는 '맨 위'를 이용한 오답

(C̶) 우리는 즐거운 휴가를 보냈어요.
　　holidays에서 연상되는 vacation을 이용한 오답

STEP 3 · 정답 선택하기

오답을 소거하고 남은 보기가 질문에 적절한 답변인지 확인 후 정답으로 선택합니다.

(A) 네, 하지만 영업시간은 더 짧아요.
　　Yes로 답변 후 부연 설명한 정답

✖ 실수하기 쉬운 오답 유형

🎧 P2_52

파생어를 이용한 오답

project 과제; 계획하다 projector 프로젝터	Q.	Did you complete a research project? 당신은 연구 과제를 완료했나요?
	A.	The projector feels very hot. (X) 프로젝터가 아주 뜨거워요.
development 개발 develop 개발하다	Q.	Aren't you managing a development team? 당신은 개발팀을 관리하고 있지 않나요?
	A.	It's being developed. (X) 그건 개발되는 중이에요.
management 관리 manager 관리자	Q.	Wasn't the seminar about time management? 그 세미나는 시간 관리에 관한 것이 아니었나요?
	A.	I hired a property manager. (X) 부동산 관리자를 고용했어요.
attend 참석하다, 출석하다 attendance 참석, 출석	Q.	Are you going to attend tomorrow's training session? 당신은 내일 교육에 참석할 건가요?
	A.	An attendance sheet. (X) 출석부요.
distributor 유통업자 distribution 분배	Q.	Hasn't Marcella heard back from the Canadian distributors? 마르셀라는 캐나다 유통업자들로부터 회신을 못 받았나요?
	A.	An equal distribution of funds. (X) 자금의 균등한 분배요.

⭕ 빈출 정답 유형

🎧 P2_53

발표 준비를 끝냈나요?
Are you finished preparing your presentation?

Yes/No로 답변

네, 준비됐어요.
Yes, it's ready.

아니요, 그건 다음 주까지예요.
No, it's due next week.

Yes/No 없이 답변

슬라이드 한 개만 끝내면 돼요.
I just need to finish one slide.

오늘 늦게까지 남아 있어야 할 것 같아요.
I think I have to stay late tonight.

제3의 답변

그건 마리아가 할 거예요.
Maria's going to do it.

제 이메일 못 보셨어요?
Didn't you see my e-mail?

빈출 표현

🎧 P2_54

● 일반 의문문 빈출 질문

월요일 오후에 만나는 게 가능한가요?
Is it possible to meet on Monday afternoon?

일정표를 확인해 볼게요.
Let me check my calendar.

Are you ready to _____? ~할 준비가 되었나요?
Are you finished _____? ~을 끝냈나요?
Are _____ due today? ~가 오늘까지인가요?
Is _____ open? ~가 문을 열었나요?
Is there any way to _____? ~할 방법이 있나요?
Wasn't it supposed to _____? ~하기로 되어 있지 않았나요?
Do you need _____? ~가 필요한가요?
Do you think _____? ~라고 생각하나요?
Have you seen _____? ~을 본 적 있나요?
Should we send out _____? ~을 배포해야 하나요?

● 일반 의문문 빈출 답변

그 책들을 당신 사무실로 가져가는 데 도움이 필요한가요?
Do you need help taking those books to your office?

네, 그렇게 해 주시면 좋겠어요.
Sure, that would be great.

Sure/Right/Actually/Well, 물론이죠/맞아요/사실은/글쎄요,
Yes, I believe so. 네, 그렇게 생각해요.
That's what I heard. 제가 들은 바로는 그래요.
Let's do that now. 지금 그걸 합시다.
That would be great. 그게 좋겠네요.
No, I don't think so. 아니요, 전 그렇게 생각하지 않아요.
Not that I see. 제가 보기엔 아니에요.
I still have to do it. 아직 해야 돼요.
They're due on Friday. 금요일까지예요.
It will be ready by next week. 다음 주까지 준비될 거예요.

🎧 P2_55

고득점 Tip! **be동사와 조동사의 혼동을 이용한 오답**

Q.
Did you sign the contract?
당신은 그 계약서에 서명했나요?

A.
No, I'm not. (X) 아니요, 저는 아니에요.

▶ 의미상으로는 정답이 될 수 있을 법한 내용이지만, 조동사 do(하다)로 묻는 질문에 be동사(~이다)로 답변했으므로 오답입니다. 단순하게 해석만으로 문제를 풀면 이러한 오답 함정에 빠지기 쉬우므로 항상 동사의 일치 여부를 확인하고 정답을 선택해야 합니다.

연습 문제

질문에 적절하게 답변한 보기를 고른 뒤, 다시 들으면서 빈칸을 채우세요.

1 (A) (B) (C)

Q. _____ you _____ a transfer overseas?
(A) You can _____ a few.
(B) _____, I decided to stay here instead.
(C) A variety of job opportunities.

2 (A) (B) (C)

Q. _____ you _____ a tripod for the photo shoot?
(A) I think you should _____ again.
(B) They're uploaded to the _____.
(C) Tommy said we could _____ his.

3 (A) (B) (C)

Q. _____ there any customer _____ today?
(A) For three _____.
(B) _____, not even one.
(C) I might _____ there.

4 (A) (B) (C)

Q. _____ there be _____ between the speakers' presentations?
(A) Leaders in their field.
(B) Haven't you seen the _____?
(C) _____, that's a reasonable price.

5 (A) (B) (C)

Q. _____ the refrigerator supposed to be _____ soon?
(A) Yes, sometime in the _____.
(B) A well-known _____ store.
(C) _____, I usually cook at home.

부가 의문문

평서문 뒤에 aren't you?, didn't you?와 같은 꼬리말이 붙은 질문으로, 일반 의문문과 같이 긍정 또는 부정을 나타내거나 부연 설명하는 내용으로 응답합니다.

문제 풀이 전략　　P2_57

The pharmacy's on this street, isn't it?

STEP 1 질문 파악하기

질문 속 평서문을 듣고 무엇에 대해 묻고 있는지 파악하세요. 주어와 시제까지 잘 듣도록 합니다.

약국이 이 거리에 있죠, 그렇지 않나요?
▶ 약국이 이 거리에 있는지

* 긍정문 뒤에는 부정의 꼬리말이, 부정문 뒤에는 긍정의 꼬리말이 붙어요.

(A) No. She's feeling unwell.
(B) An organic farm.
(C) Yes, by the bakery.

STEP 2 오답 소거하기

음성을 들으면서 오답을 하나씩 소거합니다.

(A̶) 아니요. 그녀는 컨디션이 좋지 않아요.
　'약국'에서 연상되는 '컨디션이 좋지 않다'를 이용한 오답
(B̶) 유기농 농장이요.
　pharmacy와 발음이 비슷한 farm을 이용한 오답

STEP 3 정답 선택하기

오답을 소거하고 남은 보기가 질문에 적절한 답변인지 확인 후 정답으로 선택합니다.

(C) 네, 빵집 옆에요.
　Yes로 답변 후 부연 설명한 정답

* 꼬리말의 형태와 상관없이 묻는 내용에 대해 긍정이면 Yes, 부정이면 No로 답변합니다.

✖ 실수하기 쉬운 오답 유형

🎧 P2_58

주어만 바꾸어 답변한 오답

Q. You want to order dessert, don't you? 당신은 디저트를 시키고 싶죠, 그렇지 않나요?
A. No, she's too full. (X) 아니요, 그녀는 너무 배불러요.

Q. You're looking for an apartment, aren't you? 당신은 아파트를 찾고 있죠, 그렇지 않나요?
A. He might have found a place. (X) 그는 아마 집을 찾았을 거예요.

Q. Kim was here just a minute ago, right? 킴이 조금 전에 여기 있었죠, 맞죠?
A. They were, but they had to leave. (X) 그들이 있었는데, 떠나야 했어요.

Q. You aren't going to take our clients out for dinner, are you?
우리 고객들 데리고 나가서 저녁 식사 안 하실 거죠, 그렇죠?
A. She'll have a meal delivered. (X) 그녀는 식사를 배달시킬 거예요.

Q. I should arrange a taxi to take you to the airport, shouldn't I?
당신을 공항으로 데려다줄 택시를 제가 준비해야 하는 거죠, 그렇지 않나요?
A. No, he'll just take the train. (X) 아니요, 그는 그냥 기차를 탈 거예요.

⭕ 빈출 정답 유형

🎧 P2_59

당신은 지난 주말에
하이킹을 갔죠,
그렇지 않나요?
You went hiking
last weekend,
didn't you?

Yes/No로 답변

네, 갔어요.
Yes, I did.

아니요, 그건 다음 주예요.
No, it's next week.

Yes/No 없이 답변

그게 제가 일찍 떠난 이유예요.
That's why I left early.

정말 즐거웠어요.
I really enjoyed myself.

제3의 답변

경치가 아름다웠어요.
The view was lovely.

저는 연구 제안서를 끝내야 했어요.
I had to finish the grant proposal.

빈출 표현

● 부가 의문문 빈출 질문

기차는 아직 안 떠났죠, 그렇죠?
The train hasn't left yet, has it?

아니요, 5분 남았어요.
No, you've got five minutes.

You're going to ___, aren't you?
~에 갈 거죠, 그렇지 않나요?
You reserved ___, didn't you?
~를 예약했죠, 그렇지 않나요?
People have received ___, haven't they?
사람들은 ~을 받았죠, 그렇지 않나요?
We need to ___, don't we? 우리는 ~해야 하죠, 그렇지 않나요?
There isn't ___, is there? ~가 없죠, 그렇죠?
___ is new, isn't it? ~는 새것이죠, 그렇지 않나요?
___ was approved, right? ~는 승인이 되었죠, 맞죠?
___ is arriving soon, right? ~는 곧 도착하죠, 맞죠?
___ has been fixed, right? ~는 수리되었죠, 맞죠?
___ starts at 9 o'clock, doesn't it?
~는 9시에 시작하죠, 그렇지 않나요?

● 부가 의문문 빈출 답변

재키가 이 문서를 번역하고 있죠, 맞죠?
Jacky's translating this document, right?

네, 그녀는 거의 끝냈어요.
Yes, she's almost finished.

I agree. 저도 동의해요.
I'll be there. 거기 갈 거예요.
I did it already. 이미 했어요.
I forgot to do that. 그거 하는 걸 깜빡했어요.
every now and then 때때로, 가끔
They should arrive tomorrow. 그것들은 내일 도착할 거예요.
Construction will begin next week.
공사는 다음 주에 시작할 거예요.
Absolutely, it was fun. 그렇고말고요, 재밌었어요.
Actually, we're still deciding. 사실, 우린 아직 결정 중이에요.
Definitely, it should be here this morning.
확실히, 그건 오늘 오전에 여기 도착해야만 해요.

고득점 Tip! 모든 문장에 붙을 수 있는 만능 꼬리말

Q.
The park is nearby, right?
공원이 근처에 있죠, 맞죠?

A.
Yes, around that corner. 네, 저쪽 모퉁이를 돌면 있어요.

▶ aren't you?, didn't you?와 같은 'be동사/조동사 + 주어' 형태의 꼬리말과 달리 right?(맞죠?)이나 don't you think?(그렇게 생각하지 않나요?)는 긍정문/부정문에 상관없이 모든 문장의 뒤에 붙을 수 있습니다. 다른 부가 의문문과 마찬가지로 묻는 내용에 대해 긍정이면 Yes, 부정이면 No로 답변합니다.

연습 문제

P2_62 정답 및 해설 p.36

질문에 적절하게 답변한 보기를 고른 뒤, 다시 들으면서 빈칸을 채우세요.

1 (A) (B) (C)

Q. The _____ was _____ yesterday, right?
(A) The street _____.
(B) I'll meet you there.
(C) _____, I believe so.

2 (A) (B) (C)

Q. The _____ members have _____ the budget, haven't they?
(A) _____, they have.
(B) A monthly _____.
(C) The _____ version, please.

3 (A) (B) (C)

Q. We'll use a _____ for the staff _____, won't we?
(A) I work for a law firm.
(B) Try Traverse _____.
(C) The _____ has already been set.

4 (A) (B) (C)

Q. You _____ to the publisher's _____, didn't you?
(A) _____ work well as a team.
(B) I haven't checked my e-mail yet.
(C) I've read this _____ before.

5 (A) (B) (C)

Q. I'll be _____ with you at the marathon, _____?
(A) _____, that's the plan.
(B) Let's take our _____.
(C) _____, but I returned it.

실전 문제

질문에 적절하게 답변한 보기를 고르세요.

1. (A) (B) (C)
2. (A) (B) (C)
3. (A) (B) (C)
4. (A) (B) (C)
5. (A) (B) (C)
6. (A) (B) (C)
7. (A) (B) (C)
8. (A) (B) (C)
9. (A) (B) (C)
10. (A) (B) (C)
11. (A) (B) (C)
12. (A) (B) (C)

🎧 P2_64

만능 답변 ④

'다른 사람에게 물어보세요'

Q. Does this hotel have a restaurant?
이 호텔에 식당이 있나요?

A. You'll have to check with the front desk.
프런트에 확인해 보셔야 할 거예요.

거의 모든 질문에 정답이 될 수 있는 만능 답변 표현들을 꼭 익혀 두세요.

Check with Nina. 니나에게 확인해 보세요.

David would know. 데이빗이 알 거예요.

You'd better ask Terry. 테리한테 물어보시는 게 좋을 거예요.

You should call Susan, the organizer.
주최자인 수잔에게 전화해 보셔야 해요.

Oh, you should ask a sales associate.
아, 영업 사원에게 물어보셔야 해요.

UNIT 07

간접, 선택 의문문

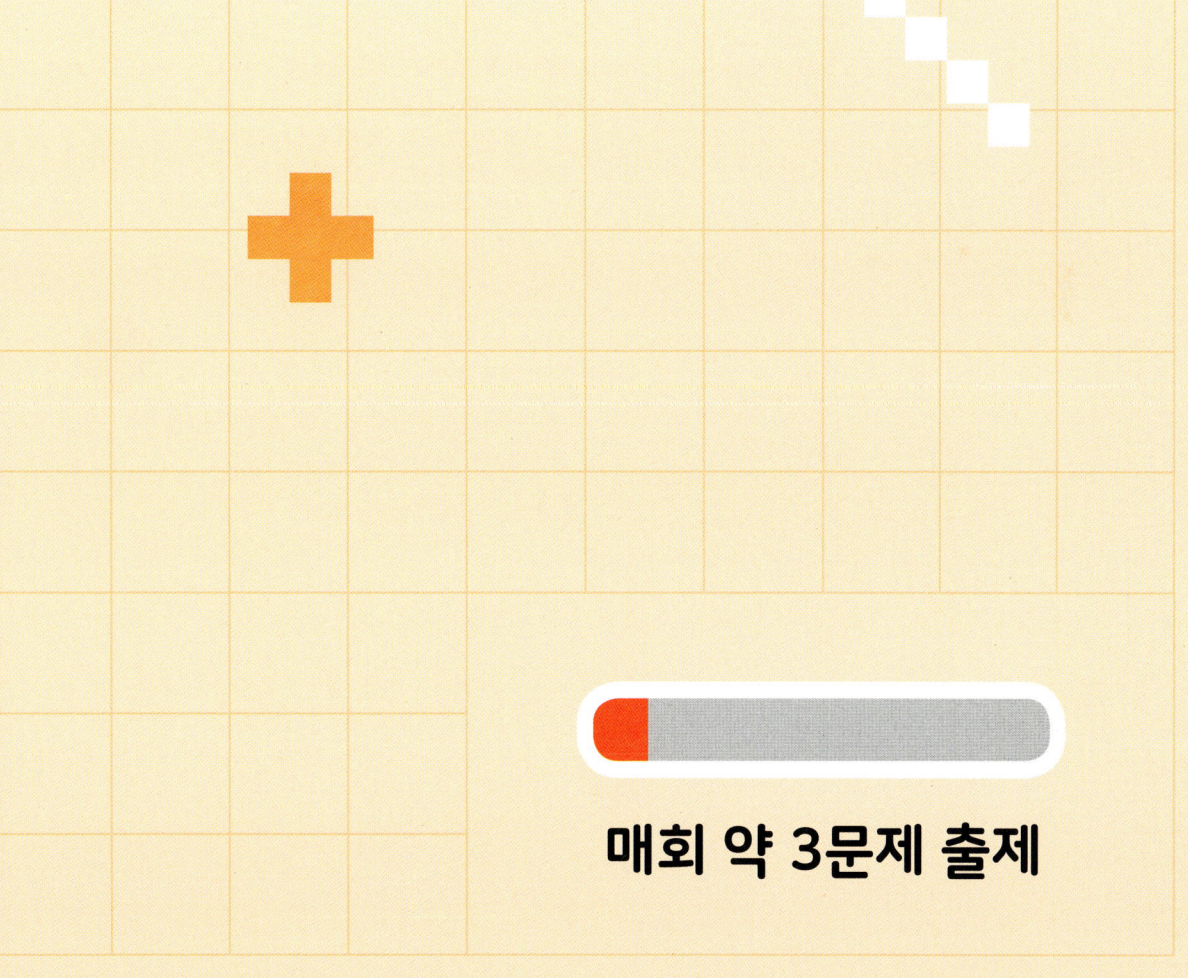

매회 약 3문제 출제

간접 의문문

일반 의문문 안에 의문사 의문문이 포함되어 있는 형태의 질문으로, 질문 속 의문사와 관련된 내용으로 응답합니다.

🎮 문제 풀이 전략 P2_65

 Could you tell me where Ms. Miller's desk is?

STEP 1 · 질문 파악하기

질문 속 의문사와 키워드를 듣고 무엇에 대해 묻고 있는지 파악하세요.

밀러 씨의 책상이 어딘지 알려 주실 수 있나요?
▶ 어딘지 알려 줄 수 있는지

(A) A computer and keyboard.
(B) I'm going there now.
(C) Yes, she will.

STEP 2 · 오답 소거하기

음성을 들으면서 오답을 하나씩 소거합니다.

(~~A~~) 컴퓨터랑 키보드요.
　　'책상'에서 연상되는 '컴퓨터'와 '키보드'를 이용한 오답

(~~C~~) 네, 그녀가 할 거예요.
　　Ms. Miller(밀러 씨)를 나타내는 대명사 she를 이용한 오답

STEP 3 · 정답 선택하기

오답을 소거하고 남은 보기가 질문에 적절한 답변인지 확인 후 정답으로 선택합니다.

(B) 지금 거기로 가는 중이에요.
　　어딘지 알려 줄 수 있다는 것을 간접적으로 나타낸 정답

✖ 실수하기 쉬운 오답 유형

🎧 P2_66

반대되는 의미를 가진 어휘를 이용한 오답

open 열다 close 닫다	Q. Do you know how I can open the supply cabinet? 용품 보관함을 어떻게 여는지 아세요? A. They are closed on Mondays. (X) 그들은 월요일에 문을 닫아요.
off 쉬는, 꺼진 on 작동하고 있는	Q. Can you tell me when your day is off? 쉬는 날이 언제인지 말해 주실 수 있나요? A. The light can stay on. (X) 불은 계속 켜져 있을 수 있어요.
small 작은 big 큰	Q. Do you know where the small blue bag is? 그 작은 파란색 가방이 어디에 있는지 아세요? A. No, it's not big enough. (X) 아니요, 그건 충분히 크지 않아요.
high 높은 low 아래쪽의, 낮은	Q. Do you know why this invoice is a little higher than usual? 이번 청구서가 왜 평소보다 약간 더 비용이 높은지 아세요? A. It's in the lower drawer. (X) 더 아래쪽 서랍에 있어요.
free 무료의 expensive 비싼	Q. Do you know who is in charge of the free copy of this magazine? 이 잡지의 무료 복사본을 누가 담당하는지 아세요? A. That copy machine is very expensive. (X) 그 복사기는 매우 비싸요.

⭕ 빈출 정답 유형

🎧 P2_67

이 기계를 어떻게 켜는지 아세요?
Do you know how to turn on this machine?

질문 속 의문사에 맞게 답변

오른쪽에 있는 버튼을 누르세요.
Push the button on the right.

제가 설명서를 가지고 있어요.
I have a manual.

Yes/No로 일반 의문문에 답변

네, 제가 보여드릴게요.
Yes, let me show you.

아니요, 기술자에게 전화하세요.
No, call the technician.

만능 답변

아, 미나에게 물어보셔야 해요.
Oh, you should ask Mina.

죄송해요, 전 몰라요.
Sorry, I don't know.

빈출 표현

● 간접 의문문 빈출 질문

조 씨의 사무실이 어디에 있는지 말해 주실 수 있나요?
Can you tell me where Mr. Cho's office is?

그곳은 2층에 있어요.
It's on the second floor.

Do you know _____? ~를 아세요?
Do you remember _____? ~를 기억하세요?
Do you see _____? ~가 보이세요?
Does anyone know _____? ~를 아는 사람이 있나요?
Did you find out _____? ~를 알아내셨나요?
Have you decided _____? ~를 결정하셨나요?
Have you heard _____? ~를 들으셨나요?
Can/May I ask _____? ~를 여쭤봐도 될까요?
Can/Could you tell me _____? ~를 말해/알려 주실 수 있나요?
Can/Could you show me _____? ~를 보여 주실 수 있나요?

● 간접 의문문 속 빈출 의문사

이 문서를 어떻게 스캔하는지 보여 주실 수 있나요?
Can you show me how to scan this document?

네, 제가 도와드릴 수 있어요.
Yes, I can help you.

who ordered _____ 누가 ~를 주문했는지
what we're going to do 우리가 무엇을 할 것인지
which _____ to buy 어느 ~를 살 것인지
when _____ opens ~가 언제 문을 여는지
where _____ is located ~가 어디에 위치해 있는지
where _____ will be held ~가 어디서 열릴 것인지
how to get to _____ ~에 어떻게 가는지
how many _____ we need ~가 얼마나 많이 필요한지
how long it takes to _____ ~하는 데 얼마나 걸리는지
why _____ hasn't come yet ~가 왜 아직 오지 않았는지

I don't know ~로 답변한 오답

Q.
Have we decided what we're going to do with the budget surplus?
우리가 남은 예산으로 무엇을 할 것인지 결정했었나요?

A.
I don't know where. (X) 저는 어딘지 몰라요.

▶ I don't know(모르겠어요)는 모든 질문에 정답이 될 수 있는 만능 답변이지만, know 뒤에 무언가가 붙으면 그것의 의미가 질문과 어울려야만 정답이 된다는 것을 잊지 마세요. 보기의 앞부분만 듣고 섣불리 판단하지 않아야 합니다.

연습 문제

질문에 적절하게 답변한 보기를 고른 뒤, 다시 들으면서 빈칸을 채우세요.

1 (A)   (B)   (C)

Q. Do you know _____ Steve left the _____?
(A) Try the _____ _____.
(B) _____ Friday.
(C) We _____ early.

2 (A)   (B)   (C)

Q. Does anyone know _____ the _____ are for the monthly bonus?
(A) She's a hard worker.
(B) They'll _____ those next week.
(C) I was _____ to receive it.

3 (A)   (B)   (C)

Q. Did you find out _____ the investors will _____?
(A) _____ _____ a good impression.
(B) A _____ of the building.
(C) Yes, they're coming next _____.

4 (A)   (B)   (C)

Q. Do you know _____ my file didn't _____?
(A) He usually _____ them.
(B) Yes, in black and white.
(C) Is the ink cartridge _____?

5 (A)   (B)   (C)

Q. Can you tell me _____ will be replacing our _____ _____?
(A) It hasn't been _____ yet.
(B) That's a relief.
(C) Just _____ them on the table.

선택 의문문

접속사 or(또는)를 이용해 두 가지 사항 중에 어느 것을 선택할지 묻는 질문으로, 선택 사항과 관련된 내용으로 응답합니다.

👤 문제 풀이 전략  P2_71

🔊 Will the file cabinet be delivered today or tomorrow?

STEP 1 질문 파악하기

질문 속 키워드를 듣고 무엇에 대해 묻고 있는지 파악하세요. 두 가지 선택 사항을 모두 들어야 합니다.

파일 보관함이 오늘 배송될까요, 아니면 내일 배송될까요?
▶ 오늘 아니면 내일

🔊 (A) It's arriving today.
(B) The records office.
(C) Let's leave them in the hallway.

STEP 2 오답 소거하기

음성을 들으면서 오답을 하나씩 소거합니다.

(B̸) 기록 관리실이요.
　　'파일'에서 연상되는 '기록 관리실'을 이용한 오답
(C̸) 그것들을 복도에 둡시다.
　　'배송되다'에서 연상되는 '복도에 두다'를 이용한 오답

STEP 3 정답 선택하기

오답을 소거하고 남은 보기가 질문에 적절한 답변인지 확인 후 정답으로 선택합니다.

(A) 그것은 오늘 도착할 거예요.
　　둘 중 하나로 적절하게 답변한 정답

120

✖ 실수하기 쉬운 오답 유형

연상 어휘를 이용한 오답

beach 해변 summer 여름	**Q.** Are you driving or taking a bus to the beach? 해변에 운전해서 가나요, 아니면 버스를 타고 가나요? **A.** Every summer for the past five years. (X) 지난 5년간 매 여름마다요.
appointment 예약 check-up 검진	**Q.** Would you like a morning or an afternoon appointment? 오전 예약으로 하시겠어요, 아니면 오후 예약으로 하시겠어요? **A.** She was at her annual check-up. (X) 그녀는 해마다 받는 정기 검진 중이었어요.
restaurant 식당 order 주문, 순서	**Q.** Do you want to eat at a Korean or an Italian restaurant? 한국 식당에서 드시고 싶으세요, 아니면 이탈리아 식당에서 드시고 싶으세요? **A.** In alphabetical order. (X) 알파벳순으로요.
conference room 회의실 meeting 회의	**Q.** Can we work in your office or should we go to the conference room? 우리가 당신의 사무실에서 일해도 될까요, 아니면 회의실로 가야 할까요? **A.** A two-hour meeting. (X) 두 시간의 회의예요.
bank 은행 deposit 입금하다	**Q.** Did the bank offer you the position verbally or in writing? 은행에서 그 직책을 구두로 제안했나요, 아니면 서면으로 제안했나요? **A.** Please deposit this in my savings account. (X) 이걸 제 예금 계좌에 입금해 주세요.

○ 빈출 정답 유형

우리가 운전을 해야 할까요, 아니면 기차를 타야 할까요?
Should we drive or take the train?

둘 중 하나를 선택하여 답변

저는 운전하는 게 더 좋아요.
I'd prefer to drive.

기차를 타야 할 것 같아요.
I think we should take the train.

둘 다 선택하여 답변

둘 다 괜찮아요.
Either is fine.

둘 다 고려 중이에요.
I'm considering both.

둘 다 거절하거나 제3의 선택으로 답변

둘 다 아니에요. 비행기 타고 가는 건 어때요?
Neither. Why don't we fly there?

택시를 탑시다.
Let's take a taxi.

빈출 표현

🎧 P2_74

● **둘 중 하나를 선택하는 표현**

달리는 것을 좋아하시나요, 아니면 자전거 타는 것을 좋아하시나요?
Do you prefer running or cycling?

저는 달리는 것이 좋아요.
I like running.

I'll try ▇▇▇. ~로 할게요.
I'd rather ▇▇▇. ~하고 싶어요.
I'd prefer ▇▇▇. ~가 더 좋아요.
I decided to ▇▇▇. ~하기로 결정했어요.
▇▇▇ is fine. ~가 괜찮아요.
▇▇▇ would be best. ~가 가장 좋겠어요.
I think we should ▇▇▇. 우리가 ~해야 할 것 같아요.
I think ▇▇▇ would be better. ~가 더 나을 것 같아요.
which costs less 비용이 덜 드는 것
whenever possible 언제든 가능할 때

● **둘 다 선택하거나 거절하는 표현**

금요일 콘서트 표를 사야 할까요, 아니면 토요일 것을 사야 할까요?
Should we purchase concert tickets for Friday or Saturday?

저는 둘 다 밤에 일해요.
I work both nights.

either 둘 중 아무거나 하나
neither/none 둘 중 어느 것도 아닌
I'll have both, please. 둘 다 부탁할게요.
I'm considering both. 둘 다 고려 중이에요.
We have several options. 몇 가지 선택 사항이 있어요.
I don't care. 상관없어요.
It's up to you. 당신에게 달렸어요.
It doesn't matter to me. 저는 상관없어요.
I don't have a preference. 특별히 선호하는 건 없어요.
Either way is fine with me. 어느 방식이든 괜찮아요.

🎧 P2_75

고득점 Tip! 조건을 붙여 답변한 정답

Q.
Would you prefer to fly in the morning or the afternoon?
오전 비행을 선호하시나요, 아니면 오후 비행을 선호하시나요?

A.
Whichever one is cheaper. 어느 것이든 더 저렴한 거요.

▶ 두 가지 선택 사항 중 하나를 바로 선택하지 않고, '둘 중 ~한 것'이라는 조건을 붙여 간접적으로 답변하는 경우도 있어요. 선택 의문문 답변에서 Whichever(어느 것이든지), Whatever(무엇이든지), Whenever(언제든지)와 같은 표현이 나오면 조건을 붙여 답변한 정답일 확률이 높으므로 주의 깊게 들어야 합니다.

연습 문제

질문에 적절하게 답변한 보기를 고른 뒤, 다시 들으면서 빈칸을 채우세요.

1 (A) (B) (C)

Q. Have you _____, or are you _____ at a company?
(A) You'd better take a _____.
(B) _____, within a few years.
(C) I still do _____ full time.

2 (A) (B) (C)

Q. Would you prefer to eat _____ or on the _____?
(A) I plan to take the food _____ _____.
(B) I've never been to that _____.
(C) _____, when the weather is nice.

3 (A) (B) (C)

Q. Is Richard looking for a _____ sofa or _____ one?
(A) _____ the living room.
(B) I'd prefer to wait here.
(C) He wants _____ _____.

4 (A) (B) (C)

Q. Would you like a _____ or _____ room?
(A) There's _____ over there.
(B) _____ would be fine.
(C) He stays at the _____ often.

5 (A) (B) (C)

Q. Did Haley use _____ or _____ mail for the blueprints?
(A) Definitely _____ mail.
(B) The building plans.
(C) _____, I expressed my concern.

실전 문제

질문에 적절하게 답변한 보기를 고르세요.

1. (A) (B) (C)
2. (A) (B) (C)
3. (A) (B) (C)
4. (A) (B) (C)
5. (A) (B) (C)
6. (A) (B) (C)
7. (A) (B) (C)
8. (A) (B) (C)
9. (A) (B) (C)
10. (A) (B) (C)
11. (A) (B) (C)
12. (A) (B) (C)

🎧 P2_78

👍 만능 답변 ⑤

'결정되지 않았어요'

Q. Do you know who's going to be hired as the new assistant?
새로운 조수로 누가 고용될 것인지 아세요?

A. It hasn't been decided yet.
그건 아직 결정되지 않았어요.

거의 모든 질문에 정답이 될 수 있는 만능 답변 표현들을 꼭 익혀 두세요.

I'm still deciding. 아직 결정하는 중이에요.
We haven't decided yet. 아직 결정하지 않았어요.
It hasn't been confirmed. 그건 확정되지 않았어요.
They haven't made a decision yet.
그들은 아직 결정을 내리지 않았어요.
They are meeting later today to decide.
그들이 오늘 늦게 만나서 결정할 거예요.

UNIT 08

제안·요청 의문문, 평서문

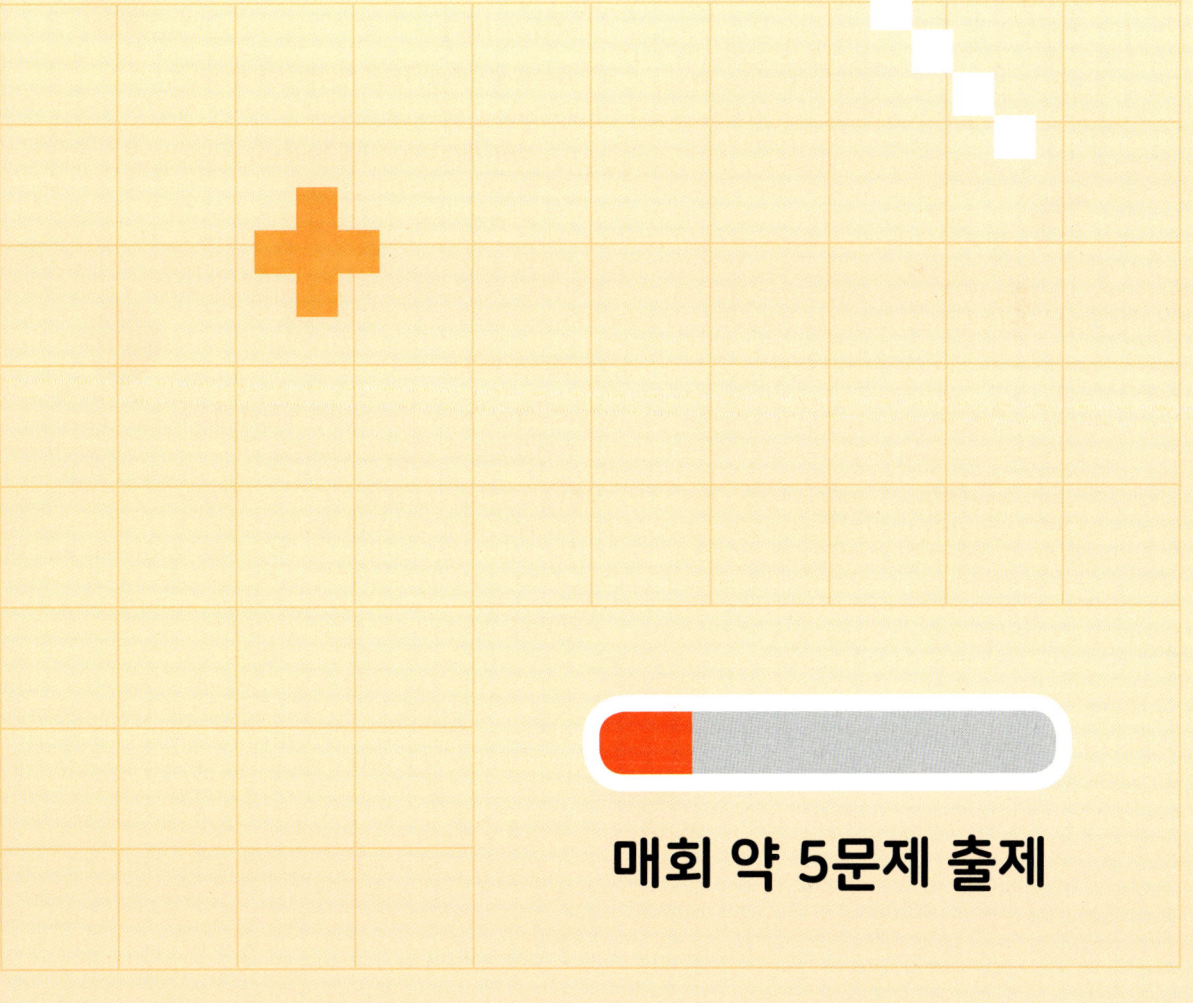

매회 약 5문제 출제

제안·요청 의문문

의문문 형태이지만 무언가를 권유하거나 요청하는 문장으로, 해당 사항을 수락하거나 거절하는 내용으로 응답합니다.

🎧 문제 풀이 전략　　　　　　　　　　🎧 P2_79

Would you like to watch a product demonstration?

STEP 1

질문 파악하기

질문 속 키워드를 듣고 무엇을 제안 또는 요청하고 있는지 파악하세요.

제품 시연을 보시겠어요?
▶ 제품 시연을 볼 것인지

(A) Sure. I'll check it out.
(B) Some modern equipment.
(C) I watched a TV show.

STEP 2

오답 소거하기

음성을 들으면서 오답을 하나씩 소거합니다.

(B̸) 몇몇 현대식 장비들이요.
　　'제품'에서 연상되는 '장비'를 이용한 오답
(C̸) 저는 TV 쇼를 봤어요.
　　watch를 반복한 오답

STEP 3

정답 선택하기

오답을 소거하고 남은 보기가 질문에 적절한 답변인지 확인 후 정답으로 선택합니다.

(A) 물론이죠. 확인할게요.
　　수락의 의미로 적절하게 답변한 정답

✖ 실수하기 쉬운 오답 유형

🎧 P2_80

여러 가지 의미를 가진 어휘를 이용한 오답

watch (동) 보다 (명) 시계	Q. Why don't we watch the training video one more time? 우리 교육 영상을 한 번 더 보는 게 어때요? A. My watch is broken. (X) 제 시계는 고장 났어요.
check (명) 계산서 (동) 확인하다	Q. May I have the check, please? 계산서 주시겠어요? A. He checked it this morning. (X) 그는 오늘 아침에 그것을 확인했어요.
center (명) 센터 (동) 중앙에 두다	Q. Can you recommend a fitness center? 헬스장을 추천해 주실 수 있나요? A. Please center the text on the page. (X) 글을 페이지 중앙에 넣어 주세요.
leave 떠나다 (어떤 장소에) 두다	Q. Why don't we leave for New York tomorrow? 우리 내일 뉴욕으로 떠나는 게 어때요? A. Just leave it on my desk. (X) 그건 그냥 제 책상 위에 두세요.
match 경기 똑같은 것	Q. Would you like to come and see the tennis match tonight? 오늘 밤에 테니스 경기 보러 오실래요? A. It's not an exact match. (X) 완전히 똑같은 것은 아니에요.

⭕ 빈출 정답 유형

🎧 P2_81

예산 보고서를 저에게 보내 주실 수 있나요?
Could you send me the budget report?

수락의 의미로 답변

그럼요, 오늘 이메일로 보내드릴게요.
Sure, I'll e-mail it today.

당연하죠, 지금 바로 해드릴게요.
Absolutely, I'll do that right away.

거절의 의미로 답변

죄송해요, 저 회의 가는 중이라서요.
Sorry, I'm on my way to a meeting.

나오미에게 요청하셔야 할 거예요.
You'll need to ask Naomi.

제3의 답변

오늘 아침에 당신에게 그걸 보냈어요.
I sent it to you this morning.

보고서 사본 못 받으셨어요?
Didn't you get a copy of the report?

빈출 표현

● 제안/요청을 나타내는 표현

고객들과 함께 점심 식사 하시겠어요?
Would you like to have lunch with the clients?

물론이죠, 하고 싶어요.
Sure, I'd love to.

Why don't you/we ___? ~하는 게 어때요?
How/What about -ing? ~하는 게 어때요?
Would you like ___? ~하시겠어요?
Can I help you ___? ~하는 것을 도와드릴까요?
May I have ___? ~를 주시겠어요?
Can/Could you please ___? ~해주시겠어요?
Would you mind -ing? ~해주시겠어요?
Would you be willing to ___? ~할 생각이 있으신가요?
Let's ___. ~합시다.
Make sure 주어 동사. ~가 ~하도록 해주세요.

● 수락/거절을 나타내는 표현

이 파일들을 정리해주실 수 있나요?
Can you please organize these flies?

죄송해요, 제가 지금 뭘 좀 하는 중이라서요.
Sorry, I'm right in the middle of something.

That sounds good. 좋은 생각이네요.
That would be helpful. 그게 도움이 될 거예요.
I think that's a great idea. 그거 아주 좋은 생각인 것 같아요.
Sure, I'd appreciate that. 그럼요, 그래 주시면 정말 감사하죠.
Of course, I don't mind doing that.
물론이죠, 전 그렇게 해도 괜찮아요.
I can help you in five minutes. 5분 뒤에 도와드릴게요.
No, thanks. I have plans. 괜찮아요. 저는 일정이 있어요.
It's taken care of, thanks. 감사하지만 그건 처리했어요.
Thanks, but I already finished. 감사하지만 이미 끝냈어요.
Could you ask Henry instead?
헨리에게 대신 부탁하시겠어요?

고득점 Tip! 동사 **mind**(신경 쓰다, 싫어하다)를 이용한 요청 의문문에 **Sure**로 수락한 정답

Q.
Would you mind helping me carry these supplies downstairs?
제가 이 비품들을 아래층으로 나르는 걸 도와주시겠어요?

A.
Sure, hand me a few of the boxes. 물론이죠, 상자 몇 개 저에게 주세요.

▶ Would you mind ~?는 직역하면 '~가 싫으신가요?'라는 뜻이기 때문에 Yes (네=싫어요)로 답변하면 거절, No(아니요=싫지 않아요)로 답변하면 수락의 의미를 나타냅니다. 하지만 Sure(그럼요)로 답변하면 Yes와는 다르게 수락의 의미를 나타낸다는 점을 알아 두세요.

[수락] No, I don't mind. / Sure, I can do that.
[거절] Actually, yes. / Sorry, I'm busy now.

연습 문제

질문에 적절하게 답변한 보기를 고른 뒤, 다시 들으면서 빈칸을 채우세요.

1 (A) (B) (C)

Q. Could you _____ me _____ these storage boxes?
(A) In the main _____.
(B) _____. I'm quite _____ at the moment.
(C) The instruction manual would be helpful.

2 (A) (B) (C)

Q. _____ _____ _____ a cup of coffee with your meal?
(A) _____, thanks. I prefer water.
(B) What did you order?
(C) A new _____.

3 (A) (B) (C)

Q. Can you _____ me the _____, please?
(A) A list of speech _____.
(B) I'm looking forward to the party.
(C) _____ _____. What's your e-mail address?

4 (A) (B) (C)

Q. _____ _____ we _____ a new safety officer?
(A) The feature is _____ added.
(B) I wonder _____ might be interested.
(C) It was purchased last week.

5 (A) (B) (C)

Q. Can I get a _____ to _____?
(A) Thank you for the gift.
(B) Would you ask Gina _____?
(C) We found _____ very interesting.

평서문

앞서 나온 유형들과는 다르게 의문문이 아닌 서술 문장 형태로, 정보 제공이나 문제점 언급, 의견 제시 등 다양한 내용의 문장이 나올 수 있습니다. 정해진 답변 패턴이 없기 때문에 난이도가 가장 높은 유형입니다.

💡 문제 풀이 전략   🎧 P2_85

STEP 1

The lobby looks so much better after renovations.

질문 파악하기

문장 속 키워드를 듣고 무엇에 대해 말하고 있는지 파악하세요. 말하는 내용과 그것에 담긴 의도를 정확하게 알아야 합니다.

로비가 보수 이후에 훨씬 더 좋아 보이네요.
▶ 보수 이후에 로비가 좋아 보임

STEP 2

(A) A waiting area.
(B) I agree.
(C) Sure, if we can afford it.

오답 소거하기

음성을 들으면서 오답을 하나씩 소거합니다.

(A̶) 대기실이요.
　'로비'에서 연상되는 '대기실'을 이용한 오답
(C̶) 물론이죠, 우리가 그럴 형편이 된다면요.
　'보수'에서 연상되는 비용과 관련된 '형편이 되다'를 이용한 오답

STEP 3

정답 선택하기

오답을 소거하고 남은 보기가 질문에 적절한 답변인지 확인 후 정답으로 선택합니다.

(B) 저도 동의해요.
　긍정의 의미로 적절하게 답변한 정답

✖ 실수하기 쉬운 오답 유형

🎧 P2_86

질문에 나오는 마지막 어휘를 반복한 오답

Q. I have Julie's number in my phone. 제 휴대 전화에 줄리의 연락처가 있어요.
A. Sure, here's my phone number. (X) 그럼요, 여기 제 전화번호예요.

Q. I'll be sure to fix your computer before I leave. 제가 떠나기 전에 꼭 당신의 컴퓨터를 고쳐 드릴게요.
A. I can't leave right now. (X) 저는 지금 바로 떠날 수는 없어요.

Q. Our new employees have been doing a great job. 우리의 신입 직원들이 일을 아주 잘 해오고 있어요.
A. A job announcement. (X) 취업 공고요.

Q. A Chinese restaurant just opened around the corner. 길 모퉁이에 중국 식당이 이제 막 문을 열었어요.
A. Turn left at the corner. (X) 모퉁이에서 좌회전하세요.

Q. We need to post our business hours on the door. 우리는 영업시간을 문에 붙여 놓아야 해요.
A. A package is at the door. (X) 소포 하나가 문 앞에 있어요.

⭕ 빈출 정답 유형

🎧 P2_87

우리 복사기를 새로 사야 할 것 같아요.
I think we should buy a new copy machine.

긍정의 의미로 답변
맞아요.
That's true.

부정의 의미로 답변
우리는 그것에 쓸 예산이 없어요.
We don't have the budget for that.

대안/해결책으로 답변
몇몇 업체에서 사무기기를 임대해 주던데요.
Some businesses rent office equipment.

반문으로 답변
그것에 무슨 문제가 있나요?
Are you having problems with it?

빈출 표현 🎧 P2_88

● 긍정/부정을 나타내는 표현

저는 사무실에 식물이 많은 게 좋아요.
I like having lots of plants in the office.

네, 저도 그래요.
Yeah, I do, too.

I think so, too. 저도 그렇게 생각해요.
It certainly has been. 틀림없이 그래왔어요.
I agree. It looks great on you.
저도 동의해요. 그건 당신에게 잘 어울려요.
I'm very happy to hear that. 정말 반가운 소식이네요.
That would be great. Thank you. 그게 좋겠어요. 고마워요.
No, it doesn't seem to. 아니요, 그래 보이지 않아요.
I'm not planning to go. 저는 안 가려고요.
It shouldn't be more than that. 그것보다 넘으면 안 돼요.
I had no idea it was so popular.
그게 그렇게 인기 있는지 몰랐어요.
I didn't have much time to complete it.
저는 그걸 완성할 시간이 별로 없었어요.

● 대안/해결책을 나타내는 표현

우리 워크숍에 40명이 등록했어요.
We have 40 people registered for the workshop.

그렇다면 더 큰 방이 필요하겠네요.
Then, we'll need a larger room.

I'll go get the mop. 제가 가서 대걸레를 가져올게요.
I'll reschedule our discussion. 논의 일정을 변경할게요.
I have one in my backpack. 제 백팩에 하나 있어요.
I've got time this afternoon. 저 오늘 오후에 시간 돼요.
We'll issue you a new one. 새것으로 발급해 드릴게요.
William has a list of things to fix.
윌리엄이 수리할 목록을 가지고 있어요.
Don't worry. I have copies. 걱정 마세요. 제게 사본이 있어요.
In that case, let's take the bus. 그렇다면 버스를 탑시다.
Let me see if we have it in your size.
당신의 사이즈가 있는지 제가 확인해 볼게요.
If it does, could I have them delivered?
만약 그렇다면, 제가 그것들을 배달로 받을 수 있을까요?

🎧 P2_89

고득점 Tip! 평서문에 Yes/No로 답변한 정답

Q.
There's heavy traffic on the highway.
고속 도로에 교통 정체가 심해요.

A.
Yes, I hope we don't miss a plane.
네, 우리가 비행기를 놓치지 않으면 좋겠네요.

▶ 네/아니요로 답하는 일반 의문문이 아니라고 해도, 평서문 문장에 동의하거나 또는 그것에 대해 이미 알고 있다는 의미로 Yes로 시작하는 정답이 나올 수 있어요. 따라서 평서문 문장에 Yes/No로 답변한다고 해서 바로 오답으로 소거하지 않도록 주의해야 합니다.

연습 문제

🎧 P2_90   정답 및 해설 p.48

질문에 적절하게 답변한 보기를 고른 뒤, 다시 들으면서 빈칸을 채우세요.

1 (A) (B) (C)

Q. _____ has been much _____ than usual.
  (A) You're _____ about that.
  (B) Andrew can probably _____ it.
  (C) No, she takes the _____.

2 (A) (B) (C)

Q. The _____ were _____ a day _____.
  (A) I've already _____ the boxes.
  (B) Components for the repairs.
  (C) It'll be 10 _____.

3 (A) (B) (C)

Q. I _____ Ms. Lee's _____ _____.
  (A) I started my own _____.
  (B) _____ year in July.
  (C) Her contact details are online.

4 (A) (B) (C)

Q. My _____ is running quite _____.
  (A) When did you last _____ the _____?
  (B) The _____ model.
  (C) Yes, I _____ each morning.

5 (A) (B) (C)

Q. We've _____ a few project _____ this month.
  (A) It'll attract new customers.
  (B) We're _____ at the moment.
  (C) They _____ the train.

실전 문제

질문에 적절하게 답변한 보기를 고르세요.

1 (A)   (B)   (C)

2 (A)   (B)   (C)

3 (A)   (B)   (C)

4 (A)   (B)   (C)

5 (A)   (B)   (C)

6 (A)   (B)   (C)

7 (A)   (B)   (C)

8 (A)   (B)   (C)

9 (A)   (B)   (C)

10 (A)   (B)   (C)

11 (A)   (B)   (C)

12 (A)   (B)   (C)

🎧 P2_92

👍 만능 답변 ⑥

'상황에 따라 달라요'

Q. Would you like to join us for lunch?
저희랑 같이 점심 먹으러 가실래요?

A. **It depends on where you're going.**
어디로 가실 건지에 따라 달라요.

거의 모든 질문에 정답이 될 수 있는 만능 답변 표현들을 꼭 익혀 두세요.

It depends on their condition. 그건 그것들의 상태에 따라 달라요.
Only if you register this week. 이번 주에 등록하실 경우에만요.

PART TEST

PART 2

Directions: You will hear a question or statement and three responses spoken in English. They will not be printed in your test book and will be spoken only one time. Select the best response to the question or statement and mark the letter (A), (B), or (C) on your answer sheet.

7. Mark your answer on your answer sheet.
8. Mark your answer on your answer sheet.
9. Mark your answer on your answer sheet.
10. Mark your answer on your answer sheet.
11. Mark your answer on your answer sheet.
12. Mark your answer on your answer sheet.
13. Mark your answer on your answer sheet.
14. Mark your answer on your answer sheet.
15. Mark your answer on your answer sheet.
16. Mark your answer on your answer sheet.
17. Mark your answer on your answer sheet.
18. Mark your answer on your answer sheet.
19. Mark your answer on your answer sheet.
20. Mark your answer on your answer sheet.
21. Mark your answer on your answer sheet.
22. Mark your answer on your answer sheet.
23. Mark your answer on your answer sheet.
24. Mark your answer on your answer sheet.
25. Mark your answer on your answer sheet.
26. Mark your answer on your answer sheet.
27. Mark your answer on your answer sheet.
28. Mark your answer on your answer sheet.
29. Mark your answer on your answer sheet.
30. Mark your answer on your answer sheet.
31. Mark your answer on your answer sheet.

에듀윌이
너를
지지할게

ENERGY

느리더라도 꾸준하면 경주에서 이긴다.

이솝(Aesop)

PART 3

PART 3 기초 학습

패러프레이징 법칙 I

Part 3에서는 대화에 나온 표현을 동일한 의미의 다른 표현으로 바꾸어 나타낸 정답이 주로 출제되는데, 이를 패러프레이징(다른 말로 바꾸어 표현하기)이라고 합니다.

❶ 단어의 순서를 바꾸어 표현하기

대화에 나온 단어의 배열을 바꾸어 보기에 제시하는 유형입니다. 동사와 목적어의 관계를 명사와 형용사로 바꾸어 표현하거나, 전치사를 포함한 명사구를 형용사의 수식을 받는 명사로 바꾸어 표현하기도 합니다. 이 과정에서 품사의 전환이 흔하게 일어납니다.

대화	문제
Please give instructions clearly. 지시를 명확하게 해 주세요.	여자가 요청하는 것은? ▶ Give clear instructions 　명확한 지시 주기
I have to meet some clients at 3. 저는 3시에 고객들을 몇 명 만나야 해요.	3시에 일어날 일은? ▶ A client meeting 고객과의 회의
What date are you planning on opening? 며칠에 개업을 하실 예정인가요?	남자가 묻는 정보는? ▶ An opening date 개업 날짜

❷ 줄여서 표현하기

명사를 수식하는 긴 형용사나 전치사구, 접속사절 등의 수식어구를 생략하고 핵심이 되는 동사와 명사만 남기는 유형의 패러프레이징도 자주 출제됩니다.

대화	문제
How is the new time-reporting software installation coming along? 새로운 시간 보고 소프트웨어 설치는 어떻게 되어 가나요?	대화의 주제는? ▶ A software program 　소프트웨어 프로그램
I'll introduce you to our purchasing supervisor. 저희 구매 관리자를 소개해 드릴게요.	남자가 만나게 될 사람은? ▶ A supervisor 관리자
I'd like you to join a party planning committee. 저는 당신이 파티 준비 위원회에 함께해 주길 원해요.	남자가 요청하는 것은? ▶ Join a committee 위원회에 함께하기

③ 상위어를 이용하여 표현하기

기타(guitar)<악기(instrument)와 같이 대화에서 제시된 특정 단어의 구체적인 의미를 포괄하는 상위 개념의 단어로 바꾸어 표현하는 유형입니다.

대화	문제
We'll be unveiling our new microwave oven. 우리는 새로운 전자레인지를 공개할 것입니다.	제품의 종류는? ▶ Kitchen appliances 주방 용품
Why don't we go to the upcoming jazz performance? 우리 곧 있을 재즈 공연에 가는 게 어때요?	행사의 종류는? ▶ A concert 콘서트
I just tested the projector in conference room A, but I couldn't turn it on. 방금 A 회의실의 프로젝터를 시험해 봤는데, 켤 수가 없었어요.	언급된 문제점은? ▶ Some equipment is not working properly. 어떤 장비가 제대로 작동하지 않는다.

● 빈출 상위어

대화 속 단서	정답 단어
give 주다 / e-mail 이메일을 보내다 / forward 전달하다	send 보내다
gathering 모임 / meeting 회의 / ceremony 기념식	event 행사
call 전화하다 / visit 방문하다	contact 연락하다
renovation 개조 / build 짓다	construction work 건설 작업
mayor 시장	city official 시 공무원

Check-up

🎧 P3_01   정답 및 해설 p.59

대화를 듣고 빈칸을 채운 뒤, 빈칸에 해당하는 단어를 적절히 바꾸어 표현한 것을 고르세요.

1
> M Can you tell me how to get to the Grand Hotel?
> W There is a _____ _____ for an extra fee.

(A) Luggage   (B) Transportation

2
> W Now we need to go over the _____.
> M I'll take care of that now.

(A) Document   (B) Schedule

주제·목적을 묻는 문제

매회 2~4문제 출제

주제·목적을 묻는 문제

대화의 주제나 방문/연락 목적을 묻는 문제로, 주로 첫 번째 문제로 출제되지만 두 번째 문제로 출제되는 경우도 종종 있어요.

문제 풀이 전략  P3_02

What are the speakers discussing?

Teresa, do you have a minute to talk about our summer tour? I got the schedule you sent, and I was wondering about the concert on August 5.

Sure, is there a problem with it?

Well, I see that we'll be performing at Ormond Hall. Isn't it undergoing renovations at the moment?

Yes, but they'll be completed a few weeks before our performance, so that shouldn't be a problem.

(A) A company relocation
(B) A job opening
(C) An award ceremony
(D) An upcoming concert

STEP 1
질문 파악하기

대화가 나오기 전, 질문을 읽고 키워드를 통해 묻는 내용을 파악하고, 정답의 단서가 어느 부분에서 나올지 예상해 봅니다.

▶ 이야기하는 것
대화 주제는 주로 대화 초반부에서 단서가 언급되므로, 두 사람 각각의 첫 대사를 주의 깊게 들어야 합니다.

STEP 2
대화 속 단서 찾기

파악한 키워드를 바탕으로 대화를 들으면서 단서가 되는 내용을 찾습니다.

남 테레사, 우리의 여름 순회공연에 대해 잠깐 이야기할 수 있나요? 당신이 보낸 일정표를 받았는데, 8월 5일의 콘서트에 관해 궁금한 게 있어서요.
여 물론이에요, 거기에 무슨 문제가 있나요?
남 음, 우리가 오르몬드 홀에서 공연하게 될 것으로 보이는데요. 그곳은 현재 보수를 하고 있지 않나요?
여 맞아요, 그렇지만 우리 공연 몇 주 전에 완료될 거라서, 문제가 되지 않을 거예요.

STEP 3
정답 선택하기

대화에서 들은 단서 내용을 동일하게 또는 다른 어휘로 바꾸어 적절하게 표현한 보기를 정답으로 선택하세요.

(A) 회사 이전
(B) 채용 공석
(C) 시상식
(D) 다가오는 콘서트

패러프레이징
concert on August 5 → upcoming concert

◯ 빈출 질문 패턴

주제	What are the speakers discussing? 화자들은 무엇에 관해 이야기하고 있는가? What is the topic of the conversation? 대화의 주제는 무엇인가? What is the conversation mainly about? 대화는 주로 무엇에 관한 것인가?
목적	Why is the woman calling? 여자는 왜 전화하고 있는가? What is the purpose of the man's visit? 남자의 방문 목적은 무엇인가? Why does the woman contact the man? 여자는 왜 남자에게 연락하는가?

◯ 자주 나오는 단서 유형

단서 형태	단서 문장	문제
질문	Can I make a dinner reservation for a group of 5? 다섯 명 저녁 식사를 예약할 수 있을까요?	주제: 식당 예약
요청	I'd like to cancel my appointment on Friday. 저는 금요일 예약을 취소하고 싶어요.	목적: 예약을 취소하기 위해
문제 언급	The air conditioner in my apartment doesn't work properly. 제 아파트의 에어컨이 제대로 작동하지 않아요.	주제: 장비 문제

◯ 패러프레이징 익히기

질문	단서	정답
대화 주제는?	I'm calling to ask you about cutting down some trees. 나무 몇 그루를 잘라내는 것에 대해 문의드리기 위해 전화드려요.	Tree removal 나무 제거
이야기하는 것은?	Did you hear that we're getting new payroll software? 우리가 새로운 급여 지불 소프트웨어를 들일 예정이라는 거 들었어요?	A software program 소프트웨어 프로그램
방문 목적은?	I'm here to fix some damaged floor tiles. 저는 손상된 바닥 타일을 고치려고 왔어요.	To make some repairs 수리를 하기 위해

빈출 대화 주제 및 표현 ① 사내 업무 관련 🎧 P3_03

● 제품 개발

(여) 하산, 새로운 노트북 개발은 어떻게 되어 가나요 coming along?

(남) 지난주에 시제품 prototype 검사를 해 봤는데, 몇 가지 수정 사항 revisions 이 있어요.

(여) 이달 말 마감 기한 deadline 까지 준비 ready 는 가능할까요?

(남) 가능할 것 같아요. 확실히 이번 모델이 사용자에게 편리하게 user-friendly 만들어졌어요. 다음 주에 포커스 그룹 focus group 을 모집해서 해당 모델 시험 사용 try 을 요청할 ask 거예요.

(여) 잘됐군요. 그럼 저에게 수정 사항 목록 list 좀 보내 주세요.

➕ 빈출 표현 Plus

device 장치, 기구	**capacity** 용량
design 디자인; 설계하다	**launch** 출시하다; 출시
automated 자동화된	**release date** 출시일
durable 내구성이 있는	**provider** 공급 업자 (= vendor)
wireless 무선의	**demonstrate** 시연하다 (= show how to)
affordable (가격이) 알맞은, 감당할 수 있는	**keep up with the demand** 수요를 따라잡다

● 업무 일정

(남) 우리 디자인 회의 meeting 가 이번 주 금요일 맞죠?

(여) 아, 그 회의는 다음 주 월요일로 연기되었어요 pushed back. 우리 초안 sketch 에 문제 error 가 좀 있었거든요.

(남) 화요일이 고객 client 미팅인데, 시간이 충분한가요 have enough time? 이번에 만날 고객은 우리 사업 business 에 정말 중요한 고객이라, 반드시 거래 deal 를 성사시켜야 해요.

(여) 네, 걱정 마세요. 산드라에게 시간 여유가 있어서 available 도와주기로 했어요.

(남) 다행이네요. 초안이 완성되면 저에게 알려 주세요 notify.

➕ 빈출 표현 Plus

on time 제시간에	**report** 보고서
behind schedule 예정보다 늦게	**resources** 자료
be supposed to ~하기로 되어 있다	**review** 검토하다
reschedule 일정을 변경하다	**forward** 전달하다
assistance 지원	**strategize** 전략을 짜다
contract 계약	**meet the deadline** 마감 기한을 맞추다

● 행사 준비

(여) 다음 주에 참가할 무역 박람회 trade show 준비는 다 되었나요?

(남) 네, 제품 샘플도 챙겼고 인쇄소 printing shop 에 주문했던 ordered 제품 설명 소책자 brochure 도 어제 찾아왔어요. 그런데 아직도 몇 가지 처리해야 take care of 할 일들이 남아 있네요.

(여) 혹시 상품 설명 영상 video 은 확인해 봤나요? 지난번에 영상이 너무 흐릿하다는 blurry 의견이 있었거든요.

(남) 다시 한번 확인해 볼게요. 문제점이 발견되면 보고 드리겠습니다.

(여) 좋아요. 그럼 저는 타고 갈 항공편과 호텔 예약 booking 을 확인하도록 confirm 할게요.

➕ 빈출 표현 Plus

job fair 직업 박람회
exposition 전시회, 박람회 (= expo)
booth (전시장의) 부스
budget 예산
registration 등록
information packet 자료집

promote 홍보하다
accommodate 수용하다
take part in ~에 참여하다
get in touch 연락하다 (= contact)
selective 선별적인
overcrowded 너무 붐비는

🎧 P3_04

고득점 Tip! 대화 주제가 후반부에 등장할 수도 있어요.

M Ms. Harris? Hi, my name is Matthew from Terrence Market Research. Congratulations on winning the Agency of the Year Award! Your company did such great work this year.

W Thank you. Our staff's been working hard all year round.

M You must be proud of your staff. By the way, I actually wanted to talk to you to offer you a position as a research director at our company. I was very impressed with your work for the children's toy project.

남 해리스 씨? 안녕하세요, 저는 테런스 시장 조사 회사의 매튜라고 합니다. 올해의 에이전시 상을 받으신 것 축하드립니다! 당신의 회사는 올해 정말 대단한 일을 했습니다.

여 감사합니다. 저희 직원들이 일 년 내내 열심히 일했어요.

남 직원들이 자랑스러우시겠어요. 그런데, 저는 사실 당신에게 저희 회사의 조사 실장 자리를 제안하기 위해 이야기를 나누고 싶었습니다. 아동용 장난감 프로젝트에 대한 당신의 성과에 깊은 감명을 받았거든요.

Q. What are the speakers talking about? 화자들은 무엇에 관해 이야기하고 있는가?
 (A) A job opening (O) 일자리
 (B) An award-winning company (X) 상을 받은 회사

▶ 대화 초반에는 여자의 회사가 상을 받은 이야기로 분위기를 환기하지만, 대화 후반부에 I actually wanted to talk to you to(~하기 위해 이야기를 나누고 싶었다)라며 조사 실장 자리를 제안하고 싶다고 대화의 진짜 목적을 언급했으므로 정답은 (A) 일자리입니다. 초반에 award만 듣고 상과 관련된 보기를 답으로 고르지 않도록 주의해야 합니다. 자주 출제되는 경우는 아니지만 이와 같이 대화 주제가 후반부에 등장하는 경우가 있으므로, 대화 초반부를 듣고서 주제가 파악되지 않는다면 나머지 2문제를 먼저 해결한 뒤 마지막에 풀면 됩니다.

연습 문제

질문의 키워드에 표시한 후 대화를 듣고 알맞은 답을 고른 뒤, 다시 들으면서 빈칸을 채우세요.

1 What are the speakers discussing?
(A) Improving employees' office skills
(B) Sharing information with employees

W Edward, a lot of employees have told me that they don't think they're getting enough updates about the company. We need to find a way to _____ the staff better _____.
M Hmm... maybe we could send out a weekly _____ to tell everyone the latest _____ _____.

2 What is the purpose of the man's visit?
(A) To explain a sales technique
(B) To gather some information

M Hi, Lucy. Do you have a moment? I'm working on the annual sales summary, and I'm wondering if you can _____ me _____.
W You need our _____ _____ for each region, right? I can look those up on my computer.
M Thanks! Those _____ have to be included in my _____.

3 What is the conversation mostly about?
(A) A business opening
(B) A renovation project
(C) An anniversary party
(D) An art contest

W Henry, I've just received the _____ from Irwin Renovations. Their _____ for our _____ is amazing! Have a look.
M Oh, I really like the modern design. I'm glad we are finally _____ _____ these _____. They'll make a big difference.
W I agree. Customers will be impressed with the change.

4 Why is the woman calling?
(A) To request some documents
(B) To make an appointment
(C) To submit a payment
(D) To cancel an order

M Good morning, Belleview _____ _____. How may I help you?
W Hello. I'd like to _____ _____ of my _____ _____. I'm relocating to another city, so my new dentist will need them. My name is Eva Johnson.
M All right, Ms. Johnson. I can prepare those for you.

150

[5-6]

5 Why is the woman calling the man?

(A) To ask for assistance
(B) To confirm an e-mail address
(C) To postpone a meeting
(D) To set up an interview

6 What does the woman request?

(A) A product
(B) A résumé
(C) An identification card
(D) An invoice

W Hi, Victor. This is Carol Webber from Maritza Realty. Our hiring committee was impressed with your application for the real estate agent position. So, I would like to _____ _____ an _____ for later this week, if possible.

M Thanks for the opportunity. I'm available Thursday or Friday.

W All right. How about Thursday at 2 P.M.? I'll e-mail you directions to our office. And could you please _____ a photo _____ _____?

[7-8]

7 What is the topic of the conversation?

(A) A sports competition
(B) A career fair
(C) A music event
(D) An awards show

8 What will the woman do next?

(A) Conduct an interview
(B) Explain a schedule
(C) Take some pictures
(D) Announce a winner

W You're listening to *Daily Sports* on KWTR radio. We're on the scene at the annual 10K _____. Let's check in with our reporter, Theo Bailey, who's near the starting line.

M The race begins in about half an hour, and I see a lot of _____ warming up.

W Yes, this year's event has a record number of participants. I'll be _____ the event planner next to _____ _____ more.

실전 문제

질문의 키워드에 표시한 후 대화를 듣고 알맞은 답을 고르세요.

[1-3]

1 What is the conversation mainly about?

(A) A job promotion
(B) A vacation policy
(C) A product test
(D) A health screening

2 What does the woman mention about her job?

(A) Her tasks are finished.
(B) Her equipment is broken.
(C) She is doing extra work.
(D) She moved to another team.

3 What will the man most likely do next?

(A) Forward a message
(B) Print a document
(C) Contact a supervisor
(D) Revise a schedule

[4-6]

4 Why does the woman speak to the man?

(A) To make a complaint
(B) To get directions
(C) To promote a business
(D) To order a meal

5 What does the man suggest when he says, "The forecast said it will rain"?

(A) A Web site should be updated.
(B) An event has been canceled.
(C) The woman's plans may not work.
(D) He can give the woman an umbrella.

6 Where does the man suggest going?

(A) To a library
(B) To an aquarium
(C) To a historic building
(D) To an art museum

[7-9]

7 What type of business does the woman work for?

(A) A travel agency
(B) A financial institution
(C) A catering firm
(D) An event planning company

8 What are the speakers mainly discussing?

(A) A theater performance
(B) A sports tournament
(C) A retirement dinner
(D) A food festival

9 What benefit of a site does the woman mention?

(A) It is available now.
(B) It features live music.
(C) It hosts overnight guests.
(D) It received great reviews.

[10-12]

10 What kind of goods does the men's company sell?

(A) Home furnishings
(B) Office equipment
(C) Vehicles
(D) Fruits

11 What is the purpose of the woman's visit?

(A) To identify a problem
(B) To measure a space
(C) To deliver some merchandise
(D) To get job training

12 What does the woman want to do?

(A) Change a schedule
(B) Give a demonstration
(C) Consult with her manager
(D) Take some samples

[13-15]

Rose Petal Set	
Pillowcase	$8
Flat sheet	$20
Fitted sheet	$25
Blanket	$35

13 What are the speakers mainly discussing?

(A) Expanding a product line
(B) Returning some merchandise
(C) Decorating a new apartment
(D) Replacing a household item

14 Look at the graphic. How much will the woman pay for her purchase?

(A) $8
(B) $20
(C) $25
(D) $35

15 What does the man offer to do?

(A) Open an account
(B) Place an order
(C) Issue a refund
(D) Waive a delivery fee

UNIT
10

장소·직업을 묻는 문제

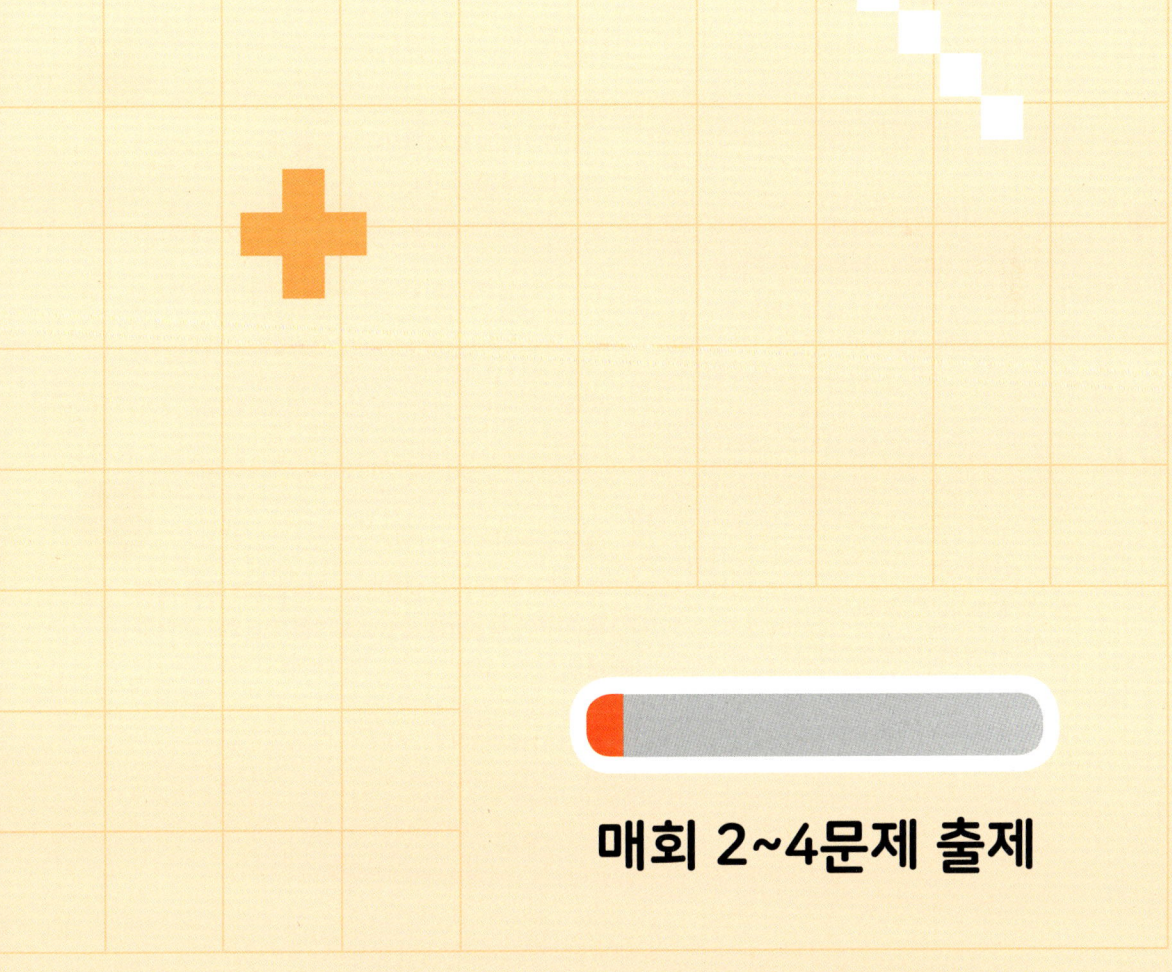

매회 2~4문제 출제

장소·직업을 묻는 문제

대화 장소 또는 화자의 신분이나 직업을 묻는 문제로, 주제 문제와 마찬가지로 주로 첫 번째 문제로 출제됩니다.

문제 풀이 전략 P3_07

Where are the speakers?

 Good morning, sir. Is there anything I can help you find today?

 Yes. I'd like to buy a new tablet computer. I travel a lot for work, so I want something lightweight to bring with me.

 All right. We're actually having a sale right now on the Vine-Tech tablet. It's very light and has a long-lasting battery.

 That sounds good. Could you please show me where to find it?

(A) At a radio station
(B) At an electronics store
(C) At a travel agency
(D) At a post office

STEP 1
질문 파악하기

대화가 나오기 전, 질문을 읽고 키워드를 통해 묻는 내용을 파악하고, 정답의 단서가 어느 부분에서 나올지 예상해 봅니다.

▶ 대화 장소
　장소를 직접적으로 언급하기보다는 여러 가지 힌트와 정황으로 단서를 준다는 것을 기억하면서, 대화 초반부를 주의 깊게 들으세요.

STEP 2
대화 속 단서 찾기

파악한 키워드를 바탕으로 대화를 들으면서 단서가 되는 내용을 찾습니다.

여　안녕하세요, 고객님. 오늘 제가 찾으시는 걸 도와 드릴 물건이 있을까요?
남　네. 태블릿 컴퓨터를 하나 새로 사려고 하거든요. 제가 출장을 많이 다녀서, 가지고 다니기에 가벼운 것을 원해요.
여　알겠습니다. 사실 저희가 지금 바인테크 태블릿에 세일을 하고 있어요. 그건 아주 가볍고 배터리가 오래갑니다.
남　좋네요. 그걸 어디서 찾을 수 있는지 알려 주시겠어요?

STEP 3
정답 선택하기

대화에서 들은 단서 내용을 동일하게 또는 다른 어휘로 바꾸어 적절하게 표현한 보기를 정답으로 선택하세요.

(A) 라디오 방송국에
(B) 전자 제품 매장에
(C) 여행사에
(D) 우체국에

패러프레이징
tablet computer → electronics

○ 빈출 질문 패턴

장소	Where (most likely) are the speakers? 화자들은 어디에 있는가?
	Where is the conversation taking place? 대화는 어디에서 일어나고 있는가?
	Where does the man work? 남자는 어디에서 일하는가?
직업	Who (most likely) is the woman? 여자는 누구인가?
	What's the man's occupation? 남자의 직업은 무엇인가?
	What kind of company does the man work for? 남자는 어떤 종류의 회사에서 일하는가?

○ 자주 나오는 단서 유형

단서 형태	단서 문장	문제
환영 인사	Welcome to the Wellness fitness club. 웰니스 헬스장에 오신 것을 환영합니다.	장소: 헬스장
자기소개	Hello, I'm calling from JS accounting. 안녕하세요, 제이에스 회계사무소에서 전화드립니다.	업종: 회계
our(우리의)/ here(여기)	Sales of our sports drink have doubled over the last two months. 지난 두 달 동안 우리의 스포츠 음료 판매가 두 배로 늘었어요.	회사: 음료 회사

○ 패러프레이징 익히기

질문	단서	정답
여자가 일하는 곳은?	Welcome to J&J, Jamal. I'm glad that you'll be an intern here at our card design firm. 자말, J&J에 오신 것을 환영해요. 저는 당신이 우리 카드 디자인 회사에 인턴으로 오게 되어 기쁩니다.	Design company 디자인 회사
대화 장소는?	Hi. Can you help me? I'm looking for some pastries. 안녕하세요. 저 좀 도와주시겠어요? 저는 페이스트리를 찾고 있어요.	Bakery 제과점
남자의 직업은?	I'm calling to update you on the design of your company's Web site. 귀사의 웹사이트 디자인에 대한 최신 소식을 알려 드리고자 전화드려요.	Web designer 웹 디자이너

빈출 대화 주제 및 표현 ② 인사 관련

P3_08

● 채용

(여) 면접 interview 에 와 주셔서 감사합니다. 그린 영화사 홍보팀 public relations 에 왜 지원하셨나요 applied for?

(남) 저는 이 회사의 영화들을 너무 좋아해서 새로운 작품들을 홍보하고 싶습니다.

(여) 이력서 résumé 를 보니 프라임 잡지사에서 경력 career 을 쌓으셨네요.

(남) 그곳에서의 경험 experience 을 통해 많은 것을 배웠습니다 learned.

(여) 작업하셨던 포트폴리오 portfolio 를 좀 볼 수 있을까요?

(남) 네, 제가 몇 개의 보도 자료를 가지고 왔습니다. 지금 보여드릴까요?

+ 빈출 표현 Plus

job opening 일자리 공석
applicant 지원자
reference 추천인, 추천서
certificate 증명서, 자격증
potential 잠재적인
qualified 자격 있는

position 직책
headquarters 본사
branch 지사
hire 고용하다
turn in 제출하다
accept an offer 제안을 수락하다

● 신입 사원 교육

(남) 모니카, 레이첼, 안녕하세요. 저는 인사부 human resources department 의 첸입니다. 제가 신입 사원 new employee 오리엔테이션 orientation 장소로 안내해 드릴게요 walk to.

(여1) 감사합니다. 저 궁금한 게 wondering 있는데요. 사원증 employee badge 을 위한 사진을 가지고 와야 하나요?

(남) 아니요, 교육이 끝나고 사진을 촬영할 take pictures 시간이 있을 겁니다.

(여2) 잘되었네요. 감사합니다.

(남) 별말씀요. 사진 촬영이 끝나면 구내식당 cafeteria 에서 점심을 먹은 후 보안실 security office 에서 사원증을 발급해 드릴 겁니다.

+ 빈출 표현 Plus

personnel 인사과
internship 인턴직
recruit 신입 사원; 모집하다
mentor 멘토
expert 전문가
welcome packet 환영 패키지

wage 임금
benefit 복리 후생
opportunity 기회
eligible 적격인
review 복습하다, 검토하다
fill out a form 양식을 작성하다

● 인사이동

(여) 그 소식 news 들었어요? 제임스가 새로운 마케팅 과장으로 승진한대요 promote.

(남) 그는 분명히 자격 있는 deserve 사람이에요. 항상 일에 헌신적이고 dedicated 야망도 크잖아요 ambitious. 또한, 우리의 새로운 재무 절차 procedure 를 그가 효과적으로 effectively 체계화해서 organized 그 일을 하는 데 시간을 많이 절약할 수 있었어요.

(여) 네, 맞아요. 저도 그가 열심히 일하는 hard-working 사람이라는 것을 알아요. 그렇지만 그는 우리 회사에서 일한 지 얼마 안 되어서 좀 놀라긴 했어요.

+ 빈출 표현 Plus

officially 공식적으로
retirement 은퇴
transfer 전근 가다; 이동
performance 성과
recognition 인정, 칭찬
evaluation 평가 (= assessment, appraisal)

loyal 충실한 (= faithful)
resign 사임하다
achieve 성취하다
contribute 공헌하다
take on 떠맡다
get a promotion 승진하다

🎧 P3_09

고득점 Tip! 화자의 신분을 묻는 질문 속 to에 주의하세요.

M Hello, I want to make two hundred copies of these invitations for my restaurant's grand opening.

W Sure, when do you need them by?

남 안녕하세요, 저의 식당 개업 행사를 위한 이 초대장을 200부 인쇄하고 싶어요.
여 알겠습니다, 언제까지 필요하세요?

Q. Who is the man talking to? 남자는 누구에게 말하고 있는가?
   (A) A restaurant owner (X) 식당 주인
   (B) A print shop employee (O) 인쇄소 직원

▶ 질문의 Who is the man talking to?에서 talking까지만 보면 '말하고 있는 남자가 누구인가?'라는 의미로 남자의 신분을 묻는 것이 되지만, talking 뒤에 to가 붙기 때문에 이 질문은 '남자는 누구에게 말하고 있는가?', 즉 남자가 이야기 중인 상대방 여자를 묻는 질문입니다. 질문의 man과 talking만 보고 남자의 직업인 (A) 식당 주인을 정답으로 고르지 않도록 주의합니다.

연습 문제

질문의 키워드에 표시한 후 대화를 듣고 알맞은 답을 고른 뒤, 다시 들으면서 빈칸을 채우세요.

1 Where are the speakers?

(A) At a garden center
(B) At a pharmacy

M Welcome to Beechwood _____. Can I help you find anything?
W Yes, I got a _____ while working in my garden yesterday. I'm looking for some cream that will make it _____ _____.
M How about this one? It's very _____, and it's currently on sale for half off.

2 Who most likely is the man?

(A) A receptionist
(B) A business owner

M Good morning. How may I help you?
W Hello. I've got an _____ for a dental _____ with Dr. Peterson at 10:30. My name is Jill Royce.
M All right, Ms. Royce. I just need you to _____ _____ this _____, and then you can have a seat in our waiting area.

3 Where do the speakers most likely work?

(A) At a restaurant
(B) At an electronics store
(C) At a TV studio
(D) At a farm

M The _____ in the south _____ are growing well, so we can start _____ them within the next few days.
W That's perfect, as we're supposed to have sunny weather all week. I'll let the rest of the staff know.
M Thanks. And please get all of our _____ _____ as well.

4 Who most likely is the woman?

(A) An interior designer
(B) A journalist
(C) A property manager
(D) A salesperson

W Thanks for calling Holloman _____. How may I help you?
M Hi. I live in one of your apartments, in unit 407 of the Nolan Building. Last night I noticed that _____ _____ _____ from the shower, even when it's turned off.
W All right. I'll _____ _____ to fix it.

[5-6]

5 Where is the conversation taking place?

(A) At a stadium
(B) At a supermarket
(C) At a gym
(D) At a bank

6 What did the woman do this morning?

(A) She made a purchase.
(B) She received a flyer.
(C) She took a tour.
(D) She applied for a job.

M Good morning. Welcome to Riverway _____. Do you have a membership with us?
W No, but I'm thinking about signing up for one. Someone gave me one of your _____ _____ this morning. So, I thought I'd check out your facility.
M One of our staff members would be happy to _____ you a _____ right now if you have time. It'll take about 20 minutes.
W That sounds great. Thanks!

[7-8]

7 What field do the speakers work in?

(A) Technology
(B) Publishing
(C) Finance
(D) Medicine

8 Why are staff members interested in attending an event?

(A) It gives them additional time off.
(B) It makes them eligible for a bonus.
(C) It will take place at a popular location.
(D) It will include an industry expert.

M Tracy, only a few _____ at our _____ were initially considering attending the upcoming conference in Dallas. However, after it was confirmed that Sabrina Boland would _____ _____ _____, I've had a lot of requests from staff members who want to go.
W That's not surprising. Sabrina Boland is a _____ _____ in cardiac care. Her talk will be fascinating.
M We'll have to figure out a fair way to decide who will attend the event.

실전 문제

질문의 키워드에 표시한 후 대화를 듣고 알맞은 답을 고르세요.

[1-3]

1 Where do the speakers work?

(A) At a concert hall
(B) At a coffee shop
(C) At a bookstore
(D) At a jewelry store

2 What did the business purchase last week?

(A) A cash register
(B) A display case
(C) Some uniforms
(D) Some delivery vans

3 What will the staff attend on April 4?

(A) A grand opening
(B) A product launch
(C) A training session
(D) An awards dinner

[4-6]

4 Where most likely are the speakers?

(A) At an airport
(B) At a hotel
(C) At a train station
(D) At a bus terminal

5 What does the woman plan to do this afternoon?

(A) Sign a contract
(B) Give a presentation
(C) Conduct an inspection
(D) Meet some relatives

6 What does Benjamin tell the woman about?

(A) Updating a password
(B) Checking a bag
(C) Getting a refund
(D) Making a payment

[7-9]

7 What most likely is the woman's job?

(A) Web site designer
(B) Travel agent
(C) Clothing salesperson
(D) Computer technician

8 What does the man suggest when he says, "I'm going on a business trip tomorrow afternoon"?

(A) He prefers to book a taxi.
(B) He would like a faster service.
(C) He noticed an error in a calendar.
(D) He needs an item to be upgraded.

9 What does the woman suggest doing?

(A) Postponing a meeting
(B) Visiting a different branch
(C) Speaking to a manager
(D) Borrowing some equipment

[10-12]

10 Where most likely is the conversation taking place?

(A) In an airport
(B) In a fabric store
(C) In a concert hall
(D) In a post office

11 What problem does the woman mention?

(A) An employee is absent.
(B) A delivery did not arrive.
(C) Some equipment is malfunctioning.
(D) Some documents were lost.

12 What does the man suggest doing?

(A) Checking a Web site
(B) Posting a job opening
(C) Calling a maintenance worker
(D) Completing a request form

[13-15]

Item 1 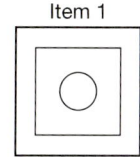 Item 2

Item 3 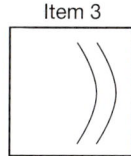 Item 4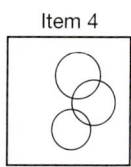

13 Who most likely is the woman?

(A) Museum director
(B) Bus driver
(C) Computer programmer
(D) Painting teacher

14 Look at the graphic. Which item does the man like best?

(A) Item 1
(B) Item 2
(C) Item 3
(D) Item 4

15 What will the woman probably do next?

(A) Check a schedule
(B) Show some merchandise
(C) Reduce a price
(D) Introduce a colleague

UNIT 11

세부사항을 묻는 문제

매회 15~20문제 출제

세부사항을 묻는 문제

시간, 장소, 이유, 방법, 문제점 등 대화에서 언급된 구체적인 정보를 묻는 문제로, 주로 두 번째 문제로 출제됩니다.

문제 풀이 전략

 P3_12

Why is the **woman moving**?

 STEP 1

질문 파악하기

대화가 나오기 전, 질문을 읽고 키워드를 통해 묻는 내용을 파악하고, 정답의 단서가 어느 부분에서 나올지 예상해 봅니다.

▶ 여자의 이사 이유
because(~하기 때문에)와 같이 이유를 말할 때 주로 쓰는 표현들에 유의하여 대화 중반부 여자의 말을 잘 듣습니다.

Hello, this is Shirley Smith calling from apartment 2B. I just wanted to tell you that **I will be moving out in two weeks because I am being transferred to my company's Hong Kong office.**

That sounds exciting. But as stated in our contract, we require a minimum of 30 days' prior notice before you move out of the unit. So, unfortunately, you will be responsible for the last month's rent.

 STEP 2

대화 속 단서 찾기

파악한 키워드를 바탕으로 대화를 들으면서 단서가 되는 내용을 찾습니다.

여 안녕하세요, 저는 셜리 스미스이고 아파트 2B에서 전화드려요. 제가 저희 회사의 홍콩 사무소로 전근을 가게 되어서 2주 뒤에 이사 나갈 예정이라는 걸 말씀드리려고요.
남 좋은 일이네요. 그렇지만 계약서에 명시된 대로, 이사를 나가시기 전에 최소한 30일 이전에는 저희에게 알려 주셔야 합니다. 그래서 유감스럽게도, 당신은 마지막 달의 임대료를 내셔야 할 책임이 있습니다.
여 그 방침에 대해서는 알고 있습니다만, 그 부과액을 면할 수 있는 어떤 방법이 있을까요?

I am aware of the policy, but is there any way I can get the charge waived?

 STEP 3

정답 선택하기

대화에서 들은 단서 내용을 동일하게 또는 다른 어휘로 바꾸어 적절하게 표현한 보기를 정답으로 선택하세요.

(A) She has found a less expensive apartment.
(B) **She is being transferred overseas.**
(C) Her lease will expire soon.
(D) She wants a smaller apartment.

(A) 그녀는 덜 비싼 아파트를 찾았다.
(B) 그녀는 해외로 전근 갈 것이다.
(C) 그녀의 임대 계약이 곧 만료될 것이다.
(D) 그녀는 더 작은 아파트를 원한다.

패러프레이징
being transferred to my company's Hong Kong office
→ being transferred overseas

◯ 빈출 질문 패턴

문제점	What problem does the man mention? 남자는 무슨 문제를 언급하는가? What is the woman concerned about? 여자는 무엇에 대해 걱정하는가? What is the man having trouble with? 남자는 무엇에 어려움을 겪고 있는가?
이유	Why does the man apologize? 남자는 왜 사과하는가? Why is the woman surprised? 여자는 왜 놀랐는가? Why will the woman make a phone call? 여자는 왜 전화를 할 것인가?
기타 세부사항	What are customers dissatisfied with? 손님들은 무엇에 불만스러워하는가? What does the man highlight about Angela? 남자는 안젤라에 대해 무엇을 강조하는가? Who will the man meet with on Friday? 남자는 금요일에 누구를 만날 것인가?

◯ 자주 나오는 단서 유형

단서 형태	단서 문장	문제
이유를 나타내는 전치사/접속사	Traffic was really slow this morning because of the rain. 비로 인해 오늘 오전에 교통 흐름이 정말 느렸어요.	문제 발생 이유: 궂은 날씨
목적을 나타내는 to/for	I've assigned an editor to create additional contents. 추가 콘텐츠를 만들기 위해 편집자를 선임했어요.	직원 선임 이유: 콘텐츠를 제작하기 위해
시간 표현	I had a meeting with the marketing team yesterday. 어제 마케팅 팀과 회의가 있었어요.	어제 한 일: 회의에 참석했다

◯ 패러프레이징 익히기

질문	단서	정답
목요일에 해야 하는 일은?	We should bring our laptops on Thursday. 우리는 목요일에 노트북을 지참해야 합니다.	Bring some equipment 장비 지참하기
상품권을 받는 방법은?	Don't forget to leave your comments on the Web site to get a gift certificate. 상품권을 받기 위해 웹사이트에 의견 남기는 걸 잊지 마세요.	By providing feedback 의견을 제공함으로써
여자의 새 집이 좋은 이유는?	My new place is much closer to the train station. 새로운 집은 기차역과 훨씬 가까워요.	It's near public transportation. 그곳은 대중교통과 가깝다.

빈출 대화 주제 및 표현 ③ 사무실 관련

🎧 P3_13

● 사무기기/시설

남 리사, 회의실 프로젝터 projector 좀 봐 주시겠어요 take a look? 저는 작동하는 work 법을 모르겠어요. 무슨 문제인지 케이블 cable 을 연결했는데도 connected 계속 화면 screen 이 흐릿해요 blurry.

여1 아, 저는 지금 다른 회의에 가는 중이라 도와드릴 수가 없어요. 제가 어제 대회의실에 프로젝터를 설치해 set up 두었는데 그 프로젝터로 바꿔 보는 건 어때요?

남 회의가 10분 뒤에 시작해서 그건 힘들 것 같아요.

여2 오늘 대회의실 main conference room 이 비어 있어요. 회의 장소를 아예 변경하는 게 좋겠네요.

✚ 빈출 표현 Plus

printer 인쇄기	run out of ~가 떨어지다
copier 복사기 (= photocopier)	place an order 주문하다
laptop 노트북 컴퓨터	work properly 제대로 작동하다
fax machine 팩스 기기	request extra chairs 여분의 의자를 요청하다
office supplies 사무용품	reserve a conference room 회의실을 예약하다
manual 설명서 (= handbook, instructions)	block off the time slot 해당 시간대의 사용을 제한하다

● 수리 요청

남 안녕하세요, 기술 지원부 technical support 맞나요? 제 컴퓨터에 문제가 있어서요 having a problem.

여 네, 저에게 말씀하시면 돼요. 무슨 문제가 언제부터 시작되었나요 begin?

남 제가 웹사이트에 접근하려 access 할 때마다 whenever, 웹페이지의 내용이 잘려 보이고 사진은 전혀 뜨지 않네요. 아, 문제는 오늘 아침부터 시작되었습니다. 어제 새로운 휴가 관리 소프트웨어가 회사 전체에 설치된 installed 것으로 알고 있어요.

여 맞습니다. 다른 몇몇 직원들도 동일한 문제를 보고하고 report 있어요. 제가 지금 사무실로 가서 go over 도와드리겠습니다 help you with.

✚ 빈출 표현 Plus

technical support 기술 지원부	account 계정
error message 오류 메시지	repair 고치다 (= fix)
out of order 고장 난 (= broken)	restart 다시 시작하다 (= reset)
paper jam 종이 걸림	turn on/off (전원을) 켜다/끄다
run slow 느리게 작동하다	try one more time 한 번 더 시도해보다
print blank page 백지가 인쇄되다	replace the battery 배터리를 교체하다

● 환경 관리

남 우리 회사에서 이용하는 조경 업체 landscaper 에서 보낸 이번 달 청구서 this month's bill 를 받았는데요, 무슨 조치를 취해야 do something 할 것 같아요.

여 아, 평소보다 비용이 높나요?

남 거의 두 배로 뛰었어요! 그들의 작업이 정말 마음에 들긴 해요 love their work. 우리 사무실 입구 entrance 가 최근 몇 년에 비해 더 좋아졌으니까요 look better. 그렇지만 이 정도 요금 rate 을 계속해서 sustain 지불할 수는 없어요.

여 음, 옆 건물에 있는 업체가 최근에 조경 공사를 했던데요 did some landscaping. 제가 한번 얘기해 볼게요.

+ 빈출 표현 Plus

facility services 시설 관리부
maintenance 유지 보수
inspection 점검
enhance 향상시키다
renovation work 개조 작업
outdoor garden 야외 정원

final plan 최종안
procedure 절차
visualize 시각화하다
repaint the wall 벽을 다시 칠하다
get too much shade 그늘이 너무 많이 지다
cut trees down 나무를 베어내다

🎧 P3_14

고득점 Tip! 세부사항을 묻는 질문에 about이 있으면 난이도가 더 높아요.

W Do you know if our order for televisions has come in yet? The 3D TVs have sold out and just this morning I've had a couple of customers come in looking for one.

M Well, we did get the shipment of televisions today, but none of them were 3D TVs.

여 혹시 우리가 주문한 텔레비전이 이미 들어왔는지 여부를 아세요? 3D 텔레비전이 재고가 없는데 오늘 아침에만 해도 두어 명의 고객이 와서 그것을 찾았어요.

남 글쎄요, 오늘 텔레비전 선적을 받았지만, 그것들 중 3D 텔레비전은 없었어요.

Q. What does the man say about the shipment? 남자는 선적에 대해 무엇이라고 말하는가?
　(A) It had some defective items. (X) 결함 있는 물건들이 몇 개 있었다.
　(B) It was incomplete. (O) 물건이 덜 왔다.

▶ 위와 같이 질문 속 키워드 앞에 about이 있는 경우, 정답 단서가 한 문장에서 명확하게 언급되기보다는 여러 문장에 나눠서 단서가 주어지는 경우가 많아요. 따라서 이러한 경우에는 보기를 더욱 꼼꼼하게 해석하고, 대화 속에서 키워드뿐만 아니라 주변 문장을 샅샅이 들으며 앞뒤 내용을 종합해서 단서를 찾아야 합니다.

연습 문제

질문의 키워드에 표시한 후 대화를 듣고 알맞은 답을 고른 뒤, 다시 들으면서 빈칸을 채우세요.

1 Why has the business been busy recently?

(A) A holiday is approaching.
(B) It ran an advertising campaign.

M Hi, Gloria. How was your first day at Sunshine Garden Center?
W Great! I'm getting more comfortable using the cash register. But I was really _____ we were so _____.
M Yes, that always happens when it gets _____ to _____ _____. People want to decorate their yards for when they have guests over.

2 What is the woman happy about?

(A) A product is selling well.
(B) A project was finished early.

M Hi, Annie. I wanted to ask you how things are going with the product catalog.
W It's ready to go, and it looks great. I'm so _____ that we were able to get that work done _____ _____ _____.
M Me too. That means the printing won't be rushed.

3 What problem does the woman mention?

(A) An employee is leaving the team.
(B) A computer will not turn on.
(C) She cannot find a computer file.
(D) She forgot her password.

M IT support team, how may I help you?
W Hi. This is Cynthia in human resources. I was working on an _____ _____ yesterday, but now I can't see the _____ anywhere. I think it _____ _____.
M Hmm... You might have a computer virus. I'll check it for you now.

4 What does the woman like about the sofa?

(A) Its warranty
(B) Its fabric
(C) Its price
(D) Its size

W Excuse me. I'm wondering about the sofa in the display window. Is it in stock?
M Yes, it is. That item is very popular. It's _____ _____, so it can seat three or even four people comfortably.
W Yes, that's why I'm _____ _____ it. I need something _____ for my home.

[5-6]

5 What is the man trying to access?

(A) A lease agreement
(B) A safety report
(C) An order confirmation
(D) A building permit

6 According to the woman, what happened last week?

(A) An Internet connection was installed.
(B) New equipment was ordered.
(C) A budget was approved.
(D) Some software was upgraded.

M Elizabeth, I need to access the latest _____ _____ online, but there seems to be an issue with my account. Have you had any problems?
W I logged in this morning. However, last week there was an _____ to the _____ _____. Did you change to a stronger password after that?
M No, I was on vacation last week, so I didn't know about that.
W Someone in IT can probably help you.

[7-8]

7 How did the woman find out about the business?

(A) From an online search
(B) From an e-mail
(C) From a relative
(D) From a coworker

8 What is given to all class participants?

(A) A bag
(B) A private tour
(C) A photo ID
(D) A notebook

M Welcome to Shelbyville Art Center. How can I help you?
W I'm thinking about signing up for a class. My _____ highly _____ the watercolor painting. I'd like to try it.
M Well, if you sign up for the spring term, it only costs 50 dollars for ten sessions, and there are a few different times to choose from. Also, all class participants get a _____ _____ _____ with our logo on it.

실전 문제

질문의 키워드에 표시한 후 대화를 듣고 알맞은 답을 고르세요.

[1-3]

1 What project is being discussed?

(A) Planning a trip
(B) Designing a car
(C) Filming a commercial
(D) Arranging a picnic

2 Why does the woman apologize to the man?

(A) She lost some paperwork.
(B) She missed an important meeting.
(C) She rejected a proposal.
(D) She forgot to send a file.

3 What does the man say he is impressed with?

(A) Some logo designs
(B) Some video samples
(C) Some low prices
(D) Some customer reviews

[4-6]

4 What did the woman recently do?

(A) She relocated her office.
(B) She purchased a car.
(C) She signed a lease.
(D) She started a new job.

5 According to the man, what is the problem?

(A) A fee has not been paid.
(B) A manager is absent today.
(C) Some carpets are not dry.
(D) Some keys have been lost.

6 What does the man offer to give the woman?

(A) A brochure
(B) A receipt
(C) A business card
(D) A neighborhood map

[7-9]

7 What is the man preparing for?

(A) A facility tour
(B) A fundraising event
(C) A press conference
(D) An investors meeting

8 What product is mentioned by the speakers?

(A) Wind turbines
(B) 3D printers
(C) Car batteries
(D) Solar panels

9 What does the man say he is pleased about?

(A) Factory reviews
(B) Cost savings
(C) Improved efficiency
(D) Customer satisfaction

[10-12]

10 What kind of business do the speakers work for?

(A) A travel agency
(B) A bakery
(C) A dry cleaner
(D) A manufacturing plant

11 What will take place on Wednesday?

(A) A training event
(B) A job interview
(C) A vehicle purchase
(D) A Web site launch

12 Why does the man say, "I contacted them this morning"?

(A) To encourage the woman
(B) To reject an offer
(C) To suggest another task
(D) To reassure the woman

[13-15]

★★★★★★★★★★★
Laugh-Along Comedy Series
Burke Theater
March 4 at 6:30 P.M.
March 5 at 7:00 P.M.
March 6 at 5:30 P.M.
March 7 at 10:00 P.M.

13 What does the man say about a coffee shop?

(A) It plays loud music.
(B) It has slow service.
(C) The drinks are expensive.
(D) The menu is limited.

14 Look at the graphic. When will the woman most likely attend a show?

(A) On March 4
(B) On March 5
(C) On March 6
(D) On March 7

15 What does the woman ask the man to do?

(A) Forward her an e-mail
(B) Show her a flyer
(C) Purchase some tickets
(D) Call a theater

UNIT
12

제안·요청사항을 묻는 문제

매회 4~6문제 출제

제안·요청사항을 묻는 문제

화자가 상대방에게 제안하거나 부탁, 요청하는 내용을 묻는 문제로, 주로 세 번째 문제로 출제됩니다.

문제 풀이 전략　🎧 P3_17

What does the woman suggest doing?

STEP 1
질문 파악하기

대화가 나오기 전, 질문을 읽고 키워드를 통해 묻는 내용을 파악하고, 정답의 단서가 어느 부분에서 나올지 예상해 봅니다.

▶ 여자가 제안하는 것
　How about ~?(~하는 게 어때요?)과 같이 제안을 나타내는 표현에 집중하여 대화 후반부 여자의 말을 잘 듣는 것이 핵심입니다.

Kevin, I think we're short on staff in the advertising department. Two of our employees are on long-term leave right now, and we really need to have those positions filled.

Yes, you're right. Let me contact Tamia in personnel and ask her to post a job advertisement on the Internet.

Oh, plus, how about calling one of the employment agencies in town? Maybe we can find someone who fits the job.

STEP 2
대화 속 단서 찾기

파악한 키워드를 바탕으로 대화를 들으면서 단서가 되는 내용을 찾습니다.

여　케빈, 제 생각에 우리는 광고 부서에 직원이 부족한 것 같아요. 우리 직원들 중 두 명이 현재 장기 휴가 중이고, 우리는 꼭 그 자리들을 채워야 해요.
남　네, 당신 말이 맞아요. 제가 인사과의 타미아에게 연락해서 그녀에게 인터넷 구인 광고를 올려 달라고 요청할게요.
여　아, 그리고요, 시내의 취업 알선 업체 중 하나에 전화해 보는 것이 어떨까요? 이 일에 맞는 사람을 찾을 수 있을지도 몰라요.

(A) Post an advertisement
(B) Contact a business
(C) Apply for a job
(D) Send a résumé

STEP 3
정답 선택하기

대화에서 들은 단서 내용을 동일하게 또는 다른 어휘로 바꾸어 적절하게 표현한 보기를 정답으로 선택하세요.

(A) 광고 게시하기
(B) 업체에 연락하기
(C) 일자리에 지원하기
(D) 이력서 보내기

패러프레이징
calling one of the employment agencies
→ contact a business

○ 빈출 질문 패턴

제안	What does the woman suggest the man do? 여자는 남자에게 무엇을 하라고 제안하는가? What does the woman recommend doing? 여자는 무엇을 할 것을 추천하는가? What suggestion does the man make? 남자는 어떤 제안을 하는가?
요청	What does the man ask the woman to do? 남자는 여자에게 무엇을 하라고 요청하는가? What does the woman ask the man for? 여자는 남자에게 무엇을 요청하는가? What is the woman asked to do? 여자는 무엇을 하라고 요청받는가?

○ 자주 나오는 단서 유형

단서 형태	단서 문장	문제
Why don't we ~? (~하는 게 어때요?)	Why don't we give discounts to our regular customers? 우리 단골손님들에게는 할인을 해 주는 것이 어떨까요?	제안: 가격 내리기
Could you ~? (~해 주시겠어요?)	Could you make photocopies of the schedule? 일정표 복사를 해 주시겠어요?	요청: 문서 복사하기
We should ~ (~해야 해요)	We should expand our advertising budget. 우리는 광고 예산을 늘려야 해요.	제안: 더 큰 예산 제공하기
Please ~ (~해 주세요)	Please arrange a meeting with the other managers. 다른 관리자들과 회의를 잡아 주세요.	요청: 회의 일정 잡기

○ 패러프레이징 익히기

질문	단서	정답
여자가 제안하는 것은?	Let's set up the counter and give away some cookies to sample. 매대를 준비해서 쿠키를 맛볼 수 있게 나눠 줍시다.	Give out some samples 샘플 나눠 주기
남자가 요청하는 것은?	Could you review the budget report? 예산 보고서를 검토해 주시겠어요?	Read a document 문서 읽기
남자가 추천하는 것은?	I recommend catching a bus to the theater because the parking lot is closed. 주차장이 폐쇄되었으므로 극장까지 버스를 타는 것을 추천드려요.	Taking public transportation 대중교통을 이용하는 것

빈출 대화 주제 및 표현 ④ 쇼핑 및 외식 관련   🎧 P3_18

● 물건 구매

- 남: 진저 가정용품점 home furnishings 입니다. 무엇을 찾으시나요?
- 여: 거실 전체를 환하게 비춰줄 수 있는 밝은 등 lamp 을 찾고 있어요 looking for.
- 남: 그렇다면, 이 모델을 추천해 recommend 드려요. 밝은 빛 덕분에 thanks to 가장 인기 있는 popular 상품 중 하나랍니다. 그리고 특수 받침대 부분에 작은 서랍 drawer 도 있어서 물건을 수납하기에 store 좋아요.
- 여: 좋네요. 딱 원하던 물건이에요. 그런데 제 차가 너무 작아서 안 들어갈 것 같아요.
- 남: 걱정 마세요. 배달 서비스 delivery service 가 무료입니다.

➕ 빈출 표현 Plus

carry 취급하다	sold out 매진된
discount 할인	clearance sale 재고 정리 세일
reasonable (가격이) 적당한	a wide selection of 다양한
costly 비용이 많이 드는	have in stock 재고가 있다
warranty 품질 보증(서)	place an order 주문하다
valid 유효한	set one aside 따로 빼 놓다

● 반품/교환

- 여: 안녕하세요. 제가 이 셔츠를 어제 구매했는데요 purchased. 집에 가서 보니 저한테 사이즈가 너무 작아요. 혹시 조금 더 큰 사이즈 bigger size 가 있나요?
- 남: 죄송해요. 검정색은 지금 at the moment 다른 사이즈가 품절이에요 out of stock. 노란색은 아직 구매 가능합니다 still available.
- 여: 아, 저는 정말로 검정색이 입고 싶었는데, 그럼 노란색을 한번 입어봐도 try on 될까요?
- 남: 그럼요, 그 사이에 제가 다른 지점 branch 에 검정색 제품 재고 inventory 가 남아 있는지 전화해 볼게요. 라지 사이즈로 in size large 찾아봐 드리면 되겠죠?

➕ 빈출 표현 Plus

exchange 교환하다	receipt 영수증
return 반품하다	cash register 계산대
defective 결함 있는	get a refund 환불받다
apologize 사과하다	store credit 상점 내 교환권
inconvenience 불편	full refund 전액 환불
compensate 보상하다	store manager 매장 관리자

식당 서비스

남 안녕하세요. 마이클이라는 이름으로 under the name 2명 자리를 예약했어요 have a reservation for two. 제 일행은 아직 도착하지 않았습니다 hasn't arrived yet.

여 네, 여기 예약 내역이 있네요. 특별히 원하시는 자리 seating preference 가 있나요? 식당 안에 남은 테이블 open tables 이 몇 개 있고 야외 테라스에도 out on the patio 자리가 있습니다.

남 음, 사업에 관해 논의할 사항이 많아서, 조용한 곳 quiet area 이 가장 좋습니다 is best.

여 그렇다면 야외 테이블로 해 드리겠습니다. 밖이 좀 더 조용하거든요. 지금 자리로 모시겠습니다 see you.

➕ 빈출 표현 Plus

party 일행	accommodate 수용하다
meal 식사	booking 예약
flavor 맛	bill 계산서
ingredient 재료	waiting list 대기자 명단
entrée 메인 요리	special dining experience 특별한 식사 경험
vegetarian 채식주의자; 채식주의자를 위한	let me check 확인해 볼게요

🎧 P3_19

고득점 Tip! offer to do 질문에 주의하세요.

W Thank you for your recent article in our magazine. I was wondering if you could become a regular columnist.

M That sounds like a great opportunity. However, I am not sure if I will have enough time.

W Well, then I can change the schedule. How about once a month?

여 저희 잡지에 실린 당신의 최근 기사에 감사드려요. 혹시 정기 칼럼니스트가 되어 주실 수 있는지 여쭙고 싶습니다.

남 굉장히 좋은 기회 같네요. 하지만, 충분한 시간이 있을지 모르겠어요.

여 음, 그러면 제가 일정을 변경해 드릴 수 있어요. 한 달에 한 번은 어떨까요?

Q. What does the woman offer to do? 여자는 무엇을 해주겠다고 제안하는가?
 (A) Modify a schedule (O) 일정을 조정하기
 (B) Pay a higher salary (X) 더 높은 보수를 지불하기

▶ What does A suggest B do?는 A가 B에게 하라고 제안하는 것을 묻는 질문으로, A의 입장에서 상대방이 하기를 원하는 일이 무엇인지를 찾아야 합니다. 이와 다르게 What does A offer to do?는 A가 (자신이) 해주겠다고 제안하는 것, 즉 화자가 직접 할 일이 무엇인지를 묻는 질문입니다. 행동의 주체가 상대방이 아닌 화자 자신이라는 것에 주의해야 하며, 주로 "I can ~(제가 ~할 수 있어요)"이나 "Let me ~(제가 ~해드릴게요)"와 같은 표현으로 단서가 주어집니다.

연습 문제

질문의 키워드에 표시한 후 대화를 듣고 알맞은 답을 고른 뒤, 다시 들으면서 빈칸을 채우세요.

1 What does the man ask the woman to do?

(A) Plan a tour
(B) Review a presentation

M Kelly, I'm not sure where I should take our VIP clients to lunch after the sales pitch. I was thinking about the Bayside Seafood Restaurant.
W Yes, they have an excellent chef there.
M Great! Now, I just need to make sure there are no errors in my _____. Would you mind _____ _____ _____?

2 What does the woman offer to do?

(A) Order an item
(B) Check a storage area

M Hello. I'm looking for this sweater in a _____ size. I didn't see any on the shelf.
W Usually, we put everything _____ _____. However, I can look in our _____ _____ to see if we have one there. Please wait here for a moment.
M That would be great. Thank you.

3 What does the man tell the woman to do?

(A) Review a contract
(B) Make a list
(C) Present a receipt
(D) Complete a survey

W James, I'm wondering if there is room in the _____ for _____ a management consultant.
M Hmm... that would be expensive, but it could be very useful as well. Make a _____ _____ of the _____ we need it. Then you can present that to the general manager.

4 What does the woman recommend doing?

(A) Changing a policy
(B) Hiring an assistant
(C) Conducting an interview
(D) Reading a journal

M Ms. Phillips, I had an idea for an _____ for our newspaper. We could cover the renovation at the old library on Tulsa Lane.
W I think a lot of people would be interested in finding out about that. You should _____ the _____ working on the project to _____ the _____.

[5-6]

5 What problem does the man mention?

(A) Some customers have complained.
(B) Some equipment is missing.
(C) An entrance door will not open.
(D) A delivery will arrive late.

6 What does the woman ask the man to do?

(A) Post a sign
(B) Approve a budget
(C) Call a supervisor
(D) Send an e-mail

M Ms. Abbott, I've noticed that the side _____ _____ is _____ _____. I tried pulling on it, but it wouldn't _____.

W Yes, I'm aware of that issue. I've already informed the maintenance supervisor, but he can't send someone to fix it until this afternoon.

M Hmm... I'm sure a lot of people will try to get in that way.

W That's true. Could you put up a _____ explaining the situation?

[7-8]

7 What most likely is the woman's job?

(A) Museum director
(B) Fitness instructor
(C) Newspaper reporter
(D) Store manager

8 What does the woman suggest doing?

(A) Downloading an application
(B) Placing an order
(C) Advertising on a Web site
(D) Viewing some photographs

W Thanks for calling Star Carpeting. I'm the _____ of this _____. How may I help you?

M Hello. I recently purchased a new home, and I'd like to replace the carpet in my living room. I'm not sure what color would be right, though.

W That depends on your walls and woodwork. If you need some ideas, you could _____ the _____ _____ on our Web site.

M Thanks. I'll try that.

실전 문제

질문의 키워드에 표시한 후 대화를 듣고 알맞은 답을 고르세요.

[1-3]

1 Where most likely does the man work?

(A) At a travel agency
(B) At an airport
(C) At a bookshop
(D) At a museum

2 What does the man say about tickets?

(A) They will go on sale tomorrow.
(B) They should be purchased in advance.
(C) They are more expensive online.
(D) They require a photo ID.

3 What does the man ask the woman to do?

(A) Get a coupon
(B) Confirm her budget
(C) Sign a contract
(D) Create an account

[4-6]

4 What kind of event are the speakers discussing?

(A) A local election
(B) A retirement dinner
(C) An industry conference
(D) A music competition

5 Why does the man say, "It has a good reputation"?

(A) To reject an idea
(B) To show agreement
(C) To ask for assistance
(D) To congratulate the woman

6 What does the woman suggest?

(A) Increasing a fee
(B) Extending an event
(C) Forming a committee
(D) Holding a fundraiser

[7-9]

7 Where most likely does the man work?

(A) At an appliance store
(B) At a hotel
(C) At a restaurant
(D) At an airport

8 Who does the woman plan to meet on October 6?

(A) A keynote speaker
(B) A government inspector
(C) Job candidates
(D) Potential clients

9 What does the man ask the woman for?

(A) A food preference
(B) An e-mail address
(C) A company name
(D) An account number

[10-12]

10 What topic does the man want to discuss?

(A) Some regulation changes
(B) Some feedback surveys
(C) A design process
(D) A new employee

11 What problem is mentioned?

(A) Some components are broken.
(B) Some deliveries were late.
(C) A material is too thin.
(D) A price has increased.

12 What does the man recommend that the women do?

(A) Write a memo
(B) Cancel a contract
(C) Order some samples
(D) Research a competitor

[13-15]

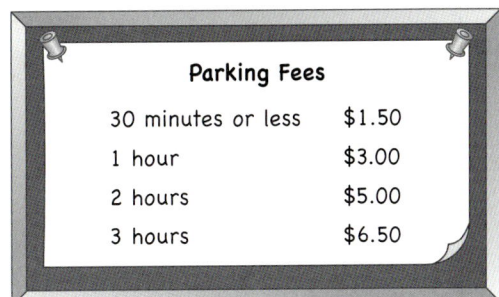

13 Where are the speakers probably going?

(A) To a museum
(B) To a theater
(C) To a hotel
(D) To a stadium

14 Look at the graphic. How much will the speakers be charged for parking?

(A) $1.50
(B) $3.00
(C) $5.00
(D) $6.50

15 What does the man offer to do?

(A) Deliver a package
(B) Find a map
(C) Wait at the car
(D) Use his credit card

UNIT 13

앞으로 일어날 일을 묻는 문제

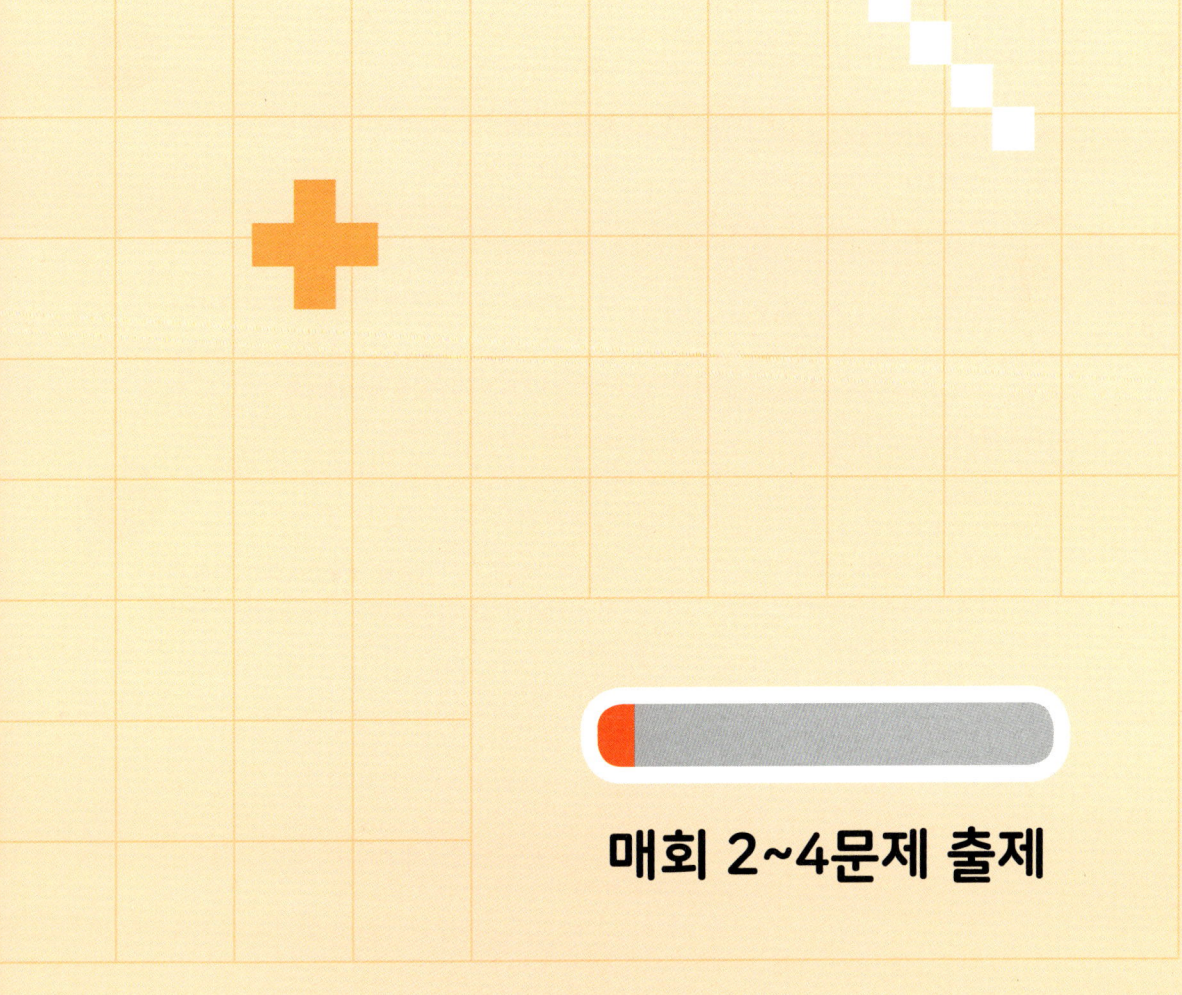

매회 2~4문제 출제

앞으로 일어날 일을 묻는 문제

화자가 다음에 할 일 또는 미래의 계획을 묻는 문제로, 주로 세 번째 문제로 출제됩니다.

문제 풀이 전략　　　　　　　　　　　P3_22

 What will the **woman** do **next**?

 Paul, thanks for taking my shift on Saturday when the store is very busy. I have a doctor's appointment.

 No problem. I already know that the store will be busy on Saturday. People tend to stock up on groceries at the beginning of the weekend.

 I really appreciate it. I'm on my way to the manager's office now, so I'll tell her about the changes in our shifts.

(A) Talk to a manager
(B) Set up a product display
(C) Move some furniture
(D) Submit an invoice

STEP 1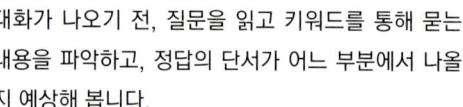
질문 파악하기
대화가 나오기 전, 질문을 읽고 키워드를 통해 묻는 내용을 파악하고, 정답의 단서가 어느 부분에서 나올지 예상해 봅니다.

▶ 여자가 다음에 할 일
　대화 후반부 여자의 말에서 will, be going to와 같은 미래 시제 표현을 잘 들어야 합니다.

STEP 2
대화 속 단서 찾기
파악한 키워드를 바탕으로 대화를 들으면서 단서가 되는 내용을 찾습니다.

여　폴, 매장이 매우 붐비는 토요일에 제 교대 근무를 대신 맡아 줘서 고마워요. 제가 진료 예약이 있거든요.
남　별말씀을요. 토요일에 매장이 붐빌 거라는 건 이미 알고 있어요. 사람들은 주말이 시작될 때 식료품을 쌓아 두려고 하니까요.
여　정말 고마워요. 제가 지금 관리자 사무실에 가는 길이니까, 그녀에게 우리의 근무 변경에 대해 말할게요.

STEP 3
정답 선택하기
대화에서 들은 단서 내용을 동일하게 또는 다른 어휘로 바꾸어 적절하게 표현한 보기를 정답으로 선택하세요.

(A) 관리자와 이야기하기
(B) 상품 진열하기
(C) 가구 옮기기
(D) 청구서 제출하기

패러프레이징
tell her about the changes in our shifts
→ talk to a manager

○ 빈출 질문 패턴

다음에 할 일	What will the man (probably) do next? 남자는 다음에 무엇을 할 것인가? What is the woman going to do? 여자는 무엇을 할 것인가? What does the woman say she will do? 여자는 무엇을 할 것이라고 말하는가?
미래 계획	What will happen next week? 다음 주에 무슨 일이 일어날 것인가? What is supposed to happen tomorrow? 내일 무슨 일이 일어나기로 되어 있는가? What does the woman's company plan to do? 여자의 회사는 무엇을 할 계획인가?

○ 자주 나오는 단서 유형

단서 형태	단서 문장	문제
미래 시제	I'll make a reservation at the new restaurant on Baker Street right away. 제가 베이커 가에 새로 생긴 식당을 지금 바로 예약할게요.	다음에 할 일: 예약하기
제안	Let me check the inventory of the storeroom. 제가 창고의 재고를 확인해 볼게요.	다음에 할 일: 창고로 가기
요청	Could you send me the final report summarizing the group's opinions? 그룹 의견을 요약한 최종 보고서를 저에게 보내 주실 수 있나요?	다음에 일어날 일: 보고서가 제출될 것이다

○ 패러프레이징 익히기

질문	단서	정답
남자가 다음에 할 일은?	We can ship the replacement shirts by overnight mail. 저희가 셔츠 교환품을 익일 배송으로 보내드릴 수 있습니다.	Send some items overnight 물건을 익일 배달로 보내기
남자가 오늘 오후에 할 일은?	I'll post a notice on our Web site this afternoon. 제가 오늘 오후에 우리 웹사이트에 공지를 올릴게요.	Update a Web site 웹사이트 갱신하기
여자가 다음에 할 일은?	I'll go get you the design specification sheet for that model. 제가 가서 그 모델의 디자인 사양이 적힌 종이를 가져다 드릴게요.	Provide design information 디자인 정보 제공하기

빈출 대화 주제 및 표현 ⑤ 각종 편의시설 관련

🟠 병원/약국

- (여) 플로렌스 약국 pharmacy 에 오신 것을 환영합니다. 어떻게 도와드릴까요?
- (남) 안녕하세요. 저의 주치의가 조금 전에 제 처방전 prescription 을 이곳으로 보냈는데요. 약 medicine 이 준비가 되었나요 ready? 제 이름은 네이든 박입니다.
- (여) 잠시만요 Wait a minute. 방금 처방 order 을 받았네요. 그런데 죄송하지만 오늘 조제할 fill 약이 많아 너무 바빠서 조금 시간이 걸릴 것 같습니다. 20분 정도 기다려 주실 수 있나요?
- (남) 아, 괜찮습니다 that's fine. 그럼 저는 바로 옆 식료품 가게에서 장을 본 뒤 약을 가지러 돌아올게요 come back.

➕ 빈출 표현 Plus

clinic 개인 병원 (= doctor's office)	medication 약물 (치료)
dentist 치과 의사	vaccination 예방 접종
physician 내과 의사	insurance 보험
eye doctor 안과 의사	first visit 첫 방문
examine 진찰하다	see a doctor 진찰을 받다
checkup 검진	have an appointment 예약이 있다

🟠 은행

- (여) 안녕하세요. 예금 계좌 savings account 에서 돈을 좀 인출하고 withdraw 싶은데요. 아, 그리고 여기서 돈을 송금할 wire 수 있나요?
- (남) 물론이죠, 돈을 어디로 보내드릴까요? 먼저 이 양식 form 을 기입하신 fill out 후에 수수료 fee 를 납부해 주시면 됩니다.
- (여) 네, 여기 계좌 번호 account number 가 있습니다. 그리고 이 수표를 현금 cash 으로 바꾸고 싶어요.
- (남) 신분증을 주시면 바로 처리해 드리겠습니다. 음, 그런데 혹시 잔고 balance 확인은 하셨나요?

➕ 빈출 표현 Plus

check 수표	deposit 예금하다; 예금
loan 대출	transfer 송금하다
interest 이자	approve 승인하다
credit 신용도	make a withdrawal 인출하다
transaction 거래	open an account 계좌를 개설하다
financing option 금융 옵션	fill out some paperwork 서류를 작성하다

우체국

(여) 안녕하세요. 실버스프링 우체국 post office 입니다. 김 선생님과 통화할 수 있을까요? 저희가 소포 package 를 가지고 있어서 배송 delivery 에 대해 메시지를 남겼습니다만, 아직 응답 response 을 받지 못해서요.

(남1) 저는 지금 막 출장에서 돌아왔어요. 제 비서에게 확인해 볼게요. 피트, 우체국에서 온 메모를 받았나요?

(남2) 네, 책상 위에 올려놨어요.

(남1) 고마워요, 피트. 아, 네, 이제 보이네요.

(여) 네, 사진이 있는 신분증 photo ID 을 가지고 저희 우체국으로 오셔서 come 소포를 찾아가시면 pick up 됩니다. 저희는 저녁 6시에 닫습니다 close at 6 P.M.

✚ 빈출 표현 Plus

parcel 소포
mailing option 우편물 발송 옵션
flat rate 고정 요금
express mail 속달 우편
overnight delivery 익일 배송
postal code 우편번호 (= zip code)

arrival 도착
enclose 동봉하다
fragile 부서지기 쉬운
courier service 택배 서비스
weigh a package 소포의 무게를 달다
ahead of time 정해진 시간보다 빠르게

🎧 P3_24

고득점 Tip! 두 가지 이상 일의 진행 순서에 주의하세요.

M Hi, I just moved here last week. I'm just wondering if my membership can be transferred to this center.

W Of course. I'll issue you a new membership card with your updated address on it after you fill out this approval form.

남 안녕하세요, 저는 지난주에 막 이곳으로 이사 왔는데요. 제 멤버십을 이 센터로 옮길 수 있는지 궁금합니다.

여 물론이죠. 이 결재 서류를 작성하신 후에 갱신된 주소가 쓰여진 새로운 멤버십 카드를 발급해 드리겠습니다.

Q. What will happen next? 다음에 무슨 일이 일어날 것인가?
    (A) A credit card will be given. (X) 신용 카드가 전달될 것이다.
    (B) Some paperwork will be completed. (O) 서류가 작성될 것이다.

▶ 대화에서 서류를 작성한 후에 멤버십 카드를 발급해 주겠다고 했지만, 영어 어순으로는 서류보다 카드가 먼저 언급되기 때문에 카드와 관련된 답을 고르는 실수를 하기 쉽습니다. 이와 같이 시간상 순서를 나타내는 before나 after 같은 전치사를 이용해 진행 순서가 혼동되도록 문제가 나오는 경우가 종종 있으므로 주의해야 합니다. 자주 쓰이는 시간 표현 중에서 A after B(B 다음에 A)에서는 B가 먼저이고, A before B(B 전에 A)에서는 A가 먼저라는 것을 기억해 두세요.

연습 문제

질문의 키워드에 표시한 후 대화를 듣고 알맞은 답을 고른 뒤, 다시 들으면서 빈칸을 채우세요.

1 What does the man say he will do?

(A) Buy a card
(B) Reserve a table

M I can't believe that Ms. Baxter is retiring in just two weeks.
W We should do something special before she leaves. How about _____ after work on her last day?
M That would be nice. I'll _____ _____ _____ for our team at the Italian restaurant across the street.

2 What will happen next Monday?

(A) A demonstration will be given.
(B) A business will be sold.

W This is Rosalyn Adams from Vernon Inc. We can install your new security system over the weekend. Would that be all right?
M That's fine, but I'm not sure how to use the system.
W Don't worry. I can _____ _____ again next Monday and _____ how to _____ all of the _____.

3 What does the man say he will do?

(A) Change a deadline
(B) Inspect a site
(C) Contact a friend
(D) Reprint an invoice

W Carl, there's an issue with our _____ _____. From next month, prices are going up by twenty-five percent.
M Then we'll have to find another supplier. I have a friend who works in the _____. Maybe he can give us a good deal. I'll _____ him a _____.
W That would be helpful.

4 What does the woman plan to do after lunch?

(A) Record a video
(B) Go to the airport
(C) Attend a trade fair
(D) Meet with a client

M Hi, Heather. I got your message saying that your laptop is having a _____.
W Yes. It will operate as normal for a while, but then it suddenly shuts down. I'm scheduled for a _____ _____ after lunch, and I'd like to take the _____ with me.
M I'll take a look at it.

[5-6]

5. What has the woman already done?

   (A) She prepared some questions.
   (B) She provided some feedback.
   (C) She made a payment.
   (D) She left a business card.

6. What does the woman say she will do?

   (A) Present a ticket
   (B) Read a newspaper
   (C) Call a friend
   (D) Get her bag

M The eye doctor will be with you shortly, Ms. Quinn. Would you like to pay the fee for the exam now or later?
W Actually, I already _____ _____ the service through your Web site.
M Oh, I'm sorry. I see that now on my computer. Please take a seat.
W I've just realized that I _____ _____ _____ in the car. I need to go and get that first.

[7-8]

7. What is the woman calling about?

   (A) Signing up for a subscription
   (B) Moving to a new home
   (C) Renting an office space
   (D) Getting a business loan

8. What does the man say will happen tomorrow?

   (A) Some prices will increase.
   (B) Some walls will be painted.
   (C) A parking lot will undergo repairs.
   (D) A new manager will take over.

M Thanks for calling Valley Property Management. How may I help you?
W Hello. I run a small graphic design studio. I'd like to _____ _____ _____ in the Duncan Building. Could I take a tour of the site tomorrow around 10?
M Sure. I can set that up for you. But please note that a crew will be repairing the building's _____ _____ tomorrow. So, you'll have to park on the street next to the complex.

실전 문제

질문의 키워드에 표시한 후 대화를 듣고 알맞은 답을 고르세요.

[1-3]

1. What problem does the woman mention?
   (A) She was absent from an orientation.
   (B) She was unable to book train tickets.
   (C) She cannot find some employee handbooks.
   (D) She forgot her password for a database.

2. What did the man do this morning?
   (A) He signed up for a class.
   (B) He ordered some office supplies.
   (C) He visited a client.
   (D) He organized a storage area.

3. What does the man say he will do?
   (A) Update a calendar
   (B) Send an invoice
   (C) Contact a print shop
   (D) Save a receipt

[4-6]

4. Where is the conversation taking place?
   (A) At a cooking demonstration
   (B) At a company retreat
   (C) At a technology conference
   (D) At a writing workshop

5. What does the woman say about Lawrence?
   (A) He recently published a book.
   (B) He will transfer overseas.
   (C) He was the planner of the event.
   (D) He has been nominated for an award.

6. What will the speakers do next?
   (A) Review a schedule
   (B) Get some refreshments
   (C) Look for some seats
   (D) Prepare some equipment

[7-9]

7. Who most likely is the man?
   (A) A librarian
   (B) A doctor
   (C) An accountant
   (D) A mechanic

8. What has the man done for the woman?
   (A) He scheduled a meeting.
   (B) He printed a price list.
   (C) He completed some paperwork.
   (D) He gave a demonstration.

9 What will the woman probably do next?

(A) Set up a display
(B) Look at some merchandise
(C) Speak to a supervisor
(D) Read a report

[10-12]

10 Where do the speakers probably work?

(A) At a construction firm
(B) At a post office
(C) At a marketing agency
(D) At a law office

11 What does the man suggest when he says, "Most employees are required to go"?

(A) He has concerns about a budget.
(B) He is surprised about a policy.
(C) He thinks a plan should be changed.
(D) He wants to use a different venue.

12 What does the woman plan to do?

(A) Check a price
(B) Schedule a repair
(C) Review some applications
(D) Contact a business

[13-15]

Our Services	
Button replacement	$5
Shorten trousers	$10
Patch hole	$15
Repair zipper	$20

13 Look at the graphic. How much will the man pay for a service?

(A) $5
(B) $10
(C) $15
(D) $20

14 What event will the man attend on Saturday?

(A) A career fair
(B) An awards dinner
(C) A sales meeting
(D) An anniversary party

15 What will the man most likely do next?

(A) Purchase a beverage
(B) Provide an address
(C) Copy some documents
(D) Contact his employer

UNIT 14

화자의 의도를 묻는 문제

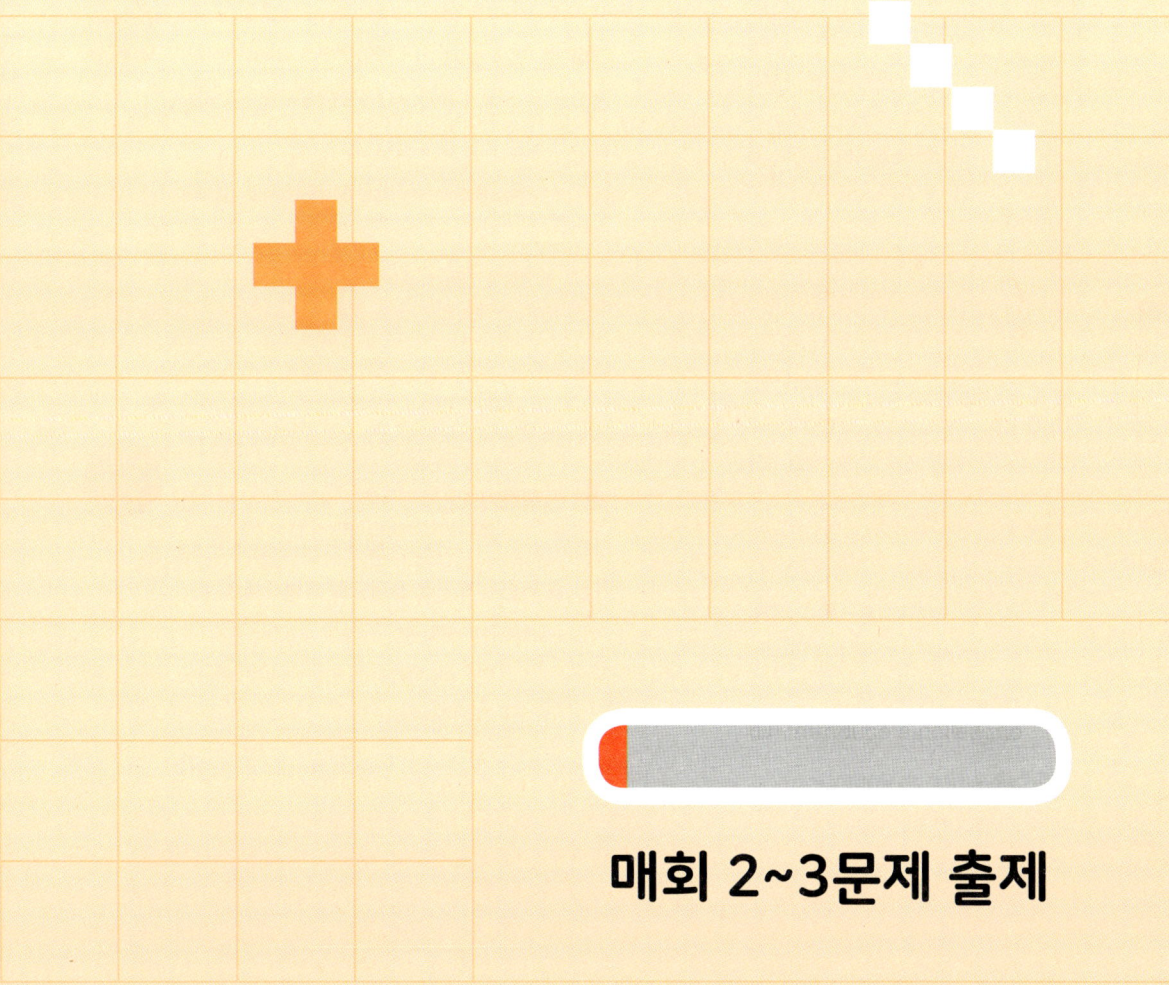

매회 2~3문제 출제

화자의 의도를 묻는 문제

화자가 한 말의 의미나 그 말을 통해 암시하는 것, 또는 그것을 말한 이유를 묻는 문제입니다. 제시된 문장의 사전적 의미가 아닌 문맥상 알맞은 의미를 찾아야 하기 때문에 난이도가 높은 유형입니다.

문제 풀이 전략　　　P3_27

Why does the man say, "Since you're the most experienced supervisor"?

Hello, Michelle. We're making a video manual about operating cutting machines this coming weekend to introduce them to our new staff. Since you're the most experienced supervisor, I'd like you to play a main role in this video.

Of course, I'd be glad if I could help you. But I was wondering if you could give me any directions or materials to refer to.

Don't worry, this is a written manual that you can use.

(A) To correct a mistake
(B) To make a request
(C) To give her a promotion
(D) To support her opinion

STEP 1

질문 파악하기

대화가 나오기 전, 질문의 키워드를 통해 묻는 내용을 파악하고, 제시된 인용 문장을 미리 읽어 둡니다.

▶ 남자가 말한 이유 / 당신이 가장 경험 많은 관리자이기 때문에
많은 경험을 강조하는 것을 보고, 무언가를 잘 아는 사람에게 도움이나 질문을 하는 상황을 예상해 볼 수 있습니다.

STEP 2

대화 속 단서 찾기

대화를 들으면서 인용 문장이 나오면 앞뒤 문맥에서 단서가 되는 내용을 찾습니다.

남　안녕하세요, 미쉘. 신입 직원들에게 우리 재단기를 소개하기 위해 다가오는 이번 주말에 재단기 사용에 관한 영상 매뉴얼을 제작하려고 하는데요. 당신이 가장 경험 많은 관리자이기 때문에, 이 영상의 주인공을 맡아 주셨으면 해요.
여　물론이죠, 제가 도움이 된다면 기쁘겠어요. 그런데 혹시 참고할 만한 지시사항이나 자료 같은 걸 주실 수 있는지 궁금하네요.
남　걱정 말아요, 여기 당신이 사용할 수 있는 문서 매뉴얼이 있어요.

STEP 3

정답 선택하기

대화에서 들은 단서 내용을 바탕으로 화자의 의도를 가장 잘 표현한 보기를 정답으로 선택하세요.

(A) 실수를 바로잡기 위해
(B) 요청을 하기 위해
(C) 여자를 승진시키기 위해
(D) 여자의 의견을 지지하기 위해

빈출 질문 패턴

말의 의미/암시하는 것	What does the woman mean when she says, "I've been there before"? 여자가 "전에 그곳에 가봤어요"라고 말할 때 의미하는 것은 무엇인가? What does the man imply when he says, "It's my first day working here"? 남자가 "저는 오늘이 여기서 근무하는 첫날이에요"라고 말할 때 암시하는 것은 무엇인가?
말한 이유	Why does the man say, "Our store opening is in a week"? 남자는 왜 "저희 가게는 일주일 후에 열어요"라고 말하는가?

자주 나오는 인용 문장 유형

단서 형태	단서 문장	문제
바쁘다/~에 가야 한다	M Dorothy, will you be able to review the budget report? 도로시, 예산 보고서를 검토해 주실 수 있나요? W I'm about to attend the meeting. 저는 지금 회의에 가려던 참이에요.	여자가 말한 이유: 부탁을 거절하기 위해
할 일이 없다/ 시간이 있다	M I've been so busy today, because Jessy called in sick. I also have to take inventory. 오늘 제시가 병가를 내서 제가 너무 바쁘네요. 재고 파악도 해야 해요. W I'm free until three. 제가 3시까지 시간이 있어요.	여자가 의미하는 것: 자신이 도와줄 수 있다
~해본 적 없다	W How can I reserve the conference center? 컨퍼런스 센터 예약을 어떻게 하나요? M Actually, I've never done that before. 사실, 저는 이전에 그걸 해본 적이 없어요.	남자가 암시하는 것: 도움을 줄 수 없다
경험이 있다/ 오래 일했다	W I'm worried about the meeting with our investor, Mr. Jackson. 우리 투자자인 잭슨 씨를 만나는 게 걱정이 되네요. M Oh, I've worked with him before. He's a nice person. 아, 제가 전에 그분과 일해본 적 있어요. 좋은 분이에요.	남자가 말한 이유: 여자를 안심시키기 위해
~까지 끝내야 한다	M The client asked us to change the colors of the poster. 고객이 포스터의 색을 바꿔달라고 요청했어요. W But they wanted us to finish it by the end of this week. 그렇지만 그들은 우리가 이번 주 말까지 그것을 끝내길 원했는데요.	여자가 말한 이유: 걱정을 나타내기 위해

빈출 대화 주제 및 표현 ⑥ 여가생활 관련   P3_28

● **여행**

- (여) 안녕하세요. 제가 이번 여름휴가 vacation 때 동생과 함께 로마로 여행 travel 을 하려고 하는데요. 혹시 역사 history 테마를 가진 여행 패키지 package 가 있을까요?
- (남) 기간 duration 은 어느 정도로 생각하고 계신가요? 절약형과 고급형 luxurious, 두 종류의 패키지가 있습니다.
- (여) 일주일이요. 저희는 저렴한 쪽을 원해요. 그리고 여행지에서 차를 빌려야 car rental 하는데 함께 준비해 arrange 주실 수 있나요? 로마의 지도 map 와 교통 체계 transit system 에 대한 정보도 구하고 싶어요.
- (남) 네, 일단 항공권부터 알아봐 드리겠습니다.

+ 빈출 표현 Plus

scenery 풍경	fare 운임
destination 목적지	stopover 경유
sightseeing 관광	check in 체크인하다
license 면허	rent a car 차를 빌리다
itinerary 여행 일정(표)	tourist attraction 관광 명소
directory 안내판	accommodation 숙박 시설

● **영화/공연/스포츠**

- (남) 티파니 존슨의 새 영화 new movie 소식 들었어요 heard?
- (여) 네, 인기 있는 웹 소설을 기반으로 based on 한 그 영화 말이죠? 공포물 horror 이라고 들었어요. 상 award 을 여러 개 탔다고 won 읽은 것 같아요. 신문에 실린 비평가 critic 들의 평가 review 도 좋더라고요.
- (남) 맞아요, 여우 주연상을 탔어요. 아무도 없는 집에서 일어나는 일을 다룬 공포물인데 재미있대요. 이번 토요일에 같이 보러 갈래요?
- (여) 아, 저는 그날 밤에 야구 경기 baseball game 표가 있어요.

+ 빈출 표현 Plus

actor 배우	genre 장르
audience 관객	documentary 다큐멘터리
spectator 관중	entertainment 오락물
musician 음악가	intermission 중간 휴식 시간
perform 공연하다	semifinal 준결승
rehearse 리허설을 하다	box office 매표소

● 박물관/전시

> 남: 박물관 museum 입장권 admission ticket 을 구입하고 싶은데요, 혹시 할인 discount 제도가 있나요?
>
> 여: 네, 유효한 valid 학생증이 있으면 10퍼센트 할인이 가능하고, 4명 이상은 단체 요금 group rate 으로 3달러 할인을 받으실 수 있습니다.
>
> 남: 아. 저희는 3명이에요.
>
> 여: 네, 현재 고대 ancient 한국 전시관은 공사 중 under construction 이라서 관람이 불가하고, 특별 전시 special exhibit 로 오르세 미술관 전시를 진행하고 있어요. 이 전시물들은 빛에 의해 by light 쉽게 손상되므로 easily damaged 주의하셔야 합니다.

+ 빈출 표현 Plus

gallery 미술관
modern art 현대 미술
pottery 도자기
sculpture 조각품
artwork 예술품
fee 요금

collection 소장품
souvenir 기념품
curator 큐레이터
brochure 안내 책자
audio guide 음성 가이드
temporary exhibit 기간 한정 전시 (= special exhibit)

🎧 P3_29

고득점 Tip! 정답을 찾기 어려운 경우, 대화 속에 등장하지 않은 내용을 소거해서 풀어요.

W Joshua, do you have a minute to help me get the tables ready for the 7 o'clock reservation? <u>My shift ends soon.</u>

M Sure, but I thought you are working late tonight. We have a lot of large groups coming in today, so I'm worried that we might be understaffed.

여 조슈아, 제가 7시 예약을 위해 테이블을 준비하는 것을 도와주실 시간이 있나요? 제 근무는 곧 끝나서요.

남 물론이죠, 그런데 당신은 오늘 밤 늦게까지 근무하는 줄 알았는데요. 오늘 우리는 큰 규모의 단체 손님들이 많이 오기로 되어 있어서, 일손이 부족할까 봐 걱정이에요.

Q. What does the woman mean when she says, "My shift ends soon"?
여자가 "제 근무는 곧 끝나서요"라고 말할 때 의미하는 것은 무엇인가?

(A) She has to reschedule a meeting. (X) 그녀는 회의 일정을 조정해야 한다.
(B) She wants the man to assist her. (O) 그녀는 남자가 자신을 도와주기를 바란다.

▶ 대화의 흐름을 놓쳐서 앞뒤 문맥을 파악하지 못했거나 들은 단서만으로 정답을 찾기 어려운 경우에는 대화 속에서 등장하지 않은 내용을 오답으로 소거하고 남은 보기를 정답으로 선택하면 됩니다. 위 대화에서 자신을 도와줄 시간이 있냐고 (do you have a minute to help me ~) 묻는 핵심 단서 내용을 놓쳤더라도, 대화 중에 회의(meeting)와 관련된 내용은 언급되지 않았으므로 (A)는 오답으로 소거해야 합니다.

연습 문제

질문의 키워드에 표시한 후 대화를 듣고 알맞은 답을 고른 뒤, 다시 들으면서 빈칸을 채우세요.

1 Why does the man say, "I've never accessed the system before"?
   (A) To show disagreement
   (B) To request some help

   W I heard that your first business trip went well, Carl. The representatives from Jackson Enterprises were really impressed with your presentation! By the way, don't forget to add your _____ _____ in the timesheet system.
   M Okay, but I've never accessed the system before.
   W I can _____ _____ _____ _____ log on. It's easy.

2 What does the man suggest when he says, "The counter has a stack of trays"?
   (A) There is more work to be done.
   (B) Some new supplies have arrived.

   W Since there aren't any customers at the moment, I was wondering if I could leave a bit early. I've _____ _____ that needs to be _____ by the dishwasher.
   M The counter has a stack of trays.
   W Oh, I didn't see those. I'll _____ them to the _____ now.

3 Why does the man say, "The photos need to be enlarged"?
   (A) To explain a delay
   (B) To show agreement
   (C) To criticize a colleague
   (D) To give a reminder

   W Hi, George. I know you're working on the brochure for our new printing machine. It was _____ to be ready this morning.
   M The photos need to be enlarged. After I saw the first _____, I realized that I needed to make some _____. But that won't take very long.

4 What does the woman imply when she says, "Douglas is giving a building tour"?
   (A) Douglas will miss a meeting.
   (B) Douglas cannot accept a task.
   (C) She wants to visit a site.
   (D) She is pleased with a decision.

   M Hi, Helen. I need someone to help _____ the shelves in the warehouse. Is Douglas around? He's the one who's most _____ _____ the system there.
   W Douglas is giving a building tour.
   M Oh, I had forgotten that was today. I'll ask someone else so that the work doesn't _____ _____.

[5-6]

5 What does the man mean when he says, "I've just finished my report"?

(A) He will attend a meeting.
(B) He can meet a deadline.
(C) He will go home early.
(D) He can help the woman.

6 What does the man think they should do?

(A) Change the supplier
(B) Purchase new counters
(C) Adjust an order
(D) Stay open later

W Trevor, I have a question about our pharmacy's cleaning supplies. They're... Oh, it looks like you're in the _____ _____ _____.

M I've just finished my report.

W Oh, great. Well, we're out of the spray we use to wipe down the counters.

M I can pick some up today, but it seems we always run out before our monthly order arrives. We should request a few more bottles in our monthly _____ _____ order.

[7-8]

7 Why does the man say, "I used to work for the IT team"?

(A) To make a correction
(B) To offer assistance
(C) To propose a change
(D) To give an excuse

8 Why does the man apologize?

(A) A meeting was canceled.
(B) He lost an important document.
(C) A purchase request was rejected.
(D) He needed more time for a task.

W Glenn, I finished drafting the contract, but I'm _____ _____ with the printer. I think there's something wrong with one of the settings.

M You know, I used to work for the IT team.

W I'd love it if you could take a _____ _____.

M No problem. And I'm sorry that I had to get a _____ _____ for the quarterly summary. I've been really busy.

실전 문제

질문의 키워드에 표시한 후 대화를 듣고 알맞은 답을 고르세요.

[1-3]

1. What does the man ask for?
   (A) A visitor's pass
   (B) A business card
   (C) A projection screen
   (D) A building map

2. Why does the woman say, "I just arrived for my shift"?
   (A) To give a compliment
   (B) To update a policy
   (C) To explain a problem
   (D) To postpone a meeting

3. What will the woman most likely do next?
   (A) Put on an ID badge
   (B) Print a document
   (C) Restart a device
   (D) Contact a supervisor

[4-6]

4. Who does the woman want to wait for?
   (A) A friend
   (B) A colleague
   (C) A relative
   (D) A server

5. Why does the woman say, "I'm allergic to fish"?
   (A) To show agreement
   (B) To provide reassurance
   (C) To reject a suggestion
   (D) To express surprise

6. What does the woman show to the man?
   (A) A receipt
   (B) A parking pass
   (C) A credit card
   (D) A coupon

[7-9]

7. What kind of business do the speakers work for?
   (A) A computer repair shop
   (B) A radio station
   (C) A bookstore
   (D) A publishing company

8. What does the woman mean when she says, "that's a lot of information"?
   (A) She thinks a text should be shorter.
   (B) She appreciates the man's hard work.
   (C) A product needs instructions.
   (D) A photo should be included.

9 What will be celebrated on Friday?

(A) A birthday
(B) A promotion
(C) An award winner
(D) A coworker's retirement

[10-12]

10 What is the woman's problem?

(A) She has an expired ID.
(B) She has an overweight bag.
(C) She forgot an account number.
(D) She was late for her flight.

11 Why does the man say, "There's a section on our Web site"?

(A) To recommend a solution
(B) To suggest leaving a comment
(C) To request a payment
(D) To make an apology

12 What will the woman probably do next?

(A) Pay a fee
(B) Board a plane
(C) Go through security
(D) Select a flight

[13-15]

13 What kind of business does the man work for?

(A) A photography studio
(B) An art supply store
(C) An architectural firm
(D) A car manufacturing facility

14 What does the woman mean when she says, "I ordered them online last week"?

(A) She took advantage of a sale.
(B) She has not received some items yet.
(C) She cannot return merchandise to a store.
(D) She prepared for an event early.

15 According to the man, what information will be included in an e-mail?

(A) A product description
(B) An account number
(C) A discount code
(D) A delivery fee

UNIT

15

시각 자료 연계 문제

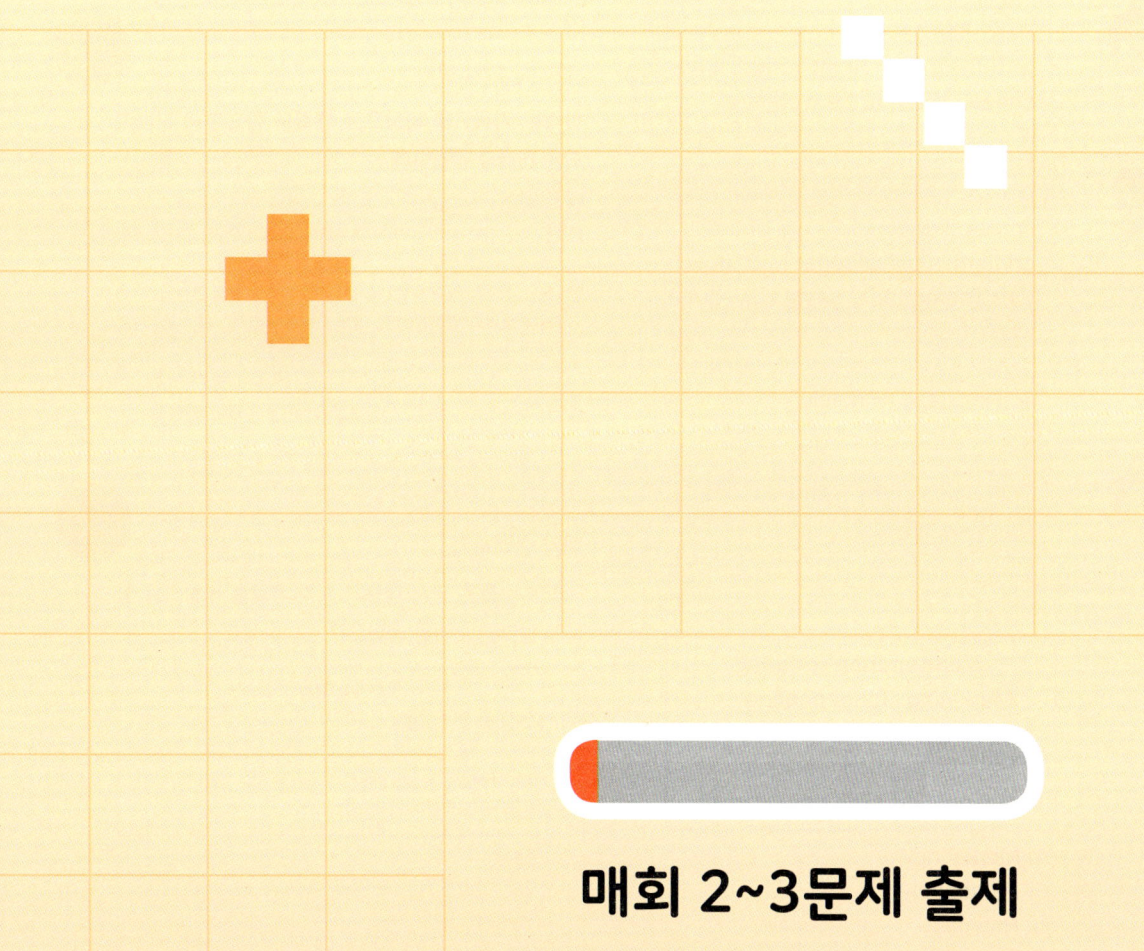

매회 2~3문제 출제

시각 자료 연계 문제

목록이나 지도 같은 다양한 유형의 시각 자료가 함께 제시되는 문제입니다. 대화 속 단서와 시각 자료를 종합하여 정답을 찾아야 하므로 난이도가 높은 유형입니다.

📖 문제 풀이 전략　　　　　🎧 P3_32

> Look at the graphic. Which department does the woman most likely work in?

STEP 1

질문 파악하기

대화가 나오기 전, 질문의 키워드를 통해 묻는 내용을 파악하고, 제시된 시각 자료를 미리 읽어 둡니다.

▶ 여자가 일하는 부서 / 유지 보수 요청 목록
　질문에서 부서를 묻고 있으므로, 제시된 목록에 있는 특정 부서와 관련된 유지 보수 내용이 대화에서 언급될 것임을 예상합니다.

> Maintenance.

> Hello, I'm having some issues with the printer in my office. It doesn't seem to be working.

STEP 2

대화 속 단서 찾기

파악한 키워드를 바탕으로 대화를 들으면서 단서가 되는 내용을 찾습니다.

남　유지 보수 팀입니다.
여　안녕하세요, 저희 사무실 프린터에 문제가 있습니다. 작동을 하지 않는 것 같아요.
남　유감이에요. 어느 프린터를 사용하셨나요? 현재 프린터 중 하나에 토너가 떨어졌어요. 어제 토너를 주문했는데, 내일은 되어야 옵니다. 위층에 있는 다른 프린터를 사용하실 수 있는데, 그것은 잘 작동할 거예요.
여　알겠습니다, 그렇다면 말씀하신 프린터를 사용해 볼게요.

> I'm sorry to hear that. Which printer did you try? One of the printers is out of toner right now. We ordered toner yesterday, but it won't be here until tomorrow. You can use the other printer upstairs, and it should work fine.

> Okay, then I'll try using the one you suggest.

STEP 3

정답 선택하기

대화에서 들은 단서 내용과 시각 자료를 바탕으로 질문에 알맞은 보기를 정답으로 선택하세요.

```
        Maintenance request
1. Marketing: Toner change
2. Personnel: Floor cleaning
3. Payroll: Network check
4. Accounting: Software update
```

(A) Marketing
(B) Personnel
(C) Payroll
(D) Accounting

```
          유지 보수 요청
1. 마케팅부: 토너 교체
2. 인사부: 바닥 청소
3. 급여 지급부: 네트워크 점검
4. 회계부: 소프트웨어 업데이트
```

(A) 마케팅부
(B) 인사부
(C) 급여 지급부
(D) 회계부

○ 빈출 질문 패턴

시각 자료 연계 세부사항	Look at the graphic. Which package will the woman choose? 시각 자료를 보시오. 여자는 어떤 패키지를 선택할 것인가? Look at the graphic. How much will the man pay? 시각 자료를 보시오. 남자는 얼마를 지불할 것인가? Look at the graphic. Where will the man go next? 시각 자료를 보시오. 남자는 다음에 어디로 갈 것인가?

○ 자주 나오는 시각 자료 유형

시각 자료 형태	시각 자료 내용 및 단서 문장	문제
목록/표	**Inventory Check List** 재고 확인 목록 Digital camera 디지털 카메라 — 5 in stock 재고 5개 Headset 헤드셋 — All out of stock 재고 없음 Mobile phone 휴대 전화 — All models in stock 전 모델 재고 있음 Monitor 모니터 — 1 in stock 재고 1개 Unfortunately, we don't have any more of those items in stock. 유감스럽게도, 저희는 더 이상 그 품목의 재고가 없습니다.	언급하는 물건: 헤드셋
그래프	 We may have to increase production of our highest-selling model. 우리는 아마도 가장 많이 팔리는 모델의 생산을 늘려야 할 것입니다.	생산을 늘리게 될 모델: x-40
지도/평면도	 I'll take the room next to the elevator. 제가 엘리베이터 옆방을 사용할게요.	여자가 사용할 방: 2번 방

빈출 대화 주제 및 표현 ⑦ 교통 및 주거 관련

● 교통수단

(여1) 이런, 우리 방금 내려야 할 정류장stop을 놓친missed 것 같아요.	○ 퀸즈 대로
(여2) 잠깐만요, 우리 리버 대로에서 내리는get off 거 아니었어요?	○ 헤럴드 공원
(여1) 아니에요. 고객 사무실은 5번가5th Avenue에 있어요.	○ 센트럴 박물관
(여2) 실례합니다, 기사님. 저희가 5번가를 지나친passed 건가요?	○ 리버 대로
(남) 맞아요. 방금 헤럴드 공원이 5번가의 마지막 정류장last station이었는데, 다음 정류장이 곧 나와요coming up soon. 거기서 내려서 한 블록block만 걸어서 돌아가시면walk back 될 거예요. 멀지far 않아요.	Q. 화자들이 내릴 정류장은? ▶ 센트럴 박물관

＋ 빈출 표현 Plus

vehicle 차량	taxi stand 택시 승강장
tow 견인하다	gas station 주유소
one way 편도	parking lot 주차장
round trip 왕복	pick up 태우러/데리러 가다
intersection 교차로	give a ride 차를 태워주다
bus stop 버스 정류장	heading to ~로 향하는

● 부동산

(여) 저는 어제 통화했던 부동산real estate agency에서 나온 수지라고 합니다. 아파트apartment를 지금 보여드릴게요let me show you.

(남) 감사합니다. 이곳place을 둘러보는 게 기대돼요. 공원 바로 맞은편인 directly across from 아주 좋은 위치great location에 있으니까요.

(여) 그것 때문에 관심을 보이는 사람들이 많았어요. 그리고 보시다시피, 이 아파트는 공간이 커요has lots of space.

(남) 흠… 그런데 이곳에는 세탁기washing machine가 포함되어 있지 않네요.

(여) 사실, 주민을 위한 세탁실laundry room이 있어요. 지금 같이 가 봐요.

그린빌 아파트 편의시설
4층: 헬스장
3층: 세탁실
2층: 라운지
1층: 편의점

Q. 화자들이 갈 층은?
▶ 3층

＋ 빈출 표현 Plus

property 부동산	suburban 교외의
rent 임대료	downtown 시내(에)
lease 임대차 계약	neighborhood 동네
utilities (수도·전기·가스 등의) 공익사업	suitable 적합한
studio 원룸	spacious 넓은 (= roomy)
complex 복합 건물, 단지	one bedroom 방 1개

● 관리 사무소

남 관리실입니다. 어떻게 도와드릴까요?

여 안녕하세요, 저는 오늘 오전에 입주한 세입자tenant입니다. 저희 집 수도 꼭지faucet에서 물이 새서 leak 연락드렸어요.

남 아, 제가 처리해deal with 드리겠습니다. 몇 호unit이신가요?

여 2층 계단staircase에서 가장 가까운 집이에요.

남 알겠습니다. 제가 지금은 1층의 에어컨 air conditioner을 확인하고 check 있는 중이어서 30분쯤 뒤에 들르겠습니다 stop by.

201호		202호
계단	204호	203호

Q. 여자가 사는 호수는?
▶ 201호

+ 빈출 표현 Plus

sink 개수대
clog 막히다
wire 전선
crack 갈라지다, 금이 가다
electric 전기의
deposit 보증금

plumber 배관공
repair technician 수리공
hardware store 철물점
rent check 임대료 수표
take care of 처리하다
It won't turn on. 그게 켜지지 않아요.

P3_34

고득점 Tip! 문장 형태로 제시되는 보기의 경우 먼저 키워드에 표시해 두세요.

W Hmm... It's strange. I can't apply this coupon to our purchase.

M Oh, I know what the problem is. We only have nine things in our bag. I'll have to find one more thing to buy.

여 흠... 이상하네요. 우리의 구매에 이 쿠폰이 적용되지 않아요.

남 아, 뭐가 문제인지 알겠어요. 우리 장바구니에 물건이 9개밖에 없어요. 살 물건을 하나 더 찾아봐야겠네요.

SAFEWAY Supermarket
If you buy 10 or more items,
you can get 15% off of your total order!
Expires: May 10th
All branches except Beckley

세이프웨이 슈퍼마켓
물건을 10개 이상 구매하시면,
전체 주문의 15%를 할인받으실 수 있습니다!
만료: 5월 10일
베클리를 제외한 전 지점

Q. Look at the graphic. Why are the speakers unable to use the coupon?
시각 자료를 보시오. 화자들은 왜 쿠폰을 사용할 수 없는가?

(A) The coupon has expired. (X) 쿠폰이 만료되었다.
(B) The order quantity is wrong. (O) 주문량이 잘못되었다.

▶ 대부분은 시각 자료에 나온 항목들이 보기에 그대로 쓰이지만, 위 문제와 같이 각 보기가 시각 자료 내 정보를 함축한 문장 형태로 제시되는 경우가 있습니다. 이때는 먼저 키워드(order quantity)에 표시를 해 두고, 이를 시각 자료 속 항목(If you buy 10 or more items)과 비교해 가면서 보기를 하나씩 확인하여 정답을 찾아야 합니다.

연습 문제

질문의 키워드에 표시한 후 대화를 듣고 알맞은 답을 고른 뒤, 다시 들으면서 빈칸을 채우세요.

1

| Floor 1: Fiction |
| Floor 2: Newspapers and magazines |

Look at the graphic. Which floor will the man go?
(A) Floor 1
(B) Floor 2

M Hello, I'm Lance Williams. I'm supposed to meet Ms. Crawford, the head librarian, about shooting a _____ here.

W Yes, we've been _____ you. You're a bit early. Ms. Crawford is still in a meeting, but she'll be done in about 15 minutes.

M No problem. I'll just _____ your _____ collection while I'm waiting.

2

Look at the graphic. Which glassware pattern does the man want to buy?
(A) #276
(B) #385

W Good afternoon, Stewart Department Store.

M Hi. I bought some _____ last year, and I'd like to get some more in the same style. It was the Liona brand, and the _____ had _____ _____.

W Yes, we have plenty of that pattern _____ _____ at the moment.

3

```
        Classical Music Concert
  "Ava's Melody"           Pamela Koval
  "Great Heights"          Alexi Avery
        -- 20-minute intermission --
  "Over the Pond"          Isaac Raposa
  "A Duet for Summer"      Jane Wiggins
```

Look at the graphic. Which musical performance will have a different musician?
(A) "Ava's Melody"
(B) "Great Heights"
(C) "Over the Pond"
(D) "A Duet for Summer"

W This is going to be a great concert. Look at this _____. I'm especially looking forward to hearing Jane Wiggins play.

M Yes, it's going to be amazing. But did you see the poster at the _____? Alexi Avery cannot be here today, so that _____ will be _____ by someone else.

4

```
          Today's Tasks
  1. Clear window display
  2. Set up new display
  3. Label new items
  4. Polish display cases
  5. Hang up sale signs
```

Look at the graphic. What will the man do first?
(A) Clear window display
(B) Set up new display
(C) Label new items
(D) Hang up sale signs

M Elaine, the manager expects business to be quite _____ today, so she's left some _____ _____ for us to work on. Here's the list.

W All right. Well, I could work on the first two tasks on this list.

M That'll be plenty. I'll do the _____, starting with number three now.

[5-6]

5 Look at the graphic. How much will the man most likely pay per month?
(A) $650
(B) $800
(C) $1,000
(D) $1,350

6 What will the woman probably do next?
(A) Print an application form
(B) Process a credit card
(C) Give the man a tour
(D) Look for a brochure

W Thanks for stopping by Dawson Property Management.
M Hi, I recently started working in this _____, so I'd like to move to the Crystal Building. I need a _____ _____ as soon as possible. Do you have any _____?
W Yes, we have one that is ready for move-in next week. I have a _____ about it around here somewhere. Please wait a moment.
M Okay.

[7-8]

ALHAMBRA
536 Hewes Street & 90 Reynolds Avenue
15% off all products
Expires June 30

7 What products does the speakers' company most likely sell?
(A) Cosmetics
(B) Office supplies
(C) Footwear
(D) Electronics

8 Look at the graphic. Which number should be changed?
(A) 536
(B) 90
(C) 15
(D) 30

W Mr. Ramsey, here's the first draft of the advertisement we're running in the local newspaper next week. We hope it will make customers more _____ in our body lotions.

M Hmm... I like the graphics, but I don't think the _____ is _____ enough. We need to compete with the new cosmetics store that has been gaining market share.

W Alright. I can easily make an _____.

M Thank you.

실전 문제

질문의 키워드에 표시한 후 대화를 듣고 알맞은 답을 고르세요.

[1-3]

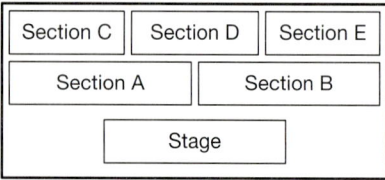

1 Why is the woman impressed?

(A) The man knows a famous director.
(B) The man has tickets for an event.
(C) A film was released earlier than expected.
(D) A festival extended its schedule.

2 Look at the graphic. Where are the man's seats?

(A) Section A
(B) Section B
(C) Section C
(D) Section D

3 What does the woman plan to do on Saturday?

(A) Host a client
(B) Enter a contest
(C) Travel out of town
(D) Plan a party

[4-6]

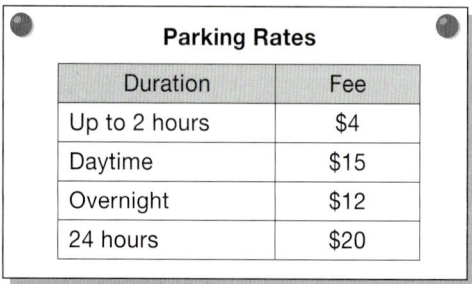

4 Look at the graphic. How much will the woman be charged for a service?

(A) $4
(B) $15
(C) $12
(D) $20

5 Why did the woman travel to Winnipeg?

(A) To deliver some goods
(B) To attend a seminar
(C) To negotiate a contract
(D) To conduct an inspection

6 What does the man suggest doing?

(A) Coming back later
(B) Contacting an expert
(C) Getting an extra key
(D) Speaking to an employee

[7-9]

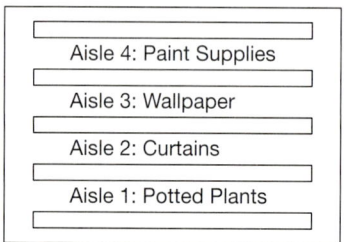

7 What did the man do recently?

(A) He purchased a home.
(B) He moved to another city.
(C) He started a new job.
(D) He opened a business.

8 Look at the graphic. Where will the speakers go together?

(A) To Aisle 1
(B) To Aisle 2
(C) To Aisle 3
(D) To Aisle 4

9 What benefit of the products does the woman mention?

(A) They are easy to use.
(B) They are environmentally friendly.
(C) They last a long time.
(D) They have a wide variety.

[10-12]

Buses for your destination:
Bus 108 → 2 minutes away
Bus 394 → 5 minutes away
Bus 4022 → 12 minutes away
Bus 8756 → 20 minutes away

10 What kind of event did the speakers attend?

(A) An anniversary party
(B) A career fair
(C) An open house
(D) An awards ceremony

11 What does the man want to do first?

(A) Purchase a gift
(B) Make a reservation
(C) Arrange an interview
(D) View a map

12 Look at the graphic. Which bus will the speakers take?

(A) Bus 108
(B) Bus 394
(C) Bus 4022
(D) Bus 8756

[13-15]

Invoice #18579	
Item	Quantity
Herbal Tea	10 Boxes
Instant Coffee	5 Boxes
Chocolates	15 Boxes
Mints	20 Boxes

13 Where most likely are the speakers?

(A) At a bank
(B) At a gym
(C) At a hair salon
(D) At a clinic

14 Look at the graphic. Which quantity does the woman think has an error?

(A) 10 Boxes
(B) 5 Boxes
(C) 15 Boxes
(D) 20 Boxes

15 What does the man request that the woman do?

(A) Sample a product
(B) Stamp a ticket
(C) Sign a document
(D) Present a receipt

PART TEST

PART 3

Directions: You will hear some conversations between two or more people. You will be asked to answer three questions about what the speakers say in each conversation. Select the best response to each question and mark the letter (A), (B), (C), or (D) on your answer sheet. The conversations will not be printed in your test book and will be spoken only one time.

32. Who is the woman?
    (A) A bank employee
    (B) A clothing shop manager
    (C) A spa owner
    (D) A fashion designer

33. What does the woman want to do?
    (A) Support local businesses
    (B) Hire more staff members
    (C) Participate in a contest
    (D) Hold an event

34. What does the man recommend doing?
    (A) Reading a brochure
    (B) Trying some samples
    (C) Writing a review
    (D) Visiting his business

35. What will happen next week?
    (A) A new branch will open.
    (B) A building will be renovated.
    (C) Some employees will retire.
    (D) Some executives will visit.

36. What is the man worried about?
    (A) A tight schedule
    (B) A small budget
    (C) A product deadline
    (D) A transportation fee

37. What does the man plan to do next?
    (A) Send the staff a memo
    (B) Contact a caterer
    (C) Buy some tickets
    (D) Download a menu

38. What event is scheduled for Saturday?
    (A) A product launch
    (B) An awards ceremony
    (C) A career fair
    (D) A training session

39. What does the woman agree to do?
    (A) Review a policy
    (B) Make a reservation
    (C) Give a speech
    (D) Print a document

40. What does the woman ask about?
    (A) A start time
    (B) A job duty
    (C) The dress code
    (D) The location of an event

41. What kind of business is the man calling?
    (A) A dental office
    (B) A travel agency
    (C) A pharmacy
    (D) A law firm

42. Why is the man calling?
    (A) To update his address
    (B) To make a complaint
    (C) To cancel an appointment
    (D) To renew a prescription

43. What does the woman say about Gavin?
    (A) He is not working today.
    (B) He is helping a customer.
    (C) He is on a lunch break.
    (D) He is on the phone.

44. What most likely is the man's job?
    (A) Event planner
    (B) Interior designer
    (C) Store clerk
    (D) Software developer

45. What does the woman like about her current laptop?
    (A) Its weight
    (B) Its size
    (C) Its speakers
    (D) Its screen

46. What does the man suggest doing?
    (A) Testing a product first
    (B) Reading some reviews online
    (C) Checking a Web site
    (D) Purchasing an extra battery

47. Where most likely are the speakers?
    (A) At a moving company
    (B) At a convention center
    (C) At a theater
    (D) At a factory

48. What does the woman suggest when she says, "we're fully booked for this month"?
    (A) Another venue will open.
    (B) New employees will be hired.
    (C) Some reservations may have to be canceled.
    (D) An upcoming party should be postponed.

49. What does the man want to do next week?
    (A) Order some supplies
    (B) Install new equipment
    (C) Train staff members
    (D) Take pictures of a place

50. What are the speakers discussing?
    (A) An upcoming workshop
    (B) An advertising campaign
    (C) A smartphone application
    (D) A new navigation system

51. What does the woman say she wants to do?
    (A) Do further testing
    (B) Hire new employees
    (C) Order some materials
    (D) Change the design options

52. What will happen tomorrow?
    (A) An investment goal will be reached.
    (B) A product description will be sent.
    (C) An award winner will be announced.
    (D) A new staff member will begin work.

53. What type of product does the speakers' company sell?
    (A) Luggage
    (B) Automobiles
    (C) Appliances
    (D) Cosmetics

54. What is the man surprised about?
    (A) The woman will lead a meeting.
    (B) The woman has completed a form.
    (C) The headquarters location will change.
    (D) The Web site is not working.

55. Why does the man say, "We have copies from previous years"?
    (A) To remind the woman to save a file
    (B) To explain a change in a process
    (C) To suggest referencing other materials
    (D) To ask for help with a software program

GO ON TO THE NEXT PAGE

56. Where most likely is the conversation taking place?
    (A) On a bus
    (B) On a train
    (C) At a museum
    (D) At a bank

57. What does Teresa remind the listeners to do?
    (A) Write down their questions
    (B) Save their purchase receipts
    (C) Keep personal items with them
    (D) Return to a meeting spot on time

58. What is the man wondering about?
    (A) Why a schedule has been changed
    (B) Whether money needs to be exchanged
    (C) When a talk will begin
    (D) Where a meal will be served

59. Where are the speakers?
    (A) At a construction site
    (B) At a fruit orchard
    (C) At a grocery store
    (D) At a car factory

60. What does the woman say she had a problem with?
    (A) A parking spot
    (B) An employment contract
    (C) An ID card
    (D) An entrance gate

61. What will the speakers most likely do next?
    (A) Put on protective gear
    (B) Complete some paperwork
    (C) Read an instruction manual
    (D) Meet some supervisors

Morning Schedule	
Completing HR paperwork	9:00 A.M.
Site tour	10:00 A.M.
Manager Q&A Session	11:00 A.M.
Employee handbook review	11:30 A.M.

62. What field do the speakers most likely work in?
    (A) Accounting
    (B) Education
    (C) Healthcare
    (D) Law

63. Look at the graphic. When will a security team member give out badges?
    (A) At 9:00 A.M.
    (B) At 10:00 A.M.
    (C) At 11:00 A.M.
    (D) At 11:30 A.M.

64. Where will the man take the group next?
    (A) To his office
    (B) To the main lobby
    (C) To the conference room
    (D) To the employee lounge

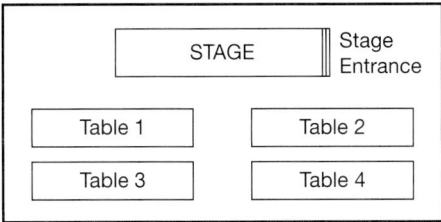

| First Floor: Dinosaur Fossils |
| Second Floor: Ocean World |
| Third Floor: Café and Auditorium |
| Fourth Floor: Gem Collection |

65. What kind of event are the speakers discussing?
(A) An orientation
(B) A fundraiser
(C) An awards dinner
(D) An anniversary party

66. According to the woman, what did participants like doing last year?
(A) Entering a prize drawing
(B) Meeting some performers
(C) Taking a group photo
(D) Watching a video

67. Look at the graphic. Where will Mr. Miller most likely sit?
(A) At Table 1
(B) At Table 2
(C) At Table 3
(D) At Table 4

68. Why did the woman visit the museum?
(A) For an equipment repair
(B) For a safety inspection
(C) For a video screening
(D) For a magazine interview

69. Who will the man contact?
(A) A delivery person
(B) A photographer
(C) A site director
(D) A maintenance worker

70. Look at the graphic. Where will the woman most likely go next?
(A) To the first floor
(B) To the second floor
(C) To the third floor
(D) To the fourth floor

에듀윌이
너를
지지할게

ENERGY

내 비장의 무기는 아직 손 안에 있다.
그것은 희망이다.

– 나폴레옹(Napoleon)

LC

PART 4

PART 4 기초 학습

패러프레이징 법칙 II

Part 3과 마찬가지로 Part 4에서도 담화에 나온 단어를 동일한 의미의 다른 말로 바꾸어 표현한 정답이 주로 출제되므로, 자주 나오는 패러프레이징 유형을 익혀두면 정답을 쉽게 고를 수 있습니다.

❶ 동의어를 이용하여 표현하기

담화 속 단어와 동일한 의미를 가진 다른 단어나 유사한 표현으로 바꾸어 보기를 제시하는 유형입니다.

담화	문제
We've just finished remodeling the hotel's lobby. 우리는 막 호텔 로비의 리모델링을 끝냈습니다.	최근에 일어난 일은? ▶ They've completed renovations. 그들은 개조를 끝냈다.
The movie was directed by world-renowned director, Bangsu Jung. 그 영화는 세계적으로 유명한 감독인 정방수 씨가 연출했습니다.	정방수는 누구인가? ▶ A famous director 유명한 감독
Natasha Miller provided the funds to purchase books for the library. 나타샤 밀러 씨가 도서관을 위한 책을 구매할 수 있는 기금을 제공해 주셨습니다.	나타샤 밀러가 한 일은? ▶ She donated some money. 그녀는 돈을 기부했다.

❷ 반의어를 이용하여 표현하기

담화에 나온 단어와 반대되는 의미를 가진 단어에 부정을 나타내는 not을 붙여서 패러프레이징하는 경우도 종종 있습니다.

담화	문제
The meeting room is too small. 회의실이 너무 작아요.	언급된 문제점은? ▶ The space is not big enough. 공간이 충분히 크지 않다.
Only members are allowed to enter the launching event. 회원들만 출시 행사에 입장할 수 있습니다.	행사에 대해 말하는 것은? ▶ Not everyone can attend the event. 모든 사람들이 행사에 참석할 수는 없다.
You have to wait until January, when I'll be back from Chicago. 당신은 제가 시카고에서 돌아오는 1월까지 기다리셔야 해요.	1월까지 기다려야 하는 이유는? ▶ She will be away until January. 그녀는 1월까지 떠나 있을 것이다.

③ 함축적으로 표현하기

문장 전체가 가진 의미를 단어나 구, 짧은 문장으로 함축하여 표현하는 패러프레이징 유형도 자주 출제됩니다.

담화	문제
I want to find a way to promote our new food processor. 우리의 새로운 조리 기구를 홍보하기 위한 방법을 찾고 싶어요.	대화의 주제는? ▶ A promotional idea 홍보 아이디어
Every staff member should attend this training session. 모든 직원이 이 교육에 참석해야 합니다.	교육의 특징은? ▶ It's mandatory. 그것은 의무적이다.
You'll receive your order on June 13th. 당신은 6월 13일에 주문품을 받으실 겁니다.	6월 13일에 일어날 일은? ▶ The package will be delivered. 소포가 배송될 것이다.

 Check-up　　　　　🎧 P4_01　　정답 및 해설 p.143

담화를 듣고 빈칸을 채운 뒤, 빈칸에 해당하는 단어를 적절히 바꾸어 표현한 것을 고르세요.

1. I'll ＿＿＿＿ ＿＿＿＿ ＿＿＿＿ the factory so that you have an understanding of the production process.

   (A) Eat lunch　　　　　　　　(B) Go on a tour

2. Two servers called in sick, so I'm worried we'll be ＿＿＿＿ tonight.

   (A) Don't have much time　　　(B) Don't have enough workers

UNIT 16

전화 메시지

매회 1~4세트 출제

전화 메시지

전화 건 사람이 자동 응답기에 남긴 음성 메시지, 또는 회사나 관공서에서 미리 녹음해 둔 부재중 자동 응답 메시지가 나옵니다.

문제 풀이 전략 🎧 P4_02

Why is the speaker calling?

Hello, Kathy. This is Kim from accounting. I'm reviewing your expense report from the Technology Expo last month, and there's a problem. You didn't include the receipt for your hotel charge, and we need it to approve your expense report. So, I recommend you call the hotel and ask them to send another copy. Please call me if you have any questions. Thanks.

(A) To ask for some help
(B) To get some money back
(C) To report a problem
(D) To make a reservation

STEP 1
질문 파악하기

담화가 나오기 전, 질문을 읽고 키워드를 통해 묻는 내용을 파악하고, 정답의 단서가 어느 부분에서 나올지 예상해 봅니다.

▶ 전화 목적
I'm calling ~이나 문제점을 나타내는 부정적인 표현에서 자주 나와요.

STEP 2
담화 속 단서 찾기

파악한 키워드를 바탕으로 담화를 들으면서 단서가 되는 내용을 찾습니다.

안녕하세요, 캐시. 저는 회계부의 킴입니다. 제가 당신의 지난달 기술 박람회의 지출 품의서를 검토 중인데, 문제가 있습니다. 호텔 비용에 대한 영수증을 포함하지 않으셨는데, 지출 품의서를 승인하려면 그 영수증이 필요합니다. 그러니, 호텔에 전화하셔서 사본을 한 부 보내 달라고 요청하실 것을 권장 드립니다. 질문이 있으시다면 저에게 전화주세요. 감사합니다.

STEP 3
정답 선택하기

담화에서 들은 단서 내용을 동일하게 또는 다른 어휘로 바꾸어 적절하게 표현한 보기를 정답으로 선택하세요.

(A) 도움을 청하기 위해
(B) 돈을 돌려받기 위해
(C) 문제점을 알리기 위해
(D) 예약을 하기 위해

◎ 빈출 담화 흐름 및 질문 유형

음성 메시지	안녕하세요. 저는 엘비스 음악 학원의 린다입니다.	인사말 / 화자 소개
	지난번 전화로 이번 주 금요일에 인터뷰를 하기로 약속을 잡았었는데요. 죄송하게도 인사부 과장님께서 긴급한 출장으로 금요일에 자리를 비우시게 되어, 약속 날짜를 변경해야 할 것 같아서 전화드렸습니다.	전화 목적 / 세부사항
	급하게 연락드려 죄송합니다. 전화 받으시는 대로 555-2101로 전화 부탁드리겠습니다. 감사합니다.	요청사항

❶ 화자의 직업이나 전화의 목적을 묻는 문제
첫 문장에서 인사와 함께 "This is 사람 이름 from ~(저는 ~의 ~입니다)"와 같은 표현으로 전화 건 사람의 직업이 나오고, 바로 다음 문장에서 전화 건 목적이 주로 등장해요.

❷ 다음에 할 일을 묻는 문제
주로 어떠한 조건을 가지고 해야 할 일을 명령문의 형태로 전달하는 구조로 등장하기 때문에 if ~, to부정사, for 명사, 혹은 명령문의 앞뒤를 잘 들어야 합니다.

자동 응답 메시지 (ARS)	안녕하세요. 버몬트 공립 도서관에 연락 주셔서 감사합니다.	인사말 / 회사 소개
	이번 여름에 우리 도서관은 중요한 개조 공사를 위해 문을 닫았습니다. 이 기간 동안 우리는 파인가 37번지에 임시 장소를 운영합니다.	메시지 목적 / 세부사항
	상세한 위치를 알고 싶으시다면 저희 웹사이트를 방문해 주세요. 임시 도서관에서 도서를 대출하시려면 도서관 카드를 가져오셔서 저희 직원에게 보여주시면 됩니다.	추가 정보 얻는 방법 / 요청사항

❶ 메시지를 남긴 업종을 묻는 문제
담화 첫 문장의 "Thanks for calling ~(~에 전화 주셔서 감사합니다)"이나 "You've reached ~(~에 연락하셨습니다)"와 같은 표현을 잘 들어야 해요.

❷ 전화를 받을 수 없는 이유를 묻는 문제
주로 국경일이나 공사, 또는 날씨 관련 이유기 자주 나와요.

◎ 패러프레이징 익히기

질문	단서	정답
화자의 직업은?	You've reached the manager's office of Sunset Apartments. 선셋 아파트 관리 사무실에 전화하셨습니다.	A property manager 부동산 관리인
보고서의 내용은?	I went over your report on saving printing costs. 인쇄 비용 절감에 대한 당신의 보고서를 검토했어요.	Ways to reduce costs 비용 절감 방법
요청사항은?	Could you call to let the hotel know about this change? 호텔에 전화해서 이 변경에 대해 알려 주실래요?	Call a business 업체에 전화하기

빈출 담화 주제 및 표현

🎧 P4_03

● 예약 확인

킴 병원의 접수 담당자 receptionist 낸시입니다. 진료 예약 appointment 을 확인하려고 confirm 연락드렸어요. 다가오는 upcoming 금요일 오후 2시에 진료 예약이 잡혀 있습니다. 진료는 40분가량 소요됩니다. 이번이 첫 방문이시기 때문에 15분 일찍 도착하셔서 arrive 양식 form 을 작성하셔야 fill out 해요. 궁금한 점이 있으시거나 예약 변경 reschedule 을 원하시면 555-2340으로 전화 주세요.

➕ 빈출 표현 Plus

doctor's office 병원	regular check-up 정기 검진
doctor's appointment 진료 예약	test result 검사 결과
reservation 공간을 잡는 예약 (= booking)	vaccination 예방 접종
make it 가다, 참석하다	be allergic to ~에 알레르기가 있다
call back 다시 전화하다	write a prescription 처방전을 발행하다
complete 서식을 채우다	if you have any questions 질문이 있으면

● 재고/배송 안내

안녕하세요, 저는 리타스 사무용품점 office supply store 의 리타입니다. 귀하는 지난주 우리 웹사이트에서 300개의 종이 폴더를 주문하셨습니다 ordered. 유감스럽게도 Unfortunately, 귀하가 주문한 품목 item 이 현재 품절이라서 currently out of stock, 다음 주 금요일이나 되어야 not until next Friday 물건이 들어올 것입니다. 저희에게는 비슷한 상품으로 플라스틱 폴더가 있고, 이것은 개당 1달러가량 더 비쌉니다. 그 물건들은 오늘 배송할 ship 수 있으며, 내일 오후에 도착할 것입니다. 만약 플라스틱 폴더를 원하지 않으신다면, 사무실을 방문해 visit 주시거나 555-3912번으로 전화해 주세요.

➕ 빈출 표현 Plus

apologize for ~에 대해 사과하다	in stock 재고가 있는
delayed 지연된 (= late)	available 이용할 수 있는
inconvenience 불편	supplier 공급업자
incomplete order 주문한 물건이 덜 온 것	retail store 소매점
inquiry 문의	stationery 문구류
at no cost 무료로 (= free of charge, complimentary)	customizable 맞춤 제작이 가능한

● 업체 정보 전달

> 안녕하세요. 파크빌 콘도 관리 사무소 management office 에 연락 주셔서 감사합니다. 우리 사무소는 현재 currently 국경일 national holiday 로 인해 문을 닫은 closed 상태입니다. 만약 당신이 즉각적인 조치 immediate attention 가 필요한 유지 보수 maintenance work 문제를 겪는 것이라면, 555-4521번으로 당직 교환원에게 연락하세요. 급하지 않은 수리 건은 메시지를 남겨 leave a message 주세요. 저희의 정규 근무 시간 regular working hours 에 연락드리도록 하겠습니다. 반드시 당신의 이름과 연락처 contact information 를 남겨 주셔야 합니다.
>
> ＋ 빈출 표현 Plus
>
> reach 연락하다   leak (액체·기체가) 새다
> voicemail 음성 메일   out of order 고장 난
> press the number 번호를 누르다   repair technician 수리공
> stay on the line 전화를 끊지 않고 대기하다   renovation 수리, 개조
> dial extension 내선번호로 전화를 걸다   routine maintenance 정기 보수
> urgent 긴급한, 시급한   machinery breakdown 기계 고장

 P4_04

고득점 Tip! 화자 소개 바로 뒤에 나오는 과거 시제 문장은 함정일 수 있어요.

> Hello, this message is for Tom Keller. This is Lynn Johnson from US Travel. I reviewed your résumé and was very impressed, so I want to make an appointment to see you in person to discuss the position further.

안녕하세요, 이 메시지는 톰 켈러 씨를 위한 것입니다. 저는 유에스 여행사의 린 존슨입니다. 저는 당신의 이력서를 살펴보았고 매우 감명받았습니다. 그래서 저는 당신을 직접 만나 직책에 관해 더 이야기하기 위해 약속을 잡고 싶습니다.

Q. What is the purpose of the call? 전화의 목적은 무엇인가?
 (A) To request a résumé (X) 이력서를 요청하기 위해
 (B) To schedule a meeting (O) 만남 일정을 잡기 위해

▶ 화자가 자신을 소개한 뒤 이력서 관련 내용을 언급하는데, '이력서'만 듣고 자칫 (A)와 같은 오답을 정답으로 잘못 선택할 수 있어요. 이 경우 유의해야 할 포인트는 시제입니다. 전화의 목적은 앞으로 일어날 일에 대해 이야기하는 경우가 많기 때문에 주로 현재나 미래 시제를 써요. 따라서, 위 담화에서 이력서 리뷰는 과거에 이미 끝낸 상태이므로, 그 뒤에서 언급되는 약속을 잡고 싶다는 부분을 듣고 답을 골라야 합니다. 이처럼 담화 초반부의 과거 시제 문장은 전화의 목적을 언급하기 위한 배경 설명으로 자주 등장하는 함정이라는 것을 기억해 두세요.

연습 문제

질문의 키워드에 표시한 후 담화를 듣고 알맞은 답을 고른 뒤, 다시 들으면서 빈칸을 채우세요.

1 What kind of business does the speaker work for?

(A) An advertising agency
(B) A law firm

Hello. This is Lina Sanchez from Thompson _____. Our _____ _____ has reviewed the _____ for your purchase of the Demott Building. We have a few recommended changes, so please call me back so we can discuss those further.

2 What does the speaker offer to do?

(A) Arrange a meeting
(B) Send a product sample

Hi, this is Joseph Ramsey from the Portland Hotel. We're looking for new furniture for our guest rooms, and your company came highly recommended. If you're _____ in hearing about our needs, I could _____ _____ a _____ for next week.

3 What is the Streetwise Café offering this week?

(A) A special dessert
(B) A prize drawing
(C) A free beverage
(D) A musical performance

Thank you for calling the Streetwise Café. We are currently closed and will reopen tomorrow at 8 A.M. This week, we are celebrating our 10th _____. Because of that, we're giving customers a _____ _____ with every meal purchase.

4 Why is the speaker calling?

(A) To schedule a staff meeting
(B) To check a budget limit
(C) To confirm an event date
(D) To apologize for an error

Hi, Rebecca. It's Manuel. I've just spoken to the investor who will visit our branch next week. I'm _____ a hotel for him, but I'm wondering about the _____. What is the _____ I can _____? Please let me know. Thanks!

[5-6]

5 Where does the speaker most likely work?

(A) At a sports arena
(B) At a bank
(C) At a hair salon
(D) At a medical center

6 What can the listeners do on a Web site?

(A) Read about a policy
(B) Print a map
(C) Learn about staff members
(D) View some photos

You've reached the Flanigan _____ _____. Our center is open weekdays from 9 A.M. to 4 P.M. If you would like to make an appointment, please press 1. To leave a message for one of our _____, please press 2. For driving directions, please press 3. In addition, we've recently changed our _____ on insurance. To _____ _____ more, visit www.flaniganhealth.com.

[7-8]

7 What does the speaker say about the festival?

(A) It takes place in the summer.
(B) It attracts many visitors.
(C) It is in a convenient location.
(D) It has a variety of films.

8 What does the speaker offer to do?

(A) Give some recommendations
(B) Explain an advertising opportunity
(C) Sell some used equipment
(D) Find a site for a festival

Hi. I recently attended the Austin Film Festival, and I especially loved how you offer such _____ _____ _____ _____ films for attendees. Would you consider adding some small local projects to next year's festival? If so, I know a lot of directors who would be interested. I can _____ someone. I'm Timothy Jones, and my number is 555-9158. Thanks!

실전 문제

질문의 키워드에 표시한 후 담화를 듣고 알맞은 답을 고르세요.

[1-3]

1. Where does the speaker most likely work?
   (A) At a clothing shop
   (B) At a supermarket
   (C) At a delivery firm
   (D) At an appliance store

2. What does the speaker say about March 8?
   (A) A new product will be available.
   (B) A price will increase.
   (C) The business will close early.
   (D) The employees will host an event.

3. According to the speaker, what does the business offer?
   (A) A loyalty program
   (B) A replacement product
   (C) A discount
   (D) A free sample

[4-6]

4. Where does the speaker most likely work?
   (A) At a bank
   (B) At a pharmacy
   (C) At a post office
   (D) At a bookstore

5. According to the speaker, what is a requirement of the job?
   (A) Management experience
   (B) Sales training
   (C) Computer skills
   (D) A business network

6. What does the speaker ask the listener to do?
   (A) Attend an interview
   (B) Upload a document
   (C) Send a reference letter
   (D) Read a contract

[7-9]

7. What is the main topic of the message?
   (A) A change in ownership
   (B) A fitness goal
   (C) An upcoming fundraiser
   (D) A temporary closure

8. According to the speaker, what can be found on a Web site?
   (A) Reviews
   (B) Addresses
   (C) Schedules
   (D) Coupons

9 How can the listeners participate in a class?

(A) By making a payment
(B) By calling the business
(C) By presenting a card
(D) By completing an online form

[10-12]

10 What kind of product does the listener's company sell?

(A) Building paint
(B) Safety gear
(C) Wood and metal
(D) Construction machinery

11 Why does the speaker say, "your booth will be near the rear doors"?

(A) To explain an error
(B) To emphasize a safety policy
(C) To agree to a request
(D) To request some help

12 What does the speaker remind the listener to use?

(A) A discount voucher
(B) A parking pass
(C) An admission ticket
(D) A photo ID

[13-15]

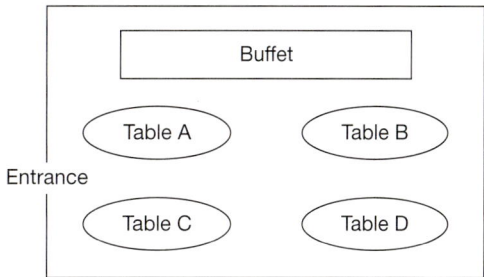

13 What is scheduled for Saturday?

(A) A fundraising banquet
(B) A retirement party
(C) A training session
(D) A welcome reception

14 Look at the graphic. Where does the speaker want the cake placed?

(A) Next to Table A
(B) Next to Table B
(C) Next to Table C
(D) Next to Table D

15 What will the speaker bring to the place?

(A) Some dishes
(B) Some lights
(C) Some flowers
(D) Some banners

UNIT 17

공지

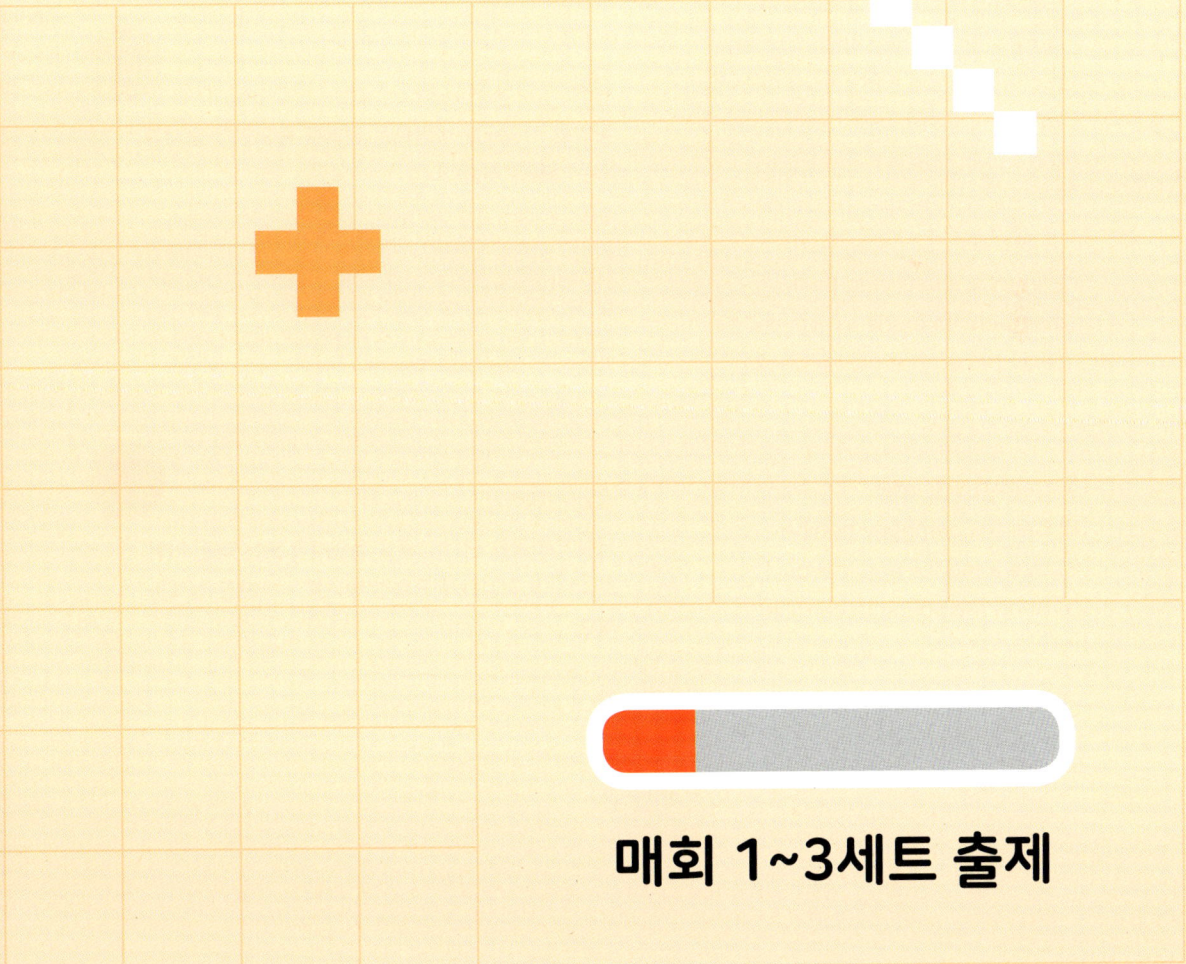

매회 1~3세트 출제

공지

회사 내 새로운 정책이나 제도 등을 설명하는 사내 공지, 또는 공공장소의 운영 시간이나 특별 행사 등에 대한 안내 방송이 주로 나와요.

문제 풀이 전략　　　　　　　　　P4_07

According to the speaker, what are the listeners encouraged to do?

STEP 1
질문 파악하기

담화가 나오기 전, 질문을 읽고 키워드를 통해 묻는 내용을 파악하고, 정답의 단서가 어느 부분에서 나올지 예상해 봅니다.

▶ 권고사항
담화 속의 you나 must, have to, need to 혹은 명령문에 집중하세요.

 Welcome to the Wilbury Library. Recently, there have been more people visiting the library, resulting in longer lines than before. To address this problem, we have made some new rules to follow. From now on, anyone who is returning books should go directly to the designated counter on the second floor. Next, everyone must bring their membership cards to prevent any delays when borrowing books.

STEP 2
담화 속 단서 찾기

파악한 키워드를 바탕으로 담화를 들으면서 단서가 되는 내용을 찾습니다.

윌버리 도서관에 오신 것을 환영합니다. 최근에 더 많은 분들이 도서관을 방문하고 계셔서 전보다 더 긴 줄이 생겼습니다. 이 문제를 해결하기 위해서, 우리는 따라야 할 몇 가지 새로운 규정을 만들었습니다. 지금부터 도서를 반납하시는 분들께서는 바로 2층에 있는 지정된 카운터로 가셔야 합니다. 다음으로, 도서 대출 시 지연을 막기 위해 모두 회원 카드를 지참하셔야 합니다.

(A) Come back later
(B) Call the company hotline
(C) Use a mobile application
(D) Bring membership cards

STEP 3
정답 선택하기

담화에서 들은 단서 내용을 동일하게 또는 다른 어휘로 바꾸어 적절하게 표현한 보기를 정답으로 선택하세요.

(A) 나중에 다시 오기
(B) 회사의 상담 전화로 연락하기
(C) 모바일 앱 이용하기
(D) 회원 카드 지참하기

◐ 빈출 담화 흐름 및 질문 유형

사내 공지	직원 여러분, 아마 오늘 우리 인사부 웹사이트의 최근 리뉴얼에 관한 이 메일을 받으셨을 것입니다.	인사말 / 공지 주제
	우리는 비대면으로 휴가나 병가를 신청할 수 있는 프로그램을 개발했습니다. 이 사이트의 새로운 기능에 대한 교육이 내일 오후 3시에 있을 예정입니다.	세부사항
	교육에 참여하고 싶다면, 부서 매니저를 통해 등록하세요.	요청사항

❶ 공지의 주제를 묻는 문제
담화 초반부에서 announce, discuss, talk about, inform과 같은 '말하다'라는 의미를 가진 동사 뒤에 나오는 내용을 잘 들어야 해요.

❷ 세부사항을 묻는 문제
until(~까지)이나 날짜 표현과 함께 새로운 정책이나 공사의 시행 기간 등 구체적인 내용이 언급되는 경우가 많아요. 공지 내용에 대해 청자들이 지켜야 할 주의사항을 명령문의 형태로 이야기하기도 합니다.

공공장소 안내 방송	쇼핑객 여러분들께 안내드립니다! 크로거 마켓이 드디어 리워드 프로그램을 시작합니다.	인사말 / 공지 주제
	가입 절차는 간단합니다. 신분증을 가지고 고객 서비스 카운터로 가셔서 신청서를 작성하세요. 구매하시는 모든 제품에 대해 1달러마다 1포인트씩 적립됩니다.	세부사항
	오늘 등록하시는 분들에 한해 무료 커피를 제공해 드리니, 지금 바로 등록하세요!	제안사항

❶ 청자를 묻는 문제
담화 첫 문장의 "Attention, ~ customers(~ 고객님들께서는 주목해 주세요)"와 같은 표현을 잘 들어야 해요.

❷ 제안사항을 묻는 문제
담화 후반부에서 "Feel free to ~(자유롭게 ~하세요)" 또는 "Don't forget to ~(~하는 것을 잊지 마세요)"와 같은 표현과 함께 청자들에게 제안하는 내용을 상기시키기도 합니다.

◐ 패러프레이징 익히기

질문	단서	정답
행사의 종류는?	Thanks for joining at this year's winter music contest. 올해의 겨울 음악 경연에 참여해 주셔서 감사합니다.	A music competition 음악 경연
공지 내용은?	One of our employees has just found a wallet in the lobby. 저희 직원 중 한 명이 방금 로비에서 지갑을 발견했습니다.	An item has been found. 물건이 발견되었다.
내일 있을 일은?	Please remember that tickets are half price for tomorrow's show. 내일 쇼는 티켓이 반값이라는 것을 기억하세요.	Ticket prices are reduced. 티켓 가격이 내려간다.

빈출 담화 주제 및 표현

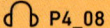 P4_08

● 정책/제도 공지

지난주에 우리 공장 factory 에 새로운 기계 machinery 를 설치했습니다 installed. 이 기계들은 우리 의류 생산의 조립 라인 assembly line 작업 속도를 이전보다 빠르게 해 줄 것입니다. 이 층에 계신 모든 분들이 이 새로운 장비 equipment 를 사용할 것이므로 모든 직원들은 정확히 어떻게 기계를 작동하는지를 operate 배워야 합니다. 이 교육은 의무적인 mandatory 교육입니다. 이 교육에는 존슨 씨가 오셔서 기계 사용법 시연 demonstration 을 해 주실 예정입니다. 한 분도 빠짐없이 등록하시기 register 바랍니다.

➕ 빈출 표현 Plus

reminder (상기시키기 위한) 조언, 주의
adopt 채택하다
strategy 전략
regulation 규정
initiative 계획
security 보안

facility 시설
inspection 점검, 검사
as of (특정 날짜를) 기준으로
shut down 폐쇄하다
go into effect 효력이 발생하다
resume 재개하다, 다시 시작하다

● 행사 공지

자, 이제 오늘 회의의 마지막 안건 agenda 인 회사 야유회 outing 에 관해 이야기하겠습니다. 모두들 아시다시피, 연례 행사 annual occasion 인 야유회가 다음 주 월요일에 열리기로 되어 있었습니다. 유감스럽게도, 일기 예보 weather forecast 에 따르면 다음 주 내내 비가 올 예정이어서, 행사 일정을 변경해야 reschedule 할 것입니다. 행사 장소 venue 는 이전과 동일하게 브리튼 공원에서 열릴 예정입니다. 정확한 날짜 exact date 가 정해지는 대로 모두에게 이메일을 통해 알려드리겠습니다 let you know.

➕ 빈출 표현 Plus

upcoming 다가오는
retreat 수련회, 야유회
host 주최하다
be supposed to ~할 예정이다
postpone 연기하다 (= put off, push back)
keep in mind 명심하다

refreshments 다과
raffle 경품 추첨
performance 공연
charity event 자선 행사
special offer 특별 할인
clearance sale 재고 정리 세일

● 교통편 안내

모든 승객 여러분 주목해 주세요 Attention all passengers. 궂은 inclement 날씨로 인해 시애틀행 209 항공편 flight 은 취소되었습니다 canceled. 이 항공편의 티켓을 가지고 계신 모든 승객분 passenger 께서는 오늘 뉴욕에서 머무르실 호텔 숙박권 voucher 을 받게 되실 것입니다. 더 많은 정보가 필요하시면, 즉시 immediately 매표구 ticket counter 로 가세요. 저희 직원 agent 들이 내일 여러분들이 시애틀로 가실 항공편 티켓의 재배정 reassign 또한 도와 드릴 것입니다.

+ 빈출 표현 Plus

destination 목적지
bound for ~행의
be scheduled to ~할 예정이다
apologize for ~에 대해 사과하다
delay 지연하다, 지연
inconvenience 불편

cooperation 협조
board 탑승하다
transfer 갈아타다
proceed to ~로 가다 (= go to, report to 장소)
captain 기장 (= pilot)
flight attendant 승무원 (= cabin crew)

🎧 P4_09

고득점 Tip! 키워드 대신 간접적인 표현이 힌트로 주어질 수 있어요.

The charity bazaar will be held next month instead of next week, as some employees will be on vacation next week. However, it will be held at the same venue.

일부 직원들이 다음 주에 휴가를 가기 때문에, 자선 바자회가 다음 주 대신 다음 달에 열릴 예정입니다. 하지만 이 행사는 동일한 장소에서 열립니다.

Q. What has been changed about the company event? 회사 행사에 관해 무엇이 변경되었는가?
  (A) The date (O) 날짜
  (B) The location (X) 장소

▶ 담화에서 변경되다(changed)라는 키워드가 직접적으로 등장하지 않고 날짜와 장소 정보가 모두 언급되기 때문에 순간적으로 답을 고르기 어려울 수 있습니다. 이때는 instead of next week(다음 주 대신에)이라는 표현을 단서로 정답을 골라야 하는데 이는 쉽지 않은 문제입니다. 이처럼 공지에서는 new(새로운), now(이제), updated(업데이트된), added(추가된), instead of(~ 대신에) 등의 간접적인 표현이 변경 사항을 나타내는 힌트로 주어질 수 있습니다.

연습 문제

질문의 키워드에 표시한 후 담화를 듣고 알맞은 답을 고른 뒤, 다시 들으면서 빈칸을 채우세요.

1 According to the speaker, what is their top priority?

   (A) Improving product sales
   (B) Hiring experienced employees

   Next, I'd like to explain our new initiative. _____ staff members with a lot of _____ is now our company's _____ _____. So, please check the career background of all applicants carefully. This will help us reach our goal.

2 What is being announced?

   (A) A concert
   (B) A career fair

   Attention, shoppers. The Westfield Shopping Center is hosting the annual Summer _____ _____ on Friday, June 5. You can find out about _____ _____ in the area. Admission is free, so we hope that you will check it out.

3 What are the listeners encouraged to do?

   (A) Take some notes
   (B) Purchase a gift
   (C) Sign a card
   (D) Share their advice

   As you know, we will have a welcome party on April 7 for Pam Reynolds, our newest team member. I'm sure you all have _____ _____ about working here. So, please be ready to say a few _____ _____ at the party. Thanks.

4 Why should some listeners allow for extra time?

   (A) A machine is not working.
   (B) A floor is being repaired.
   (C) Some staff members are absent.
   (D) Some events have been canceled.

   Attention all staff members! The _____ in the west wing locker room will be _____, so that area will be closed today. You should _____ for _____ time when using the east wing locker room as it will be busier than usual.

[5-6]

5 Where most likely are the listeners?

(A) At a print shop
(B) At a fitness center
(C) At an eye clinic
(D) At a business institute

6 What will the speaker do next week?

(A) Give a demonstration
(B) Discuss survey results
(C) Announce a promotion
(D) Pay some employee bonuses

Good morning. I'd like to talk about a new service that I think our _____ will love, a 3D scanning device. Now our _____ _____ will be able to make a thorough examination. This will lead to the early detection of problems. The machine will be delivered next week. So, I'll show you how to _____ it up and _____ it.

[7-8]

7 Why is the airplane delayed?

(A) There is bad weather in the area.
(B) Some bags have not been loaded.
(C) There was a scheduling error.
(D) It has a mechanical problem.

8 What should some listeners show to the staff?

(A) An electronic device
(B) A carry-on bag
(C) A receipt
(D) A passport

Attention, everyone. Flight 730 to Toronto has been delayed due to a minor _____ _____. Our team is working on the issue, but it could take several hours. We do have a few seats left on a different flight to Toronto. If you would like to be _____ on this flight, please come to the ticket counter and _____ your _____.

실전 문제

질문의 키워드에 표시한 후 담화를 듣고 알맞은 답을 고르세요.

[1-3]

1 Who most likely are the listeners?

(A) Mechanics
(B) Graphic designers
(C) Musicians
(D) Journalists

2 What can the listeners do with the membership?

(A) Join group tours
(B) Rent vehicles
(C) Download images
(D) Receive airline discounts

3 What will the listeners do tomorrow?

(A) Watch an instructional video
(B) Complete a registration form
(C) Receive a membership card
(D) Visit another company

[4-6]

4 Where is the announcement most likely taking place?

(A) At a concert hall
(B) At a history museum
(C) At a department store
(D) At a swimming pool

5 Why does the speaker make an apology?

(A) An event started late.
(B) A sound system is broken.
(C) Some participants are absent.
(D) Some lights are not working.

6 What will be given to the listeners?

(A) Complimentary tickets
(B) Refreshments
(C) Parking passes
(D) Promotional brochures

[7-9]

7 What is the main topic of the talk?

(A) A delivery policy
(B) A payment structure
(C) A new employee
(D) A training session

8 Why does the speaker say, "It's nearly a hundred pages long"?

(A) To suggest a deadline extension
(B) To thank the listeners
(C) To explain a decision
(D) To reject a purchase

9 Why should some listeners talk to Marlene?

(A) To share some feedback
(B) To get a copy of a schedule
(C) To request a uniform
(D) To volunteer for a task

[10-12]

10 Where is the announcement most likely being heard?

(A) At a taxi company
(B) At an airport
(C) At a train station
(D) At a bus station

11 What is the purpose of the change?

(A) To use less energy
(B) To follow a regulation
(C) To improve safety
(D) To reduce ticket prices

12 What does the speaker suggest doing?

(A) Presenting an ID card
(B) Checking a digital display
(C) Calling a travel agent
(D) Saving a receipt

[13-15]

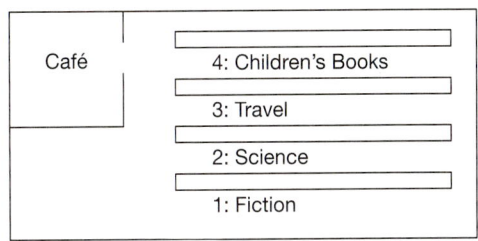

13 According to the speaker, what will happen at 3 P.M.?

(A) Some food will be served.
(B) Some videos will be shown.
(C) An author will give a talk.
(D) A book will go on sale.

14 Look at the graphic. Where does the speaker suggest that listeners go?

(A) Aisle 1
(B) Aisle 2
(C) Aisle 3
(D) Aisle 4

15 What will be given to customers?

(A) A pen
(B) A gift certificate
(C) A catalog
(D) A bookmark

UNIT 18

광고

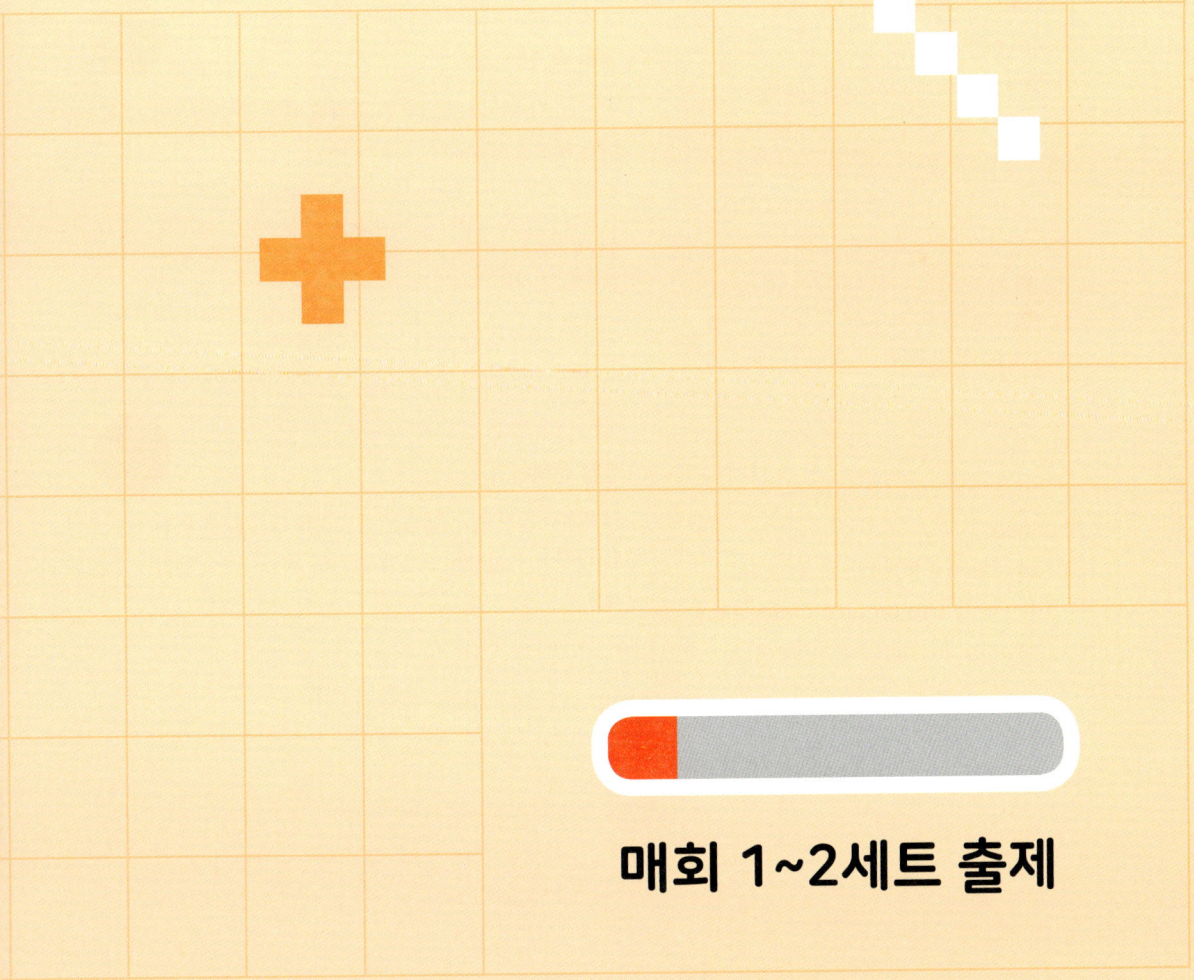

매회 1~2세트 출제

광고

제품이나 서비스, 업체, 행사 및 이벤트 등을 홍보하기 위한 광고가 주로 출제됩니다.

문제 풀이 전략　　🎧 P4_12

According to the speaker, what is special about the business?

Are you a professional who can't find the time to clean your house? Green Cleaning is here to help! We only use organic natural supplies to keep your family and pets safe, while leaving your house spotless! And for this month only, we're offering a 10% discount for all new members if you sign up for a monthly maintenance package. Call now at 530-2950 to book your first appointment.

(A) They have very affordable prices.
(B) They have a flexible schedule.
(C) They only use organic materials.
(D) They are the biggest in size.

STEP 1 · 질문 파악하기

담화가 나오기 전, 질문을 읽고 키워드를 통해 묻는 내용을 파악하고, 정답의 단서가 어느 부분에서 나올지 예상해 봅니다.

▶ 업체의 특별한 점
　특징이나 장점은 주로 광고 대상을 소개한 직후에 등장해요.

STEP 2 · 담화 속 단서 찾기

파악한 키워드를 바탕으로 담화를 들으면서 단서가 되는 내용을 찾습니다.

집 치울 시간이 없는 직장인이신가요? 그린 클리닝이 도움을 드리기 위해 왔습니다! 우리는 당신의 집을 티끌 하나 없게 만들면서, 당신의 가족과 반려동물을 안전하게 지키기 위해 오로지 유기농 천연 용품만을 사용합니다! 또한 이번 달만, 월간 유지 관리 패키지를 신청하는 경우에 한해 모든 신규 회원에게 10퍼센트 할인을 제공합니다. 지금 530-2950번으로 전화하셔서 첫 방문을 예약하세요.

STEP 3 · 정답 선택하기

담화에서 들은 단서 내용을 동일하게 또는 다른 어휘로 바꾸어 적절하게 표현한 보기를 정답으로 선택하세요.

(A) 가격이 매우 합리적이다.
(B) 일정이 유연하다.
(C) 유기농 물질만 사용한다.
(D) 규모가 가장 크다.

패러프레이징
organic natural supplies → organic materials

248

◯ 빈출 담화 흐름 및 질문 유형

업체 광고	맛있는 식사와 개별 공간이 있는 식당을 원하시나요? 그렇다면 이탈리아노로 오세요.	주의 환기 / 광고 대상
	저희는 정통 피자와 파스타뿐 아니라 채식주의자를 위한 메뉴도 다양합니다. 깔끔하게 준비된 식사 공간은 물론, 최대 20명까지 수용할 수 있는 4개의 개별 공간으로 모임에 완벽한 장소를 제공합니다.	특징 및 장점
	저희 웹사이트로 가셔서 고객들의 후기를 확인해 보세요!	추가 정보 얻는 방법

❶ 광고 대상을 묻는 문제
주로 첫 문장에서 호기심을 자극하는 질문이나 if절이 나온 후 바로 뒤에서 광고 대상을 소개합니다.

❷ 특징이나 장점을 묻는 문제
feature(특징), special(특별한), different(다른), unique(유일한), compared to(~와 비교하면) 등 특징이나 장점을 말하는 표현에 집중하세요. 여러 개의 특장점이 나열되는 경우도 많습니다.

행사 광고	주중에 참여할 만한 활동을 찾고 있다면, 리버데일 미술관을 방문하셔서 다가오는 전시 '도쿄의 풍경'을 관람하세요.	주의 환기 / 광고 대상
	전시는 다음 주 금요일에 시작되며, 일본에서 온 젊은 세대의 예술가들이 그린 그림들을 포함합니다.	특징 및 장점
	만약 개막일에 전시를 관람하는 데 관심이 있으시다면, 저희 웹사이트에서 미리 자리를 맡아 두셔야 합니다. 이 예약에는 피로연에 참가하실 수 있는 입장권이 포함되어 있습니다.	혜택 등 추가 정보

❶ 혜택을 묻는 문제
offer(제공하다), you'll receive(~을 받게 될 것이다) 등 행사에서 혜택을 제공할 때 쓸 수 있는 표현을 잘 들으세요. 이러한 혜택은 보통 특정 조건이 붙기 때문에 if나 명령문의 형태로 말하는 경우가 많습니다.

❷ 구매/신청 방법을 묻는 문제
담화 마지막 부분에 주로 나오고, 전화 상담이나 웹사이트 방문 등의 온라인 신청이 방법으로 자주 출제됩니다.

◯ 패러프레이징 익히기

질문	단서	정답
광고 대상은?	We teach you how to talk confidently to a crowd. 저희는 대중 앞에서 자신 있게 이야기하는 방법을 가르쳐 드립니다.	Public speaking 대중 연설
혜택은?	If you buy more than 10 items, we'll give you 10% off. 만약 10개 이상의 물건을 구매하시면, 10퍼센트를 할인해 드립니다.	A volume discount 대량 구매 할인
권장사항은?	We encourage early registration because the class is limited to 14 people. 강의는 14명으로 인원이 제한되어 있으므로 조기 등록을 권장합니다.	Sign up in advance 미리 등록하기

빈출 담화 주제 및 표현

🎧 P4_13

● 제품 광고

잠을 오래 자도 피곤함을 느끼신다면, 편안한 밤잠을 보장해 드리는 guarantee 저희 딥슬립 베개를 사용해 보세요 try. 저희 제품은 100퍼센트 재사용 물질로 만들어져서 환경친화적 environmentally-friendly 이고, 다양한 various 사이즈와 디자인을 제공합니다. 현지 local 매장에 오셔서 직접 구경해 보시거나 저희 웹사이트에서 실제 고객들이 남긴 추천글 testimonial 을 확인해 보세요 check out. 또한, 만약 베개를 바꾸신 후에도 불편해서 잠을 못 이루신다면 전액 환불 full refund 을 해 드립니다.

➕ 빈출 표현 Plus

look for ~을 찾다	offer 제공하다
be tired of ~가 지긋지긋하다	limited time 한정된 기간
be interested in ~에 관심이 있다	promotional code 쿠폰 번호, 할인 코드
have trouble/difficulty -ing ~하는 데 문제가 있다	free sample 무료 견본품
appliance 가정용 기기	inventory 재고
feature 특징	miss out (유익한 것을) 놓치다

● 업체 광고

새로운 법률 회사 law firm 를 찾고 계시나요? 합병 merger 이나 계약 contract 에 관한 법률 상담 consultation 이 필요하신가요? 그렇다면, 확실히 definitely 제이제이 법률 회사를 떠올리셔야 합니다! 저희 회사는 최근에 뛰어난 고객 서비스 customer service 로 블로거들이 뽑은 최고의 법률 회사 상 award 을 받았습니다. 만약, 신규 업체와의 계약이 필요하거나 경쟁사를 인수하실 계획이라면, 저희 웹사이트를 방문하세요 visit our Web site. 수십 명의 변호사 attorney 들의 프로필을 직접 확인하실 수 있습니다.

➕ 빈출 표현 Plus

location 장소	creative 창의적인
legal 법률의	professional 전문적인
finance 재무	specialize in ~을 전문으로 하다
accounting 회계	subscribe 구독하다
management 관리	take advantage of ~을 이용하다
start a business 사업을 시작하다	complimentary 무료의

● 프로그램 광고

초콜릿이 어떻게 만들어지는지 궁금하신가요 curious about? 그렇다면 저희 존슨 초콜릿 공장으로 오세요 come visit. 하이페리온 쇼핑센터 바로 맞은편에 위치한 located 저희 공장에서는 매주 주말마다 가이드가 안내하는 견학 guided tour 을 제공합니다. 두 시간의 방문 two-hour visit 동안, 여러분께서는 저희 존슨 제품들의 생산 및 포장 creation and packaging 과정을 보게 되실 겁니다. 그리고 모든 방문객들은 저희의 사랑스러운 초콜릿 마스코트인 테리와 함께 찍은 사진을 기념품 souvenir 으로 가져가실 수 있습니다. 지금 저희 웹사이트에 사용 가능한 available 쿠폰이 올라가 있으니, 반값 half price 할인을 위해 오늘 바로 쿠폰을 다운로드하세요!

✚ 빈출 표현 Plus

tour 견학	observe 관찰하다
competition 대회	sign in 등록하다
course 강좌 (= class)	receive 받다
experience 경험	reservation 예약
join 가입하다	registration 등록
participate in ~에 참가하다	extra charge 추가 요금

🎧 P4_14

고득점 Tip! can't나 won't처럼 not이 들어간 조동사를 주의해야 해요.

The discount is amazingly large, so you can't find the price on the tags. You have to ask one of our employees to check the price.

이 할인은 놀랄 만큼 커서, 가격표에서는 가격을 찾으실 수 없습니다. 가격 확인을 위해서는 저희 직원들 중 한 명에게 물어보셔야 합니다.

Q. How can the listeners find the sale price? 청자들은 어떻게 판매 가격을 알아낼 수 있는가?
  (A) By talking to the staff (O) 직원과 이야기함으로써
  (B) By checking the tags (X) 가격표를 확인함으로써

▶ you can't find the price에서 can't를 can으로 잘못 들어 (B)를 정답으로 고르는 실수를 하기 쉬워요. 이는 특히 [t] 발음이 묵음으로 소리가 나지 않을 수 있기 때문입니다. can't의 경우 조동사 부분에, can의 경우 조동사 뒤 동사 원형 부분에 힘을 주어 소리 낸다는 것을 기억하고 문장을 듣는다면 구별이 좀 더 쉬워질 거예요.

연습 문제

질문의 키워드에 표시한 후 담화를 듣고 알맞은 답을 고른 뒤, 다시 들으면서 빈칸을 채우세요.

1. What kind of product is being advertised?
   (A) A fitness watch
   (B) An energy drink

Feeling tired after a long workout? Looking for a drink that will give you a _____? Then check out Sienna _____ _____. These drinks can improve your athletic performance. In addition, they come in a variety of delicious flavors.

2. What does the speaker say about the magazine?
   (A) It has received an industry award.
   (B) It is available online and in print.

Are you in charge of managing others? If so, subscribe to *Management Monthly*. You'll love our interesting articles and practical tips. You can _____ to the _____ version of the magazine or the _____ version. Start improving your management skills today!

3. What are the listeners invited to do?
   (A) Download a coupon
   (B) Take part in a survey
   (C) Enter a contest
   (D) Try a free sample

Are you searching for a healthy and delicious breakfast option? Super Grain cereal is rich in fiber and vitamins. We're _____ _____ _____ samples this weekend at supermarkets across the country. So be sure to _____ some for yourself.

4. What does the Salazar Institute specialize in?
   (A) Business writing
   (B) Public speaking
   (C) Marketing strategies
   (D) Negotiation skills

Looking for a way to make sure you're sending the right message? Do you communicate with your customers in writing? The Salazar Institute _____ in teaching people how to write _____ _____ and _____. Sign up for a class online.

252

[5-6]

5 What can the smartphone application be used for?

(A) Planning driving routes
(B) Tracking daily exercise
(C) Organizing personal finances
(D) Booking hotel rooms

6 According to the speaker, what will the company add to the smartphone application in June?

(A) A customer loyalty program
(B) An online chat function
(C) A video-streaming feature
(D) A product review section

Are you looking for an easy way to reach your fitness goals? Then our new smartphone application is the right tool for you! Download the Max-Track 360 application, and it will help you to _____ _____ _____ your daily _____. And, starting in June, you'll be able to _____ _____ on the app to learn yoga poses, weightlifting techniques, and more.

[7-8]

7 What is the advertisement most likely about?

(A) A gym
(B) A movie theater
(C) A concert hall
(D) A restaurant

8 What is Franklin's known for?

(A) Its service
(B) Its prices
(C) Its variety
(D) Its employees

Are you getting ready to celebrate a special occasion? Franklin's is the place for you! Our rooftop _____ _____ is a great place to _____ _____ with your family and friends. And we're famous for having a _____ with a wide range of options. So, everyone is sure to find something delicious to eat. Make your reservation today by calling 792-8441.

실전 문제

질문의 키워드에 표시한 후 담화를 듣고 알맞은 답을 고르세요.

[1-3]

1 What is the advertisement about?

(A) A shopping mall
(B) A meeting venue
(C) An office complex
(D) An apartment building

2 What special feature does the speaker mention?

(A) Internet access
(B) Energy efficiency
(C) A parking option
(D) An outdoor area

3 According to the speaker, how can listeners find out more about the site?

(A) By sending an e-mail
(B) By visiting a Web site
(C) By attending an event
(D) By calling a business

[4-6]

4 What is being advertised?

(A) A writing competition
(B) A film screening
(C) An art exhibit
(D) A music festival

5 According to the speaker, what can the listeners do on a Web site?

(A) Watch a video
(B) Purchase a ticket
(C) Make a donation
(D) Post a comment

6 What will happen on August 1?

(A) An item will be sold.
(B) A speech will be given.
(C) An election will take place.
(D) An award will be presented.

[7-9]

7 How does the factory begin its tours?

(A) By showing a video
(B) By explaining a process
(C) By distributing protective clothing
(D) By answering participants' questions

8 What is given to all participants?

(A) A scoop of ice cream
(B) A promotional brochure
(C) A discount voucher
(D) A souvenir shirt

9 What does the speaker give some advice about?

(A) When to make a visit
(B) Where to get tickets
(C) How to save money
(D) Which flavor to purchase

[10-12]

10 What is being advertised?

(A) A refrigerator
(B) A dishwasher
(C) An air conditioner
(D) A vacuum cleaner

11 What is special about the Opal-6?

(A) It is affordable.
(B) It is lightweight.
(C) It is durable.
(D) It is environmentally friendly.

12 What does the speaker imply when he says, "The demand is high"?

(A) The listeners should order online.
(B) The listeners should make a purchase quickly.
(C) The store will get more items delivered.
(D) The price will increase soon.

[13-15]

Package	Price per Month
Standard	$30
Plus	$65
Super	$80
Premium	$100

13 What can T360 be used for?

(A) Creating graphics
(B) Improving security
(C) Tracking expenses
(D) Managing schedules

14 Look at the graphic. Which price will be changed in October?

(A) $30
(B) $65
(C) $80
(D) $100

15 Why does the speaker recommend that listeners visit a Web site?

(A) To read some reviews
(B) To set up an account
(C) To watch a video
(D) To sign up for a newsletter

UNIT
19

방송

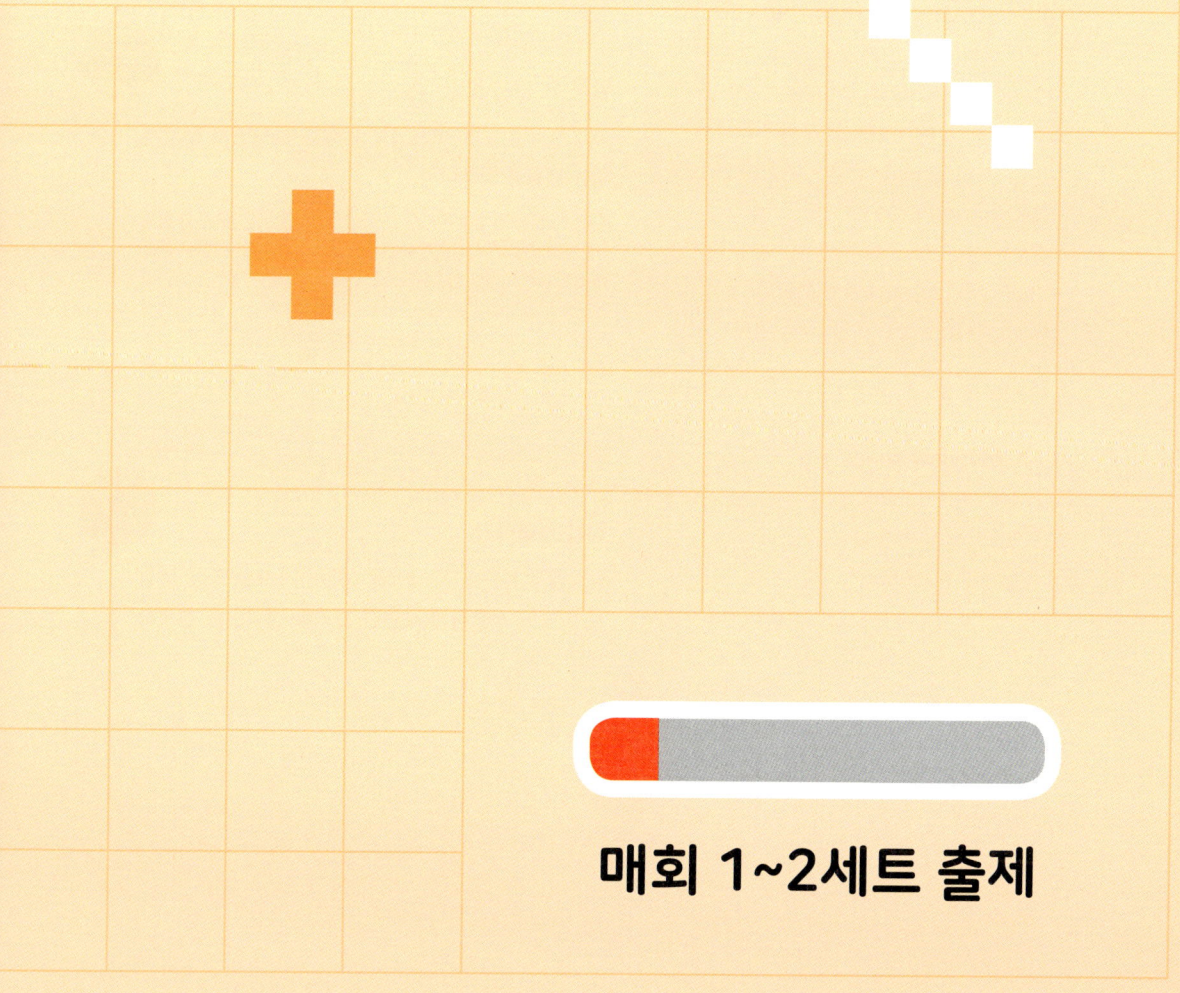

매회 1~2세트 출제

방송

주로 뉴스, 일기 예보 및 교통 안내 등의 방송과, 라디오 프로그램에서 초대 손님을 소개하는 내용 등이 나옵니다.

문제 풀이 전략

What is the broadcast mostly about?

Thanks for listening to KRFZ radio. I want to remind all listeners that our interview series with famous musicians starts tomorrow. The first guest is the legendary violinist James Gonzales. The interview will be broadcast live at 8 P.M. at Folson Park. Attendance is free, but make sure you get in line early for tickets. Check out the station's Web site for more information.

(A) An interview series
(B) A concert ticket
(C) A television show
(D) A guest speaker

STEP 1
질문 파악하기

담화가 나오기 전, 질문을 읽고 키워드를 통해 묻는 내용을 파악하고, 정답의 단서가 어느 부분에서 나올지 예상해 봅니다.

▶ 방송 주제
  주제 관련 단서는 주로 담화 초반에 제시되므로, 담화 초반부에 집중하세요.

STEP 2
담화 속 단서 찾기

파악한 키워드를 바탕으로 담화를 들으면서 단서가 되는 내용을 찾습니다.

KRFZ 라디오를 들어주셔서 감사합니다. 유명한 음악가들과 함께 하는 저희 인터뷰 시리즈가 내일 시작한다는 것을 모든 청취자분들께 상기시켜 드리고 싶습니다. 첫 번째 게스트는 전설적인 바이올린 연주자 제임스 곤잘레스입니다. 인터뷰는 오후 8시 폴슨 공원에서 라이브로 방송됩니다. 참석은 무료입니다만, 입장권을 받으려면 일찍 줄을 서야 한다는 것을 명심하세요. 더 많은 정보를 위해서는 방송국 웹사이트를 확인하세요.

STEP 3
정답 선택하기

담화에서 들은 단서 내용을 동일하게 또는 다른 어휘로 바꾸어 적절하게 표현한 보기를 정답으로 선택하세요.

(A) 인터뷰 시리즈
(B) 콘서트 표
(C) 텔레비전 쇼
(D) 초청 연사

○ 빈출 담화 흐름 및 질문 유형

뉴스	여러분은 지금 아침 9시 비즈니스 뉴스를 듣고 계십니다. 오늘 오전 지케이 모터스가 엔진 생산 라인을 확장할 것이라고 발표했습니다.	프로그램 소개 / 뉴스 주제
	이러한 결정은 지속적으로 늘어나는 고객의 수요를 따라잡기 위한 노력으로, 올해는 작년 대비 30퍼센트 이상의 판매 증가가 예측된다고 말했습니다.	세부사항
	그럼 광고 듣고 다음 뉴스로 넘어가겠습니다.	다음 방송 정보

❶ 방송 주제를 묻는 문제
담화 첫 문장에서 프로그램을 소개하는 표현에 집중합니다. 방송 시간대를 묻는 문제도 종종 출제되므로 시간을 나타내는 표현도 잘 들어야 합니다.

❷ 다음 방송을 묻는 문제
주로 담화의 맨 마지막 문장에서 언급되며, 광고(advertisement)가 가장 많이 나옵니다.

라디오 프로그램	FM 113 라디오의 주간 영화 리뷰입니다. 오늘 방송에서는, 올해의 영화인 상을 수상한 타라 윌슨 씨를 모셨습니다.	프로그램 및 게스트 소개
	인디언의 역사를 다룬 영화 "네이티브"를 감독한 그녀는 올해로 13년차가 된 유명한 영화감독입니다.	경력 세부사항
	오늘은 윌슨 씨를 모시고 그녀의 새 영화에 대해 이야기 나눠 보겠습니다. 질문이 있으신 청취자분들께서는 지금 전화 주세요.	다음에 할 일 / 요청사항

❶ 초대 손님에 대해 묻는 문제
인물의 직업이나 전문 분야를 나타내는 표현을 잘 들어야 합니다. 인물의 이름 앞뒤에서 동격으로, 또는 인물 소개 후 바로 뒷 문장에 나오는 경우가 많습니다.

❷ 다음에 일어날 일을 묻는 문제
담화 후반부에서 미래 시제로 말하는 부분을 잘 듣습니다. 인터뷰나 청취자와의 질의응답 등이 주로 출제됩니다.

○ 패러프레이징 익히기

문제	단서	정답
방송 주제는?	This is Shanda Parker with your morning commuter report. 아침 교통 방송의 산다 파커입니다.	Traffic 교통
작업이 연기된 이유는?	The building project was delayed due to heavy rains in this summer. 그 건설 작업은 올 여름의 호우로 연기되었습니다.	Bad weather 나쁜 날씨
제안사항은?	You should take an alternate route to avoid delays. 지연되는 것을 피하기 위해서는 다른 길로 가셔야 합니다.	Take a different road 다른 길로 가기

빈출 담화 주제 및 표현

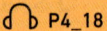 P4_18

● 교통 안내

안녕하세요, 저는 5시 교통 방송 traffic report 의 사라 터너입니다. 대부분의 주요 도로는 현재 막힘이 없어 보입니다. 공항과 시청 쪽의 도로 역시 한산해 empty 보입니다. 하지만 8번 고속 도로 highway 부근에는 극심한 정체 delay 가 있습니다. 넘어진 나무 때문에 도로 한 차로 lane 가 줄어들어 생긴 체증 congestion 으로 보입니다. 나무를 치우는 데 시간이 소요될 것으로 보이므로 시내로 진입하실 분들은 5번 도로 route 로 우회하십시오 detour. 그럼 날씨 듣고 오겠습니다.

➕ 빈출 표현 Plus

host 진행자	backed-up 정체된
commuter report 교통 방송	public transportation 대중교통
rush hour 혼잡 시간대	commercial break 광고 시간
car accident 교통사고	take a detour 우회하다 (= take an alternate route)
road work 도로 보수 작업	stay tuned 채널을 고정하다
be closed 통행이 금지되다	be stuck in traffic 교통 체증에 갇히다

● 일기 예보

FM 라디오의 일기 예보 weather update 시간입니다. 기상청 weather center 에서는 뉴욕 시에 눈이 올 것이라고 예측했습니다. 이 눈은 늦은 오후에 시작되어 밤사이 10cm 이상 내릴 것으로 예상됩니다 expected. 시 공무원 city official 들은 지역 주민들 local residents 에게 가능하면 눈이 오는 시간에는 외출을 삼가 줄 것을 권고했습니다 advise. 내일 열리기로 되어 있었던 지역 축제 festival 는 다음 주 금요일로 연기되었습니다 postponed. 새로운 소식이 있는 즉시 전달드리겠습니다.

➕ 빈출 표현 Plus

weather forecast 일기 예보	overnight lows 밤사이 최저 기온
approach 접근하다	blizzard 눈보라
predict 예상하다	hail 우박
chance 확률, 가능성	humidity 습도
shower 소나기	clear up 개다
precipitation 강수량	Celsius/Fahrenheit 섭씨/화씨

● 지역 소식

지역 뉴스입니다. 파운트 산이 곧 국립 공원 national park 으로 지정될 예정입니다. 정부에서는 다가오는 coming 목요일에 인기 있는 popular 지역 관광 명소 local tourist attraction 를 나라에서 보호하는 protect 구역으로 추가하겠다고 밝혔습니다. 공원 관리국은 조용한 quiet 지역 환경과 다양한 야생 동물 wildlife 의 종류, 그리고 특이한 식물 plant life 뿐만 아니라 자연의 아름다움이 이 공원이 국립 공원으로 지정되는 데 큰 역할 role 을 했다고 밝혔습니다.

➕ 빈출 표현 Plus

industry 산업
government 정부
mayor 시장
spokesperson 대변인
announce 발표하다
make public 공표하다

expansion 확장
merge 합병
alter 변화하다, 바꾸다 (= change)
approve 승인하다
authorize 권한을 부여하다
starting tomorrow 내일부터 시작해서

🎧 P4_19

고득점 Tip! 분위기를 전환하는 표현에 주의하세요.

Since this is a very popular event, all the tickets we prepared are already sold out. However, there could be cancelations, so please visit the Web site at www.washingtongolf.com to check for updated registration availabilities.

이것은 매우 인기 있는 행사이기 때문에, 저희가 준비한 모든 표가 이미 다 팔렸습니다. 하지만, 취소가 있을 수 있으므로, 저희 웹사이트 www.washingtongolf.com을 방문해서 등록 가능한 최신 자리를 확인해 보세요.

Q. What does the speaker suggest about the tickets? 화자는 표에 대해 무엇을 암시하는가?
  (A) They can only be purchased via online. (X) 온라인으로만 구매 가능하다.
  (B) There can be vacant seats available. (O) 빈 자리가 나올 수도 있다.

▶ but/however(그러나), actually(사실), unfortunately(안타깝지만) 등의 부정적인 표현들에 주의해야 합니다. 주로 이러한 표현들의 앞에서 함정이 등장하고, 정답은 뒤에서 나오는 경우가 많습니다. 이러한 경우 앞부분에서 강하게 나오는 함정 내용이 대부분 보기에 포함되어 있기 때문에 오답에 빠지기 쉽습니다.

연습 문제

질문의 키워드에 표시한 후 담화를 듣고 알맞은 답을 고른 뒤, 다시 들으면서 빈칸을 채우세요.

1 What is the focus of the episode?

(A) Starting a business
(B) Designing a Web site

> Thanks for listening to *Money Matters*. Today's episode will _____ _____ how to _____ your own _____. We want to help you avoid the most common mistakes that people make. Author Pete Davis is here to give us his best advice.

2 What event is taking place on Vista Street?

(A) A concert
(B) A farmers' market

> This is your hourly _____ update on KRFO Radio. Traffic is flowing smoothly on all major roadways. However, Vista Street is currently _____ for the weekly _____ _____. So, motorists will have to follow the signs for the detour.

3 Why was funding needed for a project?

(A) To construct a new building
(B) To create audio recordings
(C) To pay for an ad campaign
(D) To hire more guides

> Welcome back to *The Nature Show*. Today we're talking to Marcia Willard, the director of the Gulfport _____. Thanks to extra government _____, the aquarium was able to record _____ _____ for visitors. Marcia will tell us more about it.

4 What has caused a delay in a project?

(A) A company's error
(B) A lack of funding
(C) Bad weather
(D) Faulty supplies

> In local news, we have an update on the _____ of the outdoor pool at the Elmhurst Hotel. Due to _____ _____, the project has had significant _____ over the past few weeks. The pool is scheduled to open next month.

262

[5-6]

5 What kind of event will take place on Friday?

(A) An art exhibit
(B) An exercise class
(C) A musical performance
(D) A book signing

Thanks for tuning in to the news report on WDDR. This Friday, members of the Ramos Institute's _____ _____ will hold an _____ of their works. You can see beautiful watercolor landscapes on display. The event will be _____ in the ballroom of the Eliot _____ from 5 P.M. to 9 P.M. Admission is free, and refreshments will be served.

6 Where will the event be held?

(A) At a restaurant
(B) At a hotel
(C) At a library
(D) At a school

[7-8]

7 What is the topic of the broadcast?

(A) Business loans
(B) Staff recruitment
(C) Marketing budgets
(D) Brand identity

On this episode of *Market Watch*, we're talking about the need for a strong _____ _____. With so many products and services on the market, it's important for you to stand out. That's why I'm glad to have _____ Andre Phillips here in the studio today. I'll be _____ with him about the best way to build a brand.

8 What will most likely happen next?

(A) Some announcements will be made.
(B) Some advertisements will be played.
(C) The speaker will answer listeners' calls.
(D) The speaker will interview a guest.

실전 문제

질문의 키워드에 표시한 후 담화를 듣고 알맞은 답을 고르세요.

[1-3]

1 What has caused a temporary road closure?

(A) A car accident
(B) Some maintenance work
(C) A sign error
(D) Some broken equipment

2 What does the speaker recommend that some listeners do?

(A) Take the subway
(B) Sign up for a service
(C) Use a different route
(D) Leave earlier than usual

3 According to the speaker, how can listeners find out about changes?

(A) By calling the radio station
(B) By reading a newsletter
(C) By e-mailing a city department
(D) By visiting a Web site

[4-6]

4 What will today's broadcast be about?

(A) A theater trend
(B) A restaurant's grand opening
(C) Cooking courses
(D) Food deliveries

5 According to the speaker, why do people like this type of business?

(A) It is very convenient.
(B) It provides local jobs.
(C) It is good for the environment.
(D) It can help them save money.

6 Who is Amanda Hoyt?

(A) An investor
(B) A local politician
(C) A business founder
(D) A newspaper owner

[7-9]

7 What did Brilliant Bikes announce?

(A) It has changed its management team.
(B) It has been nominated for an award.
(C) It will expand to another city.
(D) It will be purchased by a competitor.

8 What will be available to Brilliant Bikes repair technicians?

(A) A flexible schedule
(B) A training session
(C) A set of tools
(D) A company vehicle

9 What will take place in Mindale in July?

(A) A music festival
(B) A sports competition
(C) A fashion show
(D) A business conference

[10-12]

10 What is the speaker discussing?

(A) A food festival
(B) A comedy show
(C) A singing contest
(D) A painting class

11 Why does the speaker say, "There are just two days left"?

(A) To ask the listeners for assistance
(B) To correct an error in an announcement
(C) To explain the reason for a change
(D) To encourage the listeners to act quickly

12 What is scheduled to happen this afternoon?

(A) A celebrity will be interviewed.
(B) A video will be posted online.
(C) A demonstration will be given.
(D) A schedule will be confirmed.

[13-15]

June 8	June 9	June 10	June 11
Windy	Rainy	Sunny	Cloudy

13 Look at the graphic. When will the Summer Parade take place?

(A) On June 8
(B) On June 9
(C) On June 10
(D) On June 11

14 What does the speaker look forward to doing?

(A) Presenting an award
(B) Watching a dance group
(C) Meeting an author
(D) Visiting another city

15 What does the speaker suggest that the listeners do?

(A) Make a payment
(B) Arrive early
(C) Enter a drawing
(D) Receive text alerts

UNIT
20

연설

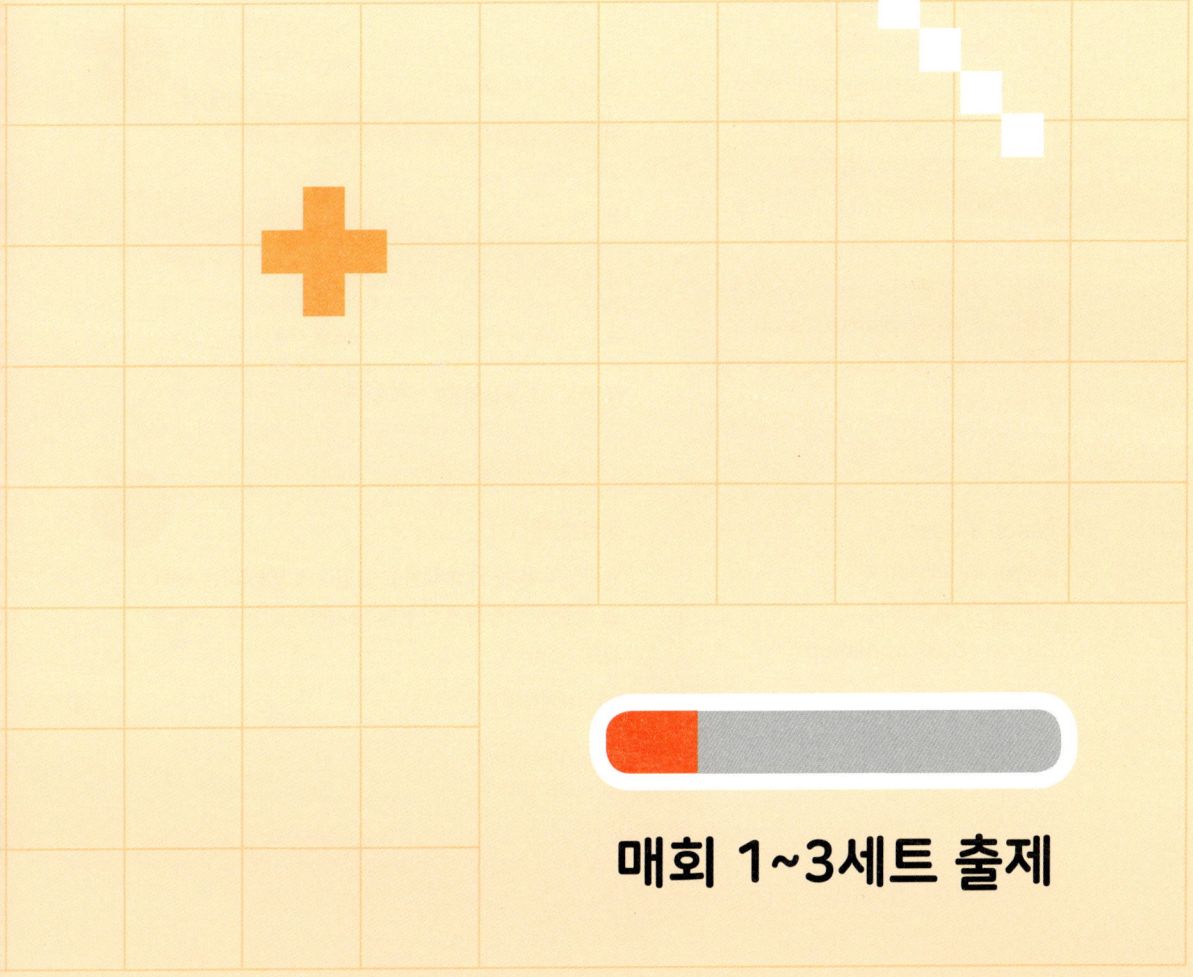

매회 1~3세트 출제

연설

주로 회의, 교육, 컨퍼런스, 개관식 같은 다양한 행사에서의 기조연설이나 축하 연설, 짧은 강연 등이 출제됩니다.

문제 풀이 전략   P4_22

 What will the listeners probably do next?

STEP 1 질문 파악하기

담화가 나오기 전, 질문을 읽고 키워드를 통해 묻는 내용을 파악하고, 정답의 단서가 어느 부분에서 나올지 예상해 봅니다.

▶ 청자들이 다음에 할 일
다음에 일어날 일은 주로 담화 마지막 문장에서 언급된다는 것을 기억하세요.

 Good evening. I'm honored to be a keynote speaker here at the National Art Conference. I really appreciate event coordinator Karen Garcia for the great introduction. As she mentioned, I've been an artist for about 20 years. Most of my works are inspired by travel all around the world. What I always enjoy is visiting unknown places in other countries. Now, please watch a short film about some places that I love most.

STEP 2 담화 속 단서 찾기

파악한 키워드를 바탕으로 담화를 들으면서 단서가 되는 내용을 찾습니다.

좋은 저녁입니다. 이곳 전국 미술 컨퍼런스의 기조 연설자가 되어 영광입니다. 행사 진행자 카렌 가르시아 씨의 멋진 소개에 진심으로 감사드립니다. 그녀가 말했듯이, 저는 약 20년 동안 미술가로 활동해 왔습니다. 대부분의 저의 작품들은 전 세계 여행에서 영감을 받은 것입니다. 제가 항상 즐겨 하는 것은 다른 나라들의 알려지지 않은 장소들을 방문하는 것입니다. 자, 제가 가장 사랑하는 몇몇 장소들에 관한 짧은 영상을 먼저 보시죠.

(A) Watch a video
(B) Listen to a lecture
(C) Visit a Web site
(D) Attend some workshop

STEP 3 정답 선택하기

담화에서 들은 단서 내용을 동일하게 또는 다른 어휘로 바꾸어 적절하게 표현한 보기를 정답으로 선택하세요.

(A) 영상 시청하기
(B) 강의 듣기
(C) 웹사이트 방문하기
(D) 워크숍 참석하기

패러프레이징
watch a short film → watch a video

◯ 빈출 담화 흐름 및 질문 유형

기조연설	저는 이 국제 조각 축제에 참석하게 되어 매우 기쁩니다.	인사말 / 행사 주제
	조각가로서 저는 늘 자연을 관찰하고 그 안에서 영감을 얻습니다. 어린 시절부터 이곳 투움바는 저에게 특별한 장소였고, 제 모든 작품은 이곳의 자연으로부터 탄생했습니다.	세부사항
	본격적으로 조각 작품들을 구경하시기 전에, 오늘 전시의 대표적인 작가들에 대한 짧은 영상을 먼저 보시겠습니다.	다음에 할 일

❶ 행사의 종류를 묻는 문제
담화 초반부에서 "Welcome to ~(~에 오신 것을 환영합니다)"나 "Thank you for coming to ~(~에 와 주셔서 감사합니다)"와 같은 표현을 잘 듣습니다. 첫 시작 부분을 놓치기 쉬우므로 주의해야 합니다.

❷ 다음에 일어날 일을 묻는 문제
주로 담화의 맨 마지막 문장에서 언급되며, 짧은 영상 시청(watch a short video)이 자주 출제됩니다.

강연	콜린 인더스트리 직원 교육 프로그램의 마지막 시간에 오신 것을 환영합니다. 오늘 교육은 고객들과 의사소통하는 방법에 관한 것입니다.	인사말 / 교육 주제
	효과적인 의사소통은 의견을 잘 표현하는 것뿐만 아니라 잘 듣는 것 또한 포함합니다.	세부사항
	먼저 2명씩 짝을 지어 주어진 상황극을 연습하겠습니다. 각자 옆에 계신 분과 조를 만들어 주세요.	다음에 할 일 / 요청사항

❶ 교육받는 대상을 묻는 문제
주로 담화 초반부에서 인사말과 함께 나옵니다. 첫 문장을 놓치기 쉬우니 주의하세요.

❷ 요청사항을 묻는 문제
화자가 제안 또는 요청하는 내용은 행동의 주체가 청자들이기 때문에 you 또는 everyone과 같은 표현으로 말하는 경우가 많습니다. 따라서 문장의 주어를 잘 듣도록 합니다.

◯ 패러프레이징 익히기

문제	단서	정답
고마워하는 이유는?	I want to thank you for the generous financial support for the museum. 박물관에 대한 후한 재정적인 지원에 감사드리고 싶습니다.	They donated some money. 그들이 돈을 기부했다.
회사에 대해 언급하는 것은?	This year has been our company's most successful financial year ever. 올해는 우리 회사가 그 어느 때보다 재정적으로 가장 성공한 해입니다.	It had a successful year. 성공적인 한 해를 보냈다.
다음에 일어날 일은?	You'll see a short video highlighting some of the projects she worked on. 그녀가 작업한 프로젝트 중 일부를 강조하는 짧은 영상을 시청하시겠습니다.	A video will be shown. 영상을 보여줄 것이다.

빈출 담화 주제 및 표현

🎧 P4_23

● 사내 행사

여러분들도 아시다시피 as you know, 매년 우리 회사는 지역 사회 공헌 contribution 프로그램을 시행하고 있습니다. 올해 우리는 시내에 있는 산을 나무로 채우는 자원봉사자 volunteer 집단인 '그린 드림'에 2만 달러를 후원할 support 예정입니다. 또한 각 부서에서 지원자를 뽑아 매달 100그루의 나무를 산에 심는 plant 활동을 할 것입니다. 그럼 지금부터 나무가 어떻게 우리의 환경 environment을 더욱 건강하게 healthier 만들어 줄 수 있는지 '그린 드림'의 봉사자인 레이첼 베이커 씨를 모시고 이야기 들어보겠습니다.

+ 빈출 표현 Plus

appreciation 감사	charity event 자선 행사
expertise 전문 지식	donation 기부
vital 중요한, 필수적인	discussion 논의
sustainable 지속 가능한	performance 업적
take place 개최되다	demonstration 시연
be on the market 출시되다 (= release, launch)	sales figures 매출액

● 시설 개관식

여러분 모두 링컨 미술관의 재개관 reopening에 오신 것을 환영합니다 welcome. 지난주 우리는 개조 remodeling를 마쳤습니다. 우리는 본관 옆에 새로운 동 wing을 지어 이곳에 특별 전시관을 만들었습니다. 기존 별관은 도서관으로 변경하여 다양한 미술 관련 자료들을 보고 공부할 수 있도록 했습니다. 내일부터 starting tomorrow, 미술관은 매일 밤 9시까지 대중 public에게 개방됩니다. 기존에서 한 시간 연장된 extended 이용시간 hours으로 지역 주민들 local residents이 더욱 편리하게 conveniently 이용하실 수 있길 바랍니다.

+ 빈출 표현 Plus

introduce 소개하다	ceremony 식
celebrate 축하하다	reception 환영회, 피로연
address 연설하다	state-of-the-art 최첨단의
relocation 재배치, 이전	innovative 혁신적인
exhibit 전시	adjacent 인접한
screening 상영	trend 동향, 추세

시상식

신사 숙녀 여러분, 저는 감사하다는 말로 먼저 시작하고 start off 싶습니다. 이런 큰 상을 주셔서 정말 감사합니다 appreciate. 첫 번째로, 거의 모든 밤을 저와 함께하며 자료를 수집하고 collect 분석하는 analyze 것을 도와주신 저희 연구팀 research team 여러분 정말 감사합니다. 이 연구를 할 수 있었던 것은 저에게 정말 보람 있는 rewarding 일이었습니다. 두 번째로, 저의 연구를 지지해 주고 격려를 아끼지 않은 칼튼 대학의 교수진 faculty 여러분께 감사드립니다. 마지막으로 finally, 연구에 재정적인 financial 도움을 주신 버클리 재단에도 다시 한번 감사드립니다.

✚ 빈출 표현 Plus

award 상; 수여하다
winner 수상자
honored 영광스러운
inspire 영감을 주다
thanks to ~ 덕분에
on behalf of ~을 대신하여

devoted 헌신적인
outstanding 뛰어난
distinguished 유명한, 저명한
employee of the year 올해의 직원
a warm round of applause 뜨거운 박수
as a token of our appreciation 감사의 표시로

 P4_24

고득점 Tip! remind로 묻는 질문이 나오면, don't forget과 remember를 잘 들으세요.

Welcome to this year's employee appreciation dinner. This year is our best year ever, thanks to your hard work. We could never achieve this without your efforts. Also, don't forget to enter the raffle to win the amazing prizes we prepare.

올해의 직원 감사 만찬에 오신 것을 환영합니다. 올해는 여러분의 노고 덕에 역대 최고의 해를 보냈습니다. 여러분의 노력 없이는 절대 이룰 수 없었을 것입니다. 또한, 저희가 준비한 놀라운 경품을 타기 위해 추첨 행사에 참여하시는 걸 잊지 마세요.

Q. What does the speaker remind the listeners to do? 화자는 청자들에게 무엇을 할 것을 상기시키는가?
 (A) Enter a contest (O) 경쟁에 참여하기
 (B) Give out some prizes (X) 경품을 나누어 주기

▶ 질문의 remind는 '상기시키다'라는 의미로, 담화에서 무언가를 하라고 제안하거나 요청하는 내용이 주로 나옵니다. 특히 "Don't forget to ~(~하는 것을 잊지 마세요)"나 "Remember ~(~을 기억하세요)"와 같은 표현과 함께 언급되는 경우가 많으므로 이를 잘 듣고 정답의 단서를 찾아야 합니다.

연습 문제

질문의 키워드에 표시한 후 담화를 듣고 알맞은 답을 고른 뒤, 다시 들으면서 빈칸을 채우세요.

1. What kind of event is being held?

   (A) An orientation session
   (B) A staff banquet

   Good evening, and welcome to our year-end _____ appreciation _____. I'm delighted to say that we have accomplished all of our goals for this year. It would not have been possible without your hard work and dedication. I really appreciate it.

2. What does the speaker ask the listeners to do?

   (A) Look at a screen
   (B) Complete a survey

   Thanks for attending today's leadership training workshop. I hope you learn a lot of useful tips. To begin, I'd like to find out which topics interest you most. So, please _____ _____ the _____ that I gave you when you arrived.

3. According to the speaker, what is unique about the stadium?

   (A) It is larger than other facilities.
   (B) It has multiple uses.
   (C) It was built under budget.
   (D) It had a famous designer.

   It's my pleasure to be here for the grand opening of Reeves Stadium. It will mainly host soccer games. However, what makes the stadium _____ is that it can also be _____ for _____, outdoor film _____, and even farmers' _____.

4. What department does the speaker most likely work in?

   (A) Technical support
   (B) Shipping and receiving
   (C) Research and development
   (D) Human resources

   My name is Patricia Harris, and my team is _____ ways to _____ our hand lotion. One complaint from customers is that the scent wears off quickly. So, we've _____ a way to make the lotion's scent last much longer.

[5-6]

5 What is the talk mainly about?

(A) Using 3D printing
(B) Improving supply chains
(C) Launching a business
(D) Using social media

6 According to the speaker, how can the listeners get more information?

(A) By signing up for a class
(B) By attending a lecture
(C) By reading a magazine
(D) By visiting a Web site

Good morning. My _____ today is about the use of _____ _____ in the manufacturing process. This can be a great way to make changes to prototypes quickly. I only have time to cover a few examples today, but if you'd like to _____ more, I recommend _____ Alex Chester's article in the most recent edition of Tech Quarterly _____.

[7-8]

7 Where most likely is the speech taking place?

(A) At a dance festival
(B) At an anniversary dinner
(C) At a retirement party
(D) At an awards ceremony

8 What does the speaker say her company plans to do?

(A) Make donations to local charities
(B) Start classes for residents
(C) Open a new branch of the business
(D) Begin a research project

It is an honor to be _____ for this year's Business Innovation _____. We started this business because we wanted to find an environmentally-friendly way to grow vegetables indoors. Now we want to give back to the community. Starting from next month, we'll _____ a portion of our _____ to local food banks and other _____ that help residents.

실전 문제

질문의 키워드에 표시한 후 담화를 듣고 알맞은 답을 고르세요.

[1-3]

1 Who most likely are the listeners?

(A) Government officials
(B) Medical professionals
(C) Board members
(D) Job applicants

2 According to the speaker, what is special about the company's device?

(A) It connects to other data sources.
(B) It is easy for beginners to use.
(C) It has received positive reviews.
(D) It has a long-lasting battery.

3 Why should some listeners go to Room 106?

(A) To register for a class
(B) To watch a demonstration
(C) To test a device
(D) To place an order

[4-6]

4 Where do the listeners probably work?

(A) At a business school
(B) At an advertising agency
(C) At a Web development firm
(D) At a newspaper company

5 What is the speaker pleased about?

(A) The effectiveness of a policy
(B) The popularity of an event
(C) An employee's work experience
(D) An award nomination

6 What does the speaker encourage the listeners to do?

(A) Volunteer for a task
(B) Complete a survey
(C) Read a document
(D) Share their questions

[7-9]

7 Who most likely are the listeners?

(A) Corporate accountants
(B) Business investors
(C) Safety inspectors
(D) Software developers

8 Why does the speaker say, "everyone is nodding their head"?

(A) To show that an issue is common
(B) To confirm that a problem has been resolved
(C) To express doubt about a proposal
(D) To thank the listeners for their help

9 What will the speaker discuss next?

(A) Customer comments
(B) Regulation changes
(C) A checklist
(D) A company policy

[10-12]

10 What kind of event is taking place?

(A) A recruitment drive
(B) A grand opening
(C) A feedback panel
(D) A department meeting

11 What does the speaker say is special about the ice cream?

(A) It was featured in a magazine.
(B) It is low in calories.
(C) It uses locally sourced ingredients.
(D) It comes in recyclable containers.

12 What is available to some customers?

(A) A shipping option
(B) A partial discount
(C) A full refund
(D) A replacement product

[13-15]

Step 1: Gather the account details
▼
Step 2: Ask for the problem to be described
▼
Step 3: Apologize for the inconvenience
▼
Step 4: Explain the proposed solution

13 What job are the listeners preparing for?

(A) Computer repair person
(B) Building maintenance worker
(C) Financial advisor
(D) Customer service representative

14 Look at the graphic. Which step will the speaker focus on?

(A) Step 1
(B) Step 2
(C) Step 3
(D) Step 4

15 What does the speaker suggest doing?

(A) Reading a manual
(B) Writing down questions
(C) Copying some slides
(D) Working with a partner

PART TEST

PART 4

Directions: You will hear some talks given by a single speaker. You will be asked to answer three questions about what the speaker says in each talk. Select the best response to each question and mark the letter (A), (B), (C), or (D) on your answer sheet. The talks will not be printed in your test book and will be spoken only one time.

71. What are the listeners participating in?
    (A) A train tour
    (B) A bus tour
    (C) A bike tour
    (D) A boat tour

72. According to the speaker, what is Haugen Market famous for?
    (A) Wooden furniture
    (B) Traditional foods
    (C) Musical instruments
    (D) Silver jewelry

73. What does the speaker mean when he says, "We leave in 30 minutes"?
    (A) Some questions can be answered now.
    (B) The listeners have time to get a beverage.
    (C) The schedule contained an error.
    (D) Some equipment is being repaired.

74. Who is the speaker?
    (A) A shop clerk
    (B) A restaurant owner
    (C) A television host
    (D) A tour guide

75. What can the smartphone application do?
    (A) Suggest alternative recipes
    (B) Create a shopping list
    (C) Keep track of spending
    (D) Recommend healthy substitutes

76. According to the speaker, why should the listeners visit a Web site?
    (A) To get a discount code
    (B) To view some photos
    (C) To watch a video
    (D) To leave a review

77. What type of business is Marshall Enterprises?
    (A) A recruiting agency
    (B) A marketing firm
    (C) A fabric manufacturer
    (D) A shipping company

78. Why does the speaker say, "the show is in one month"?
    (A) To promote an event
    (B) To explain a decision
    (C) To thank the listener
    (D) To recommend working overtime

79. What is the speaker happy about?
    (A) The business received good reviews.
    (B) Attendance is expected to be high.
    (C) More funds have been added to a budget.
    (D) An expert will help with a task.

80. Who is the speaker talking to?
    (A) Government inspectors
    (B) Bank tellers
    (C) Fitness instructors
    (D) Computer programmers

81. What has been added to the Web site?
    (A) A photo gallery
    (B) A tracking tool
    (C) Job postings
    (D) Promotional videos

82. What will Andy do next?
    (A) Explain a regulation
    (B) Announce a promotion
    (C) Ask for volunteers
    (D) Demonstrate a feature

83. Where is the announcement taking place?
    (A) At a theater
    (B) At a library
    (C) On an airplane
    (D) On a train

84. What does the speaker apologize for?
    (A) There was a price increase.
    (B) Some seats are unavailable.
    (C) A departure was late.
    (D) Some bags have been lost.

85. What does the speaker imply when she says, "All major credit cards are accepted"?
    (A) The listeners have made a suggestion.
    (B) A system has been repaired.
    (C) There is a charge for refreshments.
    (D) A brochure has some incorrect information.

86. What topic is the speaker discussing?
    (A) An office relocation
    (B) An ordering process
    (C) A training program
    (D) An industry conference

87. What have some employees complained about?
    (A) A storage area is too full.
    (B) Some deadlines are too short.
    (C) A regulation is strict.
    (D) Some payments were incorrect.

88. Who is Candace Simmons?
    (A) A business owner
    (B) A Web designer
    (C) A corporate receptionist
    (D) A junior accountant

GO ON TO THE NEXT PAGE

89. What is the speaker working on?
(A) A market analysis
(B) A financial report
(C) Some vacation requests
(D) Some presentation slides

90. What does the speaker request from the listener?
(A) An invoice
(B) A password
(C) A receipt
(D) An address

91. What does the speaker suggest doing?
(A) Visiting a Web site
(B) Speaking to a supervisor
(C) Calling a supplier
(D) Stopping by his office

92. What is the topic of the workshop?
(A) How to find new clients
(B) How to organize an event
(C) How to lead a group
(D) How to use some software

93. What industry do the listeners most likely work in?
(A) Agriculture
(B) Insurance
(C) Advertising
(D) Manufacturing

94. What are the listeners asked to do?
(A) Read some instructions
(B) Make a donation
(C) Share their feedback
(D) Take a tour

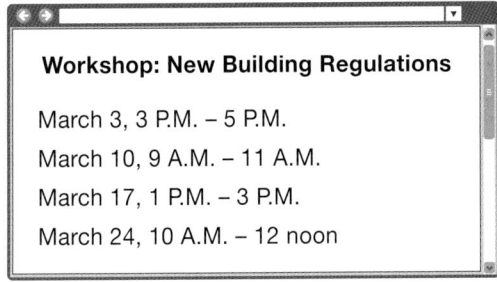

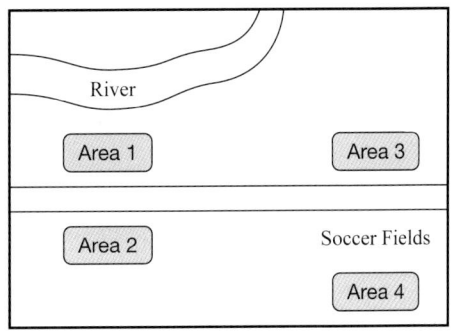

95. Where does the speaker most likely work?
    (A) At a convention center
    (B) At a construction company
    (C) At a car rental firm
    (D) At a hardware store

96. What does the speaker's team plan to do at the beginning of the month?
    (A) Give a tour
    (B) Organize some supplies
    (C) Hire more workers
    (D) Repair some equipment

97. Look at the graphic. Which day does the speaker want to attend a workshop?
    (A) March 3
    (B) March 10
    (C) March 17
    (D) March 24

98. What will take place in the park?
    (A) A cleanup
    (B) A sports competition
    (C) A food festival
    (D) A musical performance

99. Look at the graphic. Which parking area is currently closed?
    (A) Area 1
    (B) Area 2
    (C) Area 3
    (D) Area 4

100. What does the speaker ask a volunteer to do?
    (A) Hand out flyers
    (B) Move some vehicles
    (C) Put a message online
    (D) Call a work crew

LC

실전
모의고사

LISTENING TEST

In the Listening test, you will be asked to demonstrate how well you understand spoken English. The entire Listening test will last approximately 45 minutes. There are four parts, and directions are given for each part. You must mark your answers on the separate answer sheet. Do not write your answers in your test book.

PART 1

Directions: For each question in this part, you will hear four statements about a picture in your test book. When you hear the statements, you must select the one statement that best describes what you see in the picture. Then find the number of the question on your answer sheet and mark your answer. The statements will not be printed in your test book and will be spoken only one time.

Statement (C), "He's making a phone call," is the best description of the picture, so you should select answer (C) and mark it on your answer sheet.

1.

2.

3.

4.

5.

6.

GO ON TO THE NEXT PAGE

PART 2

Directions: You will hear a question or statement and three responses spoken in English. They will not be printed in your test book and will be spoken only one time. Select the best response to the question or statement and mark the letter (A), (B), or (C) on your answer sheet.

7. Mark your answer on your answer sheet.
8. Mark your answer on your answer sheet.
9. Mark your answer on your answer sheet.
10. Mark your answer on your answer sheet.
11. Mark your answer on your answer sheet.
12. Mark your answer on your answer sheet.
13. Mark your answer on your answer sheet.
14. Mark your answer on your answer sheet.
15. Mark your answer on your answer sheet.
16. Mark your answer on your answer sheet.
17. Mark your answer on your answer sheet.
18. Mark your answer on your answer sheet.
19. Mark your answer on your answer sheet.
20. Mark your answer on your answer sheet.
21. Mark your answer on your answer sheet.
22. Mark your answer on your answer sheet.
23. Mark your answer on your answer sheet.
24. Mark your answer on your answer sheet.
25. Mark your answer on your answer sheet.
26. Mark your answer on your answer sheet.
27. Mark your answer on your answer sheet.
28. Mark your answer on your answer sheet.
29. Mark your answer on your answer sheet.
30. Mark your answer on your answer sheet.
31. Mark your answer on your answer sheet.

PART 3

Directions: You will hear some conversations between two or more people. You will be asked to answer three questions about what the speakers say in each conversation. Select the best response to each question and mark the letter (A), (B), (C), or (D) on your answer sheet. The conversations will not be printed in your test book and will be spoken only one time.

32. What did the man do last month?
    (A) He started a new job.
    (B) He gave a presentation.
    (C) He applied for a position.
    (D) He attended a conference.

33. What is the woman asked to do?
    (A) Lead a training session
    (B) Renew a contract
    (C) Assess job candidates
    (D) Submit a proposal

34. What does the man plan to send to the woman?
    (A) A neighborhood map
    (B) A list of dates
    (C) A feedback survey
    (D) A confirmation code

35. Where are the speakers?
    (A) At a supermarket
    (B) At a restaurant
    (C) At a cooking school
    (D) At a department store

36. Why does the man look at a schedule?
    (A) To check a location
    (B) To confirm a presenter's name
    (C) To read a guest list
    (D) To review a price

37. What will the woman probably do next?
    (A) Call a friend
    (B) Pay for a ticket
    (C) Return an item
    (D) Contact another business

38. Who are the speakers?
    (A) Bakers
    (B) Painters
    (C) Dancers
    (D) Fashion designers

39. What are the speakers discussing?
    (A) A summer vacation
    (B) A practice session
    (C) A training strategy
    (D) An upcoming competition

40. What are the men worried about?
    (A) Paying a registration fee
    (B) Finding new group members
    (C) Transporting some items
    (D) Losing potential customers

41. What are the speakers planning?
    (A) An awards ceremony
    (B) A product launch
    (C) A clearance sale
    (D) A staff party

42. Where most likely are the speakers?
    (A) At a shoe store
    (B) At a post office
    (C) At a law firm
    (D) At a hair salon

43. What will the woman ask Gordon to do?
    (A) Reserve a room
    (B) Serve some beverages
    (C) Approve a budget
    (D) Post some flyers

GO ON TO THE NEXT PAGE

44. What kind of business is the woman most likely calling?
    (A) A clothing shop
    (B) A bank
    (C) A pharmacy
    (D) A hardware store

45. What does the man suggest the woman do?
    (A) Call a different branch
    (B) Make a visit
    (C) Check a Web site
    (D) Keep a receipt

46. What will the woman do next?
    (A) Post a comment online
    (B) Confirm a credit card number
    (C) Provide an address
    (D) Wait to speak to a manager

47. What industry do the speakers most likely work in?
    (A) Finance
    (B) Medicine
    (C) Construction
    (D) Agriculture

48. What does the man mean when he says, "it's my fourth presentation this month"?
    (A) He thinks that he deserves a raise.
    (B) He is upset about his workload.
    (C) He feels prepared for a task.
    (D) He can explain a process to the woman.

49. What does the woman plan to do to solve a problem?
    (A) Send some information to the man
    (B) Hire some temporary workers
    (C) Have other employees do the task
    (D) Assign a project to another branch

50. Who will the man meet this afternoon?
    (A) Financial advisors
    (B) Government representatives
    (C) New staff members
    (D) Potential customers

51. What does the man ask the woman about?
    (A) Using a remote control
    (B) Making a payment
    (C) Accessing a building
    (D) Rearranging some furniture

52. What will the woman do next?
    (A) Change a setting
    (B) Print a schedule
    (C) Call a colleague
    (D) Give a demonstration

53. What does the woman want to discuss with the man?
    (A) Job promotions
    (B) Employee evaluations
    (C) Sales projections
    (D) Equipment purchases

54. What problem does the man mention?
    (A) The work area is not large enough.
    (B) Some products are not safe.
    (C) A competitor is gaining market share.
    (D) A worker has left the company.

55. What does the man offer to do?
    (A) Update a manual
    (B) Interview job candidates
    (C) Upgrade a Web site
    (D) Read a report

56. Who most likely is the man?
    (A) A research assistant
    (B) A human resources manager
    (C) A sales consultant
    (D) A graphic designer

57. What problem does the man mention?
    (A) A client's directions are unclear.
    (B) The client cannot pay.
    (C) A software program is not working.
    (D) A deadline has been changed.

58. What does the woman mean when she says, "I'm here until 6 o'clock"?
    (A) A project will be completed on time.
    (B) A schedule has been changed.
    (C) She is willing to share her opinions.
    (D) She decided to cancel a meeting.

59. What most likely is the woman's job?
    (A) Tour guide
    (B) Hotel owner
    (C) Health inspector
    (D) Computer technician

60. What are the men concerned about?
    (A) A lack of storage
    (B) A canceled reservation
    (C) An increase in fees
    (D) A delay in billing

61. Why does the woman think an issue will be resolved quickly?
    (A) The hotel was recently renovated.
    (B) A manual explains the issue.
    (C) She has worked on the same problem before.
    (D) She has brought some spare parts.

| Drawer 1: Meeting Agendas |
| Drawer 2: Vacation Requests |
| Drawer 3: Archives |
| Drawer 4: Questionnaires |

62. Why did the man need the woman's help?
    (A) He had to leave the office unexpectedly.
    (B) He was unfamiliar with a process.
    (C) He experienced a flight delay.
    (D) He lost some important files.

63. Look at the graphic. Which drawer will the woman put a document in?
    (A) Drawer 1
    (B) Drawer 2
    (C) Drawer 3
    (D) Drawer 4

64. What does the man say about the committee members?
    (A) They are looking for new participants.
    (B) They prefer getting reports by e-mail.
    (C) They may not review a report.
    (D) They found a misprint in the last report.

GO ON TO THE NEXT PAGE

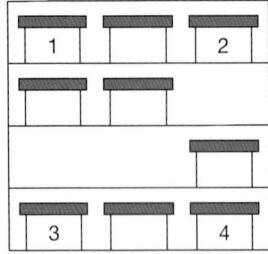
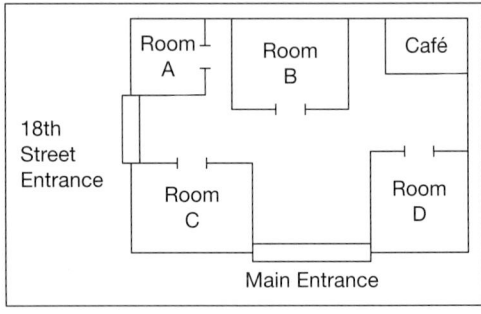

65. Why will the business hold an event next month?
 (A) To introduce a service
 (B) To announce a retirement
 (C) To celebrate an anniversary
 (D) To welcome new customers

66. Look at the graphic. Where can the woman get the paper she needs?
 (A) Box 1
 (B) Box 2
 (C) Box 3
 (D) Box 4

67. What does the woman like about the invitations?
 (A) They are an interesting shape.
 (B) They use a unique font.
 (C) They have a lot of colors.
 (D) They have a variety of images.

68. What did the woman forget to bring?
 (A) A tool box
 (B) An ID card
 (C) A company brochure
 (D) A parking pass

69. Look at the graphic. Where will the speakers work today?
 (A) Room A
 (B) Room B
 (C) Room C
 (D) Room D

70. According to the woman, how will the event be different this year?
 (A) It will include food for participants.
 (B) It will feature more speakers.
 (C) It will last for two days.
 (D) It will have a higher attendance.

PART 4

Directions: You will hear some talks given by a single speaker. You will be asked to answer three questions about what the speaker says in each talk. Select the best response to each question and mark the letter (A), (B), (C), or (D) on your answer sheet. The talks will not be printed in your test book and will be spoken only one time.

71. What department is the speaker most likely calling from?
    (A) Marketing
    (B) Finance
    (C) Sales
    (D) Customer service

72. Why did the company change a policy?
    (A) It will form a partnership.
    (B) It is hiring new staff.
    (C) It will expand overseas.
    (D) It is trying to save money.

73. What will the speaker send to the listener?
    (A) An updated schedule
    (B) A company memo
    (C) A security code
    (D) A complaint form

74. What is the workshop about?
    (A) Interior design
    (B) Cooking
    (C) Creative writing
    (D) Hiking

75. What does the speaker suggest the listeners do?
    (A) Make adjustments
    (B) Bring supplies
    (C) Work together
    (D) Take notes

76. What does the speaker say the group will do on May 8?
    (A) Meet at a different location
    (B) Take a test
    (C) Receive a certificate
    (D) Have a substitute instructor

77. Who is the speaker talking to?
    (A) Retail store managers
    (B) Corporate investors
    (C) Bank tellers
    (D) Customer service representatives

78. What is the session mainly about?
    (A) Using some software
    (B) Retaining customers
    (C) Handling complaints
    (D) Increasing revenue

79. What will the speaker do next?
    (A) Introduce a new colleague
    (B) Check an attendance sheet
    (C) Show a video
    (D) Assign the listeners to groups

80. What is the advertisement about?
    (A) A cleaning agent
    (B) A cooking oil
    (C) An interior paint
    (D) A beverage mix

81. What is special about the product?
    (A) Its effects last for a long time.
    (B) It is not harmful to animals.
    (C) It has eco-friendly packaging.
    (D) It is produced locally.

82. What does the speaker encourage the listeners to do?
    (A) Try a free sample
    (B) Sign a new contract
    (C) View a photo gallery
    (D) Enter a prize drawing

GO ON TO THE NEXT PAGE

83. What type of business is the speaker calling?
(A) A law firm
(B) A dental clinic
(C) A hair salon
(D) A community center

84. What does the speaker mention about an appointment?
(A) It must be postponed.
(B) It is at the wrong branch.
(C) It should be with another employee.
(D) It is not long enough.

85. What does the speaker want to learn more about?
(A) Business hours
(B) Payment plans
(C) Job opportunities
(D) A refund policy

86. What will the listeners receive?
(A) Protective gear
(B) A site map
(C) Group photos
(D) A gift shop coupon

87. According to the speaker, what is special about the Flanigan Mine?
(A) It is the longest-running mine.
(B) It uses new technology.
(C) It was the first gold mine in the area.
(D) It has the largest deposits of gold.

88. What does the speaker suggest when he says, "There's only one tunnel"?
(A) An expansion project was delayed.
(B) An advertisement contained an error.
(C) The tour will be shorter than usual.
(D) The participants will not get lost.

89. What is the purpose of the group?
(A) To negotiate a contract
(B) To learn a new skill
(C) To select a job candidate
(D) To provide product feedback

90. According to the speaker, what does the company especially want information about?
(A) A mission statement
(B) An assembly process
(C) Some work history
(D) Some market trends

91. What does the speaker mean when she says, "there's a stack of blank paper on the table"?
(A) A printer has not been repaired yet.
(B) A room did not get cleaned before use.
(C) The listeners might want to write a lot.
(D) The speaker will return with more supplies.

92. Who is the speaker?
(A) A local journalist
(B) A business owner
(C) A property developer
(D) An elected official

93. What will happen in Ashton next summer?
(A) A celebrity will make a visit.
(B) A food festival will be hosted.
(C) A new road will be constructed.
(D) A sports competition will be held.

94. Why does the speaker say, "It will take longer to get around town"?
(A) To explain a decision
(B) To acknowledge a problem
(C) To reject a proposal
(D) To request a schedule change

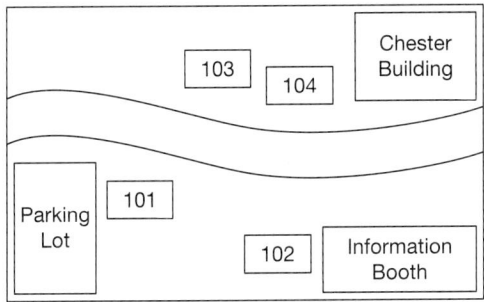

Upcoming Guests
March 4 - Martha Reeves
March 5 - Rolando Pisani
March 6 - Soomin Choi
March 7 - Lindsey Mills

95. What kind of products does the speaker's company sell?
    (A) Tools
    (B) Vitamins
    (C) Cosmetics
    (D) Jewelry

96. What are the listeners encouraged to do?
    (A) Share ideas for decorations
    (B) Sign up for work shifts
    (C) Transport goods to a festival
    (D) Suggest a company slogan

97. Look at the graphic. Which booth has the speaker reserved?
    (A) Booth 101
    (B) Booth 102
    (C) Booth 103
    (D) Booth 104

98. Why does the speaker have guests on the show?
    (A) To share gardening tips
    (B) To debate health facts
    (C) To promote their businesses
    (D) To discuss local events

99. According to the speaker, what can visitors to a Web site do?
    (A) Use an identification tool
    (B) Recommend a guest
    (C) Vote for their favorite show
    (D) Download previous shows

100. Look at the graphic. On which date is the show being broadcast?
    (A) March 4
    (B) March 5
    (C) March 6
    (D) March 7

ANSWER SHEET

TOEIC 실전 모의고사

응시일자	20 . .
이름	
맞은 개수	/100

LISTENING (Part I ~ IV)

#		#		#		#	
1	ⓐⓑⓒⓓ	21	ⓐⓑⓒⓓ	41	ⓐⓑⓒⓓ	61	ⓐⓑⓒⓓ	81	ⓐⓑⓒⓓ
2	ⓐⓑⓒⓓ	22	ⓐⓑⓒⓓ	42	ⓐⓑⓒⓓ	62	ⓐⓑⓒⓓ	82	ⓐⓑⓒⓓ
3	ⓐⓑⓒⓓ	23	ⓐⓑⓒⓓ	43	ⓐⓑⓒⓓ	63	ⓐⓑⓒⓓ	83	ⓐⓑⓒⓓ
4	ⓐⓑⓒⓓ	24	ⓐⓑⓒⓓ	44	ⓐⓑⓒⓓ	64	ⓐⓑⓒⓓ	84	ⓐⓑⓒⓓ
5	ⓐⓑⓒⓓ	25	ⓐⓑⓒⓓ	45	ⓐⓑⓒⓓ	65	ⓐⓑⓒⓓ	85	ⓐⓑⓒⓓ
6	ⓐⓑⓒⓓ	26	ⓐⓑⓒⓓ	46	ⓐⓑⓒⓓ	66	ⓐⓑⓒⓓ	86	ⓐⓑⓒⓓ
7	ⓐⓑⓒⓓ	27	ⓐⓑⓒⓓ	47	ⓐⓑⓒⓓ	67	ⓐⓑⓒⓓ	87	ⓐⓑⓒⓓ
8	ⓐⓑⓒⓓ	28	ⓐⓑⓒⓓ	48	ⓐⓑⓒⓓ	68	ⓐⓑⓒⓓ	88	ⓐⓑⓒⓓ
9	ⓐⓑⓒⓓ	29	ⓐⓑⓒⓓ	49	ⓐⓑⓒⓓ	69	ⓐⓑⓒⓓ	89	ⓐⓑⓒⓓ
10	ⓐⓑⓒⓓ	30	ⓐⓑⓒⓓ	50	ⓐⓑⓒⓓ	70	ⓐⓑⓒⓓ	90	ⓐⓑⓒⓓ
11	ⓐⓑⓒⓓ	31	ⓐⓑⓒⓓ	51	ⓐⓑⓒⓓ	71	ⓐⓑⓒⓓ	91	ⓐⓑⓒⓓ
12	ⓐⓑⓒⓓ	32	ⓐⓑⓒⓓ	52	ⓐⓑⓒⓓ	72	ⓐⓑⓒⓓ	92	ⓐⓑⓒⓓ
13	ⓐⓑⓒⓓ	33	ⓐⓑⓒⓓ	53	ⓐⓑⓒⓓ	73	ⓐⓑⓒⓓ	93	ⓐⓑⓒⓓ
14	ⓐⓑⓒⓓ	34	ⓐⓑⓒⓓ	54	ⓐⓑⓒⓓ	74	ⓐⓑⓒⓓ	94	ⓐⓑⓒⓓ
15	ⓐⓑⓒⓓ	35	ⓐⓑⓒⓓ	55	ⓐⓑⓒⓓ	75	ⓐⓑⓒⓓ	95	ⓐⓑⓒⓓ
16	ⓐⓑⓒⓓ	36	ⓐⓑⓒⓓ	56	ⓐⓑⓒⓓ	76	ⓐⓑⓒⓓ	96	ⓐⓑⓒⓓ
17	ⓐⓑⓒⓓ	37	ⓐⓑⓒⓓ	57	ⓐⓑⓒⓓ	77	ⓐⓑⓒⓓ	97	ⓐⓑⓒⓓ
18	ⓐⓑⓒⓓ	38	ⓐⓑⓒⓓ	58	ⓐⓑⓒⓓ	78	ⓐⓑⓒⓓ	98	ⓐⓑⓒⓓ
19	ⓐⓑⓒⓓ	39	ⓐⓑⓒⓓ	59	ⓐⓑⓒⓓ	79	ⓐⓑⓒⓓ	99	ⓐⓑⓒⓓ
20	ⓐⓑⓒⓓ	40	ⓐⓑⓒⓓ	60	ⓐⓑⓒⓓ	80	ⓐⓑⓒⓓ	100	ⓐⓑⓒⓓ

READING (Part V ~ VII)

#		#		#		#		#	
101	ⓐⓑⓒⓓ	121	ⓐⓑⓒⓓ	141	ⓐⓑⓒⓓ	161	ⓐⓑⓒⓓ	181	ⓐⓑⓒⓓ
102	ⓐⓑⓒⓓ	122	ⓐⓑⓒⓓ	142	ⓐⓑⓒⓓ	162	ⓐⓑⓒⓓ	182	ⓐⓑⓒⓓ
103	ⓐⓑⓒⓓ	123	ⓐⓑⓒⓓ	143	ⓐⓑⓒⓓ	163	ⓐⓑⓒⓓ	183	ⓐⓑⓒⓓ
104	ⓐⓑⓒⓓ	124	ⓐⓑⓒⓓ	144	ⓐⓑⓒⓓ	164	ⓐⓑⓒⓓ	184	ⓐⓑⓒⓓ
105	ⓐⓑⓒⓓ	125	ⓐⓑⓒⓓ	145	ⓐⓑⓒⓓ	165	ⓐⓑⓒⓓ	185	ⓐⓑⓒⓓ
106	ⓐⓑⓒⓓ	126	ⓐⓑⓒⓓ	146	ⓐⓑⓒⓓ	166	ⓐⓑⓒⓓ	186	ⓐⓑⓒⓓ
107	ⓐⓑⓒⓓ	127	ⓐⓑⓒⓓ	147	ⓐⓑⓒⓓ	167	ⓐⓑⓒⓓ	187	ⓐⓑⓒⓓ
108	ⓐⓑⓒⓓ	128	ⓐⓑⓒⓓ	148	ⓐⓑⓒⓓ	168	ⓐⓑⓒⓓ	188	ⓐⓑⓒⓓ
109	ⓐⓑⓒⓓ	129	ⓐⓑⓒⓓ	149	ⓐⓑⓒⓓ	169	ⓐⓑⓒⓓ	189	ⓐⓑⓒⓓ
110	ⓐⓑⓒⓓ	130	ⓐⓑⓒⓓ	150	ⓐⓑⓒⓓ	170	ⓐⓑⓒⓓ	190	ⓐⓑⓒⓓ
111	ⓐⓑⓒⓓ	131	ⓐⓑⓒⓓ	151	ⓐⓑⓒⓓ	171	ⓐⓑⓒⓓ	191	ⓐⓑⓒⓓ
112	ⓐⓑⓒⓓ	132	ⓐⓑⓒⓓ	152	ⓐⓑⓒⓓ	172	ⓐⓑⓒⓓ	192	ⓐⓑⓒⓓ
113	ⓐⓑⓒⓓ	133	ⓐⓑⓒⓓ	153	ⓐⓑⓒⓓ	173	ⓐⓑⓒⓓ	193	ⓐⓑⓒⓓ
114	ⓐⓑⓒⓓ	134	ⓐⓑⓒⓓ	154	ⓐⓑⓒⓓ	174	ⓐⓑⓒⓓ	194	ⓐⓑⓒⓓ
115	ⓐⓑⓒⓓ	135	ⓐⓑⓒⓓ	155	ⓐⓑⓒⓓ	175	ⓐⓑⓒⓓ	195	ⓐⓑⓒⓓ
116	ⓐⓑⓒⓓ	136	ⓐⓑⓒⓓ	156	ⓐⓑⓒⓓ	176	ⓐⓑⓒⓓ	196	ⓐⓑⓒⓓ
117	ⓐⓑⓒⓓ	137	ⓐⓑⓒⓓ	157	ⓐⓑⓒⓓ	177	ⓐⓑⓒⓓ	197	ⓐⓑⓒⓓ
118	ⓐⓑⓒⓓ	138	ⓐⓑⓒⓓ	158	ⓐⓑⓒⓓ	178	ⓐⓑⓒⓓ	198	ⓐⓑⓒⓓ
119	ⓐⓑⓒⓓ	139	ⓐⓑⓒⓓ	159	ⓐⓑⓒⓓ	179	ⓐⓑⓒⓓ	199	ⓐⓑⓒⓓ
120	ⓐⓑⓒⓓ	140	ⓐⓑⓒⓓ	160	ⓐⓑⓒⓓ	180	ⓐⓑⓒⓓ	200	ⓐⓑⓒⓓ

✂ 절취선

ANSWER SHEET

TOEIC 실전 모의고사

응시일자	20 . . .
이름	
맞은 개수	/100

LISTENING (Part I ~ IV)

1	ⓐⓑⓒⓓ	21	ⓐⓑⓒ	41	ⓐⓑⓒⓓ	61	ⓐⓑⓒⓓ	81	ⓐⓑⓒⓓ
2	ⓐⓑⓒⓓ	22	ⓐⓑⓒ	42	ⓐⓑⓒⓓ	62	ⓐⓑⓒⓓ	82	ⓐⓑⓒⓓ
3	ⓐⓑⓒⓓ	23	ⓐⓑⓒ	43	ⓐⓑⓒⓓ	63	ⓐⓑⓒⓓ	83	ⓐⓑⓒⓓ
4	ⓐⓑⓒⓓ	24	ⓐⓑⓒ	44	ⓐⓑⓒⓓ	64	ⓐⓑⓒⓓ	84	ⓐⓑⓒⓓ
5	ⓐⓑⓒⓓ	25	ⓐⓑⓒ	45	ⓐⓑⓒⓓ	65	ⓐⓑⓒⓓ	85	ⓐⓑⓒⓓ
6	ⓐⓑⓒⓓ	26	ⓐⓑⓒ	46	ⓐⓑⓒⓓ	66	ⓐⓑⓒⓓ	86	ⓐⓑⓒⓓ
7	ⓐⓑⓒ	27	ⓐⓑⓒ	47	ⓐⓑⓒⓓ	67	ⓐⓑⓒⓓ	87	ⓐⓑⓒⓓ
8	ⓐⓑⓒ	28	ⓐⓑⓒ	48	ⓐⓑⓒⓓ	68	ⓐⓑⓒⓓ	88	ⓐⓑⓒⓓ
9	ⓐⓑⓒ	29	ⓐⓑⓒ	49	ⓐⓑⓒⓓ	69	ⓐⓑⓒⓓ	89	ⓐⓑⓒⓓ
10	ⓐⓑⓒ	30	ⓐⓑⓒ	50	ⓐⓑⓒⓓ	70	ⓐⓑⓒⓓ	90	ⓐⓑⓒⓓ
11	ⓐⓑⓒ	31	ⓐⓑⓒ	51	ⓐⓑⓒⓓ	71	ⓐⓑⓒⓓ	91	ⓐⓑⓒⓓ
12	ⓐⓑⓒ	32	ⓐⓑⓒⓓ	52	ⓐⓑⓒⓓ	72	ⓐⓑⓒⓓ	92	ⓐⓑⓒⓓ
13	ⓐⓑⓒ	33	ⓐⓑⓒⓓ	53	ⓐⓑⓒⓓ	73	ⓐⓑⓒⓓ	93	ⓐⓑⓒⓓ
14	ⓐⓑⓒ	34	ⓐⓑⓒⓓ	54	ⓐⓑⓒⓓ	74	ⓐⓑⓒⓓ	94	ⓐⓑⓒⓓ
15	ⓐⓑⓒ	35	ⓐⓑⓒⓓ	55	ⓐⓑⓒⓓ	75	ⓐⓑⓒⓓ	95	ⓐⓑⓒⓓ
16	ⓐⓑⓒ	36	ⓐⓑⓒⓓ	56	ⓐⓑⓒⓓ	76	ⓐⓑⓒⓓ	96	ⓐⓑⓒⓓ
17	ⓐⓑⓒ	37	ⓐⓑⓒⓓ	57	ⓐⓑⓒⓓ	77	ⓐⓑⓒⓓ	97	ⓐⓑⓒⓓ
18	ⓐⓑⓒ	38	ⓐⓑⓒⓓ	58	ⓐⓑⓒⓓ	78	ⓐⓑⓒⓓ	98	ⓐⓑⓒⓓ
19	ⓐⓑⓒ	39	ⓐⓑⓒⓓ	59	ⓐⓑⓒⓓ	79	ⓐⓑⓒⓓ	99	ⓐⓑⓒⓓ
20	ⓐⓑⓒ	40	ⓐⓑⓒⓓ	60	ⓐⓑⓒⓓ	80	ⓐⓑⓒⓓ	100	ⓐⓑⓒⓓ

READING (Part V ~ VII)

101	ⓐⓑⓒⓓ	121	ⓐⓑⓒⓓ	141	ⓐⓑⓒⓓ	161	ⓐⓑⓒⓓ	181	ⓐⓑⓒⓓ
102	ⓐⓑⓒⓓ	122	ⓐⓑⓒⓓ	142	ⓐⓑⓒⓓ	162	ⓐⓑⓒⓓ	182	ⓐⓑⓒⓓ
103	ⓐⓑⓒⓓ	123	ⓐⓑⓒⓓ	143	ⓐⓑⓒⓓ	163	ⓐⓑⓒⓓ	183	ⓐⓑⓒⓓ
104	ⓐⓑⓒⓓ	124	ⓐⓑⓒⓓ	144	ⓐⓑⓒⓓ	164	ⓐⓑⓒⓓ	184	ⓐⓑⓒⓓ
105	ⓐⓑⓒⓓ	125	ⓐⓑⓒⓓ	145	ⓐⓑⓒⓓ	165	ⓐⓑⓒⓓ	185	ⓐⓑⓒⓓ
106	ⓐⓑⓒⓓ	126	ⓐⓑⓒⓓ	146	ⓐⓑⓒⓓ	166	ⓐⓑⓒⓓ	186	ⓐⓑⓒⓓ
107	ⓐⓑⓒⓓ	127	ⓐⓑⓒⓓ	147	ⓐⓑⓒⓓ	167	ⓐⓑⓒⓓ	187	ⓐⓑⓒⓓ
108	ⓐⓑⓒⓓ	128	ⓐⓑⓒⓓ	148	ⓐⓑⓒⓓ	168	ⓐⓑⓒⓓ	188	ⓐⓑⓒⓓ
109	ⓐⓑⓒⓓ	129	ⓐⓑⓒⓓ	149	ⓐⓑⓒⓓ	169	ⓐⓑⓒⓓ	189	ⓐⓑⓒⓓ
110	ⓐⓑⓒⓓ	130	ⓐⓑⓒⓓ	150	ⓐⓑⓒⓓ	170	ⓐⓑⓒⓓ	190	ⓐⓑⓒⓓ
111	ⓐⓑⓒⓓ	131	ⓐⓑⓒⓓ	151	ⓐⓑⓒⓓ	171	ⓐⓑⓒⓓ	191	ⓐⓑⓒⓓ
112	ⓐⓑⓒⓓ	132	ⓐⓑⓒⓓ	152	ⓐⓑⓒⓓ	172	ⓐⓑⓒⓓ	192	ⓐⓑⓒⓓ
113	ⓐⓑⓒⓓ	133	ⓐⓑⓒⓓ	153	ⓐⓑⓒⓓ	173	ⓐⓑⓒⓓ	193	ⓐⓑⓒⓓ
114	ⓐⓑⓒⓓ	134	ⓐⓑⓒⓓ	154	ⓐⓑⓒⓓ	174	ⓐⓑⓒⓓ	194	ⓐⓑⓒⓓ
115	ⓐⓑⓒⓓ	135	ⓐⓑⓒⓓ	155	ⓐⓑⓒⓓ	175	ⓐⓑⓒⓓ	195	ⓐⓑⓒⓓ
116	ⓐⓑⓒⓓ	136	ⓐⓑⓒⓓ	156	ⓐⓑⓒⓓ	176	ⓐⓑⓒⓓ	196	ⓐⓑⓒⓓ
117	ⓐⓑⓒⓓ	137	ⓐⓑⓒⓓ	157	ⓐⓑⓒⓓ	177	ⓐⓑⓒⓓ	197	ⓐⓑⓒⓓ
118	ⓐⓑⓒⓓ	138	ⓐⓑⓒⓓ	158	ⓐⓑⓒⓓ	178	ⓐⓑⓒⓓ	198	ⓐⓑⓒⓓ
119	ⓐⓑⓒⓓ	139	ⓐⓑⓒⓓ	159	ⓐⓑⓒⓓ	179	ⓐⓑⓒⓓ	199	ⓐⓑⓒⓓ
120	ⓐⓑⓒⓓ	140	ⓐⓑⓒⓓ	160	ⓐⓑⓒⓓ	180	ⓐⓑⓒⓓ	200	ⓐⓑⓒⓓ

ANSWER SHEET

TOEIC 실전 모의고사

응시일자	20 . .
이름	
맞은 개수	/100

LISTENING (Part I ~ IV)

#		#		#		#	
1	ⓐⓑⓒⓓ	21	ⓐⓑⓒⓓ	41	ⓐⓑⓒⓓ	61	ⓐⓑⓒⓓ	81	ⓐⓑⓒⓓ
2	ⓐⓑⓒⓓ	22	ⓐⓑⓒⓓ	42	ⓐⓑⓒⓓ	62	ⓐⓑⓒⓓ	82	ⓐⓑⓒⓓ
3	ⓐⓑⓒⓓ	23	ⓐⓑⓒⓓ	43	ⓐⓑⓒⓓ	63	ⓐⓑⓒⓓ	83	ⓐⓑⓒⓓ
4	ⓐⓑⓒⓓ	24	ⓐⓑⓒⓓ	44	ⓐⓑⓒⓓ	64	ⓐⓑⓒⓓ	84	ⓐⓑⓒⓓ
5	ⓐⓑⓒⓓ	25	ⓐⓑⓒⓓ	45	ⓐⓑⓒⓓ	65	ⓐⓑⓒⓓ	85	ⓐⓑⓒⓓ
6	ⓐⓑⓒⓓ	26	ⓐⓑⓒⓓ	46	ⓐⓑⓒⓓ	66	ⓐⓑⓒⓓ	86	ⓐⓑⓒⓓ
7	ⓐⓑⓒⓓ	27	ⓐⓑⓒⓓ	47	ⓐⓑⓒⓓ	67	ⓐⓑⓒⓓ	87	ⓐⓑⓒⓓ
8	ⓐⓑⓒⓓ	28	ⓐⓑⓒⓓ	48	ⓐⓑⓒⓓ	68	ⓐⓑⓒⓓ	88	ⓐⓑⓒⓓ
9	ⓐⓑⓒⓓ	29	ⓐⓑⓒⓓ	49	ⓐⓑⓒⓓ	69	ⓐⓑⓒⓓ	89	ⓐⓑⓒⓓ
10	ⓐⓑⓒⓓ	30	ⓐⓑⓒⓓ	50	ⓐⓑⓒⓓ	70	ⓐⓑⓒⓓ	90	ⓐⓑⓒⓓ
11	ⓐⓑⓒⓓ	31	ⓐⓑⓒⓓ	51	ⓐⓑⓒⓓ	71	ⓐⓑⓒⓓ	91	ⓐⓑⓒⓓ
12	ⓐⓑⓒⓓ	32	ⓐⓑⓒⓓ	52	ⓐⓑⓒⓓ	72	ⓐⓑⓒⓓ	92	ⓐⓑⓒⓓ
13	ⓐⓑⓒⓓ	33	ⓐⓑⓒⓓ	53	ⓐⓑⓒⓓ	73	ⓐⓑⓒⓓ	93	ⓐⓑⓒⓓ
14	ⓐⓑⓒⓓ	34	ⓐⓑⓒⓓ	54	ⓐⓑⓒⓓ	74	ⓐⓑⓒⓓ	94	ⓐⓑⓒⓓ
15	ⓐⓑⓒⓓ	35	ⓐⓑⓒⓓ	55	ⓐⓑⓒⓓ	75	ⓐⓑⓒⓓ	95	ⓐⓑⓒⓓ
16	ⓐⓑⓒⓓ	36	ⓐⓑⓒⓓ	56	ⓐⓑⓒⓓ	76	ⓐⓑⓒⓓ	96	ⓐⓑⓒⓓ
17	ⓐⓑⓒⓓ	37	ⓐⓑⓒⓓ	57	ⓐⓑⓒⓓ	77	ⓐⓑⓒⓓ	97	ⓐⓑⓒⓓ
18	ⓐⓑⓒⓓ	38	ⓐⓑⓒⓓ	58	ⓐⓑⓒⓓ	78	ⓐⓑⓒⓓ	98	ⓐⓑⓒⓓ
19	ⓐⓑⓒⓓ	39	ⓐⓑⓒⓓ	59	ⓐⓑⓒⓓ	79	ⓐⓑⓒⓓ	99	ⓐⓑⓒⓓ
20	ⓐⓑⓒⓓ	40	ⓐⓑⓒⓓ	60	ⓐⓑⓒⓓ	80	ⓐⓑⓒⓓ	100	ⓐⓑⓒⓓ

READING (Part V ~ VII)

#		#		#		#		#	
101	ⓐⓑⓒⓓ	121	ⓐⓑⓒⓓ	141	ⓐⓑⓒⓓ	161	ⓐⓑⓒⓓ	181	ⓐⓑⓒⓓ
102	ⓐⓑⓒⓓ	122	ⓐⓑⓒⓓ	142	ⓐⓑⓒⓓ	162	ⓐⓑⓒⓓ	182	ⓐⓑⓒⓓ
103	ⓐⓑⓒⓓ	123	ⓐⓑⓒⓓ	143	ⓐⓑⓒⓓ	163	ⓐⓑⓒⓓ	183	ⓐⓑⓒⓓ
104	ⓐⓑⓒⓓ	124	ⓐⓑⓒⓓ	144	ⓐⓑⓒⓓ	164	ⓐⓑⓒⓓ	184	ⓐⓑⓒⓓ
105	ⓐⓑⓒⓓ	125	ⓐⓑⓒⓓ	145	ⓐⓑⓒⓓ	165	ⓐⓑⓒⓓ	185	ⓐⓑⓒⓓ
106	ⓐⓑⓒⓓ	126	ⓐⓑⓒⓓ	146	ⓐⓑⓒⓓ	166	ⓐⓑⓒⓓ	186	ⓐⓑⓒⓓ
107	ⓐⓑⓒⓓ	127	ⓐⓑⓒⓓ	147	ⓐⓑⓒⓓ	167	ⓐⓑⓒⓓ	187	ⓐⓑⓒⓓ
108	ⓐⓑⓒⓓ	128	ⓐⓑⓒⓓ	148	ⓐⓑⓒⓓ	168	ⓐⓑⓒⓓ	188	ⓐⓑⓒⓓ
109	ⓐⓑⓒⓓ	129	ⓐⓑⓒⓓ	149	ⓐⓑⓒⓓ	169	ⓐⓑⓒⓓ	189	ⓐⓑⓒⓓ
110	ⓐⓑⓒⓓ	130	ⓐⓑⓒⓓ	150	ⓐⓑⓒⓓ	170	ⓐⓑⓒⓓ	190	ⓐⓑⓒⓓ
111	ⓐⓑⓒⓓ	131	ⓐⓑⓒⓓ	151	ⓐⓑⓒⓓ	171	ⓐⓑⓒⓓ	191	ⓐⓑⓒⓓ
112	ⓐⓑⓒⓓ	132	ⓐⓑⓒⓓ	152	ⓐⓑⓒⓓ	172	ⓐⓑⓒⓓ	192	ⓐⓑⓒⓓ
113	ⓐⓑⓒⓓ	133	ⓐⓑⓒⓓ	153	ⓐⓑⓒⓓ	173	ⓐⓑⓒⓓ	193	ⓐⓑⓒⓓ
114	ⓐⓑⓒⓓ	134	ⓐⓑⓒⓓ	154	ⓐⓑⓒⓓ	174	ⓐⓑⓒⓓ	194	ⓐⓑⓒⓓ
115	ⓐⓑⓒⓓ	135	ⓐⓑⓒⓓ	155	ⓐⓑⓒⓓ	175	ⓐⓑⓒⓓ	195	ⓐⓑⓒⓓ
116	ⓐⓑⓒⓓ	136	ⓐⓑⓒⓓ	156	ⓐⓑⓒⓓ	176	ⓐⓑⓒⓓ	196	ⓐⓑⓒⓓ
117	ⓐⓑⓒⓓ	137	ⓐⓑⓒⓓ	157	ⓐⓑⓒⓓ	177	ⓐⓑⓒⓓ	197	ⓐⓑⓒⓓ
118	ⓐⓑⓒⓓ	138	ⓐⓑⓒⓓ	158	ⓐⓑⓒⓓ	178	ⓐⓑⓒⓓ	198	ⓐⓑⓒⓓ
119	ⓐⓑⓒⓓ	139	ⓐⓑⓒⓓ	159	ⓐⓑⓒⓓ	179	ⓐⓑⓒⓓ	199	ⓐⓑⓒⓓ
120	ⓐⓑⓒⓓ	140	ⓐⓑⓒⓓ	160	ⓐⓑⓒⓓ	180	ⓐⓑⓒⓓ	200	ⓐⓑⓒⓓ

ANSWER SHEET

TOEIC 실전 모의고사

응시일자	20 . .
이름	
맞은 개수	/100

LISTENING (Part I ~ IV)

#		#		#		#		#	
1	ⓐⓑⓒⓓ	21	ⓐⓑⓒⓓ	41	ⓐⓑⓒⓓ	61	ⓐⓑⓒⓓ	81	ⓐⓑⓒⓓ
2	ⓐⓑⓒⓓ	22	ⓐⓑⓒⓓ	42	ⓐⓑⓒⓓ	62	ⓐⓑⓒⓓ	82	ⓐⓑⓒⓓ
3	ⓐⓑⓒⓓ	23	ⓐⓑⓒⓓ	43	ⓐⓑⓒⓓ	63	ⓐⓑⓒⓓ	83	ⓐⓑⓒⓓ
4	ⓐⓑⓒⓓ	24	ⓐⓑⓒⓓ	44	ⓐⓑⓒⓓ	64	ⓐⓑⓒⓓ	84	ⓐⓑⓒⓓ
5	ⓐⓑⓒⓓ	25	ⓐⓑⓒⓓ	45	ⓐⓑⓒⓓ	65	ⓐⓑⓒⓓ	85	ⓐⓑⓒⓓ
6	ⓐⓑⓒⓓ	26	ⓐⓑⓒⓓ	46	ⓐⓑⓒⓓ	66	ⓐⓑⓒⓓ	86	ⓐⓑⓒⓓ
7	ⓐⓑⓒⓓ	27	ⓐⓑⓒⓓ	47	ⓐⓑⓒⓓ	67	ⓐⓑⓒⓓ	87	ⓐⓑⓒⓓ
8	ⓐⓑⓒⓓ	28	ⓐⓑⓒⓓ	48	ⓐⓑⓒⓓ	68	ⓐⓑⓒⓓ	88	ⓐⓑⓒⓓ
9	ⓐⓑⓒⓓ	29	ⓐⓑⓒⓓ	49	ⓐⓑⓒⓓ	69	ⓐⓑⓒⓓ	89	ⓐⓑⓒⓓ
10	ⓐⓑⓒⓓ	30	ⓐⓑⓒⓓ	50	ⓐⓑⓒⓓ	70	ⓐⓑⓒⓓ	90	ⓐⓑⓒⓓ
11	ⓐⓑⓒⓓ	31	ⓐⓑⓒⓓ	51	ⓐⓑⓒⓓ	71	ⓐⓑⓒⓓ	91	ⓐⓑⓒⓓ
12	ⓐⓑⓒⓓ	32	ⓐⓑⓒⓓ	52	ⓐⓑⓒⓓ	72	ⓐⓑⓒⓓ	92	ⓐⓑⓒⓓ
13	ⓐⓑⓒⓓ	33	ⓐⓑⓒⓓ	53	ⓐⓑⓒⓓ	73	ⓐⓑⓒⓓ	93	ⓐⓑⓒⓓ
14	ⓐⓑⓒⓓ	34	ⓐⓑⓒⓓ	54	ⓐⓑⓒⓓ	74	ⓐⓑⓒⓓ	94	ⓐⓑⓒⓓ
15	ⓐⓑⓒⓓ	35	ⓐⓑⓒⓓ	55	ⓐⓑⓒⓓ	75	ⓐⓑⓒⓓ	95	ⓐⓑⓒⓓ
16	ⓐⓑⓒⓓ	36	ⓐⓑⓒⓓ	56	ⓐⓑⓒⓓ	76	ⓐⓑⓒⓓ	96	ⓐⓑⓒⓓ
17	ⓐⓑⓒⓓ	37	ⓐⓑⓒⓓ	57	ⓐⓑⓒⓓ	77	ⓐⓑⓒⓓ	97	ⓐⓑⓒⓓ
18	ⓐⓑⓒⓓ	38	ⓐⓑⓒⓓ	58	ⓐⓑⓒⓓ	78	ⓐⓑⓒⓓ	98	ⓐⓑⓒⓓ
19	ⓐⓑⓒⓓ	39	ⓐⓑⓒⓓ	59	ⓐⓑⓒⓓ	79	ⓐⓑⓒⓓ	99	ⓐⓑⓒⓓ
20	ⓐⓑⓒⓓ	40	ⓐⓑⓒⓓ	60	ⓐⓑⓒⓓ	80	ⓐⓑⓒⓓ	100	ⓐⓑⓒⓓ

READING (Part V ~ VII)

#		#		#		#		#	
101	ⓐⓑⓒⓓ	121	ⓐⓑⓒⓓ	141	ⓐⓑⓒⓓ	161	ⓐⓑⓒⓓ	181	ⓐⓑⓒⓓ
102	ⓐⓑⓒⓓ	122	ⓐⓑⓒⓓ	142	ⓐⓑⓒⓓ	162	ⓐⓑⓒⓓ	182	ⓐⓑⓒⓓ
103	ⓐⓑⓒⓓ	123	ⓐⓑⓒⓓ	143	ⓐⓑⓒⓓ	163	ⓐⓑⓒⓓ	183	ⓐⓑⓒⓓ
104	ⓐⓑⓒⓓ	124	ⓐⓑⓒⓓ	144	ⓐⓑⓒⓓ	164	ⓐⓑⓒⓓ	184	ⓐⓑⓒⓓ
105	ⓐⓑⓒⓓ	125	ⓐⓑⓒⓓ	145	ⓐⓑⓒⓓ	165	ⓐⓑⓒⓓ	185	ⓐⓑⓒⓓ
106	ⓐⓑⓒⓓ	126	ⓐⓑⓒⓓ	146	ⓐⓑⓒⓓ	166	ⓐⓑⓒⓓ	186	ⓐⓑⓒⓓ
107	ⓐⓑⓒⓓ	127	ⓐⓑⓒⓓ	147	ⓐⓑⓒⓓ	167	ⓐⓑⓒⓓ	187	ⓐⓑⓒⓓ
108	ⓐⓑⓒⓓ	128	ⓐⓑⓒⓓ	148	ⓐⓑⓒⓓ	168	ⓐⓑⓒⓓ	188	ⓐⓑⓒⓓ
109	ⓐⓑⓒⓓ	129	ⓐⓑⓒⓓ	149	ⓐⓑⓒⓓ	169	ⓐⓑⓒⓓ	189	ⓐⓑⓒⓓ
110	ⓐⓑⓒⓓ	130	ⓐⓑⓒⓓ	150	ⓐⓑⓒⓓ	170	ⓐⓑⓒⓓ	190	ⓐⓑⓒⓓ
111	ⓐⓑⓒⓓ	131	ⓐⓑⓒⓓ	151	ⓐⓑⓒⓓ	171	ⓐⓑⓒⓓ	191	ⓐⓑⓒⓓ
112	ⓐⓑⓒⓓ	132	ⓐⓑⓒⓓ	152	ⓐⓑⓒⓓ	172	ⓐⓑⓒⓓ	192	ⓐⓑⓒⓓ
113	ⓐⓑⓒⓓ	133	ⓐⓑⓒⓓ	153	ⓐⓑⓒⓓ	173	ⓐⓑⓒⓓ	193	ⓐⓑⓒⓓ
114	ⓐⓑⓒⓓ	134	ⓐⓑⓒⓓ	154	ⓐⓑⓒⓓ	174	ⓐⓑⓒⓓ	194	ⓐⓑⓒⓓ
115	ⓐⓑⓒⓓ	135	ⓐⓑⓒⓓ	155	ⓐⓑⓒⓓ	175	ⓐⓑⓒⓓ	195	ⓐⓑⓒⓓ
116	ⓐⓑⓒⓓ	136	ⓐⓑⓒⓓ	156	ⓐⓑⓒⓓ	176	ⓐⓑⓒⓓ	196	ⓐⓑⓒⓓ
117	ⓐⓑⓒⓓ	137	ⓐⓑⓒⓓ	157	ⓐⓑⓒⓓ	177	ⓐⓑⓒⓓ	197	ⓐⓑⓒⓓ
118	ⓐⓑⓒⓓ	138	ⓐⓑⓒⓓ	158	ⓐⓑⓒⓓ	178	ⓐⓑⓒⓓ	198	ⓐⓑⓒⓓ
119	ⓐⓑⓒⓓ	139	ⓐⓑⓒⓓ	159	ⓐⓑⓒⓓ	179	ⓐⓑⓒⓓ	199	ⓐⓑⓒⓓ
120	ⓐⓑⓒⓓ	140	ⓐⓑⓒⓓ	160	ⓐⓑⓒⓓ	180	ⓐⓑⓒⓓ	200	ⓐⓑⓒⓓ

에듀윌이
너를
지지할게

ENERGY

끝이 좋아야 시작이 빛난다.

– 마리아노 리베라(Mariano Rivera)

에듀윌 토익 베이직 LISTENING LC

발 행 일	2022년 3월 14일 초판
편 저 자	에듀윌 어학연구소
펴 낸 이	이중현
펴 낸 곳	(주)에듀윌
등록번호	제25100-2002-000052호
주　　소	08378 서울특별시 구로구 디지털로34길 55
	코오롱싸이언스밸리 2차 3층

* 이 책의 무단 인용 · 전재 · 복제를 금합니다.　　ISBN 979-11-360-1566-2 (13740)

www.eduwill.net
대표전화 1600-6700

여러분의 작은 소리
에듀윌은 크게 듣겠습니다.

본 교재에 대한 여러분의 목소리를 들려주세요.
공부하시면서 어려웠던 점, 궁금한 점,
칭찬하고 싶은 점, 개선할 점, 어떤 것이라도 좋습니다.

에듀윌은 여러분께서 나누어 주신 의견을
통해 끊임없이 발전하고 있습니다.

에듀윌 도서몰 book.eduwill.net
- 부가학습자료 및 정오표: 에듀윌 도서몰 → 도서자료실
- 교재 문의: 에듀윌 도서몰 → 문의하기 → 교재(내용,출간) / 주문 및 배송

꿈을 현실로 만드는
에듀윌

DREAM

공무원 교육
- 선호도 1위, 신뢰도 1위! 브랜드만족도 1위!
- 합격자 수 2,100% 폭등시킨 독한 커리큘럼

자격증 교육
- 9년간 아무도 깨지 못한 기록 합격자 수 1위
- 가장 많은 합격자를 배출한 최고의 합격 시스템

직영학원
- 검증된 합격 프로그램과 강의
- 1:1 밀착 관리 및 컨설팅
- 호텔 수준의 학습 환경

종합출판
- 온라인서점 베스트셀러 1위!
- 출제위원급 전문 교수진이 직접 집필한 합격 교재

어학 교육
- 토익 베스트셀러 1위
- 토익 동영상 강의 무료 제공

콘텐츠 제휴 · B2B 교육
- 고객 맞춤형 위탁 교육 서비스 제공
- 기업, 기관, 대학 등 각 단체에 최적화된 고객 맞춤형 교육 및 제휴 서비스

부동산 아카데미
- 부동산 실무 교육 1위!
- 상위 1% 고소득 창업/취업 비법
- 부동산 실전 재테크 성공 비법

학점은행제
- 99%의 과목이수율
- 17년 연속 교육부 평가 인정 기관 선정

대학 편입
- 편입 교육 1위!
- 최대 200% 환급 상품 서비스

국비무료 교육
- '5년우수훈련기관' 선정
- K-디지털, 산대특 등 특화 훈련과정
- 원격국비교육원 오픈

에듀윌 교육서비스 **공무원 교육** 9급공무원/소방공무원/계리직공무원 **자격증 교육** 공인중개사/주택관리사/손해평가사/감정평가사/노무사/전기기사/경비지도사/검정고시/소방설비기사/소방시설관리사/사회복지사1급/대기환경기사/수질환경기사/건축기사/토목기사/직업상담사/전기기능사/산업안전기사/건설안전기사/위험물산업기사/위험물기능사/유통관리사/물류관리사/행정사/한국사능력검정/한경TESAT/매경TEST/KBS한국어능력시험·실용글쓰기/IT자격증/국제무역사/무역영어 **어학 교육** 토익 교재/토익 동영상 강의 **세무/회계** 전산세무회계/ERP정보관리사/재경관리사 **대학 편입** 편입 영어·수학/연고대/의약대/경찰대/논술/면접 **직영학원** 공무원학원/소방학원/공인중개사 학원/주택관리사 학원/전기기사 학원/편입학원 **종합출판** 공무원·자격증 수험교재 및 단행본 **학점은행제** 교육부 평가인정기관 원격평생교육원(사회복지사2급/경영학/CPA) **콘텐츠 제휴·B2B 교육** 교육 콘텐츠 제휴/기업 맞춤 자격증 교육/대학취업역량 강화 교육 **부동산 아카데미** 부동산 창업CEO/부동산 경매 마스터/부동산 컨설팅 **주택취업센터** 실무 특강/실무 아카데미 **국비무료 교육(국비교육원)** 전기기능사/전기(산업)기사/소방설비(산업)기사/IT(빅데이터/자바프로그램/파이썬)/게임그래픽/3D프린터/실내건축디자인/웹퍼블리셔/그래픽디자인/영상편집(유튜브) 디자인/온라인 쇼핑몰광고 및 제작(쿠팡, 스마트스토어)/전산세무회계/컴퓨터활용능력/ITQ/GTQ/직업상담사

교육문의 1600-6700 www.eduwill.net

• 2022 소비자가 선택한 최고의 브랜드 공무원·자격증 교육 1위 (조선일보) • 2023 대한민국 브랜드만족도 공무원·자격증·취업·학원·편입 부동산 실무 교육 1위 (한경비즈니스) • 2017/2022 에듀윌 공무원 과정 최종 환급자 수 기준 • 2023년 성인 자격증, 공무원 직영학원 기준 • YES24 공인중개사 부문, 2025 에듀윌 공인중개사 1차 단원별 기출문제집 민법 및 민사특별법(2025년 5월 월별 베스트) • 교보문고 취업/수험서 부문, 2020 에듀윌 농협은행 6급 NCS 직무능력평가+실전모의고사 4회 (2020년 1월 27일~2월 5일, 인터넷 주간 베스트) 그 외 다수 • YES24 컴퓨터활용능력 부문, 2024 컴퓨터활용능력 1급 필기 초단기끝장(2023년 10월 3~4주 주별 베스트) 그 외 다수 • YES24 신규 자격증 부문, 2024 에듀윌 데이터분석 준전문가 ADsP 2주끝장 (2024년 4월 2주, 9월 5주 주별 베스트) • 인터파크 자격서/수험서 부문, 에듀윌 한국사능력검정시험 2주끝장 심화 (1, 2, 3급) (2020년 6-8월 월간 베스트) 그 외 다수 • YES24 국어 외국어 사전 영어 토익/TOEIC 기출문제/모의고사 분야 베스트셀러 1위 (에듀윌 토익 READING RC 4주끝장 리딩 종합서, 2022년 9월 4주 주별 베스트) • 에듀윌 토익 교재 입문~실전 인강 무료 제공 (2022년 최신 강좌 기준(1092강) • 2024년 총강반 중 모든 평가항목 정상 참여자 기준, 99% (평생교육원 기준) • 2008년~2024년까지 234만 누적수강학점으로 과목 운영 (평생교육원 기준) • 에듀윌 국비교육원 구로센터 고용노동부 지정 '5년우수훈련기관' 선정 (2023~2027) • KRI 한국기록원 2016, 2017, 2019년 공인중개사 최다 합격자 배출 공식 인증 (2025년 현재까지 업계 최고 기록)

쉬운 토익 공식
에듀윌 토익
동영상 강의 109강 무료 제공

입문부터 실전까지
스타강사 노하우 완벽 반영!

에듀윌 회원이면 **토익 인강 & 학습 자료 무료 제공**

FREE	FREE	FREE
최신 토익 인강 109강 무료	인공지능 토익 앱	최신 학습 맞춤 서비스

※ 에듀윌 회원 전원 베이직 & 실전 인강 109강이 무료 제공됩니다.
※ 강의 무료 수강 혜택 상세내용은 오른쪽 QR코드를 모바일로 스캔 후 확인 가능합니다.
※ 해당 강의는 에듀윌 토익 사이트에서도 회원가입 후 무료로 이용 가능합니다.
※ 무료 제공 이벤트는 예고없이 변경되거나 종료될 수 있습니다.

에듀윌 토익 검색   무료 혜택 받기

* 2023 대한민국 브랜드만족도 토익 교육 1위 (한경비즈니스)
* 알라딘 외국어 토익 실전 분야 베스트셀러 1위 (에듀윌 토익 실전 LC+RC, 2022년 3월 4~5주, 4월 1~2주 주간 베스트 기준)
* YES24 국어 외국어 사전 영어 토익/TOEIC 기출문제/모의고사 베스트셀러 1위(베이직 리딩, 2022년 4월 4주 주별 베스트)
* YES24 국어 외국어 사전 영어 토익/TOEIC 기출문제/모의고사 베스트셀러 1위(베이직 리스닝, 2022년 5월 4주 주별 베스트)

에듀윌 토익 베이직 LISTENING LC

4주 끝장

정답 및 해설

에듀윌 토익 베이직 LISTENING LC
정답 및 해설

에듀윌 토익 베이직
LISTENING LC
정답 및 해설

PART 1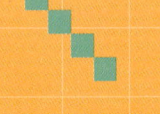

기초 학습   시제와 태 익히기

👍 Check-up
본문 p.21

1. There are some benches in a park.
공원에 벤치가 몇 개 있다.

2. A man is opening a box.
남자가 상자를 열고 있다.

👍 Check-up
본문 p.23

1. A bicycle is parked on a sidewalk.
자전거가 보도에 세워져 있다.

2. Some fruits and vegetables have been displayed in baskets.
몇몇 과일과 채소들이 바구니에 진열되어 있다.

UNIT 01   인물 중심 사진

● 1인 사진
본문 p.30

1. (B)   2. (C)   3. (A)   4. (B)   5. (B)   6. (D)

1.

(A) She's planting some seeds.
(B) She's using a spray bottle.
(C) She's dusting a shelf.
(D) She's painting a pot.

(A) 그녀는 씨앗을 좀 심고 있다.
(B) 그녀는 분무기를 사용하고 있다.
(C) 그녀는 선반의 먼지를 털고 있다.
(D) 그녀는 화분을 칠하고 있다.

해설 (A) 여자가 무언가를 심고(planting) 있지 않으므로 오답. 사진 속 식물을 나타내는 plant의 또 다른 의미인 '심다'를 이용해 혼동을 주었다.
(B) 여자가 분무기로 화분에 물을 주는 모습을 적절하게 묘사한 정답.
(C) 여자가 먼지를 털고(dusting) 있지 않으므로 오답. 사진에 보이는 선반(shelf)을 이용해 혼동을 주었다.
(D) 여자가 칠을 하고(painting) 있지 않으므로 오답. 사진에 보이는 화분(pot)을 이용해 혼동을 주었다.

어휘 plant 심다; 식물   seed 씨, 씨앗   spray bottle 분무기   dust 먼지를 털다; 먼지   pot 화분, 단지

2. (미)

(A) A man is looking for a shovel.
(B) A man is watering some flowers.
(C) A man is leaning over a container.
(D) A man is pushing a wheelbarrow.

(A) 남자가 삽을 찾고 있다.
(B) 남자가 꽃에 물을 좀 주고 있다.
(C) 남자가 용기 위로 몸을 구부리고 있다.
(D) 남자가 손수레를 밀고 있다.

해설 (A) 남자가 삽(shovel)을 들고 있기 때문에 찾고(looking for) 있다고 할 수 없으므로 오답.
(B) 남자가 물을 주고(watering) 있지 않으므로 오답. 사진에 보이는 꽃(flowers)을 이용해 혼동을 주었다.
(C) 남자가 식물들이 담긴 나무 상자 위로 몸을 구부린 채 일하는 모습을 적절하게 묘사한 정답. 무언가를 담거나 보관하는 상자, 병 등은 모두 container라고 표현할 수 있다.
(D) 사진에 손수레(wheelbarrow)가 보이지 않고, 남자가 무언가를 밀고(pushing) 있지 않으므로 오답.

어휘 look for ~을 찾다   shovel 삽   water 물을 주다   lean over ~ 위로 몸을 구부리다   container 용기, 그릇, 컨테이너   wheelbarrow (외바퀴) 손수레

3. (호)

(A) She's weighing some items.
(B) She's chopping some vegetables.
(C) She's filling up a bag.
(D) She's holding a shopping cart.

(A) 그녀는 몇몇 물품의 무게를 달고 있다.
(B) 그녀는 채소를 좀 썰고 있다.
(C) 그녀는 가방을 가득 채우고 있다.
(D) 그녀는 쇼핑 카트를 잡고 있다.

해설 (A) 여자가 식료품을 저울에 올려놓고 무게를 재고 있는 모습을 적절하게 묘사한 정답.
(B) 여자가 무언가를 썰고(chopping) 있지 않으므로 오답. 사진에 보이는 채소(vegetables)를 이용해 혼동을 주었다.
(C) 여자가 가방(bag)을 메고 있지만 가방 안에 무언가를 가득 채우고(filling up) 있지는 않으므로 오답.
(D) 사진 속 슈퍼마켓 배경에서 연상되는 쇼핑 카트(shopping cart)를 이용해 혼동을 주는 오답.

어휘 weigh 무게를 달다   chop 썰다, 다지다   vegetable 채소   fill up ~을 가득 채우다

4. (영)

(A) She's reading a document.
(B) She's lifting a stack of binders.
(C) She's plugging in a computer monitor.
(D) She's reaching for a shelf.

(A) 그녀는 문서를 읽고 있다.
(B) 그녀는 바인더 더미를 들고 있다.
(C) 그녀는 컴퓨터 모니터의 플러그를 꽂고 있다.
(D) 그녀는 선반을 향해 손을 뻗고 있다.

해설 (A) 여자가 서류(document) 더미를 들고 있지만 읽고(reading) 있지는 않으므로 오답.
(B) 여자가 바인더 더미를 들고 있는 모습을 적절하게 묘사한 정답.
(C) 여자가 플러그를 꽂고(plugging in) 있지 않으므로 오답. 사진에 보이는 컴퓨터 모니터(computer monitor)를 이용해 혼동을 주었다.
(D) 여자가 무언가를 향해 손을 뻗고(reaching for) 있지 않으므로 오답. 사진에 보이는 선반(shelf)을 이용해 혼동을 주었다.

어휘 document 문서, 서류   lift 들다, 들어 올리다   a stack of 한 무더기의   plug in ~의 플러그를 꽂다   reach for ~을 향해 손을 뻗다

5.

(A) A woman is cleaning the kitchen.
(B) A woman is turning on a faucet.
(C) A woman is washing some dishes.
(D) A woman is fixing a cupboard.

(A) 여자가 부엌을 청소하고 있다.
(B) 여자가 수도꼭지를 틀고 있다.
(C) 여자가 설거지를 하고 있다.
(D) 여자가 찬장을 고치고 있다.

해설 (A) 여자가 부엌(kitchen)에 있지만 청소하는(cleaning) 중인지는 알 수 없으므로 오답.
(B) 여자가 수돗물을 틀고 있는 모습을 적절하게 묘사한 정답.
(C) 사진에 그릇(dishes)이 보이지 않고, 여자가 물로 무언가를 세척하고(washing) 있지 않으므로 오답.
(D) 여자가 무언가를 고치고(fixing) 있지 않으므로 오답. 사진에 보이는 찬장(cupboard)을 이용해 혼동을 주었다.

어휘 turn on (라디오·TV·전기·가스 따위를) 켜다   faucet 수도꼭지   fix 고치다, 수리하다   cupboard 찬장, 벽장

6. (호)

(A) He's putting away a tool.
(B) He's cutting some paper.
(C) He's digging up a tree.
(D) He's sawing off a branch.

(A) 그는 도구를 치우고 있다.
(B) 그는 종이를 자르고 있다.
(C) 그는 나무를 땅에서 파내고 있다.
(D) 그는 톱으로 나뭇가지를 잘라내고 있다.

해설 (A) 남자가 도구(tool) 중 하나인 톱을 들고 있지만 그것을 치우고(putting away) 있지는 않으므로 오답.
(B) 남자가 종이(paper)가 아니라 나뭇가지를 자르고(cutting) 있으므로 오답.
(C) 남자가 무언가를 파내고(digging up) 있는 모습이 아니므로 오답. 사진에 보이는 나무(tree)를 이용해 혼동을 주었다.
(D) 남자가 나뭇가지에 톱질을 하고 있는 모습을 적절하게 묘사한 정답.

어휘 put away 치우다   tool 도구   dig up 땅에서 파내다, 캐다   saw off 톱으로 잘라내다   branch 나뭇가지

● 2인 이상 사진   본문 p.36

1. (D)   2. (D)   3. (C)   4. (C)   5. (A)   6. (C)

1. (영)

(A) The woman is taking off an apron.
(B) The man is using a garden tool.
(C) The woman is stacking some boards.
(D) The man is putting on protective work gear.

(A) 여자가 앞치마를 벗고 있다.
(B) 남자가 정원용 도구를 사용하고 있다.
(C) 여자가 판자 몇 개를 쌓고 있다.
(D) 남자가 보호용 작업 장비를 착용하고 있다.

해설 (A) 여자가 앞치마(apron)를 벗는(taking off) 중이 아니라 착용한 상태이므로 오답.
(B) 사진에 정원용 도구(garden tool)가 보이지 않고, 남자가 도구로 보일 만한 것을 사용하고(using) 있지 않으므로 오답.
(C) 사진에 판자(boards)가 보이지만 여자가 이것을 쌓고(stacking) 있는 것은 아니므로 오답.
(D) 남자가 보호 안경을 착용 중인 모습을 적절하게 묘사한 정답. put on은 착용하는 동작에 초점을 맞춘 표현인 반면, wear는 이미 착용한 상태를 나타낸다.

어휘 take off (옷 등을) 벗다   garden tool 정원용 도구   stack 쌓다, 포개다   put on ~을 입다, 착용하다
protective 보호하는   gear 장비, 용구

2.

(A) They're looking for a parking spot.
(B) They're waiting at a bus stop.
(C) They're walking into a building.
(D) They're pulling suitcases.

(A) 그들은 주차 공간을 찾고 있다.
(B) 그들은 버스 정류장에서 기다리고 있다.
(C) 그들은 건물 안으로 걸어 들어가고 있다.
(D) 그들은 여행 가방을 끌고 있다.

해설 (A) 두 사람이 주차 공간을 찾고(looking for) 있는지 알 수 없으므로 오답. 사진 속 안내판의 주차 구역 표시를 이용해 혼동을 주었다.
(B) 사진 속 배경이 버스 정류장(bus stop)이 아닌 실내 통로이고, 두 사람이 무언가를 기다리는(waiting) 모습도 아니므로 오답.
(C) 두 사람이 걷고(walking) 있지만 건물 안으로(into a building) 들어가고 있는지 알 수 없으므로 오답.
(D) 두 사람이 여행 가방을 끌면서 걷고 있는 모습을 적절하게 묘사한 정답.

어휘 parking spot 주차 공간   pull 끌다, 당기다   suitcase 여행 가방

3.

(A) One of the people is passing out some papers.
(B) One of the people is opening a door.
(C) The people are gathered in a lobby.
(D) The people are sitting on a sofa.

(A) 사람들 중 한 명이 서류를 나눠주고 있다.
(B) 사람들 중 한 명이 문을 열고 있다.
(C) 사람들이 로비에 모여 있다.
(D) 사람들이 소파에 앉아 있다.

해설 (A) 무언가를 나눠주고(passing out) 있는 사람은 보이지 않으므로 오답. 일부 사람이 들고 있는 서류(papers)를 이용해 혼동을 주었다.
(B) 사진에 문(door)이 있지만 이것을 열고(opening) 있는 사람은 보이지 않으므로 오답.
(C) 사람들이 로비에 모여 이야기하는 모습을 적절하게 묘사한 정답.
(D) 소파에 앉아 있는(sitting on a sofa) 사람은 보이지 않으므로 오답.

어휘 pass out 나눠주다   be gathered 모이다

4.

(A) One of the women is leaving an airport.
(B) One of the men is packing a suitcase.
(C) The people are waiting in a line.
(D) The people are boarding an airplane.

(A) 여자들 중 한 명이 공항을 떠나고 있다.
(B) 남자들 중 한 명이 여행 가방을 꾸리고 있다.
(C) 사람들이 한 줄로 서서 기다리고 있다.
(D) 사람들이 비행기에 탑승하고 있다.

해설 (A) 사진 속 배경은 공항(airport)으로 보이지만 떠나고(leaving) 있는 것으로 보이는 여자는 없으므로 오답.
(B) 짐을 싸고(packing) 있는 남자는 보이지 않으므로 오답. 사진에 보이는 여행 가방(suitcase)을 이용해 혼동을 주었다.
(C) 사람들이 줄을 서서 기다리는 모습을 적절하게 묘사한 정답.
(D) 사진에 비행기(airplane)가 보이지 않고, 탑승 중인(boarding) 사람이 없으므로 오답. 사진 속 공항에서 연상되는 탑승 수속을 이용해 혼동을 주었다.

어휘 leave (어떤 장소로부터) 떠나다   pack (짐을) 싸다, 꾸리다   in a line 한 줄로   board 탑승하다

5.

(A) The man is shaking hands with one of the women.
(B) The women are showing some papers to the man.
(C) The people are pouring some cups of coffee.
(D) The people are clearing off a table.

(A) 남자가 여자들 중 한 명과 악수하고 있다.
(B) 여자들이 남자에게 서류를 보여 주고 있다.
(C) 사람들이 커피 몇 잔을 따르고 있다.
(D) 사람들이 테이블을 치우고 있다.

해설 (A) 남녀가 악수하고 있는 모습을 적절하게 묘사한 정답.
(B) 사진에 서류(papers)가 보이지 않고, 여자들이 남자에게 무언가를 보여주는(showing) 모습이 아니므로 오답.
(C) 사진에 커피 컵(cups of coffee)이 보이지만, 이것을 따르고(pouring) 있는 사람은 없으므로 오답.
(D) 테이블을 치우고(clearing off) 있는 사람은 없으므로 오답.

어휘 shake hands 악수하다   pour 따르다, 붓다   clear off 치우다

6.

(A) One of the people is leaning over a chair.
(B) One of the people is sitting at a desk.
(C) One of the people is opening a drawer.
(D) One of the people is printing a file.

(A) 사람들 중 한 명이 의자 위로 몸을 숙이고 있다.
(B) 사람들 중 한 명이 책상에 앉아 있다.
(C) 사람들 중 한 명이 서랍을 열고 있다.
(D) 사람들 중 한 명이 파일을 인쇄하고 있다.

해설 (A) 사진에 의자(chair)가 보이지 않으므로 오답. 여자가 서랍 위로 몸을 숙이고(leaning over) 있는 것을 이용해 혼동을 주었다.
(B) 책상에 앉아(sitting at a desk) 있는 사람은 보이지 않으므로 오답. 사진 속 사무실 배경에서 연상되는 모습으로 혼동을 주었다.
(C) 남자가 서랍을 열고 있는 모습을 적절하게 묘사한 정답.
(D) 무언가를 인쇄하고(printing) 있는 사람은 보이지 않으므로 오답.

어휘 lean over ~ 위로 몸을 구부리다   drawer 서랍   print 인쇄하다

● **실전 문제**

본문 p.38

1. (B)   2. (C)   3. (B)   4. (B)   5. (A)   6. (D)

1.

(A) He's sitting on a sofa.
(B) He's lifting some furniture.
(C) He's getting into a van.
(D) He's packing some boxes.

(A) 그는 소파에 앉아 있다.
(B) 그는 가구를 들어 올리고 있다.
(C) 그는 승합차에 타는 중이다.
(D) 그는 몇몇 상자를 포장하고 있다.

해설 (A) 남자가 무언가에 앉아(sitting on) 있지 않으므로 오답. 사진에 보이는 소파(sofa)를 이용해 혼동을 주었다.
(B) 남자가 소파를 등에 지고 있는 모습을 적절하게 묘사한 정답. 소파를 보다 포괄적인 의미의 가구(furniture)로 묘사하였다.
(C) 남자가 차에 타는(getting into) 중이 아니므로 오답.
(D) 남자가 무언가를 포장하고(packing) 있지 않으므로 오답. 이삿짐을 싣고 있는 듯한 사진 속 상황에서 연상되는 상자 포장과,

승합차 뒤로 보이는 상자(boxes)를 이용해 혼동을 주었다.

어휘 lift 들어 올리다 furniture 가구 get into ~에 타다, 들어가다 van 승합차, 밴 pack (짐을) 싸다, 포장하다

2.
(영)

(A) She's polishing a glass.
(B) She's opening a door.
(C) She's adjusting a window shade.
(D) She's holding some office supplies.

(A) 그녀는 유리잔을 닦고 있다.
(B) 그녀는 문을 열고 있다.
(C) 그녀는 창문의 블라인드를 조정하고 있다.
(D) 그녀는 몇몇 사무용품을 들고 있다.

해설 (A) 여자가 무언가를 닦고(polishing) 있지 않으므로 오답. 사진 속 창문에서 연상되는 유리잔(glass)을 이용해 혼동을 주었다.
(B) 사진에 문(door)이 보이지 않으므로 오답.
(C) 여자가 창가에서 블라인드를 조정하는 모습을 적절하게 묘사한 정답.
(D) 여자가 사무용품(office supplies)이 아니라 블라인드 손잡이 줄을 잡고 있으므로 오답.

어휘 polish 닦다, 광을 내다 adjust 조정하다, 조절하다 shade 블라인드, 햇빛 가리개 office supplies 사무용품

3.
(미)

(A) One of the women is looking in her backpack.
(B) One of the women is holding a map on her lap.
(C) Some people are trimming the bushes.
(D) Some people are setting up a display.

(A) 여자들 중 한 명이 자신의 배낭 안을 들여다보고 있다.
(B) 여자들 중 한 명이 무릎 위에 지도를 들고 있다.
(C) 몇몇 사람들이 관목을 다듬고 있다.
(D) 몇몇 사람들이 진열품을 설치하고 있다.

해설 (A) 사진에 배낭(backpack)은 보이지만 안을 들여다보고(looking in) 있는 사람은 없으므로 오답.
(B) 여자들 중 한 명이 무릎 위에 지도를 들고 보고 있는 모습을 적절하게 묘사한 정답.
(C) 무언가를 다듬고(trimming) 있는 사람이 없으므로 오답. 여자들 뒤로 보이는 관목(bushes)을 이용해 혼동을 주었다.
(D) 사진에 진열품(display)으로 보이는 사물이 없고, 무언가를 설치 중인(setting up) 사람도 없으므로 오답.

어휘 lap 무릎 trim 다듬다, 손질하다 bush 관목, 덤불 set up 설치하다, 준비하다 display 진열(품), 전시(품)

4.
(호)

(A) The man is walking through an office.
(B) The man is resting his arms on a set of drawers.
(C) The woman is opening some cabinets.
(D) The woman is leaning against a counter.

(A) 남자가 사무실을 걸어서 지나가고 있다.
(B) 남자가 서랍장 위에 팔을 기대고 있다.
(C) 여자가 몇몇 캐비닛을 열고 있다.
(D) 여자가 조리대에 몸을 기대어 있다.

해설 (A) 남자가 걷고(walking) 있지 않고 멈춰 서 있으므로 오답.
(B) 남자가 서서 팔을 서랍장 위에 기대고 있는 모습을 적절하게 묘사한 정답.
(C) 사진에 캐비닛(cabinets)이 보이지 않고, 여자가 무언가를 열고(opening) 있지도 않으므로 오답.
(D) 사진에 조리대(counter)가 보이지 않고, 여자가 무언가에 기대어(leaning against) 있는 모습이 아니므로 오답.

어휘 rest 기대다, 받치다 lean against ~에 기대다 counter 조리대, 계산대

5.
㉢

(A) One of the women is holding a folder in her arms.
(B) One of the women is setting up a laptop computer.
(C) One of the men is drinking from a plastic cup.
(D) One of the men is picking up a clipboard.

(A) 여자들 중 한 명이 품 안에 서류철을 들고 있다.
(B) 여자들 중 한 명이 노트북 컴퓨터를 설치하고 있다.
(C) 남자들 중 한 명이 플라스틱 컵으로 무언가를 마시고 있다.
(D) 남자들 중 한 명이 클립보드를 집어 들고 있다.

> 해설 (A) 여자들 중 한 명이 품 안에 서류철을 들고 서 있는 모습을 적절하게 묘사한 정답.
> (B) 사람들이 모여 노트북 컴퓨터(laptop computer)를 바라보고 있지만, 이를 설치하고(setting up) 있는지는 알 수 없으므로 오답.
> (C) 무언가를 마시고(drinking) 있는 사람이 없으므로 오답. 사람들 주변에 놓여 있는 플라스틱 컵(plastic cup)을 이용해 혼동을 주었다.
> (D) 사진에 클립보드(clipboard)가 보이지만, 이것을 집어 들고(picking up) 있는 사람은 없으므로 오답.

> 어휘 folder 서류철, 폴더 set up 설치하다 pick up 집어 들다

6.
㉤

(A) She's exiting a supermarket.
(B) She's paying for some food.
(C) She's placing items in a shopping basket.
(D) She's facing a refrigerated display case.

(A) 그녀는 슈퍼마켓을 나가고 있다.
(B) 그녀는 음식 값을 지불하고 있다.
(C) 그녀는 장바구니에 물건들을 넣고 있다.
(D) 그녀는 냉장 진열장 쪽을 향해 있다.

> 해설 (A) 여자가 슈퍼마켓을 나가고(exiting) 있는 것이 아니라 슈퍼마켓에서 물건들을 살펴보고 있으므로 오답.
> (B) 여자가 값을 지불하고(paying for) 있지 않으므로 오답. 사진 속 슈퍼마켓에서 연상되는 계산하는 모습을 이용해 혼동을 주었다.
> (C) 여자가 어딘가에 물건들을 놓고(placing items) 있지 않으므로 오답. 여자가 들고 있는 장바구니(shopping basket)를 이용해 혼동을 주었다.
> (D) 여자가 냉장 진열장을 바라보고 서 있는 모습을 적절하게 묘사한 정답.

> 어휘 exit 나가다; 출구 pay for ~의 값을 치르다, 대금을 지불하다 place 놓다, 두다 shopping basket 장바구니 face ~을 향하다, 마주보다 refrigerate 냉장하다 display case 진열장

UNIT 02 사물·풍경 중심 사진

● 사물·풍경 사진   본문 p.46

| 1. (A) | 2. (B) | 3. (A) | 4. (A) | 5. (B) | 6. (C) |

1.
호

(A) Some clothes have been put on hangers.
(B) Some clothes have been left on the sofas.
(C) Some clothes have been stacked on the floor.
(D) Some clothes have been placed in a bag.

(A) 옷들이 옷걸이에 걸려 있다.
(B) 옷들이 소파 위에 놓여 있다.
(C) 옷들이 바닥에 쌓여 있다.
(D) 옷들이 가방 안에 넣어져 있다.

해설 (A) 옷들이 옷걸이에 걸려 진열되어 있는 모습을 적절하게 묘사한 정답.
(B) 사진에 소파(sofas)는 보이지만 그 위에 옷이 놓여(left) 있지 않으므로 오답.
(C) 옷들이 바닥에 쌓여(stacked on the floor) 있는 상태가 아니므로 오답.
(D) 사진에 옷이 든 가방이 보이지 않으므로 오답. 사진 속 가게에 있을 법한 가방(bag)을 이용해 혼동을 주었다.

어휘 clothes 옷, 의복　hanger 옷걸이　stack 쌓다, 포개다

2.
영

(A) A patio is surrounded by a fence.
(B) An easel has been set up outdoors.
(C) Several paintings are on display.
(D) Some cushions are stacked in a storage area.

(A) 테라스가 울타리로 둘러싸여 있다.
(B) 야외에 이젤이 세워져 있다.
(C) 그림 몇 점이 전시되어 있다.
(D) 몇몇 쿠션들이 보관 창고에 쌓여 있다.

해설 (A) 사진에 울타리(fence)가 보이지 않고, 테라스가 무언가에 둘러싸인(surrounded) 상태도 아니므로 오답.
(B) 캔버스를 올려놓은 이젤이 야외에 세워져 있는 모습을 적절하게 묘사한 정답.
(C) 비어 있는 캔버스가 하나 있지만 그림들(paintings)이 전시 중인(on display) 모습은 아니므로 오답.
(D) 사진의 배경은 창고(storage area)가 아니라 야외 공간이며, 쿠션이 쌓여(stacked) 있지도 않으므로 오답.

어휘 patio 테라스, 안뜰　be surrounded by ~로 둘러싸이다　easel 이젤　set up 세우다, 설치하다　outdoors 야외에　on display 전시된, 진열된　storage area 보관 창고

3.

(A) Some glasses have been filled halfway.
(B) Food is being placed on a plate.
(C) Some coffee cups are being washed.
(D) Fruit has been collected in a bottle.

(A) 몇몇 유리잔들이 반쯤 채워져 있다.
(B) 음식이 접시 위에 놓이고 있다.
(C) 몇몇 커피 잔들이 세척되고 있다.
(D) 과일이 병 안에 모아져 있다.

해설 (A) 음료가 반쯤 담긴 유리잔들을 적절하게 묘사한 정답.
(B) 음식이 이미 접시 위에 놓여 있는 상태를 현재 놓이고(being placed) 있는 중이라고 시제를 잘못 묘사한 오답.
(C) 무언가가 세척되고(being washed) 있는 상태가 아니고, 동작의 주체가 되는 사람도 없으므로 오답. 사진에 보이는 커피 잔(coffee cups)을 이용해 혼동을 주었다.
(D) 사진에 병(bottle)이 없고, 모아진 과일(fruit)도 보이지 않으므로 오답.

어휘 halfway 절반만, 불충분하게　place 놓다　plate 접시　wash 세척하다　collect 모으다　bottle 병

4.

(A) Some boxes are stacked on the floor.
(B) Some art has been hung on the wall.
(C) A ladder is leaning against a desk.
(D) There's a lamp on a rug.

(A) 몇몇 상자들이 바닥에 쌓여 있다.
(B) 미술품이 벽에 걸려 있다.
(C) 사다리가 책상에 기대어져 있다.
(D) 러그 위에 램프가 있다.

해설 (A) 바닥에 상자가 쌓여 있는 모습을 적절하게 묘사한 정답.
(B) 미술품(art)으로 표현될 수 있는 그림 액자가 벽에 걸려(hung on the wall) 있는 것이 아니라 바닥에 세워져 있으므로 오답.
(C) 사진에 책상(desk)이 보이지 않으므로 오답. 사다리가 벽에 기대어져(leaning against) 있는 상태를 이용해 혼동을 주었다.
(D) 사진에 램프(lamp)와 러그(rug) 둘 다 보이지만 램프가 러그 위에 있지는 않으므로 오답.

어휘 stack 쌓다, 포개다   art 미술품, 예술 작품   hang on ~에 걸다   ladder 사다리   lean against ~에 기대다   lamp 램프, 등   rug 러그

5.

(A) Some curtains have been pulled closed.
(B) A light fixture is hanging above a dining area.
(C) A tablecloth has been folded up.
(D) Some chairs are stacked in the corner.

(A) 일부 커튼이 닫혀 있다.
(B) 조명 기구가 식사 공간 위에 매달려 있다.
(C) 식탁보가 반듯하게 접혀 있다.
(D) 몇몇 의자들이 구석에 쌓여 있다.

해설 (A) 커튼이 닫혀(pulled closed) 있지 않고 열려 있으므로 오답.
(B) 식사 공간 위쪽 천장에 조명이 매달려 있는 모습을 적절하게 묘사한 정답.
(C) 사진에 식탁보(tablecloth)가 보이지 않으므로 오답.
(D) 사진에 의자(chairs)는 보이지만 구석에 쌓여(stacked) 있는 상태가 아니므로 오답.

어휘 pull A closed A를 닫다   light fixture 조명 기구   hang 매달리다, 걸리다   dining area 식사 공간   tablecloth 식탁보   fold up 반듯하게 접다

6.

(A) Some machinery is being repaired.
(B) Some tree branches are piled on the grass.
(C) Some traffic cones have been placed near a truck.
(D) A tire has fallen off the equipment.

(A) 기계가 수리되고 있다.
(B) 몇몇 나뭇가지들이 풀밭 위에 쌓여 있다.
(C) 몇몇 원뿔형 도로 표지물들이 트럭 근처에 놓여 있다.
(D) 타이어가 장비에서 떨어져 나왔다.

해설 (A) 기계가 수리되는(being repaired) 중인지 알 수 없고, 진행 중인 동작의 주체가 되는 사람도 보이지 않으므로 오답.
(B) 사진에 나뭇가지(tree branches)는 보이지만 풀밭 위에 쌓여(piled on the grass) 있는 모습은 아니므로 오답.
(C) 원뿔형 도로 표지물 몇 개가 트럭 근처에 놓여 있는 모습을 적절하게 묘사한 정답.
(D) 떨어져 나온(fallen off) 타이어는 보이지 않으므로 오답.

어휘 machinery 기계류   repair 수리하다   pile 쌓다; 더미   traffic cone 원뿔형의 도로 표지   place 놓다, 두다; 장소   fall off ~에서 떨어지다   equipment 장비

● 인물·사물·풍경 혼합 사진

본문 p.52

1. (C)   2. (B)   3. (B)   4. (A)   5. (C)   6. (A)

1.

(A) Some cabinet doors are closed.
(B) A man is buying a dish.
(C) Water is flowing from a faucet.
(D) Some glasses are being filled with water.

(A) 일부 캐비닛 문이 닫혀 있다.
(B) 남자가 접시를 구입하고 있다.
(C) 수도꼭지에서 물이 흐르고 있다.
(D) 몇몇 유리잔들이 물로 가득 채워지고 있다.

해설 (A) 사진에 캐비닛(cabinet)이 보이지 않으므로 오답.
(B) 남자가 무언가를 구입하고(buying) 있지 않으므로 오답. 남자가 들고 있는 접시(dish)를 이용해 혼동을 주었다.
(C) 개수대의 수도꼭지에 물이 틀어져 있는 모습을 적절하게 묘사한 정답.
(D) 무언가가 물로 가득 채워지는(being filled with water) 중이 아니므로 오답. 사진 속 주방 도구에서 연상되는 유리잔(glasses)을 이용해 혼동을 주었다.

어휘 dish 접시, 요리   flow 흐르다   faucet 수도꼭지   be filled with ~로 가득 차다

2.

(A) The woman is eating some vegetables.
(B) Some produce is on display next to the woman.
(C) Some shopping carts are being put away.
(D) The woman is placing some lettuce on the shelf.

(A) 여자가 채소를 먹고 있다.
(B) 농산물이 여자 옆에 진열되어 있다.
(C) 쇼핑 카트 몇 개가 치워지고 있다.
(D) 여자가 선반 위에 상추를 놓고 있다.

해설 (A) 여자가 무언가를 먹고(eating) 있지 않으므로 오답. 사진에 보이는 채소(vegetables)를 이용해 혼동을 주었다.
(B) 식료품점에 농산물이 진열되어 있는 모습을 적절하게 묘사한 정답.
(C) 사진에 쇼핑 카트(shopping cart)는 보이지만 치워지는(being put away) 중이 아니므로 오답.
(D) 여자가 선반 위에 무언가를 놓고(placing) 있지 않고, 사진에 상추(lettuce)도 보이지 않으므로 오답.

어휘 vegetable 채소   produce 농산물, 생산물   on display 진열된   put away 치우다   lettuce 상추

3.

(A) People are lining up at a register.
(B) People are visiting a library.
(C) Some people are checking out books.
(D) Some bookcases have been arranged by a window.

(A) 사람들이 등록기에 줄을 서 있다.
(B) 사람들이 도서관을 방문하고 있다.
(C) 몇몇 사람들이 도서를 대출받고 있다.
(D) 일부 책장이 창가에 정렬되어 있다.

해설 (A) 사진에 등록기(register)와 줄을 서 있는(lining up) 사람들이 보이지 않으므로 오답.
(B) 사람들이 도서관에서 책을 살펴보고 있는 모습을 포괄적으로 묘사한 정답.
(C) 도서를 대출 중인(checking out books) 사람들이 보이지 않으므로 오답. 사진 속 도서관 배경에서 연상되는 도서 대출을 이용해 혼동을 주었다.
(D) 사진에 창문(window)이 보이지 않으므로 오답. 나란히 정렬되어(arranged) 있는 책장(bookcases)을 이용해 혼동을 주었다.

어휘 line up 줄을 서다   register 등록기   library 도서관   check out (도서관 등에서) 대출받다   bookcase 책장   arrange 정렬시키다, 배치하다

4.

(A) A flower vase has been placed on a counter.
(B) A bell is being replaced.
(C) One of the men is leaning on a chair.
(D) One of the men is entering the lobby.

(A) 꽃병이 카운터 위에 놓여 있다.
(B) 벨이 교체되고 있다.
(C) 남자들 중 한 명이 의자에 기대어 있다.
(D) 남자들 중 한 명이 로비에 들어서고 있다.

해설 (A) 꽃병 하나가 카운터 위에 놓여 있는 모습을 적절하게 묘사한 정답.
(B) 카운터 위에 벨(bell)은 보이지만 교체되는(being replaced) 중은 아니므로 오답.
(C) 사진에 의자(chair)가 없으므로 오답. 남자들 중 한 명이 카운터에 기대어(leaning on) 있는 상태를 이용해 혼동을 주었다.
(D) 남자들은 둘 다 이미 로비(lobby)에 있는 상태이며 들어오고(entering) 있는 사람은 없으므로 오답.

어휘 vase 병, 꽃병 replace 교체하다, 바꾸다 lean on ~에 기대다 enter 들어가다

5.

(A) One of the people is closing a door.
(B) A mop has been left in the corner.
(C) One of the people is holding a cart handle.
(D) They're putting on their uniforms.

(A) 사람들 중 한 명이 문을 닫고 있다.
(B) 대걸레가 구석에 놓여 있다.
(C) 사람들 중 한 명이 카트 손잡이를 잡고 있다.
(D) 그들은 유니폼을 착용하는 중이다.

해설 (A) 문을 닫고(closing a door) 있는 사람은 없으므로 오답.
(B) 사진에 대걸레(mop)는 보이지만 구석에 놓여(left in the corner) 있는 상태가 아니라 남자가 사용 중이므로 오답.
(C) 여자가 카트 손잡이를 잡고 있는 모습을 적절하게 묘사한 정답.
(D) 사람들이 유니폼을 착용하고(putting on) 있는 중이 아니라 이미 착용한 상태이므로 오답.

어휘 mop 대걸레 handle 손잡이; 다루다 uniform 유니폼, 제복

6.

(A) A man is seated at a piano.
(B) A man is greeting some musicians.
(C) A piano is positioned against a wall.
(D) A piano is being moved.

(A) 남자가 피아노에 앉아 있다.
(B) 남자가 몇몇 연주자들에게 인사하고 있다.
(C) 피아노가 벽에 기대어 위치해 있다.
(D) 피아노가 옮겨지고 있다.

해설 (A) 남자가 피아노 앞에 앉아 연주하고 있는 모습을 적절하게 묘사한 정답.
(B) 남자가 누군가에게 인사를 하고(greeting) 있지 않고, 남자를 제외한 다른 연주자(musicians)도 보이지 않으므로 오답.
(C) 피아노가 벽에 기대어(against a wall) 있지 않으므로 오답.
(D) 사진에 보이는 피아노(piano)는 옮겨지는(being moved) 중이 아니라 사람이 연주하는 중이므로 오답.

어휘 be seated 앉다 greet 인사하다, 환영하다 musician 연주자, 음악가 position 위치를 정하다, 배치하다; 위치 against ~에 기대어, (바싹) 붙여

● 실전 문제

본문 p.54

1. (D) 2. (D) 3. (C) 4. (C) 5. (B) 6. (A)

1.
(미)

(A) Documents have been stacked on a cabinet.
(B) A fire extinguisher is sitting on the floor.
(C) A hallway has been decorated with paintings.
(D) Notices have been posted on a bulletin board.

(A) 서류들이 캐비닛 위에 쌓여 있다.
(B) 소화기가 바닥에 있다.
(C) 복도가 그림들로 장식되어 있다.
(D) 게시판에 공고문들이 게시되어 있다.

해설 (A) 사진에 캐비닛(cabinet)이 없으므로 오답. 사진에 보이는 서류(documents)를 이용해 혼동을 주었다.
(B) 소화기는 바닥에 있는(sitting on the floor) 것이 아니라 벽에 부착되어 있으므로 오답.
(C) 복도가 그림(paintings)으로 장식되어(decorated) 있지 않으므로 오답.
(D) 게시판에 여러 공고문이 게시되어 있는 모습을 적절하게 묘사한 정답.

어휘 document 서류, 문서 fire extinguisher 소화기 sit (어떤 곳에) 있다 hallway 복도 decorate 장식하다, 꾸미다 painting 그림 notice 공고, 통지 post 게시하다 bulletin board 게시판

2.
(영)

(A) A woman is preparing a meal.
(B) A man is looking for a seat.
(C) Some food is being removed from a table.
(D) Some of the chairs are unoccupied.

(A) 여자가 식사를 준비하고 있다.
(B) 남자가 자리를 찾고 있다.
(C) 음식이 테이블에서 치워지고 있다.
(D) 의자들 중 몇 개가 비어 있다.

해설 (A) 여자가 식사를 준비하고(preparing a meal) 있지 않으므로 오답.
(B) 남자가 자리를 찾고(looking for a seat) 있는 것이 아니라 이미 자리에 앉아 있으므로 오답.
(C) 테이블 위에 있는 음식이 치워지는(being removed) 중이 아니므로 오답.
(D) 사람들이 앉아 있는 야외 좌석에 의자 몇 개가 비어 있는 모습을 적절하게 묘사한 정답.

어휘 prepare a meal 식사를 준비하다 remove 치우다, 제거하다 unoccupied 비어 있는

3.
(미)

(A) A man is clearing off a table.
(B) They're sitting on a desk.
(C) Some people are examining a document.
(D) Some chairs have been placed under a window.

(A) 남자가 테이블을 치우고 있다.
(B) 그들은 책상 위에 앉아 있다.
(C) 몇몇 사람들이 서류를 검토하고 있다.
(D) 몇몇 의자들이 창문 아래에 놓여 있다.

해설 (A) 남자가 무언가를 치우고(clearing off) 있지 않으므로 오답.
(B) 두 사람 중 한 명만 책상 위에 앉아(sitting on a desk) 있으므로 오답.
(C) 두 사람이 서류를 검토하고 있는 모습을 적절하게 묘사한 정답.
(D) 사진에 의자(chairs)가 없으므로 오답. 사진에 보이는 창문(window)을 이용해 혼동을 주었다.

어휘 clear off ~을 치우다 examine 검토하다, 조사하다

4.

(A) Trees are being planted along a road.
(B) There's a bridge crowded with vehicles.
(C) A highway runs alongside a river.
(D) There's a car parked near a building.

(A) 도로를 따라 나무가 심어지는 중이다.
(B) 차량으로 붐비는 다리가 있다.
(C) 고속 도로가 강 옆으로 나 있다.
(D) 건물 근처에 주차된 차가 있다.

해설 (A) 나무(trees)가 심어지는(being planted) 중이 아니라 이미 심어진 상태이므로 오답.
(B) 멀리 다리(bridge)가 보이지만 차량으로 붐비는지(crowded with vehicles) 알 수 없으므로 오답.
(C) 고속 도로가 강을 따라 나 있는 모습을 적절하게 묘사한 정답.
(D) 사진에 건물(building)이 없고, 주차되어(parked) 있는 차도 보이지 않으므로 오답.

어휘 plant 심다; 식물   bridge 다리   crowded with ~으로 붐비는   vehicle 차량, 탈것   highway 고속 도로
alongside ~옆에, 나란히   park 주차하다; 공원

5.

(A) A laptop computer has been placed in a case.
(B) Some office supplies are stored in a desktop organizer.
(C) A coffee cup has been left in a sink.
(D) Some potted plants have been put on a shelf.

(A) 노트북 컴퓨터가 케이스 안에 들어 있다.
(B) 몇몇 사무용품이 탁상용 정리함에 보관되어 있다.
(C) 커피 잔이 싱크대 안에 놓여 있다.
(D) 화분에 심어진 식물 몇 개가 선반 위에 놓여 있다.

해설 (A) 노트북 컴퓨터가 케이스 안에 있지(placed in a case) 않고 책상 위에 펼쳐져 있으므로 오답.
(B) 몇 가지 사무용품이 탁상용 정리함에 보관되어 있는 모습을 적절하게 묘사한 정답.
(C) 사진에 싱크대(sink)가 보이지 않으므로 오답. 책상 위에 놓여 있는 커피 잔(coffee cup)을 이용해 혼동을 주었다.
(D) 화분에 심어진 식물(potted plant)이 선반(shelf)이 아닌 책상 위에 놓여 있으므로 오답.

어휘 case 케이스, 상자   office supplies 사무용품   store 보관하다, 저장하다   desktop 탁상용의
organizer 정리함, 서류꽂이   sink 싱크대, 개수대   potted plant 화분에 심어진 식물

6.

(A) The worker is cleaning up some debris.
(B) The worker is pouring cement.
(C) A brick wall is being painted.
(D) A toolbox has been left on the ground.

(A) 작업자가 잔해를 치우고 있다.
(B) 작업자가 시멘트를 붓고 있다.
(C) 벽돌담이 페인트칠되고 있다.
(D) 공구 상자가 땅에 놓여 있다.

해설 (A) 작업자가 바닥에 있는 잔해를 치우고 있는 모습을 적절하게 묘사한 정답.
(B) 작업자가 시멘트를 붓고(pouring cement) 있지 않으므로 오답. 사진 속 잔해에서 연상되는 시멘트 작업을 이용해 혼동을 주었다.
(C) 사진에 벽돌담(brick wall)은 보이지만 페인트칠되는(being painted) 중은 아니므로 오답.
(D) 사진에 공구 상자(toolbox)가 보이지 않으므로 오답.

어휘 clean up 치우다, 청소하다   debris 잔해, 부스러기   pour 붓다, 따르다   brick wall 벽돌담   toolbox 공구 상자

PART TEST

본문 p.56

1. (A) 2. (C) 3. (B) 4. (D) 5. (A) 6. (B)

1.

(A) She's reaching for some merchandise on a shelf.
(B) She's walking into a grocery store.
(C) She's taping some boxes shut.
(D) She's emptying out a shopping cart.

(A) 그녀는 선반 위에 있는 상품을 잡으려고 손을 뻗고 있다.
(B) 그녀는 식료품점으로 걸어 들어가고 있다.
(C) 그녀는 몇몇 상자에 테이프를 붙여서 닫고 있다.
(D) 그녀는 쇼핑 카트를 비우고 있다.

해설 (A) 여자가 선반 위의 상품을 향해 손을 뻗고 있는 모습을 적절하게 묘사한 정답.
(B) 여자가 식료품점(grocery store)으로 걸어 들어가는(walking into) 중이 아니라 이미 들어와 있는 상태이므로 오답.
(C) 사진에 상자(boxes)가 보이지 않고, 여자가 테이프를 붙이고(taping) 있지도 않으므로 오답.
(D) 사진 속 쇼핑 카트(shopping cart)가 물건들로 채워져 있는 것으로 보아 비우는(emptying out) 중이 아니므로 오답.

어휘 reach for ~을 잡으려고 손을 뻗다   merchandise 상품, 물품   grocery store 식료품점   tape 테이프로 붙이다
shut 닫힌, 잠긴   empty out 비우다

2.

(A) One of the men is giving a presentation.
(B) One of the men is drinking from a cup.
(C) One of the women is drawing on a whiteboard.
(D) One of the women is looking for a seat.

(A) 남자들 중 한 명이 발표를 하고 있다.
(B) 남자들 중 한 명이 컵으로 마시고 있다.
(C) 여자들 중 한 명이 화이트보드에 무언가를 그리고 있다.
(D) 여자들 중 한 명이 자리를 찾고 있다.

해설 (A) 발표를 하고(giving a presentation) 있는 사람은 남자가 아니라 여자이므로 오답.
(B) 사진 속 책상 위에 컵(cup)이 보이지만, 컵으로 무언가를 마시고(drinking) 있는 남자는 없으므로 오답.
(C) 여자가 화이트보드에 무언가를 그려가며 설명하고 있는 모습을 적절하게 묘사한 정답.
(D) 여자들이 자리를 찾고(looking for a seat) 있는 것이 아니라 이미 자리에 앉아 있는 상태이므로 오답.

어휘 give a presentation 발표하다   seat 자리, 좌석

3.

(A) They're both holding some flowers in their hands.
(B) The woman is pointing at some flowers.
(C) They're putting on some aprons.
(D) The woman is planting seeds in a garden.

(A) 그들은 둘 다 손에 꽃을 들고 있다.
(B) 여자가 몇몇 꽃들을 가리키고 있다.
(C) 그들은 앞치마를 입는 중이다.
(D) 여자가 정원에서 씨앗을 심고 있다.

해설 (A) 두 사람 중 남자만 손에 꽃을 들고(holding some flowers) 있으므로 오답. 일부를 전체처럼 묘사하여 혼동을 주었다.
(B) 여자가 꽃을 가리키고 있는 모습을 적절하게 묘사한 정답.
(C) 두 사람 모두 앞치마를 착용하고(putting on) 있는 중이 아니라 이미 착용한 상태이므로 오답.
(D) 여자가 무언가를 심고(planting) 있지 않으므로 오답. 사진의 배경인 정원(garden)을 이용해 혼동을 주었다.

어휘 point at ~을 손가락으로 가리키다   apron 앞치마   seed 씨앗

4. 호

(A) Some machines are being inspected.
(B) Some windows are being installed.
(C) A street is being swept.
(D) A construction vehicle has been parked near a building.

(A) 일부 기계들이 점검되고 있다.
(B) 일부 창문들이 설치되고 있다.
(C) 도로가 청소되고 있다.
(D) 공사 차량이 건물 근처에 주차되어 있다.

해설 (A) 사진에 무언가를 점검하는 사람은 보이지 않으므로 오답. 사진에 있는 건설 장비를 기계(machines)로 포괄하여 혼동을 주었다.
(B) 사진에 창문(windows)은 보이지만 이것이 설치되는(being installed) 중은 아니므로 오답.
(C) 도로를 쓸고 있는 사람은 보이지 않으므로 오답.
(D) 공사 차량이 건물 옆에 주차되어 있는 상태를 적절하게 묘사한 정답.

어휘 machine 기계   inspect 점검하다, 검사하다   install 설치하다   sweep 쓸다, 청소하다   construction 공사, 건설
park (차를) 세워 두다, 주차시키다

5. 미

(A) The refrigerator doors are closed.
(B) Some books are stacked on the counter.
(C) An oven is under the window.
(D) There are dishes in the sink.

(A) 냉장고 문이 닫혀 있다.
(B) 책들이 조리대 위에 쌓여 있다.
(C) 오븐이 창문 아래에 있다.
(D) 개수대 안에 접시들이 있다.

해설 (A) 냉장고의 문이 닫혀 있는 상태를 적절하게 묘사한 정답.
(B) 사진에 책(books)이 보이지 않으므로 오답. 사진에 있는 조리대(counter)를 이용해 혼동을 주었다.
(C) 사진에 오븐(oven)과 창문(window)은 보이지만 서로 위아래로 붙어 있지 않으므로 오답.
(D) 사진에 개수대(sink)는 보이지만 그 안에 접시(dishes)가 있는지는 확인할 수 없으므로 오답.

어휘 refrigerator 냉장고   counter 조리대, 계산대   sink 개수대, 싱크대

6. 미

(A) The woman is drinking some water.
(B) Some plants have been arranged in a row.
(C) The woman is wiping a window.
(D) Some shelves are being assembled.

(A) 여자가 물을 마시고 있다.
(B) 몇몇 식물이 일렬로 정렬되어 있다.
(C) 여자가 창문을 닦고 있다.
(D) 일부 선반들이 조립되고 있다.

해설 (A) 여자가 화분에 물을 주고 있지만 이를 마시고(drinking) 있지는 않으므로 오답.
(B) 여러 가지 식물을 심어 놓은 화분들이 나란히 정렬되어 있는 상태를 적절하게 묘사한 정답.
(C) 여자가 무언가를 닦고(wiping) 있지 않으므로 오답. 여자 뒤로 보이는 창문(window)을 이용해 혼동을 주었다.
(D) 사진에 선반들(shelves)은 보이지만 현재 조립되고 있는(being assembled) 상태는 아니므로 오답.

어휘 in a row 일렬로   wipe 닦다   assemble 조립하다, 모으다

PART 2

기초 학습 유사 발음 구별해서 듣기

본문 p.65

👉 Check-up

1 We need to buy a new <u>coffee</u> machine. 우리는 커피 머신을 새로 사야 해요.
2 Please see the chart on the <u>right</u>. 오른쪽에 있는 도표를 보십시오.
3 Could I <u>sit</u> by the window? 제가 창가에 앉아도 될까요?
4 I have to buy some <u>bins</u> for the employee bathroom. 저는 직원용 화장실에 둘 쓰레기통을 몇 개 사야 해요.

UNIT 03 Who, What·Which 의문문

● Who 의문문

본문 p.71

1. (C) 2. (A) 3. (A) 4. (C) 5. (A)

1.
(영)(호)

<u>Who's</u> having a <u>training</u> <u>session</u> tomorrow?
(A) In the conference room.
(B) <u>From</u> 2 to 4 P.M.
(C) The marketing <u>department</u>.

누가 내일 교육이 있나요?
(A) 회의실에서요.
(B) 오후 2시부터 4시까지요.
(C) 마케팅 부서요.

해설 (A) 사람을 묻는 Who 의문문에 회의실(conference room)이라는 장소로 답변한 오답.
(B) 사람을 묻는 Who 의문문에 시간(from 2 to 4 P.M.)으로 답변한 오답.
(C) 누가 내일 교육이 있는지 묻는 Who 의문문에 부서명(marketing department)으로 적절하게 답변한 정답.

어휘 training session 교육 (과정) conference room 회의실

2.
(호)(미)

<u>Who's</u> <u>buying</u> <u>decorations</u> for the party?
(A) Mr. Blair is.
(B) We celebrated her retirement.
(C) <u>Balloons</u> and <u>banners</u>.

누가 파티를 위한 장식품을 구입할 건가요?
(A) 블레어 씨가요.
(B) 우리는 그녀의 은퇴를 축하했어요.
(C) 풍선과 현수막이요.

해설 (A) 파티 장식품을 구입할 사람을 묻는 Who 의문문에 사람 이름(Mr. Blair)으로 적절하게 답변한 정답.
(B) 질문에서 대명사 her로 지칭할 만한 인물이 언급되지 않았고, 답변 내용도 질문에 맞지 않으므로 오답.
(C) 질문의 decorations(장식품)에서 연상되는 balloons(풍선)와 banners(현수막)를 이용해 혼동을 주는 오답.

어휘 decoration 장식품 celebrate 축하하다, 기념하다 retirement 은퇴, 퇴직 banner 현수막, 플래카드

3.
(영)(미)

Who fixed the wiring in the workstation?
(A) A company that was recommended.
(B) I'll meet you at the elevators.
(C) A string of lights.

누가 사무실 자리 배선을 수리했나요?
(A) 추천받았던 회사요.
(B) 엘리베이터에서 만나요.
(C) 줄로 엮은 전등이요.

> 해설 (A) 배선을 고친 사람을 묻는 Who 의문문에 특정 회사(company)로 적절하게 답변한 정답.
> (B) 질문과 관련 없는 내용으로 답변한 오답. 질문의 시제가 과거인데 미래 시제로 답한 것도 어색하다.
> (C) 질문의 wiring과 일부 음절이 같은 string을 이용해 혼동을 주는 오답.

> 어휘 fix 수리하다, 고치다   wiring 배선 (장치)   workstation (사무실 등에서) 근로자 1명에게 주어지는 작업 장소
> recommend 추천하다, 권고하다   string 끈에 꿴 것, 줄

4.
(미)(영)

Who's reviewing the tax information next week?
(A) Please pay it promptly.
(B) I'm ready to hear that.
(C) A senior accountant will.

누가 다음 주에 세금 정보를 검토하나요?
(A) 즉시 그것을 지불해 주세요.
(B) 전 들을 준비가 됐어요.
(C) 선임 회계사가 할 거예요.

> 해설 (A) 질문의 tax(세금)에서 연상되는 pay(지불하다)를 이용해 혼동을 주는 오답.
> (B) Who 의문문에는 인칭 대명사(I)로 답변할 수 있지만, 뒤에 오는 내용이 질문에 맞지 않으므로 오답.
> (C) 세금 정보를 검토할 사람을 묻는 Who 의문문에 선임 회계사(senior accountant)라는 직책명으로 적절하게 답변한 정답.

> 어휘 review 검토하다, 자세히 살피다   tax 세금   information 정보   promptly 즉시, 지체 없이   be ready to ~할 준비가 되다
> senior 선임의, 상급의   accountant 회계사, 회계원

5.
(영)(미)

Who's presenting talks at the conference?
(A) I haven't seen the list.
(B) That's probably for the best.
(C) Yes, I hope so.

누가 회의에서 연설을 하나요?
(A) 저는 아직 명단을 보지 못했어요.
(B) 아마도 그게 최선일 겁니다.
(C) 네, 그러기를 바랍니다.

> 해설 (A) 회의에서 연설할 사람을 묻는 Who 의문문에 명단을 보지 못했다며 모른다는 것을 간접적으로 나타낸 정답.
> (B) 질문과 관련 없는 내용으로 답변한 오답. 대명사 that이 지칭하는 것이 무엇인지도 명확하지 않다.
> (C) 의문사 의문문에 Yes로 답변한 오답.

> 어휘 present 발표하다   talk 연설, 담화   conference 회의, 학회   probably 아마도

● What·Which 의문문

본문 p.75

1. (B)   2. (A)   3. (B)   4. (B)   5. (C)

1.
(미)(미)

What do you think about our new logo?
(A) She's new to our team.
(B) I prefer the previous one.
(C) About twice a month.

우리의 새 로고에 대해 어떻게 생각하나요?
(A) 그녀는 우리 팀에 새로 왔어요.
(B) 저는 이전 것이 더 좋아요.
(C) 한 달에 두 번 정도요.

> 해설 (A) 질문의 new를 반복해 혼동을 주는 오답.
> (B) 새 로고에 대한 생각을 묻는 What 의문문에 이전 것이 더 좋다는 자신의 의견으로 적절하게 답변한 정답.

(C) 의견을 묻는 What 의문문에 빈도(twice a month)로 답변한 오답.

어휘 prefer ~을 (더) 좋아하다 previous 이전의 twice 두 번

2.
(미) (호)

What should we do for the employee party?
(A) Let's hire a band.
(B) Yes, I like that idea.
(C) At the office.

직원 파티를 위해 우리가 무엇을 해야 하나요?
(A) 밴드를 고용합시다.
(B) 네, 그 의견이 마음에 들어요.
(C) 사무실에서요.

해설 (A) 직원 파티를 위해 해야 할 일을 묻는 What 의문문에 밴드를 고용하자는 제안으로 적절하게 답변한 정답.
(B) 의문사 의문문에 Yes로 답변한 오답.
(C) 해야 할 일을 묻는 What 의문문에 사무실(office)이라는 장소로 답변한 오답.

어휘 employee 직원 hire 고용하다 idea 의견, 생각

3.
(미) (영)

What's the monthly cost of parking in this lot?
(A) At 10:30 this morning.
(B) There's no charge for full-time employees.
(C) I have a lot more than I expected.

이 구역의 월 주차비는 얼마입니까?
(A) 오늘 오전 10시 30분에요.
(B) 상근 직원들은 부과되는 요금이 없습니다.
(C) 예상했던 것보다 훨씬 더 많이 있어요.

해설 (A) 비용을 묻는 What 의문문에 시점(10:30 this morning)으로 답변한 오답.
(B) 월 주차 비용을 묻는 What 의문문에 상근 직원들은 무료라고 적절하게 답변한 정답.
(C) 질문의 lot을 다른 의미로 반복해 혼동을 주는 오답.

어휘 monthly 매월의 cost 비용 parking 주차 lot 구역, 부지; 많음, 다량 charge 요금, 청구 금액 full-time 상근의 expect 예상하다, 기대하다

4.
(호) (영)

Which copy machine should we replace first?
(A) Some confidential documents.
(B) The one on the second floor.
(C) Yes, I believe so.

우리는 어느 복사기를 먼저 교체해야 하나요?
(A) 일부 기밀문서들이요.
(B) 2층에 있는 것이요.
(C) 네, 저는 그렇다고 생각해요.

해설 (A) 질문의 copy machine(복사기)에서 연상되는 documents(문서)를 이용해 혼동을 주는 오답.
(B) 어떤 복사기를 교체해야 하는지 묻는 Which 의문문에 the one(~한 것)을 이용해 '2층에 있는 것'이라고 적절하게 답변한 정답.
(C) 의문사 의문문에 Yes로 답변한 오답.

어휘 copy machine 복사기 replace 교체하다 confidential 기밀의

5.
(영) (미)

Which sofa do you think is more comfortable?
(A) A table for two, please.
(B) They are very soft.
(C) The brown one.

어느 소파가 더 편안하다고 생각하시나요?
(A) 2인용 테이블로 부탁드립니다.
(B) 그것들은 아주 부드러워요.
(C) 갈색인 것이요.

해설 (A) 질문의 sofa(소파)에서 연상되는 table(테이블)을 이용해 혼동을 주는 오답.
(B) 질문의 sofa와 일부 음절이 같은 soft를 이용해 혼동을 주는 오답.
(C) 어느 소파가 더 편안하다고 생각하는지 묻는 Which 의문문에 sofa(소파)를 대명사 one으로 받아 '갈색 소파'라고 적절하게 답변한 정답.

어휘 comfortable 편안한, 안락한   soft 부드러운

● 실전 문제

본문 p.76

1. (C)   2. (B)   3. (B)   4. (A)   5. (B)   6. (C)   7. (C)   8. (C)   9. (A)   10. (C)
11. (B)   12. (A)

1.
(미)
(미)

Who ordered these printer cartridges?

(A) Three would be good.
(B) Because of the printer.
(C) I did. There wasn't any left.

누가 이 프린터 카트리지들을 주문했나요?

(A) 세 개면 될 거예요.
(B) 프린터 때문이에요.
(C) 제가 했어요. 남은 게 하나도 없었거든요.

해설 (A) 사람을 묻는 Who 의문문에 수량(three)으로 답변한 오답.
(B) 질문의 printer를 반복해 혼동을 주는 오답.
(C) 프린터 카트리지를 주문한 사람을 묻는 Who 의문문에 인칭 대명사(I)로 답변 후 부연 설명한 정답.

어휘 order 주문하다; 주문   printer cartridge 프린터 카트리지   left 남아 있는

2.
(호)
(영)

Who's in charge of selecting the photos?

(A) With a digital camera.
(B) The magazine's editor.
(C) On the computer.

누가 사진 고르는 것을 담당하나요?

(A) 디지털 카메라로요.
(B) 그 잡지의 편집장이요.
(C) 컴퓨터에요.

해설 (A) 질문의 photos(사진)에서 연상되는 camera(카메라)를 이용해 혼동을 주는 오답.
(B) 사진 고르는 일을 담당하는 사람을 묻는 Who 의문문에 편집장(editor)이라는 직책명으로 적절하게 답변한 정답.
(C) 질문과 관련 없는 내용으로 답변한 오답. 사진을 저장하는 곳을 묻는 질문에 어울릴 만한 답변이다.

어휘 be in charge of ~을 담당하다, 맡다   select 고르다, 선택하다   magazine 잡지   editor 편집장, 편집자

3.
(영)
(미)

Which bag are you bringing on your vacation?

(A) I had a great vacation.
(B) The black leather suitcase.
(C) We are looking forward to it.

당신은 휴가에 어느 가방을 가져올 거예요?

(A) 저는 휴가를 아주 잘 보냈어요.
(B) 검은색 가죽 여행 가방이요.
(C) 우리는 그것을 몹시 기대하고 있어요.

해설 (A) 질문의 vacation을 반복해 혼동을 주는 오답.
(B) 휴가 때 가져올 가방을 묻는 Which 의문문에 가방의 색상(black), 재질(leather), 종류(suitcase)를 포함한 구체적인 정보로 적절하게 답변한 정답.
(C) 휴가에 대한 기대감을 나타내는 답변으로 질문의 내용에 맞지 않는 오답.

어휘 vacation 휴가, 방학   leather 가죽   suitcase 여행 가방   look forward to ~을 기대하다, 고대하다

4.
(호)
(미)

Who proofread the quarterly report?

(A) I think Joseph did that.
(B) To inform our shareholders.
(C) Yes, before April 1st.

누가 분기 보고서의 교정을 보았나요?

(A) 조지프가 본 것 같아요.
(B) 우리 주주들에게 알리기 위해서요.
(C) 네, 4월 1일 전에요.

해설 (A) 분기 보고서를 교정 본 사람을 묻는 Who 의문문에 사람 이름(Joseph)으로 적절하게 답변한 정답.
(B) 사람을 묻는 Who 의문문에 알리기 위해서(to inform)라는 목적으로 답변한 오답. 분기 보고서의 용도를 묻는 질문에 어울릴 만한 답변이다.
(C) 의문사 의문문에 Yes로 답변한 오답.

어휘 proofread 교정을 보다 quarterly 분기별의 report 보고서 inform 알리다, 통지하다 shareholder 주주

5.
(미)
(미)

What did you bring back from the trade fair?

(A) To learn about the industry.
(B) Andrew attended it this time.
(C) Thank you for your help.

당신은 무역 박람회에서 무엇을 가지고 돌아왔나요?

(A) 그 산업에 대해 배우기 위해서요.
(B) 이번에는 앤드류가 그곳에 참석했어요.
(C) 도와주셔서 감사합니다.

해설 (A) 질문의 trade fair(무역 박람회)에서 연상되는 industry(산업)를 이용해 혼동을 주는 오답. 무역 박람회 참석 목적을 묻는 질문에 어울릴 만한 답변이다.
(B) 무역 박람회에서 가져온 것을 묻는 What 의문문에 앤드류가 그곳에 참석했다고 답변함으로써 자신은 박람회에 가지 않았음을 간접적으로 드러낸 정답.
(C) 질문과 관련 없는 감사 인사로 답변한 오답.

어휘 trade fair 무역 박람회 industry 산업 attend 참석하다

6.
(영)
(호)

Which hotel will you use during your business trip?

(A) Yes, the program is very useful.
(B) Request a later checkout time.
(C) It's called the Montgomery Inn.

출장 동안 어느 호텔을 이용하실 건가요?

(A) 네, 그 프로그램은 아주 유용해요.
(B) 더 늦은 퇴실 시간을 요청하세요.
(C) '몽고메리 인'이라는 곳이에요.

해설 (A) 의문사 의문문에 Yes로 답변한 오답. 질문의 use에서 파생된 useful을 이용해 혼동을 주었다.
(B) 질문의 hotel(호텔)에서 연상되는 checkout time(퇴실 시간)을 이용해 혼동을 주는 오답.
(C) 어느 호텔을 이용할지 묻는 Which 의문문에 호텔 이름(Montgomery Inn)으로 적절히 답변한 정답.

어휘 business trip 출장 useful 유용한 request 요청하다; 요구 checkout 퇴실 inn (작은) 호텔

7.
(미)
(영)

Who's making the graphics for our new Web site?

(A) The main page.
(B) Just our company name.
(C) I'm not sure.

누가 우리의 신규 웹사이트를 위한 그래픽을 만드나요?

(A) 메인 화면이요.
(B) 우리 회사 이름만요.
(C) 잘 모르겠어요.

해설 (A) 질문의 Web site(웹사이트)에서 연상되는 main page(메인 화면)를 이용해 혼동을 주는 오답.
(B) 질문의 our를 반복해 혼동을 주는 오답.
(C) 신규 웹사이트의 그래픽을 만들 사람을 묻는 Who 의문문에 잘 모르겠다고 적절히 답변한 정답.

어휘 graphic 그래픽, 도표 sure 확신하는, 확실히 아는

8.
호
미

Who's that waiting by the entrance?

(A) My key isn't working.
(B) A set of double doors.
(C) That's our new safety inspector.

입구에서 기다리고 있는 저 사람은 누구인가요?

(A) 제 열쇠가 안 들어요.
(B) 양쪽으로 여닫는 문 한 세트요.
(C) 저분은 우리의 새로운 안전 검사관이에요.

> 해설 (A) 질문의 entrance(입구)에서 연상되는 key(열쇠)를 이용해 혼동을 주는 오답.
> (B) 질문의 entrance(입구)에서 연상되는 doors(문)를 이용해 혼동을 주는 오답.
> (C) 입구에서 기다리고 있는 사람이 누구인지 묻는 Who 의문문에 안전 검사관(safety inspector)이라는 직책명으로 적절하게 답변한 정답.

> 어휘 entrance (출)입구 work (기계 따위가) 작동하다, 기능하다 double doors 양쪽으로 여닫는 문 safety 안전 inspector 검사관, 조사관

9.
미
미

What kind of air conditioner are you looking for?

(A) One that's very quiet.
(B) At least twenty degrees.
(C) He can close the window.

어떤 종류의 에어컨을 찾고 계신가요?

(A) 아주 조용한 것이요.
(B) 적어도 20도요.
(C) 그가 창문을 닫을 수 있어요.

> 해설 (A) 찾고 있는 에어컨의 종류를 묻는 What 의문문에 air conditioner(에어컨)를 대명사 one으로 받아 아주 조용한 에어컨을 찾고 있다고 적절하게 답변한 정답.
> (B) 질문의 air conditioner(에어컨)에서 연상되는 실내 온도를 나타내는 twenty degrees(20도)를 이용해 혼동을 주는 오답.
> (C) 질문의 air conditioner(에어컨)에서 연상되는 창문을 닫는(close the window) 상황을 이용해 혼동을 주는 오답.

> 어휘 air conditioner 에어컨 look for ~을 찾다 quiet 조용한 at least 적어도 degree (각도·온도계 따위의) 도

10.
호
영

Who's conducting the job interviews?

(A) Within a few days.
(B) Please tell me your qualifications.
(C) Ben had a stack of résumés.

누가 취업 면접을 실시하나요?

(A) 며칠 안에요.
(B) 당신의 자질에 대해 말씀해 주십시오.
(C) 벤에게 이력서 한 무더기가 있었어요.

> 해설 (A) 사람을 묻는 Who 의문문에 기간(within a few days)으로 답변한 오답.
> (B) 질문의 job interviews(취업 면접)에서 연상되는 qualifications(자질)를 이용해 혼동을 주는 오답.
> (C) 면접을 실시하는 사람을 묻는 Who 의문문에 사람 이름(Ben)과 이력서 관련 내용으로 적절하게 답변한 정답.

> 어휘 conduct 수행하다, 실시하다 job interview (취업) 면접 qualification 자질, 자격 a stack of 한 무더기의, 많은 résumé 이력서

11.
호
미

Which sweater looks best?

(A) A clothing shop.
(B) The one with the stripes.
(C) He's good-looking.

어느 스웨터가 가장 좋아 보이나요?

(A) 옷 가게요.
(B) 줄무늬가 있는 것이요.
(C) 그는 잘생겼어요.

> 해설 (A) 질문의 sweater(스웨터)에서 연상되는 clothing(옷)을 이용해 혼동을 주는 오답.
> (B) 어느 스웨터가 가장 좋아 보이는지 묻는 Which 의문문에 sweater(스웨터)를 대명사 one으로 받아 줄무늬가 있는 스웨터라고 적절하게 답변한 정답.
> (C) 질문의 looks와 일부 음절이 같은 looking을 이용해 혼동을 주는 오답.

> 어휘 clothing 옷, 의류 stripe 줄무늬 good-looking 잘생긴

12.
ⓜ
ⓗ

Which movie are you in the mood for?
(A) I haven't seen any of them.
(B) Would you like popcorn?
(C) We should move the desk.

어느 영화를 보고 싶나요?
(A) 저는 그것들 중 아무것도 못 봤어요.
(B) 팝콘 드시겠어요?
(C) 우리는 그 책상을 옮겨야 해요.

해설 (A) 보고 싶은 영화를 묻는 Which 의문문에 그것들(= 그 영화들) 중 아무것도(= 아무 영화도) 못 봤다고 답변함으로써 어느 영화든 괜찮다는 것을 간접적으로 나타낸 정답.
(B) 질문의 movie(영화)에서 연상되는 popcorn(팝콘)을 이용해 혼동을 주는 오답.
(C) 질문의 movie와 발음이 비슷한 move를 이용해 혼동을 주는 오답.

어휘 be in the mood for ~할 기분이 나다   move 옮기다, 이동하다

UNIT 04 | When, Where 의문문

● When 의문문   본문 p.83

1. (C)   2. (A)   3. (A)   4. (B)   5. (A)

1.
ⓜ
ⓗ

When is your doctor's appointment?
(A) San Francisco.
(B) A routine checkup.
(C) Before lunch.

당신의 진료 예약은 언제인가요?
(A) 샌프란시스코요.
(B) 정기 검진입니다.
(C) 점심시간 전이요.

해설 (A) 시간을 묻는 When 의문문에 장소를 나타내는 지역명(San Francisco)으로 답변한 오답.
(B) 질문의 doctor's appointment(진료 예약)에서 연상되는 checkup(건강 검진)을 이용해 혼동을 주는 오답.
(C) 진료 예약이 언제인지 묻는 When 의문문에 점심시간 전(before lunch)이라는 시점으로 적절하게 답변한 정답.

어휘 doctor's appointment 진료 예약   routine 정기적인; 일상   checkup (건강) 검진

2.
ⓗ
ⓜ

When will the fabric samples be delivered?
(A) Sometime this week.
(B) Three different colors.
(C) On the cabinet.

옷감 견본이 언제 배달될 예정인가요?
(A) 이번 주 중에요.
(B) 세 가지 다른 색상이요.
(C) 캐비닛 위에요.

해설 (A) 옷감 견본의 배달 시기를 묻는 When 의문문에 대략적인 시점(sometime)으로 적절하게 답변한 정답.
(B) 질문의 fabric(옷감)에서 연상되는 colors(색상)를 이용해 혼동을 주는 오답.
(C) 시간을 묻는 When 의문문에 캐비닛 위(on the cabinet)라는 위치로 답변한 오답. 의문사 When과 발음이 비슷한 Where 의문문에 어울리는 답변이다.

어휘 fabric 옷감, 천   sample 견본, 샘플   deliver 배달하다

3.
미 / 영

When does the heavy traffic start?
(A) Around seven in the morning.
(B) Okay, do you need a ride?
(C) They took the main roads.

교통 정체가 언제 시작되나요?
(A) 오전 7시쯤에요.
(B) 좋아요, 제가 태워드릴까요?
(C) 그들은 메인 도로를 탔어요.

해설 (A) 교통 정체가 시작되는 때를 묻는 When 의문문에 시간(around seven)으로 적절하게 답변한 정답.
(B) 의문사 의문문에 동의를 나타내는 Okay로 답변한 오답. 질문의 traffic(교통)에서 연상되는 ride(태워주기)를 이용해 혼동을 주었다.
(C) 질문의 traffic(교통)에서 연상되는 roads(도로)를 이용해 혼동을 주는 오답.

어휘 heavy traffic 교통 정체   ride (탈것에) 타기, 태워주기; 타다   road 도로

4.
미 / 미

When will the board make a final decision?
(A) Yes, that would be fair.
(B) Tomorrow is their next meeting.
(C) The head of the company.

이사회가 언제 최종 결정을 내릴 예정인가요?
(A) 네, 그게 공정할 것 같네요.
(B) 내일 그들의 다음 회의가 있어요.
(C) 그 회사의 사장이요.

해설 (A) 의문사 의문문에 Yes로 답변한 오답.
(B) 이사회가 언제 최종 결정을 할지 묻는 When 의문문에 내일(tomorrow) 회의에서 결정을 내릴 것임을 간접적으로 나타낸 정답.
(C) 질문의 board(이사회)에서 연상되는 head(사장)와 company(회사)를 이용해 혼동을 주는 오답.

어휘 board 이사회, 위원회   make a decision 결정을 내리다   final 최종의   fair 공정한, 공평한   head 사장, 책임자

5.
호 / 미

When will the funds be available?
(A) As soon as we complete the transaction.
(B) A small business loan.
(C) It was a lot of fun.

언제 그 자금을 이용할 수 있게 될까요?
(A) 우리가 거래를 완료하자마자요.
(B) 소규모 기업 대출입니다.
(C) 그건 아주 재미있었어요.

해설 (A) 언제 자금을 이용할 수 있게 될지 묻는 When 의문문에 무엇을 하자마자(as soon as)라는 특정 시점으로 적절하게 답변한 정답.
(B) 질문의 funds(자금)에서 연상되는 loan(대출)을 이용해 혼동을 주는 오답.
(C) 질문의 funds와 일부 음절이 같은 fun을 이용해 혼동을 주는 오답.

어휘 fund 자금, 기금   available 이용할 수 있는   as soon as ~하자마자   complete 완료하다, 끝마치다   transaction 거래, 매매   loan 대출, 융자

● **Where 의문문**   본문 p.87

1. (C)   2. (C)   3. (A)   4. (C)   5. (A)

1.
미 / 호

Where should I leave these surveys?
(A) No later than Thursday.
(B) Around 20 questions in total.
(C) On my desk, please.

이 설문 조사지들을 어디에 둘까요?
(A) 늦어도 목요일까지요.
(B) 통틀어 약 20문항입니다.
(C) 제 책상 위에 부탁드려요.

해설 (A) 장소를 묻는 Where 의문문에 요일(Thursday)로 답변한 오답.
(B) 질문의 surveys(설문 조사)에서 연상되는 questions(질문)를 이용해 혼동을 주는 오답.

(C) 설문지를 어디에 둘지 묻는 Where 의문문에 책상 위(on my desk)라는 위치로 적절하게 답변한 정답.

어휘 survey 설문 조사 no later than 늦어도 ~까지 in total 통틀어, 전체로서

2.

Where do you have your baking supplies?
(A) I'm not a good cook.
(B) We were very surprised.
(C) In aisle 7.

제빵 용품은 어디에 있나요?
(A) 저는 요리를 잘 못해요.
(B) 우리는 매우 놀랐습니다.
(C) 7번 통로에요.

해설 (A) 질문의 baking(제빵)에서 연상되는 cook(요리사)을 이용해 혼동을 주는 오답.
(B) 질문의 supplies(용품)와 발음이 비슷한 surprised(놀란)를 이용해 혼동을 주는 오답.
(C) 제빵 용품이 있는 곳을 묻는 Where 의문문에 7번 통로(aisle 7)라는 장소로 적절하게 답변한 정답.

어휘 baking supplies 제빵 용품 cook 요리사; 요리하다 surprised 놀란 aisle 통로

3.

Where are the extra whiteboard markers?
(A) In the storage cabinet.
(B) There's one in the afternoon.
(C) That's easier to read.

여분의 화이트보드 마커 펜이 어디에 있나요?
(A) 보관 캐비닛 안에요.
(B) 오후에 하나 있어요.
(C) 그게 읽기 더 편해요.

해설 (A) 마커 펜이 어디 있는지 묻는 Where 의문문에 보관 캐비닛(storage cabinet)이라는 장소로 적절하게 답변한 정답.
(B) 장소를 묻는 Where 의문문에 오후(afternoon)라는 시점으로 답변한 오답.
(C) 질문의 whiteboard(화이트보드)에서 연상되는 read(읽다)를 이용해 혼동을 주는 오답.

어휘 extra 여분의, 추가의 marker 마커 펜 storage 보관, 저장

4.

Where's the site for the new headquarters?
(A) Most of the staff members.
(B) Do you need change?
(C) It's next to the post office.

새 본사 부지는 어디인가요?
(A) 직원들 대부분이요.
(B) 잔돈이 필요하세요?
(C) 우체국 옆에 있어요.

해설 (A) 장소를 묻는 Where 의문문에 직원들(staff members)이라는 사람 표현으로 답변한 오답.
(B) 질문의 new(새로운)에서 연상되는 change(변화)의 다른 의미 '잔돈'을 이용해 혼동을 주는 오답.
(C) 부지의 위치를 묻는 Where 의문문에 우체국 옆(next to the post office)이라는 위치로 적절하게 답변한 정답.

어휘 site 부지, 용지 headquarters 본사, 본부 staff member 직원 change 잔돈

5.

Where should I go to find out more about voting?
(A) Try City Hall.
(B) Usually once every two years.
(C) Have you seen my lost wallet?

투표에 대해서 더 알아보려면 어디로 가야 하나요?
(A) 시청으로 가보세요.
(B) 보통 2년에 한 번입니다.
(C) 잃어버린 제 지갑을 보셨나요?

해설 (A) 투표에 대해 알아보려면 어디로 가야 하는지 묻는 Where 의문문에 시청(City Hall)이라는 장소로 적절하게 답변한 정답.
(B) 장소를 묻는 Where 의문문에 빈도(once every two years)로 답변한 오답.
(C) 질문의 find(알다)의 다른 의미인 '찾다'에서 연상되는 lost(잃어버린)를 이용해 혼동을 주는 오답.

어휘 find out ~을 알아내다 voting 투표, 선거 try ~을 해보다, 시도하다 wallet 지갑

● 실전 문제   본문 p.88

1. (A)   2. (B)   3. (B)   4. (A)   5. (C)   6. (B)   7. (A)   8. (B)   9. (B)   10. (A)
11. (C) 12. (B)

1.
(미)(미)

When should we hold the team dinner?
(A) Thursday the 5th is convenient.
(B) How about at a seafood restaurant?
(C) Seats for 10 people.

우리는 팀 회식을 언제 해야 할까요?
(A) 5일 목요일이 편해요.
(B) 해산물 식당에서 하는 건 어때요?
(C) 10명 자리요.

해설 (A) 팀 회식을 언제 할지 묻는 When 의문문에 날짜와 요일(Thursday the 5th)로 적절하게 답변한 정답.
(B) 시간을 묻는 When 의문문에 장소(seafood restaurant)를 제안한 오답.
(C) 질문의 team dinner(팀 회식)에서 연상되는 seats for 10 people(10명 자리)을 이용해 혼동을 주는 오답.

어휘 hold (행사 등을) 열다, 개최하다   convenient 편리한, 간편한   How about ~? ~는 어때요?   seat 자리

2.
(호)(미)

Where are the spare parts for the vehicle?
(A) A loose tire.
(B) Check the garage.
(C) I have some space now.

차량의 예비 부품들은 어디에 있나요?
(A) 헐거워진 타이어요.
(B) 차고를 확인해 보세요.
(C) 전 지금 시간이 좀 있어요.

해설 (A) 질문의 vehicle(차량)에서 연상되는 tire(타이어)를 이용해 혼동을 주는 오답.
(B) 차량의 예비 부품이 어디 있는지 묻는 Where 의문문에 차고(garage)라는 장소로 적절하게 답변한 정답.
(C) 질문의 spare와 일부 음절이 같은 space를 이용해 혼동을 주는 오답.

어휘 spare 예비용의, 여분의   vehicle 차량, 탈것   loose 헐거워진   garage 차고, 주차장   space 시간, 간격

3.
(미)(영)

Where are the presenters?
(A) Yes, we learned a lot.
(B) They're in the break room.
(C) Sandra probably will.

발표자들은 어디에 있나요?
(A) 네, 우리는 많이 배웠어요.
(B) 그들은 휴게실에 있어요.
(C) 아마 샌드라가 할 거예요.

해설 (A) 의문사 의문문에 Yes로 답변한 오답.
(B) 발표자들이 어디 있는지 묻는 Where 의문문에 휴게실(break room)이라는 장소로 적절하게 답변한 정답.
(C) 장소를 묻는 Where 의문문에 사람 이름(Sandra)으로 답변한 오답.

어휘 presenter 발표자   break room 휴게실   probably 아마

4.
(영)(호)

When do you take a lunch break?
(A) At 11:30 every day.
(B) No, I'm not hungry.
(C) Just a light breakfast.

당신은 언제 점심시간을 갖나요?
(A) 매일 11시 30분에요.
(B) 아니요, 저는 배고프지 않아요.
(C) 가벼운 아침 식사만요.

해설 (A) 점심시간이 언제인지 묻는 When 의문문에 시간(11:30)으로 적절하게 답변한 정답.
(B) 의문사 의문문에 No로 답변한 오답. 질문의 lunch(점심)에서 연상되는 hungry(배고픈)를 이용해 혼동을 주었다.
(C) 질문의 break과 일부 음절이 같은 breakfast를 이용해 혼동을 주는 오답.

26

어휘 lunch break 점심시간 light 가벼운

5.
영/미

Where is the best place for these shelves?
(A) More than one meter.
(B) A wide variety of books.
(C) You should check with Henry.

이 선반들을 둘 최적의 장소는 어디인가요?
(A) 1미터 이상이요.
(B) 매우 다양한 책들이요.
(C) 헨리에게 물어보셔야 해요.

해설 (A) 장소를 묻는 Where 의문문에 수치(one meter)로 답변한 오답.
(B) 질문의 shelves(선반)에서 연상되는 books(책)를 이용해 혼동을 주는 오답.
(C) 선반을 둘 장소를 묻는 Where 의문문에 다른 사람(Henry)에게 물어보라는 말로 자신은 모른다는 것을 간접적으로 나타낸 정답.

어휘 shelf 선반, 책꽂이 a wide variety of 매우 다양한 check with ~에게 문의하다

6.
호/미

When will I get reimbursed for my business expenses?
(A) A meal for a client.
(B) Not until the next pay period.
(C) Sure, I can afford it.

제 업무 경비에 대해 언제 환급을 받게 될까요?
(A) 고객을 위한 식사요.
(B) 다음 급여 지급 기간이 되어야 합니다.
(C) 그럼요, 제가 감당할 수 있어요.

해설 (A) 질문의 business(업무)에서 연상되는 client(고객)를 이용해 혼동을 주는 오답.
(B) 업무 경비의 환급 시기를 묻는 When 의문문에 다음 급여 지급 기간(next pay period)이라는 시점으로 적절하게 답변한 정답.
(C) 의문사 의문문에 동의를 나타내는 Sure로 답변한 오답.

어휘 get reimbursed for ~을 환급받다 expense 경비 meal 식사 not until ~이후에야 비로소 pay 급료, 지불 period 기간 afford ~할 여유가 되다

7.
영/미

When was the company's awards ceremony held?
(A) A few weeks ago.
(B) The head of each department.
(C) Recognizing everyone's hard work.

회사 시상식은 언제 열렸나요?
(A) 몇 주 전이에요.
(B) 각 부서장이요.
(C) 모든 사람들의 노고를 인정하는 거예요.

해설 (A) 시상식이 언제 열렸는지 묻는 When 의문문에 몇 주 전(a few weeks ago)이라는 과거 시점으로 적절하게 답변한 정답.
(B) 시간을 묻는 When 의문문에 사람을 나타내는 직책명(head of each department)으로 답변한 오답.
(C) 시상식의 시간이 아닌 목적에 어울리는 내용으로 답변한 오답.

어휘 awards ceremony 시상식 head 장, 우두머리 recognize 인정하다, 알아보다 hard work 노고, 힘든 일

8.
미/영

When was the original purchase made?
(A) Laptops for the sales team.
(B) That's printed on the receipt.
(C) We originally planned it.

최초 구매는 언제 하셨나요?
(A) 영업팀을 위한 노트북 컴퓨터예요.
(B) 그건 영수증에 인쇄되어 있어요.
(C) 우리는 원래 그것을 계획했어요.

해설 (A) 질문의 purchase(구매)에서 연상되는 laptops(노트북 컴퓨터)를 이용해 혼동을 주는 오답. 무엇을 샀는지 묻는 질문에 어울리는 답변이다.
(B) 구매 시기를 묻는 When 의문문에 그것이 영수증에 인쇄되어 있다는 말로 해당 정보를 알 수 있는 방법을 제시한 정답.
(C) 질문의 original에서 파생된 originally를 이용해 혼동을 주는 오답.

어휘 original 최초의, 본래의 purchase 구매 receipt 영수증 originally 원래, 본래 plan 계획하다; 계획

9.
호
미

Where can I get more file folders?
(A) Most likely tomorrow.
(B) From the reception desk.
(C) We usually keep it locked.

어디에서 서류철을 더 구할 수 있나요?
(A) 아마도 내일이요.
(B) 접수처에서요.
(C) 우리는 보통 그것을 잠가 놓아요.

해설 (A) 장소를 묻는 Where 의문문에 내일(tomorrow)이라는 시점으로 답변한 오답.
(B) 서류철을 구할 수 있는 장소를 묻는 Where 의문문에 접수처(reception desk)라는 출처로 적절하게 답변한 정답.
(C) 질문과 관련 없는 내용으로 답변한 오답. 대명사 it이 지칭하는 것이 무엇인지도 명확하지 않다.

어휘 file folder 서류철 most likely 아마도 reception desk 접수처, 프런트 keep locked 잠가 놓다

10.
미
호

Where can I register for a painting class?
(A) The community center offers them.
(B) I prefer taking photographs.
(C) Put that painting in my room.

그림 수업은 어디에서 등록할 수 있나요?
(A) 지역 문화 센터에서 그것들을 제공해요.
(B) 저는 사진 찍는 것을 더 좋아해요.
(C) 그 그림을 제 방에 두세요.

해설 (A) 어디에서 그림 수업에 등록할 수 있는지 묻는 Where 의문문에 해당 수업을 제공하는 장소(community center)로 적절하게 답변한 정답.
(B) 질문과 관련 없는 내용으로 답변한 오답. 그림 그리는 것을 좋아하냐고 묻는 질문에 어울릴 만한 답변이다.
(C) 질문의 painting을 반복해 혼동을 주는 오답.

어휘 register for ~에 등록하다 community center 지역 문화 센터 offer 제공하다 prefer ~을 (더) 좋아하다, 선호하다
take a photograph 사진을 찍다

11.
미
영

When will the lease on our current office expire?
(A) By the Williams Building.
(B) Until the summer.
(C) In November.

현재 우리 사무실의 임대차 계약은 언제 만료되나요?
(A) 윌리엄스 빌딩 옆이에요.
(B) 여름까지 계속이요.
(C) 11월이에요.

해설 (A) 시간을 묻는 When 의문문에 장소(Williams Building)로 답변한 오답.
(B) 여름(summer)이라는 시기를 이용해 혼동을 주었으나, until은 특정 시점까지 동작이나 상태가 계속된다는 의미이므로 계약 만료가 여름까지 계속된다는 어색한 의미가 되기 때문에 오답.
(C) 임대차 계약 만료 시기를 묻는 When 의문문에 11월(November)이라는 시점으로 적절하게 답변한 정답.

어휘 lease 임대차 계약 current 현재의, 지금의 expire 만료되다

12.
호
영

Where is a good place to get a haircut?
(A) It really suits you.
(B) I use a salon downtown.
(C) Did you place an order?

머리 자르기에 괜찮은 곳이 어디인가요?
(A) 당신에게 정말 잘 어울려요.
(B) 저는 시내에 있는 미용실을 이용해요.
(C) 주문을 하셨나요?

해설 (A) 질문과 관련 없는 칭찬으로 답변한 오답.
(B) 머리를 자를 만한 곳을 묻는 Where 의문문에 자신이 이용하는 장소(salon downtown)로 적절하게 답변한 정답.
(C) 질문의 place를 다른 의미로 반복해 혼동을 주는 오답.

어휘 get a haircut 머리를 자르다 suit 어울리다, 맞다 salon (의상·미용 전문의) 가게 downtown 도심의, 번화가의

UNIT 05 How, Why 의문문

● **How 의문문** 본문 p.95

1. (A)   2. (B)   3. (C)   4. (B)   5. (B)

1. 〔영〕〔호〕

How should I get to the airport?
(A) Just take a taxi.
(B) No, my trip was canceled.
(C) Around 30 dollars.

공항에 어떻게 가야 하나요?
(A) 택시를 타세요.
(B) 아니요, 제 여행은 취소되었어요.
(C) 30달러 정도예요.

해설 (A) 공항에 가는 방법을 묻는 How 의문문에 택시(taxi)라는 교통수단으로 적절하게 답변한 정답.
(B) 의문사 의문문에 No로 답변한 오답. 질문의 airport(공항)에서 연상되는 trip(여행)을 이용해 혼동을 주었다.
(C) 방법을 묻는 How 의문문에 금액(30 dollars)으로 답변한 오답. 가격을 묻는 How much 의문문에 적절한 답변이다.

어휘 cancel 취소하다

2. 〔호〕〔미〕

How long will the train be delayed?
(A) A window seat.
(B) About 10 minutes.
(C) The main station.

기차가 얼마나 오래 지연될까요?
(A) 창가 쪽 좌석이요.
(B) 약 10분이요.
(C) 중앙역이요.

해설 (A) 질문의 train(기차)에서 연상되는 window seat(창가 쪽 좌석)을 이용해 혼동을 주는 오답.
(B) 기차가 얼마나 오래 지연될지 묻는 How 의문문에 소요 시간(10 minutes)으로 적절하게 답변한 정답.
(C) 기간을 묻는 How 의문문에 장소(main station)로 답변한 오답. 질문의 train(기차)에서 연상되는 main station(중앙역)을 이용해 혼동을 주었다.

어휘 delay 지연시키다, 연기하다   station 역

3. 〔미〕〔호〕

How often do the managers evaluate the employees?
(A) No, it didn't go very well.
(B) A list of skills.
(C) They have to do it every quarter.

관리자들이 직원들을 얼마나 자주 평가하나요?
(A) 아니요, 그것은 잘 안 됐어요.
(B) 기술 목록이요.
(C) 그들은 그것을 분기마다 해야 해요.

해설 (A) 의문사 의문문에 No로 답변한 오답.
(B) 질문의 evaluate(평가하다)에서 연상되는 skills(기술)를 이용해 혼동을 주는 오답.
(C) 관리자들이 직원들을 얼마나 자주 평가하는지 묻는 How 의문문에 빈도(every quarter)로 적절하게 답변한 정답.

어휘 evaluate 평가하다   employee 직원   go well 잘되어 가다   skill 기술, 능력   quarter 분기

4. 〔미〕〔미〕

How did you like the concert?
(A) That would be nice.
(B) It was fantastic.
(C) By a local bus.

콘서트는 어땠어요?
(A) 그게 좋겠어요.
(B) 환상적이었어요.
(C) 지역 버스로요.

해설 (A) 과거 사실에 대한 질문에 조동사 would(~일 것이다)를 써서 미래 내용으로 답변한 오답.
(B) 콘서트가 어땠는지 묻는 How 의문문에 환상적이었다며(fantastic) 자신의 의견으로 적절하게 답변한 정답.
(C) 의견을 묻는 How 의문문에 지역 버스(local bus)라는 교통수단으로 답변한 오답.

어휘 fantastic 환상적인   local 지역의, 현지의

5.

How many printers did we order?
(A) They're working fine.
(B) Kelly has the invoice.
(C) In alphabetical order.

우리가 프린터를 몇 대 주문했나요?
(A) 그것들은 잘 작동하고 있어요.
(B) 켈리에게 청구서가 있어요.
(C) 알파벳순으로요.

해설 (A) 질문의 printers(프린터)에서 연상되는 work fine(잘 작동하다)을 이용해 혼동을 주는 오답.
(B) 프린터를 몇 대 주문했는지 묻는 How 의문문에 켈리가 청구서를 가지고 있다는 말로 다른 사람에게 물어보라는 것을 간접적으로 나타낸 정답.
(C) 질문의 order를 다른 의미로 반복해 혼동을 주는 오답.

어휘 order 주문하다; 주문, 순서   work fine 잘 작동하다, (일이) 잘되다   invoice 청구서, 송장   alphabetical 알파벳순의

● Why 의문문

본문 p.99

1. (A)   2. (B)   3. (A)   4. (B)   5. (C)

1.

Why was the attendance at the football game low?
(A) Because of the cold weather.
(B) I'll give that a try.
(C) He's in a higher position.

왜 축구 경기의 관객 수가 적었죠?
(A) 추운 날씨 때문이에요.
(B) 제가 그렇게 한번 해 볼게요.
(C) 그는 더 높은 직급에 있어요.

해설 (A) 축구 경기의 관객 수가 적었던 이유를 묻는 Why 의문문에 추운 날씨(cold weather) 때문이었다며 이유로 적절하게 답변한 정답.
(B) 질문과 관련 없는 내용으로 답변한 오답. 권유나 제안을 나타내는 Why don't you ~?에 어울릴 만한 답변이다.
(C) 질문의 low(낮은)와 반대 의미인 higher(더 높은)를 이용해 혼동을 주는 오답.

어휘 attendance 관객 수, 출석   give ~ a try ~을 시도하다, 한번 해 보다   position 직급

2.

Why didn't you finish assembling the shelves?
(A) Yes, they look much better.
(B) I'm missing some necessary parts.
(C) One of the bottom shelves.

왜 선반 조립을 끝내지 않았나요?
(A) 네, 그것들이 훨씬 나아 보여요.
(B) 필요한 부품 몇 가지가 빠져 있어요.
(C) 맨 아래 선반들 중 하나요.

해설 (A) 의문사 의문문에 Yes로 답변한 오답.
(B) 왜 선반 조립을 끝내지 않았는지 묻는 Why 의문문에 필요한 부품이 빠져 있다는 이유로 적절하게 답변한 정답.
(C) 질문의 shelves를 반복해 혼동을 주는 오답.

어휘 assemble 조립하다   shelf 선반   miss ~이 없음을 알아채다   necessary 필요한   part 부품   bottom 맨 아래의

3.

Why doesn't my password for the Web site work?

(A) You'd better check with the IT department.
(B) Can I use my bus pass?
(C) Thousands of views daily.

왜 저의 웹사이트 비밀번호가 맞지 않나요?
(A) IT 부서에 문의하는 게 좋겠어요.
(B) 제 버스 승차권을 사용해도 될까요?
(C) 일일 조회 수가 수천 건입니다.

해설 (A) 웹사이트 비밀번호가 안 맞는 이유를 묻는 Why 의문문에 다른 사람(IT department)에게 물어보라고 적절하게 답변한 정답.
(B) 질문의 password와 일부 음절이 같은 pass를 이용해 혼동을 주는 오답.
(C) 질문의 Web site(웹사이트)에서 연상되는 views(조회 수)를 이용해 혼동을 주는 오답.

어휘 password 비밀번호, 암호   work 작동되다, 기능하다   had better ~하는 것이 좋겠다   check with ~에게 문의하다
pass 승차권, 출입증   view 보기; 보다   daily 매일의, 일간의

4.

Why hasn't the payment been sent?

(A) I'll open a savings account.
(B) Because the banking details were wrong.
(C) Yes, I'd love to.

왜 납입금이 송금되지 않았나요?
(A) 제가 예금 계좌를 개설할게요.
(B) 금융 관련 세부 정보가 틀렸기 때문이에요.
(C) 네, 그러고 싶어요.

해설 (A) 질문의 payment(납입)에서 연상되는 savings account(예금 계좌)를 이용해 혼동을 주는 오답.
(B) 송금이 되지 않은 이유를 묻는 Why 의문문에 세부 정보가 틀렸기 때문이라는 이유로 적절하게 답변한 정답.
(C) 의문사 의문문에 Yes로 답변한 오답.

어휘 payment 납입금, 지불   savings account 예금 계좌   banking 금융, 은행 업무   details 세부 정보

5.

Why is Mr. Stanley traveling to Atlanta?

(A) 10 business days.
(B) It's my favorite book.
(C) To inspect the new factory.

스탠리 씨는 왜 애틀랜타로 가나요?
(A) 영업일로 10일이요.
(B) 그건 제가 아주 좋아하는 책이에요.
(C) 신규 공장을 점검하기 위해서요.

해설 (A) 이유를 묻는 Why 의문문에 기간(10 business days)으로 답변한 오답.
(B) 질문과 관련 없는 내용으로 답변한 오답. 대명사 it이 지칭하는 것이 무엇인지도 명확하지 않다.
(C) 애틀랜타로 가는 이유를 묻는 Why 의문문에 공장 점검이라는 목적으로 적절하게 답변한 정답.

어휘 business day 영업일, 평일   favorite 아주 좋아하는   inspect 점검하다, 검사하다

● 실전 문제   본문 p.100

1. (A)   2. (A)   3. (C)   4. (A)   5. (C)   6. (C)   7. (B)   8. (A)   9. (B)   10. (A)
11. (B) 12. (C)

1.

How do I get this door to unlock?

(A) Input the four-digit code.
(B) Of course. That's a good idea.
(C) Yes, during working hours.

이 문을 어떻게 여나요?
(A) 네 자리 숫자 암호를 입력하세요.
(B) 물론입니다. 그거 좋은 생각이네요.
(C) 네, 근무 시간 동안에요.

해설 (A) 어떻게 문을 여는지 묻는 How 의문문에 네 자리 숫자 암호를 입력하라며 문을 여는 방법으로 적절하게 답변한 정답.

(B) 의문사 의문문에 승낙의 표현인 Of course로 답변한 오답. 상대방이 어떤 제안을 했을 때 어울릴 만한 답변이다.
(C) 의문사 의문문에 Yes로 답변한 오답.

어휘 unlock (열쇠로) 열다   input 입력하다   digit 숫자   code 암호   working hours 근무 시간

2.
(호)(미)

Why isn't the bakery open today?

(A) Because it's a holiday.
(B) They close in 20 minutes.
(C) Sure. I'll open the window.

제과점이 오늘 왜 문을 열지 않았나요?

(A) 휴일이기 때문이에요.
(B) 그들은 20분 후에 문을 닫아요.
(C) 그럼요. 제가 창문을 열게요.

해설 (A) 제과점이 문을 열지 않은 이유를 묻는 Why 의문문에 휴일(holiday)이라는 이유로 적절하게 답변한 정답.
(B) 질문의 open(문을 연)과 반대 의미인 close(문을 닫다)를 이용해 혼동을 주는 오답.
(C) 의문사 의문문에 동의를 나타내는 Sure로 답변한 오답. 질문의 open을 반복해 혼동을 주었다.

어휘 holiday 휴일, 휴가

3.
(호)(미)

How often do we have to replace the water filter?

(A) Do you work late often?
(B) No. I don't know that place.
(C) We should check the packaging.

우리는 정수기 필터를 얼마나 자주 교체해야 하나요?

(A) 당신은 자주 늦게까지 일하나요?
(B) 아니요. 저는 그 장소를 몰라요.
(C) 포장재를 확인해 봐야 해요.

해설 (A) 질문의 often을 반복해 혼동을 주는 오답.
(B) 질문의 replace와 일부 음절이 같은 place를 이용해 혼동을 주는 오답.
(B) 필터 교체 빈도를 묻는 How 의문문에 포장재에 해당 정보가 나와 있다는 것을 간접적으로 드러낸 정답.

어휘 replace 교체하다, 대신하다   filter 필터, 여과 장치   work late 늦게까지 일하다   packaging 포장, 포장재

4.
(미)(영)

How many boxes of supplies were delivered?

(A) There are five in total.
(B) It's the new product samples.
(C) A reliable company.

비품이 몇 상자나 배달되었나요?

(A) 총 다섯 상자가 있어요.
(B) 그건 신제품 샘플이에요.
(C) 믿을 수 있는 회사요.

해설 (A) 비품 몇 상자가 배달되었는지 묻는 How 의문문에 수량(five in total)으로 적절하게 답변한 정답.
(B) 비품의 수량을 묻는 How 의문문에 내용물에 대한 정보로 답변한 오답.
(C) 질문과 관련 없는 내용으로 답변한 오답.

어휘 supply 비품, 용품   deliver 배달하다   in total 통틀어, 전체로서   reliable 믿을 수 있는

5.
(미)(호)

Why did you move to a new office?

(A) Please remove it carefully.
(B) In the lobby.
(C) Due to the increase in rent.

당신은 왜 새로운 사무실로 옮겼나요?

(A) 그것을 조심해서 제거해 주세요.
(B) 로비에서요.
(C) 임대료 인상 때문이에요.

해설 (A) 질문의 move와 일부 음절이 같은 remove를 이용해 혼동을 주는 오답.
(B) 이유를 묻는 Why 의문문에 로비(lobby)라는 장소로 답변한 오답.
(C) 사무실을 옮긴 이유를 묻는 Why 의문문에 due to(~ 때문에)를 이용해 임대료 인상이라는 이유로 적절하게 답변한 정답.

어휘 remove 제거하다, 치우다   due to ~ 때문에   increase 인상, 증가   rent 임대료

6.
㉠
㉡

How much coffee do we need for the board meeting?
(A) In the main conference room.
(B) The cups are in the cabinet.
(C) Enough for 15 people.

이사회 회의에 커피가 얼마나 필요한가요?
(A) 주 회의실에서요.
(B) 컵들은 캐비닛 안에 있어요.
(C) 15명에게 충분한 정도요.

해설 (A) 수량을 묻는 How 의문문에 장소(conference room)로 답변한 오답.
(B) 질문의 coffee(커피)에서 연상되는 cups(컵)를 이용해 혼동을 주는 오답.
(C) 얼마나 많은 커피가 필요한지 묻는 How 의문문에 구체적인 수량으로 적절하게 답변한 정답.

어휘 board 이사회   conference room 회의실   enough 충분한

7.
㉢
㉣

How did the product demonstration for the investors go?
(A) Do you need any help?
(B) It was a success.
(C) A manufacturing firm.

투자자들을 위한 제품 시연은 어떻게 되었나요?
(A) 도움이 필요하세요?
(B) 성공적이었어요.
(C) 제조업체요.

해설 (A) 상태를 묻는 How 의문문에 도움이 필요한지 되묻는 오답.
(B) 제품 시연이 어떻게 되었는지 묻는 How 의문문에 성공적(success)이었다는 평가로 적절하게 답변한 정답.
(C) 질문의 product(제품)에서 연상되는 manufacturing firm(제조업체)을 이용해 혼동을 주는 오답.

어휘 product demonstration 제품 시연   investor 투자자   success 성공   manufacturing firm 제조업체

8.
㉢
㉠

Why hasn't a new assistant manager been hired?
(A) Aren't they still conducting the interviews?
(B) I think it's enough.
(C) For the newest branch.

신임 대리가 왜 채용되지 않았나요?
(A) 아직 면접을 진행하고 있지 않나요?
(B) 저는 충분하다고 생각해요.
(C) 가장 최근에 생긴 지점을 위해서요.

해설 (A) 신임 대리가 채용되지 않은 이유를 묻는 Why 의문문에 아직 면접이 진행 중이지 않냐고 반문함으로써 채용 절차가 끝나지 않았기 때문이라고 그 이유를 간접적으로 제시한 정답.
(B) 질문과 관련 없는 내용으로 답변한 오답.
(C) 질문의 new의 최상급인 newest를 이용해 혼동을 주는 오답.

어휘 assistant manager 대리, 부팀장   hire 채용하다   conduct 실시하다, 행하다   branch 지점

9.
㉢
㉤

How can I receive a discount on visits to the museum?
(A) He is a famous artist.
(B) By becoming a member.
(C) To visit with some friends.

박물관 방문 할인을 어떻게 받을 수 있나요?
(A) 그는 유명한 예술가예요.
(B) 회원이 됨으로써요.
(C) 친구들 몇 명과 시간을 보내려고요.

해설 (A) 질문의 museum(박물관)에서 연상되는 artist(예술가)를 이용해 혼동을 주는 오답.
(B) 어떻게 할인을 받는지 묻는 How 의문문에 회원 가입(becoming a member)이라는 방법으로 적절하게 답변한 정답.
(C) 질문의 visit을 반복해 혼동을 주는 오답.

어휘 discount 할인   visit with (이야기를 나누며) ~와 함께 시간을 보내다

33

10. ㊇ ㊈

Why did you advertise the job again?
(A) Because we didn't find any suitable candidates.
(B) Let's use the local newspaper.
(C) In the manager's office, I think.

왜 구인 광고를 다시 냈나요?
(A) 적합한 지원자를 찾지 못했기 때문이에요.
(B) 지역 신문을 이용합시다.
(C) 제 생각에는 관리자 사무실에서요.

해설 (A) 구인 광고를 다시 낸 이유를 묻는 Why 의문문에 because를 이용해 적합한 지원자를 찾지 못했다는 이유로 적절하게 답변한 정답.
(B) 질문의 advertise(광고하다)에서 연상되는 newspaper(신문)를 이용해 혼동을 주는 오답.
(C) 이유를 묻는 Why 의문문에 관리자 사무실(manager's office)이라는 장소로 답변한 오답.

어휘 advertise 광고하다 suitable 적합한, 알맞은 candidate 지원자, 후보자 local 지역의, 현지의

11. ㊉ ㊈

Why was the water bill higher than usual?
(A) Our management team.
(B) Maria's checking on that now.
(C) I noticed it has been rainy.

왜 수도 요금이 평소보다 많이 나왔나요?
(A) 우리 관리팀이요.
(B) 마리아가 지금 그것을 확인하고 있어요.
(C) 저는 비가 오고 있다는 걸 알았어요.

해설 (A) 이유를 묻는 Why 의문문에 부서명(management team)으로 답변한 오답.
(B) 수도 요금이 많이 나온 이유를 묻는 Why 의문문에 마리아가 확인 중이라는 말로 간접적으로 답변한 정답.
(C) 질문의 water(물)에서 연상되는 rainy(비가 오는)를 이용해 혼동을 주는 오답.

어휘 water bill 수도 요금 than usual 평소보다 management 관리, 경영 notice 알아채다 rainy 비가 오는

12. ㊇ ㊈

Why can't we go into the cafeteria?
(A) Sorry, I left it at home.
(B) About 40 people.
(C) Because it's being painted.

왜 구내식당에 들어가면 안 되나요?
(A) 죄송해요, 제가 그것을 집에 두고 왔어요.
(B) 약 40명이요.
(C) 페인트칠 중이기 때문이에요.

해설 (A) 질문의 go(가다)에서 연상되는 leave(떠나다)의 다른 의미를 이용해 혼동을 주는 오답.
(B) 이유를 묻는 Why 의문문에 인원수(40 people)로 답변한 오답.
(C) 구내식당에 들어갈 수 없는 이유를 묻는 Why 의문문에 because를 이용해 페인트칠을 하고 있기 때문이라고 적절하게 답변한 정답.

어휘 cafeteria 구내식당, 카페테리아 leave 두고 오다, 떠나다 paint 페인트칠하다; 페인트

UNIT 06 일반, 부가 의문문

● 일반 의문문   본문 p.107

1. (B)   2. (C)   3. (B)   4. (B)   5. (A)

1.
영 미

Did you request a transfer overseas?
(A) You can see a few.
(B) No, I decided to stay here instead.
(C) A variety of job opportunities.

해외로 전근을 요청하셨나요?
(A) 몇 가지 보실 수 있어요.
(B) 아니요, 대신 여기 있기로 결정했어요.
(C) 다양한 취업 기회들이요.

해설 (A) 질문의 overseas와 일부 음절이 같은 see를 이용해 혼동을 주는 오답.
(B) 해외 전근을 요청했는지 묻는 조동사 의문문에 No로 답변 후 여기 있기로 했다고 부연 설명한 정답.
(C) 질문과 관련 없는 내용으로 답변한 오답.

어휘 request 요청하다; 요청   transfer (근무지·학교 등의) 이동; 전근 가다   overseas 해외로   instead 대신에
a variety of 다양한   job opportunity 취업 기회

2.
미 미

Have you bought a tripod for the photo shoot?
(A) I think you should try again.
(B) They're uploaded to the gallery.
(C) Tommy said we could borrow his.

사진 촬영을 위해 삼각대를 샀나요?
(A) 다시 해보셔야 할 것 같아요.
(B) 그것들은 사진첩에 업로드돼요.
(C) 토미는 우리가 자기 것을 빌려도 된다고 했어요.

해설 (A) 질문의 tripod과 일부 음절이 같은 try를 이용해 혼동을 주는 오답.
(B) 질문의 photo(사진)에서 연상되는 gallery(사진첩)를 이용해 혼동을 주는 오답.
(C) 삼각대를 샀냐고 묻는 조동사 의문문에 No를 생략하고 다른 사람의 것을 빌리면 된다는 말로 삼각대를 사지 않았음을 간접적으로 나타낸 정답.

어휘 tripod 삼각대   photo shoot 사진 촬영   upload 업로드하다   borrow 빌리다

3.
영 미

Were there any customer complaints today?
(A) For three days.
(B) No, not even one.
(C) I might shop there.

오늘 고객 불만이 있었나요?
(A) 3일 동안이요.
(B) 아니요, 하나도 없었어요.
(C) 저는 거기서 쇼핑할지도 몰라요.

해설 (A) 질문의 today와 일부 음절이 같은 days를 이용해 혼동을 주는 오답.
(B) 고객 불만이 있었는지 묻는 be동사 의문문에 No로 답변 후 하나도 없었다고 부연 설명한 정답.
(C) 질문의 customer(고객)에서 연상되는 shop(쇼핑하다)을 이용해 혼동을 주는 오답.

어휘 customer 고객   complaint 불평, 항의   even ~조차도

4.
미 영

Will there be breaks between the speakers' presentations?
(A) Leaders in their field.
(B) Haven't you seen the schedule?
(C) Yes, that's a reasonable price.

연사들의 발표 사이에 휴식 시간이 있을 예정인가요?
(A) 그 분야의 지도자들이요.
(B) 일정표 못 보셨어요?
(C) 네, 그건 적당한 가격이에요.

해설 (A) 질문의 speakers(연사들)가 누구인지 묻는 Who 의문문에 어울릴 만한 내용으로 답변한 오답.
(B) 휴식 시간이 있는지 묻는 조동사 의문문에 일정표를 못 봤냐고 되물음으로써 관련 정보가 일정표에 있음을 간접적으로 드러낸 정답.
(C) 조동사 의문문에 Yes로 답변이 가능하지만, 뒤에 이어지는 부연 설명이 질문과 관련 없는 내용이므로 오답.

어휘 break 휴식 (시간)   presentation 발표   leader 지도자, 대표   field 분야, 현장   reasonable 적당한, 합리적인

5.
ⓜ ⓔ

Isn't the refrigerator supposed to be delivered soon?
(A) Yes, sometime in the afternoon.
(B) A well-known appliance store.
(C) No, I usually cook at home.

냉장고를 곧 배달받기로 되어 있지 않나요?
(A) 네, 오후쯤에요.
(B) 유명한 가전제품 매장이요.
(C) 아니요, 저는 보통 집에서 요리해요.

해설 (A) 냉장고가 곧 배달되지 않냐는 be동사 의문문에 Yes로 답변 후 대략적인 시간을 덧붙인 정답.
(B) 질문의 refrigerator(냉장고)에서 연상되는 appliance(가정용 기기)를 이용해 혼동을 주는 오답.
(C) be동사 의문문에 No로 답변이 가능하지만, 뒤에 이어지는 부연 설명이 질문과 관련 없는 내용이므로 오답.

어휘 refrigerator 냉장고   be supposed to ~하기로 되어 있다   well-known 유명한, 잘 알려진   appliance (가정용) 기기

● 부가 의문문
본문 p.111

1. (C)   2. (A)   3. (C)   4. (B)   5. (A)

1.
ⓗ ⓔ

The package was sent yesterday, right?
(A) The street address.
(B) I'll meet you there.
(C) Yes, I believe so.

소포가 어제 발송되었죠, 맞죠?
(A) 거리 주소요.
(B) 거기서 만나요.
(C) 네, 그럴 거예요.

해설 (A) 질문의 package(소포)에서 연상되는 address(주소)를 이용해 혼동을 주는 오답.
(B) 질문의 내용과 관련 없는 오답. 만날 약속을 정하는 대화에서 할 수 있는 말이다.
(C) 소포가 어제 발송되었는지 확인하는 묻는 부가 의문문에 Yes로 답변 후 부연 설명한 정답.

어휘 package 소포, 꾸러미

2.
ⓜ ⓗ

The committee members have finalized the budget, haven't they?
(A) Yes, they have.
(B) A monthly meeting.
(C) The final version, please.

위원회 위원들이 예산을 최종 승인했죠, 그렇지 않나요?
(A) 네, 그래요.
(B) 월례 회의요.
(C) 최종본으로 부탁드려요.

해설 (A) 위원회가 예산을 승인했는지 확인하는 부가 의문문에 Yes로 답변 후 승인했다고 덧붙인 정답.
(B) 질문의 committee(위원회)에서 연상되는 meeting(회의)을 이용해 혼동을 주는 오답.
(C) 질문의 finalized와 파생 관계인 final을 이용해 혼동을 주는 오답.

어휘 committee 위원회   finalize 최종적으로 승인하다, 마무리 짓다   budget 예산   final 최종의, 마지막의

3.
ⓗ ⓜ

We'll use a caterer for the staff picnic, won't we?
(A) I work for a law firm.
(B) Try Traverse Park.
(C) The menu has already been set.

우리는 직원 야유회에 출장 연회업체를 이용할 거죠, 그렇지 않나요?
(A) 저는 법률 회사에서 일해요.
(B) 트래버스 파크에 가 보세요.
(C) 메뉴가 이미 결정되었어요.

해설 (A) 질문의 staff(직원)에서 연상되는 work for(~에서 일하다)를 이용해 혼동을 주는 오답.
(B) 질문의 staff picnic(직원 야유회)에서 연상되는 park(공원)를 이용해 혼동을 주는 오답.

(C) 직원 야유회에 출장 연회업체를 부를 것인지 확인하는 부가 의문문에 Yes/No를 생략하고 메뉴는 이미 정해졌다고 적절하게 답변한 정답.

어휘 caterer 출장 연회업자 law firm 법률 회사 set 결정하다

4.

You responded to the publisher's message, didn't you?

(A) They work well as a team.
(B) I haven't checked my e-mail yet.
(C) I've read this book before.

출판사의 메시지에 답장하셨죠, 그렇지 않나요?

(A) 그들은 한 팀으로 일을 잘해요.
(B) 저는 아직 이메일을 확인하지 않았어요.
(C) 저는 전에 이 책을 읽어 봤어요.

해설 (A) 질문의 내용과 관련 없는 오답. 대명사 they가 지칭하는 것이 무엇인지도 명확하지 않다.
(B) 출판사의 메시지에 답장했는지 확인하는 부가 의문문에 No를 생략하고 아직 이메일을 확인하지 않았다는 말로 답장을 하지 않았음을 간접적으로 나타낸 정답.
(C) 질문의 publisher(출판사)에서 연상되는 book(책)을 이용해 혼동을 주는 오답.

어휘 respond 응답하다, 답장을 보내다 publisher 출판사

5.

I'll be volunteering with you at the marathon, right?

(A) Yes, that's the plan.
(B) Let's take our time.
(C) Thanks, but I returned it.

저는 마라톤에서 당신과 함께 자원봉사를 하게 될 거죠, 맞죠?

(A) 네, 그게 계획이에요.
(B) 우리 천천히 합시다.
(C) 고맙지만 저는 그것을 반납했어요.

해설 (A) 상대방과 함께 자원봉사를 하는 것이 맞는지 확인하는 부가 의문문에 Yes로 답변 후 그게 계획이라고 부연 설명한 정답.
(B) 질문과 관련 없는 내용으로 답변한 오답.
(C) 사실을 확인하는 부가 의문문에 질문과 관련 없는 거절 표현으로 답변한 오답.

어휘 volunteer 자원봉사로 하다, 자원하다; 지원자 take one's time 천천히 하다, 시간을 들이다 return 반납하다

● 실전 문제

본문 p.112

1. (B) 2. (A) 3. (B) 4. (C) 5. (A) 6. (C) 7. (A) 8. (C) 9. (B) 10. (A)
11. (C) 12. (B)

1.

The refreshments on the table are for everyone, aren't they?

(A) No, they were absent.
(B) Yes, have as much as you would like.
(C) A retirement party.

탁자 위의 다과는 모든 사람을 위한 것이죠, 그렇지 않나요?

(A) 아니요, 그들은 결근했어요.
(B) 네, 마음껏 드세요.
(C) 은퇴 기념 파티요.

해설 (A) 질문의 they를 반복해 혼동을 주는 오답.
(B) 탁자 위의 다과가 모든 사람을 위한 것인지 확인하는 부가 의문문에 Yes로 답변 후 마음껏 먹으라고 덧붙인 정답.
(C) 질문의 refreshments(다과)에서 연상되는 party(파티)를 이용해 혼동을 주는 오답.

어휘 refreshments 다과, 가벼운 음식물 absent 결근한 retirement 은퇴, 퇴직

2.
(미)(미)

Is there a fee for cleaning my eyeglasses here?
(A) No, that's a free service for customers.
(B) I'd prefer to wear contact lenses.
(C) You look better in the silver frames.

여기서 제 안경을 세척하는 데 요금이 있나요?
(A) 아니요, 그건 고객들을 위한 무료 서비스예요.
(B) 저는 콘택트렌즈 끼는 걸 선호해요.
(C) 당신은 은테가 더 잘 어울려요.

해설 (A) 안경 세척에 요금이 드는지 묻는 be동사 의문문에 No로 답변 후 무료 서비스라고 부연 설명한 정답.
(B) 질문의 eyeglasses(안경)에서 연상되는 contact lenses(콘택트렌즈)를 이용해 혼동을 주는 오답.
(C) 질문의 eyeglasses(안경)에서 연상되는 silver frames(은테)를 이용해 혼동을 주는 오답.

어휘 fee 요금, 수수료   prefer 선호하다   contact lens 콘택트렌즈   frame 틀, (안경의) 테

3.
(호)(영)

Can we afford to repair the cracks in the wall?
(A) No later than noon.
(B) The contractor is offering a discount.
(C) There's space for one more pair.

우리에게 벽에 생긴 금을 수리할 여유가 있나요?
(A) 늦어도 정오까지요.
(B) 업체에서 할인을 해 줄 거예요.
(C) 한 쌍 더 들어갈 공간이 있어요.

해설 (A) 가능 여부를 묻는 조동사 의문문에 정오(noon)라는 시간으로 답변한 오답.
(B) 수리 비용을 감당할 수 있는지 묻는 조동사 의문문에 Yes를 생략하고 업체에서 할인을 해 줄 거라며 가능하다는 것을 간접적으로 나타낸 정답.
(C) 질문의 cracks(금)에서 연상되는 space(공간)를 이용해 혼동을 주는 오답.

어휘 afford to ~할 여유가 있다   crack (갈라져서 생긴) 금, 틈   contractor 하청업자   offer 제공하다   discount 할인   space 공간   pair 한 쌍, 한 켤레

4.
(미)(영)

Class registration hasn't closed, has it?
(A) He's an experienced instructor.
(B) Yes, it's close to my home.
(C) No, there are two days left.

수강 신청이 마감되지 않았죠, 그렇죠?
(A) 그는 경험이 많은 강사예요.
(B) 네, 그곳은 우리 집에서 가까워요.
(C) 아니요, 이틀 남아 있어요.

해설 (A) 질문의 class(수업)에서 연상되는 instructor(강사)를 이용해 혼동을 주는 오답.
(B) 질문의 close를 다른 의미로 반복해 혼동을 주는 오답.
(C) 수강 신청이 마감되지 않았는지 확인하는 부가 의문문에 No로 답변 후 이틀 남았다고 부연 설명한 정답.

어휘 class registration 수강 신청   experienced 경험이 많은, 노련한   instructor 강사   close to ~에서 가까운

5.
(미)(미)

Do you think the music's too loud?
(A) Actually, I'm having trouble hearing it.
(B) I don't mind introducing you.
(C) A popular rock band.

음악 소리가 너무 크다고 생각하나요?
(A) 사실, 전 그것이 잘 들리지 않아요.
(B) 제가 기꺼이 당신을 소개할게요.
(C) 인기 있는 록 밴드예요.

해설 (A) 음악 소리가 크다고 생각하는지 묻는 조동사 의문문에 No를 생략하고 그것이 잘 들리지 않는다고 적절하게 답변한 정답.
(B) 질문의 내용과 관련 없는 오답. 질문의 do의 부정형인 don't를 이용해 혼동을 주었다.
(C) 질문의 music(음악)에서 연상되는 rock band(록 밴드)를 이용해 혼동을 주는 오답.

어휘 loud 소리가 큰, 시끄러운   have trouble -ing ~하는 데 어려움을 겪다   not mind -ing 기꺼이 ~을 하다   introduce 소개하다

6.
(호)
(미)

Haven't the electricians finished yet?

(A) I already sent the file.
(B) I see what you mean.
(C) They're just cleaning up now.

전기 기술자들이 아직 완료하지 않았나요?

(A) 제가 이미 파일을 보냈어요.
(B) 무슨 뜻인지 알아요.
(C) 그들은 지금 막 치우고 있어요.

해설 (A) 질문의 주어인 electricians와 일치하지 않는 I를 주어로 답변한 오답.
(B) 질문과 관련 없는 내용으로 답변한 오답.
(C) 완료 여부를 묻는 조동사 의문문에 Yes/No를 생략하고 지금 치우는 중이라고 적절하게 답변한 정답.

어휘 electrician 전기 기술자 clean up 치우다, 청소하다

7.
(미)
(영)

Should we book a direct flight to Seattle?

(A) Sure. It's more convenient.
(B) Sooner would be better.
(C) A two-week vacation.

우리는 시애틀행 직항 항공편을 예약해야 하나요?

(A) 물론이죠. 그게 더 편리해요.
(B) 빠를수록 더 좋아요.
(C) 2주간의 휴가요.

해설 (A) 직항 항공편을 예약해야 하는지 묻는 조동사 의문문에 Sure로 답변 후 그게 더 편리하다고 부연 설명한 정답.
(B) 질문의 내용과 관련 없는 오답. 항공편 시간을 묻는 When 의문문에 어울릴 만한 답변이다.
(C) 질문의 flight(항공편)에서 연상되는 vacation(휴가)을 이용해 혼동을 주는 오답.

어휘 book 예약하다 direct flight 직항 항공편 convenient 편리한

8.
(영)
(미)

You met the manager of Salinas Insurance, didn't you?

(A) Stay on this road.
(B) It's nice to meet you.
(C) Yes, I used to work there.

당신은 살리너스 보험사의 관리자를 만났죠, 그렇지 않나요?

(A) 계속 이 길로 가세요.
(B) 만나서 반갑습니다.
(C) 네, 저는 그곳에서 일한 적이 있어요.

해설 (A) 질문의 내용과 관련 없는 오답. 길을 묻는 질문에 어울릴 만한 답변이다.
(B) 사실을 확인하는 부가 의문문에 첫인사로 답변한 오답. 질문의 met의 현재 시제인 meet을 이용해 혼동을 주었다.
(C) 보험사의 관리자를 만났는지 확인하는 부가 의문문에 Yes로 답변 후 해당 보험사를 there로 받아 자신이 그곳에서 일한 적이 있다고 부연 설명한 정답.

어휘 insurance 보험 stay 계속 있다 used to (과거에) ~했었다, ~하곤 했다

9.
(미)
(호)

We're decorating Fiona's office for her birthday, right?

(A) No, try the left side.
(B) Yes, with balloons and signs.
(C) It's a good interest rate.

우리는 피오나의 생일을 위해 그녀의 사무실을 꾸밀 거죠, 맞죠?

(A) 아니요, 왼쪽으로 해보세요.
(B) 네, 풍선이랑 표지로요.
(C) 이자율이 좋네요.

해설 (A) 질문의 right(맞죠)의 다른 의미인 '오른쪽의'에서 연상되는 left(왼쪽의)를 이용해 혼동을 주는 오답.
(B) 피오나의 생일에 그녀의 사무실을 꾸밀 것인지 확인하는 부가 의문문에 Yes로 답변 후 풍선과 표지로 장식할 거라고 부연 설명한 정답.
(C) 질문의 decorating과 일부 음절이 같은 rate을 이용해 혼동을 주는 오답.

어휘 decorate 장식하다, 꾸미다 left side 왼쪽 sign 표지 interest rate 이자율

10.
(미)(영)

Are you going to see a movie tonight?
(A) I'm working on an urgent assignment.
(B) There are some reviews online.
(C) I learned a lot from the session.

오늘 밤에 영화 보러 갈 건가요?
(A) 저는 급한 일을 하는 중이에요.
(B) 온라인에 평론이 좀 있어요.
(C) 전 그 시간에 많은 걸 배웠어요.

해설 (A) 영화를 보러 갈 건지 묻는 be동사 의문문에 No를 생략하고 급한 일을 하는 중이라며 보러 가지 않을 것임을 간접적으로 나타낸 정답.
(B) 질문의 movie(영화)에서 연상되는 reviews(평론)를 이용해 혼동을 주는 오답.
(C) 질문의 내용과 관련 없는 오답. the session(그 시간)이 무엇을 가리키는지도 알 수 없는 모호한 답변이다.

어휘 urgent 긴급한   assignment 할당된 일, 과제   review (책·영화 등에 대한) 논평, 비평
session (특정한 활동을 위한) 시간, 기간

11.
(미)(호)

Vanessa printed the materials for the training seminar, didn't she?
(A) She's my friend.
(B) Developing negotiation skills.
(C) Actually, Adam did it.

바네사가 교육 세미나에 쓸 자료를 인쇄했죠, 그렇지 않나요?
(A) 그녀는 제 친구예요.
(B) 협상 기술 개발이요.
(C) 사실, 애덤이 했어요.

해설 (A) 질문의 she를 반복해 혼동을 주는 오답.
(B) 질문과 관련 없는 내용의 오답. 세미나 내용을 묻는 질문에 어울릴 만한 답변이다.
(C) 바네사가 자료를 인쇄했는지 확인하는 부가 의문문에 No를 생략하고 그 일을 다른 사람(Adam)이 했다고 적절하게 답변한 정답.

어휘 material 자료, 재료   develop 개발하다, 발달시키다   negotiation 협상, 교섭

12.
(호)(미)

You and the new employees are going out for lunch today, right?
(A) It tasted delicious.
(B) Could we possibly postpone it?
(C) A three-course meal.

당신과 신입 직원들은 오늘 점심 식사를 하러 나갈 거죠, 맞죠?
(A) 그것은 맛있었어요.
(B) 혹시 저희가 그걸 미뤄도 될까요?
(C) 세 가지 코스로 된 식사입니다.

해설 (A) 질문의 lunch(점심 식사)에서 연상되는 delicious(맛있는)를 이용해 혼동을 주는 오답.
(B) 신입 직원들과 점심을 먹으러 나가는 것이 맞는지 확인하는 부가 의문문에 혹시 그것을 미뤄도 되는지 되묻는 정답.
(C) 질문의 lunch(점심 식사)에서 연상되는 meal(식사)을 이용해 혼동을 주는 오답.

어휘 taste ~한 맛이 나다; 맛   possibly 혹시, 아마   postpone 미루다, 연기하다   meal 식사

UNIT 07   간접, 선택 의문문

● 간접 의문문

본문 p.119

1. (A)   2. (B)   3. (C)   4. (C)   5. (A)

1.
㉠
㉡

Do you know where Steve left the package?
(A) Try the reception desk.
(B) By Friday.
(C) We left early.

스티브가 소포를 어디에 두고 갔는지 아세요?
(A) 접수처에 가보세요.
(B) 금요일까지요.
(C) 우린 일찍 떠났어요.

> **해설** (A) 소포를 두고 간 장소를 묻는 Where 간접 의문문에 접수처(reception desk)라는 장소로 적절하게 답변한 정답.
> (B) 장소를 묻는 Where 간접 의문문에 기한(by Friday)으로 답변한 오답.
> (C) 질문의 left를 다른 의미로 반복해 혼동을 주는 오답.

> **어휘** leave 두고 가다, 떠나다 package 소포 reception desk 접수처, 프런트

2.
㉢
㉢

Does anyone know what the criteria are for the monthly bonus?
(A) She's a hard worker.
(B) They'll finalize those next week.
(C) I was happy to receive it.

월 보너스에 대한 기준이 무엇인지 아는 사람 있나요?
(A) 그녀는 열심히 일하는 사람이에요.
(B) 그들이 다음 주에 그것을 마무리 지을 거예요.
(C) 그것을 받아서 기뻤어요.

> **해설** (A) 질문의 내용과 관련 없는 오답. 대명사 she로 지칭할 만한 대상 또한 질문에 언급되지 않았다.
> (B) 월 보너스의 기준이 무엇인지 묻는 What 간접 의문문에 다음 주에 마무리 지을 것이라며 기준이 아직 결정되지 않았음을 나타낸 정답.
> (C) 보너스를 받은 소감을 묻는 질문에 어울릴 만한 답변이므로 오답.

> **어휘** criterion (판단·평가 등의) 표준, 기준 (복수형 criteria) finalize 마무리 짓다 receive 받다

3.
㉢
㉠

Did you find out when the investors will visit?
(A) To make a good impression.
(B) A tour of the building.
(C) Yes, they're coming next Wednesday.

투자자들이 언제 방문할지 알아냈나요?
(A) 좋은 인상을 주기 위해서요.
(B) 건물을 둘러보는 거요.
(C) 네, 그들은 다음 주 수요일에 올 거예요.

> **해설** (A) 시기를 묻는 When 간접 의문문에 목적(to make)으로 답변한 오답.
> (B) 질문의 visit(방문하다)에서 연상되는 tour(둘러보기)를 이용해 혼동을 주는 오답.
> (C) 투자자들의 방문 시기를 알아냈는지 묻는 When 간접 의문문에 Yes로 답변 후 다음 주 수요일이라고 부연 설명한 정답.

> **어휘** find out 알아내다, 발견하다 investor 투자자 make an impression 인상을 주다, 감명을 주다 tour 둘러보기, 견학

4.
㉢
㉢

Do you know why my file didn't print?
(A) He usually organizes them.
(B) Yes, in black and white.
(C) Is the ink cartridge empty?

왜 제 파일이 인쇄되지 않았는지 아시나요?
(A) 그가 보통 그것들을 정리해요.
(B) 네, 흑백으로요.
(C) 잉크 카트리지가 비어 있나요?

> **해설** (A) 질문의 내용과 관련 없는 오답. 대명사 he나 them으로 지칭할 만한 대상도 질문에 언급되지 않았다.
> (B) 질문의 print(인쇄되다)에서 연상되는 black and white(흑백)를 이용해 혼동을 주는 오답.
> (C) 파일이 인쇄되지 않은 이유를 묻는 Why 간접 의문문에 잉크 카트리지가 비어 있는지 되물음으로써 원인이 될 만한 것을 제시한 정답.

> **어휘** print 인쇄되다, 인쇄하다 organize 정리하다 in black and white 흑백으로 empty 비어 있는

5.

Can you tell me who will be replacing our hiring manager?	누가 우리의 인사 부장을 대신하게 될지 알려주시겠어요?
(A) It hasn't been decided yet. (B) That's a relief. (C) Just place them on the table.	(A) 아직 결정되지 않았어요. (B) 그거 다행이네요. (C) 그것들을 그냥 테이블 위에 두세요.

해설 (A) 인사 부장을 대신할 사람을 묻는 Who 간접 의문문에 아직 결정되지 않았다고 적절하게 답변한 정답.
(B) 질문과 관련 없는 내용으로 답변한 오답.
(C) 질문의 replacing과 일부 음절이 같은 place를 이용해 혼동을 주는 오답.

어휘 replace 대신하다, 교체하다   hiring manager (채용 담당의) 인사 부장   relief 안도, 안심

● 선택 의문문
본문 p.123

1. (C)   2. (A)   3. (C)   4. (B)   5. (A)

1.

Have you retired, or are you working at a company?	당신은 은퇴했나요, 아니면 회사를 다니고 있나요?
(A) You'd better take a rest. (B) Yes, within a few years. (C) I still do consulting full time.	(A) 당신은 휴식을 취하는 게 낫겠어요. (B) 네, 몇 년 이내로요. (C) 저는 아직 상근으로 컨설팅 일을 해요.

해설 (A) 질문의 retired(은퇴했다)에서 연상되는 rest(휴식)를 이용해 혼동을 주는 오답.
(B) 선택 의문문에 Yes로 답변한 오답.
(C) 은퇴했는지 혹은 회사를 다니는지 묻는 선택 의문문에 아직 상근으로 일한다며 둘 중 하나로 적절하게 답변한 정답.

어휘 retire 은퇴하다   take a rest 휴식을 취하다   consulting 자문, 조언

2.

Would you prefer to eat indoors or on the patio?	실내에서 드시겠어요, 아니면 테라스에서 드시겠어요?
(A) I plan to take the food to go. (B) I've never been to that restaurant. (C) Yes, when the weather is nice.	(A) 저는 음식을 가지고 갈 계획이에요. (B) 저는 그 식당에 가본 적이 없어요. (C) 네, 날씨가 좋을 때요.

해설 (A) 실내와 테라스 중 어디서 먹을지 묻는 선택 의문문에 음식을 가지고 갈 거라며 제3의 선택으로 적절하게 답변한 정답.
(B) 질문의 eat(먹다)에서 연상되는 restaurant(식당)을 이용해 혼동을 주는 오답.
(C) 선택 의문문에 Yes로 답변한 오답.

어휘 indoors 실내에서   patio 테라스   plan 계획하다; 계획

3.

Is Richard looking for a leather sofa or fabric one?	리처드가 가죽 소파를 찾고 있나요, 아니면 천 소파를 찾고 있나요?
(A) In the living room. (B) I'd prefer to wait here. (C) He wants black leather.	(A) 거실에서요. (B) 저는 여기서 기다리겠어요. (C) 그는 검은색 가죽을 원해요.

해설 (A) 어느 소파를 찾는지 묻는 선택 의문문에 장소로 답변한 오답. 질문의 sofa(소파)에서 연상되는 living room(거실)을 이용해 혼동을 주었다.

(B) 질문의 주어인 Richard와 일치하지 않는 I를 주어로 답변한 오답. 내용 또한 질문과 관련이 없다.
(C) 가죽 소파와 천 소파 중 리처드가 찾는 것을 묻는 선택 의문문에 그는 검은색 가죽(leather)을 원한다며 둘 중 하나로 적절하게 답변한 정답.

어휘 leather 가죽   fabric 천, 직물   living room 거실

4.

Would you like a single or double room?
(A) There's room over there.
(B) Either would be fine.
(C) He stays at the hotel often.

싱글 룸으로 하시겠어요, 아니면 더블 룸으로 하시겠어요?
(A) 저쪽에 공간이 있어요.
(B) 어느 것이든 괜찮습니다.
(C) 그는 종종 그 호텔에서 묵어요.

해설 (A) 질문의 room을 다른 의미로 반복해 혼동을 주는 오답.
(B) 싱글 룸과 더블 룸 중 무엇으로 할지를 묻는 선택 의문문에 either(어느 것이든)를 이용해 둘 다 선택하여 적절하게 답변한 정답.
(C) 질문의 single/double room(싱글/더블 룸)에서 연상되는 hotel(호텔)을 이용해 혼동을 주는 오답.

어휘 room 방, 공간   either (긍정문에서) 어느 것이든   fine 괜찮은, 좋은

5.

Did Haley use regular or express mail for the blueprints?
(A) Definitely express mail.
(B) The building plans.
(C) Yes, I expressed my concern.

헤일리는 설계도를 보내는 데 보통 우편을 이용했나요, 아니면 속달 우편을 이용했나요?
(A) 분명히 속달 우편이요.
(B) 건물 도면이요.
(C) 네, 제가 우려를 나타냈어요.

해설 (A) 보통 우편과 속달 우편 중 무엇을 이용했는지 묻는 선택 의문문에 속달 우편(express mail)이라며 둘 중 하나로 적절하게 답변한 정답.
(B) 질문의 blueprints(설계도)에서 연상되는 building plans(건물 도면)를 이용해 혼동을 주는 오답.
(C) 선택 의문문에 Yes로 답변한 오답. 질문의 express를 다른 의미로 반복해 혼동을 주었다.

어휘 regular mail 보통 우편   express mail 속달 우편   blueprint 설계도, 청사진   definitely 분명히   concern 우려, 걱정

● 실전 문제   본문 p.124

1. (B)   2. (C)   3. (C)   4. (B)   5. (A)   6. (A)   7. (C)   8. (B)   9. (C)   10. (B)
11. (B) 12. (A)

1.

Can you show me how to set up the projector?
(A) In the technology department.
(B) I can help you this afternoon.
(C) It's my favorite show.

영사기를 설치하는 방법을 보여 주시겠어요?
(A) 기술 부서에서요.
(B) 오늘 오후에 도와드릴 수 있어요.
(C) 제가 아주 좋아하는 공연이에요.

해설 (A) 질문의 set up the projector(영사기를 설치하다)에서 연상되는 technology department(기술 부서)를 이용해 혼동을 주는 오답.
(B) 영사기 설치법을 보여달라는 How 간접 의문문에 오늘 오후에 도와줄 수 있다며 적절하게 답변한 정답.
(C) 질문의 show를 다른 의미로 반복해 혼동을 주는 오답.

어휘 set up 설치하다, 세우다   projector 영사기, 프로젝터   technology department 기술 부서

2.
미 / 영

Would Mr. Nash prefer a window or aisle seat?

(A) I want to sit outside.
(B) They had a nice vacation.
(C) He's postponed his trip for now.

내시 씨가 창가 쪽 좌석을 좋아할까요, 아니면 통로 쪽 좌석을 좋아할까요?

(A) 저는 밖에 앉고 싶어요.
(B) 그들은 휴가를 잘 보냈어요.
(C) 그는 일단은 여행을 미뤘어요.

해설 (A) 질문의 seat과 발음이 비슷한 sit을 이용해 혼동을 주는 오답.
(B) 질문의 seat(좌석)과 관련된 항공편에서 연상되는 vacation(휴가)을 이용해 혼동을 주는 오답.
(C) 내시 씨가 창가 쪽 좌석을 좋아할지 통로 쪽 좌석을 좋아할지 묻는 선택 의문문에 그가 여행을 연기했다는 제3의 내용으로 적절하게 답변한 정답.

어휘 outside 밖에, 외부에   postpone 미루다, 연기하다   for now 일단은, 현재로는

3.
미 / 호

Have you decided how we should handle the complaint from our client?

(A) Sure, hand me that box.
(B) It's the day after tomorrow.
(C) We're going to issue a full refund.

우리가 고객의 불만 사항을 어떻게 처리해야 할지 결정하셨나요?

(A) 물론이죠, 그 상자를 제게 넘겨주세요.
(B) 내일모레예요.
(C) 우리는 전액 환불을 해 줄 거예요.

해설 (A) 질문의 handle과 일부 음절이 같은 hand를 이용해 혼동을 주는 오답.
(B) 방법을 묻는 How 간접 의문문에 내일모레(the day after tomorrow)라는 시점으로 답변한 오답.
(C) 고객의 불만을 처리할 방법을 묻는 How 간접 의문문에 전액 환불(full refund)이라는 해결책을 제시한 정답.

어휘 handle 처리하다, 다루다   hand 건네주다, 넘겨주다   the day after tomorrow 내일모레   issue a refund 환불해 주다

4.
호 / 미

Do you know which key opens the storage closet?

(A) I like that clothing store.
(B) I'm new, so I'm not sure.
(C) The speech was impressive.

어느 열쇠로 창고를 여는지 아시나요?

(A) 저는 그 옷가게가 마음에 들어요.
(B) 저는 새로 와서 잘 모르겠어요.
(C) 그 연설은 인상적이었어요.

해설 (A) 질문의 storage와 파생 관계인 store를 이용해 혼동을 주는 오답.
(B) 창고 열쇠가 어떤 것인지 묻는 Which 간접 의문문에 새로 와서 잘 모른다고 적절하게 답변한 정답.
(C) 질문의 내용과 관련 없는 오답. 의견을 묻는 How 의문문에 어울릴 만한 답변이다.

어휘 storage closet 창고, (저장용) 벽장   speech 연설, 담화   impressive 인상적인, 감명 깊은

5.
호 / 영

Is the new assignment due before lunch or after?

(A) It would be tomorrow.
(B) Yes, you're right.
(C) A market analysis.

새로운 과제의 기한이 점심시간 전인가요, 아니면 점심시간 후인가요?

(A) 내일일 거예요.
(B) 네, 당신 말이 맞아요.
(C) 시장 분석이요.

해설 (A) 과제의 기한이 점심시간 전인지 후인지 묻는 선택 의문문에 내일이라는 제3의 선택으로 적절하게 답변한 정답.
(B) 선택 의문문에 Yes로 답변한 오답.
(C) 질문과 관련 없는 내용으로 답변한 오답. 과제의 세부 내용을 묻는 질문에 어울릴 만한 답변이다.

어휘 assignment 과제   due (언제) ~하기로 되어 있는   analysis 분석

6.

Do you know why the registration deadline was changed?
(A) Few people have signed up.
(B) An annual industry conference.
(C) By completing a form.

왜 등록 마감 기한이 변경되었는지 아시나요?
(A) 등록한 사람이 거의 없어요.
(B) 연례 산업 학회요.
(C) 서식을 작성함으로써요.

해설 (A) 등록 마감 기한이 변경된 이유를 묻는 Why 간접 의문문에 등록한 사람이 거의 없다며 적절한 이유를 제시한 정답.
(B) 질문의 registration(등록)에서 연상되는 conference(학회)를 이용해 혼동을 주는 오답.
(C) 질문의 registration(등록)에서 연상되는 completing a form(서식 작성)을 이용해 혼동을 주는 오답. 등록 방법을 묻는 How 의문문에 어울리는 답변이다.

어휘 registration 등록 deadline 마감 기한 sign up 등록하다 industry 산업 complete 작성하다 form 서식

7.

Would you rather mail your portfolio or bring it in person?
(A) No, it needs more designs.
(B) Yes, I received your e-mail.
(C) I'd rather drop it off myself.

당신의 포트폴리오를 우편으로 보내시겠어요, 아니면 직접 가져오시겠어요?
(A) 아니요, 그것은 디자인이 더 필요해요.
(B) 네, 저는 당신의 이메일을 받았어요.
(C) 직접 가져가겠습니다.

해설 (A) 선택 의문문에 No로 답변한 오답. 질문의 portfolio(포트폴리오)에서 연상되는 designs(디자인)를 이용해 혼동을 주었다.
(B) 선택 의문문에 Yes로 답변한 오답. 질문의 mail과 일부 음절이 같은 e-mail을 이용해 혼동을 주었다.
(C) 포트폴리오를 우편으로 보낼지 아니면 직접 가져올지 묻는 선택 의문문에 직접 가져가겠다고 둘 중 하나로 적절하게 답변한 정답.

어휘 would rather (~하기보다는 차라리) ~하겠다 mail 우편으로 보내다; 우편 portfolio 포트폴리오, 작품집 in person 직접 drop off (물건을) 내려놓다, 맡기다

8.

Can we discuss the matter here, or do you need a private space?
(A) Yes, there's lots of space.
(B) We can talk right here.
(C) A training session.

우리 그 문제를 여기서 논의할까요, 아니면 사적인 공간이 필요하세요?
(A) 네, 공간이 많이 있습니다.
(B) 우리는 바로 여기서 이야기하면 돼요.
(C) 교육 시간이요.

해설 (A) 선택 의무문에 Yes로 답변한 오답. 질문의 space를 반복해 혼동을 주었다.
(B) 여기서 논의할지 아니면 따로 공간이 필요한지 묻는 선택 의문문에 여기서 이야기하자며 둘 종 하니로 적절하게 답변한 전답.
(C) 질문의 내용과 관련 없는 오답.

어휘 discuss 논의하다 matter 문제, 상황 private 사적인, 비공개의 space 공간

9.

Do you plan to have a soda with your meal or coffee?
(A) It was nice, thanks.
(B) At the café.
(C) I feel like coffee.

식사와 함께 탄산음료를 드시려고 하세요, 아니면 커피를 드시려고 하세요?
(A) 좋았어요, 감사합니다.
(B) 카페에서요.
(C) 커피를 마시고 싶어요.

해설 (A) plan to로 앞으로 일어날 일을 물었는데 과거 시제로 답변한 오답. 식사가 어땠는지 묻는 질문에 어울릴 만한 답변이다.
(B) 질문의 coffee(커피)에서 연상되는 café(카페)를 이용해 혼동을 주는 오답.
(C) 탄산음료와 커피 중에서 무엇을 원하는지 묻는 선택 의문문에 둘 중 하나(coffee)를 선택하여 적절하게 답변한 정답.

어휘 feel like ~을 하고 싶다

10.
(영)(호)

Do you know who can paint my house?
(A) A variety of colors.
(B) Probably Kevin. He had work done last summer.
(C) He wants a fresh new look.

누가 우리 집에 페인트칠을 해줄 수 있는지 아시나요?
(A) 다양한 색상들이요.
(B) 아마도 케빈이요. 그는 지난여름에 작업을 했어요.
(C) 그는 신선하고 새로운 스타일을 원해요.

해설 (A) 질문의 paint(페인트칠을 하다)에서 연상되는 colors(색상들)를 이용해 혼동을 주는 오답.
(B) 페인트칠을 해줄 수 있는 사람을 묻는 Who 간접 의문문에 사람 이름(Kevin)으로 답변 후 부연 설명한 정답.
(C) 대명사 he로 지칭할 만한 대상이 질문에 언급되지 않았으므로 오답.

어휘 a variety of 다양한   probably 아마도   fresh 신선한

11.
(미)(영)

Can you tell me where the HR department is?
(A) Fortunately, we did.
(B) Of course, at the end of the hall.
(C) Some job applications.

인사부가 어디 있는지 알려주실 수 있나요?
(A) 다행스럽게도, 우리가 했어요.
(B) 물론이죠, 복도 맨 끝이에요.
(C) 입사 지원서 몇 개요.

해설 (A) 질문의 내용과 관련 없는 오답. did가 어떤 동작을 가리키는지도 명확하지 않다.
(B) 인사부가 어디인지 묻는 Where 간접 의문문에 복도 맨 끝(the end of the hall)이라는 위치로 적절하게 답변한 정답.
(C) 질문의 HR department(인사부)에서 연상되는 job applications(입사 지원서)를 이용해 혼동을 주는 오답.

어휘 HR department 인사부   fortunately 다행스럽게도, 운 좋게도   hall 복도   job application 입사 지원(서)

12.
(영)(미)

Did Jerry want to rent a two-door or a four-door car?
(A) I have a copy of his request.
(B) At a rental company.
(C) Yes, for a long drive.

제리는 문이 두 개인 차량을 빌리고 싶어 했나요, 아니면 네 개인 차량을 빌리고 싶어 했나요?
(A) 저에게 그의 요청서 사본이 있어요.
(C) 임대 회사에서요.
(D) 네, 장거리 운전용으로요.

해설 (A) 문이 두 개인 차량과 네 개인 차량 중 무엇을 원했는지 묻는 선택 의문문에 신청서 사본이 있다는 말로 해당 정보가 나와 있는 곳을 알리는 정답.
(B) 질문의 rent에서 파생된 rental을 이용해 혼동을 주는 오답.
(C) 선택 의문문에 Yes로 답변한 오답. 질문의 car(차량)에서 연상되는 drive(운전)를 이용해 혼동을 주었다.

어휘 rent 빌리다, 임차하다   request 요청(서), 요구(서)   rental 임대, 대여

UNIT 08 제안·요청 의문문, 평서문

● 제안·요청 의문문

본문 p.131

1. (B)   2. (A)   3. (C)   4. (B)   5. (B)

1.
(미)
(미)

Could you help me label these storage boxes?
(A) In the main warehouse.
(B) Sorry. I'm quite busy at the moment.
(C) The instruction manual would be helpful.

이 보관함들에 라벨을 붙이는 것을 도와주시겠어요?
(A) 메인 창고 안에요.
(B) 미안해요. 제가 지금 좀 바빠요.
(C) 사용 설명서가 도움이 될 거예요.

해설 (A) 질문의 storage(보관)에서 연상되는 warehouse(창고)를 이용해 혼동을 주는 오답.
(B) 보관함에 라벨을 붙이는 것을 도와달라는 요청 의문문에 미안하다며 거절 후 적절한 이유를 덧붙인 정답.
(C) 질문의 내용과 관련 없는 오답. 상품의 설치나 조립 방법을 묻는 질문에 어울릴 만한 답변이다.

어휘 label 라벨을 붙이다; 상표 warehouse 창고 at the moment 바로 지금 instruction manual 사용 설명서

2.
(영)
(호)

Would you like a cup of coffee with your meal?
(A) No, thanks. I prefer water.
(B) What did you order?
(C) A new restaurant.

식사와 함께 커피 한 잔 하시겠어요?
(A) 아니요, 괜찮습니다. 저는 물이 더 좋아요.
(B) 무엇을 주문하셨나요?
(C) 새로 생긴 식당이요.

해설 (A) 식사와 함께 커피를 마시겠냐고 묻는 제안 의문문에 No로 거절 후 물이 더 좋다고 덧붙인 정답.
(B) 질문의 meal(식사)에서 연상되는 order(주문하다)를 이용해 혼동을 주는 오답.
(C) 질문의 meal(식사)에서 연상되는 restaurant(식당)을 이용해 혼동을 주는 오답.

어휘 prefer ~을 (더) 좋아하다, 선호하다

3.
(미)
(호)

Can you send me the information, please?
(A) A list of speech topics.
(B) I'm looking forward to the party.
(C) Of course. What's your e-mail address?

저에게 그 정보를 보내 주시겠어요?
(A) 연설 주제 목록이요.
(B) 저는 파티를 몹시 기대하고 있어요.
(C) 물론입니다. 이메일 주소가 어떻게 되세요?

해설 (A) 질문의 information(정보)에서 연상되는 topics(주제)를 이용해 혼동을 주는 오답.
(B) 질문의 내용과 관련 없는 오답.
(C) 정보를 보내 달라는 요청 의문문에 Of course로 수락 후 이메일 주소를 묻는 정답.

어휘 speech 연설, 담화 topic 주제 look forward to ~을 몹시 기대하다

4.
(미)
(영)

Why don't we appoint a new safety officer?
(A) The feature is newly added.
(B) I wonder who might be interested.
(C) It was purchased last week.

새로운 안전 관리자를 임명하는 게 어때요?
(A) 기능이 새롭게 추가되었어요.
(B) 누가 관심 있어 할지 궁금하네요.
(C) 그것은 지난주에 구매했어요.

해설 (A) 질문의 new에서 파생된 newly를 이용해 혼동을 주는 오답.
(B) 새로운 안전 관리자를 임명하자는 제안 의문문에 누가 (그 자리에) 관심이 있을지 궁금하다는 제3의 내용으로 적절하게 답변한 정답.
(C) 질문의 내용과 관련 없는 오답. 구입 시기를 묻는 When 의문문에 적합한 답변이다.

어휘 appoint 임명하다, 지명하다 safety officer 안전 관리자 feature 기능, 특징 add 추가하다 purchase 구매하다

5.
(미)
(호)

Can I get a ride to work?
(A) Thank you for the gift.
(B) Would you ask Gina instead?
(C) We found it very interesting.

저를 직장까지 태워 주실 수 있나요?
(A) 선물 고마워요.
(B) 지나에게 대신 부탁하시겠어요?
(C) 우리는 그것이 아주 흥미롭다고 생각했어요.

해설 (A) 차를 태워 달라는 요청에 감사 인사로 답변한 오답.
(B) 직장까지 태워 달라는 요청 의문문에 다른 사람에게 부탁하라는 말로 간접적으로 거절한 정답.
(C) 질문의 내용과 관련 없는 오답. 대명사 it으로 지칭할 만한 대상 또한 질문에서 언급되지 않았다.

어휘 ride 태워 주기, 타기

● 평서문
본문 p.135

1. (A)   2. (A)   3. (C)   4. (A)   5. (B)

1.
(미)
(영)

Traffic has been much heavier than usual.
(A) You're right about that.
(B) Andrew can probably lift it.
(C) No, she takes the bus.

교통이 평소보다 훨씬 더 혼잡했어요.
(A) 그건 당신 말이 맞아요.
(B) 아마도 앤드류가 들 수 있을 거예요.
(C) 아니요, 그녀는 버스를 타요.

해설 (A) 교통이 평소보다 훨씬 혼잡했다는 평서문에 동의하는 말로 적절하게 답변한 정답.
(B) 질문의 heavier를 '더 무거운'이라는 다른 의미로 이해했을 경우 연상되는 lift(들어 올리다)를 이용해 혼동을 주는 오답.
(C) 질문에서 대명사 she로 지칭할 만한 인물이 언급되지 않았으므로 오답. 질문의 traffic(교통)에서 연상되는 bus(버스)를 이용해 혼동을 주었다.

어휘 traffic 교통(량)   heavy (교통 혼잡 따위가) 격심한   lift 들어 올리다

2.
(영)
(호)

The supplies were delivered a day early.
(A) I've already unpacked the boxes.
(B) Components for the repairs.
(C) It'll be 10 o'clock.

비품이 하루 일찍 배달되었어요.
(A) 제가 이미 상자들을 풀었어요.
(B) 수리를 위한 부품들이요.
(C) 10시일 거예요.

해설 (A) 비품이 하루 일찍 배달되었다는 평서문에 이미 상자들을 풀었다고 답변함으로써 상대방의 진술에 부연 설명한 정답.
(B) 질문에서 언급한 비품(supplies)의 세부 내역을 묻는 질문에 적합한 답변이므로 오답.
(C) 질문의 a day early(하루 일찍)에서 연상되는 시간 표현(10 o'clock)을 이용해 혼동을 주는 오답.

어휘 supply 비품, 용품   unpack (짐을) 풀다, 꺼내다   component 부품, (구성) 요소

3.
(미)
(미)

I lost Ms. Lee's business card.
(A) I started my own company.
(B) Last year in July.
(C) Her contact details are online.

저는 이 씨의 명함을 잃어버렸어요.
(A) 저는 제 회사를 차렸어요.
(B) 작년 7월에요.
(C) 그녀의 연락처는 온라인에 있어요.

해설 (A) 질문의 business(업무)에서 연상되는 company(회사)를 이용해 혼동을 주는 오답.
(B) 질문의 lost와 발음이 비슷한 last를 이용해 혼동을 주는 오답.
(C) 이 씨의 명함을 잃어버렸다는 평서문에 그녀의 연락처가 온라인에 있다고 답변함으로써 문제 상황에 대한 해결책을 제시한 정답.

어휘 business card 명함 contact details 연락처

4.
(호)(미)

My computer is running quite slowly.
(A) When did you last upgrade the software?
(B) The latest model.
(C) Yes, I run each morning.

제 컴퓨터가 너무 느리게 작동하고 있어요.
(A) 소프트웨어를 언제 마지막으로 업그레이드 했나요?
(B) 최신 모델이요.
(C) 네, 저는 아침마다 달려요.

해설 (A) 컴퓨터가 느리다는 평서문에 소프트웨어 업그레이드를 언제 했냐고 되물음으로써 문제 상황의 원인을 간접적으로 제시한 정답.
(B) 질문의 computer(컴퓨터)에서 연상되는 the latest model(최신 모델)을 이용해 혼동을 주는 오답.
(C) 질문의 run을 다른 의미로 반복해 혼동을 주는 오답.

어휘 run 작동하다, 달리다 latest 최신의

5.
(영)(미)

We've missed a few project deadlines this month.
(A) It'll attract new customers.
(B) We're short-staffed at the moment.
(C) They missed the train.

우리는 이번 달에 몇 차례 프로젝트 마감 기한을 놓쳤어요.
(A) 그것은 신규 고객들을 끌어모을 거예요.
(B) 우리는 지금 일손이 부족해요.
(C) 그들은 기차를 놓쳤어요.

해설 (A) 질문의 project(프로젝트)에서 연상되는 customers(고객)를 이용해 혼동을 주는 오답.
(B) 프로젝트 마감 기한을 몇 차례 놓쳤다는 평서문에 현재 일손이 부족하다며 문제 상황의 원인을 직접적으로 제시한 정답.
(C) 질문의 missed를 반복해 혼동을 주는 오답.

어휘 miss 놓치다 deadline 기한, 마감 시간 attract 끌어모으다 short-staffed 일손이 부족한

● **실전 문제**

본문 p.136

1. (A) 2. (C) 3. (B) 4. (C) 5. (C) 6. (B) 7. (A) 8. (B) 9. (A) 10. (A)
11. (B) 12. (C)

1.
(영)(호)

Can I help you hang up those posters?
(A) I can do it on my own.
(B) A live performance by an orchestra.
(C) She created a colorful design.

그 포스터들을 거는 것을 도와드릴까요?
(A) 저 혼자 할 수 있어요.
(B) 오케스트라의 라이브 공연이요.
(C) 그녀는 화려한 디자인을 만들어냈어요.

해설 (A) 포스터 거는 것을 도와주겠다는 제안 의문문에 혼자 할 수 있다는 말로 거절한 정답.
(B) 포스터가 무엇에 관한 것인지 묻는 질문에 어울릴 만한 답변이므로 오답.
(C) 질문의 posters(포스터)에서 연상되는 design(디자인)을 이용해 혼동을 주는 오답.

어휘 hang up 걸다 on one's own 혼자 힘으로 performance 공연 colorful 화려한, 다채로운

2.
(미)(영)

I'll be decorating the venue tomorrow afternoon.
(A) On Wesley Avenue.
(B) My lunch took longer than I expected.
(C) An important investor is visiting then.

제가 내일 오후에 그 장소를 장식할 거예요.
(A) 웨슬리 가에서요.
(B) 제 점심 식사가 예상보다 오래 걸렸어요.
(C) 중요한 투자자가 그때 방문할 거예요.

해설 (A) 질문의 venue와 일부 음절이 같은 avenue를 이용해 혼동을 주는 오답.
(B) 질문의 afternoon(오후)에서 연상되는 lunch(점심 식사)를 이용해 혼동을 주는 오답.
(C) 내일 오후에 장소를 장식하겠다는 평서문에 tomorrow afternoon을 then으로 받아 그때 중요한 투자자가 온다며 간접적으로 반대를 나타낸 정답.

어휘 decorate 장식하다, 꾸미다   venue (행사의) 장소   expect 예상하다, 기대하다   investor 투자자

3.
(영)(미)

I asked Thomas to do the contract negotiations.
(A) It's 10 pages long.
(B) I'm sure he'll do a good job.
(C) Around two hours.

제가 토머스에게 계약 협상을 하라고 요청했어요.
(A) 그것은 10페이지 길이예요.
(B) 분명히 그는 잘해 낼 거예요.
(C) 2시간 정도요.

해설 (A) 질문의 contract(계약)에서 문서를 떠올렸을 때 연상되는 pages(페이지)를 이용해 혼동을 주는 오답.
(B) 토머스에게 계약 협상을 요청했다는 평서문에 분명히 그가 잘할 거라고 답변함으로써 동의를 나타낸 정답.
(C) 소요 시간을 묻는 How 의문문에 어울릴 만한 답변이므로 오답.

어휘 contract 계약(서)   negotiation 협상

4.
(미)(영)

Can you pick up the dry cleaning?
(A) A suit and a jacket.
(B) Let's clean the break room.
(C) Sure. I've got time right now.

드라이클리닝한 세탁물을 찾아와 줄래요?
(A) 정장과 재킷이요.
(B) 휴게실을 청소합시다.
(C) 물론이에요. 지금 시간이 있어요.

해설 (A) 질문의 dry cleaning(드라이클리닝한 세탁물)에서 연상되는 suit(정장)와 jacket(재킷)을 이용해 혼동을 주는 오답.
(B) 질문의 cleaning과 일부 음절이 같은 clean을 이용해 혼동을 주는 오답.
(C) 세탁물을 찾아와 달라는 요청 의문문에 Sure로 수락 후 지금 시간이 있다고 덧붙인 정답.

어휘 pick up ~을 찾아오다, 차로 데려오다   dry cleaning 드라이클리닝(한 세탁물)   break room 휴게실   right now 지금 당장

5.
(미)(미)

Jean Flanigan will be signing books at the bookstore.
(A) Oh, did you like it?
(B) 12 dollars each.
(C) She is a talented author.

진 플래니건이 서점에서 북 사인회를 할 거예요.
(A) 아, 그게 마음에 들었나요?
(B) 하나에 12달러요.
(C) 그녀는 재능 있는 작가예요.

해설 (A) 미래 시제로 앞으로 있을 북 사인회에 대해 말했는데 그것이 어땠는지 과거 시제로 되물은 오답.
(B) 가격을 묻는 How 의문문에 적합한 답변이므로 오답.
(C) 진 플래니건이 서점에서 북 사인회를 한다는 평서문에 그녀는 재능 있는 작가라는 말로 상대방의 진술에 설명을 덧붙인 정답.

어휘 sign 사인하다, 서명하다   talented 재능이 있는   author 작가

6.
(미)(영)

Would you like me to set up a meeting?
(A) I'm not sure where she went.
(B) That would save some time.
(C) The slideshow presentation.

제가 회의를 잡아드릴까요?
(A) 그녀가 어디로 갔는지 모르겠어요.
(B) 그러면 시간이 좀 절약될 거예요.
(C) 슬라이드쇼 발표요.

해설 (A) 질문에서 대명사 she로 지칭할 만한 인물이 언급되지 않았으므로 오답.
(B) 회의를 잡아주겠다는 제안 의문문에 그러면 시간이 절약될 거라는 말로 간접적으로 수락한 정답.

(C) 질문의 meeting(회의)에서 연상되는 presentation(발표)을 이용해 혼동을 주는 오답.

어휘 set up 마련하다, 설치하다 save time 시간을 절약하다 presentation 발표

7.

Could you reimburse me for the business lunch?
(A) Yes, but I need a receipt.
(B) A product launch.
(C) That's where I found it.

업무상의 점심 식사에 대해 상환해 주시겠어요?
(A) 네, 하지만 영수증이 필요합니다.
(B) 제품 출시요.
(C) 거기서 그걸 찾았어요.

해설 (A) 점심 식사에 대해 상환해 달라는 요청 의문문에 Yes로 수락 후 영수증이 필요하다는 상환 조건을 덧붙인 정답.
(B) 질문의 lunch와 발음이 비슷한 launch를 이용해 혼동을 주는 오답.
(C) 질문의 내용과 관련 없는 오답. 대명사 it이 지칭하는 대상이 무엇인지도 알 수 없다.

어휘 reimburse 상환하다, 갚다 receipt 영수증 launch 출시

8.

I can't find the agenda for the meeting.
(A) The speakers were impressive.
(B) That's okay. I'll print another one.
(C) From 1 to 3 P.M.

회의 안건을 못 찾겠어요.
(A) 발표자들이 인상적이었어요.
(B) 괜찮아요. 제가 하나 더 출력할게요.
(C) 오후 1시부터 3시까지요.

해설 (A) 질문의 meeting(회의)에서 연상되는 speakers(발표자)를 이용해 혼동을 주는 오답.
(B) 회의 안건을 찾을 수 없다는 평서문에 괜찮다며 하나 더 출력하겠다고 답변함으로써 문제 상황에 대한 해결책을 제시한 정답.
(C) 회의 시간을 묻는 When 의문문에 어울릴 만한 답변이므로 오답.

어휘 agenda 안건, 의제 speaker 발표자, 연설자 impressive 인상적인, 감명 깊은

9.

How about canceling this week's staff meeting?
(A) We have some important issues to cover.
(B) I've met her a few times.
(C) The end of the week.

이번 주 직원 회의는 취소하는 게 어떨까요?
(A) 우리는 다뤄야 할 중요한 안건들이 좀 있어요.
(B) 저는 그녀를 몇 번 만난 적이 있어요.
(C) 이번 주 말이요.

해설 (A) 직원 회의를 취소하는 게 어떻겠냐는 제안 의문문에 다뤄야 할 중요한 안건이 있다는 말로 간접적으로 거절한 정답.
(B) 질문에서 대명사 her로 지칭할 만한 인물이 언급되지 않았으므로 오답. 질문의 meeting과 파생 관계인 met을 이용해 혼동을 주었다.
(C) 질문의 week을 반복해 혼동을 주는 오답.

어휘 cancel 취소하다 issue 안건, 쟁점 cover 다루다, 포함시키다

10.

Could you check to see if Leonard is still in his office?
(A) Have you tried calling him?
(B) We usually pay by cash.
(C) It's across from the office building.

레너드가 아직 사무실에 있는지 확인해 주시겠어요?
(A) 그에게 전화해 봤나요?
(B) 우리는 보통 현금으로 지불해요.
(C) 사무실 건물 맞은편에 있어요.

해설 (A) 레너드가 사무실에 있는지 확인해 달라는 요청 의문문에 그에게 전화해 봤는지 되묻는 말로 적절하게 답변한 정답.
(B) 질문의 check를 '수표'라는 뜻으로 이해했을 경우 연상되는 cash(현금)를 이용해 혼동을 주는 오답.
(C) 질문의 office를 반복해 혼동을 주는 오답.

어휘 check 확인하다; 수표 by cash 현금으로

11.
(미)
(호)

The hallway is starting to get crowded with boxes.
(A) I think he works in marketing.
(B) I'll move them to another place.
(C) It is a little cloudy.

복도가 상자들로 혼잡해지기 시작했어요.
(A) 그는 마케팅 부서에서 일하는 것 같아요.
(B) 제가 그것들을 다른 장소로 옮길게요.
(C) 약간 흐려요.

해설 (A) 질문의 내용과 관련 없는 오답. 대명사 he가 지칭하는 대상이 누구인지도 알 수 없다.
(B) 복도가 상자들로 혼잡해지기 시작했다는 평서문에 그것들을 다른 장소로 옮기겠다고 답변함으로써 문제 상황에 대한 해결책을 제시한 정답.
(C) 질문의 crowded와 발음이 비슷한 cloudy를 이용해 혼동을 주는 오답.

어휘 hallway 복도 crowded with ~로 혼잡한 cloudy 흐린, 구름 낀

12.
(영)
(미)

I've just moved to a new apartment.
(A) I live on the third floor.
(B) A doctor's appointment.
(C) Which building is it in?

저는 이제 막 새 아파트로 이사했어요.
(A) 저는 3층에 살아요.
(B) 진료 예약이요.
(C) 어느 건물에 있나요?

해설 (A) 질문의 apartment(아파트)에서 연상되는 floor(층)를 이용해 혼동을 주는 오답.
(B) 질문의 apartment와 일부 음절이 같은 appointment를 이용해 혼동을 주는 오답.
(C) 새 아파트로 이사했다는 평서문에 어느 건물이냐고 되물음으로써 추가 정보를 요청하는 정답.

어휘 appointment 예약, 약속

PART TEST
본문 p.138

7. (A)   8. (A)   9. (B)   10. (C)   11. (B)   12. (A)   13. (C)   14. (A)   15. (B)   16. (C)
17. (B)   18. (A)   19. (B)   20. (B)   21. (C)   22. (B)   23. (A)   24. (C)   25. (B)   26. (A)
27. (C)   28. (A)   29. (A)   30. (C)   31. (A)

7.
(미)
(미)

Who requested a repair in this office?
(A) I did. The window is cracked.
(B) Just a few minutes.
(C) Because I worked late.

이 사무실에서 누가 수리를 요청했나요?
(A) 제가 했어요. 창문에 금이 갔어요.
(B) 잠깐이면 돼요.
(C) 제가 늦게까지 일했기 때문이에요.

해설 (A) 누가 수리를 요청했는지 묻는 Who 의문문에 인칭 대명사(I)로 적절하게 답변 후 이유를 덧붙인 정답.
(B) 질문과 관련 없는 내용으로 답변한 오답.
(C) 사람을 묻는 Who 의문문에 이유(Because ~)로 답변한 오답.

어휘 request 요청하다; 요청 repair 수리, 보수 cracked 금이 간, 갈라진

8.
(영)
(호)

Aren't the samples being delivered today?
(A) No, they were delayed.
(B) A reputation for high quality.
(C) That's a good example.

샘플들이 오늘 배달되지 않나요?
(A) 아니요, 그것들은 미뤄졌어요.
(B) 품질이 뛰어나다는 평판이요.
(C) 그것은 좋은 예시예요.

해설 (A) 샘플이 오늘 배달되지 않냐고 묻는 be동사 의문문에 No로 답변 후 배달이 미뤄졌다고 덧붙인 정답.
(B) 질문의 samples(샘플)에서 연상되는 quality(품질)를 이용해 혼동을 주는 오답.
(C) 질문의 samples와 일부 음절이 같은 example을 이용해 혼동을 주는 오답.

어휘 deliver 배달하다 reputation 평판, 명성 quality 품질

9.
(미) (호)

Why don't we have lunch at the new Italian restaurant?
(A) A one-hour break.
(B) Let's ask Angie to come along, too.
(C) By the subway station.

우리 새로 생긴 이탈리아 식당에서 점심 먹는 게 어때요?
(A) 한 시간의 휴식 시간이요.
(B) 앤지에게도 같이 가자고 합시다.
(C) 지하철역 옆이요.

해설 (A) 질문의 lunch(점심)에서 연상되는 one-hour break(한 시간의 휴식 시간)를 이용해 혼동을 주는 오답.
(B) 새로 생긴 이탈리아 식당에서 점심을 먹자는 제안 의문문에 다른 사람도 같이 가자고 말함으로써 제안을 간접적으로 수락한 정답.
(C) 제안 의문문에 장소(subway station)로 답변한 오답.

어휘 break 휴식 (시간) come along 함께 가다

10.
(미) (영)

Don't you need approval from a manager for a purchase?
(A) The department head is Gary Sanders.
(B) A replacement for the copy machine.
(C) That's only for items over 50 dollars.

구입 시 관리자의 승인이 필요하지 않나요?
(A) 부서장은 개리 샌더스입니다.
(B) 그 복사기의 대체품이요.
(C) 50달러를 초과하는 물품에 한해서요.

해설 (A) 질문의 manager(관리자)에서 연상되는 department head(부서장)를 이용해 혼동을 주는 오답.
(B) 질문과 관련 없는 내용으로 답변한 오답. 구입 물품이 무엇인지 묻는 질문에 어울릴 만한 답변이다.
(C) 구입 시 관리자의 승인이 필요하지 않은지 묻는 조동사 의문문에 50달러를 초과할 경우에만 해당한다는 말로 관리자의 승인이 필요한 경우를 구체적으로 설명한 정답.

어휘 approval 승인, 허가 purchase 구입, 구매; 구입하다 department head 부서장 replacement 대체품, 교체
copy machine 복사기

11.
(영) (호)

When are you transferring to the Tokyo branch?
(A) For the great job opportunities.
(B) The date hasn't been finalized.
(C) An office in the northern neighborhood.

당신은 언제 도쿄 지사로 옮기나요?
(A) 좋은 취업 기회를 위해서요.
(B) 날짜가 최종 승인되지 않았어요.
(C) 북부 지역에 있는 사무실이요.

해설 (A) 질문과 관련 없는 내용으로 답변한 오답. 지역 이동의 이유를 묻는 질문에 어울릴 만한 답변이다.
(B) 도쿄 지사로 옮기는 시기를 묻는 When 의문문에 아직 결정되지 않았다고 적절하게 답변한 정답.
(C) 시기를 묻는 When 의문문에 장소로 답변한 오답.

어휘 transfer 옮기다, 전근 가다 branch 지사, 분점 job opportunity 취업 기회 finalize 최종적으로 승인하다
neighborhood 지역, 이웃

12.
(미) (호)

How do you like working from home?
(A) Well, I had a long commute before.
(B) I'm in charge of payroll.
(C) A modern apartment building.

재택근무하는 건 좀 어때요?
(A) 음, 전에는 통근 거리가 길었어요.
(B) 저는 급여 지급 명부를 담당합니다.
(C) 현대적인 아파트 건물이요.

해설 (A) 재택근무에 대한 의견을 묻는 How 의문문에 전에는 통근 거리가 길었다는 말로 재택근무의 장점을 간접적으로 표현한 정답.
(B) 질문과 관련 없는 내용으로 답변한 오답. 담당 업무가 무엇인지 묻는 질문에 어울릴 만한 답변이다.
(C) 질문의 home(집)에서 연상되는 apartment building(아파트 건물)을 이용해 혼동을 주는 오답.

어휘 work from home 재택근무하다   commute 통근 (거리); 통근하다   in charge of ~을 담당하는   payroll 급여 지급 명부

13.
(미)
(영)

What's the theme for this year's museum fundraiser?
(A) August, September, or October.
(B) No, I've never been to the museum.
(C) The manager hasn't decided yet.

올해 박물관 모금 행사의 주제는 무엇인가요?
(A) 8월, 9월 아니면 10월입니다.
(B) 아니요, 저는 그 박물관에 가본 적이 없어요.
(C) 관리자가 아직 결정하지 않았어요.

해설 (A) 행사 주제를 묻는 What 의문문에 시점(August, September, or October)으로 답변한 오답.
(B) 의문사 의문문에 No로 답변한 오답. 질문의 museum을 반복해 혼동을 주었다.
(C) 모금 행사의 주제를 묻는 What 의문문에 아직 결정되지 않았다고 적절하게 답변한 정답.

어휘 theme 주제, 테마   fundraiser 모금 행사   yet 아직

14.
(영)
(미)

Don't you have a Chinese class tonight?
(A) A useful skill.
(B) Check the bottom drawer.
(C) It starts next Monday.

당신은 오늘 밤에 중국어 수업이 있지 않나요?
(A) 유용한 기술이요.
(B) 맨 아래 서랍을 확인하세요.
(C) 그것은 다음 주 월요일에 시작해요.

해설 (A) 질문과 관련 없는 내용으로 답변한 오답.
(B) 질문의 Don't you have만 듣고 어떤 물건을 가지고 있는지 묻는 질문으로 착각할 경우 고를 수 있는 오답.
(C) 오늘 밤 중국어 수업이 있지 않냐고 묻는 조동사 의문문에 다음 주 월요일에 시작한다는 말로 오늘 밤은 수업이 없다는 것을 간접적으로 나타낸 정답.

어휘 useful 유용한, 쓸모 있는   skill 기술, 솜씨

15.
(미)
(호)

Who's interviewing the job applicants?
(A) That's not what the memo said.
(B) No one has told me.
(C) Yes, I've submitted it.

누가 입사 지원자들을 면접하나요?
(A) 메모에는 그렇게 적혀 있지 않았어요.
(B) 아무도 제게 말해주지 않았어요.
(C) 네, 제가 그것을 제출했어요.

해설 (A) 질문과 관련 없는 내용으로 답변한 오답.
(B) 면접을 진행할 사람을 묻는 Who 의문문에 아무도 말해주지 않았다며 모른다는 것을 간접적으로 나타낸 정답.
(C) 의문사 의문문에 Yes로 답변한 오답. 대명사 it이 지칭하는 대상이 무엇인지도 알 수 없다.

어휘 interview 면접을 보다; 면접   job applicant 입사 지원자, 구직자   submit 제출하다

16.
(미)
(호)

Would it be possible for you to work this weekend?
(A) No one could find it.
(B) A road trip would be fun.
(C) My parents will be coming to town.

당신은 이번 주말에 근무가 가능한가요?
(A) 아무도 그것을 찾지 못했어요.
(B) 장거리 자동차 여행은 재미있을 거예요.
(C) 제 부모님이 상경하실 거예요.

해설 (A) 질문의 it을 반복 사용하고, 질문의 possible(가능한)에서 연상되는 could(~할 수 있었다)를 이용해 혼동을 주는 오답.
(B) 질문의 would를 반복 사용해 혼동을 주는 오답.

(C) 이번 주말에 근무가 가능하냐는 조동사 의문문에 No를 생략하고 부모님이 오신다는 말로 근무를 할 수 없음을 간접적으로 나타낸 정답.

어휘 possible 가능한 road trip 장거리 자동차 여행 come to town 상경하다

17.

영 / 미

Which party venue should we use?

(A) No, my birthday's in May.
(B) Amy usually plans events.
(C) I'd rather take the bus.

우리가 어느 파티 장소를 이용해야 하죠?

(A) 아니요, 제 생일은 5월이에요.
(B) 에이미가 보통 행사들을 기획해요.
(C) 저는 차라리 버스를 타겠어요.

해설 (A) 질문의 party(파티)에서 연상되는 birthday(생일)를 이용해 혼동을 주는 오답.
(B) 어느 파티 장소를 이용해야 하는지 묻는 Which 의문문에 에이미가 주로 행사를 기획한다는 말로 다른 사람에게 물어보라는 것을 간접적으로 드러낸 정답.
(C) 질문의 use(이용하다)에서 연상되는 take(타다)를 이용해 혼동을 주는 오답. 이동 수단을 묻는 질문에 어울릴 만한 답변이다.

어휘 venue (행사의) 장소 would rather 차라리 ~하겠다

18.

호 / 미

Haven't you seen the new play at the Bluebird Theater?

(A) Jenna Preston's acting was amazing.
(B) The team often plays basketball.
(C) A theater renovation project.

블루버드 극장에서 새로 하는 연극을 보지 않았나요?

(A) 제나 프레스턴의 연기는 놀라웠어요.
(B) 그 팀은 종종 농구를 해요.
(C) 극장 수리 프로젝트요.

해설 (A) 새로운 연극을 보지 않았냐는 조동사 의문문에 Yes를 생략하고 주연 배우로 보이는 인물을 언급하며 연기가 놀라웠다는 말로 연극을 봤다는 것을 간접적으로 드러낸 정답.
(B) 질문의 play를 다른 의미로 반복해 혼동을 주는 오답.
(C) 질문의 theater를 반복 사용해 혼동을 주는 오답.

어휘 acting 연기 amazing 놀랄 만한, 굉장한 renovation 수리, 혁신

19.

호 / 영

Susan dropped off the blueprints at the client's office, didn't she?

(A) She's very popular.
(B) Actually, Joseph did it.
(C) A two-story building.

수잔이 의뢰인의 사무실에 설계도를 가져다줬죠, 그렇지 않나요?

(A) 그녀는 인기가 아주 많아요.
(B) 사실, 조지프가 그렇게 했어요.
(C) 2층짜리 건물이요.

해설 (A) 질문과 관련 없는 내용으로 답변한 오답. 질문의 Susan을 나타낼 수 있는 대명사 she를 이용해 혼동을 주었다.
(B) 수잔이 의뢰인의 사무실에 설계도를 가져다준 게 맞는지 확인하는 부가 의문문에 다른 사람이 했다는 말로 적절하게 답변한 정답.
(C) 질문의 blueprints(설계도)에서 연상되는 building(건물)을 이용해 혼동을 주는 오답.

어휘 drop off ~을 가져다주다 blueprint 설계도, 청사진 popular 인기 있는

20.

영 / 호

When was the security deposit paid?

(A) Your paycheck is issued monthly.
(B) That's printed on the receipt.
(C) A new savings account.

임대 보증금은 언제 납부되었나요?

(A) 당신의 급여는 매달 지급됩니다.
(B) 그것은 영수증에 인쇄되어 있어요.
(C) 새로운 예금 계좌요.

해설 (A) 질문의 paid와 일부 음절이 같은 paycheck을 이용해 혼동을 주는 오답. 질문의 시제는 과거인데 답변은 현재 시제인 것도 어색하다.
(B) 임대 보증금을 납부한 시점을 묻는 When 의문문에 영수증에 인쇄되어 있다며 정보를 확인할 수 있는 위치로 답변한 정답.
(C) 질문의 deposit(보증금, 예금)에서 연상되는 savings account(예금 계좌)를 이용해 혼동을 주는 오답.

어휘 security deposit 임대 보증금   paycheck 급여 (지불 수표)   issue 지급하다, 발행하다   receipt 영수증
savings account 예금 계좌

21.
(미)
(영)

Should we see the movie on Saturday or Sunday afternoon?

(A) Let's sit near the front.
(B) A famous director.
(C) I'm busy both days.

우리 그 영화를 토요일 오후에 볼까요, 아니면 일요일 오후에 볼까요?

(A) 앞쪽 가까이에 앉읍시다.
(B) 유명한 감독이요.
(C) 저는 두 날 모두 바빠요.

해설 (A) 질문과 관련 없는 내용으로 답변한 오답.
(B) 질문의 movie(영화)에서 연상되는 director(감독)를 이용해 혼동을 주는 오답.
(C) 토요일과 일요일 중 언제 영화를 볼지 묻는 선택 의문문에 두 날 모두 바쁘다는 말로 둘 다 거절한 정답.

어휘 front 앞쪽   director 감독

22.
(호)
(미)

I'm not sure how I can plan for retirement.

(A) Maybe in a few years.
(B) Douglas is a financial expert.
(C) No, the plants haven't been watered.

은퇴를 위한 계획을 세우는 방법을 모르겠어요.

(A) 아마도 몇 년 후에요.
(B) 더글라스가 재무 전문가예요.
(C) 아니요, 그 식물들에는 물을 주지 않았어요.

해설 (A) 질문과 관련 없는 내용으로 답변한 오답. 은퇴 예정 시기를 묻는 질문에 어울릴 만한 답변이다.
(B) 은퇴 계획을 세우는 방법을 모르겠다는 평서문에 재무 전문가인 다른 사람을 언급하며 간접적으로 해결책을 제시한 정답.
(C) 질문의 plan과 일부 음절이 같은 plants를 이용해 혼동을 주는 오답.

어휘 retirement 은퇴   financial 재무의, 금융의   expert 전문가   water (화초에) 물을 주다

23.
(미)
(미)

Where do I catch the bus from the airport's main terminal?

(A) It's much easier to take a taxi.
(B) An overseas business trip.
(C) He prefers to sit in an aisle seat.

공항의 메인 터미널에서 오는 버스를 어디서 타나요?

(A) 택시를 타는 것이 훨씬 더 편해요.
(B) 해외 출장이요.
(C) 그는 통로 쪽 좌석에 앉는 걸 더 좋아해요.

해설 (A) 버스를 타는 장소를 묻는 Where 의문문에 택시를 타는 게 더 편하다며 제3의 내용으로 적절하게 답변한 정답.
(B) 질문의 airport(공항)에서 연상되는 trip(여행)을 이용해 혼동을 주는 오답.
(C) 질문의 airport(공항)에서 연상되는 비행기와 관련된 aisle seat(통로 쪽 좌석)을 이용해 혼동을 주는 오답.

어휘 overseas 해외의   business trip 출장   aisle seat 통로 쪽 좌석

24.
(호)
(미)

Can I assist you with Ms. Taylor's training?

(A) Very strong communication skills.
(B) A major company asset.
(C) Sure. I could use the help.

테일러 씨를 교육하는 것을 도와드릴까요?

(A) 아주 강력한 의사소통 기술이요.
(B) 중요한 회사 자산이요.
(C) 물론이에요. 도움이 필요해요.

해설 (A) 질문과 관련 없는 내용으로 답변한 오답. 교육의 내용을 묻는 질문에 어울릴 만한 답변이다.
(B) 질문의 assist와 발음이 비슷한 asset을 이용해 혼동을 주는 오답.
(C) 교육을 도와주겠다는 제안 의문문에 Sure로 수락 후 도움이 필요하다고 덧붙인 정답.

어휘 assist A with B A가 B하는 것을 돕다 training 교육, 훈련 communication 의사소통 asset 자산

25.
(미)
(호)

Why doesn't my keycard for the laboratory work?

(A) A fifteen-digit code.
(B) The manager explained that in the meeting.
(C) The experiment is going well.

저의 실험실 카드 키가 왜 작동하지 않죠?
(A) 15자리 숫자 암호요.
(B) 관리자가 회의에서 그것에 대해 설명했어요.
(C) 실험은 잘 진행되고 있어요.

해설 (A) 질문의 keycard(카드 키)와 같은 잠금 장치에서 연상되는 code(암호)를 이용해 혼동을 주는 오답.
(B) 실험실 카드 키가 작동하지 않는 이유를 묻는 Why 의문문에 관리자가 회의에서 설명했다며 간접적으로 답변한 정답.
(C) 질문의 laboratory(실험실)에서 연상되는 experiment(실험)를 이용해 혼동을 주는 오답.

어휘 keycard 카드 키 laboratory 실험실 digit 숫자 experiment 실험

26.
(미)
(영)

You bought a copy of the business magazine, right?

(A) That is Kate's responsibility.
(B) No, turn at the next corner.
(C) A wide range of articles.

당신은 그 경제 잡지를 한 부 샀죠, 맞죠?
(A) 그건 케이트의 책임이에요.
(B) 아니요, 다음 모퉁이에서 도세요.
(C) 다양한 기사들이요.

해설 (A) 경제 잡지를 샀는지 확인하는 부가 의문문에 No를 생략하고 그것은 케이트의 책임이라는 말로 자신은 잡지를 사지 않았음을 간접적으로 표현한 정답.
(B) 질문의 right(맞죠)의 다른 의미인 '오른쪽'에서 연상되는 turn(돌다)을 이용해 혼동을 주는 오답.
(C) 질문의 magazine(잡지)에서 연상되는 articles(기사)를 이용해 혼동을 주는 오답.

어휘 responsibility 책임, 의무 a wide range of 다양한, 광범위한 article 기사, 글

27.
(영)
(미)

Where do we keep the personnel files of former employees?

(A) That's no problem.
(B) Yes, for each person.
(C) In that file cabinet.

우리는 이전 직원들의 인사 파일을 어디에 보관하나요?
(A) 괜찮아요.
(B) 네, 인당이요.
(C) 저 서류 보관함 안에요.

해설 (A) 질문과 관련 없는 내용으로 답변한 오답. 상대방이 고마움이나 미안함을 표시할 때 이에 대한 대답으로 자주 쓰이는 답변이다.
(B) 의문사 의문문에 Yes로 답변한 오답. 질문의 personnel과 일부 음절이 같은 person을 이용해 혼동을 주었다.
(C) 인사 파일을 보관하는 장소를 묻는 Where 의문문에 서류 보관함(file cabinet)이라는 장소로 적절하게 답변한 정답.

어휘 personnel 인사의, 직원의 former 이전의 employee 직원

28.
(미)
(미)

Could you proofread this report for me?

(A) I've got time right now.
(B) Because there were some errors.
(C) Her specialty is tax law.

저를 위해 이 보고서 교정을 봐 주시겠어요?
(A) 제가 지금 시간이 있어요.
(B) 일부 오류가 있었기 때문이에요.
(C) 그녀의 전공은 세법이에요.

해설 (A) 보고서 교정을 봐 달라는 요청 의문문에 Yes를 생략하고 지금 시간이 있다는 말로 간접적으로 수락한 정답.

(B) 요청 의문문에 이유(Because ~)로 답변한 오답.
(C) 질문과 관련 없는 내용으로 답변한 오답. 대명사 her로 지칭할 만한 인물이 질문에 언급되지도 않았다.

어휘 proofread 교정을 보다 error 오류, 실수 specialty 전공, 전문 tax 세금 law 법

29.
(미)
(미)

How long should we wait for a response?
(A) She should write back soon.
(B) No, I think it's lost.
(C) It usually comes by e-mail.

우리는 얼마나 오래 회신을 기다려야 하나요?
(A) 그녀가 곧 답장을 할 거예요.
(B) 아니요, 제 생각엔 그게 분실된 것 같아요.
(C) 그것은 보통 이메일로 와요.

해설 (A) 회신을 기다려야 하는 기간을 묻는 How 의문문에 그녀가 곧 답장을 할 거라는 말로 오래 기다리지 않아도 된다는 것을 나타낸 정답.
(B) 의문사 의문문에 No로 답변한 오답.
(C) 기간을 묻는 How 의문문에 수단(by e-mail)으로 답변한 오답.

어휘 response 회신, 응답 write back 답장을 쓰다

30.
(영)
(호)

I have a 3 P.M. appointment with Dr. Arcuri.
(A) The board members will debate that.
(B) They met last week.
(C) Is this your first time at our clinic?

저는 오후 3시에 아큐리 박사님 진료 예약이 있습니다.
(A) 이사회 임원들이 그것을 토의할 거예요.
(B) 그들은 지난주에 만났어요.
(C) 이번이 저희 병원 첫 방문이신가요?

해설 (A) 질문과 관련 없는 내용으로 답변한 오답.
(B) 질문의 appointment(약속)에서 연상되는 met(만났다)을 이용해 혼동을 주는 오답.
(C) 진료 예약이 되어 있다는 평서문에 이 병원에 처음으로 온 것인지 되물음으로써 적절하게 답변한 정답.

어휘 appointment 진료 예약 board member 이사회 임원 debate 토의하다, 논쟁하다 clinic 병원, 의원

31.
(미)
(영)

What exhibit at the museum did you like best?
(A) I'm afraid none of them impressed me.
(B) Are you absolutely certain?
(C) Yes, I go there every month.

그 박물관에서 어떤 전시가 가장 좋았나요?
(A) 그것들 중 아무것도 제게 깊은 인상을 주지 못한 것 같아요.
(B) 전적으로 확신하시나요?
(C) 네, 저는 그곳에 매달 가요.

해설 (A) 박물관에서 어떤 전시가 가장 좋았는지 묻는 What 의문문에 깊은 인상을 준 전시가 없었다는 말로 적절하게 답변한 정답.
(B) 질문과 관련 없는 내용의 오답. 상대방이 어떤 의견을 제시했을 때 그에 대한 반응으로 어울릴 만한 답변이다.
(C) 의문사 의문문에 Yes로 답변한 오답.

어휘 exhibit 전시; 전시하다 impress 깊은 인상을 주다, 감명을 주다 absolutely 전적으로, 틀림없이 certain 확신하는

PART 3

기초 학습 패러프레이징 법칙 I

본문 p.143

👉 Check-up

1

| M | Can you tell me how to get to the Grand Hotel? | 남 | 그랜드 호텔에 가는 방법을 알려주실 수 있나요? |
| W | There is a shuttle service for an extra fee. | 여 | 추가 요금이 붙는 셔틀 서비스가 있어요. |

(A) Luggage
(B) Transportation

(A) 수하물
(B) 교통편

2

| W | Now we need to go over the contract. | 여 | 이제 우리는 계약서를 검토해야 해요. |
| M | I'll take care of that now. | 남 | 제가 지금 그것을 처리할게요. |

(A) Document
(B) Schedule

(A) 서류
(B) 일정

UNIT 09 주제·목적을 묻는 문제

● 연습 문제

본문 p.150

1. (B) 2. (B) 3. (B) 4. (A) 5. (D) 6. (C) 7. (A) 8. (A)

1. Question 1 refers to the following conversation.

1번은 다음 대화에 관한 문제입니다.

| W | Edward, a lot of employees have told me that they don't think they're getting enough updates about the company. We need to find a way to keep the staff better informed. | 여 | 에드워드, 많은 직원들이 회사에 관한 최신 정보를 충분히 받고 있는 것 같지 않다고 제게 말했어요. 우리는 직원들에게 지속적으로 더 잘 알릴 수 있는 방법을 찾아야 해요. |
| M | Hmm... maybe we could send out a weekly newsletter to tell everyone the latest company news. | 남 | 흠… 어쩌면 우리가 주간 소식지를 발송해서 모두에게 최신 회사 소식을 알릴 수도 있을 거예요. |

어휘 update 최신 정보, (데이터의) 갱신 keep A informed A에게 계속해서 알려주다 send out 발송하다, 보내다 weekly 매주의 newsletter 소식지 latest 최신의

What are the speakers discussing?

(A) Improving employees' office skills
(B) Sharing information with employees

화자들은 무엇에 관해 이야기하고 있는가?

(A) 직원들의 사무 능력을 향상시키는 것
(B) 직원들과 정보를 공유하는 것

해설 화자들이 이야기하고 있는 것을 묻는 문제이다. 여자가 직원들에게 지속적으로 더 잘 알릴 수 있는 방법(way to keep the staff better informed)을 찾아야 한다고 했고, 남자가 주간 소식지를 발송해서 모두에게 최신 회사 소식을 알릴(tell everyone the latest company news) 수 있을 거라고 했으므로 정답은 (B)이다.

어휘 improve 향상시키다, 개선하다　skill 기술, 기량　share 공유하다

패러프레이징 tell everyone the latest company news ▶ sharing information with employees

2. Question 2 refers to the following conversation.　　2번은 다음 대화에 관한 문제입니다.

(호)
(영)

> M　Hi, Lucy. Do you have a moment? I'm working on the annual sales summary, and I'm wondering if you can help me out.
> W　You need our sales figures for each region, right? I can look those up on my computer.
> M　Thanks! Those details have to be included in my report.

> 남　안녕하세요, 루시. 시간 좀 있어요? 제가 연 매출 요약에 관한 작업을 하고 있는데, 저를 도와줄 수 있는지 궁금해서요.
> 여　각 지역별 매출액이 필요하군요, 맞죠? 제 컴퓨터에서 그것들을 찾아봐 줄 수 있어요.
> 남　고마워요! 그 세부 정보가 제 보고서에 포함되어야 해요.

어휘 annual 연례의, 매년의　summary 요약, 개요　sales figures 매출액　region 지역　look up (정보를) 찾아보다　details 세부 정보　include 포함하다

What is the purpose of the man's visit?　　남자의 방문 목적은 무엇인가?

(A) To explain a sales technique
(B) To gather some information

(A) 판매 기술을 설명하기 위해
(B) 정보를 수집하기 위해

해설 남자의 방문 목적을 묻는 문제이다. 지역별 매출액이 필요한 것이 맞는지(You need our sales figures for each region, right?) 확인하는 여자의 말과 그 정보가 보고서에 포함되어야 한다는(Those details have to be included in my report) 남자의 말에서 남자가 특정 정보를 얻기 위해 여자를 찾아온 상황임을 알 수 있으므로 정답은 (B)이다.

어휘 technique 기술, 기법　gather 수집하다, 모으다

패러프레이징 sales figures for each region ▶ some information

3. Question 3 refers to the following conversation.　　3번은 다음 대화에 관한 문제입니다.

(영)
(미)

> W　Henry, I've just received the designs from Irwin Renovations. Their plan for our lobby is amazing! Have a look.
> M　Oh, I really like the modern design. I'm glad we are finally carrying out these renovations. They'll make a big difference.
> W　I agree. Customers will be impressed with the change.

> 여　헨리, 제가 방금 어윈 수리 회사로부터 디자인을 받았어요. 우리 로비를 위한 그들의 도면은 놀라워요! 한번 보세요.
> 남　오, 현대적인 디자인이 정말 마음에 들어요. 우리가 드디어 이번 보수 공사를 실행하게 되어서 기뻐요. 엄청난 변화를 가져올 거예요.
> 여　맞아요. 고객들이 변화에 깊은 인상을 받을 거예요.

어휘 renovation 수리, 혁신　plan 도면, 평면도　modern 현대적인, 신식의　carry out 실행하다, 수행하다　make a difference 변화를 가져오다　be impressed with ~에 깊은 인상을 받다

What is the conversation mostly about?　　대화는 주로 무엇에 관한 것인가?

(A) A business opening
(B) A renovation project
(C) An anniversary party
(D) An art contest

(A) 개업
(B) 보수 프로젝트
(C) 기념일 파티
(D) 미술 대회

해설 대화의 주제를 묻는 문제이다. design(디자인), plan(도면)과 같은 어휘 및 이번 보수 공사를 실행하게 되어(we are finally carrying out these renovations) 기쁘다는 남자의 말로 보아 정답은 (B)이다.

어휘 anniversary 기념일　contest 대회

4. Question 4 refers to the following conversation.

M	Good morning, Belleview Dental Clinic. How may I help you?
W	Hello. I'd like to request copies of my dental records. I'm relocating to another city, so my new dentist will need them. My name is Eva Johnson.
M	All right, Ms. Johnson. I can prepare those for you.

4번은 다음 대화에 관한 문제입니다.

남 안녕하세요, 벨뷰 치과입니다. 어떻게 도와 드릴까요?
여 안녕하세요. 제 치과 기록 사본을 요청하려고요. 제가 다른 도시로 이주를 하게 되어서, 새로운 치과 의사가 그것들을 필요로 할 거예요. 제 이름은 에바 존슨입니다.
남 알겠습니다, 존슨 씨. 제가 그것들을 준비해 드리겠습니다.

어휘 dental clinic 치과　request 요청하다　record 기록　relocate 이전하다, 이동하다　dentist 치과 의사
prepare 준비하다, 마련하다

Why is the woman calling?

(A) To request some documents
(B) To make an appointment
(C) To submit a payment
(D) To cancel an order

여자는 왜 전화하고 있는가?

(A) 서류를 요청하기 위해
(B) 예약을 하기 위해
(C) 대금을 지불하기 위해
(D) 주문을 취소하기 위해

해설 여자가 전화하는 이유를 묻는 문제이다. 여자의 첫 대사에서 치과 기록 사본을 요청하고(I'd like to request copies of my dental records) 있으므로 정답은 (A)이다.

어휘 make an appointment 예약하다　payment 지불금, 납입　cancel 취소하다　order 주문

패러프레이징 copies of my dental records ▶ some documents

[5-6] Questions 5-6 refer to the following conversation.

W	Hi, Victor. This is Carol Webber from Maritza Realty. Our hiring committee was impressed with your application for the real estate agent position. So, ⁵I would like to set up an interview for later this week, if possible.
M	Thanks for the opportunity. I'm available Thursday or Friday.
W	All right. How about Thursday at 2 P.M.? I'll e-mail you directions to our office. ⁶And could you please bring a photo ID card?

5-6번은 다음 대화에 관한 문제입니다.

여 안녕하세요, 빅터. 마리차 부동산의 캐럴 웨버입니다. 저희 고용 위원회는 당신의 부동산 중개인직 지원서에 깊은 인상을 받았습니다. 그래서, ⁵가능하다면 이번 주 후반에 면접을 잡고 싶습니다.
남 기회를 주셔서 감사합니다. 저는 목요일이나 금요일에 시간이 있습니다.
여 좋습니다. 목요일 오후 2시는 어떠신가요? 저희 사무실로 오시는 길 안내를 이메일로 보내드리겠습니다. ⁶그리고 사진이 부착된 신분증을 가져와 주시겠어요?

어휘 realty 부동산　hiring 고용　committee 위원회　application 지원(서)　real estate agent 부동산 중개인
position (일)자리, 직위　set up (회의, 약속을) 잡다, 마련하다　opportunity 기회
available (만날) 시간이 있는, 이용할 수 있는　directions to ~로 찾아가는 길 안내　ID card 신분증

61

5. **Why** is the **woman calling** the man?

   (A) To ask for assistance
   (B) To confirm an e-mail address
   (C) To postpone a meeting
   (D) To set up an interview

   여자는 왜 남자에게 전화하고 있는가?
   (A) 도움을 요청하기 위해
   (B) 이메일 주소를 확인하기 위해
   (C) 회의를 연기하기 위해
   (D) 면접 일정을 잡기 위해

   해설 여자가 전화하는 이유를 묻는 문제이다. 대화 초반부에서 여자가 이번 주 후반에 면접을 잡고 싶다고(I would like to set up an interview for later this week) 했으므로 정답은 (D)이다.

   어휘 ask for ~을 요청하다   assistance 도움, 지원   confirm 확인하다   postpone 연기하다

6. **What** does the **woman request**?

   (A) A product
   (B) A résumé
   (C) An identification card
   (D) An invoice

   여자는 무엇을 요청하는가?
   (A) 제품
   (B) 이력서
   (C) 신분증
   (D) 청구서

   해설 여자가 요청하는 것을 묻는 문제이다. 대화 마지막에서 여자가 사진이 부착된 신분증을 가져와 달라고(could you please bring a photo ID card?) 했으므로 정답은 (C)이다.

   패러프레이징 photo ID card ▶ identification card

[7-8] Questions 7-8 refer to the following conversation.

7-8번은 다음 대화에 관한 문제입니다.

W You're listening to *Daily Sports* on KWTR radio. ⁷We're on the scene at the annual 10K race. Let's check in with our reporter, Theo Bailey, who's near the starting line.
M The race begins in about half an hour, and I see a lot of athletes warming up.
W Yes, this year's event has a record number of participants. ⁸I'll be interviewing the event planner next to find out more.

여 여러분은 KWTR 라디오의 〈일간 스포츠〉를 듣고 계십니다. ⁷저희는 매년 열리는 10킬로미터 경주 현장에 나와 있습니다. 출발선 부근에 있는 저희 기자 테오 베일리를 연결해 확인해 보겠습니다.
남 경주는 약 30분 후에 시작되고, 많은 선수들이 준비 운동을 하고 있는 것이 보입니다.
여 네, 올해 행사에는 기록적인 숫자의 참가자들이 참여하고 있습니다. ⁸다음으로, 좀 더 자세히 알아보기 위해서 행사 기획자를 인터뷰하겠습니다.

어휘 scene 현장, 장면   athlete (운동)선수   warm up 준비 운동을 하다   record 기록적인; 기록   participant 참가자
      planner 기획자   find out 알아내다, 발견하다

7. **What** is the **topic** of the conversation?

   (A) A sports competition
   (B) A career fair
   (C) A music event
   (D) An awards show

   대화의 주제는 무엇인가?
   (A) 운동 경기
   (B) 취업 박람회
   (C) 음악 행사
   (D) 시상식

   해설 대화의 주제를 묻는 문제이다. 대화 초반부에서 라디오 스포츠 프로그램 진행자인 여자가 매년 열리는 10킬로미터 경주 현장에 나와 있다고(We're on the scene at the annual 10K race) 한 것으로 보아 정답은 (A)이다.

   어휘 competition 경기, 시합

   패러프레이징 10K race ▶ sports competition

8. What will the woman do next?

(A) Conduct an interview
(B) Explain a schedule
(C) Take some pictures
(D) Announce a winner

여자는 다음에 무엇을 할 것인가?

(A) 인터뷰하기
(B) 일정 설명하기
(C) 사진 찍기
(D) 우승자 발표하기

해설 여자가 다음에 할 일을 묻는 문제로, 대화 후반부에 주목한다. 여자가 다음으로 좀 더 자세히 알아보기 위해서 행사 기획자를 인터뷰하겠다고(I'll be interviewing the event planner next) 했으므로 정답은 (A)이다.

어휘 conduct (특정한 활동을) 하다, 수행하다   announce 발표하다

패러프레이징 interviewing the event planner ▶ conduct an interview

● 실전 문제   본문 p.152

| 1. (D) | 2. (C) | 3. (A) | 4. (B) | 5. (C) | 6. (C) | 7. (D) | 8. (C) | 9. (C) | 10. (D) |
| 11. (A) | 12. (D) | 13. (D) | 14. (A) | 15. (B) |

[1-3] Questions 1-3 refer to the following conversation.

1-3번은 다음 대화에 관한 문제입니다.

M Hi, Gloria. ¹ Have you signed up for the company's screening program?
W I didn't even know about it. ² Someone on my team is on vacation, so I'm doing her work tasks. I've been really busy all week. What's the screening for?
M ¹ It's to check your overall health, conditions like blood pressure and weight. And you can find out if you are at risk for certain diseases. It's free for all employees.
W That sounds helpful. How can I register?
M ³ The instructions are on the e-mail that Ms. Walters sent.
W I'm not sure I got that.
M No problem. ³ I'll forward it to you now.

남 안녕하세요, 글로리아. ¹ 회사의 검사 프로그램에 신청했어요?
여 전 그게 뭔지도 몰랐어요. ² 우리 팀의 어떤 사람이 휴가 중이어서, 제가 그녀의 업무를 하고 있거든요. 일주일 내내 정말 바빴네요. 무엇을 위한 검사예요?
남 ¹ 당신의 전반적인 건강을 확인하기 위한 거예요, 혈압이나 체중 같은 건강 상태요. 그리고 당신이 특정 질병에 걸릴 위험이 있는지도 알아볼 수 있어요. 그것은 전 직원에게 무료예요.
여 그거 도움이 되겠네요. 어떻게 하면 등록할 수 있나요?
남 ³ 월터스 씨가 보낸 이메일에 설명이 있어요.
여 제가 그것을 받았는지 잘 모르겠어요.
남 괜찮아요. ³ 제가 지금 당신에게 전달해 줄게요.

어휘 sign up for ~을 신청하다, ~에 등록하다   screening 검사   be on vacation 휴가 중이다   task 일, 과업   overall 전반적인, 종합적인   condition (건강) 상태   blood pressure 혈압   at risk 위험이 있는   certain 특정한, 어떤   disease 질병   register 등록하다   instructions 설명   forward 전달하다

1. What is the conversation mainly about?

(A) A job promotion
(B) A vacation policy
(C) A product test
(D) A health screening

대화는 주로 무엇에 관한 것인가?

(A) 승진
(B) 휴가 정책
(C) 제품 검사
(D) 건강 검진

해설 대화의 주제를 묻는 문제이다. 남자가 회사의 검사 프로그램(company's screening program)에 신청했냐고 물었고, 그 검사는 혈압이나 체중 등 전반적인 건강 상태를 확인하기(check your overall health, conditions like blood pressure and weight) 위한 것이라고 했으므로 정답은 (D)이다.

63

어휘 promotion 승진, 홍보　policy 정책, 방침

2. What does the woman mention about her job?

   (A) Her tasks are finished.
   (B) Her equipment is broken.
   (C) She is doing extra work.
   (D) She moved to another team.

   여자는 자신의 일에 관해 무엇을 언급하는가?

   (A) 그녀의 일이 끝났다.
   (B) 그녀의 장비가 고장 났다.
   (C) 그녀는 추가 근무를 하고 있다.
   (D) 그녀는 다른 팀으로 이동했다.

   해설 여자가 자신의 일에 관해 언급하는 것을 묻는 문제로, 질문의 키워드인 job에 해당하는 work tasks가 언급되는 부분에 주목한다. 여자가 휴가 중인 팀원의 업무를 하느라(Someone on my team is on vacation, so I'm doing her work tasks) 바쁘다고 했으므로 정답은 (C)이다.

   어휘 equipment 장비, 용품　broken 고장 난, 부러진　extra 추가의

   패러프레이징 I'm doing her work tasks ▶ She is doing extra work

3. What will the man most likely do next?

   (A) Forward a message
   (B) Print a document
   (C) Contact a supervisor
   (D) Revise a schedule

   남자는 다음에 무엇을 할 것 같은가?

   (A) 메시지 전달하기
   (B) 문서 출력하기
   (C) 관리자에게 연락하기
   (D) 일정 수정하기

   해설 남자가 다음에 할 일을 묻는 문제로, 대화 후반부에 주목한다. 남자가 월터스 씨가 보낸 이메일(e-mail that Ms. Walters sent)을 지금 전달해 주겠다고(I'll forward it to you now) 했으므로 정답은 (A)이다.

   어휘 supervisor 관리자　revise 수정하다, 변경하다

   패러프레이징 e-mail ▶ message

[4-6] Questions 4-6 refer to the following conversation.　4-6번은 다음 대화에 관한 문제입니다.

W	Excuse me. ⁴Can you tell me how to get to the nearest stop for the 451 bus to Southfield?
M	Yes. If you continue down this road, there's one right by the pharmacy.
W	Thanks a lot. ⁵I'm planning to go to Lexington Park. I'd like to see its outdoor sculpture garden.
M	⁵It might not be the best day for that. The forecast said it will rain. ⁶But there's an interesting historic building nearby called Norcross Manor.
W	Oh, how much does it cost to get in?
M	The admission is free, actually.
W	Great! Thanks for the tip.

여 실례합니다. ⁴사우스필드로 가는 451번 버스가 서는 가장 가까운 정류장에 가는 방법을 알려주시겠어요?
남 네. 이 길을 따라서 계속 가면, 약국 바로 옆에 하나 있어요.
여 정말 고맙습니다. ⁵전 렉싱턴 공원으로 갈 계획이에요. 그곳의 야외 조각 정원을 보고 싶어요.
남 ⁵그러기에 가장 좋은 날은 아닐 수도 있어요. 일기 예보에서 비가 올 거라고 했어요. ⁶하지만 '노크로스 마노'라는 흥미로운 역사적인 건물이 근처에 있어요.
여 아, 들어가는 데 얼마인가요?
남 사실, 입장료는 무료예요.
여 아주 좋네요! 조언 감사해요.

어휘 continue (같은 방향으로) 계속 가다　pharmacy 약국　be planning to ~할 계획이다　outdoor 야외의　sculpture 조각　forecast (일기의) 예보, 예상　historic 역사적인　nearby 근처에　cost (비용이) 들다　admission 입장료, 입장　tip 조언

4. **Why does the woman speak to the man?**

   (A) To make a complaint
   (B) To get directions
   (C) To promote a business
   (D) To order a meal

   여자는 왜 남자에게 말을 거는가?

   (A) 항의하기 위해
   (B) 길 안내를 받기 위해
   (C) 사업체를 홍보하기 위해
   (D) 식사를 주문하기 위해

   해설 여자가 남자에게 말을 거는 이유를 묻는 문제로, 대화 초반부에 주목한다. 여자가 사우스필드로 가는 451번 버스를 타는 가장 가까운 정류장에 가는 방법을 알려달라고(Can you tell me how to get to the nearest stop for the 451 bus to Southfield?) 했으므로 정답은 (B)이다.

   어휘 complaint 항의, 불평   directions 길 안내   promote 홍보하다, 승진시키다

   패러프레이징 tell me how to get to ▶ get directions

5. **What does the man suggest when he says, "The forecast said it will rain"?**

   (A) A Web site should be updated.
   (B) An event has been canceled.
   (C) The woman's plans may not work.
   (D) He can give the woman an umbrella.

   남자가 "일기 예보에서 비가 올 거라고 했어요"라고 말할 때 암시하는 것은 무엇인가?

   (A) 웹사이트가 업데이트되어야 한다.
   (B) 행사가 취소되었다.
   (C) 여자의 계획대로 되지 않을지도 모른다.
   (D) 여자에게 우산을 줄 수 있다.

   해설 남자가 한 말의 의도를 묻는 문제로, 제시된 문장의 앞뒤 문맥에 주목한다. 야외 조각 정원(outdoor sculpture garden)을 보기 위해 렉싱턴 공원에 갈 계획이라는(I'm planning to go to Lexington Park) 여자의 말에 남자가 그러기에 좋은 날은 아닐 수도 있다며(It might not be the best day for that) 제시된 문장을 덧붙였다. 즉, 날씨 때문에 여자의 계획대로 야외 활동을 하기가 어려울 것이라는 의미로 한 말이므로 정답은 (C)이다.

   어휘 work (계획 등이) 잘되어 가다

6. **Where does the man suggest going?**

   (A) To a library
   (B) To an aquarium
   (C) To a historic building
   (D) To an art museum

   남자는 어디로 가라고 제안하는가?

   (A) 도서관으로
   (B) 수족관으로
   (C) 역사적인 건물로
   (D) 미술관으로

   해설 남자가 가라고 제안하는 곳을 묻는 문제이다. 대화 후반부에서 남자가 '노크로스 마노'라는 흥미로운 역사적인 건물이 근처에 있다고 (there's an interesting historic building nearby called Norcross Manor) 알려 주었으므로 정답은 (C)이다.

   어휘 aquarium 수족관

[7-9] Questions 7-9 refer to the following conversation.

7-9번은 다음 대화에 관한 문제입니다.

영미

W: [7] You've reached Emerald Event Planning. I'm Stephanie. How can I help you?
M: Hello. I work for Blaine Accounting. [8] Our president is retiring in June, and we want to hold a special dinner for him.
W: We can help you with that. If you have out-of-town guests coming, I'd recommend the [9] Greenville Convention Center. People can stay there overnight, and they won't have to find a hotel somewhere else.
M: That would be very convenient.
W: We have a lot of experience with that type of event, so we can definitely help you make it memorable.

여: [7] 에메랄드 행사 기획사에 연결되셨습니다. 저는 스테파니입니다. 어떻게 도와드릴까요?
남: 여보세요. 저는 블레인 회계사무소에 근무합니다. [8] 저희 회장님이 6월에 은퇴를 하시는데, 그분을 위해 특별한 만찬 행사를 열고 싶습니다.
여: 저희가 그것을 도와드릴 수 있습니다. 만약 다른 지역에서 오시는 손님들이 있다면, [9] 그린빌 컨벤션 센터를 추천드립니다. [9] 그곳에서는 사람들이 하룻밤을 묵을 수 있어서, 다른 곳에서 호텔을 찾으실 필요가 없을 겁니다.
남: 그러면 아주 편리하겠네요.
여: 저희는 그런 유형의 행사에 대한 경험이 많아서, 고객님이 그것을 기억에 남도록 만드는 데 확실히 도움을 드릴 수 있습니다.

어휘 reach (전화로) 연락하다 accounting 회계 retire 은퇴하다, 퇴직하다 recommend 추천하다 stay overnight 하룻밤을 묵다 convenient 편리한 experience 경험 definitely 확실히, 분명히 memorable 기억할 만한

7. What type of business does the woman work for?
(A) A travel agency
(B) A financial institution
(C) A catering firm
(D) An event planning company

여자는 어떤 종류의 업체에서 일하는가?
(A) 여행사
(B) 금융 기관
(C) 음식 공급 회사
(D) 행사 기획사

해설 여자가 일하는 회사의 업종을 묻는 문제이다. 대화 초반부에서 여자가 에메랄드 행사 기획사(Emerald Event Planning)라고 소속을 밝혔으므로 정답은 (D)이다.

어휘 financial 금융의, 재정의 institution 기관, 단체 catering 음식 공급(업)

8. What are the speakers mainly discussing?
(A) A theater performance
(B) A sports tournament
(C) A retirement dinner
(D) A food festival

화자들은 주로 무엇에 관해 이야기하고 있는가?
(A) 연극 공연
(B) 스포츠 토너먼트
(C) 은퇴 기념 만찬
(D) 음식 축제

해설 화자들이 이야기하는 것을 묻는 문제이다. 남자가 6월에 은퇴하시는 회장님을 위해 특별한 만찬 행사를 열고 싶다고(Our president is retiring in June, and we want to hold a special dinner for him) 한 후, 행사 관련 내용에 대해 논의하고 있으므로 정답은 (C)이다.

어휘 theater 연극, 극장 performance 공연, 연주회 tournament 토너먼트, 승자 진출전 retirement 은퇴, 퇴직

9. What benefit of a site does the woman mention?
(A) It is available now.
(B) It features live music.
(C) It hosts overnight guests.
(D) It received great reviews.

여자는 장소의 어떤 혜택을 언급하는가?
(A) 지금 이용할 수 있다.
(B) 라이브 음악을 특별히 포함한다.
(C) 손님들이 하룻밤 묵게 해준다.
(D) 좋은 평가를 받았다.

해설 여자가 특정 장소의 혜택으로 언급한 것을 묻는 문제이다. 여자가 그린빌 컨벤션 센터(Greenville Convention Center)를 추천하면서 하룻밤 묵을 수 있어서 다른 곳에서 호텔을 찾을 필요가 없다고(People can stay there overnight, and they won't have to find a hotel somewhere else) 했으므로 정답은 (C)이다.

어휘 benefit 혜택 site (특정 용도를 위한) 장소, 위치 available 이용할 수 있는 feature 특별히 포함하다, 특징으로 삼다
host (손님을) 묵게 하다, 접대하다 review 평가, 검토

패러프레이징 People can stay there overnight ▶ It hosts overnight guests

[10-12]
Questions 10-12 refer to the following conversation with three speakers.

10-12번은 다음 세 명의 대화에 관한 문제입니다.

W Good morning. I'm Donna from Hillcrest Specialists.
M1 Hello. I'm the person who called you yesterday. ¹⁰ We operate a commercial orchard with apples, pears, and peaches. We have about 50 acres of land.
W ¹¹ And you said you're having a problem with some of your trees?
M2 That's right. We've recently noticed spots on the leaves of some of the trees. It's not something we've encountered before, so we wanted to get it checked right away.
W That's a good idea. ¹¹ I'll try to figure out what's causing it. ¹² I'd like to cut off some of the affected branches so I can take the samples back to my lab.

여 안녕하세요. 저는 힐크레스트 전문 회사의 도나입니다.
남1 안녕하세요. 제가 어제 당신에게 전화했던 사람입니다. ¹⁰ 저희는 사과, 배, 복숭아가 있는 상업 과수원을 운영합니다. 약 50에이커의 땅이 있어요.
여 ¹¹ 그러니까 몇몇 나무에 문제가 있으시다구요?
남2 맞아요. 저희가 최근에 몇몇 나무의 잎에서 반점들을 발견했어요. 이전에 접했던 것이 아니어서, 바로 점검을 받고 싶었어요.
여 좋은 생각이에요. ¹¹ 무엇이 원인인지 제가 알아내 보도록 하겠습니다. ¹² 샘플을 채취해서 제 실험실로 돌아갈 수 있도록 병에 걸린 나뭇가지 일부를 잘라냈으면 하는데요.

어휘 specialist 전문가, 전문의 operate 운영하다 commercial 상업적인 orchard 과수원 recently 최근에
notice 발견하다, 알아차리다 spot 점, 반점 encounter 접하다, 마주치다 figure out ~을 알아내다
cause ~의 원인이 되다 cut off 잘라내다 affected (병 등에) 걸린, 영향을 받은 lab 실험실(= laboratory)

10. What kind of goods does the men's company sell?

(A) Home furnishings
(B) Office equipment
(C) Vehicles
(D) Fruits

남자들의 회사는 어떤 종류의 상품을 판매하는가?

(A) 가구
(B) 사무 장비
(C) 차량
(D) 과일

해설 남자들의 회사에서 판매하는 것을 묻는 문제이다. 남자1이 사과, 배, 복숭아가 있는 상업 과수원을 운영한다고(We operate a commercial orchard with apples, pears, and peaches) 했고 남자2도 과수원에 발생한 분세에 대해 이야기하고 있으므로 정답은 (D)이다.

어휘 furnishing 가구, 세간 equipment 장비, 용품

패러프레이징 apples, pears, and peaches ▶ fruits

11. What is the purpose of the woman's visit?

(A) To identify a problem
(B) To measure a space
(C) To deliver some merchandise
(D) To get job training

여자의 방문 목적은 무엇인가?

(A) 문제를 확인하기 위해
(B) 공간을 측정하기 위해
(C) 상품을 배달하기 위해
(D) 직무 교육을 받기 위해

해설 여자의 방문 목적을 묻는 문제이다. 남자들의 과수원 나무에 문제가 생겨(having a problem with some of your trees) 여자가 방문한 상황으로, 여자가 무엇이 원인인지 알아내 보겠다고(I'll try to figure out what's causing it) 한 것으로 보아 나무에 생긴 문제를 확인하기 위해 방문한 것임을 알 수 있으므로 정답은 (A)이다.

어휘 identify 밝혀내다, 확인하다 measure 측정하다, 재다 merchandise 상품, 물품

패러프레이징 figure out what's causing it ▶ identify a problem

12. What does the woman want to do?

(A) Change a schedule
(B) Give a demonstration
(C) Consult with her manager
(D) Take some samples

여자는 무엇을 하고 싶어 하는가?

(A) 일정 변경하기
(B) 시연하기
(C) 관리자와 상의하기
(D) 샘플 채취하기

해설 여자가 하고자 하는 일을 묻는 문제이다. 여자가 샘플을 채취해서 자신의 실험실로 가져갈 수 있도록(I can take the samples back to my lab) 병에 걸린 나뭇가지 일부를 잘라내고 싶다고 했으므로 정답은 (D)이다.

어휘 consult 상의하다, 상담하다

[13-15] Questions 13-15 refer to the following conversation and list.   13-15번은 다음 대화와 목록에 관한 문제입니다.

(미)
(영)

M Wilson Housewares. How may I help you?
W Hello. ¹³I ripped one of the items in a bedding set I bought last year, so I'm trying to find a new one.
M Do you remember the name of the set?
W Yes. It is called Rose Petal. ¹⁴I need a new pillowcase.
M We still sell that line. There are plenty in stock at our Brecksville branch. ¹⁵Or I could order one for you.
W Thanks, but I'll just visit the Brecksville branch.

Rose Petal Set	
¹⁴Pillowcase	$8
Flat sheet	$20
Fitted sheet	$25
Blanket	$35

남 윌슨 가정용품점입니다. 어떻게 도와드릴까요?
여 안녕하세요. ¹³작년에 산 침구 세트의 품목 중 하나가 찢어져서, 새것을 찾고 있어요.
남 그 세트의 이름을 기억하시나요?
여 네. 로즈 페탈이라고 해요. ¹⁴저는 새 베개 커버가 필요해요.
남 저희는 아직 그 상품 라인을 판매합니다. 저희 브렉스빌 지점에 재고가 많이 있어요. ¹⁵아니면 제가 하나 주문해드릴 수 있어요.
여 고맙습니다만 그냥 제가 브렉스빌 지점에 방문할게요.

로즈 페탈 세트	
¹⁴베개 커버	8달러
평평한 시트	20달러
맞춤 시트	25달러
담요	35달러

어휘 houseware 가정용품   rip 찢다   bedding 침구   pillowcase 베개 커버   plenty 풍부한 양   stock 재고   flat 평평한   fitted 꼭 맞게 만들어진

---

13. What are the speakers mainly discussing?

(A) Expanding a product line
(B) Returning some merchandise
(C) Decorating a new apartment
(D) Replacing a household item

화자들은 주로 무엇에 관해 이야기하고 있는가?

(A) 상품 라인을 확장하는 것
(B) 일부 상품을 반품하는 것
(C) 새 아파트를 장식하는 것
(D) 가정용품을 교체하는 것

해설 화자들이 이야기하는 것을 묻는 문제이다. 작년에 산 침구 세트의 품목 중 하나가 찢어져서 새것을 찾고 있다는(I ripped one of the items ~ I'm trying to find a new one) 여자의 말로 보아 정답은 (D)이다.

어휘 expand 확장하다   decorate 장식하다   replace 교체하다

패러프레이징 one of the items in a bedding set ▶ household item

14. Look at the graphic. How much will the woman pay for her purchase?

(A) $8
(B) $20
(C) $25
(D) $35

시각 자료를 보시오. 여자는 자신의 구매에 얼마를 지불할 것인가?

(A) 8달러
(B) 20달러
(C) 25달러
(D) 35달러

> 해설 여자가 지불할 금액을 묻는 문제로, 제시된 시각 자료와 함께 여자가 무엇을 구매할 것인지에 주목한다. 여자가 새 베개 커버가 필요하다고(I need a new pillowcase) 했고, 목록에서 베개 커버의 가격은 8달러이므로 정답은 (A)이다.

15. What does the man offer to do?

(A) Open an account
(B) Place an order
(C) Issue a refund
(D) Waive a delivery fee

남자는 무엇을 해주겠다고 제안하는가?

(A) 계좌 개설하기
(B) 주문하기
(C) 환불금 지급하기
(D) 배송료 면제해 주기

> 해설 남자가 해주겠다고 제안하는 것을 묻는 문제이다. 대화 후반부에서 남자가 베개 커버의 재고가 있다며 그것을 주문해줄 수 있다고(I could order one for you) 했으므로 정답은 (B)이다.

> 어휘 account 계좌   issue 지급하다, 발부하다   refund 환불(금)   waive (규칙 등을) 적용하지 않다, 생략하다
> fee 요금, 수수료

> 패러프레이징 order one ▶ place an order

UNIT 10 장소·직업을 묻는 문제

● 연습 문제
본문 p.160

1. (B)   2. (A)   3. (D)   4. (C)   5. (C)   6. (B)   7. (D)   8. (D)

1. Question 1 refers to the following conversation.

(미)
(영)

M Welcome to Beechwood Pharmacy. Can I help you find anything?
W Yes, I got a sunburn while working in my garden yesterday. I'm looking for some cream that will make it feel better.
M How about this one? It's very soothing, and it's currently on sale for half off.

남 어서 오세요, 비치우드 약국입니다. 찾으시는 게 있으면 도와드릴까요?
여 네, 제가 어제 정원에서 일하다가 햇볕에 화상을 입었는데요. 그걸 낫게 할 크림을 좀 찾고 있어요.
남 이건 어떠세요? 진정 효과가 아주 크고, 지금 반값에 판매 중이에요.

> 어휘 pharmacy 약국   sunburn 햇볕으로 입은 화상   soothing 진정시키는, 달래는   currently 현재, 지금
> on sale 판매되는, 할인 중인   half off 반값

Where are the speakers?

(A) At a garden center
(B) At a pharmacy

화자들은 어디에 있는가?

(A) 원예 용품점에
(B) 약국에

> 해설 화자들이 있는 곳을 묻는 문제이다. 대화 초반부에서 남자가 비치우드 약국(Beechwood Pharmacy)이라고 밝힌 뒤 대화를 이어가고 있으므로 정답은 (B)이다.

69

2.

Question 2 refers to the following conversation.

2번은 다음 대화에 관한 문제입니다.

M Good morning. How may I help you?
W Hello. I've got an appointment for a dental checkup with Dr. Peterson at 10:30. My name is Jill Royce.
M All right, Ms. Royce. I just need you to fill out this paperwork, and then you can have a seat in our waiting area.

남 안녕하세요. 어떻게 도와드릴까요?
여 안녕하세요. 저는 10시 30분에 피터슨 선생님과 치과 검진 예약이 있어요. 제 이름은 질 로이스입니다.
남 알겠습니다, 로이스 씨. 이 서류만 기입해 주시고, 그 다음 대기실에 앉아 계시면 됩니다.

어휘 appointment 예약, 약속   dental checkup 치과 검진   fill out 기입하다, 작성하다   paperwork 서류 작업, 서류
waiting area 대기실

Who most likely is the **man**?

(A) A receptionist
(B) A business owner

남자는 누구일 것 같은가?

(A) 접수 담당자
(B) 사업주

해설 남자의 직업을 묻는 문제이다. 치과 검진 예약이 있어서(I've got an appointment for a dental checkup) 치과를 방문한 여자에게 서류 기입을 요청하는(I just need you to fill out this paperwork) 것으로 보아 남자가 치과의 접수 담당자임을 알 수 있으므로 정답은 (A)이다.

3.

Question 3 refers to the following conversation.

3번은 다음 대화에 관한 문제입니다.

M The potatoes in the south field are growing well, so we can start harvesting them within the next few days.
W That's perfect, as we're supposed to have sunny weather all week. I'll let the rest of the staff know.
M Thanks. And please get all of our machinery ready as well.

남 남쪽 밭의 감자들이 잘 자라고 있어서, 우리는 며칠 내에 감자 수확을 시작할 수 있어요.
여 그거 잘됐군요, 일주일 내내 화창한 날씨가 될 거라서요. 제가 다른 직원들에게 알릴게요.
남 고마워요. 그리고 우리 기계도 전부 준비해 주세요.

어휘 field 밭, 들판   harvest 수확하다   be supposed to ~하기로 되어 있다   staff 직원   machinery 기계(류)

Where do the speakers most likely **work**?

(A) At a restaurant
(B) At an electronics store
(C) At a TV studio
(D) At a farm

화자들은 어디에서 일하는 것 같은가?

(A) 음식점에서
(B) 전자제품 매장에서
(C) TV 스튜디오에서
(D) 농장에서

해설 화자들이 일하는 곳을 묻는 문제이다. 남쪽 밭의 감자들이 잘 자라고 있어 수확을 시작할 수 있다는(The potatoes ~ are growing well, so we can start harvesting them) 남자의 말로 보아 두 사람이 농작물을 기르는 곳에서 일하고 있음을 알 수 있으므로 정답은 (D)이다.

4. Question 4 refers to the following conversation.

W Thanks for calling Holloman Apartments. How may I help you?
M Hi. I live in one of your apartments, in unit 407 of the Nolan Building. Last night I noticed that water was leaking from the shower, even when it's turned off.
W All right. I'll send someone to fix it.

4번은 다음 대화에 관한 문제입니다.

여 홀로맨 아파트에 전화해 주셔서 감사합니다. 어떻게 도와드릴까요?
남 안녕하세요. 저는 당신의 아파트 중 하나인 놀런 빌딩 407호에 살아요. 지난밤에 샤워기에서 물이 새고 있다는 것을 알게 됐어요. 심지어 잠겨 있을 때도요.
여 알겠습니다. 제가 그것을 고칠 사람을 보낼게요.

어휘 unit 한 가구, 세대 notice 알아채다 leak 새다 turn off (전기·가스·수도 등을) 끄다 fix 고치다, 수리하다

Who most likely is the woman?

(A) An interior designer
(B) A journalist
(C) A property manager
(D) A salesperson

여자는 누구일 것 같은가?

(A) 인테리어 디자이너
(B) 기자
(C) 부동산 관리인
(D) 판매원

해설 여자의 직업을 묻는 문제이다. 대화 초반부에서 여자가 자신의 소속을 홀로맨 아파트(Holloman Apartments)라고 밝혔고, 남자가 여자의 아파트에 거주한다며(I live in one of your apartments) 수도 문제를 알리고 있으므로 정답은 (C)이다.

어휘 property 부동산, 건물

패러프레이징 apartments ▶ property

[5-6] Questions 5-6 refer to the following conversation.

M Good morning. ⁵Welcome to Riverway Gym. Do you have a membership with us?
W No, but I'm thinking about signing up for one. ⁶Someone gave me one of your promotional flyers this morning. So, I thought I'd check out your facility.
M One of our staff members would be happy to give you a tour right now if you have time. It'll take about 20 minutes.
W That sounds great. Thanks!

5-6번은 다음 대화에 관한 문제입니다.

남 안녕하세요. ⁵리버웨이 체육관에 오신 것을 환영합니다. 저희 회원권이 있으신가요?
여 아니요, 하지만 신청할까 생각 중이에요. ⁶오늘 아침에 어떤 사람이 제게 이곳의 홍보 전단 하나를 줬어요. 그래서 이곳의 시설을 확인해 봐야겠다고 생각했어요.
남 시간이 되신다면 저희 직원들 중 한 명이 지금 바로 구경시켜 드리겠습니다. 약 20분 정도 걸릴 거예요.
여 그거 좋은데요. 감사합니다!

어휘 gym 체육관 membership 회원권 sign up for ~을 신청하다, ~에 가입하다 promotional 홍보의, 판촉의 flyer (광고·안내용) 전단 facility 시설, 설비

5. Where is the conversation taking place?

(A) At a stadium
(B) At a supermarket
(C) At a gym
(D) At a bank

대화는 어디에서 일어나고 있는가?

(A) 경기장에서
(B) 슈퍼마켓에서
(C) 체육관에서
(D) 은행에서

해설 대화 장소를 묻는 문제이다. 대화 초반부에 리버웨이 체육관(Riverway Gym)이라는 상호가 나온 뒤 시설에 대한 대화가 이어지는 것으로 보아 정답은 (C)이다.

6. What did the woman do this morning?

(A) She made a purchase.
(B) She received a flyer.
(C) She took a tour.
(D) She applied for a job.

여자는 오늘 아침에 무엇을 했는가?
(A) 그녀는 구매를 했다.
(B) 그녀는 전단을 받았다.
(C) 그녀는 구경을 했다.
(D) 그녀는 일자리에 지원했다.

> 해설 여자가 오늘 아침에 한 일을 묻는 문제로, 질문의 키워드인 this morning이 언급되는 부분에 주목한다. 여자가 오늘 아침에 어떤 사람이 홍보 전단을 줬다고(Someone gave me one of your promotional flyers this morning) 했으므로 정답은 (B)이다.

> 어휘 make a purchase 구매하다   take a tour 둘러보다, 견학하다   apply for ~에 지원하다

> 패러프레이징 Someone gave me one of your promotional flyers ▶ She received a flyer

---

[7-8] Questions 7-8 refer to the following conversation.

7-8번은 다음 대화에 관한 문제입니다.

M   Tracy, ⁷ only a few doctors at our hospital were initially considering attending the upcoming conference in Dallas. However, ⁸ after it was confirmed that Sabrina Boland would give a talk, I've had a lot of requests from staff members who want to go.
W   That's not surprising. ⁸ Sabrina Boland is a leading specialist in cardiac care. Her talk will be fascinating.
M   We'll have to figure out a fair way to decide who will attend the event.

남   트레이시, ⁷ 우리 병원 의사들 중 겨우 몇 명만이 댈러스에서 곧 있을 학회에 참석하는 것을 고려했어요. 하지만, ⁸ 사브리나 볼랜드가 강연하는 것이 확정된 후로, 가고 싶어 하는 직원들의 신청을 많이 받았어요.
여   그건 놀랍지 않아요. ⁸ 사브리나 볼랜드는 심장 관리 분야에서 손꼽히는 전문가예요. 그녀의 강연은 매우 흥미로울 거예요.
남   우리는 누가 행사에 참석할지 결정하기 위한 공정한 방법을 생각해 내야 할 거예요.

> 어휘 initially 처음에   consider 고려하다   attend 참석하다   upcoming 곧 있을   confirm 확정하다   give a talk 강연하다   request 신청   leading 손꼽히는, 뛰어난   specialist 전문가   cardiac 심장의   fascinating 대단히 흥미로운, 매력적인   figure out 생각해 내다   fair 공정한

---

7. What field do the speakers work in?

(A) Technology
(B) Publishing
(C) Finance
(D) Medicine

화자들은 어떤 분야에서 근무하는가?
(A) 기술
(B) 출판
(C) 금융
(D) 의학

> 해설 화자들이 일하는 분야를 묻는 문제이다. 우리 병원 의사들(doctors at our hospital)이라는 남자의 말에서 화자들이 병원에서 근무함을 알 수 있으므로 정답은 (D)이다.

---

8. Why are staff members interested in attending an event?

(A) It gives them additional time off.
(B) It makes them eligible for a bonus.
(C) It will take place at a popular location.
(D) It will include an industry expert.

직원들은 왜 행사 참석에 관심이 있는가?
(A) 그들에게 추가 휴가를 준다.
(B) 그들에게 보너스를 받을 자격이 주어지게 한다.
(C) 인기 있는 장소에서 개최될 것이다.
(D) 업계 전문가가 포함될 것이다.

> 해설 직원들이 행사 참석에 관심 있는 이유를 묻는 문제로, 질문의 키워드인 staff members가 언급되는 부분에 주목한다. 남자가 사브리나 볼랜드가 강연하는 것이 확정된 후로(after it was confirmed that Sabrina Boland would give a talk) 참석하고 싶어 하는 직원들이 많아졌다고 하자, 여자가 그녀는 심장 관리 분야에서 손꼽히는 전문가(leading specialist in cardiac care)라고 덧붙인 것으로 보아 정답은 (D)이다.

> 어휘 be interested in ~에 관심이 있다   additional 추가의   time off 휴가, 휴식   eligible for ~에 자격이 있는   location 장소, 위치   expert 전문가

패러프레이징 leading specialist in cardiac care ▶ industry expert

● 실전 문제

본문 p.162

| 1. (B) | 2. (B) | 3. (C) | 4. (A) | 5. (C) | 6. (D) | 7. (D) | 8. (B) | 9. (D) | 10. (C) |
| 11. (C) | 12. (C) | 13. (A) | 14. (D) | 15. (B) |

[1-3] Questions 1-3 refer to the following conversation.

1-3번은 다음 대화에 관한 문제입니다.

W Minsu, we need to clear some space near the entrance. ¹/² The refrigerated display case that the owner bought last week will be delivered to our coffee shop today.
M Great! We can finally put our cakes in the display case for customers to see.
W Exactly! It'll boost sales of those items.
M I suppose staff members will have to clean the case at the end of their shift.
W Yes, and it needs to be done in a specific way. So, ³ I will hold some brief training on it on April 4.

여 민수, 우리는 입구 근처 공간을 좀 치워야 해요. ¹/² 사장님이 지난주에 산 냉장 진열장이 오늘 우리 커피숍으로 배달될 거예요.
남 잘됐네요! 드디어 고객들이 볼 수 있도록 우리 케이크를 진열장에 넣을 수 있게 되었어요.
여 그러니까요! 그 품목들의 판매가 늘어날 거예요.
남 제 생각에는 직원들이 교대 근무가 끝날 때 진열장을 청소해야 할 거 같아요.
여 그래요, 그리고 그것은 특정한 방식으로 이뤄져야 해요. 그러니 ³ 제가 4월 4일에 그것에 관한 간단한 교육을 열게요.

어휘 entrance (출)입구 refrigerated 냉장의 display case 진열장 deliver 배달하다 boost 증대시키다 suppose 생각하다, 추정하다 shift 교대 근무 (시간) specific 특정한, 구체적인 brief 간단한, 짧은

1. **Where** do the speakers **work**?
   (A) At a concert hall
   (B) At a coffee shop
   (C) At a bookstore
   (D) At a jewelry store

   화자들은 어디에서 일하는가?
   (A) 콘서트장에서
   (B) 커피숍에서
   (C) 서점에서
   (D) 보석 가게에서

   해설 화자들이 일하는 곳을 묻는 문제로, 대화 초반부에 주목한다. 냉장 진열장이 오늘 우리 커피숍으로(to our coffee shop) 배달될 거라는 여자의 말로 보아 정답은 (B)이다.

   어휘 jewelry 보석류, 장신구

2. **What** did the business **purchase last week**?
   (A) A cash register
   (B) A display case
   (C) Some uniforms
   (D) Some delivery vans

   이 업체는 지난주에 무엇을 구매했는가?
   (A) 금전 등록기
   (B) 진열장
   (C) 유니폼
   (D) 배달용 승합차

   해설 업체에서 지난주에 구매한 것을 묻는 문제로, 질문의 키워드인 last week이 언급되는 부분에 주목한다. 여자가 사장님이 지난주에 산 냉장 진열장(the refrigerated display case that the owner bought last week)이 오늘 배달될 것이라고 했으므로 정답은 (B)이다.

   어휘 van 밴, 승합차

73

3. What will the staff attend on April 4?

(A) A grand opening
(B) A product launch
(C) A training session
(D) An awards dinner

해설 4월 4일에 직원이 참석할 행사를 묻는 문제로, 질문의 키워드인 April 4가 언급되는 부분에 주목한다. 여자가 직원들의 진열장 청소 방식에 관해 4월 4일에 간단한 교육을 열겠다고(I will hold some brief training on it on April 4) 했으므로 정답은 (C)이다.

어휘 launch 출시(하는 행사)

패러프레이징 some brief training on it ▶ training session

4월 4일에 직원들은 무엇에 참석할 것인가?

(A) 개점 행사
(B) 상품 출시회
(C) 교육 시간
(D) 시상식 만찬

[4-6] Questions 4-6 refer to the following conversation with three speakers.

4-6번은 다음 세 명의 대화에 관한 문제입니다.

W Hello. ⁴I'm booked on Flight 1906 to Chicago. However, I'm wondering if I could take an earlier flight.
M1 There's one leaving in an hour, but the economy seats are fully booked. It's two hundred dollars to upgrade to first class.
W Hmm... ⁵I need to inspect a building at 3 o'clock, and I wanted to have more time to prepare at the site. But I'd rather not spend a lot.
M1 Just a moment. ⁶Benjamin, do we charge cash for all seat upgrades?
M2 ⁶No, you can also use loyalty points to pay for an upgrade.
W Oh, that's perfect. I'll do that. Thanks.

여 안녕하세요. ⁴저는 시카고행 1906 항공편에 예약되어 있습니다. 그런데, 제가 더 이른 항공편에 탈 수 있을지 궁금해서요.
남1 한 시간 뒤에 출발하는 것이 있지만, 이코노미석은 모두 예약되었어요. 일등석으로 업그레이드하는 것은 200달러입니다.
여 흠... ⁵제가 3시에 건물을 점검해야 하는데, 현장에서 준비할 시간을 좀 더 갖고 싶었거든요. 하지만 돈은 많이 들이지 않는 편이 낫겠어요.
남1 잠깐만요. ⁶벤자민, 우리가 모든 좌석 업그레이드를 현금으로 청구하나요?
남2 ⁶아니요, 로열티 포인트를 사용해서 업그레이드 비용을 지불할 수도 있어요.
여 오, 그거 잘됐네요. 그렇게 할게요. 고맙습니다.

어휘 booked 예약된 flight 항공편, 비행 first class 일등석 inspect 점검하다, 검사하다 site 현장, 장소 charge (요금을) 청구하다 cash 현금, 현찰

---

4. Where most likely are the speakers?

(A) At an airport
(B) At a hotel
(C) At a train station
(D) At a bus terminal

화자들은 어디에 있는 것 같은가?

(A) 공항에
(B) 호텔에
(C) 기차역에
(D) 버스 터미널에

해설 대화 장소를 묻는 문제이다. 여자가 시카고행 항공편에 예약되어 있는데(I'm booked on Flight 1906 to Chicago) 더 이른 항공편에 탈 수 있는지(if I could take an earlier flight) 문의하는 것으로 보아 공항에서 이루어지는 대화임을 알 수 있으므로 정답은 (A)이다.

---

5. What does the woman plan to do this afternoon?

(A) Sign a contract
(B) Give a presentation
(C) Conduct an inspection
(D) Meet some relatives

여자는 오늘 오후에 무엇을 할 계획인가?

(A) 계약서에 서명하기
(B) 발표하기
(C) 점검 실시하기
(D) 친척 몇 명 만나기

해설 여자가 오늘 오후에 할 일을 묻는 문제로, 질문의 키워드인 this afternoon에 해당하는 시점이 나오는 부분에 주목한다. 여자가 3시에 건물을 점검해야 한다고(I need to inspect a building at 3 o'clock) 했으므로 정답은 (C)이다.

어휘 contract 계약(서)   conduct 실시하다, 수행하다   inspection 점검, 검사   relative 친척

패러프레이징 inspect a building ▶ conduct an inspection

6. What does Benjamin tell the woman about?

    (A) Updating a password
    (B) Checking a bag
    (C) Getting a refund
    (D) Making a payment

    벤자민은 여자에게 무엇에 관해 말하는가?

    (A) 비밀번호를 새롭게 바꾸는 것
    (B) 가방을 확인하는 것
    (C) 환불을 받는 것
    (D) 대금을 지불하는 것

    해설 벤자민이 여자에게 말하는 것을 묻는 문제로, 벤자민이라고 지칭되는 사람이 하는 말에 주목한다. 남자1이 벤자민을 부르며 모든 좌석 업그레이드를 현금으로 청구하는지 묻자, 남자2가 로열티 포인트를 사용해서 업그레이드 비용을 지불할 수도 있다고(you can also use loyalty points to pay for an upgrade) 했다. 따라서 벤자민이 좌석 업그레이드 대금 지불에 관해 말하고 있음을 알 수 있으므로 정답은 (D)이다.

    어휘 refund 환불(금); 환불하다

    패러프레이징 pay for an upgrade ▶ making a payment

[7-9] Questions 7-9 refer to the following conversation.

7-9번은 다음 대화에 관한 문제입니다.

W   Okay, Mr. Crane. ⁷I've found the problem with your laptop. It's overheating because the fan needs to be replaced.
M   All right. Will it take a long time to fix that?
W   ⁸I need to order the necessary component, so I can get the laptop back to you next Monday.
M   That's not going to work. I'm going on a business trip tomorrow afternoon.
W   ⁸And you need a laptop for your trip?
M   Yes.
W   Well, there's not much I can do. ⁹I suggest you borrow a different device from your company to use.

여   좋습니다, 크레인 씨. ⁷제가 당신의 노트북 컴퓨터에서 문제점을 찾아냈어요. 팬이 교체되어야 하기 때문에 과열되는 것입니다.
남   알겠습니다. 그것을 고치는 데 오래 걸릴까요?
여   ⁸필요한 부품을 주문해야 해서, 다음 주 월요일에 노트북 컴퓨터를 돌려드릴 수 있어요.
남   그러면 안 돼요. 제가 내일 오후에 출장을 갑니다.
여   ⁸그리고 출장에 노트북 컴퓨터가 필요하신 거고요?
남   네.
여   음, 제가 할 수 있는 것이 별로 없네요. ⁹회사에서 다른 장비를 빌려서 사용하셔야 할 것 같습니다.

어휘 overheat 과열되다   replace 교체하다, 대체하다   necessary 필요한   component 부품, 요소
     go on a business trip 출장을 가다   borrow 빌리다   device 장비, 기구

7. What most likely is the woman's job?

    (A) Web site designer
    (B) Travel agent
    (C) Clothing salesperson
    (D) Computer technician

    여자의 직업은 무엇일 것 같은가?

    (A) 웹사이트 설계자
    (B) 여행사 직원
    (C) 의류 판매원
    (D) 컴퓨터 기술자

    해설 여자의 직업을 묻는 문제이다. 여자가 남자의 노트북 컴퓨터에서 문제점을 찾아냈다고(I've found the problem with your laptop) 한 후 해결책을 제시하는 것으로 보아 여자는 컴퓨터를 고치는 기술자임을 알 수 있으므로 정답은 (D)이다.

    어휘 agent 직원   technician 기술자

    패러프레이징 laptop ▶ computer

75

8. What does the man suggest when he says, "I'm going on a business trip tomorrow afternoon"?

(A) He prefers to book a taxi.
(B) He would like a faster service.
(C) He noticed an error in a calendar.
(D) He needs an item to be upgraded.

남자가 "제가 내일 오후에 출장을 갑니다"라고 말할 때 암시하는 것은 무엇인가?

(A) 그는 택시를 예약하는 것을 선호한다.
(B) 그는 더 빠른 서비스를 원한다.
(C) 그는 달력에서 오류를 발견했다.
(D) 그는 물품을 업그레이드해야 한다.

해설 남자가 한 말의 의도를 묻는 문제로, 제시된 문장의 앞뒤 문맥에 주목한다. 여자가 다음 주 월요일에 노트북 컴퓨터를 돌려줄 수 있다고(I can get the laptop back to you next Monday) 하자 남자가 내일 오후에 출장을 간다고 했고, 이어서 출장에 노트북 컴퓨터가 필요하다는(you need a laptop for your trip) 것을 확인했다. 따라서 남자는 노트북 컴퓨터를 더 빨리 고쳐 주기를 바라는 마음을 드러낸 것이므로 정답은 (B)이다.

어휘 prefer 선호하다

9. What does the woman suggest doing?

(A) Postponing a meeting
(B) Visiting a different branch
(C) Speaking to a manager
(D) Borrowing some equipment

여자는 무엇을 할 것을 제안하는가?

(A) 회의를 연기하는 것
(B) 다른 지점을 방문하는 것
(C) 관리자와 이야기하는 것
(D) 어떤 장비를 빌리는 것

해설 여자가 제안하는 것을 묻는 문제로, 대화 후반부에서 제안 표현에 주목한다. 여자가 회사에서 다른 장비를 빌려서 사용하라고(I suggest you borrow a different device from your company to use) 권했으므로 정답은 (D)이다.

어휘 postpone 연기하다   branch 지점, 지사

패러프레이징 different device ▶ some equipment

[10-12] Questions 10-12 refer to the following conversation.

10-12번은 다음 대화에 관한 문제입니다.

(미)(호)

W   Oh, there you are, Jack. I wanted to give you the fabric samples for the new ¹⁰ stage curtains. They'll replace the ones here in the main auditorium.
M   All right. I'll give them a look and get back to you.
W   Thanks. There's one more thing. ¹¹ There's an issue with the air conditioning system. It turns on, but it's only blowing out hot air.
M   I see. ¹² You need to call Adam. He is the maintenance worker on duty today. If he's not able to resolve the problem himself, he'll take care of hiring someone else.

여   오, 여기 있었네요, 잭. 새 ¹⁰ 무대 커튼을 위한 천 샘플을 당신에게 주려고 했어요. ¹⁰ 이곳 메인 관람석에 있는 커튼을 교체할 거예요.
남   알겠어요. 제가 한번 보고 당신에게 돌려줄게요.
여   고마워요. 한 가지 더 있어요. ¹¹ 에어컨 시스템에 문제가 있어요. 켜지기는 하는데, 더운 바람이 나와요.
남   그렇군요. ¹² 당신은 애덤에게 전화해야 해요. 그가 오늘 근무하는 관리 직원이에요. 만약 그가 직접 그 문제를 해결할 수 없다면, 다른 누군가를 고용할 거예요.

어휘 fabric 천, 직물   replace 교체하다   auditorium 청중석, 관람석   issue 문제, 쟁점   blow out (기름이나 가스를) 내뿜다   maintenance 관리, 보수   on duty 근무 중인   resolve 해결하다

10. Where most likely is the conversation taking place?

(A) In an airport
(B) In a fabric store
(C) In a concert hall
(D) In a post office

대화는 어디에서 일어나는 것 같은가?

(A) 공항에서
(B) 천 가게에서
(C) 콘서트장에서
(D) 우체국에서

해설 대화 장소를 묻는 문제이다. 여자가 이곳 메인 관람석(here in the main auditorium)의 무대 커튼(stage curtains)이 교체될 것이라고 말한 것으로 보아 두 사람이 현재 공연장에서 대화를 나누고 있음을 알 수 있으므로 정답은 (C)이다.

패러프레이징 stage / main auditorium ▶ concert hall

11. What problem does the woman mention?

(A) An employee is absent.
(B) A delivery did not arrive.
(C) Some equipment is malfunctioning.
(D) Some documents were lost.

여자는 어떤 문제를 언급하는가?
(A) 직원이 결근했다.
(B) 배달이 도착하지 않았다.
(C) 일부 장비가 오작동하고 있다.
(D) 일부 문서가 분실되었다.

해설 여자가 언급한 문제를 묻는 문제로, 질문의 키워드인 problem에 해당하는 issue가 언급된 부분에 주목한다. 여자가 에어컨 시스템에 문제가 있다며(There's an issue with the air conditioning system), 더운 바람만 나온다고(it's only blowing out hot air) 했으므로 정답은 (C)이다.

어휘 absent 결근한, 결석한   malfunction 제대로 작동하지 않다   lost 분실된, 잃어버린

패러프레이징 There's an issue with the air conditioning system ▶ Some equipment is malfunctioning

12. What does the man suggest doing?

(A) Checking a Web site
(B) Posting a job opening
(C) Calling a maintenance worker
(D) Completing a request form

남자는 무엇을 할 것을 제안하는가?
(A) 웹사이트를 확인하는 것
(B) 채용 공고를 내는 것
(C) 관리 직원에게 전화하는 것
(D) 신청서를 작성하는 것

해설 남자가 제안하는 것을 묻는 문제이다. 대화 후반부에서 남자가 애덤에게 전화해야 한다며(You need to call Adam), 그가 오늘 근무하는 관리 직원이라고(He is the maintenance worker on duty today) 덧붙였으므로 정답은 (C)이다.

어휘 post 공고하다   complete 작성하다, 기입하다   request form 신청서

[13-15] Questions 13-15 refer to the following conversation and paintings.

13-15번은 다음 대화와 그림에 관한 문제입니다.

M Emma, the exhibit looks fantastic! ¹³ I'm so glad that you approved having Haeun Park's work displayed at your museum.

W Thank you. ¹³ We are honored to be hosting this show. There seems to be a lot of interest in Ms. Park's abstract paintings in particular.

M Yes, I saw those. She's very talented. I've heard a lot of people commenting on the smallest painting. However, ¹⁴ my favorite is this one. The group of circles are intriguing.

W You know, ¹⁵ we're selling prints of that painting in the gift shop. They're really high-quality, so you can hardly tell that it isn't the real thing. ¹⁵ Let me show you.

남 엠마, 전시가 환상적이에요! ¹³ 박하은의 작품이 당신의 박물관에서 전시되도록 승인해 주셔서 정말 기뻐요.

여 감사해요. ¹³ 저희는 이번 전시를 주최하게 되어 영광으로 생각해요. 특히 박 씨의 추상화에 관심이 많은 것 같아요.

남 네, 저도 그것들을 보았어요. 그녀는 재능이 아주 뛰어나요. 많은 사람들이 가장 작은 그림에 대해서 의견을 말하는 걸 들었어요. 하지만, ¹⁴ 제가 가장 좋아하는 그림은 이거예요. 무리 지어 있는 원들이 아주 흥미로워요.

여 있잖아요, ¹⁵ 저희가 그 그림의 복제화를 기념품점에서 판매하고 있어요. 그것들은 정말 품질이 뛰어나서, 실제 작품이 아니라는 걸 거의 알아볼 수 없어요. ¹⁵ 제가 보여드릴게요.

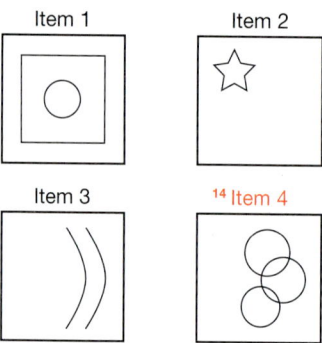

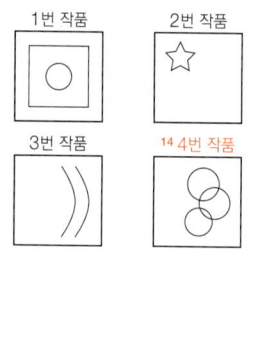

어휘 exhibit 전시(품)   fantastic 환상적인   approve 승인하다   display 전시하다   be honored to ~하게 되어 영광이다   host 주최하다   abstract painting 추상화   in particular 특히, 특별히   talented 재능이 있는   comment 의견을 말하다, 논평하다   intriguing 아주 흥미로운   high-quality 고품질의   hardly 거의 ~ 아니다

13. Who most likely is the woman?

(A) Museum director
(B) Bus driver
(C) Computer programmer
(D) Painting teacher

여자는 누구일 것 같은가?

(A) 박물관장
(B) 버스 기사
(C) 컴퓨터 프로그래머
(D) 회화 교사

해설 여자의 직업을 묻는 문제이다. 남자가 여자에게 당신의 박물관에서 작품이 전시되도록 승인해 주어서(you approved having ~ work displayed at your museum) 기쁘다고 했고, 여자가 이번 전시를 주최하게 되어 영광이라고(We are honored to be hosting this show) 한 것으로 보아 정답은 (A)이다.

14. Look at the graphic. Which item does the man like best?

(A) Item 1
(B) Item 2
(C) Item 3
(D) Item 4

시각 자료를 보시오. 남자는 어느 작품을 가장 좋아하는가?

(A) 1번 작품
(B) 2번 작품
(C) 3번 작품
(D) 4번 작품

해설 남자가 가장 좋아하는 작품을 묻는 문제로, 제시된 시각 자료와 함께 전시 작품에 대한 남자의 선호도가 드러나는 부분에 주목한다. 남자가 자신이 가장 좋아하는 그림은 무리 지어 있는 원들이 흥미롭다고(The group of circles are intriguing) 했고, 그림에서 여러 개의 원이 포함된 것은 4번 작품이므로 정답은 (D)이다.

15. What will the woman probably do next?

(A) Check a schedule
(B) Show some merchandise
(C) Reduce a price
(D) Introduce a colleague

여자는 아마도 다음에 무엇을 하겠는가?

(A) 일정 확인하기
(B) 어떤 상품 보여주기
(C) 가격 인하하기
(D) 동료 소개하기

해설 여자가 다음에 할 일을 묻는 문제이다. 대화 후반부에서 여자가 그림의 복제화를 기념품점에서 판매하고 있는데(we're selling prints of that painting in the gift shop) 그것을 보여주겠다고(Let me show you) 했으므로 정답은 (B)이다.

어휘 merchandise 상품   reduce 낮추다   colleague 동료

패러프레이징 prints of that painting in the gift shop ▶ some merchandise

---

UNIT 11 세부사항을 묻는 문제

● 연습 문제   본문 p.170

1. (A)   2. (B)   3. (C)   4. (D)   5. (B)   6. (D)   7. (D)   8. (A)

1. Question 1 refers to the following conversation.

1번은 다음 대화에 관한 문제입니다.

M Hi, Gloria. How was your first day at Sunshine Garden Center?
W Great! I'm getting more comfortable using the cash register. But I was really surprised we were so busy.
M Yes, that always happens when it gets close to national holidays. People want to decorate their yards for when they have guests over.

남 안녕하세요, 글로리아. 선샤인 원예용품점에서의 첫날은 어땠어요?
여 아주 좋았어요! 금전 등록기를 사용하기가 점점 더 편해지고 있어요. 하지만 우리가 너무 바빠서 정말 놀랐어요.
남 네, 국경일에 가까워질 때면 늘 그래요. 사람들이 손님을 맞이할 때를 위해 마당을 꾸며 놓고 싶어 하거든요.

어휘 comfortable (일 등이) 편한, 쉽게 할 수 있는   cash register 금전 등록기   get close to ~에 가까워지다
national holiday 국경일   decorate 꾸미다, 장식하다   guest 손님

Why has the business been busy recently?

(A) A holiday is approaching.
(B) It ran an advertising campaign.

업체는 최근에 왜 바빴는가?

(A) 휴일이 다가오고 있다.
(B) 광고 캠페인을 했다.

해설 업체가 최근 바빴던 이유를 묻는 문제로, 질문의 키워드인 busy가 언급되는 부분에 주목한다. 너무 바빠서 정말 놀랐다는(I was really surprised we were so busy) 여자의 말에 남자가 국경일에 가까워질 때면 늘 그렇다고(that always happens when it gets close to national holidays) 했으므로 정답은 (A)이다.

어휘 approach 다가오다   advertising 광고; 광고의

패러프레이징 it gets close to national holidays ▶ holiday is approaching

2. Question 2 refers to the following conversation.   2번은 다음 대화에 관한 문제입니다.

M Hi, Annie. I wanted to ask you how things are going with the product catalog. W It's ready to go, and it looks great. I'm so happy that we were able to get that work done ahead of schedule. M Me too. That means the printing won't be rushed.	남 안녕하세요, 애니. 상품 카탈로그가 어떻게 되어 가고 있는지 물어보고 싶었어요. 여 준비가 다 됐어요, 그리고 아주 괜찮아 보여요. 우리가 일정보다 앞당겨서 그 일을 끝낼 수 있어서 매우 기뻐요. 남 저도요. 그 말은 인쇄를 서두르지 않을 거라는 의미잖아요.

어휘 ready to go 준비가 다 된   ahead of schedule 예정보다 먼저   printing 인쇄   rush 서두르다

What is the woman happy about?   여자는 무엇에 대해 기뻐하는가?

(A) A product is selling well.   (A) 상품이 잘 팔리고 있다.
(B) A project was finished early.   (B) 프로젝트가 일찍 끝났다.

해설 여자가 기뻐하는 이유를 묻는 문제로, 질문의 키워드인 happy가 언급되는 부분에 주목한다. 여자가 일정보다 앞당겨서 일을 끝낼 수 있어서 매우 기쁘다고(I'm so happy ~ get that work done ahead of schedule) 했으므로 정답은 (B)이다.

어휘 sell well 잘 팔리다

패러프레이징 get that work done ahead of schedule ▶ project was finished early

---

3. Question 3 refers to the following conversation.   3번은 다음 대화에 관한 문제입니다.

M IT support team, how may I help you? W Hi. This is Cynthia in human resources. I was working on an employee directory yesterday, but now I can't see the file anywhere. I think it got deleted. M Hmm… You might have a computer virus. I'll check it for you now.	남 IT 지원팀입니다, 어떻게 도와드릴까요? 여 안녕하세요. 저는 인사팀의 신시아입니다. 어제 직원 명부 작업을 하고 있었는데, 지금은 그 파일이 어디에도 보이지 않아요. 파일이 삭제된 것 같아요. 남 흠… 컴퓨터 바이러스에 감염되었을 수도 있어요. 제가 지금 확인해드릴게요.

어휘 support 지원   human resources 인사부   directory 인명부, 주소 성명록   get deleted 삭제되다

What problem does the woman mention?   여자는 무슨 문제를 언급하는가?

(A) An employee is leaving the team.   (A) 한 직원이 팀을 떠날 것이다.
(B) A computer will not turn on.   (B) 컴퓨터가 켜지지 않는다.
(C) She cannot find a computer file.   (C) 그녀는 컴퓨터 파일을 찾을 수 없다.
(D) She forgot her password.   (D) 그녀는 비밀번호를 잊어버렸다.

해설 여자가 언급한 문제점을 묻는 문제이다. 여자가 어제 작업했던 직원 명부 파일이 지금 보이지 않는다고(now I can't see the file anywhere) 했으므로 정답은 (C)이다.

패러프레이징 I can't see the file anywhere ▶ She cannot find a computer file

4. Question 4 refers to the following conversation.

(미)(호)

W Excuse me. I'm wondering about the sofa in the display window. Is it in stock?
M Yes, it is. That item is very popular. It's extra wide, so it can seat three or even four people comfortably.
W Yes, that's why I'm interested in it. I need something large for my home.

4번은 다음 대화에 관한 문제입니다.

여 실례합니다. 진열창에 있는 소파에 대해 궁금해서요. 재고가 있나요?
남 네, 있어요. 그 품목은 아주 인기가 많아요. 폭이 특별히 넓어서 세 명이나 네 명까지도 편안하게 앉을 수 있어요.
여 네, 그게 제가 그것에 관심 있는 이유예요. 저희 집에는 큰 것이 필요하거든요.

어휘 wonder about ~에 대해 궁금해하다　display window 진열창　in stock 재고가 있는　extra 특별히; 추가의
seat 수용하다, ~만큼의 좌석을 가지다　comfortably 편안하게

What does the woman like about the sofa?

(A) Its warranty
(B) Its fabric
(C) Its price
(D) Its size

여자는 소파에 관해 무엇을 마음에 들어 하는가?

(A) 품질 보증
(B) 직물
(C) 가격
(D) 크기

해설 여자가 소파의 어떤 점을 마음에 들어 하는지 묻는 문제로, 소파의 특징이 언급되는 부분에 주목한다. 소파의 폭이 특별히 넓다는 (It's extra wide) 남자의 말에, 여자가 그게 자신이 소파에 관심이 있는 이유라며(that's why I'm interested in it) 자신의 집에는 큰 것이 필요하다고(I need something large for my home) 했으므로 정답은 (D)이다.

패러프레이징 extra wide / large ▶ size

[5-6] Questions 5-6 refer to the following conversation.

(호)(미)

M Elizabeth, ⁵I need to access the latest safety report online, but there seems to be an issue with my account. Have you had any problems?
W I logged in this morning. However, ⁶last week there was an upgrade to the security software. Did you change to a stronger password after that?
M No, I was on vacation last week, so I didn't know about that.
W Someone in IT can probably help you.

5-6번은 다음 대화에 관한 문제입니다.

남 엘리자베스, ⁵온라인으로 최신 안전 보고서에 접속해야 하는데, 제 계정에 문제가 있는 것 같아요. 당신도 무슨 문제가 있었나요?
여 저는 오늘 아침에 로그인했어요. 하지만 ⁶지난주에 보안 소프트웨어에 업그레이드가 있었어요. 그 후에 더 강력한 비밀번호로 바꾸셨나요?
남 아니요, 저는 지난주에 휴가 중이어서 그것에 대해 모르고 있었어요.
여 아마 IT 팀의 누군가가 도와줄 수 있을 거예요.

어휘 access 접속하다, 접근하다　issue 문제　account 계정, 계좌　security 보안, 경비　be on vacation 휴가 중이다

5. What is the man trying to access?

(A) A lease agreement
(B) A safety report
(C) An order confirmation
(D) A building permit

남자는 무엇에 접속하려고 하는가?

(A) 임대차 계약
(B) 안전 보고서
(C) 주문 확인서
(D) 건설 허가증

해설 남자가 접속하려고 하는 것을 묻는 문제로, 질문의 키워드인 access가 언급되는 부분에 주목한다. 남자가 온라인으로 최신 안전 보고서에 접속해야 한다고(I need to access the latest safety report online) 했으므로 정답은 (B)이다.

어휘 lease 임대차　agreement 계약, 협정　confirmation 확인　permit 허가증

6. According to the woman, what happened last week?

(A) An Internet connection was installed.
(B) New equipment was ordered.
(C) A budget was approved.
(D) Some software was upgraded.

여자에 따르면, 지난주에 무슨 일이 일어났는가?
(A) 인터넷 접속망이 설치되었다.
(B) 새로운 장비가 주문되었다.
(C) 예산이 승인되었다.
(D) 일부 소프트웨어가 업그레이드되었다.

> **해설** 지난주에 일어난 일을 묻는 문제로, 질문의 키워드인 last week이 언급되는 부분에 주목한다. 여자가 지난주에 보안 소프트웨어에 업그레이드가 있었다고(last week there was an upgrade to the security software) 했으므로 정답은 (D)이다.
>
> **어휘** connection 접속 install 설치하다 budget 예산
>
> **패러프레이징** there was an upgrade to the security software ▶ some software was upgraded

---

[7-8] Questions 7-8 refer to the following conversation.

호 / 영

M: Welcome to Shelbyville Art Center. How can I help you?
W: I'm thinking about signing up for a class. ⁷My coworker highly recommended the watercolor painting. I'd like to try it.
M: Well, if you sign up for the spring term, it only costs 50 dollars for ten sessions, and there are a few different times to choose from. ⁸Also, all class participants get a free tote bag with our logo on it.

7-8번은 다음 대화에 관한 문제입니다.

남: 셸비빌 아트 센터에 오신 것을 환영합니다. 어떻게 도와드릴까요?
여: 수업에 등록을 할까 생각 중이에요. ⁷제 동료가 수채화 수업을 적극적으로 추천했어요. 한번 해보려고요.
남: 음, 봄 학기에 등록을 하시면, 수업 열 번에 50달러만 내시면 되고, 선택하실 수 있는 서로 다른 시간대가 몇 개 있습니다. ⁸또한, 모든 수강생들은 저희 로고가 있는 손가방을 무료로 받습니다.

> **어휘** coworker 동료 recommend 추천하다 watercolor painting 수채화 term 학기 tote bag 손가방, 토트백

7. How did the woman find out about the business?

(A) From an online search
(B) From an e-mail
(C) From a relative
(D) From a coworker

여자는 이 업체에 대해 어떻게 알게 되었는가?
(A) 온라인 검색으로부터
(B) 이메일로부터
(C) 친척으로부터
(D) 동료로부터

> **해설** 여자가 업체에 대해 알게 된 경로를 묻는 문제이다. 여자가 자신의 동료가 수채화 수업을 적극적으로 추천해서(My coworker highly recommended the watercolor painting) 한번 해보려고 한다고 했으므로 정답은 (D)이다.
>
> **어휘** search 검색, 찾기 relative 친척

8. What is given to all class participants?

(A) A bag
(B) A private tour
(C) A photo ID
(D) A notebook

모든 수강생들에게 무엇이 주어지는가?
(A) 가방
(B) 개인 견학
(C) 사진이 부착된 신분증
(D) 노트

> **해설** 수강생들이 받는 것을 묻는 문제로, 질문의 키워드인 class participants가 언급되는 부분에 주목한다. 모든 수강생들은 업체의 로고가 있는 손가방을 무료로 받는다고(all class participants get a free tote bag with our logo on it) 했으므로 정답은 (A)이다.

● 실전 문제

본문 p.172

1. (C)   2. (D)   3. (B)   4. (C)   5. (C)   6. (A)   7. (D)   8. (D)   9. (C)   10. (C)
11. (C)   12. (D)   13. (B)   14. (D)   15. (B)

[1-3] Questions 1-3 refer to the following conversation.

1-3번은 다음 대화에 관한 문제입니다.

호
미

M	¹Greta, we need to choose a day to film the Koontz Car Rentals commercial.
W	We need a sunny day, right?
M	Yes, so I was thinking Thursday would be best. Oh, but ²I still need the file with the script.
W	²Sorry! I completely forgot to forward it to you. I'll do that in just a minute.
M	Great! And I like the agency you recommended to help us find an actor. ³Some of the sample videos they sent of the actors are really impressive.

남 ¹ 그레타, 우리는 쿤츠 렌터카의 광고를 촬영할 날을 골라야 해요.
여 화창한 날이어야 하죠, 맞죠?
남 네, 그래서 목요일이 가장 좋을 거라고 생각하고 있었어요. 아, 그런데 ² 저는 여전히 대본이 있는 파일이 필요해요.
여 ² 미안해요! 당신에게 그것을 전달하는 걸 완전히 잊어버렸어요. 바로 보내 줄게요.
남 좋아요! 그리고 우리가 배우를 찾는 데 도움이 되도록 당신이 추천해 준 대행사가 마음에 들어요. ³ 그들이 보내 준 배우들의 샘플 영상 몇 개가 아주 인상적이에요.

어휘 film 촬영하다; 영화   commercial 광고   script 대본   forward 전달하다, 보내다   agency 대행사, 대리점   impressive 인상적인, 감명 깊은

1. What **project** is being **discussed**?
(A) Planning a trip
(B) Designing a car
(C) Filming a commercial
(D) Arranging a picnic

어떤 프로젝트가 논의되고 있는가?
(A) 여행을 계획하는 것
(B) 자동차를 설계하는 것
(C) 광고를 촬영하는 것
(D) 야유회를 준비하는 것

해설 논의되고 있는 프로젝트를 묻는 문제이다. 남자가 쿤츠 렌터카의 광고 촬영일을 골라야 한다고(we need to choose a day to film the Koontz Car Rentals commercial) 말한 뒤 광고 촬영에 관한 대화를 이어가고 있으므로 정답은 (C)이다.

어휘 arrange 준비하다, 마련하다

2. **Why** does the **woman apologize** to the man?
(A) She lost some paperwork.
(B) She missed an important meeting.
(C) She rejected a proposal.
(D) She forgot to send a file.

여자는 왜 남자에게 사과하는가?
(A) 그녀는 서류를 잃어버렸다.
(B) 그녀는 중요한 회의를 놓쳤다.
(C) 그녀는 제안을 거절했다.
(D) 그녀는 파일 보내는 것을 잊었다.

해설 여자가 사과하는 이유를 묻는 문제이다. 대본 파일이 필요하다는(I still need the file with the script) 남자의 말에, 여자가 미안하다며 그것을 전달하는 걸 잊어버렸다고(Sorry! I completely forgot to forward it to you) 했으므로 정답은 (D)이다.

어휘 apologize to ~에게 사과하다   paperwork 서류 (작업)   reject 거절하다   proposal 제안

패러프레이징 forward it to you ▶ send a file

3. **What** does the **man** say he is **impressed** with?
(A) Some logo designs
(B) Some video samples
(C) Some low prices
(D) Some customer reviews

남자는 무엇에 깊은 인상을 받았다고 말하는가?
(A) 일부 로고 디자인
(B) 일부 영상 샘플
(C) 일부 낮은 가격
(D) 일부 고객 후기

해설 남자가 깊은 인상을 받은 것을 묻는 문제로, 질문의 키워드인 impressed와 비슷한 표현이 나오는 부분에 주목한다. 남자가 대행사에서 보내 준 배우들의 샘플 영상 몇 개가 아주 인상적이라고(Some of the sample videos they sent of the actors are really impressive) 했으므로 정답은 (B)이다.

패러프레이징 some of the sample videos ▶ some video samples

[4-6] Questions 4-6 refer to the following conversation.

W Good morning. I'm Susan Ross. ⁴I just signed a one-year lease for an apartment in this building, Unit 702. Could I visit the unit now to take a few measurements?
M Your move-in day isn't until Thursday. Normally, I could let you in briefly, but ⁵our maintenance crew has just finished cleaning the carpets, so they're still wet.
W Oh, I see. I'm trying to find out if all of my bedroom furniture will fit in the space.
M Well, ⁶I can give you a brochure for the building. It has a floor plan with all the dimensions of the individual units.
W That's perfect. Thanks.

4-6번은 다음 대화에 관한 문제입니다.

여 안녕하세요. 저는 수잔 로스입니다. ⁴제가 방금 이 건물에 있는 아파트 702호에 대하여 1년짜리 임대차 계약을 했습니다. 지금 그 세대에 방문해서 몇 가지 치수를 재도 될까요?
남 당신의 입주 날짜는 목요일이나 되어야 합니다. 보통은 잠시 들어가게 해드리는데, ⁵저희 정비반이 방금 카펫 청소를 끝내서 카펫이 아직 젖어 있어요.
여 아, 그렇군요. 제 침실 가구가 전부 그 공간에 들어가기에 맞는지 알아보려고 하거든요.
남 음, ⁶제가 건물 소책자를 드릴게요. 거기에 각 세대의 모든 치수가 나온 평면도가 있어요.
여 완벽해요. 감사합니다.

어휘 sign 계약하다, 서명하다   lease 임대차 (계약)   take a measurement 치수를 재다   normally 보통, 대개   briefly 잠시, 간단히   maintenance crew 정비반   fit (들어가기에) 맞다   dimension 치수, 크기   individual 각각의, 개별적인

4. What did the woman recently do?

(A) She relocated her office.
(B) She purchased a car.
(C) She signed a lease.
(D) She started a new job.

여자는 최근에 무엇을 했는가?

(A) 그녀는 사무실을 이전했다.
(B) 그녀는 차를 구매했다.
(C) 그녀는 임대차 계약을 했다.
(D) 그녀는 새 일을 시작했다.

해설 여자가 최근에 한 일을 묻는 문제이다. 여자가 방금 이 건물에 있는 아파트 702호에 대하여 1년짜리 임대차 계약을 했다고(I just signed a one-year lease for an apartment ~) 했으므로 정답은 (C)이다.

어휘 relocate 이전하다

5. According to the man, what is the problem?

(A) A fee has not been paid.
(B) A manager is absent today.
(C) Some carpets are not dry.
(D) Some keys have been lost.

남자에 따르면, 무엇이 문제인가?

(A) 요금이 납부되지 않았다.
(B) 관리자가 오늘 결근했다.
(C) 일부 카펫이 마르지 않았다.
(D) 일부 열쇠가 분실되었다.

해설 남자가 언급한 문제점을 묻는 문제이다. 세대에 방문해서 치수를 재고 싶어 하는 여자에게 남자가 카펫 청소가 방금 끝나서 카펫이 아직 젖어 있다고(our maintenance crew has just finished cleaning the carpets, so they're still wet) 말하는 것으로 보아 정답은 (C)이다.

어휘 fee 요금, 수수료   absent 결근한   lost 분실된

패러프레이징 still wet ▶ not dry

6. What does the man offer to give the woman?

(A) A brochure
(B) A receipt
(C) A business card
(D) A neighborhood map

남자는 여자에게 무엇을 주겠다고 제안하는가?
(A) 소책자
(B) 영수증
(C) 명함
(D) 주변 지역 지도

해설 남자가 여자에게 주겠다고 제안하는 것을 묻는 문제이다. 대화 후반부에서 남자가 여자에게 건물 소책자를 주겠다고(I can give you a brochure for the building) 했으므로 정답은 (A)이다.

[7-9] Questions 7-9 refer to the following conversation with three speakers.

7-9번은 다음 세 명의 대화에 관한 문제입니다.

M Hi, Rita and Stacey. As you know, ⁷I'm making preparations for next Tuesday's investors meeting. I need the latest figures from our manufacturing facility.
W1 Our plant has been doing great. ⁸It's producing about eight hundred solar panels each week.
W2 That's right. That's an increase of 15 percent thanks to our new machinery.
M ⁹I'm so glad to hear that! It's wonderful that we've found a way to be more efficient.
W2 I completely agree. I'm sure the investors will be satisfied with our progress so far.

남 안녕하세요, 리타, 스테이시. 아시다시피 ⁷제가 다음 주 화요일의 투자자 회의를 준비하고 있어요. 우리 생산 시설의 최신 생산 수치가 필요해요.
여1 우리 공장은 아주 잘 가동되고 있어요. ⁸매주 약 800개의 태양 전지판을 생산하고 있어요.
여2 맞아요. 우리의 새 기계 덕분에 15퍼센트가 증가한 거예요.
남 ⁹그렇다니 너무 기쁘네요! 우리가 더 효율적일 수 있는 방법을 찾아낸 것은 정말 잘된 일이에요.
여2 전적으로 동의해요. 분명히 투자자들이 현재까지의 진척 상황에 만족할 거예요.

어휘 make preparations for ~의 준비를 하다   investor 투자자   figure 수치   manufacturing facility 생산 시설   plant 공장   produce 생산하다   solar panel 태양 전지판   machinery 기계   efficient 효율적인   be satisfied with ~에 만족하다   progress 진척, 발전   so far 지금까지

7. What is the man preparing for?

(A) A facility tour
(B) A fundraising event
(C) A press conference
(D) An investors meeting

남자는 무엇을 준비하고 있는가?
(A) 시설 견학
(B) 모금 행사
(C) 기자 회견
(D) 투자자 회의

해설 남자가 준비하는 것을 묻는 문제로, 질문의 키워드인 preparing에 해당하는 표현이 나오는 부분에 주목한다. 남자가 다음 주 화요일의 투자자 회의를 준비하고 있다고(I'm making preparations for next Tuesday's investors meeting) 했으므로 정답은 (D)이다.

어휘 facility 시설   fundraising 모금   press conference 기자 회견

8. What product is mentioned by the speakers?

(A) Wind turbines
(B) 3D printers
(C) Car batteries
(D) Solar panels

어떤 제품이 화자들에 의해 언급되는가?
(A) 풍력 발전용 터빈
(B) 3D 프린터
(C) 자동차 배터리
(D) 태양 전지판

해설 대화에서 언급되는 제품을 묻는 문제이다. 여자1이 공장에서 매주 약 800개의 태양 전지판을 생산하고 있다고(It's producing about eight hundred solar panels each week) 했으므로 정답은 (D)이다.

9. What does the man say he is pleased about?

(A) Factory reviews
(B) Cost savings
(C) Improved efficiency
(D) Customer satisfaction

남자는 무엇이 기쁘다고 말하는가?
(A) 공장 평가
(B) 비용 절감
(C) 향상된 효율
(D) 고객 만족

> **해설** 남자가 기뻐하는 것을 묻는 문제로, 질문의 키워드인 pleased에 해당하는 표현이 나오는 부분에 주목한다. 생산량이 15퍼센트 증가했다는 여자2의 말을 듣고 남자가 너무 기쁘다며(I'm so glad to hear that) 더 효율적일 수 있는 방법을 찾아낸 것은 정말 잘된 일이라고(It's wonderful that we've found a way to be more efficient) 했으므로 정답은 (C)이다.

> **어휘** saving 절약   improved 향상된, 개선된   efficiency 효율(성)   satisfaction 만족

> **패러프레이징** more efficient ▶ improved efficiency

[10-12] Questions 10-12 refer to the following conversation.

10-12번은 다음 대화에 관한 문제입니다.

> M Hi, Wendy. ¹⁰ **Have you finished delivering all the dry-cleaned clothing to our customers?**
> W Yes. But I wanted to talk to you about the delivery van. I don't think it makes a good impression when customers see it because it's so old.
> M I know what you mean. I've been doing some research, and, actually, ¹¹ **I'm planning to buy a new van this Wednesday.**
> W Oh, that's a relief. ¹² **But are you sure the dealership will have what you need on that day?**
> M I contacted them this morning.
> W Alright, great.

> 남 안녕하세요, 웬디. ¹⁰ 드라이클리닝한 옷들을 모두 우리 고객들에게 배달하는 것을 끝냈나요?
> 여 네. 그런데 배달 승합차에 관해서 당신과 얘기하고 싶었어요. 차가 너무 낡아서 고객들이 그것을 보면 좋은 인상을 받지 못하는 것 같아요.
> 남 무슨 말인지 알아요. 제가 좀 알아보고 있었는데, 실은 ¹¹ 이번 주 수요일에 새 승합차를 구매할 계획이에요.
> 여 오, 다행이네요. ¹² 하지만 그날 대리점에 당신이 필요로 하는 것이 있는 게 확실해요?
> 남 제가 오늘 아침에 그들에게 연락했어요.
> 여 좋네요, 잘됐어요.

> **어휘** deliver 배달하다   make a good impression 좋은 인상을 주다   do research 알아보다, 조사하다   dealership 대리점

---

10. What kind of business do the speakers work for?

(A) A travel agency
(B) A bakery
(C) A dry cleaner
(D) A manufacturing plant

화자들은 어떤 종류의 업체에서 일하는가?
(A) 여행사
(B) 제과점
(C) 세탁소
(D) 제조 공장

> **해설** 화자들이 일하는 업종을 묻는 문제이다. 대화 초반부에서 남자가 드라이클리닝한 옷들을 모두 우리 고객들에게 배달하는 것을 끝냈냐고(Have you finished delivering all the dry-cleaned clothing to our customers?) 묻는 것으로 보아 화자들이 세탁업에 종사하고 있음을 알 수 있으므로 정답은 (C)이다.

---

11. What will take place on Wednesday?

(A) A training event
(B) A job interview
(C) A vehicle purchase
(D) A Web site launch

수요일에 무슨 일이 일어날 것인가?
(A) 교육 행사
(B) 채용 면접
(C) 차량 구매
(D) 웹사이트 개시

> **해설** 수요일에 일어날 일을 묻는 문제로, 질문의 키워드인 Wednesday가 언급되는 부분에 주목한다. 남자가 수요일에 새 승합차를 구매할 계획이라고(I'm planning to buy a new van this Wednesday) 했으므로 정답은 (C)이다.

> **패러프레이징** buy a new van ▶ vehicle purchase

12. Why does the man say, "I contacted them this morning"?

(A) To encourage the woman
(B) To reject an offer
(C) To suggest another task
(D) To reassure the woman

남자는 왜 "제가 오늘 아침에 그들에게 연락했어요"라고 말하는가?

(A) 여자를 격려하기 위해
(B) 제안을 거절하기 위해
(C) 다른 업무를 제안하기 위해
(D) 여자를 안심시키기 위해

> 해설: 남자가 한 말의 의도를 묻는 문제로, 제시된 문장의 앞뒤 문맥에 주목한다. 여자가 그날 대리점에 필요한 차량이 있는 게 확실한지(are you sure the dealership will have what you need on that day?) 묻자 남자가 제시된 문장으로 답변했다. 이것은 자신이 미리 연락해 놓았으니 걱정하지 말라는 의미로 한 말이므로 정답은 (D)이다.

> 어휘: encourage 격려하다 reject 거절하다 reassure 안심시키다

[13-15] Questions 13-15 refer to the following conversation and flyer.

13-15번은 다음 대화와 전단에 관한 문제입니다.

M: Hi, Amber. I tried the new coffee shop on the corner this morning.
W: I've been meaning to go there. What did you think?
M: **¹³ My drink was delicious, but the service was kind of slow.** Anyway, as I was leaving, someone gave me a flyer advertising a series of comedy shows next week. Are you interested in going together?
W: **¹⁴ I'd love to see one, but I work every day next week until 7:30 P.M.** Is there still a show that I could attend?
M: I think so. **¹⁵ I have the flyer right here.**
W: **¹⁵ Could I see that for a moment?**

★★★★★★★★★★
Laugh-Along Comedy Series
Burke Theater

March 4 at 6:30 P.M.
March 5 at 7:00 P.M.
March 6 at 5:30 P.M.
¹⁴ March 7 at 10:00 P.M.

남: 안녕하세요, 앰버. 저 오늘 아침에 모퉁이에 있는 새로 생긴 커피숍에 가봤어요.
여: 저도 거기 가보려고 했어요. 어땠어요?
남: ¹³ 음료는 맛있었지만, 서비스가 좀 느렸어요. 그건 그렇고, 나갈 때 누군가 제게 다음 주에 하는 코미디 공연 시리즈를 광고하는 전단을 주었어요. 같이 가는 것에 관심 있어요?
여: ¹⁴ 보고는 싶지만, 다음 주에는 매일 저녁 7시 30분까지 일해요. 그래도 제가 보러 갈 수 있는 공연이 있을까요?
남: 그럴 것 같아요. ¹⁵ 제가 여기 전단을 가지고 있어요.
여: ¹⁵ 제가 그걸 잠깐 봐도 될까요?

★★★★★★★★★★
함께 웃는 코미디 시리즈
버크 극장

3월 4일 오후 6시 30분
3월 5일 오후 7시
3월 6일 오후 5시 30분
¹⁴ 3월 7일 오후 10시

> 어휘: mean to ~할 작정이다 delicious 맛있는 kind of 약간 flyer (광고·안내용) 전단 advertise 광고하다, 알리다 attend 참석하다 for a moment 잠시 동안

---

13. What does the man say about a coffee shop?

(A) It plays loud music.
(B) It has slow service.
(C) The drinks are expensive.
(D) The menu is limited.

남자는 커피숍에 대해 무엇이라고 말하는가?

(A) 음악을 크게 튼다.
(B) 서비스가 느리다.
(C) 음료가 비싸다.
(D) 메뉴가 제한적이다.

> 해설: 남자가 커피숍에 대해 말하는 것을 묻는 문제이다. 남자가 음료는 맛있었지만 서비스가 좀 느렸다고(the service was kind of slow) 했으므로 정답은 (B)이다.

> 어휘: limited 제한된, 아주 많지 않은

> 패러프레이징: the service was kind of slow ▶ it has slow service

14. Look at the graphic. When will the woman most likely attend a show?

(A) On March 4
(B) On March 5
(C) On March 6
(D) On March 7

시각 자료를 보시오. 여자는 언제 공연을 보러 갈 것 같은가?

(A) 3월 4일에
(B) 3월 5일에
(C) 3월 6일에
(D) 3월 7일에

해설 여자가 공연을 보러 갈 날짜를 묻는 문제로, 제시된 시각 자료와 대화에서 언급된 여자의 스케줄에 주목한다. 여자가 공연이 있는 다음 주에 매일 7시 30분까지 일한다(I work every day next week until 7:30 P.M.) 했으므로, 전단에서 7시 30분 이후에 공연이 시작하는 날짜를 찾으면 정답은 (D)이다.

15. What does the woman ask the man to do?

(A) Forward her an e-mail
(B) Show her a flyer
(C) Purchase some tickets
(D) Call a theater

여자는 남자에게 무엇을 하라고 요청하는가?

(A) 자신에게 이메일 전달하기
(B) 자신에게 전단 보여주기
(C) 티켓 구매하기
(D) 극장에 전화하기

해설 여자가 요청하는 것을 묻는 문제이다. 대화 후반부에서 남자가 지금 전단을 가지고 있다고(I have the flyer right here) 하자, 여자가 그것을 잠깐 봐도 되냐고(Could I see that for a moment?) 했으므로 정답은 (B)이다.

UNIT 12 제안·요청사항을 묻는 문제

● 연습 문제

본문 p.180

1. (B) 2. (B) 3. (B) 4. (C) 5. (C) 6. (A) 7. (D) 8. (D)

1. Question 1 refers to the following conversation.

(호)(미)

M Kelly, I'm not sure where I should take our VIP clients to lunch after the sales pitch. I was thinking about the Bayside Seafood Restaurant.
W Yes, they have an excellent chef there.
M Great! Now, I just need to make sure there are no errors in my presentation. Would you mind looking it over?

1번은 다음 대화에 관한 문제입니다.

남 켈리, 구매 권유 후에 우리 우수 고객들을 어디로 모시고 가서 점심 식사를 해야 할지 잘 모르겠어요. 베이사이드 해산물 식당을 생각하고는 있어요.
여 네, 그곳에는 훌륭한 요리사가 있어요.
남 아주 좋네요! 이제 저는 발표에 실수가 없도록 하기만 하면 돼요. 당신이 그것을 검토해 주시겠어요?

어휘 sales pitch 팔기 위한 권유 excellent 훌륭한, 뛰어난 error 실수, 오류 look over ~을 검토하다, 살펴보다

What does the man ask the woman to do?

(A) Plan a tour
(B) Review a presentation

남자는 여자에게 무엇을 하라고 요청하는가?

(A) 견학 계획 세우기
(B) 발표 검토하기

해설 남자가 여자에게 요청하는 일을 묻는 문제이다. 남자가 발표에 실수가 없도록(there are no errors in my presentation) 하기만 하면 되겠다며, 여자에게 그것을 검토해 달라고(Would you mind looking it over?) 요청했으므로 정답은 (B)이다.

패러프레이징 looking it over ▶ review a presentation

2. Question 2 refers to the following conversation.

M Hello. I'm looking for this sweater in a medium size. I didn't see any on the shelf.
W Usually, we put everything on display. However, I can look in our storage room to see if we have one there. Please wait here for a moment.
M That would be great. Thank you.

2번은 다음 대화에 관한 문제입니다.

남 안녕하세요. 이 스웨터를 중간 사이즈로 찾고 있어요. 선반 위에는 하나도 없네요.
여 보통 저희는 모든 상품을 다 진열해 놓아요. 하지만 제가 저희 창고 안을 살펴보고 스웨터가 거기에 있는지 확인해 볼게요. 여기서 잠시만 기다려 주세요.
남 그래 주시면 좋겠어요. 감사합니다.

어휘 medium (치수 등이) 중간의   put ~ on display ~을 진열하다, 전시하다   storage room 창고

What does the woman offer to do?

(A) Order an item
(B) Check a storage area

여자는 무엇을 해주겠다고 제안하는가?

(A) 물품 주문하기
(B) 보관 창고 확인하기

해설 여자가 해주겠다고 제안하는 것을 묻는 문제이다. 여자가 창고 안을 살펴보고 스웨터가 있는지 확인하겠다고(I can look in our storage room to see if we have one there) 했으므로 정답은 (B)이다.

패러프레이징 look in our storage room ▶ check a storage area

3. Question 3 refers to the following conversation.

W James, I'm wondering if there is room in the budget for hiring a management consultant.
M Hmm... that would be expensive, but it could be very useful as well. Make a detailed list of the reasons we need it. Then you can present that to the general manager.

3번은 다음 대화에 관한 문제입니다.

여 제임스, 경영 컨설턴트를 고용할 예산 여유가 있는지 궁금해요.
남 흠... 그건 비용이 많이 들 거예요, 하지만 아주 유용할 수도 있어요. 우리에게 그것이 필요한 이유들을 상세 목록으로 작성하세요. 그런 다음 총괄 관리자에게 그것을 제출하시면 돼요.

어휘 room 여유   budget 예산   management 경영, 관리   consultant 컨설턴트, 자문 위원   useful 유용한   make a list 목록을 작성하다   detailed 상세한   present 제출하다, 주다   general manager 총괄 관리자

What does the man tell the woman to do?

(A) Review a contract
(B) Make a list
(C) Present a receipt
(D) Complete a survey

남자는 여자에게 무엇을 하라고 말하는가?

(A) 계약서 검토하기
(B) 목록 작성하기
(C) 영수증 제출하기
(D) 설문 조사 작성하기

해설 남자가 여자에게 시키는 일을 묻는 문제이다. 남자가 경영 컨설턴트 고용이 필요한 이유를 상세 목록으로 작성하라고(Make a detailed list of the reasons we need it) 했으므로 정답은 (B)이다.

어휘 contract 계약(서)   receipt 영수증   complete 작성하다, 기입하다   survey (설문) 조사

4. Question 4 refers to the following conversation. 4번은 다음 대화에 관한 문제입니다.

> M Ms. Phillips, I had an idea for an article for our newspaper. We could cover the renovation at the old library on Tulsa Lane.
> W I think a lot of people would be interested in finding out about that. You should interview the architect working on the project to get the details.

> 남 필립스 씨, 우리 신문 기사를 위한 아이디어가 떠올랐어요. 털사 레인에 있는 오래된 도서관의 보수 공사를 다룰 수 있겠어요.
> 여 많은 사람들이 그것에 대해 알아보는 데 관심이 있을 것 같아요. 세부 정보를 얻기 위해서 그 프로젝트 작업을 하는 건축가를 인터뷰해 보세요.

어휘 article 기사, 글 cover 다루다, 포함시키다 renovation 수리 architect 건축가

What does the woman recommend doing? 여자는 무엇을 할 것을 추천하는가?
(A) Changing a policy (A) 정책을 변경하는 것
(B) Hiring an assistant (B) 조수를 고용하는 것
(C) Conducting an interview **(C) 인터뷰를 진행하는 것**
(D) Reading a journal (D) 정기 간행물을 읽는 것

해설 여자가 추천하는 것을 묻는 문제이다. 여자가 세부 정보를 얻기 위해서 그 프로젝트 작업을 하는 건축가를 인터뷰해 보라고(You should interview the architect working on the project to get the details) 했으므로 정답은 (C)이다.

어휘 policy 정책, 방침 journal 정기 간행물

패러프레이징 interview the architect ▶ conducting an interview

[5-6] Questions 5-6 refer to the following conversation. 5-6번은 다음 대화에 관한 문제입니다.

> M Ms. Abbott, ⁵I've noticed that the side entrance door is stuck shut. I tried pulling on it, but it wouldn't move.
> W Yes, I'm aware of that issue. I've already informed the maintenance supervisor, but he can't send someone to fix it until this afternoon.
> M Hmm... I'm sure a lot of people will try to get in that way.
> W That's true. ⁶Could you put up a sign explaining the situation?

> 남 애버트 씨, ⁵옆문이 굳게 닫혀 있는 것을 발견했어요. 제가 잡아당겨 보았지만 움직이지 않아요.
> 여 네, 저도 그 문제를 알고 있어요. 제가 이미 유지보수 감독관에게 알렸지만, 오늘 오후나 되어야 고칠 사람을 보내줄 수 있대요.
> 남 흠... 분명히 많은 사람들이 그쪽으로 들어오려고 할 텐데요.
> 여 맞아요. ⁶상황을 설명하는 팻말을 세워 주시겠어요?

어휘 notice 알아차리다 entrance (출)입구 stuck shut 굳게 닫힌 pull on 잡아당기다 be aware of ~을 알다 inform 알리다 supervisor 감독관, 관리자 sign 팻말, 표지판 situation 상황

5. What problem does the man mention? 남자는 무슨 문제를 언급하는가?
(A) Some customers have complained. (A) 일부 고객들이 불평했다.
(B) Some equipment is missing. (B) 일부 장비가 없어졌다.
(C) An entrance door will not open. **(C) 출입문이 열리지 않는다.**
(D) A delivery will arrive late. (D) 배달이 늦게 도착할 것이다.

해설 남자가 언급한 문제점을 묻는 문제이다. 남자가 옆문이 굳게 닫혀 있어 잡아당겨 보았지만 움직이지 않는다고(I've noticed that the side entrance door is stuck shut ~ it wouldn't move) 했으므로 정답은 (C)이다.

어휘 complain 불평하다, 항의하다 missing 없어진, 분실된

패러프레이징 wouldn't move ▶ will not open

6. What does the woman ask the man to do?

(A) Post a sign
(B) Approve a budget
(C) Call a supervisor
(D) Send an e-mail

여자는 남자에게 무엇을 하라고 요청하는가?
(A) 팻말 게시하기
(B) 예산 승인하기
(C) 감독관에게 전화하기
(D) 이메일 보내기

> 해설 여자가 요청한 일을 묻는 문제이다. 여자가 남자에게 상황을 설명하는 팻말을 세워 달라고(Could you put up a sign explaining the situation?) 요청했으므로 정답은 (A)이다.

> 패러프레이징 put up a sign ▶ post a sign

[7-8] Questions 7-8 refer to the following conversation.

7-8번은 다음 대화에 관한 문제입니다.

W Thanks for calling Star Carpeting. ⁷I'm the manager of this branch. How may I help you?
M Hello. I recently purchased a new home, and I'd like to replace the carpet in my living room. I'm not sure what color would be right, though.
W That depends on your walls and woodwork. ⁸If you need some ideas, you could browse the photo gallery on our Web site.
M Thanks. I'll try that.

여 스타 카펫에 전화 주셔서 감사합니다. ⁷저는 이 지점의 관리자입니다. 어떻게 도와드릴까요?
남 안녕하세요. 제가 최근에 집을 새로 매매해서 거실의 카펫을 교체하고 싶어요. 그런데 어떤 색상이 알맞을지 잘 모르겠어요.
여 그건 댁의 벽과 목조부에 따라 달라요. ⁸아이디어가 좀 필요하시면, 저희 웹사이트의 사진첩을 훑어보실 수 있어요.
남 고맙습니다. 그렇게 해볼게요.

> 어휘 carpeting 카펫류   branch 지점   replace 교체하다   depend on ~에 달려 있다, ~에 의해 결정되다   woodwork (건물·방에서 문·계단 같은) 목조부   browse 훑어보다

7. What most likely is the woman's job?

(A) Museum director
(B) Fitness instructor
(C) Newspaper reporter
(D) Store manager

여자의 직업은 무엇일 것 같은가?
(A) 박물관장
(B) 운동 강사
(C) 신문 기자
(D) 매장 관리자

> 해설 여자의 직업을 묻는 문제이다. 대화 초반부에서 여자가 이 지점의 관리자라고(I'm the manager of this branch) 본인을 소개한 것으로 보아 정답은 (D)이다.

> 어휘 director 책임자, 감독   instructor 강사, 교사

> 패러프레이징 manager of this branch ▶ store manager

8. What does the woman suggest doing?

(A) Downloading an application
(B) Placing an order
(C) Advertising on a Web site
(D) Viewing some photographs

여자는 무엇을 할 것을 제안하는가?
(A) 애플리케이션을 다운로드하는 것
(B) 주문하는 것
(C) 웹사이트에 광고하는 것
(D) 일부 사진을 보는 것

> 해설 여자가 제안하는 것을 묻는 문제이다. 여자가 아이디어가 필요하면 업체 웹사이트의 사진첩을 훑어볼 수 있다고(you could browse the photo gallery on our Web site) 했으므로 정답은 (D)이다.

> 어휘 place an order 주문하다   advertise 광고하다   view 보다

> 패러프레이징 browse the photo gallery ▶ viewing some photographs

● 실전 문제

본문 p.182

1. (A) 2. (B) 3. (B) 4. (C) 5. (B) 6. (C) 7. (B) 8. (D) 9. (B) 10. (C)
11. (C) 12. (C) 13. (B) 14. (A) 15. (D)

[1-3] Questions 1-3 refer to the following conversation.

1-3번은 다음 대화에 관한 문제입니다.

호
미

M: Alright, Ms. Martinez. [1] I've booked you for the five-day tour to Toronto, which includes hotel accommodations and transportation.
W: Thank you. Is there anything else?
M: You mentioned that you wanted to attend a baseball game with your family while there. [2] The good seats sell out quickly, so you should buy tickets before you arrive.
W: Okay. Let's do that today.
M: Sure. [3] You just need to confirm your intended budget for this activity.

남: 좋습니다, 마르티네스 씨. [1] 제가 당신을 5일간의 토론토 여행에 예약해 드렸고요, 여기에는 호텔 숙박과 교통편이 포함되어 있습니다.
여: 고맙습니다. 그밖에 다른 것도 있나요?
남: 그곳에 있는 동안 가족과 함께 야구 경기를 보러 가고 싶다고 말씀하셨죠. [2] 괜찮은 좌석들은 빨리 매진되니까, 도착하기 전에 티켓을 구매하셔야 해요.
여: 알겠습니다. 오늘 그걸 하죠.
남: 좋습니다. [3] 이 활동을 위해 계획하시는 예산을 확정하시기만 하면 돼요.

어휘 book 예약하다 include 포함하다 accommodation 숙박 시설 transportation 교통, 운송
sell out 매진되다, 다 팔리다 confirm 확인하다, 확정하다 intended 계획된, 의도된

---

1. **Where** most likely does the **man work**?

(A) At a travel agency
(B) At an airport
(C) At a bookshop
(D) At a museum

남자는 어디에서 일할 것 같은가?

(A) 여행사에서
(B) 공항에서
(C) 서점에서
(D) 박물관에서

해설 남자가 일하는 곳을 묻는 문제이다. 호텔 숙박과 교통편이 포함된 여행을 예약해 드렸다는(I've booked you for the five-day tour to Toronto, which includes hotel accommodations and transportation) 남자의 말로 보아 그가 여행사 직원임을 알 수 있으므로 정답은 (A)이다.

---

2. **What** does the **man say** about **tickets**?

(A) They will go on sale tomorrow.
(B) They should be purchased in advance.
(C) They are more expensive online.
(D) They require a photo ID.

남자는 티켓에 대해 무엇이라고 말하는가?

(A) 내일 판매될 것이다.
(B) 미리 구매해야 한다.
(C) 온라인에서 더 비싸다.
(D) 사진이 부착된 신분증이 필요하다.

해설 남자가 티켓에 대해 한 말을 묻는 문제로, 질문의 키워드인 tickets가 언급되는 부분에 주목한다. 남자가 괜찮은 좌석들은 빨리 매진되니 도착하기 전에 티켓을 구매해야 한다고(you should buy tickets before you arrive) 했으므로 정답은 (B)이다.

어휘 go on sale 판매되다 in advance 미리, 사전에 require 필요로 하다, 요구하다

패러프레이징 you should buy tickets before you arrive ▶ they should be purchased in advance

---

3. **What** does the **man ask** the woman to do?

(A) Get a coupon
(B) Confirm her budget
(C) Sign a contract
(D) Create an account

남자는 여자에게 무엇을 하라고 요청하는가?

(A) 쿠폰 받기
(B) 예산 확정하기
(C) 계약 체결하기
(D) 계정 만들기

92

해설 남자가 요청한 일을 묻는 문제이다. 남자가 여자에게 야구 경기 관람 활동에 쓰려고 계획하는 예산을 확정하기만 하면 된다고(You just need to confirm your intended budget for this activity) 했으므로 정답은 (B)이다.

[4-6] Questions 4-6 refer to the following conversation.

4-6번은 다음 대화에 관한 문제입니다.

M Hi, Veronica. ⁴Do you have any ideas for next year's industry conference?
W We'd better select a venue soon. ⁵I think that Providence Hall would be a good option. What are your thoughts?
M It has a good reputation.
W Alright. And it's going to be a lot of work to organize the speakers. We are probably going to need some additional help. ⁶I was thinking we should form a committee to deal with that side of things.

남 안녕하세요, 베로니카. ⁴내년의 산업 회의에 대한 아이디어가 좀 있나요?
여 조만간 장소를 선정하는 게 좋겠어요. ⁵프로비던스 홀이 좋은 선택일 것 같아요. 당신 생각은 어때요?
남 그곳은 평판이 좋죠.
여 괜찮네요. 그리고 연설진을 구성하려면 일이 많을 거예요. 아마도 추가적인 도움이 좀 필요할 거예요. ⁶저는 우리가 그런 부분을 처리할 위원회를 조직해야 한다고 생각하고 있었어요.

어휘 industry 산업 conference (대규모) 회의, 학회 select 선정하다 venue (행사의) 장소 option 선택 reputation 평판, 명성 organize 구성하다, 조직하다 additional 추가의 form a committee 위원회를 조직하다 deal with ~을 처리하다, 다루다

4. What kind of event are the speakers discussing?
   (A) A local election
   (B) A retirement dinner
   (C) An industry conference
   (D) A music competition

화자들은 어떤 종류의 행사에 대해 논의하고 있는가?
(A) 지방 선거
(B) 은퇴 기념 만찬
(C) 산업 회의
(D) 음악 경연

해설 화자들이 논의 중인 행사의 종류를 묻는 문제이다. 남자가 내년 산업 회의에 대한 아이디어가 있는지(Do you have any ideas for next year's industry conference?) 물으며 대화를 시작하여 회의 관련 세부사항에 대해 의견을 나누는 것으로 보아 정답은 (C)이다.

어휘 election 선거 retirement 은퇴, 퇴직 competition (경연) 대회

5. Why does the man say, "It has a good reputation"?
   (A) To reject an idea
   (B) To show agreement
   (C) To ask for assistance
   (D) To congratulate the woman

남자는 왜 "그곳은 평판이 좋죠"라고 말하는가?
(A) 아이디어를 거절하기 위해
(B) 동의를 나타내기 위해
(C) 도움을 요청하기 위해
(D) 여자를 축하해 주기 위해

해설 남자가 한 말의 의도를 묻는 문제로, 제시된 문장의 앞뒤 문맥에 주목한다. 회의 장소로 프로비던스 홀이 좋겠다며(I think that Providence Hall would be a good option) 의견을 묻는 여자의 말에 남자가 그곳은 평판이 좋다고 답변한 것은 상대방의 말에 동의한다는 의미이므로 정답은 (B)이다.

어휘 reject 거절하다 agreement 동의, 합의 assistance 도움, 지원 congratulate 축하하다

6. What does the woman suggest?
   (A) Increasing a fee
   (B) Extending an event
   (C) Forming a committee
   (D) Holding a fundraiser

여자는 무엇을 제안하는가?
(A) 요금을 인상하는 것
(B) 행사를 연장하는 것
(C) 위원회를 조직하는 것
(D) 모금 행사를 개최하는 것

해설 여자가 제안하는 것을 묻는 문제이다. 대화 후반부에서 여자가 앞서 언급한 일들을 처리할 위원회를 조직해야 한다고(we should form a committee to deal with that side of things) 생각한다고 했으므로 정답은 (C)이다.

어휘 fee 요금, 수수료   extend 연장하다

[7-9] Questions 7-9 refer to the following conversation.

7-9번은 다음 대화에 관한 문제입니다.

호
미

M ⁷ **Thanks for calling the Watson Inn.** How may I help you?
W Hello. I noticed on your Web site that you offer ⁷ **premium suites**. Could you give me more information about them?
M Of course. They are twice as large as our ⁷ **standard guest rooms**, and they come equipped with a small kitchen.
W Hmm... ⁸ **I'm meeting some potential clients on October 6**, and I need to book their rooms, so I wanted them to be impressed.
M Well, we do still have two premium suites available.
W Could you please send me the pricing details so I can check with my manager?
M Sure. ⁹ **I'll just need an address where I can send the e-mail.**

남 ⁷ 왓슨 호텔에 전화 주셔서 감사합니다. 어떻게 도와드릴까요?
여 안녕하세요. 귀사가 ⁷ 프리미엄 스위트룸을 제공한다는 걸 귀사 웹사이트에서 알게 되었습니다. 그것에 대해 정보를 좀 더 주실 수 있나요?
남 물론이죠. ⁷ 일반 객실의 두 배 크기이고, 작은 주방이 갖춰져 있습니다.
여 흠... ⁸ 제가 10월 6일에 잠재 고객 몇 분과 만날 예정이고 그분들의 방을 예약해야 해서, 그분들에게 좋은 인상을 주고 싶었어요.
남 음, 아직 이용 가능한 두 개의 프리미엄 스위트룸이 있습니다.
여 저희 부장님과 의논할 수 있도록 가격 세부 정보를 제게 보내주시겠어요?
남 물론입니다. ⁹ 이메일을 보내드릴 주소만 있으면 됩니다.

어휘 suite (호텔의) 스위트룸   standard 일반적인, 표준의   come equipped with ~이 갖추어져 있다   potential 잠재적인   available 이용할 수 있는   pricing details 가격 세부 정보   check with ~와 의논하다, ~에게 문의하다

---

7. Where most likely does the man work?

(A) At an appliance store
(B) At a hotel
(C) At a restaurant
(D) At an airport

남자는 어디서 일하는 것 같은가?

(A) 가전제품 매장에서
(B) 호텔에서
(C) 음식점에서
(D) 공항에서

해설 남자가 일하는 곳을 묻는 문제이다. 남자가 왓슨 호텔(Watson Inn)이라고 본인의 소속을 밝혔고, premium suites(프리미엄 스위트룸)나 standard guest rooms(일반 객실)와 같은 어휘들을 언급하는 것으로 보아 정답은 (B)이다.

어휘 appliance (가정용) 기구, 전기 제품

---

8. Who does the woman plan to meet on October 6?

(A) A keynote speaker
(B) A government inspector
(C) Job candidates
(D) Potential clients

여자는 10월 6일에 누구를 만날 계획인가?

(A) 기조 연설자
(B) 정부 조사관
(C) 입사 지원자들
(D) 잠재 고객들

해설 여자가 10월 6일에 만날 사람들을 묻는 문제로, 질문의 키워드인 meet과 October 6가 나오는 부분에 주목한다. 여자가 10월 6일에 잠재 고객들을 만날 예정이라고(I'm meeting some potential clients on October 6) 했으므로 정답은 (D)이다.

어휘 inspector 조사관, 감독관   candidate 지원자, 후보자

94

9. What does the man ask the woman for?

(A) A food preference
(B) An e-mail address
(C) A company name
(D) An account number

남자는 여자에게 무엇을 요청하는가?

(A) 음식 선호도
(B) 이메일 주소
(C) 회사 이름
(D) 계좌 번호

해설 남자가 요청하는 것을 묻는 문제이다. 남자가 이메일을 보낼 주소가 필요하다고(I'll just need an address where I can send the e-mail) 했으므로 정답은 (B)이다.

어휘 preference 선호(도)

패러프레이징 address where I can send the e-mail ▶ e-mail address

[10-12] Questions 10-12 refer to the following conversation with three speakers.

10-12번은 다음 세 명의 대화에 관한 문제입니다.

M **10** Sarah and Madison, do you have a moment to discuss the status of the design process for our new line of luggage?
W1 Sure. We've tested the prototype with a group of customers. Overall, people loved the stylish look of the bags.
W2 That's right. However, **11** we had quite a few negative comments about the fabric used to make the outer layer. People thought it wouldn't last very long because it is so thin.
M That's a valid concern. **12** How about you two order samples of a few other fabrics to compare them to our current fabric?

남 **10** 세라, 매디슨, 우리 여행 가방 신제품 라인의 디자인 진행 상황에 관해 잠깐 얘기 좀 나눌 수 있을까요?
여1 그럼요. 저희가 고객 집단과 시제품을 테스트했어요. 전반적으로, 사람들은 가방의 멋스러운 외양을 아주 좋아했어요.
여2 맞아요. 하지만, **11** 겉감을 만드는 데 사용된 원단에 관해서는 상당수의 부정적인 의견을 받았어요. 사람들은 그것이 너무 얇아서 그리 오래가지 않을 거라고 생각했어요.
남 그건 타당한 우려예요. **12** 우리의 현재 원단과 비교해 보기 위해 두 사람이 다른 몇 가지 원단의 샘플을 주문하는 게 어때요?

어휘 status (진행 과정의) 상황 process 과정 luggage 소형 여행 가방 prototype 시제품, 원형 overall 전반적으로 stylish 멋진, 유행의 quite a few 상당수의 negative 부정적인 comment 의견, 언급 outer 바깥 표면의, 외부의 layer 층, 막 last 오래가다, 지속되다 valid 타당한, 유효한 concern 우려, 걱정

---

10. What topic does the man want to discuss?

(A) Some regulation changes
(B) Some feedback surveys
(C) A design process
(D) A new employee

남자는 어떤 주제에 관해 논의하기를 원하는가?

(A) 일부 규정 변경
(B) 일부 의견 설문 조사
(C) 디자인 과정
(D) 신입 직원

해설 남자가 논의하고자 하는 주제를 묻는 문제로, 대화 초반부에 주목한다. 남자가 두 여자에게 여행 가방 신제품 라인의 디자인 진행 상황(status of the design process for our new line of luggage)에 관해 이야기하자고 했으므로 정답은 (C)이다.

어휘 regulation 규정 feedback 의견, 피드백

---

11. What problem is mentioned?

(A) Some components are broken.
(B) Some deliveries were late.
(C) A material is too thin.
(D) A price has increased.

어떤 문제가 언급되는가?

(A) 일부 부품이 고장 났다.
(B) 일부 배달이 늦어졌다.
(C) 천이 너무 얇다.
(D) 가격이 인상되었다.

해설 언급된 문제점을 묻는 문제이다. 여자2가 겉감에 쓰인 원단에 대해서 부정적인 의견이 상당수 있었다며(we had quite a few negative comments about the fabric used to make the outer layer) 너무 얇아서 그리 오래가지 않을 거라고(it wouldn't last very long because it is so thin) 생각한 사람들이 있었다고 언급한 것으로 보아 정답은 (C)이다.

어휘 component 부품   material 천, 재료

패러프레이징 fabric ▶ material

12. What does the man recommend that the women do?

(A) Write a memo
(B) Cancel a contract
(C) Order some samples
(D) Research a competitor

남자는 여자들에게 무엇을 하라고 권하는가?
(A) 메모 작성하기
(B) 계약 취소하기
(C) 일부 샘플 주문하기
(D) 경쟁사 조사하기

해설 남자가 권하는 것을 묻는 문제이다. 남자가 현재 원단과 비교해 보기 위해 두 사람이 다른 몇 가지 원단의 샘플을 주문하는 게 어떠냐고(How about you two order samples of a few other fabrics ~?) 했으므로 정답은 (C)이다.

어휘 competitor 경쟁자

패러프레이징 samples of a few other fabrics ▶ some samples

[13-15] Questions 13-15 refer to the following conversation and price list.

13-15번은 다음 대화와 요금표에 관한 문제입니다.

W I'm glad we came early. We are lucky to find a parking space on the street.
M That's true. ¹³ I'm really looking forward to this play. I heard that the main actor has won a lot of awards. Do you know how long the show is?
W Probably around two hours.
M All right. Well, according to the sign, there is no charge for parking after 6 o'clock. ¹⁴ We only need to pay for half an hour.
W Oh, but I don't have any cash.
M That's alright. ¹⁵ There's a cashless option, so we can charge it to my credit card.

여 우리가 일찍 와서 기뻐요. 노상 주차 공간을 찾아서 다행이에요.
남 맞아요. ¹³ 저는 이 연극이 정말 기대돼요. 주연 배우가 상을 많이 받았다고 들었어요. 공연이 얼마나 긴지 알아요?
여 아마 두 시간 정도요.
남 알겠어요. 음, 표지판에 따르면 6시 이후에는 주차 요금이 없어요. ¹⁴ 우리는 30분에 대해서만 지불하면 돼요.
여 아, 그런데 저한테 현금이 하나도 없어요.
남 괜찮아요. ¹⁵ 현금이 필요하지 않은 옵션이 있으니, 제 신용 카드에서 요금이 나가게 하면 돼요.

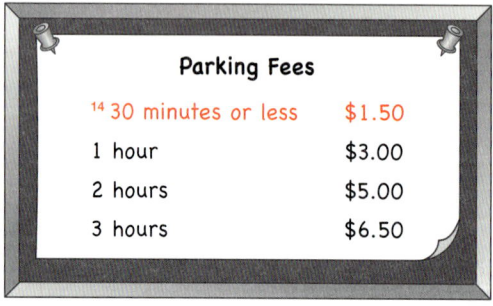

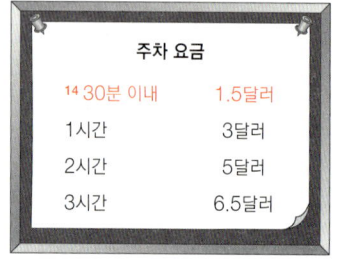

어휘 parking space 주차 공간   look forward to ~을 기대하다   play 연극   main actor 주연 배우
win an award 상을 타다   charge 요금; 청구하다   cashless 현금이 불필요한

13. Where are the speakers probably going?

(A) To a museum
(B) To a theater
(C) To a hotel
(D) To a stadium

화자들은 아마도 어디에 가고 있겠는가?

(A) 박물관에
(B) 극장에
(C) 호텔에
(D) 경기장에

해설 화자들이 가고 있는 장소를 묻는 문제이다. 대화 초반부 남자의 말에서 this play(이 연극), main actor(주연 배우), show(공연) 등의 표현들이 언급된 것으로 보아 화자들은 연극이 상연되는 극장에 가는 중임을 알 수 있으므로 정답은 (B)이다.

14. Look at the graphic. How much will the speakers be charged for parking?

(A) $1.50
(B) $3.00
(C) $5.00
(D) $6.50

시각 자료를 보시오. 화자들은 주차 요금으로 얼마를 청구 받겠는가?

(A) 1.5달러
(B) 3달러
(C) 5달러
(D) 6.5달러

해설 화자들에게 청구될 주차 요금을 묻는 문제로, 제시된 시각 자료와 함께 주차 시간이 언급되는 부분에 주목한다. 남자가 30분에 대해서만 지불하면 된다고(We only need to pay for half an hour) 했고, 주차 요금표에서 30분에 해당하는 요금은 1.5달러이므로 정답은 (A)이다.

15. What does the man offer to do?

(A) Deliver a package
(B) Find a map
(C) Wait at the car
(D) Use his credit card

남자는 무엇을 해주겠다고 제안하는가?

(A) 소포 배달하기
(B) 지도 찾기
(C) 차에서 기다리기
(D) 자신의 신용 카드 사용하기

해설 남자가 해주겠다고 하는 일을 묻는 문제이다. 여자가 현금이 없다고 하자 남자가 자신의 신용 카드에서 요금이 나가게 하면 된다고(we can charge it to my credit card) 했으므로 정답은 (D)이다.

어휘 package 소포

패러프레이징 charge it to my credit card ▶ use his credit card

UNIT 13 앞으로 일어날 일을 묻는 문제

● 연습 문제

본문 p.190

| 1. (B) | 2. (A) | 3. (C) | 4. (D) | 5. (C) | 6. (D) | 7. (C) | 8. (C) |

1. Question 1 refers to the following conversation.

M I can't believe that Ms. Baxter is retiring in just two weeks.
W We should do something special before she leaves. How about dinner after work on her last day?
M That would be nice. I'll reserve a table for our team at the Italian restaurant across the street.

1번은 다음 대화에 관한 문제입니다.

남 백스터 씨가 고작 2주 후면 은퇴를 한다니 믿기지 않아요.
여 그녀가 떠나기 전에 우리가 뭔가 특별한 걸 해야 해요. 그녀의 마지막 날 근무가 끝난 후에 저녁 식사를 하는 게 어때요?
남 그게 좋겠어요. 제가 길 건너 이탈리아 식당에 우리 팀을 위한 자리를 예약할게요.

어휘 retire 은퇴하다, 퇴직하다   reserve a table (식당에) 자리를 예약하다   across the street 길 건너에

What does the man say he will do?

(A) Buy a card
(B) Reserve a table

남자는 무엇을 할 것이라고 말하는가?

(A) 카드 사기
(B) 자리 예약하기

해설 남자가 할 일을 묻는 문제로, 대화 후반부에 주목한다. 남자가 길 건너 이탈리아 식당에 자리를 예약하겠다고(I'll reserve a table ~ at the Italian restaurant across the street) 했으므로 정답은 (B)이다.

2.

(미)
(호)

Question 2 refers to the following conversation.

2번은 다음 대화에 관한 문제입니다.

W This is Rosalyn Adams from Vernon Inc. We can install your new security system over the weekend. Would that be all right?
M That's fine, but I'm not sure how to use the system.
W Don't worry. I can come by again next Monday and demonstrate how to use all of the features.

여 버넌 사의 로절린 애덤스입니다. 저희가 주말 동안에 새로운 보안 시스템을 설치해드릴 수 있습니다. 괜찮으실까요?
남 괜찮기는 한데요, 제가 그 시스템을 사용하는 법을 잘 몰라요.
여 걱정하지 마세요. 제가 다음 주 월요일에 다시 들러서 모든 기능의 사용법을 보여드릴 수 있습니다.

어휘 install 설치하다   security 보안, 경비   come by 잠깐 들르다   demonstrate (작동 방법 등을) 보여주다, 설명하다   feature 기능, 특징

What will happen next Monday?

(A) A demonstration will be given.
(B) A business will be sold.

다음 주 월요일에 무슨 일이 일어날 것인가?

(A) 시연이 이루어질 것이다.
(B) 업체가 매각될 것이다.

해설 다음 주 월요일에 일어날 일을 묻는 문제로, 질문의 키워드인 next Monday가 언급되는 부분에 주목한다. 여자가 다음 주 월요일에 다시 들러서 모든 기능의 사용법을 보여주겠다고(I can come by again next Monday and demonstrate how to use all of the features) 했으므로 정답은 (A)이다.

패러프레이징 demonstrate how to use all of the features ▶ demonstration will be given

3.

(영)
(미)

Question 3 refers to the following conversation.

3번은 다음 대화에 관한 문제입니다.

W Carl, there's an issue with our lumber supplier. From next month, prices are going up by twenty-five percent.
M Then we'll have to find another supplier. I have a friend who works in the industry. Maybe he can give us a good deal. I'll give him a call.
W That would be helpful.

여 칼, 우리 목재 공급업체에 문제가 있어요. 다음 달부터 가격이 25퍼센트 인상될 거예요.
남 그러면 다른 공급업체를 찾아야겠네요. 저 한테 그 업체에서 일하는 친구가 있어요. 어쩌면 그가 우리에게 괜찮은 거래 조건을 제시할지도 몰라요. 제가 그에게 전화해 볼게요.
여 그러면 도움이 되겠어요.

어휘 lumber 목재   supplier 공급자, 공급 회사   industry 업계, 산업   deal 거래, 합의   helpful 도움이 되는

What does the man say he will do?

(A) Change a deadline
(B) Inspect a site
(C) Contact a friend
(D) Reprint an invoice

남자는 무엇을 할 것이라고 말하는가?

(A) 마감일 변경하기
(B) 현장 조사하기
(C) 친구에게 연락하기
(D) 청구서 다시 인쇄하기

해설 남자가 할 일을 묻는 문제이다. 남자가 업계에서 일하는 친구가 있다며(I have a friend who works in the industry), 그에게

전화해 보겠다고(I'll give him a call) 했으므로 정답은 (C)이다.

어휘 deadline 마감일 inspect 조사하다, 검사하다 site 현장, 장소 invoice 청구서, 송장

패러프레이징 give him a call ▶ contact a friend

4. Question 4 refers to the following conversation. 4번은 다음 대화에 관한 문제입니다.

M Hi, Heather. I got your message saying that your laptop is having a problem.
W Yes. It will operate as normal for a while, but then it suddenly shuts down. I'm scheduled for a client meeting after lunch, and I'd like to take the device with me.
M I'll take a look at it.

남 안녕하세요, 헤더. 당신의 노트북 컴퓨터에 문제가 있다고 한 메시지를 받았어요.
여 네. 얼마 동안은 정상적으로 작동을 하지만, 그러고 나서 갑자기 멈춰요. 제가 점심 식사 후에 고객과 회의가 예정되어 있는데, 이 기기를 가지고 가고 싶어서요.
남 제가 한번 볼게요.

어휘 operate 작동하다, 가동되다 as normal 정상적으로, 평상시처럼 for a while 얼마 동안은, 잠깐은 shut down (기계가) 멈추다 be scheduled for ~이 예정되어 있다 device 기기, 장치 take a look 한번 보다

What does the woman plan to do after lunch?

(A) Record a video
(B) Go to the airport
(C) Attend a trade fair
(D) Meet with a client

여자는 점심 식사 후에 무엇을 할 계획인가?

(A) 영상 녹화하기
(B) 공항에 가기
(C) 무역 박람회에 참석하기
(D) 고객과 만나기

해설 여자가 점심 식사 후에 할 일을 묻는 문제로, 질문의 키워드인 after lunch가 언급되는 부분에 주목한다. 여자가 점심 식사 후에 고객과 회의가 예정되어 있다고(I'm scheduled for a client meeting after lunch) 했으므로 정답은 (D)이다.

패러프레이징 client meeting ▶ meet with a client

[5-6] Questions 5-6 refer to the following conversation. 5-6번은 다음 대화에 관한 문제입니다.

M The eye doctor will be with you shortly, Ms. Quinn. Would you like to pay the fee for the exam now or later?
W ⁵Actually, I already paid for the service through your Web site.
M Oh, I'm sorry. I see that now on my computer. Please take a seat.
W ⁶I've just realized that I left my bag in the car. I need to go and get that first.

남 안과 의사 선생님이 곧 오실 거예요, 퀸 씨. 검사비를 지금 지불하시겠어요, 아니면 나중에 지불하시겠어요?
여 ⁵실은, 웹사이트를 통해서 이미 서비스 비용을 지불했어요.
남 아, 죄송해요. 지금 제 컴퓨터에 확인이 되네요. 자리에 앉아 계시면 돼요.
여 ⁶제가 차 안에 가방을 두고 온 걸 방금 깨달았어요. 일단 가서 그것을 가져와야 해요.

어휘 shortly 곧 take a seat 자리에 앉다 realize 깨닫다, 알아차리다

5. What has the woman already done?

(A) She prepared some questions.
(B) She provided some feedback.
(C) She made a payment.
(D) She left a business card.

여자는 무엇을 이미 했는가?

(A) 그녀는 몇몇 질문을 준비했다.
(B) 그녀는 의견을 제공했다.
(C) 그녀는 대금을 지불했다.
(D) 그녀는 명함을 남겨두었다.

해설 여자가 이미 한 일을 묻는 문제이다. 여자가 웹사이트를 통해 이미 서비스 비용을 지불했다고(I already paid for the service through your Web site) 했으므로 정답은 (C)이다.

어휘 provide 제공하다   make a payment 대금을 지불하다   business card 명함

패러프레이징 paid for the service ▶ made a payment

---

6. What does the woman say she will do?

(A) Present a ticket
(B) Read a newspaper
(C) Call a friend
(D) Get her bag

여자는 무엇을 할 것이라고 말하는가?
(A) 티켓 제시하기
(B) 신문 읽기
(C) 친구에게 전화하기
(D) 가방 가져오기

해설 여자가 할 일을 묻는 문제로, 대화 후반부에 주목한다. 여자가 차에 가방을 두고 온 걸(I left my bag in the car) 방금 깨달았다며 일단 가서 그것을 가져와야 한다고(I need to go and get that first) 했으므로 정답은 (D)이다.

[7-8] Questions 7-8 refer to the following conversation.

7-8번은 다음 대화에 관한 문제입니다.

> M Thanks for calling Valley Property Management. How may I help you?
> W Hello. I run a small graphic design studio. ⁷I'd like to rent an office in the Duncan Building. Could I take a tour of the site tomorrow around 10?
> M Sure. I can set that up for you. ⁸But please note that a crew will be repairing the building's parking lot tomorrow. So, you'll have to park on the street next to the complex.

> 남 밸리 부동산 관리에 전화 주셔서 감사합니다. 어떻게 도와드릴까요?
> 여 안녕하세요. 제가 작은 그래픽 디자인 스튜디오를 운영하는데요. ⁷덩컨 빌딩의 사무실을 임차하고 싶습니다. 내일 10시쯤에 그 장소를 둘러볼 수 있을까요?
> 남 그럼요. 제가 그렇게 준비해 드리겠습니다. ⁸하지만 내일 작업반이 그 건물의 주차장을 보수할 예정이라는 것을 유의해 주세요. 그래서, 건물 옆 거리에 주차하셔야 할 거예요.

어휘 property 부동산, 재산   management 관리, 경영   run 운영하다   rent 임차하다, 임대하다   take a tour 둘러보다   note 유의하다, 주목하다   complex 단지, 복합 건물

---

7. What is the woman calling about?

(A) Signing up for a subscription
(B) Moving to a new home
(C) Renting an office space
(D) Getting a business loan

여자는 무엇에 관해 전화하고 있는가?
(A) 구독 신청을 하는 것
(B) 새 집으로 이사하는 것
(C) 사무 공간을 임차하는 것
(D) 기업 대출을 받는 것

해설 여자가 무엇에 관해 전화했는지 묻는 문제로, 전화 용건이 드러나는 부분에 주목한다. 여자가 덩컨 빌딩에 있는 사무실을 임차하고 싶다고(I'd like to rent an office in the Duncan Building) 밝혔으므로 정답은 (C)이다.

어휘 subscription 구독   business loan 기업 대출

---

8. What does the man say will happen tomorrow?

(A) Some prices will increase.
(B) Some walls will be painted.
(C) A parking lot will undergo repairs.
(D) A new manager will take over.

남자는 내일 무슨 일이 있을 것이라고 말하는가?
(A) 일부 가격이 인상될 것이다.
(B) 일부 벽이 페인트칠될 것이다.
(C) 주차장이 보수될 것이다.
(D) 새로운 관리자가 인계받을 것이다.

해설 내일 일어날 일을 묻는 문제로, 남자의 말에서 질문의 키워드인 tomorrow가 언급되는 부분에 주목한다. 남자가 작업반이 내일 건물의 주차장을 보수할 것이라고(a crew will be repairing the building's parking lot tomorrow) 했으므로 정답은 (C)이다.

어휘 undergo (변화 등을) 겪다, 받다   take over (직무 등을) 인계받다

패러프레이징   crew will be repairing the building's parking lot ▶ parking lot will undergo repairs

● 실전 문제

본문 p.192

| 1. (C) | 2. (D) | 3. (C) | 4. (C) | 5. (A) | 6. (B) | 7. (D) | 8. (C) | 9. (B) | 10. (A) |
| 11. (C) | 12. (D) | 13. (D) | 14. (B) | 15. (A) | | | | | |

[1-3] Questions 1-3 refer to the following conversation.

1-3번은 다음 대화에 관한 문제입니다.

W Luis, ¹ **I'm looking for the staff handbooks to use during tomorrow's orientation, but I don't see them anywhere.** Don't we have a lot of copies? I thought we saved them after the last orientation.

M Oh no! ² **I recycled all of those this morning. I rearranged the storage closet to make more space**, so I got rid of everything I thought we didn't need.

W Hmm... and the recycling's already been collected.

M Don't worry. ³ **I'll call the print shop now and order replacements.** They have a same-day service, so it shouldn't be a problem.

여 루이스, ¹ 제가 내일 오리엔테이션 동안 사용할 직원 안내서를 찾고 있는데, 어디에도 보이지 않아요. 우리에게 여러 부 있지 않나요? 지난번 오리엔테이션 후에 그것들을 따로 남겨 두었던 것 같은데요.

남 아, 이런! ² 제가 오늘 아침에 그것들을 모두 재활용 쓰레기로 버렸어요. 공간을 더 만들기 위해서 제가 수납장을 다시 정리했거든요, 그래서 우리에게 필요 없다고 생각한 것들을 전부 치웠어요.

여 흠... 그리고 재활용 쓰레기는 이미 수거되었죠.

남 걱정 마세요. ³ 제가 지금 인쇄소에 전화해서 대체품을 주문할게요. 그들은 당일 서비스를 하니까 문제없을 거예요.

어휘 handbook 안내서   recycle 재활용하다   rearrange 재정리하다   storage closet 수납장
make space 공간을 만들다   get rid of ~을 제거하다, 처리하다   replacement 대체품, 교체품

1. What **problem** does the **woman** mention?

   (A) She was absent from an orientation.
   (B) She was unable to book train tickets.
   (C) She cannot find some employee handbooks.
   (D) She forgot her password for a database.

   여자는 무슨 문제를 언급하는가?
   (A) 그녀는 오리엔테이션에 참석하지 않았다.
   (B) 그녀는 기차표를 예약할 수 없었다.
   (C) 그녀는 직원 안내서를 찾을 수 없다.
   (D) 그녀는 데이터베이스 비밀번호를 잊어버렸다.

   해설 여자가 언급한 문제점을 묻는 문제이다. 여자가 내일 오리엔테이션 동안 사용할 직원 안내서가 보이지 않는다고(I'm looking for the staff handbooks ~ I don't see them anywhere) 했으므로 정답은 (C)이다.

   어휘 be unable to ~할 수 없다

   패러프레이징 don't see them(= staff handbooks) anywhere ▶ cannot find some employee handbooks

2. What did the **man do this morning**?

   (A) He signed up for a class.
   (B) He ordered some office supplies.
   (C) He visited a client.
   (D) He organized a storage area.

   남자는 오늘 아침에 무엇을 했는가?
   (A) 그는 수강 신청을 했다.
   (B) 그는 일부 사무용품을 주문했다.
   (C) 그는 고객을 방문했다.
   (D) 그는 수납공간을 정리했다.

   해설 남자가 오늘 아침 한 일을 묻는 문제로, 질문의 키워드인 this morning이 언급되는 부분에 주목한다. 남자가 오늘 아침에 안내서들을 재활용 쓰레기로 버렸다면서(I recycled all of those this morning), 공간을 더 만들기 위해서 수납장을 다시 정리했다고(I rearranged the storage closet to make more space) 했으므로 정답은 (D)이다.

   어휘 office supplies 사무용품   organize 정리하다

> **패러프레이징** rearranged the storage closet ▶ organized a storage area

3. What does the man say he will do?

(A) Update a calendar
(B) Send an invoice
(C) Contact a print shop
(D) Save a receipt

남자는 무엇을 할 것이라고 말하는가?

(A) 일정표 업데이트하기
(B) 청구서 보내기
(C) 인쇄소에 연락하기
(D) 영수증 보관하기

> **해설** 남자가 할 일을 묻는 문제로, 대화 후반부에 주목한다. 남자가 지금 인쇄소에 전화해서 대체품을 주문하겠다고(I'll call the print shop now and order replacements) 했으므로 정답은 (C)이다.

> **어휘** invoice 청구서, 송장 save 남겨 두다, 보관하다 receipt 영수증

> **패러프레이징** call ▶ contact

[4-6] Questions 4-6 refer to the following conversation with three speakers.

[미] [미] [호]

> M1 It's great to see you, Boram. ⁴I didn't know you planned to attend this technology conference.
> W Hi, Malcolm. I learned a lot last year, so I wanted to come again. ⁵This is my work colleague, Lawrence. He just published a book on artificial intelligence. He'll be discussing it at one of the workshops.
> M1 Interesting! Congratulations, Lawrence.
> M2 Thank you. Oh, I think the first session is starting soon. ⁶I'd like to get some coffee and donuts before it starts.
> M1 ⁶Me, too. Let's all go. They are available for free in the lobby.

4-6번은 다음 세 명의 대화에 관한 문제입니다.

남1 만나게 되어서 정말 기뻐요, 보람 씨. ⁴당신이 이번 기술 학회에 참석할 계획이었는지 몰랐어요.
여 안녕하세요, 맬컴 씨. 작년에 많은 것을 배워서 다시 오고 싶었어요. ⁵이쪽은 제 직장 동료인 로렌스 씨예요. 그는 인공 지능에 관한 책을 막 출간했어요. 워크숍 중 하나에서 그것에 관해 논할 거예요.
남1 흥미롭네요! 축하해요, 로렌스 씨.
남2 고마워요. 아, 첫 번째 시간이 곧 시작하는 것 같아요. ⁶시작하기 전에 커피와 도넛을 좀 먹고 싶어요.
남1 ⁶저도요. 다 같이 갑시다. 로비에서 그것들을 무료로 이용할 수 있어요.

> **어휘** attend 참석하다, 출석하다 technology (과학) 기술 work colleague 직장 동료 publish 출간하다 artificial intelligence 인공 지능 discuss 논하다 available 이용할 수 있는 for free 무료로

---

4. Where is the conversation taking place?

(A) At a cooking demonstration
(B) At a company retreat
(C) At a technology conference
(D) At a writing workshop

대화는 어디에서 일어나고 있는가?

(A) 요리 시연에서
(B) 회사 야유회에서
(C) 기술 학회에서
(D) 글쓰기 워크숍에서

> **해설** 대화 장소를 묻는 문제로, 대화 초반부에 주목한다. 남자1이 여자에게 이번 기술 학회에 참석할 계획이었는지 몰랐다고(I didn't know you planned to attend this technology conference) 한 뒤 학회에 관한 대화를 이어가는 것으로 보아 정답은 (C)이다.

> **어휘** company retreat 회사 야유회

---

5. What does the woman say about Lawrence?

(A) He recently published a book.
(B) He will transfer overseas.
(C) He was the planner of the event.
(D) He has been nominated for an award.

여자는 로렌스에 대해 무엇이라고 말하는가?

(A) 그는 최근에 책을 출간했다.
(B) 그는 해외로 전근 갈 것이다.
(C) 그는 행사의 기획자였다.
(D) 그는 수상 후보로 지명되었다.

102

해설 여자가 로렌스에 대해 하는 말을 묻는 문제로, 질문의 키워드인 Lawrence가 언급되는 부분에 주목한다. 여자가 직장 동료 로렌스를 소개하면서, 그가 인공 지능에 관한 책을 막 출간했다고(He just published a book on artificial intelligence) 덧붙였으므로 정답은 (A)이다.

어휘 transfer 전근 가다, 이동하다   overseas 해외로   be nominated for ~의 후보로 지명되다

패러프레이징 just ▶ recently

6. What will the speakers do next?

(A) Review a schedule
(B) Get some refreshments
(C) Look for some seats
(D) Prepare some equipment

화자들은 다음에 무엇을 할 것인가?

(A) 일정 검토하기
(B) 다과 먹기
(C) 좌석 찾기
(D) 장비 준비하기

해설 화자들이 다음에 할 일을 묻는 문제로, 대화 후반부에 주목한다. 시작하기 전에 커피와 도넛을 좀 먹고 싶다는(I'd like to get some coffee and donuts before it starts) 남자2의 말에, 남자1이 동의하며 다 같이 가자고(Let's all go) 했으므로 정답은 (B)이다.

패러프레이징 coffee and donuts ▶ refreshments

[7-9] Questions 7-9 refer to the following conversation.

(미)
(영)

M   Good morning. ⁷ Are you dropping off a vehicle for repairs?
W   Actually, I'm picking one up. My name is Vivian Anderson.
M   Oh, the red sports car.
W   That's right. ⁷ You replaced the brake pads, didn't you?
M   Yes. And the new ones come with a warranty. ⁸ I've already filled out the forms for that.
W   Thanks. ⁹ And I'd like to buy a phone holder for my car. Do you sell those here?
M   Yes, we've got some in the display case. ⁹ Let me show you.

7-9번은 다음 대화에 관한 문제입니다.

남   안녕하세요. ⁷ 수리를 위해 차를 맡기실 건가요?
여   실은, 차를 찾아가려고요. 제 이름은 비비언 앤더슨입니다.
남   아, 빨간색 스포츠카요.
여   맞아요. ⁷ 브레이크 패드를 교체하셨죠, 그렇지 않나요?
남   네. 그리고 새것에는 품질 보증서가 딸려 있어요. ⁸ 제가 이미 그것을 위한 양식을 기입했습니다.
여   고맙습니다. ⁹ 그리고 제 차를 위한 휴대폰 거치대를 구매하고 싶어요. 여기서 그것을 판매하시나요?
남   네, 진열장에 몇 개 있어요. ⁹ 제가 보여드릴게요.

어휘 drop off 내려 주다, 갖다 주다   vehicle 차량   pick up 찾아오다   warranty 품질 보증서
fill out (서식을) 기입하다, 작성하다   display case 진열장

7. Who most likely is the man?

(A) A librarian
(B) A doctor
(C) An accountant
(D) A mechanic

남자는 누구일 것 같은가?

(A) 도서관 사서
(B) 의사
(C) 회계사
(D) 정비사

해설 남자의 직업을 묻는 문제이다. 남자가 여자에게 수리를 위해 차를 맡길 건지(Are you dropping off a vehicle for repairs?) 묻거나, 여자가 남자에게 브레이크 패드를 교체했는지(You replaced the brake pads) 확인하는 것으로 보아 남자가 차량을 정비하는 사람임을 알 수 있으므로 정답은 (D)이다.

103

8. What has the man done for the woman?

(A) He scheduled a meeting.
(B) He printed a price list.
(C) He completed some paperwork.
(D) He gave a demonstration.

남자는 여자를 위해 무엇을 했는가?

(A) 그는 회의 일정을 잡았다.
(B) 그는 가격표를 인쇄했다.
(C) 그는 일부 서류 작업을 끝냈다.
(D) 그는 시연을 했다.

> 해설   남자가 여자를 위해 한 일을 묻는 문제이다. 남자가 자신이 이미 품질 보증서를 위한 양식을 기입했다고(I've already filled out the forms for that) 했으므로 정답은 (C)이다.

> 패러프레이징   filled out the forms for that ▶ completed some paperwork

9. What will the woman probably do next?

(A) Set up a display
(B) Look at some merchandise
(C) Speak to a supervisor
(D) Read a report

여자는 아마도 다음에 무엇을 하겠는가?

(A) 진열품 설치하기
(B) 일부 상품 보기
(C) 관리자에게 이야기하기
(D) 보고서 읽기

> 해설   여자가 다음에 할 일을 묻는 문제로, 대화 후반부에 주목한다. 휴대폰 거치대를 구매하고 싶다는(I'd like to buy a phone holder for my car) 여자의 말에 남자가 보여주겠다고(Let me show you) 했다. 따라서 여자는 휴대폰 거치대 제품을 보게 될 것임을 알 수 있으므로 정답은 (B)이다.

> 패러프레이징   phone holder ▶ some merchandise

[10-12] Questions 10-12 refer to the following conversation.

M Erica, ¹⁰ I visited the site of the new bank we're constructing downtown. Your team is doing a wonderful job.
W Thanks! We're ahead of schedule, and we expect all building work to be completed by next week.
M This has been a big project. We should do something to celebrate.
W ¹¹ Actually, I made a lunch reservation at Romo Steakhouse for June 10.
M ¹¹ But there's a training session that day. Most employees are required to go.
W I had forgotten about that. ¹² I guess I'll call the restaurant to reschedule.

10-12번은 다음 대화에 관한 문제입니다.

남 에리카, ¹⁰ 우리가 시내에 건설하고 있는 새 은행의 현장에 제가 방문했어요. 당신의 팀이 일을 아주 잘하고 있더군요.
여 고마워요! 저희가 일정보다 앞서 나가고 있어서, 모든 건설 작업이 다음 주까지 완료될 것으로 예상해요.
남 이것은 대형 프로젝트였어요. 우리는 축하하기 위해서 무언가를 해야 해요.
여 ¹¹ 실은, 제가 로모 스테이크하우스에 6월 10일로 점심 식사 예약을 했어요.
남 ¹¹ 하지만 그날은 교육이 있어요. 대부분의 직원들이 가야 해요.
여 제가 그걸 잊고 있었네요. ¹² 식당에 전화해서 일정을 변경해야겠어요.

> 어휘   site 현장, 장소   construct 건설하다   downtown 시내에   ahead of schedule 일정보다 앞선   celebrate 축하하다   make a reservation 예약하다   be required to ~하도록 요구되다   reschedule 일정을 변경하다

10. Where do the speakers probably work?

(A) At a construction firm
(B) At a post office
(C) At a marketing agency
(D) At a law office

화자들은 아마도 어디에서 일하겠는가?

(A) 건설 회사에서
(B) 우체국에서
(C) 마케팅 대행사에서
(D) 법률 사무소에서

> 해설   화자들이 일하는 곳을 묻는 문제이다. 남자가 그들이 시내에 건설하고 있는 새 은행의 현장에 방문했다고(I visited the site of the new bank we're constructing downtown) 했으므로 정답은 (A)이다.

> 어휘   construction 건설, 공사   agency 대행사

11. What does the man suggest when he says, "Most employees are required to go"?

(A) He has concerns about a budget.
(B) He is surprised about a policy.
(C) He thinks a plan should be changed.
(D) He wants to use a different venue.

남자가 "대부분의 직원들이 가야 해요"라고 말할 때 암시하는 것은 무엇인가?

(A) 그는 예산이 걱정된다.
(B) 그는 정책에 대해 놀랐다.
(C) 그는 계획이 변경되어야 한다고 생각한다.
(D) 그는 다른 장소를 이용하고 싶다.

해설 남자가 한 말의 의도를 묻는 문제로, 제시된 문장의 앞뒤 문맥에 주목한다. 6월 10일에 점심 식사 예약을 했다는(I made a lunch reservation ~ for June 10) 여자의 말에, 남자가 그날은 교육이 있다며(there's a training session that day) 제시된 문장을 덧붙인 것은 점심 식사를 다른 날로 변경해야 한다는 의미이므로 정답은 (C)이다.

12. What does the woman plan to do?

(A) Check a price
(B) Schedule a repair
(C) Review some applications
(D) Contact a business

여자는 무엇을 할 계획인가?

(A) 가격 확인하기
(B) 수리 일정 잡기
(C) 일부 신청서 검토하기
(D) 업체에 연락하기

해설 여자가 할 일을 묻는 문제로, 대화 후반부에 주목한다. 여자가 식당에 전화해서 일정을 변경해야겠다고(I guess I'll call the restaurant to reschedule) 했으므로 정답은 (D)이다.

어휘 application 신청(서)

패러프레이징 call the restaurant ▶ contact a business

[13-15] Questions 13-15 refer to the following conversation and price list.

13-15번은 다음 대화와 요금표에 관한 문제입니다.

W Welcome to Strickland Alterations. How may I help you?
M Hello. I'd like help with the trousers of this suit. ¹³ The zipper is broken, so I need it to be fixed.
W I can take care of that.
M Great! How soon would it be ready? ¹⁴ I'd like to wear the suit to an awards dinner on Saturday. Could I pick it up the day after tomorrow?
W Actually, I can have it ready in about 20 minutes.
M That's perfect. Thank you so much. I'll be back shortly. ¹⁵ I'm just going to grab a cup of coffee at the shop on the corner.

여 어서 오세요, 스트릭랜드 수선소입니다. 어떻게 도와드릴까요?
남 안녕하세요. 이 정장 바지에 도움이 필요해요. ¹³ 지퍼가 고장 나서 고쳐야 합니다.
여 제가 그것을 처리해 드릴 수 있어요.
남 잘됐네요! 얼마나 빨리 준비될까요? ¹⁴ 토요일에 있을 시상식 만찬에 이 정장을 입고 가고 싶어요. 내일 모레 찾으러 와도 될까요?
여 실은, 약 20분 후면 준비해 드릴 수 있습니다.
남 완벽하네요. 정말 감사합니다. 저는 곧 다시 올게요. ¹⁵ 모퉁이에 있는 가게에서 커피나 한잔하려고요.

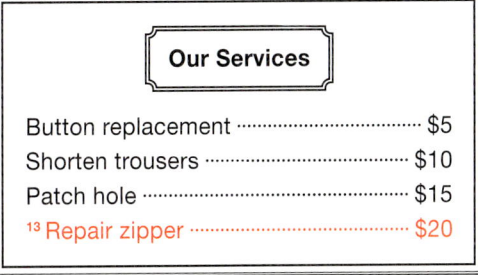

Our Services

Button replacement	$5
Shorten trousers	$10
Patch hole	$15
¹³ Repair zipper	$20

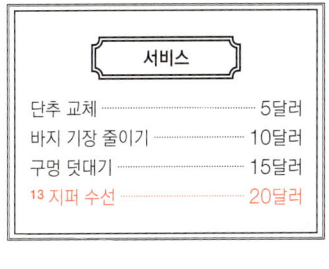

서비스

단추 교체	5달러
바지 기장 줄이기	10달러
구멍 덧대기	15달러
¹³ 지퍼 수선	20달러

어휘 alteration 개조, 수정　trousers 바지　suit 정장　shortly 곧　grab 먹다, 이용하다　replacement 교체　shorten 짧게 하다, 줄이다　patch (헝겊 등으로) 덧대다

13. Look at the graphic. How much will the man pay for a service?

(A) $5
(B) $10
(C) $15
(D) $20

시각 자료를 보시오. 남자는 서비스에 얼마를 지불할 것인가?

(A) 5달러
(B) 10달러
(C) 15달러
(D) 20달러

해설 남자가 지불할 금액을 묻는 문제로, 제시된 시각 자료와 함께 남자가 원하는 서비스가 언급되는 부분에 주목한다. 남자가 지퍼가 고장 나서 고쳐야 한다고(The zipper is broken, so I need it to be fixed) 했고, 요금표에서 지퍼 수선 비용은 20달러이므로 정답은 (D)이다.

14. What event will the man attend on Saturday?

(A) A career fair
(B) An awards dinner
(C) A sales meeting
(D) An anniversary party

남자는 토요일에 무슨 행사에 참석할 것인가?

(A) 취업 박람회
(B) 시상식 만찬
(C) 영업 회의
(D) 기념일 파티

해설 토요일에 남자가 참석할 행사를 묻는 문제로, 질문의 키워드인 Saturday가 언급되는 부분에 주목한다. 남자가 토요일에 있을 시상식 만찬에 이 정장을 입고 가고 싶다고(I'd like to wear the suit to an awards dinner on Saturday) 했으므로 정답은 (B)이다.

15. What will the man most likely do next?

(A) Purchase a beverage
(B) Provide an address
(C) Copy some documents
(D) Contact his employer

남자는 다음에 무엇을 할 것 같은가?

(A) 음료 구매하기
(B) 주소 제공하기
(C) 일부 문서 복사하기
(D) 그의 고용주에게 연락하기

해설 남자가 다음에 할 일을 묻는 문제로, 대화 후반부에 주목한다. 남자가 모퉁이에 있는 가게에서 커피를 한잔할 거라고(I'm just going to grab a cup of coffee) 했으므로 정답은 (A)이다.

패러프레이징 grab a cup of coffee ▶ purchase a beverage

UNIT 14 화자의 의도를 묻는 문제

● 연습 문제   본문 p.200

1. (B)   2. (A)   3. (A)   4. (B)   5. (D)   6. (C)   7. (B)   8. (D)

1. Question 1 refers to the following conversation.

영
미

W I heard that your first business trip went well, Carl. The representatives from Jackson Enterprises were really impressed with your presentation! By the way, don't forget to add your overtime hours in the timesheet system.
M Okay, but I've never accessed the system before.
W I can show you how to log on. It's easy.

1번은 다음 대화에 관한 문제입니다.

여 당신의 첫 출장이 잘 되었다고 들었어요, 칼. 잭슨 사의 대표단이 당신의 발표에 정말 깊은 인상을 받았어요! 그건 그렇고, 근무 시간 기록 시스템에 당신의 시간외 근무를 추가하는 것을 잊지 마세요.
남 알겠어요, 하지만 전 그 시스템에 접속해 본 적이 없어요.
여 제가 어떻게 로그인하는지 보여줄게요. 쉬워요.

어휘 representative 대표(자)   enterprise 기업(체), 회사   impressed 깊은 인상을 받은   add 추가하다
overtime hours 시간외 근무 (수당)   timesheet 근무 시간 기록표   access (컴퓨터에) 접속하다, 접근하다

Why does the **man say**, "**I've never accessed the system before**"?

(A) To show disagreement
(B) To request some help

남자는 왜 "전 그 시스템에 접속해 본 적이 없어요"라고 말하는가?

(A) 의견 차이를 나타내기 위해
(B) 도움을 좀 요청하기 위해

해설 남자가 한 말의 의도를 묻는 문제로, 제시된 문장의 앞뒤 문맥에 주목한다. 근무 시간 기록 시스템에 시간외 근무를 추가하는 것을 잊지 말라는(don't forget to add your overtime hours in the timesheet system) 말과 어떻게 로그인하는지 보여주겠다는(I can show you how to log on) 말 사이에 제시된 문장이 온 것으로 보아, 시스템 접속 방법을 잘 모르니 도와달라는 의도로 한 말임을 알 수 있으므로 정답은 (B)이다.

어휘 disagreement 의견 차이, 불일치

2. Question 2 refers to the following conversation.

W Since there aren't any customers at the moment, I was wondering if I could leave a bit early. I've collected everything that needs to be washed by the dishwasher.
M The counter has a stack of trays.
W Oh, I didn't see those. I'll take them to the kitchen now.

2번은 다음 대화에 관한 문제입니다.

여 지금 손님이 전혀 없으니 제가 조금 일찍 퇴근해도 될까 해서요. 식기세척기로 세척해야 하는 것들을 모두 모아 놓았습니다.
남 카운터에 쟁반 한 무더기가 쌓여 있어요.
여 아, 그것들을 보지 못했어요. 지금 주방에 가져다 놓겠습니다.

어휘 at the moment 지금, 마침   collect 모으다, 수집하다   a stack of 한 무더기의   tray 쟁반

What does the **man suggest** when he says, "**The counter has a stack of trays**"?

(A) There is more work to be done.
(B) Some new supplies have arrived.

남자가 "카운터에 쟁반 한 무더기가 쌓여 있어요"라고 말할 때 암시하는 것은 무엇인가?

(A) 할 일이 더 있다.
(B) 새로운 비품이 도착했다.

해설 남자가 한 말의 의도를 묻는 문제로, 제시된 문장의 앞뒤 문맥에 주목한다. 조금 일찍 퇴근해도 되냐며 세척해야 할 것들을 모두 모아 놓았냐는(I've collected everything that needs to be washed) 여자의 말에 남자가 카운터에 쟁반이 쌓여 있다는 말로 답한 것은 여자가 할 일이 아직 더 있다는 의미이므로 정답은 (A)이다.

3. Question 3 refers to the following conversation.

W Hi, George. I know you're working on the brochure for our new printing machine. It was supposed to be ready this morning.
M The photos need to be enlarged. After I saw the first draft, I realized that I needed to make some adjustments. But that won't take very long.

3번은 다음 대화에 관한 문제입니다.

여 안녕하세요, 조지. 당신이 우리의 새로운 인쇄기의 안내 책자 작업을 하고 있다고 알고 있어요. 오늘 아침에 준비될 예정이었죠.
남 사진들이 확대되어야 해요. 초안을 보고 난 뒤에 조정을 좀 해야 한다는 것을 깨달았어요. 하지만 그리 오래 걸리지는 않을 거예요.

어휘 brochure (안내·광고용) 책자   enlarge 확대하다   draft 초안, 원고   make an adjustment 조정하다

Why does the **man say, "The photos need to be enlarged"**?

(A) To explain a delay
(B) To show agreement
(C) To criticize a colleague
(D) To give a reminder

남자는 왜 "사진들이 확대되어야 해요"라고 말하는가?

(A) 지연을 해명하기 위해
(B) 동의를 나타내기 위해
(C) 동료를 비판하기 위해
(D) 상기시켜 주기 위해

해설 남자가 한 말의 의도를 묻는 문제로, 제시된 문장의 앞뒤 문맥에 주목한다. 남자가 작업 중인 안내 책자가 오늘 아침에 준비될 예정이었다는(It was supposed to be ready this morning) 여자의 말에 남자가 제시된 문장으로 답한 것은 사진 확대 작업을 해야 해서 시간이 더 필요하다는 것을 설명하기 위함이므로 정답은 (A)이다.

어휘 criticize 비판하다   give a reminder 상기시키다

---

4. Question 4 refers to the following conversation.

(미)(영)

M Hi, Helen. I need someone to help organize the shelves in the warehouse. Is Douglas around? He's the one who's most familiar with the system there.
W Douglas is giving a building tour.
M Oh, I had forgotten that was today. I'll ask someone else so that the work doesn't get delayed.

남 안녕하세요, 헬렌. 창고의 선반을 정리하는 일을 도와줄 사람이 필요해요. 더글라스가 근처에 있나요? 그가 그곳 시스템을 가장 잘 아는 사람이에요.
여 더글라스는 건물 견학을 진행하고 있어요.
남 아, 그게 오늘인 걸 잊어버렸네요. 그 일이 지연되지 않도록 다른 사람에게 부탁할게요.

어휘 organize 정리하다   warehouse 창고   be familiar with ~을 아주 잘 알다   give a tour 견학을 시켜주다

What does the **woman imply** when she says, **"Douglas is giving a building tour"**?

(A) Douglas will miss a meeting.
(B) Douglas cannot accept a task.
(C) She wants to visit a site.
(D) She is pleased with a decision.

여자가 "더글라스는 건물 견학을 진행하고 있어요"라고 말할 때 암시하는 것은 무엇인가?

(A) 더글라스는 회의에 빠질 것이다.
(B) 더글라스는 업무를 수락할 수 없다.
(C) 그녀는 현장에 방문하기를 원한다.
(D) 그녀는 결정에 만족한다.

해설 여자가 한 말의 의도를 묻는 문제로, 제시된 문장의 앞뒤 문맥에 주목한다. 남자가 선반 정리를 도와줄 사람이 필요하다며(I need someone to help organize the shelves) 그곳 시스템을 가장 잘 아는(most familiar with the system there) 더글라스를 찾자, 여자가 제시된 문장으로 답했다. 이는 더글라스가 남자의 선반 정리를 도와줄 수 없는 상황임을 설명하기 위함이므로 정답은 (B)이다.

어휘 be pleased with ~에 대해 만족하다   decision 결정

[5-6] Questions 5-6 refer to the following conversation.

W Trevor, ⁵I have a question about our pharmacy's cleaning supplies. ⁵They're... Oh, it looks like you're in the middle of something.
M I've just finished my report.
W Oh, great. Well, we're out of the spray we use to wipe down the counters.
M I can pick some up today, but it seems we always run out before our monthly order arrives. ⁶We should request a few more bottles in our monthly cleaning supply order.

여 트레버, 우리 약국의 청소 용품에 관해서 ⁵질문이 있어요. 그것들이... 아, 당신은 지금 한창 무언가를 하는 중인 것 같군요.
남 이제 막 보고서를 끝냈어요.
여 아, 잘됐네요. 음, 우리가 카운터를 닦기 위해 사용하는 스프레이가 다 떨어졌어요.
남 제가 오늘 좀 사올게요, 그런데 우리는 항상 월간 주문품이 도착하기 전에 다 써버리는 것 같아요. ⁶월간 청소 용품 주문에 스프레이를 몇 병 더 요청해야겠어요.

어휘 pharmacy 약국 cleaning supplies 청소 용품 be in the middle of 한창 ~하는 중이다 be out of ~을 다 써서 없다 wipe down ~을 닦다 run out (of) (~을) 다 써버리다, 동나다

5. What does the man mean when he says, "I've just finished my report"?

(A) He will attend a meeting.
(B) He can meet a deadline.
(C) He will go home early.
(D) He can help the woman.

남자가 "이제 막 보고서를 끝냈어요"라고 말할 때 의미하는 것은 무엇인가?

(A) 그는 회의에 참석할 것이다.
(B) 그는 마감일을 맞출 수 있다.
(C) 그는 집에 일찍 갈 것이다.
(D) 그는 여자를 도울 수 있다.

해설 남자가 한 말의 의도를 묻는 문제로, 제시된 문장의 앞뒤 문맥에 주목한다. 여자가 남자에게 질문이 있다고(I have a question) 했다가 남자가 무언가를 하는 중인 것 같다며(it looks like you're in the middle of something) 머뭇거리자 남자가 제시된 문장으로 답한 것은 하던 일을 다 끝내서 여자를 도울 수 있다는 의미이므로 정답은 (D)이다.

6. What does the man think they should do?

(A) Change the supplier
(B) Purchase new counters
(C) Adjust an order
(D) Stay open later

남자는 그들이 무엇을 해야 한다고 생각하는가?

(A) 공급 업체 바꾸기
(B) 새 카운터 구매하기
(C) 주문 조정하기
(D) 더 늦게까지 영업하기

해설 남자가 해야 한다고 생각하는 일을 묻는 문제이다. 남자가 월간 청소 용품 주문에 스프레이를 몇 병 더 요청해야겠다고(We should request a few more bottles in our monthly cleaning supply order) 했으므로 정답은 (C)이다.

어휘 adjust 조정하다 open 문을 연, 영업을 하는

패러프레이징 request a few more bottles in our monthly cleaning supply order ▶ adjust an order

[7-8] Questions 7-8 refer to the following conversation.

W Glenn, I finished drafting the contract, but ⁷ I'm having trouble with the printer. I think there's something wrong with one of the settings.
M You know, I used to work for the IT team.
W I'd love it if you could take a quick look.
M No problem. ⁸ And I'm sorry that I had to get a deadline extension for the quarterly summary. I've been really busy.

7-8번은 다음 대화에 관한 문제입니다.

여 글렌, 제가 계약서 초안 작성을 끝냈는데, ⁷ 프린터에 문제가 있어요. 설정 중 하나에 뭔가 문제가 있는 것 같아요.
남 있잖아요, 제가 예전에 IT팀에서 일했었어요.
여 당신이 잠깐 봐주시면 정말 좋겠어요.
남 문제없어요. ⁸ 그리고 분기별 요약의 마감 기한을 연장하게 되어 죄송해요. 제가 정말 바빴거든요.

어휘 draft 초안을 쓰다 contract 계약(서) have trouble with ~에 문제가 있다 setting 설정, 배경 used to 한때는 ~였다 deadline extension 마감 기한 연장 quarterly 분기별의 summary 요약, 개요

7. Why does the man say, "I used to work for the IT team"?

(A) To make a correction
(B) To offer assistance
(C) To propose a change
(D) To give an excuse

남자가 "제가 예전에 IT팀에서 일했었어요"라고 말하는 이유는 무엇인가?

(A) 정정하기 위해
(B) 도움을 주기 위해
(C) 변경을 제안하기 위해
(D) 변명하기 위해

해설 남자가 한 말의 의도를 묻는 문제로, 제시된 문장의 앞뒤 문맥에 주목한다. 프린터에 문제가 있다는(I'm having trouble with the printer) 여자의 말에 남자가 제시된 문장과 같이 말한 것은 관련 분야에서 일한 경험이 있어서 여자의 문제를 해결하는 데 도움을 줄 수 있다는 의미이므로 정답은 (B)이다.

109

어휘 make a correction 정정하다, 고치다　propose 제안하다　excuse 변명, 핑계

8. Why does the man apologize?

(A) A meeting was canceled.
(B) He lost an important document.
(C) A purchase request was rejected.
(D) He needed more time for a task.

남자는 왜 사과하는가?

(A) 회의가 취소되었다.
(B) 그는 중요한 문서를 잃어버렸다.
(C) 구매 요청이 거절되었다.
(D) 그는 업무에 더 많은 시간이 필요했다.

해설 남자가 사과하는 이유를 묻는 문제이다. 남자가 분기별 요약의 마감 기한을 연장하게 되어 죄송하다면서(I'm sorry that I had to get a deadline extension for the quarterly summary) 정말 바빴다고 덧붙인 것으로 보아 정답은 (D)이다.

어휘 reject 거절하다　task 과업, 일

패러프레이징 had to get a deadline extension for the quarterly summary ▶ needed more time for a task

● 실전 문제

본문 p.202

| 1. (A) | 2. (C) | 3. (D) | 4. (B) | 5. (C) | 6. (B) | 7. (D) | 8. (A) | 9. (D) | 10. (C) |
| 11. (A) | 12. (C) | 13. (B) | 14. (B) | 15. (C) | | | | | |

[1-3] Questions 1-3 refer to the following conversation.

1-3번은 다음 대화에 관한 문제입니다.

호
미

M Hello. I'm supposed to give a presentation to Samuel Gomez and his team. ¹He said I should pick up a visitor's pass here when I arrive. My name is Daniel Lutz. That's L-U-T-Z.

W Hmm... I'm sorry, Mr. Lutz, but ²I don't see you on the list.

M Oh, really? We made the arrangements for the meeting yesterday.

W Well, I just arrived for my shift. ²There might be a more recent version of the list somewhere else. ³Let me just call my manager and find out. Please wait a moment.

남 안녕하세요. 저는 새뮤얼 고메즈와 그의 팀에게 프레젠테이션을 하기로 되어 있습니다. ¹도착하면 이곳에서 방문객 출입증을 찾아가야 한다고 그가 말해주었어요. 제 이름은 대니얼 루츠입니다. L-U-T-Z예요.

여 흠... 죄송합니다만, 루츠 씨, ²명단에서 당신이 보이지 않아요.

남 아, 정말요? 저희는 어제 회의 일정을 잡았어요.

여 음, 제가 이제 막 교대 근무를 하러 왔거든요. ²아마도 어딘가에 좀 더 최신 버전의 명단이 있을 거예요. ³관리자에게 전화해서 알아볼게요. 잠시만 기다려주세요.

어휘 visitor 방문객　pass 출입증　shift 교대 근무 (시간)　find out 알아내다

1. What does the man ask for?

(A) A visitor's pass
(B) A business card
(C) A projection screen
(D) A building map

남자는 무엇을 요청하는가?

(A) 방문객 출입증
(B) 명함
(C) 영사 스크린
(D) 건물 지도

해설 남자가 요청하는 것을 묻는 문제이다. 이곳에서 방문객 출입증을 찾아가야 한다고(I should pick up a visitor's pass here) 했다는 남자의 말로 보아 정답은 (A)이다.

2. Why does the woman say, "I just arrived for my shift"?

    (A) To give a compliment
    (B) To update a policy
    (C) To explain a problem
    (D) To postpone a meeting

    여자는 왜 "제가 이제 막 교대 근무를 하러 왔거든요"라고 말하는가?

    (A) 칭찬을 하기 위해
    (B) 정책을 업데이트하기 위해
    (C) 문제에 대해 해명하기 위해
    (D) 회의를 연기하기 위해

    해설 여자가 한 말의 의도를 묻는 문제로, 제시된 문장의 앞뒤 문맥에 주목한다. 여자가 명단에서 남자의 이름을 찾지 못하는(I don't see you on the list) 상황에서 제시된 문장을 말한 뒤, 어딘가에 좀 더 최신 버전의 명단이 있을 거라고(There might be a more recent version of the list ~) 했다. 이는 명단에 남자의 이름이 없는 이유에 대해 해명하기 위한 의도로 볼 수 있으므로 정답은 (C)이다.

    어휘 compliment 칭찬 explain 이유를 대다, 해명하다 postpone 연기하다

3. What will the woman most likely do next?

    (A) Put on an ID badge
    (B) Print a document
    (C) Restart a device
    (D) Contact a supervisor

    여자는 다음에 무엇을 할 것 같은가?

    (A) 신분증 달기
    (B) 문서 인쇄하기
    (C) 장치를 다시 시작하기
    (D) 관리자에게 연락하기

    해설 여자가 다음에 할 일을 묻는 문제로, 대화 후반부에 주목한다. 여자가 관리자에게 전화해서 알아보겠다고(Let me just call my manager and find out) 했으므로 정답은 (D)이다.

    패러프레이징 call my manager ▶ contact a supervisor

[4-6] Questions 4-6 refer to the following conversation.

4-6번은 다음 대화에 관한 문제입니다.

M Welcome to Veronica's. Here is our menu. Would you like to place a drink order?
W ⁴Actually, a colleague of mine is on his way, so I'd like to wait for him.
M No problem. ⁵And for lunch, I can highly recommend the chef's special, which is a baked salmon with lemon sauce.
W Unfortunately, I'm allergic to fish.
M Well, there are plenty of other options, and I'd be happy to answer any questions you may have.
W Oh, I do have one. ⁶Can I use this parking pass for the entire day?
M ⁶Let's see. Yes, it doesn't expire until 8 P.M.

남 베로니카에 오신 것을 환영합니다. 여기 저희의 메뉴입니다. 음료를 주문하시겠어요?
여 ⁴실은 제 동료 한 명이 지금 오는 중이어서 그를 기다리려고요.
남 문제없습니다. ⁵그리고 점심 식사로, 오늘의 특선 요리를 적극 추천드리는데요, 그것은 레몬 소스를 곁들인 구운 연어입니다.
여 유감스럽게도, 저는 생선에 알레르기가 있어요.
남 음, 다른 메뉴 선택권도 많이 있어요, 그리고 혹시 질문이 있으시면 기꺼이 답해드릴게요.
여 아, 하나 있어요. ⁶이 주차권을 종일 사용할 수 있나요?
남 ⁶한번 볼게요. 네, 오후 8시가 되어야 만료됩니다.

어휘 place an order 주문하다 on one's way 오는 중인 chef's special 오늘의 특선 요리 unfortunately 유감스럽게도, 불행하게도 be allergic to ~에 알레르기가 있다 plenty of 많은, 풍부한 parking pass 주차권 entire 전체의 expire 만료되다

4. Who does the woman want to wait for?

    (A) A friend
    (B) A colleague
    (C) A relative
    (D) A server

    여자는 누구를 기다리고 싶어 하는가?

    (A) 친구
    (B) 동료
    (C) 친척
    (D) 식당 종업원

111

해설 여자가 기다리는 사람을 묻는 문제로, 질문의 키워드인 wait이 언급되는 부분에 주목한다. 여자가 동료 한 명이 지금 오는 중이어서 그를 기다리려고 한다고(a colleague of mine is on his way, so I'd like to wait for him) 했으므로 정답은 (B)이다.

5. Why does the woman say, "I'm allergic to fish"?

   (A) To show agreement
   (B) To provide reassurance
   (C) To reject a suggestion
   (D) To express surprise

   여자는 왜 "저는 생선에 알레르기가 있어요"라고 말하는가?

   (A) 동의를 나타내기 위해
   (B) 안심시키기 위해
   (C) 제안을 거절하기 위해
   (D) 놀라움을 표현하기 위해

   해설 여자가 한 말의 의도를 묻는 문제로, 제시된 문장의 앞뒤 문맥에 주목한다. 남자가 연어 요리를 추천하자(I can highly recommend ~ a baked salmon with lemon sauce) 여자가 생선에 알레르기가 있다고 말한 것은 남자의 메뉴 제안을 거절하기 위한 의도로 볼 수 있으므로 정답은 (C)이다.

   어휘 agreement 동의, 승낙   reassurance 안심(시키기)

6. What does the woman show to the man?

   (A) A receipt
   (B) A parking pass
   (C) A credit card
   (D) A coupon

   여자는 남자에게 무엇을 보여주는가?

   (A) 영수증
   (B) 주차권
   (C) 신용 카드
   (D) 쿠폰

   해설 여자가 남자에게 보여주는 것을 묻는 문제이다. 여자가 이 주차권을 종일 사용할 수 있냐고(Can I use this parking pass for the entire day?) 묻자 남자가 한번 보자고(Let's see) 한 것으로 보아 여자가 남자에게 주차권을 보여주는 상황임을 알 수 있으므로 정답은 (B)이다.

[7-9] Questions 7-9 refer to the following conversation.

7-9번은 다음 대화에 관한 문제입니다.

W ⁷Matthew, have you finished designing the cover for the novel we're publishing for Terry Roberts?
M I'm still working on that, but here's what I've prepared for the back of the book.
W ⁸It's great that you've added some details about the author's background, but... um... that's a lot of information.
M ⁸I can cut some of it out.
W That would be better, I think. Would you be able to get the cover done this week? ⁹Terry will be here on Friday to attend the retirement party for Ms. Franklin. I'm sure he would love to see the design then.

여 ⁷매튜, 우리가 출판하는 테리 로버츠 소설의 표지 디자인을 끝냈나요?
남 아직 그 작업을 하고 있지만, 여기 제가 그 책의 뒷면으로 준비한 것이 있어요.
여 ⁸작가의 경력에 대한 세부 정보를 추가한 것은 아주 좋네요, 하지만... 음... 정보가 많아요.
남 ⁸그중 일부는 제가 잘라낼 수 있어요.
여 그렇게 하는 게 더 나을 것 같아요. 이번 주에 표지를 마칠 수 있을까요? ⁹테리가 프랭클린 씨의 은퇴 기념 파티에 참석하기 위해 금요일에 이곳에 올 거예요. 분명히 그때 그가 디자인을 정말 보고 싶어 할 거예요.

어휘 novel 소설   publish 출판하다   author 작가, 저자   background (사람의) 경력, 배경   cut out ~을 잘라내다   get ~ done ~을 마치다   attend 참석하다, 출석하다   retirement 은퇴, 퇴직

7. What kind of business do the speakers work for?

   (A) A computer repair shop
   (B) A radio station
   (C) A bookstore
   (D) A publishing company

   화자들은 어떤 종류의 업체에서 일하는가?

   (A) 컴퓨터 수리점
   (B) 라디오 방송국
   (C) 서점
   (D) 출판사

   해설 화자들이 일하는 곳을 묻는 문제로, 대화 초반부에 주목한다. 우리가 출판하는 소설의 표지 디자인을 끝냈냐는(have you finished designing the cover for the novel we're publishing) 여자의 말로 보아 화자들이 출판사에서 일하는 것을 알 수 있으므로 정답은 (D)이다.

8. What does the woman mean when she says, "that's a lot of information"?

   (A) She thinks a text should be shorter.
   (B) She appreciates the man's hard work.
   (C) A product needs instructions.
   (D) A photo should be included.

   여자가 "정보가 많아요"라고 말할 때 의미하는 것은 무엇인가?

   (A) 그녀는 글이 더 짧아야 한다고 생각한다.
   (B) 그녀는 남자의 노고에 고마워한다.
   (C) 제품에 설명서가 필요하다.
   (D) 사진이 포함되어야 한다.

   해설 여자가 한 말의 의도를 묻는 문제로, 제시된 문장의 앞뒤 문맥에 주목한다. 여자가 작가의 경력에 대한 세부 정보를 추가한(you've added some details about the author's background) 것에 대해 언급한 후 제시된 문장을 덧붙이자, 남자가 일부를 잘라낼 수 있다고(I can cut some of it out) 했다. 따라서 제시된 문장은 여자가 내용을 줄여야 한다는 의미로 한 말임을 알 수 있으므로 정답은 (A)이다.

   어휘 appreciate 고마워하다, 인정하다   hard work 고된 일, 노고   instructions 설명(서)

9. What will be celebrated on Friday?

   (A) A birthday
   (B) A promotion
   (C) An award winner
   (D) A coworker's retirement

   금요일에 무엇을 축하할 것인가?

   (A) 생일
   (B) 승진
   (C) 수상자
   (D) 동료의 은퇴

   해설 금요일에 축하할 일을 묻는 문제로, 질문의 키워드인 Friday가 언급되는 부분에 주목한다. 테리가 프랭클린 씨의 은퇴 기념 파티에 참석하기 위해 금요일에 올 거라는(Terry will be here on Friday to attend the retirement party for Ms. Franklin) 여자의 말로 보아 정답은 (D)이다.

   패러프레이징 retirement party for Ms. Franklin ▶ coworker's retirement

[10-12] Questions 10-12 refer to the following conversation.

M Hello. Are you checking in?
W I just did that at the self-check-in kiosk. However, ¹⁰/¹¹ I wanted to add my frequent flyer account, but I can't remember my account number.
M ¹¹ You can get the rewards added later. There's a section on our Web site.
W Oh, I thought that had to be done before the flight.
M Actually, you have up to 30 days.
W That's great. And could you please tell me how to get to Gate 21?
M ¹² You'll have to go through security first. Then turn right and you'll see the signs.
W Thank you.

10-12번은 다음 대화에 관한 문제입니다.

남 안녕하세요. 탑승 수속을 하시려고요?
여 그건 방금 셀프 체크인 기계에서 했어요. 그런데, ¹⁰/¹¹ 제 우수 고객 계정을 추가하고 싶었지만 계정 번호가 생각나지 않아요.
남 ¹¹ 보상 포인트를 나중에 적립하실 수 있어요. 저희 웹사이트에 섹션이 있어요.
여 아, 저는 그걸 비행 전에 해야 한다고 생각했어요.
남 사실, 30일까지 시간이 있어요.
여 잘됐네요. 그리고 21번 탑승구로 가는 법을 알려주시겠어요?
남 ¹² 일단 보안 검색대를 통과하셔야 할 거예요. 그런 다음 오른쪽으로 돌아서 가시면 안내판이 보일 거예요.
여 감사합니다.

어휘 check in 탑승 수속을 밟다, 체크인하다   kiosk 키오스크, 무인 단말기   frequent flyer (항공 회사의) 우수 고객   account 계정   reward 보상(금)   section 부문, 구획   flight 비행, 항공편   up to ~까지   go through ~을 통과하다   security 보안, 경비

10. What is the woman's problem?

(A) She has an expired ID.
(B) She has an overweight bag.
(C) She forgot an account number.
(D) She was late for her flight.

여자의 문제는 무엇인가?
(A) 그녀는 신분증이 만료되었다.
(B) 그녀는 중량을 초과하는 가방이 있다.
(C) 그녀는 계정 번호를 잊어버렸다.
(D) 그녀는 항공편에 늦었다.

> 해설 여자의 문제를 묻는 문제이다. 여자가 우수 고객 계정을 추가하고 싶었지만 계정 번호가 생각나지 않는다고(I can't remember my account number) 했으므로 정답은 (C)이다.

> 어휘 expired 만료된   overweight 중량 초과의, 과체중의

> 패러프레이징 can't remember my account number ▶ forgot an account number

11. Why does the man say, "There's a section on our Web site"?

(A) To recommend a solution
(B) To suggest leaving a comment
(C) To request a payment
(D) To make an apology

남자는 왜 "저희 웹사이트에 섹션이 있어요"라고 말하는가?
(A) 해결책을 권하기 위해
(B) 의견을 남기라고 제안하기 위해
(C) 지불을 요청하기 위해
(D) 사과하기 위해

> 해설 남자가 한 말의 의도를 묻는 문제로, 제시된 문장의 앞뒤 문맥에 주목한다. 계정 번호가 생각나지 않는다는 여자의 말에 남자가 보상 포인트를 나중에 적립할 수 있다고(You can get the rewards added later) 한 뒤 제시된 문장을 덧붙인 것은 여자의 문제를 웹사이트에서 해결할 수 있다고 알려주려는 의도이므로 정답은 (A)이다.

> 어휘 solution 해결책   make an apology 사과하다

12. What will the woman probably do next?

(A) Pay a fee
(B) Board a plane
(C) Go through security
(D) Select a flight

여자는 아마도 다음에 무엇을 할 것 같은가?
(A) 요금 지불하기
(B) 비행기에 탑승하기
(C) 보안 검색대 통과하기
(D) 비행편 선택하기

> 해설 여자가 다음에 할 일을 묻는 문제로, 대화 후반부에 주목한다. 여자가 21번 탑승구로 가는 법을 묻자, 남자가 일단 보안 검색대를 통과해야 할 거라고(You'll have to go through security first) 했으므로 정답은 (C)이다.

> 어휘 board 탑승하다, 승차하다

[13-15] Questions 13-15 refer to the following conversation.

13-15번은 다음 대화에 관한 문제입니다.

M ¹³ Good morning, and thanks for calling Rainbow Art Supplies. How may I help you?
W Hi. ¹³/¹⁴ I'm calling to find out about some canvases for the Meadow Studio. I ordered them online last week.
M Let's see. Yes, there was an order for your business. But I see that it hasn't left our warehouse yet.
W Is that normal?
M No, there must be some kind of error. I'll make sure they are mailed out today. And, by way of apology, ¹⁵ I'll send you an e-mail with a code for 20 percent off your next purchase.

남 ¹³ 안녕하세요, 레인보우 미술 용품에 전화 주셔서 감사합니다. 어떻게 도와드릴까요?
여 안녕하세요. ¹³/¹⁴ 메도우 스튜디오를 위한 캔버스 천에 관해서 알아보려고 전화드렸어요. 제가 지난주에 온라인으로 그것들을 주문했어요.
남 한번 볼게요. 네, 고객님의 회사에서 주문이 있었네요. 하지만 아직 저희 창고에서 출발하지 않은 것으로 보여요.
여 보통 그런가요?
남 아니요, 무슨 실수가 있는 게 틀림없어요. 제가 반드시 그것들이 오늘 발송되도록 하겠습니다. 그리고, 사과의 의미로, ¹⁵ 다음번 구매 시 20퍼센트 할인받을 수 있는 코드를 이메일로 보내드리겠습니다.

114

어휘 art supplies 미술 용품 canvas 캔버스 천 warehouse 창고 normal 보통의, 정상적인 make sure 반드시 ~하다 mail out 발송하다 apology 사과

13. What kind of business does the man work for?

(A) A photography studio
(B) An art supply store
(C) An architectural firm
(D) A car manufacturing facility

남자는 어떤 종류의 업체에서 일하는가?
(A) 사진 촬영 스튜디오
(B) 미술 용품점
(C) 건축 회사
(D) 자동차 생산 시설

해설 남자의 직장을 묻는 문제로, 대화 초반부에 주목한다. 남자가 레인보우 미술 용품(Rainbow Art Supplies)이라고 소속을 밝힌 것과, 여자가 캔버스 천(canvases)에 관해 알아보려고 전화했다는 것으로 보아 남자가 미술 용품점에서 근무함을 알 수 있으므로 정답은 (B)이다.

어휘 photography 사진 촬영(술) architectural 건축(학)의 manufacturing facility 생산 시설

14. What does the woman mean when she says, "I ordered them online last week"?

(A) She took advantage of a sale.
(B) She has not received some items yet.
(C) She cannot return merchandise to a store.
(D) She prepared for an event early.

여자가 "제가 지난주에 온라인으로 그것들을 주문했어요"라고 말할 때 의미하는 것은 무엇인가?
(A) 그녀는 세일을 이용했다.
(B) 그녀는 일부 품목을 아직 받지 못했다.
(C) 그녀는 상점에 상품을 돌려줄 수 없다.
(D) 그녀는 행사를 일찍 준비했다.

해설 여자가 한 말의 의도를 묻는 문제로, 제시된 문장의 앞뒤 문맥에 주목한다. 여자가 메도우 스튜디오를 위한 캔버스 천에 관해서 알아보려고 전화했다고(I'm calling to find out about some canvases for the Meadow Studio) 밝힌 뒤 지난주에 그것들을 주문했다고 덧붙인 것은 주문한 물품을 아직 받지 못했다고 알리기 위한 의도이므로 정답은 (B)이다.

어휘 take advantage of ~을 이용하다 return 돌려주다, 반납하다 merchandise 상품, 제품

패러프레이징 some canvases ▶ some items

15. According to the man, what information will be included in an e-mail?

(A) A product description
(B) An account number
(C) A discount code
(D) A delivery fee

남자의 말에 따르면, 어떤 정보가 이메일에 포함될 것인가?
(A) 상품 설명
(B) 계좌 번호
(C) 할인 코드
(D) 배송비

해설 남자가 보낼 이메일에 포함될 정보를 묻는 문제로, 질문의 키워드인 e-mail이 언급되는 부분에 주목한다. 남자가 다음번 구매 시 20퍼센트 할인받을 수 있는 코드를 이메일로 보내겠다고(I'll send you an e-mail with a code for 20 percent off your next purchase) 했으므로 정답은 (C)이다.

어휘 description 설명(서) discount 할인

패러프레이징 code for 20 percent off your next purchase ▶ discount code

UNIT 15 시각 자료 연계 문제

● 연습 문제   본문 p.210

1. (A)   2. (B)   3. (B)   4. (C)   5. (C)   6. (D)   7. (A)   8. (C)

1. Question 1 refers to the following conversation and floor guide.

1번은 다음 대화와 층별 안내에 관한 문제입니다.

M Hello, I'm Lance Williams. I'm supposed to meet Ms. Crawford, the head librarian, about shooting a documentary here.
W Yes, we've been expecting you. You're a bit early. Ms. Crawford is still in a meeting, but she'll be done in about 15 minutes.
M No problem. I'll just browse your fiction collection while I'm waiting.

| Floor 1: Fiction |
| Floor 2: Newspapers and magazines |

남 안녕하세요, 저는 랜스 윌리엄스입니다. 이곳에서 다큐멘터리를 촬영하는 것과 관련해 도서관장이신 크로포드 씨와 만나기로 되어 있습니다.
여 네, 기다리고 있었습니다. 조금 일찍 오셨네요. 크로포드 씨는 아직 회의 중이십니다만, 약 15분 뒤에 끝나실 거예요.
남 괜찮습니다. 기다리는 동안 저는 소설 소장 도서들을 좀 둘러보겠습니다.

| 1층: 소설 |
| 2층: 신문 및 잡지 |

어휘 head librarian 도서관장   shoot 촬영하다   documentary 다큐멘터리, 기록물   browse 둘러보다   collection 수집품, 소장품

Look at the graphic. Which floor will the man go?
(A) Floor 1
(B) Floor 2

시각 자료를 보시오. 남자는 몇 층에 갈 것인가?
(A) 1층
(B) 2층

해설 남자가 몇 층에 갈지를 묻는 문제로, 제시된 시각 자료와 함께 남자가 장소와 관련된 내용을 언급하는 부분에 주목한다. 남자가 기다리는 동안 소설 소장 도서들을 둘러보겠다고(I'll just browse your fiction collection while I'm waiting) 했고, 층별 안내에서 소설은 1층에 있으므로 정답은 (A)이다.

2. Question 2 refers to the following conversation and catalog.

2번은 다음 대화와 카탈로그에 관한 문제입니다.

W Good afternoon, Stewart Department Store.
M Hi. I bought some glassware last year, and I'd like to get some more in the same style. It was the Liona brand, and the pattern had horizontal stripes.
W Yes, we have plenty of that pattern in stock at the moment.

여 안녕하세요, 스튜어트 백화점입니다.
남 안녕하세요. 작년에 유리 제품을 몇 점 샀는데, 같은 스타일의 제품을 몇 점 더 구입하고 싶어요. 리오나 브랜드 제품이었고, 패턴에 가로 줄무늬가 있었어요.
여 네, 지금 해당 패턴 재고가 많이 있네요.

어휘 glassware 유리 제품   horizontal 가로의, 수평의   stripe 줄무늬   plenty of 많은   in stock 재고로   at the moment 지금

Look at the graphic. Which glassware pattern does the man want to buy?
(A) #276
(B) #385

시각 자료를 보시오. 남자는 어떤 유리 제품 패턴을 사고 싶어 하는가?
(A) 276번
(B) 385번

해설 남자가 사려고 하는 제품 패턴을 묻는 문제로, 제시된 시각 자료와 함께 질문의 키워드인 pattern이 언급되는 부분에 주목한다. 남자가 구입하고 싶은 제품 패턴에 가로 줄무늬가 있었다고(the pattern had horizontal stripes) 했고, 카탈로그에서 가로 줄무늬가 있는 패턴은 385번이므로 정답은 (B)이다.

3. Question 3 refers to the following conversation and program.

3번은 다음 대화와 연주곡목에 관한 문제입니다.

W This is going to be a great concert. Look at this program. I'm especially looking forward to hearing Jane Wiggins play.
M Yes, it's going to be amazing. But did you see the poster at the entrance? Alexi Avery cannot be here today, so that piece will be performed by someone else.

여 이건 멋진 콘서트가 될 거예요. 이 연주곡목을 보세요. 제인 위긴스가 연주하는 걸 듣는 게 특히 기대되네요.
남 네, 정말 굉장할 거예요. 그런데 입구에 있는 포스터 봤어요? 알렉시 에이버리가 오늘 여기에 올 수 없어서, 그 곡은 다른 사람이 연주할 거예요.

Classical Music Concert

"Ava's Melody"	Pamela Koval
"Great Heights"	Alexi Avery
-- 20-minute intermission --	
"Over the Pond"	Isaac Raposa
"A Duet for Summer"	Jane Wiggins

클래식 음악 콘서트

〈아바의 멜로디〉	패멀라 코발
〈그레이트 하이츠〉	알렉시 에이버리
-- 휴식시간 20분 --	
〈연못 너머로〉	아이작 라포사
〈여름을 위한 듀엣〉	제인 위긴스

어휘 program 연주곡목, 예정표   look forward to -ing ~하는 것을 기대하다, 고대하다   amazing 굉장한, 놀라운
entrance 입구   piece 한 편의 곡, 단편

Look at the graphic. Which musical performance will have a different musician?

(A) "Ava's Melody"
(B) "Great Heights"
(C) "Over the Pond"
(D) "A Duet for Summer"

시각 자료를 보시오. 어떤 음악 공연을 다른 연주자가 할 것인가?

(A) 〈아바의 멜로디〉
(B) 〈그레이트 하이츠〉
(C) 〈연못 너머로〉
(D) 〈여름을 위한 듀엣〉

해설 다른 연주자로 대체되는 음악 공연이 무엇인지 묻는 문제로, 제시된 시각 자료와 함께 대화에서 연주자의 이름이 언급되는 부분에 주목한다. 남자가 알렉시 에이버리가 오늘 여기에 올 수 없어서 그 곡은 다른 사람이 연주할 거라고(Alexi Avery cannot be here today, so that piece will be performed by someone else) 했고, 연주곡목에서 알렉시 에이버리가 맡은 공연은 〈그레이트 하이츠〉이므로 정답은 (B)이다.

패러프레이징 be performed by someone else ▶ have a different musician

4. Question 4 refers to the following conversation and list.　　4번은 다음 대화와 목록에 관한 문제입니다.

M   Elaine, the manager expects business to be quite slow today, so she's left some extra tasks for us to work on. Here's the list.

W   All right. Well, I could work on the first two tasks on this list.

M   That'll be plenty. I'll do the rest, starting with number three now.

Today's Tasks
1. Clear window display
2. Set up new display
3. Label new items
4. Polish display cases
5. Hang up sale signs

남   일레인, 매니저님이 오늘 업무가 상당히 더딜 것으로 예상해서, 우리가 처리해야 할 몇 가지 추가 작업을 남겼어요. 여기 목록이 있어요.

여   알겠어요. 음, 저는 이 목록에 있는 처음 두 가지 작업을 할 수 있어요.

남   그러면 충분해요. 저는 지금 3번부터 시작해서 나머지 일을 할게요.

오늘의 작업
1. 쇼윈도 진열 상품 치우기
2. 새 진열품 설치하기
3. 새 상품에 라벨 붙이기
4. 진열장 닦기
5. 판매 표지판 걸기

어휘 extra 추가의　set up 설치하다, 세우다　label 라벨을 붙이다　polish 닦다, 광내다　hang up 걸다, 매달다

Look at the graphic. What will the man do first?

(A) Clear window display
(B) Set up new display
(C) Label new items
(D) Hang up sale signs

시각 자료를 보시오. 남자는 무엇을 처음으로 할 것인가?

(A) 쇼윈도 진열 상품 치우기
(B) 새 진열품 설치하기
(C) 새 상품에 라벨 붙이기
(D) 판매 표지판 걸기

해설 남자가 처음으로 하게 될 일을 묻는 문제로, 시각 자료와 함께 남자가 어떤 일을 하겠다고 언급하는 대화 후반부에 집중한다. 남자가 지금 3번부터 시작해서 나머지 일을 하겠다고(I'll do the rest, starting with number three now) 했고, 목록에서 3번 작업은 새 상품에 라벨 붙이기이므로 정답은 (C)이다.

[5-6] Questions 5-6 refer to the following conversation and price list.

W Thanks for stopping by Dawson Property Management.
M Hi, I recently started working in this neighborhood, so I'd like to move to the Crystal Building. ⁵ I need a two-bedroom apartment as soon as possible. Do you have any available?
W Yes, we have one that is ready for move-in next week. ⁶ I have a brochure about it around here somewhere. Please wait a moment.
M Okay.

Crystal Building Rates

Size	Monthly Rent
Studio	$650
One-bedroom	$800
⁵ Two-bedroom	$1,000
Three-bedroom	$1,350

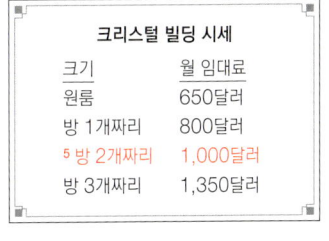

5-6번은 다음 대화와 요금표에 관한 문제입니다.

여 도슨 부동산 관리사에 들러주셔서 감사합니다.
남 안녕하세요, 제가 최근에 이 지역에서 근무를 시작해서, 크리스털 빌딩으로 이사하고 싶어요. ⁵ 가능한 한 빨리 방 2개짜리 아파트가 필요해요. 이용할 수 있는 매물이 있나요?
여 네, 다음 주에 입주할 수 있는 게 하나 있어요. ⁶ 여기 어딘가에 그에 관한 안내 책자가 있어요. 잠깐만 기다려주세요.
남 알겠습니다.

크리스털 빌딩 시세

크기	월 임대료
원룸	650달러
방 1개짜리	800달러
⁵ 방 2개짜리	1,000달러
방 3개짜리	1,350달러

어휘 property 부동산, 재산   neighborhood 지역, 인근   as soon as possible 가능한 한 빨리   available 이용할 수 있는
move-in 입주, 전입   brochure (안내) 책자   rate 요금, 시세   rent 임대료   studio 원룸 (아파트)

5. Look at the graphic. How much will the man most likely pay per month?

(A) $650
(B) $800
(C) $1,000
(D) $1,350

시각 자료를 보시오. 남자는 한 달에 얼마를 지불할 것 같은가?

(A) 650달러
(B) 800달러
(C) 1,000달러
(D) 1,350달러

해설 남자가 한 달에 지불할 비용을 묻는 문제로, 시각 자료와 함께 남자가 원하는 매물 형태를 언급하는 부분에 주목한다. 남자가 가능한 한 빨리 방 2개짜리 아파트가 필요하다고(I need a two-bedroom apartment as soon as possible) 했고, 요금표에서 방 2개짜리 아파트의 월 임대료는 1,000달러이므로 정답은 (C)이다.

6. What will the woman probably do next?

(A) Print an application form
(B) Process a credit card
(C) Give the man a tour
(D) Look for a brochure

여자는 아마도 다음에 무엇을 할 것 같은가?

(A) 신청서 인쇄하기
(B) 신용 카드 처리하기
(C) 남자에게 구경시켜 주기
(D) 안내 책자 찾기

해설 여자가 다음에 할 일을 묻는 문제로, 대화 후반부에 주목한다. 여자가 여기 어딘가에 안내 책자가 있다면서(I have a brochure about it around here somewhere) 잠시 기다려달라고(Please wait a moment) 한 것으로 보아 안내 책자를 찾아볼 것임을 유추할 수 있으므로 정답은 (D)이다.

어휘 application form 신청서   process 처리하다

[7-8] Questions 7-8 refer to the following conversation and coupon.

7-8번은 다음 대화와 쿠폰에 관한 문제입니다.

W Mr. Ramsey, here's the first draft of the advertisement we're running in the local newspaper next week. ⁷We hope it will make customers more interested in our body lotions.

M Hmm... I like the graphics, but ⁸I don't think the discount is large enough. We need to compete with the new cosmetics store that has been gaining market share.

W Alright. ⁸I can easily make an adjustment.

M Thank you.

ALHAMBRA
536 Hewes Street & 90 Reynolds Avenue
⁸**15% off all products**
Expires June 30

여 램지 씨, 여기 다음 주에 우리가 지역 신문에 실을 광고의 초안이에요. ⁷고객들이 우리 바디로션에 더 많은 관심을 갖게 만들어 주길 바라요.

남 흠... 도안은 좋은데, ⁸할인이 충분하지 않은 것 같아요. 우리 시장 점유율을 늘리고 있는 새로운 화장품 매장과 경쟁해야 해요.

여 알겠습니다. ⁸쉽게 수정할 수 있어요.

남 고마워요.

알람브라
휴즈 거리 536번지 & 레이놀즈 90번가
⁸전 제품 15퍼센트 할인
6월 30일 만료

어휘 draft 초안 advertisement 광고 run (광고를) 내다, (기사를) 신문에 싣다 compete with ~와 경쟁하다, 겨루다 cosmetics 화장품 gain 늘리다, 얻다 market share 시장 점유율 adjustment 수정, 조정

---

7. What products does the speakers' company most likely sell?

(A) Cosmetics
(B) Office supplies
(C) Footwear
(D) Electronics

화자들의 회사는 어떤 제품을 판매할 것 같은가?
(A) 화장품
(B) 사무용품
(C) 신발
(D) 전자제품

해설 화자들의 회사가 판매하는 제품을 묻는 문제이다. 여자가 고객들이 우리 바디로션에 더 많은 관심을 갖게 만들어 주길 바란다고(We hope it will make customers more interested in our body lotions) 한 것으로 보아 회사가 판매하는 제품은 바디로션, 즉 화장품류라는 것을 알 수 있으므로 정답은 (A)이다.

패러프레이징 body lotions ▶ cosmetics

---

8. Look at the graphic. Which number should be changed?

(A) 536
(B) 90
(C) 15
(D) 30

시각 자료를 보시오. 어떤 숫자가 변경되어야 하는가?
(A) 536
(B) 90
(C) 15
(D) 30

해설 제시된 시각 자료에서 변경되어야 하는 숫자를 묻는 문제로, 대화에서 광고 내용에 대해 언급하는 부분에 주목한다. 남자가 할인이 충분하지 않은 것 같다고(I don't think the discount is large enough) 하자 여자가 쉽게 수정할 수 있다고(I can easily make an adjustment) 한 것으로 보아, 광고의 할인율인 15%가 변경되어야 함을 알 수 있으므로 정답은 (C)이다.

● 실전 문제   본문 p.214

1. (B)   2. (D)   3. (C)   4. (B)   5. (D)   6. (D)   7. (A)   8. (C)   9. (C)   10. (B)
11. (A) 12. (C) 13. (D) 14. (A) 15. (B)

[1-3] Questions 1-3 refer to the following conversation and seating chart.

1-3번은 다음 대화와 좌석 배치도에 관한 문제입니다.

M Hi, Carrie. Are you busy this weekend? I have an extra ticket to the Annual Film Festival.
W ¹Wow, I'm impressed that you were able to get tickets. I heard that they sold out in just a few minutes.
M Yeah, I actually went to the box office in person really early. And ²I was lucky to get seats in the center, even though they're near the back.
W Well, I wish I could go, but ³I'm flying to New York on Saturday. I'm visiting some relatives there.
M No problem. I can ask someone else.

남 이봐요, 캐리. 이번 주말에 바빠요? 연례 영화 축제의 표가 한 장 더 있거든요.
여 ¹우와, 표를 구할 수 있었다니 대단하네요. 몇 분 만에 매진됐다고 들었어요.
남 네, 사실 정말 일찍 매표소에 직접 갔어요. 그리고 ²운이 좋게도 중앙 자리를 잡았어요, 비록 뒤쪽이긴 하지만요.
여 음, 가고 싶지만 ³저는 토요일에 비행기를 타고 뉴욕에 갈 거예요. 거기 있는 친척들을 방문할 거고요.
남 괜찮아요. 다른 사람한테 물어볼게요.

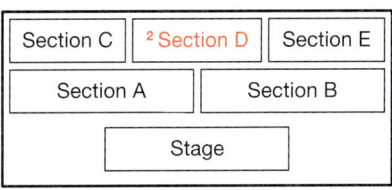

어휘 sell out 매진되다   box office 매표소   in person 직접   even though 비록 ~일지라도   relative 친척

1. Why is the woman impressed?
   (A) The man knows a famous director.
   (B) The man has tickets for an event.
   (C) A film was released earlier than expected.
   (D) A festival extended its schedule.

여자는 왜 감명받았는가?
(A) 남자가 유명한 감독을 알고 있다.
(B) 남자가 행사의 표를 가지고 있다.
(C) 영화가 예상보다 빨리 개봉했다.
(D) 축제가 일정을 늘렸다.

해설 여자가 감명받은 이유를 묻는 문제로, 질문의 키워드인 impressed가 나오는 부분에 주목한다. 여자가 남자에게 몇 분 만에 매진된 티켓을 구할 수 있었다니 대단하다고(I'm impressed that you were able to get tickets ~ sold out in just a few minutes) 했으므로 정답은 (B)이다.

어휘 director 감독, 책임자   release 개봉하다   extend 늘리다, 연장하다

패러프레이징 Annual Film Festival ▶ event

2. Look at the graphic. Where are the man's seats?
   (A) Section A
   (B) Section B
   (C) Section C
   (D) Section D

시각 자료를 보시오. 남자의 좌석은 어디인가?
(A) A 구역
(B) B 구역
(C) C 구역
(D) D 구역

해설 남자의 좌석을 묻는 문제로, 시각 자료와 함께 질문의 키워드인 seats가 언급되는 부분에 주목한다. 남자가 뒤쪽이지만 중앙에 자리를 잡았다고(I was lucky to get seats in the center ~ near the back) 했고, 좌석 배치도에서 뒤쪽 중앙은 D 구역이므로 정답은 (D)이다.

3. What does the woman plan to do on Saturday?

(A) Host a client
(B) Enter a contest
(C) Travel out of town
(D) Plan a party

여자는 토요일에 무엇을 할 계획인가?

(A) 고객 접대하기
(B) 대회 참가하기
(C) 시외로 여행 가기
(D) 파티 계획하기

해설 여자의 토요일 계획을 묻는 문제로, 질문의 키워드인 Saturday가 언급되는 부분에 주목한다. 여자는 토요일에 비행기를 타고 뉴욕에 갈 거라고(I'm flying to New York on Saturday) 했으므로 정답은 (C)이다.

어휘 host 접대하다; 주최자   client 고객, 의뢰인   out of town 시외로

패러프레이징 flying to New York ▶ travel out of town

[4-6] Questions 4-6 refer to the following conversation and table.

4-6번은 다음 대화와 표에 관한 문제입니다.

W Hi, ⁴I'm staying at the Eastview Hotel, and they recommended using this parking lot. ⁴I'll need a 24-hour pass.
M All right, ma'am. We ask all customers to pay in advance. ⁴Guests of the Eastview Hotel can get the 24-hour pass for the same price as the Daytime pass.
W No problem. Also, ⁵I'm here in Winnipeg to inspect a manufacturing facility. Can I go in and out of the parking garage as much as I want?
M Sure. ⁶Just let the parking agent know your parking spot number and how long you'll be gone so he can save your spot.

여 안녕하세요, ⁴이스트뷰 호텔에 숙박하고 있는데, 이 주차장을 이용하라고 추천해 주셨어요. ⁴저는 24시간 이용권이 필요할 것 같아요.
남 알겠습니다, 고객님. 저희는 모든 손님분들께 선결제를 요청드립니다. ⁴이스트뷰 호텔의 투숙객분들은 주간 이용권과 동일한 가격에 24시간 이용권을 구매하실 수 있어요.
여 문제없습니다. 그리고, ⁵저는 생산 시설을 점검하기 위해 이곳 위니펙에 왔어요. 주차장을 마음껏 출입할 수 있나요?
남 물론입니다. ⁶주차 관리인에게 당신의 주차자리 번호와 얼마나 오래 나가 있을지만 알려주시면 당신의 자리를 맡아 둘 거예요.

Parking Rates

Duration	Fee
Up to 2 hours	$4
⁴Daytime	$15
Overnight	$12
24 hours	$20

주차 요금

기간	요금
2시간까지	4달러
⁴주간	15달러
야간	12달러
24시간	20달러

어휘 recommend 추천하다   in advance 사전에, 미리   inspect 점검하다, 검사하다   manufacturing facility 생산 시설   garage 주차장, 차고   spot (특정) 장소, 자리

4. Look at the graphic. How much will the woman be charged for a service?

(A) $4
(B) $15
(C) $12
(D) $20

시각 자료를 보시오. 여자는 서비스에 대해 얼마를 청구 받을 것인가?

(A) 4달러
(B) 15달러
(C) 12달러
(D) 20달러

해설 여자가 청구 받을 비용을 묻는 문제로, 시각 자료와 함께 서비스 비용이 언급되는 부분에 주목한다. 여자가 이스트뷰 호텔에 묵고 있으며(I'm staying at the Eastview Hotel) 24시간 이용권이 필요하다고(I'll need a 24-hour pass) 했고, 남자가 이스트뷰 호텔 투숙객은 주간 이용권과 동일한 가격에 24시간 이용권을 구매할 수 있다고(Guests of the Eastview Hotel can get the 24-hour pass for the same price as the Daytime pass) 했으므로 여자는 24시간 이용권을 주간 이용권과 동일한 가격에 구매할 수 있다. 표에서 주간 이용권은 15달러이므로 정답은 (B)이다.

5. Why did the woman travel to Winnipeg?

(A) To deliver some goods
(B) To attend a seminar
(C) To negotiate a contract
(D) To conduct an inspection

여자는 왜 위니펙으로 여행을 갔는가?

(A) 상품을 배달하기 위해
(B) 세미나에 참석하기 위해
(C) 계약을 협상하기 위해
(D) 점검을 수행하기 위해

해설 여자가 위니펙에 간 이유를 묻는 문제로, 질문의 키워드인 Winnipeg이 언급되는 부분에 주목한다. 여자가 생산 시설을 점검하기 위해 이곳 위니펙에 왔다고(I'm here in Winnipeg to inspect a manufacturing facility) 했으므로 정답은 (D)이다.

어휘 negotiate 협상하다, 성사시키다 conduct 수행하다 inspection 점검, 검사

패러프레이징 inspect a manufacturing facility ▶ conduct an inspection

6. What does the man suggest doing?

(A) Coming back later
(B) Contacting an expert
(C) Getting an extra key
(D) Speaking to an employee

남자는 무엇을 할 것을 제안하는가?

(A) 나중에 다시 오는 것
(B) 전문가에게 연락하는 것
(C) 여분의 열쇠를 받는 것
(D) 직원에게 이야기하는 것

해설 남자가 제안하는 것을 묻는 문제로, 대화 후반부에 주목한다. 남자가 주차 관리인에게 주차 자리 번호와 나가 있을 시간을 알려주라고(Just let the parking agent know your parking spot number and how long you'll be gone) 했으므로 정답은 (D)이다.

어휘 expert 전문가

패러프레이징 let the parking agent know ▶ speaking to an employee

[7-9] Questions 7-9 refer to the following conversation and floor plan.

7-9번은 다음 대화와 평면도에 관한 문제입니다.

W Welcome to Biloxi Home Improvement. Are you looking for something in particular?
M Yes, I am. ⁷ I just bought a new house, and I'm in the process of decorating it. I'm looking at something to put on the walls.
W That's wonderful. Do you already have some colors and materials in mind? If not, I can make a recommendation.
M Well, I don't want painted walls. I prefer the texture of paper.
W All right. ⁸ Let's head to the wallpaper section. ⁹ And everything we have in stock is guaranteed to last for at least 15 years. That means you won't have to worry about replacing it anytime soon.

여 빌록시 주택 개조에 오신 것을 환영합니다. 특별히 찾으시는 것이 있나요?
남 네. ⁷ 저는 이제 막 새로 집을 사서 꾸미는 중이에요. 벽에 바를 것에 대해 알아보고 있습니다.
여 멋지네요. 이미 생각해 두신 색상이나 자재가 있나요? 그렇지 않다면 제가 추천해드릴 수 있습니다.
남 음, 저는 페인트칠한 벽은 원하지 않아요. 종이 질감을 선호합니다.
여 알겠습니다. ⁸ 벽지 코너로 가시죠. ⁹ 그리고 저희가 보유한 모든 재고는 최소 15년 동안 유지될 것임을 보장합니다. 그건 당분간 벽지 교체에 대해 걱정하실 필요가 없을 거라는 것을 뜻하죠.

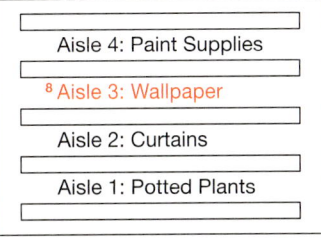

Aisle 4: Paint Supplies
⁸ Aisle 3: Wallpaper
Aisle 2: Curtains
Aisle 1: Potted Plants

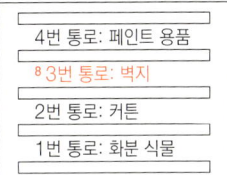

4번 통로: 페인트 용품
⁸ 3번 통로: 벽지
2번 통로: 커튼
1번 통로: 화분 식물

어휘 improvement 개조, 개선   in the process of ~를 진행 중인   decorate 꾸미다, 장식하다
look at ~에 대해 생각하다, 검토하다   material 자재, 재료   texture 질감, 감촉   head to ~로 가다, 향하다
guarantee 보장하다   last 지속되다   aisle 통로

7. What did the man do recently?

(A) He purchased a home.
(B) He moved to another city.
(C) He started a new job.
(D) He opened a business.

남자는 최근에 무엇을 했는가?

(A) 그는 집을 샀다.
(B) 그는 다른 도시로 이사했다.
(C) 그는 새로운 일을 시작했다.
(D) 그는 개업했다.

해설 남자가 최근에 한 일을 묻는 문제이다. 남자가 이제 막 새로 집을 사서 꾸미는 중이라고(I just bought a new house, and I'm in the process of decorating it) 했으므로 정답은 (A)이다.

패러프레이징 bought a new house ▶ purchased a home

8. Look at the graphic. Where will the speakers go together?

(A) To Aisle 1
(B) To Aisle 2
(C) To Aisle 3
(D) To Aisle 4

시각 자료를 보시오. 화자들은 어디로 함께 갈 것인가?

(A) 1번 통로로
(B) 2번 통로로
(C) 3번 통로로
(D) 4번 통로로

해설 화자들이 함께 갈 곳을 묻는 문제로, 시각 자료와 함께 장소와 관련된 표현이 나오는 부분에 주목한다. 여자가 남자에게 벽지 코너로 가자고(Let's head to the wallpaper section) 했고, 평면도에서 벽지 코너는 3번 통로에 있으므로 정답은 (C)이다.

9. What benefit of the products does the woman mention?

(A) They are easy to use.
(B) They are environmentally friendly.
(C) They last a long time.
(D) They have a wide variety.

여자는 제품의 어떤 장점을 언급하는가?

(A) 이용하기 쉽다.
(B) 환경친화적이다.
(C) 오래 유지된다.
(D) 다양하다.

해설 여자가 언급한 제품의 장점을 묻는 문제이다. 여자가 모든 재고는 최소 15년 동안 유지될 것임을 보장한다며(everything we have in stock is guaranteed to last for at least 15 years) 당분간 교체를 걱정할 필요가 없다고 했으므로 정답은 (C)이다.

어휘 benefit 장점, 이점   environmentally friendly 환경친화적인

패러프레이징 last for at least 15 years ▶ last a long time

[10-12] Questions 10-12 refer to the following conversation and sign.

W ¹⁰Thanks again for participating in this year's career fair with me.
M It was definitely worthwhile. We talked to so many people who could really help our company.
W Exactly. Now, I guess we should get to the airport.
M If you don't mind, ¹¹I'd like to just stop by that shop to buy a present for my friend. I saw something I think she'd like.
W No problem.
M And I have a smartphone app that shows which buses will take us to the airport from here. See?
W We'll probably need more than five minutes. ¹²Let's take the one that arrives in 12 minutes.

Buses for your destination:
Bus 108 → 2 minutes away
Bus 394 → 5 minutes away
¹²Bus 4022 → 12 minutes away
Bus 8756 → 20 minutes away

10-12번은 다음 대화와 표시에 관한 문제입니다.

여 ¹⁰저와 함께 올해 취업 박람회에 참가해 주셔서 다시 한번 감사드려요.
남 정말 보람 있었어요. 우리 회사에 실제로 도움을 줄 수 있는 수많은 사람들과 이야기를 나눴잖아요.
여 맞아요. 이제, 공항으로 가야 할 것 같아요.
남 괜찮으시다면, ¹¹저 가게에 들러서 친구에게 줄 선물을 사고 싶어요. 그녀가 좋아할 것 같은 걸 봤거든요.
여 그래요.
남 그리고 어느 버스가 여기서 우리를 공항까지 데려다주는지 알려주는 스마트폰 앱이 있어요. 보이죠?
여 우린 아마 5분 이상 걸릴 거예요. ¹²12분 뒤에 도착하는 버스를 타죠.

목적지로 가는 버스:
108번 버스 → 2분 후 도착
394번 버스 → 5분 후 도착
¹²4022번 버스 → 12분 후 도착
8756번 버스 → 20분 후 도착

어휘 definitely 정말, 분명히   worthwhile 보람 있는, 가치 있는   destination 목적지, 도착지

10. What kind of event did the speakers attend?
(A) An anniversary party
(B) A career fair
(C) An open house
(D) An awards ceremony

화자들은 어떤 종류의 행사에 참석했는가?
(A) 기념일 파티
(B) 취업 박람회
(C) 주택 공개
(D) 시상식

해설 화자들이 참석한 행사를 묻는 문제이다. 여자가 자신과 함께 올해 취업 박람회에 참가해 수어 감사하다고(Thanks again for participating in this year's career fair with me) 한 것으로 보아 정답은 (B)이다.

11. What does the man want to do first?
(A) Purchase a gift
(B) Make a reservation
(C) Arrange an interview
(D) View a map

남자는 먼저 무엇을 하고 싶어 하는가?
(A) 선물 구매하기
(B) 예약하기
(C) 면접 준비하기
(D) 지도 보기

해설 남자가 먼저 하고 싶어 하는 일을 묻는 문제이다. 남자가 가게에 들러서 친구에게 줄 선물을 사고 싶다고(I'd like to just stop by that shop to buy a present for my friend) 했으므로 정답은 (A)이다.

패러프레이징 buy a present ▶ purchase a gift

12. Look at the graphic. Which bus will the speakers take?

(A) Bus 108
(B) Bus 394
(C) Bus 4022
(D) Bus 8756

시각 자료를 보시오. 화자들은 몇 번 버스를 탈 것인가?

(A) 108번 버스
(B) 394번 버스
(C) 4022번 버스
(D) 8756번 버스

> 해설 화자들이 탈 버스 번호를 묻는 문제로, 제시된 시각 자료와 함께 대화에서 버스가 언급되는 부분에 주목한다. 여자가 12분 뒤에 도착하는 버스를 타자고(Let's take the one that arrives in 12 minutes) 했고, 표시에서 12분 뒤에 도착하는 버스는 4022번 버스이므로 정답은 (C)이다.

[13-15] Questions 13-15 refer to the following conversation and invoice.

13-15번은 다음 대화와 송장에 관한 문제입니다.

M Hi. ¹³I have a delivery for the Mayfair Eye Clinic.
W Those must be the refreshments for our customers.
M Yes. Here's the box, if you'd like to check it against the invoice.
W Thanks. ¹⁴Hmm... this is a lot more boxes of herbal tea than I ordered. It's supposed to be half that amount.
M We were out of the large boxes you ordered, so we replaced them with medium boxes. It's still the same number of tea bags at the same price.
W Oh, I see.
M Great. ¹⁵And could you stamp my parking ticket so I can show it on the way out?

남 안녕하세요. ¹³메이페어 안과 병원으로 배달 왔습니다.
여 저희 고객을 위한 다과겠군요.
남 네. 송장과 대조해서 확인하시려면, 여기 상자가 있습니다.
여 고맙습니다. ¹⁴흠... 이건 제가 주문한 것보다 허브티 상자가 훨씬 더 많네요. 그 절반 수량이 되어야 하는데요.
남 주문하신 큰 상자가 다 떨어져서, 중간 상자로 대체했습니다. 여전히 같은 가격에 같은 개수의 티백이에요.
여 아, 알겠습니다.
남 좋습니다. ¹⁵그럼 제가 나갈 때 제시할 수 있도록 주차권에 도장을 찍어 주시겠어요?

Invoice #18579

Item	Quantity
¹⁴Herbal Tea	10 Boxes
Instant Coffee	5 Boxes
Chocolates	15 Boxes
Mints	20 Boxes

송장 번호 18579

물품	수량
¹⁴허브티	10상자
인스턴트커피	5상자
초콜릿	15상자
민트	20상자

> 어휘 refreshments 다과   against ~와 비교하여   invoice 송장, 청구서   amount 양   replace 대체하다   stamp 도장을 찍다   quantity 수량, 양

13 Where most likely are the speakers?

(A) At a bank
(B) At a gym
(C) At a hair salon
(D) At a clinic

화자들은 어디에 있는 것 같은가?

(A) 은행에
(B) 체육관에
(C) 미용실에
(D) 병원에

> 해설 대화 장소를 묻는 문제이다. 남자가 메이페어 안과 병원으로 배달 왔다고(I have a delivery for the Mayfair Eye Clinic) 했으므로 정답은 (D)이다.

14. Look at the graphic. Which quantity does the woman think has an error?

(A) 10 Boxes
(B) 5 Boxes
(C) 15 Boxes
(D) 20 Boxes

시각 자료를 보시오. 여자는 어떤 수량에 오류가 있다고 생각하는가?

(A) 10상자
(B) 5상자
(C) 15상자
(D) 20상자

해설 여자가 오류가 있다고 생각하는 물품의 수량을 묻는 문제로, 제시된 시각 자료와 함께 대화에서 수량 관련 표현이 언급되는 부분에 주목한다. 여자가 허브티 상자가 주문한 것보다 훨씬 많다고(this is a lot more boxes of herbal tea than I ordered) 했고, 송장에서 허브티 수량은 10상자이므로 정답은 (A)이다.

15. What does the man request that the woman do?

(A) Sample a product
(B) Stamp a ticket
(C) Sign a document
(D) Present a receipt

남자는 여자에게 무엇을 하라고 요청하는가?

(A) 제품 시식하기
(B) 표에 도장 찍기
(C) 문서에 서명하기
(D) 영수증 제시하기

해설 남자가 요청하는 것을 묻는 문제로, 대화 후반부의 요청 표현인 could you ~?에 주목한다. 남자가 나갈 때 제시할 수 있도록 주차권에 도장을 찍어 달라고(could you stamp my parking ticket) 했으므로 정답은 (B)이다.

어휘 sample 시식하다, 맛보다   present 제시하다, 제출하다

패러프레이징 stamp my parking ticket ▶ stamp a ticket

PART TEST

본문 p.216

32. (C) 33. (A) 34. (B) 35. (D) 36. (A) 37. (B) 38. (B) 39. (C) 40. (A) 41. (C)
42. (D) 43. (A) 44. (C) 45. (A) 46. (D) 47. (B) 48. (C) 49. (D) 50. (D) 51. (A)
52. (B) 53. (C) 54. (B) 55. (C) 56. (A) 57. (D) 58. (B) 59. (B) 60. (D) 61. (A)
62. (D) 63. (B) 64. (C) 65. (B) 66. (B) 67. (B) 68. (D) 69. (C) 70. (D)

[32-34] Questions 32-34 refer to the following conversation.

32-34번은 다음 대화에 관한 문제입니다.

W Good morning. I'm calling for Alan Braswell at Nature Creations.
M That's me. How can I help you?
W ³² My name is Melissa Brown, and I own Waterfall Spa. My friend told me you make organic skin-care products.
M That's right. And I only use natural ingredients.
W Perfect. ³³ I'm interested in helping businesses in the area, so I'm looking for a supplier nearby. We would need quite a wide variety of items for our treatments.
M That's great. ³⁴ Why don't you check out our products for yourself? I can send some to you.

여 안녕하세요. 네이처 크리에이션스의 앨런 브래스웰 씨와 통화하고 싶습니다.
남 접니다. 어떻게 도와드릴까요?
여 ³² 제 이름은 멜리사 브라운이고요, 워터폴 스파를 소유하고 있습니다. 제 친구가 제게 당신이 유기농 화장품을 만든다고 말해주었습니다.
남 맞습니다. 그리고 저는 천연 재료들만 사용합니다.
여 완벽해요. ³³ 저는 지역 내의 업체들을 돕는 데 관심이 있기 때문에, 근처에 있는 공급업체를 찾고 있어요. 저희는 피부 관리를 위해서 꽤 다양한 물품들이 필요합니다.
남 그거 잘됐네요. ³⁴ 직접 저희 제품을 확인해 보시는 게 어떠세요? 제가 당신에게 몇 개 보내드릴 수 있습니다.

127

어휘   own 소유하다   organic 유기농의, 화학 비료를 쓰지 않는   skin-care product 화장품   natural ingredient 천연 재료
       supplier 공급업체   nearby 인근에   a wide variety of 다양한   treatment 치료(법), 처치   for oneself 직접, 스스로

32. Who is the woman?

(A) A bank employee
(B) A clothing shop manager
(C) A spa owner
(D) A fashion designer

여자는 누구인가?

(A) 은행 직원
(B) 옷가게 관리자
(C) 스파 주인
(D) 패션 디자이너

해설   여자가 누구인지 묻는 문제이다. 여자가 자신을 소개하면서 워터폴 스파를 소유하고 있다고(I own Waterfall Spa) 했으므로 정답은 (C)이다.

패러프레이징   own Waterfall Spa ▶ spa owner

33. What does the woman want to do?

(A) Support local businesses
(B) Hire more staff members
(C) Participate in a contest
(D) Hold an event

여자는 무엇을 하기를 원하는가?

(A) 지역 업체 후원하기
(B) 직원들을 더 많이 고용하기
(C) 대회에 참가하기
(D) 행사 개최하기

해설   여자가 하고 싶어 하는 일을 묻는 문제이다. 여자가 지역 내의 업체들을 돕는 데 관심이 있다고(I'm interested in helping businesses in the area) 했으므로 정답은 (A)이다.

어휘   support 후원하다, 지지하다   participate in ~에 참가하다

패러프레이징   helping businesses in the area ▶ support local businesses

34. What does the man recommend doing?

(A) Reading a brochure
(B) Trying some samples
(C) Writing a review
(D) Visiting his business

남자는 무엇을 할 것을 권하는가?

(A) 소책자를 읽는 것
(B) 일부 샘플을 써보는 것
(C) 후기를 작성하는 것
(D) 남자의 업체에 방문하는 것

해설   남자가 여자에게 권하는 것을 묻는 문제로, 대화 후반부에 나오는 제안 표현에 주목한다. 남자가 직접 제품을 확인해보는 게 어떠냐며(Why don't you check out our products for yourself?) 몇 개 보내줄 수 있다고(I can send some to you) 했으므로 정답은 (B)이다.

패러프레이징   check out our products for yourself ▶ trying some samples

[35-37] Questions 35-37 refer to the following conversation.

35-37번은 다음 대화에 관한 문제입니다.

M Alyssa, do you have a minute?
W Of course.
M Great. ³⁵ You've probably heard that a few executives from the New York branch will visit next week. I'm not sure what to do about lunch on the first day. I'd love to hear your thoughts since you've planned events in the past.
W Hmm... How about taking them to the Iron Grill restaurant?
M The food there is great, but the restaurant is so far away. ³⁶ There's not much free time in the schedule.
W In that case, we could eat at the office. Evergreen Catering always has delicious food.
M That's perfect. ³⁷ I'll call the catering company now.

남 알리사, 시간 있어요?
여 그럼요.
남 잘됐네요. ³⁵ 뉴욕 지사의 임원들 몇 명이 다음 주에 방문할 거라고 당신도 아마 들었을 거예요. 첫날에 점심 식사를 어떻게 해야 할지 모르겠어요. 당신은 이전에 행사들을 계획해 봤으니 당신 생각을 듣고 싶어요.
여 흠... 그분들을 아이언 그릴 식당으로 모시고 가는 건 어때요?
남 그곳은 음식은 정말 괜찮은데, 식당이 너무 멀리 떨어져 있어요. ³⁶ 일정에 여유 시간이 많지 않아요.
여 그렇다면, 사무실에서 먹을 수도 있어요. 에버그린 출장 연회는 음식이 항상 맛있어요.
남 그거 완벽하네요. ³⁷ 제가 지금 그 출장 연회 회사에 전화해 볼게요.

어휘 executive 임원, 경영진   thought 생각, 사고   far away 멀리 떨어진   in that case 그렇다면, 그런 경우에는
catering 출장 연회

35. What will happen next week?

(A) A new branch will open.
(B) A building will be renovated.
(C) Some employees will retire.
(D) Some executives will visit.

다음 주에 무슨 일이 있을 것인가?
(A) 새로운 지점이 문을 열 것이다.
(B) 건물이 보수될 것이다.
(C) 일부 직원들이 퇴직할 것이다.
(D) 일부 임원들이 방문할 것이다.

해설 다음 주에 있을 일을 묻는 문제로, 질문의 키워드인 next week이 언급되는 부분에 주목한다. 남자가 다음 주에 뉴욕 지사에서 임원들 몇 명이 방문할 거라고(a few executives from the New York branch will visit next week) 했으므로 정답은 (D)이다.

어휘 renovate 보수하다, 개조하다

36. What is the man worried about?

(A) A tight schedule
(B) A small budget
(C) A product deadline
(D) A transportation fee

남자는 무엇에 대해 걱정하는가?
(A) 빡빡한 일정
(B) 적은 예산
(C) 제품의 마감 기한
(D) 교통비

해설 남자가 걱정하는 것을 묻는 문제이다. 남자가 일정에 여유 시간이 많지 않다고(There's not much free time in the schedule) 했으므로 정답은 (A)이다.

어휘 budget 예산   deadline 마감 기한   transportation 교통, 운송   fee 요금, 수수료

패러프레이징 not much free time in the schedule ▶ tight schedule

37. What does the man plan to do next?

(A) Send the staff a memo
(B) Contact a caterer
(C) Buy some tickets
(D) Download a menu

남자는 다음에 무엇을 할 계획인가?
(A) 직원들에게 회람 보내기
(B) 출장 연회 업체에 연락하기
(C) 표를 몇 장 구입하기
(D) 메뉴를 다운로드하기

해설 남자가 다음에 할 일을 묻는 문제로, 대화 후반부에 주목한다. 남자가 지금 그 출장 연회 회사에 전화하겠다고(I'll call the catering company now) 했으므로 정답은 (B)이다.

패러프레이징 call the catering company ▶ contact a caterer

[38-40] Questions 38-40 refer to the following conversation.

M Hi, Anna. **38 The company is presenting its awards for employees on Saturday. 39 I need a speaker for the welcome speech.** I'd do it myself, but I'm not very good at public speaking.
W **39 Sure, I can do that for you.** I gave a similar address last year.
M I really appreciate that.
W I forgot what the invitation said. **40 When does the event begin?**
M At 7 P.M. But I'd need you to come a bit early for a sound check.

38-40번은 다음 대화에 관한 문제입니다.

남 안녕하세요, 안나. **38 토요일에 회사에서 직원들을 대상으로 상을 수여할 거예요. 39 환영사를 할 연사가 필요해요.** 제가 직접 하고 싶지만, 전 대중 연설에 그리 능숙하지 못해요.
여 **39 물론이죠, 제가 그것을 해드릴 수 있어요.** 전 작년에 비슷한 연설을 했어요.
남 그래 주시면 정말 고맙죠.
여 초대장에 뭐라고 적혀 있었는지 잊어버렸어요. **40 행사가 언제 시작하죠?**
남 오후 7시예요. 하지만 음향 조절을 위해 조금 일찍 오셨으면 해요.

어휘 present an award 상을 주다   welcome speech 환영사, 환영 연설   be good at ~에 능숙하다, ~을 잘하다
public speaking 대중 연설   give an address 연설을 하다   similar 비슷한   invitation 초대(장)

38. What event is scheduled for Saturday?

(A) A product launch
(B) An awards ceremony
(C) A career fair
(D) A training session

토요일에 어떤 행사가 예정되어 있는가?

(A) 제품 출시
(B) 시상식
(C) 취업 박람회
(D) 교육

해설 토요일에 예정된 행사를 묻는 문제로, 질문의 키워드인 Saturday가 언급되는 부분에 주목한다. 남자가 토요일에 회사에서 직원들을 대상으로 상을 수여한다고(The company is presenting its awards for employees on Saturday) 했으므로 정답은 (B)이다.

어휘 career fair 취업 박람회

39. What does the woman agree to do?

(A) Review a policy
(B) Make a reservation
(C) Give a speech
(D) Print a document

여자는 무엇을 하기로 동의하는가?

(A) 정책 검토하기
(B) 예약하기
(C) 연설하기
(D) 문서 인쇄하기

해설 여자가 하기로 동의한 일을 묻는 문제이다. 남자가 환영사를 할 연사가 필요하다고(I need a speaker for the welcome speech) 하자 여자가 물론이라며 해줄 수 있다고(Sure, I can do that for you) 했으므로 정답은 (C)이다.

어휘 policy 정책

40. What does the woman ask about?

(A) A start time
(B) A job duty
(C) The dress code
(D) The location of an event

여자는 무엇에 관해 질문하는가?

(A) 시작 시간
(B) 직무
(C) 복장 규정
(D) 행사의 장소

해설 여자가 질문한 내용을 묻는 문제이다. 여자가 행사가 언제 시작하는지(When does the event begin?) 물었으므로 정답은 (A)이다.

> **어휘** job duty 직무   dress code (직장 등의) 복장 규정

> **패러프레이징** When does the event begin? ▶ start time

[41-43] Questions 41-43 refer to the following conversation.   41-43번은 다음 대화에 관한 문제입니다.

> W **41 You've reached 8th Street Pharmacy.** How may I help you?
> M Hi. I'm taking a trip next month. So, **42 I need to renew my prescription for allergy medication early**.
> W You would have to get approval from your doctor first. Then the doctor should e-mail **43 our manager, Gavin. Unfortunately, he's off today.**
> M I've already contacted my doctor, so I think the request has been sent.
> W In that case, I'll ask Gavin to call you first thing tomorrow.

여 **41 8번가 약국입니다.** 어떻게 도와드릴까요?
남 안녕하세요. 제가 다음 달에 여행을 가요. 그래서 **42 알레르기 약을 위한 제 처방전을 일찍 갱신해야 합니다**.
여 당신은 먼저 의사로부터 승인을 받으셔야 해요. 그러면 의사가 **43 저희 매니저 개빈**에게 이메일을 보낼 겁니다. **43 유감스럽게도 개빈은 오늘 쉬어요.**
남 제가 이미 제 의사에게 연락을 했으니, 요청이 보내졌을 거라고 생각해요.
여 그렇다면, 제가 개빈에게 내일 제일 먼저 당신에게 전화하라고 하겠습니다.

> **어휘** pharmacy 약국   take a trip 여행하다   renew 갱신하다, 연장하다   prescription 처방(전)   allergy 알레르기
> medication 약   approval 승인, 인가   first thing 무엇보다도 먼저

41. What kind of business is the man calling?

(A) A dental office
(B) A travel agency
(C) A pharmacy
(D) A law firm

남자는 어떤 종류의 업체에 전화하고 있는가?
(A) 치과
(B) 여행사
(C) 약국
(D) 법률 회사

> **해설** 남자가 전화한 곳의 업종을 묻는 문제이다. 대화 초반부에서 전화를 받은 여자가 8번가 약국이라고(You've reached 8th Street Pharmacy) 했으므로 정답은 (C)이다.

42. Why is the man calling?

(A) To update his address
(B) To make a complaint
(C) To cancel an appointment
(D) To renew a prescription

남자는 왜 전화하고 있는가?
(A) 주소를 갱신하기 위해
(B) 항의하기 위해
(C) 예약을 취소하기 위해
(D) 처방전을 갱신하기 위해

> **해설** 남자가 전화한 이유를 묻는 문제로, 전화의 목적이 나오는 대화 초반부에 주목한다. 남자가 알레르기 약을 위한 처방전을 일찍 갱신해야 한다고(I need to renew my prescription for allergy medication early) 했으므로 정답은 (D)이다.

> **어휘** update 갱신하다   make a complaint 항의하다, 불평하다   cancel 취소하다   appointment 예약

43. What does the woman say about Gavin?

(A) He is not working today.
(B) He is helping a customer.
(C) He is on a lunch break.
(D) He is on the phone.

여자는 개빈에 관해 무엇이라고 말하는가?
(A) 그는 오늘 근무하지 않는다.
(B) 그는 손님을 돕는 중이다.
(C) 그는 점심 휴식 중이다.
(D) 그는 통화 중이다.

> **해설** 여자가 개빈에 관해 말하는 것을 묻는 문제로, 질문의 키워드인 Gavin이 언급되는 부분에 주목한다. 여자가 매니저인 개빈(our manager, Gavin)이 오늘 쉰다고(he's off today) 했으므로 정답은 (A)이다.

> **어휘** on the phone 통화 중인

> 패러프레이징 off ▶ not working

[44-46] Questions 44-46 refer to the following conversation.

44-46번은 다음 대화에 관한 문제입니다.

미/미

M: ⁴⁴Welcome to Superior Electronics. Are you looking for anything in particular today?

W: Yes. My laptop is really slow these days, so I need to get a new one. ⁴⁵I'd like something similar to the one I have because it's so lightweight.

M: Well, our best-selling laptop is the Albany 640. It has a large screen but is still very light.

W: I read some reviews about that. They said the battery doesn't last very long.

M: ⁴⁶If you're concerned about that, you could buy a second battery. Then you would always have power whenever you needed it.

남: ⁴⁴슈피리어 전자에 오신 것을 환영합니다. 오늘 특별히 찾는 것이 있으신가요?

여: 네. 제 노트북 컴퓨터가 요즘 정말 느려서 새것을 사야 해요. ⁴⁵제가 갖고 있는 것과 비슷한 것이면 좋겠어요, 왜냐하면 아주 가볍거든요.

남: 음, 가장 잘 팔리는 저희 노트북 컴퓨터는 올버니 640이에요. 화면이 큰데도 아주 가벼워요.

여: 그것에 대한 후기를 좀 읽었어요. 배터리가 그리 오래가지 않는다고 하더라고요.

남: ⁴⁶그 점이 걱정되신다면 보조 배터리를 사실 수 있어요. 그러면 필요할 때마다 전력을 얻으실 수 있을 거예요.

> 어휘 electronics 전자 기기, 전자 공학 in particular 특별히, 특히 similar to ~와 비슷한 lightweight 가벼운, 경량의 last long 오래가다 be concerned about ~에 관해 걱정하다 second battery 보조 배터리 power 전력

44. What most likely is the man's job?

(A) Event planner
(B) Interior designer
(C) Store clerk
(D) Software developer

남자의 직업은 무엇일 것 같은가?

(A) 행사 기획자
(B) 인테리어 디자이너
(C) 매장 직원
(D) 소프트웨어 개발자

> 해설 남자의 직업을 묻는 문제로, 대화 초반부에 주목한다. 남자가 슈피리어 전자에 오신 것을 환영한다고(Welcome to Superior Electronics) 한 후 찾는 물건이 있는지(Are you looking for anything in particular today?) 물어보는 것으로 보아 전자제품 매장에서 일하고 있음을 알 수 있으므로 정답은 (C)이다.

> 어휘 planner 기획자, 설계자 developer 개발자

45. What does the woman like about her current laptop?

(A) Its weight
(B) Its size
(C) Its speakers
(D) Its screen

여자는 자신의 현재 노트북 컴퓨터에 관해 어떤 점을 좋아하는가?

(A) 무게
(B) 크기
(C) 스피커
(D) 화면

> 해설 여자가 지금 쓰는 노트북 컴퓨터의 어떤 점을 좋아하는지 묻는 문제로, 노트북 컴퓨터의 장점을 말하는 부분에 주목한다. 여자가 자신이 가지고 있는 노트북 컴퓨터와 비슷한 것을 원한다면서 그것이 아주 가볍기 때문이라고(because it's so lightweight) 그 이유를 덧붙였으므로 정답은 (A)이다.

> 어휘 current 현재의, 지금의

> 패러프레이징 one I have ▶ her current laptop

46. What does the man suggest doing?

(A) Testing a product first
(B) Reading some reviews online
(C) Checking a Web site
(D) Purchasing an extra battery

남자는 무엇을 할 것을 제안하는가?

(A) 제품을 먼저 시험해보는 것
(B) 온라인으로 몇몇 후기를 읽는 것
(C) 웹사이트를 확인하는 것
(D) 여분의 배터리를 구입하는 것

해설 남자가 제안하는 것을 묻는 문제로, 대화 후반부에서 제안 표현이 나오는 부분에 주목한다. 남자가 걱정이 된다면 보조 배터리를 사 수 있다고(you could buy a second battery) 제안했으므로 정답은 (D)이다.

어휘 extra 여분의, 추가의

패러프레이징 buy a second battery ▶ purchasing an extra battery

[47-49] Questions 47-49 refer to the following conversation.

W ⁴⁷ Michael, I heard that a professional crew is going to clean the carpets in our meeting rooms.
M That's right. Of course, the carpets are vacuumed regularly, but they were starting to look dirty. ⁴⁷ We want to make sure the convention center looks clean and fresh.
W ⁴⁸ But no one can use the rooms during the cleaning, and we're fully booked for this month.
M The cleaning crew is willing to work overnight shifts. So, we won't need to change any bookings. I just hope everything gets done this week. ⁴⁹ I want to take new photos of our rooms next week.

47-49번은 다음 대화에 관한 문제입니다.

여 ⁴⁷ 마이클, 전문 작업반이 우리 회의실들의 카펫을 청소할 거라고 들었어요.
남 맞아요. 물론, 정기적으로 카펫을 진공청소기로 청소하지만 카펫이 더러워 보이기 시작했어요. ⁴⁷ 우리는 반드시 컨벤션 센터가 깨끗하고 산뜻해 보이기를 원해요.
여 ⁴⁸ 하지만 청소하는 동안에는 아무도 회의실을 사용할 수 없는데, 우리는 이번 달에 예약이 꽉 찼어요.
남 청소반이 기꺼이 철야 작업을 할 거예요. 그러니 우리는 어떠한 예약도 변경할 필요가 없을 거예요. 전 그저 이번 주에 모든 것이 마무리되기를 바라요. ⁴⁹ 전 다음 주에 우리 회의실들의 사진을 새로 찍고 싶어요.

어휘 professional 전문적인   crew 반, 조   vacuum 진공청소기로 청소하다   regularly 정기적으로
fully booked 모두 예약된   be willing to 기꺼이 ~하다   work overnight shift 철야 근무를 하다   booking 예약

47. Where most likely are the speakers?

(A) At a moving company
(B) At a convention center
(C) At a theater
(D) At a factory

화자들은 어디에 있는 것 같은가?

(A) 이삿짐 운송 회사에
(B) 컨벤션 센터에
(C) 극장에
(D) 공장에

해설 대화 장소를 묻는 문제이다. 우리 회의실들의 카펫을 청소한다는(clean the carpets in our meeting rooms) 여자의 말과 컨벤션 센터가 깨끗하고 산뜻해 보이기를 원한다는(We want ~ the convention center looks clean and fresh) 남자의 말로 보아 정답은 (B)이다.

48. What does the woman suggest when she says, "we're fully booked for this month"?

(A) Another venue will open.
(B) New employees will be hired.
(C) Some reservations may have to be canceled.
(D) An upcoming party should be postponed.

여자가 "우리는 이번 달에 예약이 꽉 찼어요"라고 말할 때 암시하는 것은 무엇인가?

(A) 다른 행사 장소가 문을 열 것이다.
(B) 신입 직원들이 고용될 것이다.
(C) 일부 예약이 취소되어야 할지도 모른다.
(D) 다가오는 파티가 연기되어야 한다.

해설 여자가 한 말의 의도를 묻는 문제로, 제시된 문장의 앞뒤 문맥에 주목한다. 여자가 청소하는 동안에는 아무도 회의실을 사용할 수 없다고(no one can use the rooms during the cleaning) 한 후 이번 달에 예약이 꽉 찼다고 덧붙인 것은 청소 작업 때문에 일부 예약의 취소가 불가피할 수도 있다는 의미이므로 정답은 (C)이다.

어휘 venue 장소   reservation 예약   upcoming 다가오는, 곧 있을   postpone 연기하다, 미루다

49. What does the man want to do next week?

(A) Order some supplies
(B) Install new equipment
(C) Train staff members
(D) Take pictures of a place

남자는 다음 주에 무엇을 하기를 원하는가?

(A) 일부 용품 주문하기
(B) 새로운 장비 설치하기
(C) 직원 교육하기
(D) 어떤 장소의 사진 찍기

해설 남자가 다음 주에 하고 싶어 하는 일을 묻는 문제로, 질문의 키워드인 next week이 언급되는 부분에 주목한다. 남자가 다음 주에 회의실들의 사진을 새로 찍고 싶다고(I want to take new photos of our rooms next week) 했으므로 정답은 (D)이다.

어휘 install 설치하다

패러프레이징 take new photos of our rooms ▶ take pictures of a place

---

[50-52] Questions 50-52 refer to the following conversation.

50-52번은 다음 대화에 관한 문제입니다.

M Seo-yeon, ⁵⁰ **I'm wondering about our new system for vehicle navigation.** How is the development going so far?
W We're more than satisfied with the design. I think that our customers are going to be really happy with it.
M I'm glad to hear that. If you're ahead of schedule, maybe we can move the launch date forward.
W Well, ⁵¹ **I'd like to have some extra time to perform more tests.** I want to make sure everything is working perfectly.
M I see. I'm sure we can arrange that. ⁵² **Could you e-mail me the list of features so I can explain them to our investors?**
W Certainly. ⁵² **I'll get that to you tomorrow.**

남 서연, ⁵⁰ 우리의 새 차량 내비게이션 시스템에 관해 궁금한 것이 있어요. 지금까지 개발이 어떻게 되어 가고 있어요?
여 우리는 디자인에 아주 만족해요. 우리 고객들이 그것을 정말 마음에 들어 할 거라고 생각해요.
남 그렇다니 기쁘네요. 만약 당신이 예정보다 빠른 상황이라면, 어쩌면 우리가 출시일을 앞당길 수도 있겠어요.
여 음, ⁵¹ 저는 더 많은 테스트를 할 시간이 추가로 좀 있었으면 좋겠어요. 반드시 모든 것이 완벽하게 작동하도록 하고 싶어요.
남 알겠어요. 분명히 우리가 그렇게 조정할 수 있어요. ⁵² 제가 우리 투자자들에게 설명할 수 있도록 기능들의 목록을 제게 이메일로 보내주시겠어요?
여 물론입니다. ⁵² 내일 당신에게 그것을 보내드릴게요.

어휘 vehicle 차량, 탈것 development 개발, 발달 so far 지금까지 be satisfied with ~에 만족하다
ahead of schedule 예정보다 빨리 move forward 앞당기다 launch 출시, 개시 perform 수행하다, 실시하다
perfectly 완벽하게 arrange 조정하다, 처리하다 feature 기능, 특징 investor 투자자

---

50. What are the speakers discussing?

(A) An upcoming workshop
(B) An advertising campaign
(C) A smartphone application
(D) A new navigation system

화자들은 무엇에 관해 이야기하고 있는가?

(A) 다가오는 워크숍
(B) 광고 캠페인
(C) 스마트폰 앱
(D) 새로운 내비게이션 시스템

해설 대화 주제를 묻는 문제로, 대화 초반부에 주목한다. 남자가 새 차량 내비게이션 시스템에 관해 궁금하다면서(I'm wondering about our new system for vehicle navigation) 개발 상황에 대한 대화를 이어가고 있으므로 정답은 (D)이다.

어휘 advertising 광고

패러프레이징 our new system for vehicle navigation ▶ new navigation system

134

51. What does the woman say she wants to do?

(A) Do further testing
(B) Hire new employees
(C) Order some materials
(D) Change the design options

여자는 무엇을 하고 싶다고 말하는가?

(A) 추가 테스트하기
(B) 신규 직원 고용하기
(C) 자재 주문하기
(D) 디자인 선택 사항 변경하기

해설 여자가 하고 싶어 하는 것을 묻는 문제이다. 여자가 테스트를 더 많이 할 시간이 추가로 있었으면 좋겠다고(I'd like to have some extra time to perform more tests) 했으므로 정답은 (A)이다.

어휘 further 추가의, 더 이상의   material 자재, 재료

패러프레이징 perform more tests ▶ do further testing

---

52. What will happen tomorrow?

(A) An investment goal will be reached.
(B) A product description will be sent.
(C) An award winner will be announced.
(D) A new staff member will begin work.

내일 무슨 일이 있을 것인가?

(A) 투자 목표가 달성될 것이다.
(B) 제품 설명이 보내질 것이다.
(C) 수상자가 발표될 것이다.
(D) 신입 직원이 근무를 시작할 것이다.

해설 내일 일어날 일을 묻는 문제로, 질문의 키워드인 tomorrow가 언급되는 부분에 주목한다. 남자가 투자자들에게 설명할 수 있도록 기능들의 목록을 이메일로 보내달라고(Could you e-mail me the list of features ~?) 하자 여자가 내일 보내주겠다고(I'll get that to you tomorrow) 했으므로 정답은 (B)이다.

어휘 investment 투자   goal 목표   description 설명, 서술   award winner 수상자

패러프레이징 e-mail me the list of features ▶ product description will be sent

---

[53-55] Questions 53-55 refer to the following conversation.

53-55번은 다음 대화에 관한 문제입니다.

M   Valerie, what do you think of the new paperwork from headquarters? ⁵³ I understand that we need to keep track of the sales of our ovens, refrigerators, and so on. But I'm getting confused by all the new details that are being requested.
W   Did you read the instructions online first? After I did that, ⁵⁴ it didn't take me long to fill out the form.
M   ⁵⁴ Oh! You're already done?
W   Yes, but that's not my only task for today. I need to prepare instructions for the interns. ⁵⁵ I'm not sure what to include.
M   ⁵⁵ Have you searched the online database? We have copies from previous years.

남   발레리, 본사에서 온 새로운 서류 작업을 어떻게 생각해요? ⁵³ 우리가 우리 오븐, 냉장고 등등의 매상을 기록해야 한다는 건 이해합니다. 그러나 요청되고 있는 모든 새로운 세부 항목들 때문에 혼란스러워요.
여   먼저 온라인으로 지시사항을 읽었어요? 전 그렇게 하고 나니 ⁵⁴ 양식을 작성하는 데 오래 걸리지 않았어요.
남   ⁵⁴ 아! 당신은 벌써 끝났어요?
여   네, 하지만 제가 오늘 그 일만 있는 게 아니에요. 전 인턴들을 위한 지시사항을 준비해야 해요. ⁵⁵ 무엇을 포함시켜야 할지 모르겠어요.
남   ⁵⁵ 온라인 데이터베이스를 검색해봤어요? 우리에게는 이전 해들의 사본들이 있어요.

어휘 paperwork 서류 작업   headquarters 본사, 본부   keep track of ~을 기록하다   get confused 혼동되다   fill out 작성하다, 기입하다   task 일, 과업   search 검색하다, 찾다   previous 이전의, 앞의

---

53. What type of product does the speakers' company sell?

(A) Luggage
(B) Automobiles
(C) Appliances
(D) Cosmetics

화자들의 회사는 어떤 종류의 제품을 판매하는가?

(A) 여행 가방
(B) 자동차
(C) 가정용 기기
(D) 화장품

해설 화자들의 회사에서 판매하는 것을 묻는 문제이다. 남자가 오븐, 냉장고 등의 매상을 기록해야 한다고(we need to keep track of the sales of our ovens, refrigerators, and so on) 말한 것으로 보아 가정용 기기를 판매하는 회사임을 알 수 있으므로 정답은 (C)이다.

어휘 luggage 여행 가방, 수화물   automobile 자동차   appliance (가정용) 전자 기기   cosmetics 화장품

패러프레이징 ovens, refrigerators, and so on ▶ appliances

54. What is the man surprised about?

(A) The woman will lead a meeting.
(B) The woman has completed a form.
(C) The headquarters location will change.
(D) The Web site is not working.

남자는 무엇에 관하여 놀랐는가?

(A) 여자가 회의를 이끌 것이다.
(B) 여자가 양식을 완료했다.
(C) 본사 위치가 변경될 것이다.
(D) 웹사이트가 작동하지 않는다.

해설 남자를 놀라게 한 것을 묻는 문제로, 감탄사가 나오는 부분에 주목한다. 여자가 양식 작성에 시간이 오래 걸리지 않았다고(it didn't take me long to fill out the form) 하자 남자가 벌써 끝냈냐고 되물으며 놀라워했으므로 정답은 (B)이다.

어휘 lead 이끌다   complete 완료하다   location 위치, 장소

패러프레이징 it didn't take me long to fill out the form ▶ the woman has completed a form

55. Why does the man say, "We have copies from previous years"?

(A) To remind the woman to save a file
(B) To explain a change in a process
(C) To suggest referencing other materials
(D) To ask for help with a software program

남자는 왜 "우리에게는 이전 해들의 사본이 있어요"라고 말하는가?

(A) 여자에게 파일을 저장하라고 상기시키기 위해
(B) 절차의 변경을 설명하기 위해
(C) 다른 자료를 참고하라고 제안하기 위해
(D) 소프트웨어 프로그램과 관련해 도움을 요청하기 위해

해설 남자가 한 말의 의도를 묻는 문제로, 제시된 문장의 앞뒤 문맥에 주목한다. 여자가 인턴들을 위한 지시사항에 무엇을 포함시켜야 할지 모르겠다고(I'm not sure what to include) 하자 남자가 온라인 데이터베이스를 검색해봤냐고(Have you searched the online database?) 물은 뒤 제시된 문장을 덧붙인 것은 이전 해들의 자료를 참고해보라고 권하려는 의도이므로 정답은 (C)이다.

어휘 process 절차   reference 참조문으로 인용하다

[56-58] Questions 56-58 refer to the following conversation with three speakers.

56-58번은 다음 세 명의 대화에 관한 문제입니다.

> W1 Good morning, everyone. I'm Teresa, your tour guide. ⁵⁶ This bus will depart in about five minutes. Are there any questions before we begin?
> W2 Actually, I'm wondering how long we'll have at the museum.
> W1 You'll have two hours. ⁵⁷ But please remember to come back to the meeting spot by 11 o'clock. You can't be late.
> M I have a question as well. ⁵⁸ I only have foreign currency. Will this be a problem?
> W1 Don't worry. You can exchange it at the bank right next to the museum. But most places also accept foreign credit cards.

여1 안녕하세요, 여러분. 저는 여러분의 여행 가이드 테레사입니다. ⁵⁶ 이 버스는 약 5분 뒤에 출발할 예정입니다. 시작하기 전에 질문 있으신가요?
여2 실은, 우리가 박물관에서 얼마나 오래 있게 될지 궁금해요.
여1 두 시간이 주어질 거예요. ⁵⁷ 하지만 11시 정각까지 만나기로 한 장소로 돌아오시는 걸 명심하시기 바랍니다. 늦으시면 안 돼요.
남 저도 질문이 있어요. ⁵⁸ 저는 외화만 가지고 있어요. 이게 문제가 될까요?
여1 걱정하지 마세요. 박물관 바로 옆에 있는 은행에서 환전하실 수 있어요. 하지만 대부분의 장소에서 해외 신용 카드도 받아요.

어휘 depart 출발하다, 떠나다   spot 장소, 자리   currency 통화, 지폐   exchange 환전하다, 교환하다   accept 받다

56. Where most likely is the conversation taking place?

(A) **On a bus**
(B) On a train
(C) At a museum
(D) At a bank

대화는 어디에서 일어나고 있는 것 같은가?

(A) 버스에서
(B) 기차에서
(C) 박물관에서
(D) 은행에서

해설 대화 장소를 묻는 문제로, 대화 초반부에 주목한다. 여자1이 이 버스는 약 5분 뒤에 출발한다고(This bus will depart in about five minutes) 했으므로 정답은 (A)이다.

57. What does Teresa remind the listeners to do?

(A) Write down their questions
(B) Save their purchase receipts
(C) Keep personal items with them
(D) **Return to a meeting spot on time**

테레사는 청자들에게 무엇을 하라고 상기시키는가?

(A) 질문을 적어 놓기
(B) 구입 영수증을 보관하기
(C) 개인 물품을 가지고 다니기
(D) **만나기로 한 장소로 시간 맞춰 돌아오기**

해설 테레사가 청자들에게 상기시키는 것을 묻는 문제이다. 자신을 테레사라고 소개한 여자1이 대화 중반부에서 11시 정각까지 만나기로 한 장소로 돌아오는 걸 명심하라고(please remember to come back to the meeting spot by 11 o'clock) 했으므로 정답은 (D)이다.

어휘 personal item 개인 물품 on time 시간을 어기지 않고, 정각에

패러프레이징 come back to the meeting spot by 11 o'clock ▶ return to a meeting spot on time

58. What is the man wondering about?

(A) Why a schedule has been changed
(B) **Whether money needs to be exchanged**
(C) When a talk will begin
(D) Where a meal will be served

남자는 무엇에 관해 궁금해하고 있는가?

(A) 일정이 왜 변경되었는지
(B) **환전을 해야 하는지 아닌지**
(C) 강연이 언제 시작될 것인지
(D) 식사가 어디에서 제공될 것인지

해설 남자가 궁금해하는 것을 묻는 문제로, 남자가 하는 질문에 주목한다. 남자가 외화만 가지고 있다며(I only have foreign currency) 이것이 문제가 될지(Will this be a problem?) 물었으므로 정답은 (B)이다.

어휘 meal 식사 serve (음식을) 제공하다, 차려 주다

패러프레이징 foreign currency ▶ money

[59-61] Questions 59-61 refer to the following conversation with three speakers.

59-61번은 다음 세 명의 대화에 관한 문제입니다.

M1 ⁵⁹ Congratulations on being hired as seasonal workers here at Memphis Apple Orchard. I'm Steven, and today I'll be showing you how to identify ripe apples and pick them without damaging them. Are there any questions before we begin?

W Yes, ⁶⁰ I was nearly late this morning because the side gate was locked. Are we not allowed to use it?

M1 It's better to use the main gate, which is always open. Anyone else?

M2 Steven, will we be wearing ⁶¹ hard hats and protective gloves for the work?

M1 Yes. ⁶¹ We'll all be putting those on now. We take our employees' safety very seriously.

남1 ⁵⁹ 이곳 멤피스 사과 과수원에서 계절 근로자로 고용되신 걸 축하합니다. 저는 스티븐이고요, 오늘 여러분에게 잘 익은 사과를 식별해서 손상하지 않고 따는 방법을 보여드릴 것입니다. 시작하기 전에 질문 있으신가요?

여 네, ⁶⁰ 저는 오늘 아침 옆문이 잠겨 있어서 거의 늦을 뻔했어요. 저희는 옆문을 이용하는 것이 허용되지 않나요?

남1 정문을 이용하는 것이 나아요, 그것은 항상 열려 있습니다. 다른 분은요?

남2 스티븐, 우리는 작업을 위해 ⁶¹ 안전모와 보호 장갑을 착용하게 되나요?

남1 네. ⁶¹ 우리 모두 지금 그것들을 착용할 것입니다. 우리는 우리 직원들의 안전을 아주 중대하게 생각합니다.

137

어휘 orchard 과수원   identify 식별하다, 확인하다   ripe 익은, 숙성한   damage 손상하다   nearly 거의   gate 문
lock 잠그다   hard hat 안전모   protective 보호하는, 보호용의   safety 안전, 보안

59. Where are the speakers?

(A) At a construction site
(B) At a fruit orchard
(C) At a grocery store
(D) At a car factory

화자들은 어디에 있는가?

(A) 공사 현장에
(B) 과일 과수원에
(C) 식료품 가게에
(D) 자동차 공장에

해설 화자들이 있는 곳을 묻는 문제로, 대화 초반부에 주목한다. 남자1이 이곳 멤피스 사과 과수원에서(here at Memphis Apple Orchard) 계절 근로자로 고용된 걸 축하한다고 했으므로 정답은 (B)이다.

어휘 construction 공사, 건설

패러프레이징 Memphis Apple Orchard ▶ fruit orchard

60. What does the woman say she had a problem with?

(A) A parking spot
(B) An employment contract
(C) An ID card
(D) An entrance gate

여자는 무엇에 문제가 있었다고 말하는가?

(A) 주차 공간
(B) 고용 계약서
(C) 신분증
(D) 출입문

해설 여자에게 있었던 문제를 묻는 문제이다. 여자가 옆문이 잠겨 있어서 오늘 아침 거의 늦을 뻔했다고(I was nearly late this morning because the side gate was locked) 한 것으로 보아 출입문에 문제가 있었음을 알 수 있으므로 정답은 (D)이다.

어휘 employment 고용, 취업   entrance (출)입구

패러프레이징 side gate ▶ entrance gate

61. What will the speakers most likely do next?

(A) Put on protective gear
(B) Complete some paperwork
(C) Read an instruction manual
(D) Meet some supervisors

화자들은 다음에 무엇을 할 것 같은가?

(A) 보호 장비 착용하기
(B) 일부 서류 작업 끝내기
(C) 사용 설명서 읽기
(D) 몇몇 감독관들 만나기

해설 화자들이 다음에 할 일을 묻는 문제로, 대화 후반부에 주목한다. 남자2가 안전모와 보호 장갑(hard hats and protective gloves)에 대해 묻자 남자1이 우리 모두 그것들을 지금 착용할 것이라고(We'll all be putting those on now) 말했으므로 정답은 (A)이다.

어휘 instruction manual 사용 설명서   supervisor 감독관, 관리자

패러프레이징 hard hats and protective gloves ▶ protective gear

[62-64] Questions 62-64 refer to the following conversation and schedule.

M ⁶²I'd like to welcome you all to the Sullivan and Bartlett Law Firm. I'm Lloyd Jones, and I oversee training for all new employees. In your welcome packets, you'll find the schedule for this morning.

W Excuse me. Could I ask a question? I noticed that the other staff members at the law firm are wearing photo ID badges. When will we receive ours?

M ⁶³We'll go to the security office as the first stop on the site tour. Someone there will give you your badges. ⁶⁴But for now, follow me to the conference room to get started on the paperwork.

Morning Schedule

Completing HR paperwork	9:00 A.M.
⁶³Site tour	10:00 A.M.
Manager Q&A Session	11:00 A.M.
Employee handbook review	11:30 A.M.

어휘 law firm 법률 사무소 oversee 감독하다 security office 보안실, 경비실 get started on ~을 시작하다
paperwork 서류 작업, 문서 업무 HR 인사부(= human resources) employee handbook 직원 안내서

62. What field do the speakers most likely work in?

(A) Accounting
(B) Education
(C) Healthcare
(D) Law

해설 화자들이 일하는 분야를 묻는 문제로, 대화 초반부에 주목한다. 남자가 설리번 앤 바틀릿 법률 사무소에 온 것을 환영한다고 (welcome you all to the Sullivan and Bartlett Law Firm) 했으므로 정답은 (D)이다.

63. Look at the graphic. When will a security team member give out badges?

(A) At 9:00 A.M.
(B) At 10:00 A.M.
(C) At 11:00 A.M.
(D) At 11:30 A.M.

해설 보안팀 직원이 신분증을 나눠줄 시간을 묻는 문제로, 제시된 시각 자료와 함께 질문의 키워드인 give out badges와 관련된 부분에 주목한다. 남자가 현장을 둘러볼 때 첫 번째로 보안실에 들를 것이고(We'll go to the security office as the first stop on the site tour) 그곳에서 신분증을 줄 거라고(Someone there will give you your badges) 했다. 일정표에서 현장을 둘러보는 시간은 오전 10시이므로 정답은 (B)이다.

패러프레이징 security office / someone there ▶ security team member

64. Where will the man take the group next?

(A) To his office
(B) To the main lobby
(C) To the conference room
(D) To the employee lounge

남자는 이 무리를 다음에 어디로 데려갈 것인가?

(A) 그의 사무실로
(B) 중앙 로비로
(C) 회의실로
(D) 직원 휴게실로

해설 남자가 다음에 이 무리를 데려갈 곳을 묻는 문제로, 대화 후반부에 주목한다. 지금 회의실로 자신을 따라오라고(for now, follow me to the conference room) 했으므로 정답은 (C)이다.

어휘 lounge 휴게실, 라운지

[65-67] Questions 65-67 refer to the following conversation and layout.

65-67번은 다음 대화와 배치도에 관한 문제입니다.

W Brady, ⁶⁵ thanks again for helping me plan this year's museum fundraising event. We'll have five different singers performing throughout the dinner, including Jill Vargas.

M Wow! That's wonderful that you were able to get a famous singer like that.

W Yes, we were really lucky. Now, I've prepared the table arrangement. ⁶⁶ And we'll have the singers go around to the tables and meet people. The participants from last year said they really liked that.

M Great! ⁶⁷ And will there be a reserved seat for Mr. Miller? He'll be introducing each part of the show.

W That's a good point. ⁶⁷ I'll save him a seat at the table closest to the stage entrance.

여 브래디, ⁶⁵ 제가 올해의 박물관 모금 행사를 계획하는 걸 도와줘서 다시 한번 감사해요. 질 바르가스를 포함해서 저녁 식사 동안 다섯 명의 서로 다른 가수들이 공연을 하게 될 거예요.

남 우와! 그렇게 유명한 가수를 섭외할 수 있었다니 굉장하네요.

여 네, 우리는 정말 운이 좋았어요. 자, 제가 테이블 배치를 준비했어요. ⁶⁶ 그리고 우리는 가수들이 테이블 쪽으로 돌아다니면서 사람들을 만나게 할 거예요. 작년 참가자들이 그게 정말 좋았다고 하더라고요.

남 좋네요! ⁶⁷ 그리고 밀러 씨를 위한 지정석이 있을까요? 그가 공연의 각 부분을 소개할 거예요.

여 좋은 지적이에요. ⁶⁷ 제가 무대 입구에서 가장 가까운 테이블에 그의 자리를 남겨둘게요.

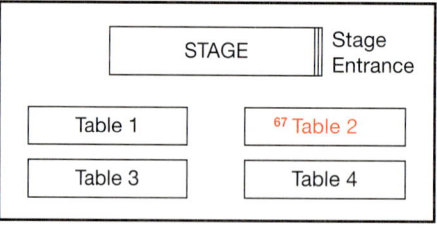

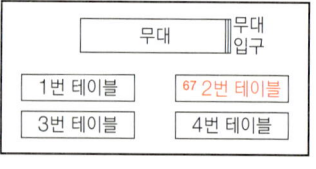

어휘 fundraising 모금   perform 공연하다   throughout ~동안 쭉, 내내   including ~을 포함하여   arrangement 배치
go around 돌아다니다   participant 참가자   reserved seat 지정석, 예약석   save 남겨두다   entrance (출)입구

---

65. What kind of event are the speakers discussing?

(A) An orientation
(B) A fundraiser
(C) An awards dinner
(D) An anniversary party

화자들은 어떤 종류의 행사에 대해 이야기하고 있는가?

(A) 오리엔테이션
(B) 모금 행사
(C) 시상식 만찬
(D) 기념일 파티

해설 화자들이 이야기하는 행사의 종류를 묻는 문제이다. 여자가 올해의 박물관 모금 행사를 계획하는 걸 도와줘서 고맙다고(thanks again for helping me plan this year's museum fundraising event) 했으므로 정답은 (B)이다.

어휘 fundraiser 모금 행사   anniversary 기념일

패러프레이징 this year's museum fundraising event ▶ fundraiser

66. According to the woman, what did participants like doing last year?

    (A) Entering a prize drawing
    (B) Meeting some performers
    (C) Taking a group photo
    (D) Watching a video

    여자의 말에 따르면, 작년에 참가자들이 무엇을 하는 것을 좋아했는가?

    (A) 경품 추첨 행사에 참가하는 것
    (B) 공연자들을 만나는 것
    (C) 단체 사진을 찍는 것
    (D) 영상을 시청하는 것

    해설 작년 참가자들이 좋아했던 것을 묻는 문제로, 질문의 키워드인 participants와 last year가 언급되는 부분에 주목한다. 여자가 가수들이 테이블 쪽으로 돌아다니며 사람들을 만나게 할 거라며(we'll have the singers go around to the tables and meet people), 작년 참가자들이 그걸 좋아했다고(The participants from last year ~ liked that) 했으므로 정답은 (B)이다.

    어휘 enter (대회 등에) 참가하다, 출전하다   prize drawing 경품 추첨   performer 공연자, 연기자

    패러프레이징 singers ▶ performers

67. Look at the graphic. Where will Mr. Miller most likely sit?

    (A) At Table 1
    (B) At Table 2
    (C) At Table 3
    (D) At Table 4

    시각 자료를 보시오. 밀러 씨는 어디에 앉을 것 같은가?

    (A) 1번 테이블에
    (B) 2번 테이블에
    (C) 3번 테이블에
    (D) 4번 테이블에

    해설 밀러 씨가 앉을 곳을 묻는 문제로, 제시된 시각 자료와 함께 질문의 키워드인 Mr. Miller가 언급되는 부분에 주목한다. 남자가 밀러 씨의 지정석이 있을지 묻자 여자가 무대 입구에서 가장 가까운 테이블에 그의 자리를 남겨두겠다고(I'll save him a seat at the table closest to the stage entrance) 했으므로 정답은 (B)이다.

[68-70] Questions 68-70 refer to the following conversation and directory.

(호)
(영)

M Good afternoon, and thank you for visiting the Natural History Museum. Do you need to buy an admission ticket?
W Actually, ⁶⁸I'm a journalist from *Science Express Magazine*. I'm supposed to interview one of your staff members about your new exhibit. My name is Kayley Lina.
M Oh, right. ⁶⁹Our site director is expecting you. I'll call him now.
W Thank you. ⁷⁰Actually, I think the gem collection would be a good background for the interview. Could he meet me there?

| First Floor: Dinosaur Fossils |
| Second Floor: Ocean World |
| Third Floor: Café and Auditorium |
| ⁷⁰ Fourth Floor: Gem Collection |

68-70번은 다음 대화와 층별 안내판에 관한 문제입니다.

남 안녕하세요, 자연사 박물관을 방문해 주셔서 감사합니다. 입장권을 구입하셔야 하나요?
여 사실, ⁶⁸저는 〈사이언스 익스프레스 매거진〉의 기자입니다. 귀사의 새로운 전시에 관해서 귀사 직원 중 한 분과 인터뷰하기로 되어 있어요. 제 이름은 카일리 리나입니다.
남 아, 맞아요. ⁶⁹저희 현장 책임자가 당신을 기다리고 있어요. 제가 지금 그에게 전화할게요.
여 감사합니다. ⁷⁰실은, 보석 컬렉션이 인터뷰의 배경으로 좋을 것 같아요. 그를 그곳에서 만날 수 있을까요?

| 1층: 공룡 화석 |
| 2층: 해양 세계 |
| 3층: 카페 및 강당 |
| ⁷⁰ 4층: 보석 컬렉션 |

어휘 admission ticket 입장권　journalist 기자, 저널리스트　exhibit 전시(품); 전시하다　director 책임자
gem 보석　collection 소장품, 컬렉션　background 배경　dinosaur 공룡　fossil 화석　auditorium 강당

68. Why did the woman visit the museum?

(A) For an equipment repair
(B) For a safety inspection
(C) For a video screening
(D) For a magazine interview

여자는 왜 박물관을 방문했는가?

(A) 장비 수리를 위해
(B) 안전 점검을 위해
(C) 비디오 상영을 위해
(D) 잡지 인터뷰를 위해

해설　여자가 박물관을 방문한 이유를 묻는 문제이다. 여자가 자신을 〈사이언스 익스프레스 매거진〉의 기자라고(I'm a journalist from *Science Express Magazine*) 소개한 후, 박물관 직원 한 명과 인터뷰하기로 되어 있다고(I'm supposed to interview one of your staff members) 방문 목적을 밝혔으므로 정답은 (D)이다.

어휘　inspection 점검, 검사　screening 상영

69. Who will the man contact?

(A) A delivery person
(B) A photographer
(C) A site director
(D) A maintenance worker

남자는 누구에게 연락할 것인가?

(A) 배달원
(B) 사진사
(C) 현장 책임자
(D) 유지보수 직원

해설　남자가 연락할 사람을 묻는 문제로, 질문의 키워드인 contact와 관련된 표현에 주목한다. 남자가 현장 책임자가 기다리고 있다며 지금 그에게 전화하겠다고(Our site director is expecting you. I'll call him now) 했으므로 정답은 (C)이다.

어휘　delivery 배달

패러프레이징　call ▶ contact

70. Look at the graphic. Where will the woman most likely go next?

(A) To the first floor
(B) To the second floor
(C) To the third floor
(D) To the fourth floor

시각 자료를 보시오. 여자는 다음에 어디로 갈 것 같은가?

(A) 1층으로
(B) 2층으로
(C) 3층으로
(D) 4층으로

해설　여자가 다음에 갈 곳을 묻는 문제로, 제시된 시각 자료와 함께 대화에서 장소를 언급한 부분에 주목한다. 여자가 보석 컬렉션이 인터뷰의 배경으로 좋겠다며(I think the gem collection would be a good background for the interview) 그곳에서 현장 책임자를 만날 수 있을지 물었다. 층별 안내판에서 보석 컬렉션은 4층에 있으므로 정답은 (D)이다.

PART 4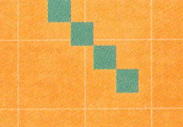

기초 학습 패러프레이징 법칙 II

본문 p.225

👉 Check-up

1 I'll show you around the factory so that you have an understanding of the production process.
당신이 생산 과정을 이해할 수 있도록 공장을 구경시켜 드릴게요.

(A) Eat lunch
(B) Go on a tour

(A) 점심 먹기
(B) 둘러보기

2 Two servers called in sick, so I'm worried we'll be understaffed tonight.
종업원 두 명이 병가를 내서, 우리가 오늘 밤 인원이 부족할까 봐 걱정돼요.

(A) Don't have much time
(B) Don't have enough workers

(A) 시간이 많이 없다
(B) 직원이 충분하지 않다

UNIT 16 전화 메시지

● 연습 문제

본문 p.232

| 1. (B) | 2. (A) | 3. (C) | 4. (B) | 5. (D) | 6. (A) | 7. (D) | 8. (A) |

1. Question 1 refers to the following telephone message.

1번은 다음 전화 메시지에 관한 문제입니다.

Hello. This is Lina Sanchez from Thompson Attorneys. Our legal team has reviewed the contract for your purchase of the Demott Building. We have a few recommended changes, so please call me back so we can discuss those further.

안녕하세요. 저는 톰슨 변호사 사무소의 리나 산체스입니다. 저희 법률 팀이 당신의 디못 빌딩 구매 건에 대한 계약서를 검토했습니다. 권고되는 몇 가지 변경 사항이 있으니, 우리가 이것에 대해 더 논의할 수 있도록 제게 다시 전화 주시기 바랍니다.

어휘 attorney 변호사 legal 법률의 review 검토하다 contract 계약(서) recommended 권고된 further 더 나아가서

What kind of business does the speaker work for?

화자는 어떤 종류의 업체에서 근무하는가?

(A) An advertising agency
(B) A law firm

(A) 광고 대행사
(B) 법률 사무소

해설 화자가 근무하는 업종을 묻는 문제로, 담화 초반부에 주목한다. 자신의 소속을 톰슨 변호사 사무소(Thompson Attorneys)라고 밝힌 뒤 자신의 법률 팀에서 계약서를 검토했다고(Our legal team has reviewed the contract) 했으므로 정답은 (B)이다.

어휘 advertising 광고, 광고업 agency 대행사, 대리점

패러프레이징 legal team ▶ law firm

2. Question 2 refers to the following telephone message.

2번은 다음 전화 메시지에 관한 문제입니다.

Hi, this is Joseph Ramsey from the Portland Hotel. We're looking for new furniture for our guest rooms, and your company came highly recommended. If you're interested in hearing about our needs, I could set up a meeting for next week.

안녕하세요, 저는 포틀랜드 호텔의 조지프 램지입니다. 저희는 객실을 위한 새 가구를 찾고 있는데요, 당신의 회사가 적극적으로 추천이 되었습니다. 저희의 요구에 관해 들어보시는 데 관심이 있으시면, 제가 다음 주로 회의 일정을 잡을 수 있습니다.

어휘 guest room 객실   come recommended 추천되다   be interested in ~에 관심이 있다   need 요구

What does the speaker **offer** to do?
(A) Arrange a meeting
(B) Send a product sample

화자는 무엇을 해주겠다고 제안하는가?
(A) 회의 일정 잡기
(B) 제품 샘플 보내기

해설 화자가 해주겠다고 제안하는 것을 묻는 문제이다. 자신들의 요구를 들어보는 데 관심이 있으면 다음 주로 회의 일정을 잡겠다고(I could set up a meeting for next week) 했으므로 정답은 (A)이다.

패러프레이징 set up ▶ arrange

3. Question 3 refers to the following recorded message.

3번은 다음 녹음 메시지에 관한 문제입니다.

Thank you for calling the Streetwise Café. We are currently closed and will reopen tomorrow at 8 A.M. This week, we are celebrating our 10th anniversary. Because of that, we're giving customers a complimentary drink with every meal purchase.

스트리트와이즈 카페에 전화 주셔서 감사합니다. 저희는 현재 영업시간이 종료되었으며 내일 오전 8시에 다시 문을 엽니다. 이번 주에, 저희는 저희의 10주년을 기념합니다. 그런 이유로, 저희는 모든 식사류 구매에 대해 고객들에게 무료 음료를 드립니다.

어휘 currently 현재, 지금   reopen 다시 문을 열다   celebrate 기념하다, 축하하다   anniversary 기념일   complimentary 무료의   meal 식사

What is the Streetwise Café **offering this week**?
(A) A special dessert
(B) A prize drawing
(C) A free beverage
(D) A musical performance

이번 주에 스트리트와이즈 카페는 무엇을 제공하는가?
(A) 특별 디저트
(B) 경품 추첨
(C) 무료 음료
(D) 음악 공연

해설 카페에서 이번 주에 제공하는 것을 묻는 문제로, 질문의 키워드인 this week이 언급되는 부분에 주목한다. 이번 주에 10주년을 기념하여 모든 식사류 구매에 대해 고객들에게 무료 음료를 준다고(we're giving customers a complimentary drink with every meal purchase) 했으므로 정답은 (C)이다.

어휘 drawing 추첨, 제비뽑기   beverage 음료

패러프레이징 complimentary drink ▶ free beverage

4.

Question 4 refers to the following telephone message.

> Hi, Rebecca. It's Manuel. I've just spoken to the investor who will visit our branch next week. I'm booking a hotel for him, but I'm wondering about the rate. What is the maximum I can spend? Please let me know. Thanks!

4번은 다음 전화 메시지에 관한 문제입니다.

> 안녕하세요, 레베카. 마누엘이에요. 제가 방금 다음 주에 우리 지사를 방문할 예정인 투자자와 얘기를 나눴어요. 제가 그를 위해 호텔을 예약하고 있는데, 요금에 대해서 궁금해서요. 제가 지출할 수 있는 최대한도가 얼마인가요? 제게 알려주세요. 고마워요!

어휘 investor 투자자   branch 지사, 지점   book 예약하다   rate 요금, 비율   maximum 최대한도; 최대의

Why is the speaker calling?

(A) To schedule a staff meeting
(B) To check a budget limit
(C) To confirm an event date
(D) To apologize for an error

화자는 왜 전화하고 있는가?

(A) 직원회의 일정을 잡기 위해
(B) 예산 한도를 확인하기 위해
(C) 행사 날짜를 확정하기 위해
(D) 실수에 대해 사과하기 위해

해설 화자가 전화한 목적을 묻는 문제이다. 자신이 지출할 수 있는 최대한도가 얼마인지(What is the maximum I can spend?) 물었으므로 정답은 (B)이다.

어휘 budget 예산   limit 한도, 한계   confirm 확정하다, 확실하게 하다   apologize for ~에 대해 사과하다

패러프레이징 maximum I can spend ▶ budget limit

[5-6]

Questions 5-6 refer to the following recorded message.

> ⁵You've reached the Flanigan Health Complex. Our center is open weekdays from 9 A.M. to 4 P.M. If you would like to make an appointment, please press 1. To leave a message for one of ⁵our doctors, please press 2. For driving directions, please press 3. In addition, ⁶we've recently changed our policy on insurance. To find out more, visit www.flaniganhealth.com.

5-6번은 다음 녹음 메시지에 관한 문제입니다.

> ⁵플래니건 보건 기관에 연결되셨습니다. 저희 센터는 평일 오전 9시부터 오후 4시까지 운영합니다. 예약을 하시려면 1번을 눌러주세요. ⁵저희 의사들 중 한 명에게 메시지를 남기시려면 2번을 눌러주세요. 운전해서 오시는 길을 알고 싶으시면 3번을 눌러주세요. 추가로, ⁶저희는 최근 보험에 대한 정책을 변경하였습니다. 더 알아보시려면, www.flaniganhealth.com을 방문하세요.

어휘 make an appointment 예약하다   directions 길 안내   in addition 추가로, 게다가   recently 최근에   policy 정책, 방침   insurance 보험

5.

Where does the speaker most likely work?

(A) At a sports arena
(B) At a bank
(C) At a hair salon
(D) At a medical center

화자는 어디서 일하는 것 같은가?

(A) 스포츠 경기장에서
(B) 은행에서
(C) 미용실에서
(D) 의료 센터에서

해설 화자가 종사하는 업종을 묻는 문제로, 담화 초반부에 집중한다. 플래니건 보건 기관(Flanigan Health Complex)이라는 이름이나 저희 의사들(our doctors)이라는 표현으로 보아 정답은 (D)이다.

어휘 arena 경기장, 공연장   medical 의료의, 의학의

패러프레이징 Health Complex ▶ medical center

6. What can the listeners do on a Web site?

   (A) Read about a policy
   (B) Print a map
   (C) Learn about staff members
   (D) View some photos

   청자들은 웹사이트에서 무엇을 할 수 있는가?

   (A) 정책에 관해 읽기
   (B) 지도 인쇄하기
   (C) 직원들에 관해 알아보기
   (D) 일부 사진 보기

   해설 청자들이 웹사이트에서 할 수 있는 것을 묻는 문제로, 웹사이트 주소가 나오는 부분에 주목한다. 최근 보험에 대한 정책을 변경했다며(we've recently changed our policy on insurance), 더 알아보려면 웹사이트를 방문하라고 했으므로(To find out more, visit ~) 정답은 (A)이다.

   어휘 learn 알게 되다, 배우다   staff member 직원   view 보다

   패러프레이징 find out ▶ read about

[7-8] Questions 7-8 refer to the following telephone message.

7-8번은 다음 전화 메시지에 관한 문제입니다.

Hi. I recently attended the Austin Film Festival, and ⁷I especially loved how you offer such a wide range of films for attendees. Would you consider adding some small local projects to next year's festival? If so, I know a lot of directors who would be interested. ⁸I can recommend someone. I'm Timothy Jones, and my number is 555-9158. Thanks!

안녕하세요. 저는 최근에 오스틴 영화제에 참석했고, ⁷당신이 참석자들을 위해 그렇게 다양한 영화를 제공하는 방식이 특히 아주 좋았습니다. 내년 축제에 몇몇 소규모 지역 프로젝트들을 추가하는 걸 고려해 주시겠어요? 그렇게 하신다면, 관심을 가질 만한 감독들을 많이 알고 있습니다. ⁸제가 누군가를 추천해드릴 수도 있습니다. 저는 티머시 존스이고, 제 번호는 555-9158입니다. 감사합니다!

어휘 a wide range of 다양한, 광범위한   attendee 참석자   consider -ing ~하는 것을 고려하다   local 지역의, 현지의   director 감독   recommend 추천하다

7. What does the speaker say about the festival?

   (A) It takes place in the summer.
   (B) It attracts many visitors.
   (C) It is in a convenient location.
   (D) It has a variety of films.

   화자는 축제에 관해 무엇이라고 말하는가?

   (A) 여름에 개최된다.
   (B) 많은 방문객들을 끌어모은다.
   (C) 편리한 위치에서 열린다.
   (D) 다양한 영화들이 있다.

   해설 화자가 축제에 관해 말한 것을 묻는 문제이다. 참석자들을 위해 그렇게 다양한 영화를 제공하는 방식이 특히 아주 좋았다고 (I especially loved how you offer such a wide range of films for attendees) 했으므로 정답은 (D)이다.

   어휘 take place 개최되다   attract 끌어들이다   convenient 편리한   location 장소, 위치   a variety of 다양한

   패러프레이징 offer such a wide range of films ▶ has a variety of films

8. What does the speaker offer to do?

   (A) Give some recommendations
   (B) Explain an advertising opportunity
   (C) Sell some used equipment
   (D) Find a site for a festival

   화자는 무엇을 해주겠다고 제안하는가?

   (A) 몇몇 추천을 해주기
   (B) 광고 기회 설명하기
   (C) 일부 중고 장비 팔기
   (D) 축제를 위한 장소 찾기

   해설 화자가 해주겠다고 제안하는 것을 묻는 문제로, 담화 후반부에서 제안 표현에 주목한다. 관심을 가질 만한 감독들을 많이 알고 있다며 누군가를 추천해줄 수도 있다고(I can recommend someone) 했으므로 정답은 (A)이다.

   어휘 give a recommendation 추천하다   opportunity 기회   used 중고의

   패러프레이징 recommend someone ▶ give some recommendations

실전 문제

1. (D) 2. (C) 3. (B) 4. (D) 5. (A) 6. (A) 7. (D) 8. (B) 9. (C) 10. (D)
11. (C) 12. (B) 13. (B) 14. (A) 15. (D)

[1-3] Questions 1-3 refer to the following recorded message.

1-3번은 다음 녹음 메시지에 관한 문제입니다.

> [1] You have reached Gateway Appliances, the area's largest retailer for home appliances. Our store is currently closed. Our business hours are daily from 9 A.M. to 8 P.M. But please note that [2] we will close four hours early, at 4 P.M., on March 8 for a staff training event. We apologize for any inconvenience this may cause. [3] If you have purchased a Camden-360 microwave and are calling about the product recall, we can offer you a replacement for free. Simply bring the defective microwave to us anytime during business hours.

> [1] 이 지역 최대 가전제품 소매점인 게이트웨이 가정용품점에 연결되셨습니다. 저희 매장은 현재 영업이 종료되었습니다. 저희 영업시간은 매일 오전 9시부터 오후 8시까지입니다. 하지만 [2] 직원 교육 행사로 인하여 3월 8일에는 4시간 일찍 오후 4시에 문을 닫는다는 점을 유념해 주시기 바랍니다. 이것이 야기할 모든 불편에 대해 사과드립니다. [3] 만약 캠든-360 전자레인지를 구매하셨는데 제품 회수 때문에 전화하시는 것이라면, 저희가 무료로 교체해 드립니다. 영업시간 중 아무 때라도 저희에게 결함 있는 전자레인지를 가지고 오십시오.

어휘 retailer 소매점 home appliances 가전제품 currently 지금, 현재 business hours 영업시간 daily 매일의 note 주의하다, 유념하다 inconvenience 불편 cause 야기하다 microwave 전자레인지 recall (결함 제품의) 회수 for free 무료로 defective 결함이 있는

1. Where does the speaker most likely work?
(A) At a clothing shop
(B) At a supermarket
(C) At a delivery firm
(D) At an appliance store

화자는 어디에서 일하는 것 같은가?
(A) 옷가게에서
(B) 슈퍼마켓에서
(C) 배송 회사에서
(D) 가정용 기기 매장에서

해설 화자가 일하는 곳을 묻는 문제로, 담화 초반부에 주목한다. 이 지역 최대 가전제품 소매점인 게이트웨이 가정용품점에 연결되었다고 (You have reached ~ retailer for home appliances) 했으므로 정답은 (D)이다.

어휘 firm 회사

패러프레이징 retailer for home appliances ▶ appliance store

2. What does the speaker say about March 8?
(A) A new product will be available.
(B) A price will increase.
(C) The business will close early.
(D) The employees will host an event.

화자는 3월 8일에 관해 무엇이라고 말하는가?
(A) 신제품을 이용할 수 있을 것이다.
(B) 가격이 인상될 것이다.
(C) 업체가 일찍 문을 닫을 것이다.
(D) 직원들이 행사를 주최할 것이다.

해설 화자가 3월 8일에 관해 말한 것을 묻는 문제로, 질문의 키워드인 March 8이 언급되는 부분에 주목한다. 직원 교육 행사로 인하여 3월 8일에는 4시간 일찍 오후 4시에 문을 닫는다고(we will close four hours early, at 4 P.M., on March 8) 했으므로 정답은 (C)이다.

어휘 available 이용할 수 있는 host 주최하다

3. According to the speaker, what does the business offer?

(A) A loyalty program
(B) A replacement product
(C) A discount
(D) A free sample

화자에 따르면, 업체는 무엇을 제공하는가?

(A) 고객 보상 프로그램
(B) 교환 제품
(C) 할인
(D) 무료 샘플

해설 업체에서 제공하는 것을 묻는 문제로, 질문의 키워드인 offer가 언급되는 부분에 주목한다. 제품 회수 때문에 전화한 것이라면 무료로 교체해 준다는(If you ~ are calling about the product recall, we can offer you a replacement for free) 말로 보아 정답은 (B)이다.

[4-6] Questions 4-6 refer to the following telephone message.

4-6번은 다음 전화 메시지에 관한 문제입니다.

⁴Hi, this is Kate Edwards from Sapphire Bookstore. You recently applied for a sales clerk position with us. I'm sorry to say that we offered the job to someone else. However, we've just had an opening for a weekend supervisor. Your résumé said that ⁵you have experience managing others. That's one of the main requirements of this role. I think you would be great for the job. So, ⁶I'd like to invite you to an interview next week. Please call me back at 555-8763 if you're interested.

⁴안녕하세요, 저는 사파이어 서점의 케이트 에드워즈입니다. 당신은 최근 저희의 판매원 자리에 지원하셨습니다. 말씀드리기 죄송하지만 그 자리는 다른 분에게 제안 드렸습니다. 하지만, 방금 주말 관리자 자리에 공석이 생겼습니다. 당신의 이력서에는 ⁵다른 사람들을 관리한 경험이 있다고 기재되어 있었습니다. ⁵그것이 이 역할의 주요 자격 요건들 중 하나입니다. 저는 당신이 이 직무에 아주 적합하실 거라고 생각합니다. 그래서, ⁶당신을 다음 주 면접에 모시고 싶습니다. 관심이 있으시다면 555-8763으로 제게 다시 전화 주시기 바랍니다.

어휘 apply for ~에 지원하다   sales clerk 판매원, 점원   position 일자리, 직위   opening 공석, 결원   supervisor 관리자   résumé 이력서   manage 관리하다   requirement 요건, 필요조건   interested 관심 있어 하는

4. Where does the speaker most likely work?

(A) At a bank
(B) At a pharmacy
(C) At a post office
(D) At a bookstore

화자는 어디에서 일하는 것 같은가?

(A) 은행에서
(B) 약국에서
(C) 우체국에서
(D) 서점에서

해설 화자가 일하는 곳을 묻는 문제이다. 담화 초반부에서 자신의 소속을 사파이어 서점(Sapphire Bookstore)이라고 밝혔으므로 정답은 (D)이다.

5. According to the speaker, what is a requirement of the job?

(A) Management experience
(B) Sales training
(C) Computer skills
(D) A business network

화자에 따르면, 직무의 자격 요건은 무엇인가?

(A) 관리 경험
(B) 영업 교육
(C) 컴퓨터 능력
(D) 사업상의 인맥

해설 화자가 말하는 직무의 자격 요건을 묻는 문제로, 질문의 키워드인 requirement가 언급되는 부분에 주목한다. 청자의 이력서에 다른 사람들을 관리한 경험이 있다고(you have experience managing others) 기재되었던 점을 언급하며, 그것이 이 역할의 주요 자격 요건 중 하나라고(That's one of the main requirements of this role) 했으므로 정답은 (A)이다.

어휘 management 관리, 경영   training 교육, 훈련

패러프레이징 experience managing others ▶ management experience

6. What does the speaker ask the listener to do?

   (A) Attend an interview
   (B) Upload a document
   (C) Send a reference letter
   (D) Read a contract

화자는 청자에게 무엇을 하라고 요청하는가?

   (A) 면접에 참석하기
   (B) 문서 업로드하기
   (C) 추천서 보내기
   (D) 계약서 읽기

해설 화자가 요청하는 것을 묻는 문제이다. 담화 후반부에서 청자를 다음 주 면접에 모시고 싶다고(I'd like to invite you to an interview next week) 했으므로 정답은 (A)이다.

어휘 attend 참석하다   reference letter 추천서   contract 계약(서)

[7-9] Questions 7-9 refer to the following recorded message.

7-9번은 다음 녹음 메시지에 관한 문제입니다.

Thank you for calling the Houston Fitness Center. **7 During the first two weeks of April, our Charleston Street location will be closed.** This will allow us to complete a much-needed renovation project. We apologize for any inconvenience this may cause. Members are reminded that they can use any Houston Fitness Center branch. **8 The street addresses of each one are posted on our Web site. 9 You can also attend a class at no additional cost. Simply show your membership card to the instructor at the start of the class.**

휴스턴 피트니스 센터에 전화 주셔서 감사합니다. **7** 4월의 첫 2주 동안, 저희 찰스턴가 지점이 문을 닫을 예정입니다. 이것은 저희로 하여금 크게 필요했던 보수 작업을 완료할 수 있게 해줄 것입니다. 이것이 야기할 모든 불편에 대해 사과 드립니다. 회원들은 휴스턴 피트니스 센터의 어느 지점이든 이용하실 수 있다는 점을 다시 한번 알려드립니다. **8** 각 지점의 거리 주소는 저희 웹사이트에 게시되어 있습니다. **9** 여러분은 또한 추가 비용 없이 수업에 참석하실 수 있습니다. 수업이 시작할 때 강사에게 회원 카드를 보여주시기만 하십시오.

어휘 location 장소, 위치   allow 가능하게 하다   complete 완료하다, 끝마치다   much-needed 크게 필요한   renovation 수리   remind 상기시키다, 일깨우다   branch 지점, 지사   post 게시하다   additional 추가의   cost 비용   instructor 강사

---

7. What is the main topic of the message?

   (A) A change in ownership
   (B) A fitness goal
   (C) An upcoming fundraiser
   (D) A temporary closure

메시지의 주제는 무엇인가?

   (A) 소유권 변경
   (B) 신체 단련 목표
   (C) 다가오는 모금 행사
   (D) 임시 폐쇄

해설 메시지의 주제를 묻는 문제로, 담화 초반부에 주목한다. 4월의 첫 2주 동안 찰스턴가 지점이 문을 닫을 예정이라고(During the first two weeks of April, our Charleston Street location will be closed) 했으므로 정답은 (D)이다.

어휘 ownership 소유(권)   fitness 신체 단련, 건강   upcoming 다가오는, 곧 있을   fundraiser 모금 행사   temporary 임시의   closure 폐쇄

패러프레이징 will be closed ▶ closure

---

8. According to the speaker, what can be found on a Web site?

   (A) Reviews
   (B) Addresses
   (C) Schedules
   (D) Coupons

화자의 말에 따르면, 웹사이트에서 무엇을 찾을 수 있는가?

   (A) 후기
   (B) 주소
   (C) 일정
   (D) 쿠폰

해설 웹사이트에서 찾을 수 있는 것을 묻는 문제로, 질문의 키워드인 Web site가 언급되는 부분에 주목한다. 각 지점의 거리 주소가 웹사이트에 게시되어 있다고(The street addresses of each one are posted on our Web site) 했으므로 정답은 (B)이다.

9. How can the listeners participate in a class?

(A) By making a payment
(B) By calling the business
(C) By presenting a card
(D) By completing an online form

청자들은 어떻게 수업에 참여할 수 있는가?

(A) 대금을 지불함으로써
(B) 업체에 전화함으로써
(C) 카드를 제시함으로써
(D) 온라인 양식을 작성함으로써

> **해설** 청자들이 수업에 참여할 수 있는 방법을 묻는 문제로, 질문의 키워드인 class가 언급되는 부분에 주목한다. 추가 비용 없이 수업에 참석할(attend a class) 수 있다면서, 수업이 시작할 때 강사에게 회원 카드를 보여주기만 하라고(Simply show your membership card to the instructor at the start of the class) 했으므로 정답은 (C)이다.

> **어휘** participate in ~에 참여하다   present 제시하다, 주다

> **패러프레이징** show your membership card ▶ presenting a card

[10-12] Questions 10-12 refer to the following telephone message.

10-12번은 다음 전화 메시지에 관한 문제입니다.

Hello, this message is for Mark Thompson. This is Paul, one of the event coordinators for the Building Contractors Trade Show. Thank you for signing up for a booth for this event. ¹⁰ I got your message asking for a booth near an entrance because you have large construction equipment to bring in. ¹¹ I completely understand your situation, so your booth will be near the rear doors. Also, ¹² don't forget that you will need the parking pass I sent you. Just put it in your vehicle's front windshield.

안녕하세요, 이 메시지는 마크 톰슨 씨에게 남기는 것입니다. 저는 건설업자 무역 박람회의 행사 책임자 중 한 명인 폴입니다. 이번 행사의 부스를 신청해 주셔서 감사합니다. ¹⁰ 반입하실 대형 건설 장비가 있기 때문에 입구 근처의 부스를 요청하신 당신의 메시지를 받았습니다. ¹¹ 저는 당신의 상황을 충분히 이해하므로, 당신의 부스는 뒷문 근처가 될 것입니다. 또한, ¹² 제가 보내드린 주차권이 필요할 것임을 잊지 마세요. 그것을 당신의 차량 앞 유리에 두기만 하면 됩니다.

> **어휘** coordinator (기획·진행 따위의) 책임자, 조정자   building contractor 건설업자   trade show 무역 박람회   sign up for ~을 신청하다   entrance (출)입구   construction equipment 건설 장비   bring in 들여오다   completely 완전히, 전적으로   rear 뒤쪽의   parking pass 주차권   windshield (자동차 앞면의) 유리

---

10. What kind of product does the listener's company sell?

(A) Building paint
(B) Safety gear
(C) Wood and metal
(D) Construction machinery

청자의 회사는 어떤 종류의 제품을 판매하는가?

(A) 건설용 페인트
(B) 안전 장비
(C) 목재 및 금속
(D) 건설 기계

> **해설** 청자의 회사에서 판매하는 제품을 묻는 문제이다. 박람회에 반입할 대형 건설 장비가 있어서 입구 근처의 부스를 요청했다는(asking for a booth near an entrance because you have large construction equipment to bring in) 내용으로 보아 정답은 (D)이다.

> **어휘** safety 안전(성)   gear 장비, 복장

> **패러프레이징** equipment ▶ machinery

---

11. Why does the speaker say, "your booth will be near the rear doors"?

(A) To explain an error
(B) To emphasize a safety policy
(C) To agree to a request
(D) To request some help

화자는 왜 "당신의 부스는 뒷문 근처가 될 것입니다"라고 말하는가?

(A) 실수를 해명하기 위해
(B) 안전 정책을 강조하기 위해
(C) 요청에 응하기 위해
(D) 도움을 요청하기 위해

해설 화자가 한 말의 의도를 묻는 문제로, 제시된 문장의 앞뒤 문맥에 주목한다. 청자의 상황을 충분히 이해한다면서(I completely understand your situation) 제시된 문장을 덧붙인 것은 앞서 언급한 청자의 요구를 들어주겠다는 의미이므로 정답은 (C)이다.

어휘 emphasize 강조하다 policy 정책, 방침 agree to ~에 응하다

12. What does the speaker remind the listener to use?

(A) A discount voucher
(B) A parking pass
(C) An admission ticket
(D) A photo ID

화자는 청자에게 무엇을 사용할 것을 상기시키는가?

(A) 할인권
(B) 주차권
(C) 입장권
(D) 사진이 부착된 신분증

해설 화자가 청자에게 사용하라고 상기시킨 것을 묻는 문제이다. 보내준 주차권이 필요할 거라는 것을 잊지 말라고(don't forget that you will need the parking pass I sent you) 했으므로 정답은 (B)이다.

어휘 remind 상기시키다, 일깨우다 voucher 할인권, 상품권 admission 입장

[13-15] Questions 13-15 refer to the following telephone message and layout.

13-15번은 다음 전화 메시지와 배치도에 관한 문제입니다.

Good morning. This is Jerry Evans from Corbin Realty. ¹³ **We've booked a meeting room for a colleague's retirement party this Saturday.** A cake will be delivered in the afternoon, and we'd like that placed on a small stand. I've checked the room layout, and ¹⁴ **I think we should put the cake by the entrance, next to the table that is closest to the buffet.** ¹⁵ **I'll also be bringing some banners to hang up**, so I hope I can borrow a ladder. Thanks a lot!

안녕하세요. 저는 코빈 부동산의 제리 에반스입니다. ¹³ 저희는 이번 토요일 동료 직원의 퇴직 기념 파티를 위해 회의실을 예약했습니다. 케이크는 오후에 배달될 것이고, 저희는 그것이 작은 스탠드 위에 놓였으면 좋겠습니다. 제가 그 방의 배치도를 확인했는데요, ¹⁴ 케이크를 입구 쪽, 뷔페에 가장 가까운 테이블 바로 옆에 놓아야 할 것 같습니다. ¹⁵ 저는 또한 현수막을 좀 가져와서 걸려고 하니 사다리를 빌릴 수 있기를 바랍니다. 대단히 고맙습니다!

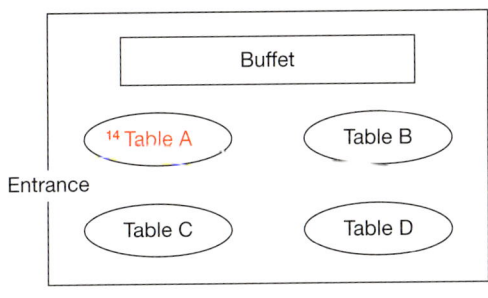

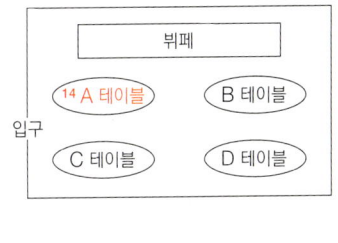

어휘 realty 부동산 book 예약하다 colleague 직장 동료 layout 배치(도), 레이아웃 entrance 입구, 문 buffet 뷔페 banner 현수막, 플래카드 hang up 걸다 borrow 빌리다

13. What is scheduled for Saturday?

(A) A fundraising banquet
(B) A retirement party
(C) A training session
(D) A welcome reception

토요일에 무엇이 예정되어 있는가?

(A) 모금 연회
(B) 퇴직 기념 파티
(C) 교육
(D) 환영 만찬

해설 토요일에 예정된 일을 묻는 문제로, 질문의 키워드인 Saturday가 언급되는 부분에 주목한다. 이번 토요일 동료 직원의 퇴직 기념 파티를 위해 회의실을 예약했다고(We've booked a meeting room for a colleague's retirement party this Saturday) 했으므로 정답은 (B)이다.

어휘 fundraising 모금, 자금 조달 banquet 연회

14. Look at the graphic. Where does the speaker want the cake placed?

(A) Next to Table A
(B) Next to Table B
(C) Next to Table C
(D) Next to Table D

시각 자료를 보시오. 화자는 케이크를 어디에 두고 싶어 하는가?

(A) A 테이블 옆에
(B) B 테이블 옆에
(C) C 테이블 옆에
(D) D 테이블 옆에

> 해설 화자가 케이크를 두고 싶어 하는 위치를 묻는 문제로, 제시된 시각 자료와 함께 케이크의 위치에 관해 언급되는 부분에 주목한다. 케이크를 입구 쪽, 뷔페에 가장 가까운 테이블 바로 옆에 놓아야 할 것 같다고(we should put the cake by the entrance, next to the table that is closest to the buffet) 했으므로 정답은 (A)이다.

15. What will the speaker bring to the place?

(A) Some dishes
(B) Some lights
(C) Some flowers
(D) Some banners

화자는 장소에 무엇을 가져갈 것인가?

(A) 요리
(B) 등
(C) 꽃
(D) 현수막

> 해설 화자가 장소로 가져갈 것을 묻는 문제로, 질문의 키워드인 bring이 언급되는 부분에 주목한다. 현수막을 가져가서 걸려고 한다고(I'll also be bringing some banners to hang up) 했으므로 정답은 (D)이다.

UNIT 17 공지

● 연습 문제

본문 p.242

| 1. (B) | 2. (B) | 3. (D) | 4. (B) | 5. (C) | 6. (A) | 7. (D) | 8. (D) |

1. Question 1 refers to the following announcement.

(미)

> Next, I'd like to explain our new initiative. Hiring staff members with a lot of experience is now our company's top priority. So, please check the career background of all applicants carefully. This will help us reach our goal.

1번은 다음 공지에 관한 문제입니다.

다음으로, 우리의 새로운 계획을 설명하려고 합니다. 경험이 많은 직원들을 고용하는 것이 이제 우리 회사의 최우선 과제입니다. 그러므로 모든 지원자들의 경력을 신중하게 확인하시기 바랍니다. 이것은 우리가 우리의 목표를 달성하도록 도울 것입니다.

> 어휘 initiative (새로운) 계획 top priority 최우선 (과제) career background 경력 applicant 지원자, 신청자 reach a goal 목표를 달성하다

According to the speaker, what is their top priority?

(A) Improving product sales
(B) Hiring experienced employees

화자의 말에 따르면, 그들의 최우선 과제는 무엇인가?

(A) 제품 판매를 증진하는 것
(B) 경험 있는 직원들을 고용하는 것

> 해설 화자가 말한 최우선 과제를 묻는 문제로, 질문의 키워드인 top priority가 언급되는 부분에 주목한다. 경험이 많은 직원들을 고용하는 것이 회사의 최우선 과제라고(Hiring staff members with a lot of experience is now our company's top priority) 했으므로 정답은 (B)이다.

> 어휘 improve 증진하다, 개선하다 experienced 경험이 있는, 능숙한

> 패러프레이징 staff members with a lot of experience ▶ experienced employees

2. Question 2 refers to the following announcement.

2번은 다음 공지에 관한 문제입니다.

> Attention, shoppers. The Westfield Shopping Center is hosting the annual Summer Career Fair on Friday, June 5. You can find out about job openings in the area. Admission is free, so we hope that you will check it out.

> 쇼핑객 여러분, 주목해 주십시오. 웨스트필드 쇼핑센터는 6월 5일 금요일에 연례 여름 취업 박람회를 주최합니다. 여러분은 지역 내의 일자리에 대해 알아보실 수 있습니다. 입장은 무료이니 확인해 보시기 바랍니다.

어휘 attention 주목, 주의 (집중)   host 주최하다   annual 연례의   career fair 취업 박람회   job opening 일자리 공석   admission 입장

What is being announced?

(A) A concert
(B) A career fair

무엇이 공지되고 있는가?

(A) 콘서트
(B) 취업 박람회

해설 공지 주제를 묻는 문제이다. 웨스트필드 쇼핑센터에서 연례 여름 취업 박람회를 주최한다고(The Westfield Shopping Center is hosting the annual Summer Career Fair) 알린 후, 관련 정보를 전달하고 있으므로 정답은 (B)이다.

3. Question 3 refers to the following announcement.

3번은 다음 공지에 관한 문제입니다.

> As you know, we will have a welcome party on April 7 for Pam Reynolds, our newest team member. I'm sure you all have great advice about working here. So, please be ready to say a few brief comments at the party. Thanks.

> 여러분도 아시다시피, 우리 팀에 가장 최근에 들어온 팀원인 팸 레이놀즈를 위해 4월 7일에 환영 파티를 할 것입니다. 분명히 여러분 모두 이곳에서 일하는 것에 관해 훌륭한 조언을 갖고 계시리라 생각합니다. 그러니, 파티에서 간단하게 몇 마디 말할 준비를 해주시기 바랍니다. 감사합니다.

어휘 welcome party 환영회   advice 조언, 충고   be ready to ~할 준비가 되다   brief 짧은, 간단한   comment 언급

What are the listeners encouraged to do?

(A) Take some notes
(B) Purchase a gift
(C) Sign a card
(D) Share their advice

청자들은 무엇을 하라고 권고받는가?

(A) 메모하기
(B) 선물 구매하기
(C) 카드에 서명하기
(D) 그들의 조언을 공유하기

해설 청자들이 권고받는 일을 묻는 문제이다. 이곳에서 일하는 것에 관한 훌륭한 조언(great advice about working here)이 있을 것이라며, 파티에서 몇 마디 말할 준비를 하라고(please be ready to say a few brief comments at the party) 했으므로 정답은 (D)이다.

패러프레이징 say a few brief comments ▶ share their advice

4. Question 4 refers to the following announcement.

4번은 다음 공지에 관한 문제입니다.

> Attention all staff members! The floor in the west wing locker room will be repaired, so that area will be closed today. You should allow for additional time when using the east wing locker room as it will be busier than usual.

> 모든 직원 여러분 주목하세요! 서관 탈의실 바닥이 보수될 예정이어서, 그 구역이 오늘 폐쇄됩니다. 여러분은 동관 탈의실을 이용할 때 시간이 더 걸릴 것을 감안해야 하는데, 이곳이 평소보다 더 혼잡할 것이기 때문입니다.

어휘 locker room 탈의실   allow for ~을 감안하다, 고려하다   additional 추가의   than usual 평소보다

Why should some listeners **allow for extra time**?

(A) A machine is not working.
(B) A floor is being repaired.
(C) Some staff members are absent.
(D) Some events have been canceled.

일부 청자들이 시간이 더 걸릴 것을 감안해야 하는 이유는 무엇인가?

(A) 기계가 작동하지 않는다.
(B) 바닥이 보수될 것이다.
(C) 몇몇 직원들이 결근했다.
(D) 일부 행사가 취소되었다.

> **해설** 청자들이 시간이 더 걸릴 것을 감안해야 하는 이유를 묻는 문제로, 질문의 키워드인 extra time에 해당하는 additional time이 언급되는 부분에 주목한다. 서관 탈의실 바닥이 보수될 예정이라서(The floor in the west wing locker room will be repaired) 동관 탈의실을 이용할 때 시간이 더 걸릴 것임을 감안하라고(You should allow for additional time) 했으므로 정답은 (B)이다.

> **어휘** extra 추가의   cancel 취소하다

[5-6] Questions 5-6 refer to the following talk.

5-6번은 다음 담화에 관한 문제입니다.

(미)

> Good morning. I'd like to talk about a new service that I think ⁵ our patients will love, a 3D scanning device. Now ⁵ our eye doctors will be able to make a thorough examination. This will lead to the early detection of problems. ⁶ The machine will be delivered next week. So, I'll show you how to set it up and operate it.

> 안녕하세요. ⁵ 우리 환자들이 아주 좋아할 것 같은 새로운 서비스인 3D 스캐닝 장치에 대해서 말씀드리고 싶습니다. 이제 ⁵ 우리 안과 의사들은 정밀 검사를 할 수 있을 것입니다. 이는 문제를 조기에 발견하게 해줄 것입니다. ⁶ 기계는 다음 주에 배달될 예정입니다. 그래서, 제가 여러분께 그것을 설치하고 작동하는 법을 보여드릴 예정입니다.

> **어휘** patient 환자   device 장치, 기구   make an examination 검사하다, 조사하다   thorough 철저한, 면밀한   lead to (결과적으로) ~하게 되다, ~에 이르다   detection 발견, 탐지   operate 작동하다, 조작하다

5. **Where** most likely are the listeners?

(A) At a print shop
(B) At a fitness center
(C) At an eye clinic
(D) At a business institute

청자들은 어디에 있을 것 같은가?

(A) 인쇄소에
(B) 헬스장에
(C) 안과 병원에
(D) 기업 연구소에

> **해설** 담화 장소를 묻는 문제이다. 우리 환자들(our patients), 우리 안과 의사들(our eye doctors)과 같은 표현으로 보아 정답은 (C)이다.

> **어휘** institute 연구소, 기관

6. **What** will the speaker **do next week**?

(A) Give a demonstration
(B) Discuss survey results
(C) Announce a promotion
(D) Pay some employee bonuses

화자는 다음 주에 무엇을 할 것인가?

(A) 시연하기
(B) 설문 조사 결과 논의하기
(C) 승진 발표하기
(D) 일부 직원 보너스 지급하기

> **해설** 화자가 다음 주에 할 일을 묻는 문제로, 질문의 키워드인 next week이 언급되는 부분에 주목한다. 기계가 다음 주에 배달된다면서(The machine will be delivered next week), 그것을 설치하고 작동하는 법을 보여주겠다고(I'll show you how to set it up and operate it) 했으므로 정답은 (A)이다.

> **어휘** survey (설문) 조사   result 결과   promotion 승진, 홍보

> **패러프레이징** show you how to set it up and operate it ▶ give a demonstration

[7-8] Questions 7-8 refer to the following announcement.

7-8번은 다음 공지에 관한 문제입니다.

> Attention, everyone. ⁷Flight 730 to Toronto has been delayed due to a minor mechanical problem. Our team is working on the issue, but it could take several hours. We do have a few seats left on a different flight to Toronto. ⁸If you would like to be rebooked on this flight, please come to the ticket counter and present your passport.

모두 주목해 주십시오. ⁷토론토행 730 항공편이 작은 기계적 문제로 인해 지연되었습니다. 저희 팀이 이 문제의 해결을 위해 애쓰고 있지만, 몇 시간이 걸릴 수도 있습니다. 저희에게는 토론토로 가는 다른 항공편에 몇 개의 좌석이 남아 있습니다. ⁸이 항공편으로 다시 예약하고 싶으시면, 매표창구로 오셔서 여권을 제시해 주시기 바랍니다.

어휘 delay 지연시키다, 연기하다 minor 작은, 중요하지 않은 mechanical 기계의 work on ~에 애쓰다 issue 문제 rebook 다시 예약하다 present 제시하다, 보여주다 passport 여권

7. Why is the airplane delayed?
(A) There is bad weather in the area.
(B) Some bags have not been loaded.
(C) There was a scheduling error.
(D) It has a mechanical problem.

비행기는 왜 지연되었는가?
(A) 지역의 날씨가 안 좋다.
(B) 일부 가방이 실리지 않았다.
(C) 일정 계획에 착오가 있었다.
(D) 기계적인 문제가 있다.

해설 비행기가 지연된 이유를 묻는 문제로, 질문의 키워드인 delayed가 언급되는 부분에 주목한다. 토론토행 730 항공편이 작은 기계적 문제로 인해 지연되었다고(Flight 730 to Toronto has been delayed due to a minor mechanical problem) 했으므로 정답은 (D)이다.

어휘 load 싣다 scheduling 일정 계획 error 착오, 실수

8. What should some listeners show to the staff?
(A) An electronic device
(B) A carry-on bag
(C) A receipt
(D) A passport

일부 청자들은 직원에게 무엇을 보여주어야 하는가?
(A) 전자 기구
(B) 기내용 가방
(C) 영수증
(D) 여권

해설 청자들이 직원에게 보여주어야 하는 것을 묻는 문제로, 질문의 키워드인 show에 해당하는 present가 언급되는 부분에 주목한다. 항공편을 다시 예약하고 싶으면 매표창구로 와서 여권을 제시하라고(please come to the ticket counter and present your passport) 했으므로 정답은 (D)이다.

어휘 electronic 전자의 device 장치, 기구 carry-on 비행기 안에 가지고 들어갈 수 있는

● **실전 문제**   본문 p.244

| 1. (D) | 2. (B) | 3. (B) | 4. (A) | 5. (D) | 6. (A) | 7. (D) | 8. (C) | 9. (D) | 10. (D) |
| 11. (A) | 12. (B) | 13. (C) | 14. (C) | 15. (A) | | | | | |

[1-3] Questions 1-3 refer to the following talk. 1-3번은 다음 담화에 관한 문제입니다.

호

> ¹ I'm pleased to inform you about a new benefit that will be available to all reporters here at *Economic Examiner Magazine*. We understand that you do a lot of traveling to other cities to cover important events. Using public transportation can be difficult, so we're purchasing an Auto-Go membership for each of you. ² With your membership, you'll be able to rent a car in any major city, and it will even be dropped off at your preferred location. ³ A representative from Auto-Go will be here tomorrow to help you fill out the form you need for registration.

> ¹ 여러분에게 이곳 〈경제 심사원 잡지〉의 모든 기자들이 이용할 수 있게 될 새로운 혜택에 대해 알려드리게 되어 기쁩니다. 우리는 여러분이 중요한 행사를 취재하기 위해 다른 도시로 많이 이동한다는 것을 알고 있습니다. 대중교통을 이용하는 것이 힘들 수 있으므로, 여러분 각자에게 오토-고 회원권을 구매해드릴 것입니다. ² 회원권으로 여러분은 모든 주요 도시에서 차를 빌릴 수 있게 되며, 심지어 여러분이 선호하는 장소에 차량을 가져다 놓아줄 것입니다. ³ 오토-고 사의 직원이 내일 이곳으로 와서 등록에 필요한 서식을 작성하는 것을 도와줄 것입니다.

어휘 be pleased to ~하게 되어 기쁘다 inform 알리다, 통지하다 benefit 혜택, 이득 economic 경제의 examiner 심사원, 조사관 cover 취재하다, 다루다 public transportation 대중교통 drop off (물건을) 내려놓다, 맡기다 preferred 선호되는 location 장소 representative 직원, 대리인 fill out 작성하다 registration 등록

1. Who most likely are the listeners? 청자들은 누구일 것 같은가?

(A) Mechanics (A) 정비공
(B) Graphic designers (B) 그래픽 디자이너
(C) Musicians (C) 음악가
(D) Journalists **(D) 기자**

해설 청자들을 묻는 문제로, 담화 초반부에 집중한다. 이곳 〈경제 심사원 잡지〉의 모든 기자들(all reporters here at *Economic Examiner Magazine*)이 이용할 수 있게 될 새로운 혜택에 대해 알려주게 되어 기쁘다고 했으므로 정답은 (D)이다.

패러프레이징 reporters ▶ journalists

2. What can the listeners do with the membership? 청자들은 회원권으로 무엇을 할 수 있는가?

(A) Join group tours (A) 단체 관광 함께 하기
(B) Rent vehicles **(B) 차량 빌리기**
(C) Download images (C) 이미지 내려받기
(D) Receive airline discounts (D) 항공사 할인 받기

해설 회원권으로 할 수 있는 것을 묻는 문제로, 질문의 키워드인 membership이 언급되는 부분에 주목한다. 회원권으로 주요 도시에서 차를 빌릴 수 있다고(With your membership, you'll be able to rent a car in any major city) 했으므로 정답은 (B)이다.

어휘 join 함께 하다, 합류하다 airline 항공사 discount 할인

패러프레이징 car ▶ vehicles

3. What will the listeners do tomorrow? 청자들은 내일 무엇을 할 것인가?

(A) Watch an instructional video (A) 교육 영상 시청하기
(B) Complete a registration form **(B) 등록 서식 작성하기**
(C) Receive a membership card (C) 회원 카드 받기
(D) Visit another company (D) 다른 회사 방문하기

해설 청자들이 내일 할 일을 묻는 문제로, 질문의 키워드인 tomorrow가 언급되는 부분에 주목한다. 오토-고 사의 직원이 내일 이곳으로 와서 등록에 필요한 서식 작성을 도와줄 거라고(A representative from Auto-Go will be here tomorrow to help you fill out the form you need for registration) 했으므로 정답은 (B)이다.

어휘 instructional 교육용의

패러프레이징 fill out the form you need for registration ▶ complete a registration form

[4-6] Questions 4-6 refer to the following announcement.

4-6번은 다음 공지에 관한 문제입니다.

> May I have your attention, please. **4/5 I'm sorry to announce that we will have to cancel the rest of the concert. Unfortunately, some of our stage lights will not turn on.** This is making it difficult for the musicians to read the music. It also means that you are not able to enjoy the performance as it was intended. We hope to have the issue resolved before the next show. **6 In the meantime, please present your tickets to the box office to receive two free tickets for a future show.** We sincerely apologize for the inconvenience.

주목해 주세요. **4/5 저희가 남은 콘서트를 취소해야 할 것임을 알려드리게 되어 죄송합니다. 유감스럽게도, 우리 무대 조명 중 일부가 켜지지 않습니다.** 이것이 연주자들이 악보를 읽기 힘들게 만들고 있습니다. 또한 이것은 여러분이 공연을 의도되었던 대로 즐기실 수 없다는 것을 의미합니다. 저희는 다음 공연 전에 이 문제가 해결되기를 바랍니다. **6 그러는 동안, 여러분의 표를 매표소에 제시하여 향후 공연에 대한 무료 표를 두 장 받으시기 바랍니다.** 불편에 대해 진심으로 사과드립니다.

어휘 rest 나머지 unfortunately 유감스럽게도, 불행하게도 music 악보, 음악, 곡 performance 공연, 연주회 intended 의도된, 계획된 resolve 해결하다 in the meantime 그 동안에 box office 매표소 sincerely 진심으로 inconvenience 불편

4. Where is the announcement most likely taking place?

(A) At a concert hall
(B) At a history museum
(C) At a department store
(D) At a swimming pool

공지는 어디에서 이루어지고 있는 것 같은가?

(A) 콘서트장에서
(B) 역사 박물관에서
(C) 백화점에서
(D) 수영장에서

해설 공지 장소를 묻는 문제로, 담화 초반부에 주목한다. 남은 콘서트를 취소해야 한다는(we will have to cancel the rest of the concert) 것을 알리고 있으므로 (A)가 정답이다.

5. Why does the speaker make an apology?

(A) An event started late.
(B) A sound system is broken.
(C) Some participants are absent.
(D) Some lights are not working.

화자는 왜 사과하는가?

(A) 행사가 늦게 시작했다.
(B) 음향 시스템이 고장 났다.
(C) 일부 참가자가 부재중이다.
(D) 일부 조명이 작동하지 않고 있다.

해설 화자가 사과하는 이유를 묻는 문제로, 질문의 키워드인 apology를 나타내는 사과 표현이 언급되는 부분에 주목한다. 콘서트를 중단하게 되어 죄송하다며(I'm sorry) 무대 조명 중 일부가 켜지지 않는다고(some of our stage lights will not turn on) 했으므로 정답은 (D)이다.

어휘 make an apology 사과하다 broken 고장 난, 부러진 participant 참가자 work 작동하다

패러프레이징 some of our stage lights will not turn on ▶ some lights are not working

6. What will be given to the listeners?

(A) Complimentary tickets
(B) Refreshments
(C) Parking passes
(D) Promotional brochures

청자들은 무엇을 받게 될 것인가?

(A) 무료 표
(B) 다과
(C) 주차권
(D) 홍보용 소책자

해설 청자들이 받게 될 것을 묻는 문제이다. 청자들의 표를 매표소에 제시하여 향후 공연에 대한 무료 표를 두 장 받으라고(please present your tickets ~ to receive two free tickets for a future show) 했으므로 정답은 (A)이다.

어휘 complimentary 무료의   promotional 홍보의, 판촉의

패러프레이징 free ▶ complimentary

[7-9] Questions 7-9 refer to the following talk.

7-9번은 다음 담화에 관한 문제입니다.

> ⁷ The next thing I'd like to discuss at this meeting is the training for the new packaging machine. We want to make sure everyone knows how to use it safely. Therefore, we're holding a three-hour workshop on June 17 for all employees. ⁸ I know that may seem like a long time, but the user manual is quite in-depth. It's nearly a hundred pages long. ⁹ We'll need some help setting up for the training. If you'd like to volunteer, please talk to Marlene in the HR department. Thanks.

> ⁷ 다음으로 이번 회의에서 제가 논의하고 싶은 것은 새로운 포장 기계에 관한 교육입니다. 우리는 반드시 모든 분들이 이것을 안전하게 사용하는 방법을 숙지하도록 하고 싶습니다. 따라서, 우리는 전 직원을 대상으로 6월 17일에 3시간짜리 워크숍을 열 것입니다. ⁸ 그것이 긴 시간처럼 보일 수 있다는 걸 알지만, 사용자 설명서가 매우 상세합니다. 거의 100페이지 분량입니다. ⁹ 우리는 교육을 위한 준비에 도움이 좀 필요합니다. 자원하고 싶으시면 인사부의 마를렌에게 이야기해 주세요. 감사합니다.

어휘 training 교육, 훈련   packaging 포장   safely 안전하게   user manual 사용자 설명서   in-depth 상세한, 면밀한   nearly 거의   volunteer 자원하다; 자원 봉사자   HR department 인사부

7. What is the main topic of the talk?

   (A) A delivery policy
   (B) A payment structure
   (C) A new employee
   (D) A training session

   담화의 주제는 무엇인가?

   (A) 배송 정책
   (B) 지급 구조
   (C) 신입 직원
   (D) 교육

   해설 담화의 주제를 묻는 문제로, 담화 초반부에 주목한다. 다음으로 이번 회의에서 논의하고 싶은 것은 새로운 포장 기계에 관한 교육(training for the new packaging machine)이라고 밝혔으므로 정답은 (D)이다.

   어휘 policy 정책, 방침

8. Why does the speaker say, "It's nearly a hundred pages long"?

   (A) To suggest a deadline extension
   (B) To thank the listeners
   (C) To explain a decision
   (D) To reject a purchase

   화자는 왜 "거의 100페이지 분량입니다"라고 말하는가?

   (A) 마감 기한 연장을 제안하기 위해
   (B) 청자들에게 감사하기 위해
   (C) 결정에 대한 이유를 대기 위해
   (D) 구매를 거절하기 위해

   해설 화자가 한 말의 의도를 묻는 문제로, 제시된 문장의 앞뒤 문맥에 주목한다. 워크숍이 열리는 3시간이 긴 시간 같겠지만 사용자 설명서가 매우 상세하다면서(I know that may seem like a long time, but the user manual is quite in-depth) 제시된 문장을 덧붙였다. 이는 설명서의 내용이 많아서 3시간짜리 워크숍을 열기로 결정했음을 설명하기 위한 의도임을 알 수 있으므로 정답은 (C)이다.

   어휘 deadline 마감 기한   extension 연장, 확대   explain 이유를 대다   reject 거절하다

9. **Why** should some listeners **talk** to Marlene?

(A) To share some feedback
(B) To get a copy of a schedule
(C) To request a uniform
(D) To volunteer for a task

일부 청자들은 왜 마를렌에게 이야기해야 하는가?

(A) 의견을 공유하기 위해
(B) 일정표 사본을 얻기 위해
(C) 유니폼을 요청하기 위해
(D) 어떤 일에 자원하기 위해

> **해설** 청자들이 마를렌에게 이야기해야 하는 이유를 묻는 문제로, 질문의 키워드인 Marlene이 언급되는 부분에 주목한다. 교육을 위한 준비(setting up for the training)에 자원하고 싶으면 인사부의 마를렌에게 이야기하라(If you'd like to volunteer, please talk to Marlene in the HR department) 했으므로 정답은 (D)이다.

> **어휘** task 일, 과업

> **패러프레이징** setting up for the training ▶ task

[10-12] Questions 10-12 refer to the following announcement.

10-12번은 다음 공지에 관한 문제입니다.

> Attention, all passengers. **¹⁰ Starting from tomorrow, we will shut down the western section of the bus station.** With fewer buses running this season, we have enough space for departures in the other areas. **¹¹ The change will allow us to use less energy** because we will not have to heat that part of the building. Since your bus may be leaving from a different spot than usual, **¹² we suggest that you check our digital departure board for the most up-to-date information.**

> 모든 승객분들께서는 주목해 주십시오. ¹⁰ 내일부터, 버스 터미널의 서쪽 구역을 폐쇄할 것입니다. 이번 시즌 운행하는 버스가 더 적어져서, 다른 구역에 충분한 출발 공간이 있습니다. 건물의 그 부분을 난방할 필요가 없게 될 것이므로 ¹¹ 이번 변경은 저희가 에너지를 덜 사용하게 해줄 것입니다. 여러분이 이용하는 버스가 평소와 다른 장소에서 출발할 수도 있으므로, ¹² 저희는 여러분이 가장 최신 정보를 위해 출발 안내 디지털 전광판을 확인하실 것을 제안 드립니다.

> **어휘** passenger 승객   shut down 폐쇄하다, 닫다   section 구역, 부분   bus station 버스 터미널
> run (버스·기차 등이) 운행하다   departure 출발   heat 뜨겁게 하다, 데우다   spot (특정) 장소, 지점
> departure board 출발 안내 전광판   up-to-date 최신의

10. **Where** is the announcement most likely being **heard**?

(A) At a taxi company
(B) At an airport
(C) At a train station
(D) At a bus station

공지는 어디에서 들리고 있는 것 같은가?

(A) 택시 회사에서
(B) 공항에서
(C) 기차역에서
(D) 버스 터미널에서

> **해설** 공지 장소를 묻는 문제로, 담화 초반부에 주목한다. 내일부터 버스 터미널의 서쪽 구역을 폐쇄한다고(we will shut down the western section of the bus station) 한 후, 이에 대해 설명을 이어가고 있다. 따라서 버스 터미널에서 승객들을 대상으로 하는 안내임을 알 수 있으므로 정답은 (D)이다.

11. **What** is the **purpose** of the **change**?

(A) To use less energy
(B) To follow a regulation
(C) To improve safety
(D) To reduce ticket prices

변경의 목적은 무엇인가?

(A) 에너지를 덜 사용하기 위해
(B) 규정을 따르기 위해
(C) 안전을 개선하기 위해
(D) 표의 가격을 인하하기 위해

> **해설** 변경의 목적을 묻는 문제로, 질문의 키워드인 change가 언급되는 부분에 주목한다. 이번 변경이 에너지를 덜 사용하게 해줄 것이라는(The change will allow us to use less energy) 말로 보아 정답은 (A)이다.

> **어휘** regulation 규정   improve 개선하다, 향상시키다   reduce 인하하다, 낮추다

12. What does the speaker **suggest** doing?

(A) Presenting an ID card
(B) Checking a digital display
(C) Calling a travel agent
(D) Saving a receipt

화자는 무엇을 할 것을 제안하는가?

(A) 신분증을 제시하는 것
(B) 디지털 화면 표시 장치를 확인하는 것
(C) 여행사 직원에게 전화하는 것
(D) 영수증을 보관하는 것

해설 화자가 제안하는 것을 묻는 문제로, 담화 후반부에서 제안 표현이 나오는 부분에 주목한다. 가장 최신 정보를 위해 출발 안내 디지털 전광판을 확인할 것을 제안한다고(we suggest that you check our digital departure board) 했으므로 정답은 (B)이다.

어휘 display 화면 표시 장치   travel agent 여행사 직원   receipt 영수증

패러프레이징 digital departure board ▶ digital display

[13-15] Questions 13-15 refer to the following announcement and map.

13-15번은 다음 공지와 지도에 관한 문제입니다.

Attention, Valley Bookstore shoppers. We are pleased to be hosting Andrea Jackson today. ¹³ She is the author of the *Fabulous Footprints* book series and will present a lecture at 3 P.M. in our café. You'll learn about how she researched for her latest book about Argentina. ¹⁴ If you'd like to purchase a copy of her book, you can find it in the travel section of our bookstore. In addition, to promote Ms. Jackson's book, ¹⁵ all customers will be given a free pen that features a quote from the book.

밸리 서점 고객님들은 주목해 주십시오. 저희는 오늘 안드레아 잭슨을 초대하게 되어 기쁩니다. ¹³ 그녀는 〈멋진 발자국〉이라는 도서 시리즈의 저자이며 저희 카페에서 오후 3시에 강연을 할 예정입니다. 여러분은 아르헨티나에 관한 최신 저서를 위해 그녀가 어떻게 조사를 했는지 알게 되실 겁니다. ¹⁴ 그녀의 책을 한 부 구매하고 싶으시면, 저희 서점의 여행 코너에서 찾으실 수 있습니다. 덧붙여, 잭슨 씨의 책을 홍보하기 위해서, ¹⁵ 모든 고객들에게 그 책의 인용문이 포함된 펜을 무료로 드립니다.

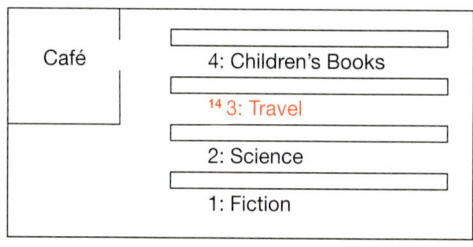
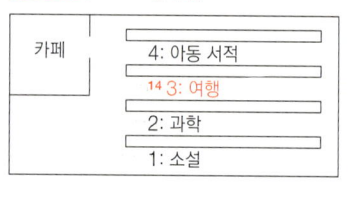

어휘 author 저자, 작가   fabulous 굉장한, 멋진   footprint 발자국   present a lecture 강연을 하다
research 연구하다, 조사하다   promote 홍보하다   feature (특별히) 포함하다, 선보이다   quote 인용문; 인용하다

---

13. According to the speaker, **what** will **happen** at **3 P.M.**?

(A) Some food will be served.
(B) Some videos will be shown.
(C) An author will give a talk.
(D) A book will go on sale.

화자에 따르면, 오후 3시에 무슨 일이 일어날 것인가?

(A) 음식이 제공될 것이다.
(B) 영상이 상영될 것이다.
(C) 저자가 강연을 할 것이다.
(D) 책이 판매될 것이다.

해설 오후 3시에 일어날 일을 묻는 문제로, 질문의 키워드인 3 P.M.이 언급되는 부분에 주목한다. 도서 시리즈의 저자가 카페에서 오후 3시에 강연을 할 거라고(She is the author ~ and will present a lecture at 3 P.M. in our café) 했으므로 정답은 (C)이다.

어휘 serve 제공하다   give a talk 강연하다   go on sale 판매되다

패러프레이징 present a lecture ▶ give a talk

14. Look at the graphic. Where does the speaker suggest that listeners go?

(A) Aisle 1
(B) Aisle 2
(C) Aisle 3
(D) Aisle 4

시각 자료를 보시오. 화자는 청자들에게 어디로 가라고 제안하는가?

(A) 1번 통로
(B) 2번 통로
(C) 3번 통로
(D) 4번 통로

해설 화자가 청자들에게 제안한 장소를 묻는 문제로, 제시된 시각 자료와 함께 청자들에게 권하는 내용이 나오는 부분에 주목한다. 저자의 책을 구매하고 싶으면 서점의 여행 코너에서 찾을 수 있다고(If you'd like to purchase a copy of her book, you can find it in the travel section of our bookstore) 했고, 지도에서 여행 코너는 3번 통로이므로 정답은 (C)이다.

15. What will be given to customers?

(A) A pen
(B) A gift certificate
(C) A catalog
(D) A bookmark

고객들에게 무엇이 증정될 것인가?

(A) 펜
(B) 상품권
(C) 카탈로그
(D) 책갈피

해설 고객들에게 증정될 것을 묻는 문제로, 질문의 키워드인 given과 customers가 언급되는 부분에 주목한다. 모든 고객들에게 책의 인용문이 들어간 펜을 무료로 준다고(all customers will be given a free pen that features a quote from the book) 했으므로 정답은 (A)이다.

UNIT 18 광고

● 연습 문제
본문 p.252

| 1. (B) | 2. (B) | 3. (D) | 4. (A) | 5. (B) | 6. (C) | 7. (D) | 8. (C) |

1. Question 1 refers to the following advertisement.

> Feeling tired after a long workout? Looking for a drink that will give you a boost? Then check out Sienna Energy Drinks. These drinks can improve your athletic performance. In addition, they come in a variety of delicious flavors.

1번은 다음 광고에 관한 문제입니다.

> 오랜 운동 뒤에 피로를 느끼시나요? 당신에게 활력을 줄 음료를 찾고 계신가요? 그렇다면 시에나 에너지 음료를 확인해 보세요. 이 음료는 당신의 운동 능력을 향상시킬 수 있습니다. 게다가, 여러 가지의 맛있는 맛으로 나옵니다.

어휘 feel tired 피로를 느끼다 workout 운동 give a boost 활력을 주다 improve 향상시키다, 개선하다 athletic performance 운동 능력 come in (상품이) ~로 나오다 flavor 맛, 풍미

What kind of product is being advertised?

(A) A fitness watch
(B) An energy drink

어떤 종류의 제품이 광고되고 있는가?

(A) 운동용 손목시계
(B) 에너지 음료

해설 광고하는 제품의 종류를 묻는 문제로, 담화 초반부에 주목한다. 활력을 주는 음료를 찾고 있냐면서 시에나 에너지 음료를 확인해 보라고(check out Sienna Energy Drinks) 했으므로 정답은 (B)이다.

2. Question 2 refers to the following advertisement.

2번은 다음 광고에 관한 문제입니다.

> Are you in charge of managing others? If so, subscribe to *Management Monthly*. You'll love our interesting articles and practical tips. You can subscribe to the print version of the magazine or the online version. Start improving your management skills today!

> 다른 사람을 관리하는 일을 맡고 계신가요? 그렇다면, 〈월간 경영〉을 구독하세요. 저희의 흥미로운 기사와 현실적인 조언이 매우 마음에 드실 겁니다. 잡지의 인쇄 버전 또는 온라인 버전을 구독하실 수 있습니다. 오늘 당신의 관리 기술 향상을 시작해 보세요!

어휘 be in charge of ~을 맡다, 담당하다   manage 관리하다, 경영하다   subscribe to ~을 구독하다   article 기사   practical 현실적인, 실용적인

What does the speaker say about the magazine?

(A) It has received an industry award.
(B) It is available online and in print.

화자는 잡지에 관해 무엇이라고 말하는가?
(A) 업계의 상을 받았다.
(B) 온라인 및 인쇄물로 제공된다.

해설 화자가 잡지에 대해 말한 것을 묻는 문제이다. 인쇄 버전 또는 온라인 버전을 구독할 수 있다고(You can subscribe to the print version of the magazine or the online version) 했으므로 정답은 (B)이다.

어휘 industry 업계, 산업   available 구할 수 있는   in print 인쇄물로, 인쇄되어

패러프레이징 can subscribe to the print version of the magazine or the online version ▶ available online and in print

3. Question 3 refers to the following advertisement.

3번은 다음 광고에 관한 문제입니다.

> Are you searching for a healthy and delicious breakfast option? Super Grain cereal is rich in fiber and vitamins. We're giving away complimentary samples this weekend at supermarkets across the country. So be sure to try some for yourself.

> 건강하고 맛있는 아침 식사를 찾고 계신가요? 슈퍼 곡물 시리얼은 섬유질과 비타민이 풍부합니다. 저희는 이번 주말에 전국 슈퍼마켓에서 무료 샘플을 나눠 드립니다. 그러니 꼭 직접 드셔 보세요.

어휘 search for ~을 찾다   grain 곡물   rich in ~가 풍부한   fiber 섬유질   give away 나누어 주다   complimentary 무료의   try 해 보다, 먹어 보다

What are the listeners invited to do?

(A) Download a coupon
(B) Take part in a survey
(C) Enter a contest
(D) Try a free sample

청자들은 무엇을 하라고 요청받는가?
(A) 쿠폰 다운로드하기
(B) 설문 조사 참여하기
(C) 대회 출전하기
(D) 무료 샘플 먹어 보기

해설 청자들이 요청받는 일을 묻는 문제로, 담화 후반부에 주목한다. 이번 주말에 전국 슈퍼마켓에서 무료 샘플(complimentary samples)을 나눠 주니 직접 먹어 보라고(be sure to try some for yourself) 했으므로 정답은 (D)이다.

어휘 invite 요청하다, 권하다   take part in ~에 참여하다   enter (대회 등에) 출전하다, 들어가다

패러프레이징 complimentary ▶ free

4. Question 4 refers to the following advertisement.

(호)

> Looking for a way to make sure you're sending the right message? Do you communicate with your customers in writing? The Salazar Institute specializes in teaching people how to write business e-mails and letters. Sign up for a class online.

4번은 다음 광고에 관한 문제입니다.

반드시 제대로 된 메시지를 보내도록 하는 방법을 찾고 계신가요? 고객들과 서면으로 소통하시나요? 살라자르 연구소는 사람들에게 비즈니스 이메일과 편지를 작성하는 법을 가르치는 것을 전문으로 합니다. 온라인으로 강좌를 신청하세요.

어휘 communicate 소통하다 in writing 서면으로 institute 연구소, 협회 specialize in ~을 전문으로 하다

What does the Salazar Institute specialize in?

(A) Business writing
(B) Public speaking
(C) Marketing strategies
(D) Negotiation skills

살라자르 연구소는 무엇을 전문으로 하는가?

(A) 비즈니스 작문
(B) 대중 연설
(C) 마케팅 전략
(D) 협상 기술

해설 살라자르 연구소의 전문 분야를 묻는 문제로, 질문의 키워드인 specialize가 언급되는 부분에 주목한다. 비즈니스 이메일과 편지를 작성하는 법을 가르치는 것을 전문으로 한다고(specializes in teaching people how to write business e-mails and letters) 했으므로 정답은 (A)이다.

어휘 strategy 전략, 계획 negotiation 협상, 교섭

패러프레이징 write business e-mails and letters ▶ business writing

[5-6] Questions 5-6 refer to the following advertisement.

(미)

> Are you looking for an easy way to reach your fitness goals? Then our new smartphone application is the right tool for you! ⁵ Download the Max-Track 360 application, and it will help you to keep track of your daily workouts. And, ⁶ starting in June, you'll be able to stream videos on the app to learn yoga poses, weightlifting techniques, and more.

5-6번은 다음 광고에 관한 문제입니다.

당신의 건강 목표를 달성하기 위한 쉬운 방법을 찾고 계신가요? 그렇다면 저희의 새로운 스마트폰 앱이 당신에게 딱 맞는 도구입니다! ⁵ 맥스-트랙 360 앱을 다운로드하세요, 그러면 그것이 당신이 매일 하는 운동을 놓치지 않고 파악하도록 도와줄 것입니다. 그리고, ⁶ 6월부터는 이 앱으로 동영상을 스트리밍 하여 요가 동작, 근력 운동 기법 등을 배울 수 있게 됩니다.

어휘 reach a goal 목표를 달성하다 tool 도구 keep track of ~에 대해 계속 파악하다 be able to ~할 수 있다
technique 기법, 기술

5. What can the smartphone application be used for?

(A) Planning driving routes
(B) Tracking daily exercise
(C) Organizing personal finances
(D) Booking hotel rooms

이 스마트폰 앱은 무엇에 사용될 수 있는가?

(A) 운전 경로를 계획하는 것
(B) 매일의 운동을 추적하는 것
(C) 개인 재정을 계획하는 것
(D) 호텔 방을 예약하는 것

해설 스마트폰 앱의 용도를 묻는 문제이다. 앱이 매일 하는 운동을 놓치지 않고 파악하도록 도와줄 것이라고(it will help you to keep track of your daily workouts) 했으므로 정답은 (B)이다.

어휘 route 경로, 노선 track (진행 과정을) 추적하다 organize 계획하다, 정리하다 finance 재정, 금융 book 예약하다

패러프레이징 keep track of your daily workouts ▶ tracking daily exercise

6. According to the speaker, what will the company add to the smartphone application in June?

   (A) A customer loyalty program
   (B) An online chat function
   (C) A video-streaming feature
   (D) A product review section

   화자에 따르면, 회사는 6월에 스마트폰 앱에 무엇을 추가할 것인가?

   (A) 고객 보상 프로그램
   (B) 온라인 채팅 기능
   (C) 동영상 스트리밍 기능
   (D) 상품 후기 섹션

   해설 6월에 스마트폰 앱에 추가될 것을 묻는 문제로, 질문의 키워드인 June이 언급되는 부분에 주목한다. 6월부터는 이 앱으로 동영상을 스트리밍 할 수 있게 된다고(starting in June, you'll be able to stream videos on the app) 했으므로 정답은 (C)이다.

   어휘 function 기능   feature 기능, 특징   section 부문, 구획

   패러프레이징 be able to stream videos ▶ video-streaming feature

[7-8] Questions 7-8 refer to the following advertisement.

7-8번은 다음 광고에 관한 문제입니다.

Are you getting ready to celebrate a special occasion? Franklin's is the place for you! ⁷ Our rooftop dining area is a great place to get together with your family and friends. ⁸ And we're famous for having a menu with a wide range of options. So, everyone is sure to find something delicious to eat. Make your reservation today by calling 792-8441.

특별한 일을 축하할 준비를 하고 계신가요? 프랭클린은 당신을 위한 장소입니다! ⁷ 저희의 옥상 식사 공간은 당신의 가족이나 친구들과 함께 모이기에 훌륭한 장소입니다. ⁸ 그리고 저희는 다양한 선택을 할 수 있는 메뉴가 있는 것으로 유명합니다. 그러니 모든 분들이 틀림없이 맛있는 음식을 찾으실 것입니다. 792-8441로 전화하셔서 오늘 예약하세요.

어휘 get ready to ~할 준비를 하다   occasion 특별한 일, 행사   rooftop 옥상   dining area 식사 공간
get together with ~와 모이다   be famous for ~로 유명하다

7. What is the advertisement most likely about?

   (A) A gym
   (B) A movie theater
   (C) A concert hall
   (D) A restaurant

   무엇에 관한 광고일 것 같은가?

   (A) 체육관
   (B) 영화관
   (C) 콘서트 홀
   (D) 음식점

   해설 광고 주제를 묻는 문제로, 담화 초반부에 주목한다. 옥상 식사 공간이 가족이나 친구들과 함께 모이기에 훌륭한 장소라는(Our rooftop dining area is a great place to get together with your family and friends) 말로 보아 정답은 (D)이다.

   패러프레이징 dining area ▶ restaurant

8. What is Franklin's known for?

   (A) Its service
   (B) Its prices
   (C) Its variety
   (D) Its employees

   프랭클린은 무엇으로 알려져 있는가?

   (A) 서비스
   (B) 가격
   (C) 다양함
   (D) 직원들

   해설 광고하고 있는 프랭클린이 무엇으로 유명한지 묻는 문제이다. 다양한 선택을 할 수 있는 메뉴가 있는 것으로 유명하다고(we're famous for having a menu with a wide range of options) 했으므로 정답은 (C)이다.

   어휘 be known for ~로 알려져 있다

   패러프레이징 having a menu with a wide range of options ▶ variety

● 실전 문제

본문 p.254

| 1. (D) | 2. (D) | 3. (C) | 4. (C) | 5. (B) | 6. (B) | 7. (C) | 8. (A) | 9. (A) | 10. (D) |
| 11. (B) | 12. (B) | 13. (C) | 14. (D) | 15. (A) | | | | | |

[1-3] Questions 1-3 refer to the following advertisement.

1-3번은 다음 광고에 관한 문제입니다.

Are you tired of a long commute to the city center? Or are you looking for an upgrade to your current home? Then why not try Roseway Tower? [1] This newly constructed apartment complex has modern amenities and a convenient location downtown. And, [2] best of all, we offer a private rooftop garden so that you can enjoy time outdoors without leaving the building. [3] If you would like to get more details about our site, attend our open house event at 7 P.M. on October 19. There you can get your questions answered and tour one of the units.

도심부로의 장거리 통근에 지치셨나요? 아니면 현재의 집을 업그레이드할 방법을 찾고 계시나요? 그렇다면 로즈웨이 타워는 어떠세요? [1] 새로 건설된 이 아파트 단지는 현대적인 생활 편의시설과 시내에서 편리한 위치를 갖추고 있습니다. 그리고, [2] 무엇보다도, 여러분이 건물을 나가지 않고도 야외에서 즐거운 시간을 보낼 수 있도록 [2] 전용 옥상 정원을 제공합니다. [3] 저희 현장에 대한 더 많은 정보를 얻고 싶으시면, 10월 19일 오후 7시에 저희의 아파트 공개 행사에 참석하세요. 그곳에서 질문에 대한 답변을 듣고 세대들 중 하나를 둘러보실 수 있습니다.

어휘 be tired of ~에 지치다　commute 통근 (거리); 통근하다　current 현재의　construct 건설하다　complex 복합 단지 modern 현대적인　amenity 생활 편의시설　convenient 편리한　location 위치, 장소　downtown 시내에 best of all 무엇보다도　rooftop garden 옥상 정원　outdoors 야외에서　unit (공동 주택의) 한 가구

1. What is the advertisement about?

(A) A shopping mall
(B) A meeting venue
(C) An office complex
(D) An apartment building

광고는 무엇에 관한 것인가?

(A) 쇼핑몰
(B) 회의 장소
(C) 사무실 단지
(D) 아파트 건물

해설 광고 대상을 묻는 문제이다. 담화 초반부에서 새로 건설된 아파트 단지(newly constructed apartment complex)를 언급한 뒤 관련 내용으로 광고를 이어가고 있으므로 정답은 (D)이다.

패러프레이징 apartment complex ▶ apartment building

2. What special feature does the speaker mention?

(A) Internet access
(B) Energy efficiency
(C) A parking option
(D) An outdoor area

화자는 어떤 특징점을 언급하는가?

(A) 인터넷 이용
(B) 에너지 효율
(C) 주차 선택권
(D) 옥외 공간

해설 화자가 언급한 특징점을 묻는 문제로, 아파트의 특징으로 가장 강조한 부분에 주목한다. 무엇보다도 건물을 나가지 않고도 야외에서 즐거운 시간을 보낼 수 있도록 전용 옥상 정원을 제공한다고(best of all, we offer a private rooftop garden) 했으므로 정답은 (D)이다.

어휘 access 이용, 접근　efficiency 효율　option 선택(권)

패러프레이징 private rooftop garden ▶ outdoor area

165

3. According to the speaker, how can listeners find out more about the site?

(A) By sending an e-mail
(B) By visiting a Web site
(C) By attending an event
(D) By calling a business

화자에 따르면, 청자들은 어떻게 현장에 관해 더 알아볼 수 있는가?

(A) 이메일을 보냄으로써
(B) 웹사이트를 방문함으로써
(C) 행사에 참석함으로써
(D) 업체에 전화함으로써

해설 현장에 관한 정보를 더 얻는 방법을 묻는 문제로, 담화 후반부에 주목한다. 현장에 대한 더 많은 정보를 얻고 싶으면 아파트 공개 행사에 참석하라고(If you would like to get more details about our site, attend our open house event) 했으므로 정답은 (C)이다.

[4-6] Questions 4-6 refer to the following advertisement.

4-6번은 다음 광고에 관한 문제입니다.

If you love modern paintings, don't miss ⁴ the Burlington Museum's upcoming exhibit. It features paintings from local artists. You can see their amazing talent as they show their work. ⁵ Tickets are available on our Web site at a discount. We recommend buying them there in advance instead of at the door. The exhibit opens on ⁶ August 1. On that day, you can also hear a speech from our city's mayor, Leonard Steiner, who is an enthusiastic supporter of this project.

현대 회화를 사랑하신다면, ⁴ 벌링턴 미술관에서 곧 있을 전시를 놓치지 마세요. ⁴ 이 전시는 지역 예술가들의 그림을 선보입니다. 여러분은 그들이 자신의 작품에서 보여주는 놀라운 재능을 확인할 수 있습니다. ⁵ 표는 저희 웹사이트에서 할인가에 이용하실 수 있습니다. 저희는 입구보다는 웹사이트에서 미리 표를 사실 것을 추천합니다. 전시는 ⁶ 8월 1일에 개막합니다. ⁶ 그날, 여러분은 또한 우리 시의 시장인 레너드 슈타이너의 연설을 들으실 수 있는데, 그는 이 프로젝트의 열렬한 후원자입니다.

어휘 modern painting 현대 회화   exhibit 전시; 전시하다   feature 선보이다, 특별히 포함하다   local 지역의   amazing 놀라운, 굉장한   talent 재능   at a discount 할인하여   in advance 미리, 사전에   speech 연설, 담화   mayor 시장   enthusiastic 열렬한, 열광적인   supporter 후원자, 지지자

---

4. What is being advertised?

(A) A writing competition
(B) A film screening
(C) An art exhibit
(D) A music festival

무엇이 광고되고 있는가?

(A) 글쓰기 대회
(B) 영화 상영
(C) 미술 전시
(D) 음악 축제

해설 광고 대상을 묻는 문제로, 담화 초반부에 주목한다. 벌링턴 미술관에서 곧 있을 전시(the Burlington Museum's upcoming exhibit)를 놓치지 말라며, 지역 예술가들의 그림(paintings from local artists)을 선보인다고 했으므로 정답은 (C)이다.

어휘 screening 상영, 방영

패러프레이징 paintings from local artists ▶ art

---

5. According to the speaker, what can the listeners do on a Web site?

(A) Watch a video
(B) Purchase a ticket
(C) Make a donation
(D) Post a comment

화자에 따르면, 청자들은 웹사이트에서 무엇을 할 수 있는가?

(A) 영상 시청하기
(B) 표 구매하기
(C) 기부하기
(D) 의견 게시하기

해설 청자들이 웹사이트에서 할 수 있는 것을 묻는 문제로, 질문의 키워드인 Web site가 언급되는 부분에 주목한다. 표는 웹사이트에서 할인가에 이용할 수 있다고(Tickets are available on our Web site at a discount) 했으므로 정답은 (B)이다.

어휘 donation 기부, 기증   post 게시하다, 공고하다   comment 의견, 논평

패러프레이징 tickets are available ▶ purchase a ticket

6. What will happen on August 1?

   (A) An item will be sold.
   (B) A speech will be given.
   (C) An election will take place.
   (D) An award will be presented.

   8월 1일에 무슨 일이 일어날 것인가?
   (A) 물품이 팔릴 것이다.
   (B) 연설을 할 것이다.
   (C) 선거가 개최될 것이다.
   (D) 상이 수여될 것이다.

   해설 8월 1일에 일어날 일을 묻는 문제로, 질문의 키워드인 August 1가 언급되는 부분에 주목한다. 그날 시장의 연설을 들을 수 있다고 (On that day, you can also hear a speech from our city's mayor) 했으므로 정답은 (B)이다.

   어휘 item 물품, 품목   election 선거   take place 개최되다, 일어나다   present an award 상을 주다

   패러프레이징 you can also hear a speech ▶ speech will be given

[7-9] Questions 7-9 refer to the following advertisement.

7-9번은 다음 광고에 관한 문제입니다.

Are you ready to take your family on a fun and memorable trip? Then visit the York Ice Cream Factory. ⁷You'll start your tour by receiving protective aprons, hats, and gloves. That's because you get to see the ice-cream-making process up close. And, of course, ⁸when the tour is finished, you can have a big scoop of your favorite York Ice Cream flavor for free. If you want to take a tour with a small group, ⁹we recommend visiting in the morning, as we are less busy then.

여러분의 가족에게 재미있고 기억에 남을 만한 여행을 시켜줄 준비가 되셨나요? 그렇다면 요크 아이스크림 공장을 방문하세요. ⁷여러분은 보호용 앞치마, 모자, 장갑을 받으시는 것으로 견학을 시작하게 됩니다. 이는 아이스크림을 만드는 과정을 바로 가까이에서 보게 되기 때문입니다. 그리고, 물론, ⁸견학이 끝나면 여러분은 가장 좋아하는 요크 아이스크림 맛을 크게 한 덩어리 무료로 드실 수 있습니다. 소수 인원으로 견학을 하고 싶으시면 ⁹오전에 방문하실 것을 권해드리는데, 그때는 저희가 덜 혼잡하기 때문입니다.

어휘 memorable 기억할 만한   trip (관광) 여행   protective 보호용의   process 과정, 절차   up close 바로 가까이에   flavor 맛   for free 무료로

7. How does the factory begin its tours?

   (A) By showing a video
   (B) By explaining a process
   (C) By distributing protective clothing
   (D) By answering participants' questions

   공장은 어떻게 견학을 시작하는가?
   (A) 영상을 보여줌으로써
   (B) 과정을 설명함으로써
   (C) 보호용 의류를 나누어 줌으로써
   (D) 참가자들의 질문에 답함으로써

   해설 공장 견학이 어떻게 시작되는지 묻는 문제로, 질문의 키워드인 begin과 같은 뜻을 가진 start가 언급되는 부분에 주목한다. 보호용 앞치마, 모자, 장갑을 받는 것으로 견학을 시작한다고(You'll start your tour by receiving protective aprons, hats, and gloves) 했으므로 정답은 (C)이다.

   어휘 distribute 나누어 주다, 분배하다   participant 참가자

   패러프레이징 protective aprons, hats, and gloves ▶ protective clothing

8. What is given to all participants?

   (A) A scoop of ice cream
   (B) A promotional brochure
   (C) A discount voucher
   (D) A souvenir shirt

   모든 참가자들에게 무엇이 제공되는가?
   (A) 아이스크림 한 덩어리
   (B) 홍보용 소책자
   (C) 할인권
   (D) 기념품 셔츠

   해설 모든 참가자들에게 제공되는 것을 묻는 문제이다. 견학이 끝나면 가장 좋아하는 요크 아이스크림 맛을 크게 한 덩어리 무료로 먹을 수 있다고(you can have a big scoop of your favorite York Ice Cream flavor for free) 했으므로 정답은 (A)이다.

   어휘 souvenir 기념품

9. What does the speaker give some **advice** about?

(A) When to make a visit
(B) Where to get tickets
(C) How to save money
(D) Which flavor to purchase

화자는 무엇에 관해 조언을 하는가?
(A) 언제 방문할지
(B) 어디에서 표를 구할지
(C) 어떻게 돈을 아낄지
(D) 어떤 맛을 구매할지

해설 화자가 조언한 내용을 묻는 문제로, 담화 후반부의 제안 표현에 주목한다. 소수 인원으로 견학을 하고 싶으면 오전에 방문하길 권한다고(we recommend visiting in the morning) 했으므로 정답은 (A)이다.

어휘 make a visit 방문하다   save 아끼다, 절약하다

패러프레이징 visiting ▶ make a visit

[10-12] Questions 10-12 refer to the following advertisement.

10-12번은 다음 광고에 관한 문제입니다.

(미)

¹⁰ Are you tired of using a heavy vacuum cleaner? Then why not give the Opal-6 vacuum a try? It has a powerful motor to help you eliminate dust and dirt from your floors. However, ¹¹ it is very light, so it's easy to move around. This makes cleaning quicker than ever before. You can keep your home looking great with the Opal-6. This handy appliance is sold at all major department stores. The demand is high, ¹² so be sure to get yours today!

¹⁰ 무거운 진공청소기를 사용하는 데 질리셨나요? 그러면 오팔-6 진공청소기를 한번 써보는 게 어때세요? 그것은 바닥의 먼지와 때를 제거하도록 도와줄 강력한 모터를 가지고 있습니다. 하지만 ¹¹ 그것은 아주 가벼워서 여기저기 돌아다니기가 쉽습니다. 이는 그전 어느 때보다 청소가 빨라지게 해줍니다. 여러분은 오팔-6로 집을 보기 좋은 상태로 유지할 수 있습니다. 이 편리한 가정용 기기는 모든 주요 백화점에서 판매됩니다. 수요가 많으므로, ¹² 반드시 오늘 여러분의 것을 확보하세요!

어휘 vacuum cleaner 진공청소기   give a try 시도하다   powerful 강력한   eliminate 제거하다   dust 먼지   dirt 때   move around 돌아다니다   handy 편리한, 다루기 쉬운   appliance 가정용 기기   demand 수요, 요구

10. What is being **advertised**?

(A) A refrigerator
(B) A dishwasher
(C) An air conditioner
(D) A vacuum cleaner

무엇이 광고되고 있는가?
(A) 냉장고
(B) 식기세척기
(C) 에어컨
(D) 진공청소기

해설 광고 주제를 묻는 문제로, 담화 초반부에 주목한다. 무거운 진공청소기를 사용하는 데 질렸냐는(Are you tired of using a heavy vacuum cleaner?) 질문으로 시작하여 오팔-6 진공청소기(Opal-6 vacuum)를 써보라고 했으므로 정답은 (D)이다.

11. What is **special** about the **Opal-6**?

(A) It is affordable.
(B) It is lightweight.
(C) It is durable.
(D) It is environmentally friendly.

오팔-6에 관해 특별한 것은 무엇인가?
(A) 가격이 적당하다.
(B) 가볍다.
(C) 내구성이 있다.
(D) 환경친화적이다.

해설 오팔-6가 특별한 점을 묻는 문제로, 제품의 특징을 설명하는 부분에 주목한다. 아주 가벼워서 여기저기 돌아다니기 쉽다고(it is very light, so it's easy to move around) 했으므로 정답은 (B)이다.

어휘 affordable (가격이) 적당한, 알맞은   lightweight 가벼운, 경량의   durable 내구성이 있는, 오래가는   environmentally friendly 환경친화적인

패러프레이징 very light ▶ lightweight

12. What does the speaker imply when he says, "The demand is high"?

(A) The listeners should order online.
(B) The listeners should make a purchase quickly.
(C) The store will get more items delivered.
(D) The price will increase soon.

화자가 "수요가 많습니다"라고 말할 때 암시하는 것은 무엇인가?

(A) 청자들은 온라인으로 주문해야 한다.
(B) 청자들은 빨리 구매해야 한다.
(C) 상점에서 더 많은 물품들을 배달시킬 것이다.
(D) 가격이 곧 인상될 것이다.

해설 화자가 한 말의 의도를 묻는 문제로, 제시된 문장의 앞뒤 문맥에 주목한다. 제시된 문장 뒤에 그러므로 반드시 오늘 확보하라고(so be sure to get yours today) 한 것으로 보아 다 팔리기 전에 빨리 구매하라는 의도임을 알 수 있으므로 정답은 (B)이다.

[13-15] Questions 13-15 refer to the following advertisement and list.

13-15번은 다음 광고와 목록에 관한 문제입니다.

Do you operate a small business? ¹³ T360 expense tracking software makes it easy to see where you're spending your money. It helps you identify monthly and weekly trends as well as areas that can be cut. We offer a variety of plans to suit your needs. ¹⁴ And for October, we're holding a sale on our Premium package. You can get the Premium package at the same price as the Super package. Business owners love using T360. ¹⁵ Visit our Web site to read their reviews of our software.

Package	Price per Month
Standard	$30
Plus	$65
Super	$80
¹⁴ Premium	$100

소규모 사업체를 운영하시나요? ¹³ T360 비용 추적 소프트웨어는 당신이 어디에 돈을 지출하고 있는지를 쉽게 확인하게 해줍니다. 그것은 삭감될 수 있는 분야뿐만 아니라 월간 및 주간 동향까지도 파악하도록 도와줍니다. 저희는 당신의 필요에 맞추기 위하여 다양한 요금제를 제공합니다. ¹⁴ 그리고 10월에는 프리미엄 패키지에 대해 할인 행사를 합니다. 슈퍼 패키지와 같은 가격으로 프리미엄 패키지를 구매하실 수 있습니다. 사업주들은 T360을 사용하는 것을 아주 좋아합니다. ¹⁵ 저희 웹사이트에 방문하셔서 저희 소프트웨어에 대한 그들의 평가를 읽어보십시오.

패키지	월 비용
스탠다드	30달러
플러스	65달러
슈퍼	80달러
¹⁴ 프리미엄	100달러

어휘 operate 운영하다, 경영하다 expense 비용 track 추적하다 identify 파악하다, 확인하다 trend 동향, 추세 as well as ~뿐만 아니라 need 요구, 필요 business owner 사업주, 경영주

13. What can T360 be used for?

(A) Creating graphics
(B) Improving security
(C) Tracking expenses
(D) Managing schedules

T360은 무엇에 사용될 수 있는가?

(A) 그래픽을 만드는 것
(B) 보안을 향상하는 것
(C) 비용을 추적하는 것
(D) 일정을 관리하는 것

해설 광고하는 T360의 용도를 묻는 문제로, 담화 초반부에 주목한다. T360 비용 추적 소프트웨어는 어디에 돈을 지출하는지 쉽게 확인하게 해준다고(T360 expense tracking software makes it easy to see where you're spending your money) 했으므로 정답은 (C)이다.

어휘 create 만들어내다, 창조하다 security 보안, 안전

14. Look at the graphic. Which price will be changed in October?

(A) $30
(B) $65
(C) $80
(D) $100

시각 자료를 보시오. 10월에 어느 비용이 변동될 것인가?

(A) 30달러
(B) 65달러
(C) 80달러
(D) 100달러

해설 10월에 변동될 비용을 묻는 문제로, 제시된 시각 자료와 함께 질문의 키워드인 October가 언급되는 부분에 주목한다. 10월에 프리미엄 패키지에 대해 할인 행사를 한다고(for October, we're holding a sale on our Premium package) 했고, 목록에서 프리미엄 패키지의 월 비용은 100달러이므로 정답은 (D)이다.

15. Why does the speaker recommend that listeners visit a Web site?

(A) To read some reviews
(B) To set up an account
(C) To watch a video
(D) To sign up for a newsletter

화자는 왜 청자들에게 웹사이트를 방문하라고 권하는가?

(A) 평가를 읽기 위해
(B) 계정을 설정하기 위해
(C) 영상을 시청하기 위해
(D) 소식지를 신청하기 위해

해설 화자가 웹사이트 방문을 권한 이유를 묻는 문제로, 질문의 키워드인 Web site가 언급되는 부분에 주목한다. 웹사이트에 방문하여 소프트웨어에 대한 평가를 읽어보라고(Visit our Web site to read their reviews of our software) 했으므로 정답은 (A)이다.

어휘 set up 설정하다, 설치하다   account 계정, 계좌   newsletter 소식지

UNIT 19 방송

● 연습 문제   본문 p.262

1. (A)   2. (B)   3. (B)   4. (C)   5. (A)   6. (B)   7. (D)   8. (D)

1. Question 1 refers to the following broadcast.

Thanks for listening to *Money Matters*. Today's episode will focus on how to start your own business. We want to help you avoid the most common mistakes that people make. Author Pete Davis is here to give us his best advice.

1번은 다음 방송에 관한 문제입니다.

〈머니 매터스〉를 청취해 주셔서 감사합니다. 오늘 방송은 자기 사업을 시작하는 방법을 중점적으로 다룰 것입니다. 저희는 사람들이 하는 가장 흔한 실수를 여러분이 피하도록 돕고 싶습니다. 작가인 피트 데이비스가 우리에게 최고의 조언을 해주기 위해서 여기 나와 있습니다.

어휘 episode (라디오·텔레비전 프로그램의) 1회 방송분   focus on ~을 중점적으로 다루다   avoid 피하다, 막다   common 흔한, 공통의

What is the focus of the episode?

(A) Starting a business
(B) Designing a Web site

방송의 초점은 무엇인가?

(A) 사업을 시작하는 것
(B) 웹사이트를 설계하는 것

해설 방송 주제를 묻는 문제로, 담화 초반부 프로그램 설명에 주목한다. 자기 사업을 시작하는 방법을 중점적으로 다룰 것이라고 (Today's episode will focus on how to start your own business) 했으므로 정답은 (A)이다.

2. Question 2 refers to the following traffic report.

2번은 다음 교통 정보에 관한 문제입니다.

> This is your hourly traffic update on KRFO Radio. Traffic is flowing smoothly on all major roadways. However, Vista Street is currently closed for the weekly farmers' market. So, motorists will have to follow the signs for the detour.

> KRFO 라디오의 매시간 교통 속보입니다. 모든 주요 도로에서 차량 소통이 원활합니다. 그러나, 비스타 거리가 현재 주간 농산물 직거래 장터로 인해 폐쇄되어 있습니다. 따라서, 운전자들은 우회 안내 표지판을 따라가야 할 것입니다.

어휘 hourly 매시간의 traffic update 교통 속보 smoothly 원활하게, 부드럽게 roadway 도로, 차도 farmers' market 농산물 직거래 장터 motorist (승용차) 운전자 sign 표지판 detour 우회; 우회하다

What event is taking place on Vista Street?

(A) A concert
(B) A farmers' market

어떤 행사가 비스타 거리에서 개최되고 있는가?

(A) 콘서트
(B) 농산물 직거래 장터

해설 비스타 거리에서 개최되고 있는 행사를 묻는 문제로, 질문의 키워드인 Vista Street이 언급되는 부분에 주목한다. 비스타 거리가 현재 주간 농산물 직거래 장터로 인해 폐쇄되어 있다고(Vista Street is currently closed for the weekly farmers' market) 했으므로 정답은 (B)이다.

어휘 take place 개최되다

3. Question 3 refers to the following broadcast.

3번은 다음 방송에 관한 문제입니다.

> Welcome back to *The Nature Show*. Today we're talking to Marcia Willard, the director of the Gulfport Aquarium. Thanks to extra government funding, the aquarium was able to record audio tours for visitors. Marcia will tell us more about it.

> 〈네이처 쇼〉를 다시 찾아주신 것을 환영합니다. 오늘 우리는 걸프포트 수족관의 마샤 윌러드 이사님과 이야기를 나누겠습니다. 추가적인 정부의 재정 지원 덕분에, 이 수족관은 방문객을 위한 오디오 관람을 녹음할 수 있었습니다. 마샤가 우리에게 그것에 대해 더 많은 이야기를 해줄 것입니다.

어휘 aquarium 수족관 extra 추가의, 가외의 government 정부 funding 재정 지원, 자금 제공 record 녹음하다, 기록하다 visitor 방문객

Why was funding needed for a project?

(A) To construct a new building
(B) To create audio recordings
(C) To pay for an ad campaign
(D) To hire more guides

왜 프로젝트에 재정 지원이 필요했는가?

(A) 새로운 건물을 건설하기 위해
(B) 오디오 녹음을 만들기 위해
(C) 광고 캠페인 대금을 지불하기 위해
(D) 안내인을 더 많이 고용하기 위해

해설 프로젝트에 재정 지원이 필요했던 이유를 묻는 문제로, 질문의 키워드인 funding이 언급되는 부분에 주목한다. 추가적인 정부의 재정 지원 덕분에 방문객을 위한 오디오 관람을 녹음할 수 있었다고(Thanks to extra government funding ~ record audio tours for visitors) 했으므로 정답은 (B)이다.

어휘 construct 건설하다 create 만들어내다, 창조하다 recording 녹음(된 것) guide 안내인, 가이드

패러프레이징 record audio tours ▶ create audio recordings

4.

(미)

Question 4 refers to the following news report.

In local news, we have an update on the construction of the outdoor pool at the Elmhurst Hotel. Due to poor weather, the project has had significant delays over the past few weeks. The pool is scheduled to open next month.

4번은 다음 뉴스 보도에 관한 문제입니다.

지역 뉴스로, 엘름허스트 호텔의 야외 수영장 공사에 관한 최신 소식을 전해드리겠습니다. 나쁜 날씨로 인해서, 이 프로젝트는 지난 몇 주에 걸쳐 상당히 지연되어 왔습니다. 수영장은 다음 달에 개장될 예정입니다.

어휘 local 지역의, 현지의   outdoor 야외의   significant 상당한, 현저한   delay 지연, 연기   be scheduled to ~할 예정이다

What has caused a delay in a project?

(A) A company's error
(B) A lack of funding
(C) Bad weather
(D) Faulty supplies

무엇이 프로젝트의 지연을 야기했는가?

(A) 회사의 실수
(B) 자금 제공 부족
(C) 나쁜 날씨
(D) 결함 있는 공급품

해설 프로젝트가 지연된 이유를 묻는 문제로, 질문의 키워드인 delay가 언급되는 부분에 주목한다. 나쁜 날씨로 인해 이 프로젝트는 상당히 지연되어 왔다고(Due to poor weather, the project has had significant delays) 했으므로 정답은 (C)이다.

어휘 lack of ~의 부족   funding 자금 제공   faulty 결함이 있는   supply 공급품, 용품

패러프레이징 poor weather ▶ bad weather

[5-6]

(영)

Questions 5-6 refer to the following news report.

Thanks for tuning in to the news report on WDDR. ⁵ This Friday, members of the Ramos Institute's painting class will hold an exhibition of their works. You can see beautiful watercolor landscapes on display. ⁶ The event will be held in the ballroom of the Eliot Hotel from 5 P.M. to 9 P.M. Admission is free, and refreshments will be served.

5-6번은 다음 뉴스 보도에 관한 문제입니다.

WDDR의 뉴스 보도를 청취해 주셔서 감사합니다. ⁵ 이번 금요일, 라모스 협회의 그림 교실 회원들이 그들의 작품으로 전시회를 개최할 것입니다. 여러분은 전시된 아름다운 수채 풍경화를 감상할 수 있습니다. ⁶ 행사는 오후 5시부터 9시까지 엘리엇 호텔의 무도장에서 열립니다. 입장은 무료이며, 다과가 제공될 것입니다.

어휘 tune in to (방송 채널을) ~에 맞추다, 열심히 듣다   institute 협회, 연구소   exhibition 전시회   watercolor 수채화   landscape 풍경화   on display 전시되는   ballroom 무도장   admission 입장

5.

What kind of event will take place on Friday?

(A) An art exhibit
(B) An exercise class
(C) A musical performance
(D) A book signing

금요일에 어떤 종류의 행사가 개최될 것인가?

(A) 미술 전시회
(B) 운동 수업
(C) 음악 공연
(D) 도서 사인회

해설 금요일에 개최될 행사를 묻는 문제로, 질문의 키워드인 Friday가 언급되는 부분에 주목한다. 이번 금요일에 라모스 협회의 그림 교실 회원들이 전시회를 개최할 거라고(This Friday, members of the Ramos Institute's painting class will hold an exhibition of their works) 했으므로 정답은 (A)이다.

어휘 exhibit 전시(회); 전시하다   exercise 운동   performance 공연, 연주회

패러프레이징 painting class / exhibition of their works ▶ art exhibit

6. **Where** will the event be **held**?

(A) At a restaurant
(B) **At a hotel**
(C) At a library
(D) At a school

행사는 어디에서 열릴 것인가?

(A) 음식점에서
(B) **호텔에서**
(C) 도서관에서
(D) 학교에서

해설 행사가 열릴 장소를 묻는 문제이다. 행사는 엘리엇 호텔의 무도장에서 열린다고(The event will be held in the ballroom of the Eliot Hotel) 했으므로 정답은 (B)이다.

[7-8] Questions 7-8 refer to the following broadcast.

7-8번은 다음 방송에 관한 문제입니다.

On this episode of *Market Watch*, ⁷ we're talking about the need for a strong brand identity. With so many products and services on the market, it's important for you to stand out. That's why ⁸ I'm glad to have entrepreneur Andre Phillips here in the studio today. I'll be speaking with him about the best way to build a brand.

〈시장 동향〉의 이번 방송에서, ⁷ 우리는 강력한 브랜드 정체성의 필요성에 대해서 이야기하겠습니다. 수많은 제품과 서비스가 시장에 나와 있기에, 여러분은 눈에 띄는 것이 중요합니다. 그렇기 때문에 ⁸ 저는 오늘 이곳 스튜디오에 기업가 안드레 필립스를 모시게 된 것이 기쁩니다. 브랜드를 확립하는 최고의 방법에 관해 ⁸ 그와 함께 이야기 나누겠습니다.

어휘 need 필요, 요구   brand 브랜드, 상표   identity 정체성   on the market 시장에 나와 있는   stand out 눈에 띄다   entrepreneur 기업가   build 확립하다, 쌓아 올리다

7. **What** is the **topic** of the broadcast?

(A) Business loans
(B) Staff recruitment
(C) Marketing budgets
(D) **Brand identity**

방송의 주제는 무엇인가?

(A) 기업 대출
(B) 직원 채용
(C) 마케팅 예산
(D) **브랜드 정체성**

해설 방송 주제를 묻는 문제로, 담화 초반부에 주목한다. 이번 방송에서 강력한 브랜드 정체성의 필요성에 대해서 이야기하겠다고(we're talking about the need for a strong brand identity) 했으므로 정답은 (D)이다.

어휘 loan 대출, 융자   recruitment 채용, 신규 모집   budget 예산

8. **What** will most likely **happen next**?

(A) Some announcements will be made.
(B) Some advertisements will be played.
(C) The speaker will answer listeners' calls.
(D) **The speaker will interview a guest.**

다음에 어떤 일이 일어날 것 같은가?

(A) 공지가 이루어질 것이다.
(B) 광고가 나올 것이다.
(C) 화자가 청자들의 전화를 받을 것이다.
(D) **화자가 초대 손님을 인터뷰할 것이다.**

해설 다음에 일어날 일을 묻는 문제로, 담화 후반부에 주목한다. 오늘 스튜디오에 모신 기업가 안드레 필립스(entrepreneur Andre Phillips here in the studio today)와 이야기를 나누겠다고(I'll be speaking with him) 했으므로 정답은 (D)이다.

패러프레이징 speaking with him ▶ interview a guest

● 실전 문제

본문 p.264

| 1. (B) | 2. (C) | 3. (D) | 4. (D) | 5. (A) | 6. (C) | 7. (C) | 8. (D) | 9. (B) | 10. (A) |
| 11. (D) | 12. (A) | 13. (C) | 14. (B) | 15. (C) | | | | | |

[1-3] Questions 1-3 refer to the following traffic report.

1-3번은 다음 교통 정보에 관한 문제입니다.

You're listening to the morning traffic report on Radio 10. We have a traffic alert for the Willow neighborhood. ¹ Northbound traffic on Daniel Street is closed this morning while workers perform some routine maintenance tasks. The road will reopen at approximately 3 P.M. In the meantime, if you usually take Daniel Street, ² you should find an alternative route. To help you with your travel plans, ³ don't forget to visit the city's Web site. There you will find information about any changes to road availability.

여러분은 라디오 10의 아침 교통 정보를 듣고 계십니다. 윌로우 인근에 교통 경보가 있습니다. ¹ 작업자들이 정기 보수 업무를 수행하는 동안 오늘 아침 대니얼가의 북쪽 방향 교통이 폐쇄됩니다. 도로는 대략 오후 3시쯤에 다시 개통될 예정입니다. 그러는 사이에, 만약 여러분이 평소 대니얼가를 이용하신다면 ² 대체 경로를 찾으셔야 합니다. 여러분의 이동 계획에 도움이 되도록, ³ 시 웹사이트에 방문하는 것을 잊지 마세요. 거기서 도로 이용 가능 여부의 모든 변동 사항에 대한 정보를 확인하실 수 있습니다.

어휘 alert 경보   neighborhood 근처, 인근   northbound 북쪽으로 향하는   perform 수행하다, 실시하다
routine 정기의, 일상적인   maintenance 보수, 정비   approximately 대략, 거의   in the meantime 그 동안에
alternative 대체 가능한; 대안   route 경로   availability 이용 가능성

1. What has caused a temporary road closure?

(A) A car accident
(B) Some maintenance work
(C) A sign error
(D) Some broken equipment

무엇이 도로 임시 폐쇄를 초래했는가?

(A) 자동차 사고
(B) 일부 정비 작업
(C) 표지판 오류
(D) 일부 고장 난 장비

해설 도로 폐쇄의 원인을 묻는 문제로, 질문의 키워드인 closure와 유사한 표현이 나오는 부분에 주목한다. 작업자들이 정기 보수 업무를 수행하는 동안 대니얼가의 북쪽 방향 교통이 폐쇄된다고(Daniel Street is closed this morning while workers perform some routine maintenance tasks) 했으므로 정답은 (B)이다.

어휘 temporary 임시의, 일시적인   closure 폐쇄   sign 표지판   broken 고장 난

패러프레이징 some routine maintenance tasks ▶ some maintenance work

2. What does the speaker recommend that some listeners do?

(A) Take the subway
(B) Sign up for a service
(C) Use a different route
(D) Leave earlier than usual

화자는 일부 청자들에게 무엇을 하라고 권하는가?

(A) 지하철 타기
(B) 서비스 신청하기
(C) 다른 경로 이용하기
(D) 평소보다 더 일찍 출발하기

해설 화자가 제안하는 것을 묻는 문제이다. 평소 대니얼가를 이용한다면 대체 경로를 찾아야 한다고(you should find an alternative route) 했으므로 정답은 (C)이다.

어휘 sign up for ~을 신청하다   than usual 평소보다

패러프레이징 find an alternative route ▶ use a different route

3. According to the speaker, how can listeners find out about changes?

(A) By calling the radio station
(B) By reading a newsletter
(C) By e-mailing a city department
(D) By visiting a Web site

화자에 따르면, 청자들은 어떻게 변동 사항에 대해 알 수 있는가?

(A) 라디오 방송국에 전화함으로써
(B) 소식지를 읽음으로써
(C) 시 부처에 이메일을 보냄으로써
(D) 웹사이트를 방문함으로써

해설 변동 사항에 대해서 알 수 있는 방법을 묻는 문제로, 질문의 키워드인 changes가 언급되는 부분에 주목한다. 시 웹사이트에 방문하는 것을 잊지 말라면서(don't forget to visit the city's Web site), 거기서 도로 이용 가능 여부의 모든 변동 사항에 대한 정보(information about any changes to road availability)를 확인할 수 있다고 했으므로 정답은 (D)이다.

어휘 newsletter 소식지

[4-6] Questions 4-6 refer to the following broadcast.

4-6번은 다음 방송에 관한 문제입니다.

Welcome to *City Life*, where we look at trends and activities in Serrano City. ⁴On today's show, we're talking about businesses that offer third-party food deliveries. This means that customers can get food brought to their door even if the restaurant doesn't have a delivery staff. ⁵Customers like the convenience of making a phone call and having food arrive a short time later. Throughout the show, I'll be talking to ⁶Amanda Hoyt. She's the founder of the popular Door Dining delivery service. Welcome, Amanda.

세라노 시의 동향과 활동을 살펴보는 〈도시 생활〉에 오신 것을 환영합니다. ⁴오늘 프로그램에서는, 제3자 음식 배달 서비스를 제공하는 사업체들에 관해서 이야기하려고 합니다. 이것은 음식점에 배달 직원이 없더라도 고객들이 음식을 문 앞에서 받을 수 있다는 것을 의미합니다. ⁵고객들은 전화를 걸어 잠시 뒤에 음식이 도착하게 하는 편리함을 좋아합니다. 프로그램 동안 저는 ⁶아만다 호이트와 이야기를 나눌 것입니다. ⁶그녀는 인기 있는 도어 다이닝 배달 서비스의 창립자입니다. 어서 오세요, 아만다.

어휘 activity 활동   third-party 제3자의   even if 비록 ~일지라도   convenience 편리, 편의
make a phone call 전화를 하다   throughout ~ 동안 내내   founder 창립자, 설립자   popular 인기 있는

4. What will today's broadcast be about?

(A) A theater trend
(B) A restaurant's grand opening
(C) Cooking courses
(D) Food deliveries

오늘 방송은 무엇에 관한 것이 되겠는가?

(A) 극장 동향
(B) 식당 개점 행사
(C) 요리 강좌
(D) 음식 배달

해설 방송 주제를 묻는 문제로, 담화 초반부에 주목한다. 오늘 프로그램에서는 제3자 음식 배달 서비스를 제공하는 사업체들에 관해서 이야기하겠다고(we're talking about businesses that offer third-party food deliveries) 했으므로 정답은 (D)이다.

어휘 grand opening 개점   course 강좌

5. According to the speaker, why do people like this type of business?

(A) It is very convenient.
(B) It provides local jobs.
(C) It is good for the environment.
(D) It can help them save money.

화자에 따르면, 사람들은 왜 이 유형의 사업을 좋아하는가?

(A) 아주 편리하다.
(B) 지역 내 일자리를 제공한다.
(C) 환경에 이롭다.
(D) 돈을 절약하는 데 도움을 줄 수 있다.

해설 방송에서 언급한 사업을 사람들이 좋아하는 이유를 묻는 문제이다. 고객들은 전화를 걸어 음식이 도착하게 하는 편리함을 좋아한다고(Customers like the convenience of making a phone call and having food arrive) 했으므로 정답은 (A)이다.

어휘 convenient 편리한   provide 제공하다   local 지역의   environment 환경

패러프레이징 convenience ▶ it is very convenient

6. Who is Amanda Hoyt?

(A) An investor
(B) A local politician
(C) A business founder
(D) A newspaper owner

아만다 호이트는 누구인가?

(A) 투자자
(B) 지역 정치인
(C) 창업자
(D) 신문사 소유주

해설 아만다 호이트의 신원을 묻는 문제로, 질문의 키워드인 Amanda Hoyt가 언급되는 부분에 주목한다. 그녀는 인기 있는 도어 다이닝 배달 서비스의 창립자라고(She's the founder of the popular Door Dining delivery service) 소개했으므로 정답은 (C)이다.

어휘 politician 정치인   owner 소유주, 주인

패러프레이징 founder of the popular Door Dining delivery service ▶ business founder

---

[7-9] Questions 7-9 refer to the following report.

7-9번은 다음 보도에 관한 문제입니다.

I'm Ted Jones, here with KCCB's daily business report. ⁷Brilliant Bikes announced that it would expand its operations to the city of Mindale. The company allows people to rent bicycles by the hour and will have numerous pick-up and drop-off points. Brilliant Bikes is seeking bicycle repair technicians to ensure that the bicycles are always in good condition. ⁸Technicians will get to use a company van so they can easily transport the bikes. ⁹With Mindale hosting the annual Men's Volleyball Tournament in July, it is the perfect time for the company to reach tourists.

저는 이곳 KCCB 매일 경제 보도의 테드 존스입니다. ⁷브릴리언트 바이크 사가 민데일 시로 운영을 확장할 것이라 발표했습니다. 이 회사는 사람들이 시간제로 자전거를 대여하게 해주고, 자전거를 가져가고 가져다 놓는 지점을 많이 보유할 예정입니다. 브릴리언트 바이크 사는 자전거들이 항상 좋은 상태를 유지하도록 보장하기 위해 자전거 수리 기술자를 찾고 있습니다. ⁸기술자들은 자전거를 쉽게 수송할 수 있도록 회사의 승합차를 사용하게 될 것입니다. ⁹7월에 민데일이 연례 남자 배구 토너먼트를 주최하므로, 이 회사가 관광객들에게 다가가기에 완벽한 시기입니다.

어휘 expand 확장하다   operation 운영, 사업   by the hour 시간제로   numerous 많은   point (특정한) 지점, 장소   seek 찾다   technician 기술자   ensure 보장하다   in good condition 상태가 좋은   van 승합차, 밴   transport 수송하다; 수송   host 주최하다   tourist 관광객

---

7. What did Brilliant Bikes announce?

(A) It has changed its management team.
(B) It has been nominated for an award.
(C) It will expand to another city.
(D) It will be purchased by a competitor.

브릴리언트 바이크 사는 무엇을 발표했는가?

(A) 자사의 관리팀을 교체했다.
(B) 수상 후보로 지명되었다.
(C) 다른 도시로 확장할 것이다.
(D) 경쟁사에 매각될 것이다.

해설 브릴리언트 바이크 사가 발표한 것을 묻는 문제로, 질문의 키워드인 Brilliant Bikes가 언급되는 부분에 주목한다. 민데일 시로 운영을 확장할 것이라(it would expand its operations to the city of Mindale) 발표했다고 했으므로 정답은 (C)이다.

어휘 be nominated for ~의 후보로 지명되다   competitor 경쟁사, 경쟁자

패러프레이징 city of Mindale ▶ another city

---

8. What will be available to Brilliant Bikes repair technicians?

(A) A flexible schedule
(B) A training session
(C) A set of tools
(D) A company vehicle

브릴리언트 바이크 사의 수리 기술자들은 무엇을 이용할 수 있게 될 것인가?

(A) 유연한 일정
(B) 교육
(C) 공구 세트
(D) 회사 차량

해설 수리 기술자들이 이용하게 될 것을 묻는 문제이다. 기술자들은 자전거를 쉽게 수송할 수 있도록 회사의 승합차를 사용하게 될 거라

고(Technicians will get to use a company van so they can easily transport the bikes) 했으므로 정답은 (D)이다.

어휘 flexible 유연한, 탄력적인

패러프레이징 van ▶ vehicle

9. What will take place in Mindale in July?

   (A) A music festival
   (B) A sports competition
   (C) A fashion show
   (D) A business conference

   7월에 민데일에서 무엇이 개최될 것인가?

   (A) 음악 축제
   (B) 스포츠 대회
   (C) 패션쇼
   (D) 비즈니스 회의

   해설 7월에 민데일에서 개최될 것을 묻는 문제로, 질문의 키워드인 July가 언급되는 부분에 주목한다. 7월에 민데일이 연례 남자 배구 토너먼트를 주최한다고(With Mindale hosting the annual Men's Volleyball Tournament in July) 했으므로 정답은 (B)이다.

   패러프레이징 annual Men's Volleyball Tournament ▶ sports competition

[10-12] Questions 10-12 refer to the following radio broadcast.

10-12번은 다음 라디오 방송에 관한 문제입니다.

This is Joan Clark with the local events calendar on WKLP Radio. ¹⁰ This Saturday is the International Food Festival at Primrose Park. ¹¹ You can win VIP tickets to the event. There are just two days left, so ¹¹ don't forget to enter your name in the drawing. You can do so by completing an entry form at certain local businesses. A list of those is posted on our Web site. Also, this year, ¹² celebrity chef Lewis Lambert will give a demonstration at the festival. ¹² I'll be interviewing him in the studio at 2 P.M., so stay tuned.

WKLP 라디오에서 지역 행사 일정을 전해드릴 조안 클라크입니다. ¹⁰ 이번 토요일은 프림로즈 공원에서 열리는 국제 음식 축제 날입니다. ¹¹ 여러분은 이 행사의 VIP 표에 당첨되실 수 있습니다. 이틀밖에 남아 있지 않으므로, ¹¹ 잊지 마시고 여러분의 이름을 추첨에 넣으세요. 특정 지역 업체에서 참가 신청서를 작성함으로써 그렇게 하실 수 있습니다. 업체 리스트는 저희 웹사이트에 게시되어 있습니다. 또한, 올해는 ¹² 유명 셰프인 루이스 램버트가 축제에서 시연을 할 것입니다. ¹² 제가 오후 2시에 스튜디오에서 그를 인터뷰할 예정이니, 채널을 고정해 주세요.

어휘 international 국제적인   win (상품을) 획득하다, 이기다   left 남아 있는   drawing 추첨   entry form 참가 신청서   certain 특정한, 어떤   celebrity 유명 인사   give a demonstration 시연을 하다   stay tuned 채널을 고정하다

10. What is the speaker discussing?

    (A) A food festival
    (B) A comedy show
    (C) A singing contest
    (D) A painting class

    화자는 무엇에 대해 이야기하고 있는가?

    (A) 음식 축제
    (B) 코미디 프로그램
    (C) 노래 경연 대회
    (D) 그림 교실

    해설 화자가 이야기하는 것을 묻는 문제로, 담화 초반부에 집중한다. 이번 토요일 프림로즈 공원에서 국제 음식 축제가 있다고(This Saturday is the International Food Festival at Primrose Park) 한 후 축제 관련 내용을 전달하고 있으므로 정답은 (A)이다.

11. Why does the speaker say, "There are just two days left"?

    (A) To ask the listeners for assistance
    (B) To correct an error in an announcement
    (C) To explain the reason for a change
    (D) To encourage the listeners to act quickly

    화자는 왜 "이틀밖에 남아 있지 않습니다"라고 말하는가?

    (A) 청자들에게 도움을 요청하기 위해
    (B) 공지의 오류를 정정하기 위해
    (C) 변경 사유를 설명하기 위해
    (D) 청자들에게 빨리 행동할 것을 장려하기 위해

177

> **해설** 화자가 한 말의 의도를 묻는 문제로, 제시된 문장의 앞뒤 문맥에 주목한다. VIP 표에 당첨될 수 있다면서(You can win VIP tickets to the event), 잊지 말고 이름을 추첨에 넣으라고(don't forget to enter your name in the drawing) 했다. 이는 기간 내에 서둘러서 경품 행사에 참가하라는 의도임을 알 수 있으므로 정답은 (D)이다.

> **어휘** assistance 도움, 지원   correct 정정하다, 바로잡다

12. What is scheduled to happen this afternoon?

(A) A celebrity will be interviewed.
(B) A video will be posted online.
(C) A demonstration will be given.
(D) A schedule will be confirmed.

오늘 오후에 무슨 일이 일어날 예정인가?

(A) 유명 인사를 인터뷰할 것이다.
(B) 영상이 온라인에 게시될 것이다.
(C) 시연을 할 것이다.
(D) 일정이 확정될 것이다.

> **해설** 오늘 오후에 일어날 일을 묻는 문제로, 질문의 키워드인 this afternoon에 해당하는 시간 표현이 언급된 부분에 주목한다. 유명 셰프 루이스 램버트(celebrity chef Lewis Lambert)를 언급한 후, 오후 2시에 스튜디오에서 그를 인터뷰할 거라고(I'll be interviewing him in the studio at 2 P.M.) 했으므로 정답은 (A)이다.

> **어휘** be scheduled to ~할 예정이다   confirm 확정하다, 확인하다

[13-15] Questions 13-15 refer to the following weather forecast and chart.

13-15번은 다음 일기 예보와 도표에 관한 문제입니다.

Next up, it's the local weather report. Fortunately, it seems that we won't have to deal with any wind or rain during the Summer Parade. ¹³ The parade day is expected to be sunny and warm. It'll be a great day to be out enjoying the parade. ¹⁴ I'm especially looking forward to seeing the Seattle Hip-Hop Dance Troupe. Also, don't forget that our radio station is giving away a five-hundred-dollar cash prize to help you have a fun summer. ¹⁵ Be a part of the drawing by visiting our Web site and inputting your contact details.

다음으로, 지역 일기 예보입니다. 다행스럽게도, 하계 퍼레이드 행사 동안 바람이나 비를 상대해야 할 필요는 없을 것으로 보입니다. ¹³ 퍼레이드 날은 화창하고 포근할 것으로 예상됩니다. 밖에서 퍼레이드를 즐기기에 아주 좋은 날이 될 것입니다. ¹⁴ 저는 특히 시애틀 힙합 댄스팀을 보기를 몹시 기대하고 있습니다. 또한, 저희 방송국에서 여러분이 여름을 즐겁게 보내도록 돕기 위해서 5백 달러 상금을 드린다는 것을 잊지 마세요. ¹⁵ 저희 웹사이트에 방문해서 연락처를 입력하여 추첨에 참가하세요.

June 8	June 9	¹³ June 10	June 11
Windy	Rainy	Sunny	Cloudy

6월 8일	6월 9일	¹³ 6월 10일	6월 11일
바람	비	화창함	흐림

> **어휘** next up 다음으로   fortunately 다행스럽게도, 운 좋게도   deal with ~을 상대하다, 처리하다   parade 퍼레이드, 가두 행진   look forward to ~을 기대하다   troupe 공연단, 극단   cash prize 상금   input 입력하다   contact details 연락처

13. Look at the graphic. When will the Summer Parade take place?

(A) On June 8
(B) On June 9
(C) On June 10
(D) On June 11

시각 자료를 보시오. 하계 퍼레이드는 언제 개최될 것인가?

(A) 6월 8일에
(B) 6월 9일에
(C) 6월 10일에
(D) 6월 11일에

> **해설** 하계 퍼레이드가 개최될 날짜를 묻는 문제로, 제시된 시각 자료와 함께 퍼레이드와 날씨를 언급하는 부분에 주목한다. 퍼레이드 날은 화창하고 포근할(sunny and warm) 것이라 했고, 도표에서 화창한 날은 6월 10일이므로 정답은 (C)이다.

14. What does the speaker **look forward to** doing?

(A) Presenting an award
(B) Watching a dance group
(C) Meeting an author
(D) Visiting another city

화자는 무엇을 하기를 몹시 기대하는가?
(A) 상을 수여하는 것
(B) 댄스팀을 관람하는 것
(C) 저자를 만나는 것
(D) 다른 도시를 방문하는 것

> 해설 화자가 기대하는 것을 묻는 문제로, 질문의 키워드인 look forward to가 언급된 부분에 주목한다. 특히 시애틀 힙합 댄스팀을 보기를 몹시 기대한다고(I'm especially looking forward to seeing the Seattle Hip-Hop Dance Troupe) 했으므로 정답은 (B)이다.

> 어휘 present 수여하다, 주다   author 저자, 작가

> 패러프레이징 seeing the Seattle Hip-Hop Dance Troupe ▶ watching a dance group

15. What does the speaker **suggest** that the listeners do?

(A) Make a payment
(B) Arrive early
(C) Enter a drawing
(D) Receive text alerts

화자는 청자들에게 무엇을 하라고 제안하는가?
(A) 대금 지불하기
(B) 일찍 도착하기
(C) 추첨 참가하기
(D) 문자 알림 받기

> 해설 화자가 제안하는 것을 묻는 문제로, 담화 후반부에서 제안이 나오는 부분에 주목한다. 웹사이트에 방문해서 추첨에 참가하라고(Be a part of the drawing by visiting our Web site) 했으므로 정답은 (C)이다.

> 어휘 enter (대회 등에) 참가하다, 출전하다   alert 경보

> 패러프레이징 be a part of the drawing ▶ enter a drawing

UNIT 20 연설

● 연습 문제
본문 p.272

1. (B)   2. (B)   3. (B)   4. (C)   5. (A)   6. (C)   7. (D)   8. (A)

1. Question 1 refers to the following talk.

1번은 다음 담화에 관한 문제입니다.

> Good evening, and welcome to our year-end staff appreciation banquet. I'm delighted to say that we have accomplished all of our goals for this year. It would not have been possible without your hard work and dedication. I really appreciate it.

> 안녕하세요, 연말 직원 감사 연회에 오신 것을 환영합니다. 저는 우리의 올해 목표를 모두 달성했다고 말하게 되어 기쁩니다. 여러분의 노고와 헌신이 없었다면 불가능했을 것입니다. 정말 감사합니다.

> 어휘 appreciation 감사, 존중   banquet 연회, 만찬   delighted 기쁜   accomplish 달성하다, 해내다   dedication 헌신   appreciate 감사하다, 고맙게 생각하다

What kind of **event** is being held?

(A) An orientation session
(B) A staff banquet

어떤 종류의 행사가 열리고 있는가?
(A) 오리엔테이션
(B) 직원 연회

> 해설 개최 중인 행사의 종류를 묻는 문제로, 담화 초반부에 주목한다. 연말 직원 감사 연회에 온 것을 환영한다고(welcome to our year-end staff appreciation banquet) 했으므로 정답은 (B)이다.

2. Question 2 refers to the following excerpt from a workshop. 2번은 다음 워크숍 발췌록에 관한 문제입니다.

호

| Thanks for attending today's leadership training workshop. I hope you learn a lot of useful tips. To begin, I'd like to find out which topics interest you most. So, please fill out the survey that I gave you when you arrived. | 오늘 리더십 훈련 워크숍에 참석해 주셔서 감사합니다. 유용한 조언을 많이 습득하시기 바랍니다. 우선, 저는 여러분이 가장 관심을 갖는 주제가 무엇인지 알아보고 싶습니다. 그러므로 여러분이 오셨을 때 제가 드린 설문지를 작성해 주시기 바랍니다. |

어휘 useful 유용한, 도움이 되는 fill out 작성하다, 기입하다

What does the speaker **ask** the listeners to do?

(A) Look at a screen
(B) Complete a survey

화자는 청자들에게 무엇을 하라고 요청하는가?

(A) 화면 보기
(B) 설문지 작성하기

해설 화자가 요청하는 것을 묻는 문제로, 제안이나 요청과 관련된 표현이 나오는 부분에 주목한다. 담화 후반부에서 설문지를 작성해 달라고(please fill out the survey) 했으므로 정답은 (B)이다.

어휘 complete 작성하다, 완료하다

패러프레이징 fill out ▶ complete

---

3. Question 3 refers to the following instruction. 3번은 다음 설명에 관한 문제입니다.

미

| It's my pleasure to be here for the grand opening of Reeves Stadium. It will mainly host soccer games. However, what makes the stadium unique is that it can also be used for concerts, outdoor film screenings, and even farmers' markets. | 이곳 리브스 경기장의 개장식에 오게 되어 기쁩니다. 이곳에서는 주로 축구 경기가 개최될 것입니다. 하지만 이 경기장을 특별하게 만드는 것은 이곳이 콘서트장, 야외 영화 상영관 및 심지어 농산물 직판장으로도 사용될 수 있다는 점입니다. |

어휘 unique 특별한 outdoor 야외의 film screening 영화 상영 farmers' market 농산물 직판장

According to the speaker, **what** is **unique** about the stadium?

(A) It is larger than other facilities.
(B) It has multiple uses.
(C) It was built under budget.
(D) It had a famous designer.

화자에 따르면, 경기장의 특별한 점은 무엇인가?

(A) 다른 시설들보다 규모가 크다.
(B) 다양한 쓰임새가 있다.
(C) 예산보다 적은 비용으로 지어졌다.
(D) 유명한 설계자가 있었다.

해설 경기장의 특별한 점을 묻는 문제로, 특징이 소개되는 부분에 주목한다. 이 경기장을 특별하게 만드는 것(what makes the stadium unique)은 이곳이 콘서트장, 야외 영화 상영관 및 농산물 직판장으로도 사용될 수 있다는 점이라며(it can also be used for concerts, outdoor film screenings, and even farmers' markets) 경기장의 다양한 쓰임새를 나열했으므로 정답은 (B)이다.

어휘 facility 시설, 설비 multiple 다양한, 많은 budget 예산, 비용

패러프레이징 can also be used for concerts, outdoor film screenings, and even farmers' markets
▶ has multiple uses

4. Question 4 refers to the following talk.　　4번은 다음 담화에 관한 문제입니다.

> My name is Patricia Harris, and my team is researching ways to improve our hand lotion. One complaint from customers is that the scent wears off quickly. So, we've developed a way to make the lotion's scent last much longer.

제 이름은 패트리샤 해리스이고, 저희 팀은 핸드 로션을 개선할 방법을 연구하고 있습니다. 고객들의 불만 중 하나는 향이 빨리 사라진다는 점입니다. 그래서 저희는 로션의 향을 훨씬 더 오랫동안 지속시키는 방법을 개발했습니다.

어휘 research 연구하다　complaint 불평, 불만　scent 향기, 냄새　wear off 사라지다, 없어지다

What department does the speaker most likely work in?
(A) Technical support
(B) Shipping and receiving
(C) Research and development
(D) Human resources

화자는 어떤 부서에서 근무할 것 같은가?
(A) 기술 지원부
(B) 발송 접수부
(C) 연구 개발부
(D) 인사부

해설 화자가 일하는 부서를 묻는 문제이다. 자신의 팀은 핸드 로션을 개선할 방법을 연구하고 있다고(my team is researching ways to improve our hand lotion) 한 뒤 제품 개발 관련 내용이 이어지는 것으로 보아 정답은 (C)이다.

어휘 support 지원, 지지

[5-6] Questions 5-6 refer to the following talk.　　5-6번은 다음 담화에 관한 문제입니다.

> Good morning. ⁵ My presentation today is about the use of 3D printing in the manufacturing process. This can be a great way to make changes to prototypes quickly. I only have time to cover a few examples today, ⁶ but if you'd like to learn more, I recommend reading Alex Chester's article in the most recent edition of *Tech Quarterly Magazine*.

안녕하세요. ⁵ 오늘 저의 발표는 제조 공정에서의 3D 프린팅 사용에 관한 것입니다. 이것은 원형을 신속하게 변경할 수 있는 아주 좋은 방법이 될 수 있습니다. 오늘은 몇 가지 예시만 다룰 시간밖에 없지만, ⁶ 만약 더 자세히 알고 싶으시다면, 〈기술 계간지〉 최신호에 실린 알렉스 체스터의 기사를 읽어보시길 권합니다.

어휘 presentation 발표　manufacturing 제조의; 제조　process 공정　prototype 원형, 견본　cover 다루다, 포함시키다　recent 최근의, 새로운

5. What is the talk mainly about?
(A) Using 3D printing
(B) Improving supply chains
(C) Launching a business
(D) Using social media

담화는 주로 무엇에 관한 것인가?
(A) 3D 프린팅을 사용하는 것
(B) 공급망을 개선하는 것
(C) 사업을 시작하는 것
(D) 소셜 미디어를 활용하는 것

해설 담화 주제를 묻는 문제로, 담화 초반부에 주목한다. 오늘 발표는 3D 프린팅의 사용에 관한 것이라고(My presentation today is about the use of 3D printing) 했으므로 정답은 (A)이다.

어휘 supply chain 공급망　launch 시작하다, 출시하다

6. According to the speaker, how can the listeners get more information?

(A) By signing up for a class
(B) By attending a lecture
(C) By reading a magazine
(D) By visiting a Web site

화자에 따르면, 청자들은 어떻게 더 많은 정보를 얻을 수 있는가?

(A) 수강 신청을 함으로써
(B) 강의를 들음으로써
(C) 잡지를 읽음으로써
(D) 웹사이트를 방문함으로써

해설 청자들이 더 많은 정보를 얻을 수 있는 방법을 묻는 문제이다. 더 자세히 알고 싶으면 <기술 계간지> 최신호에 실린 알렉스 체스터의 기사를 읽어보길 권한다고(if you'd like to learn more, I recommend reading ~ Tech Quarterly Magazine) 했으므로 정답은 (C)이다.

어휘 lecture 강의

[7-8] Questions 7-8 refer to the following speech.

7-8번은 다음 연설에 관한 문제입니다.

> ⁷ It is an honor to be chosen for this year's Business Innovation Award. We started this business because we wanted to find an environmentally-friendly way to grow vegetables indoors. Now we want to give back to the community. ⁸ Starting from next month, we'll donate a portion of our food to local food banks and other charities that help residents.

> ⁷ 올해의 비즈니스 혁신상 수상자로 선정되어 영광입니다. 우리는 실내에서 채소를 재배할 수 있는 친환경적 방법을 찾고자 이 사업을 시작했습니다. 이제 우리는 지역 사회에 환원하고 싶습니다. ⁸ 다음 달부터, 우리는 우리 음식의 일부를 지역 푸드 뱅크와 주민들을 돕는 기타 자선 단체에 기부할 예정입니다.

어휘 innovation 혁신, 쇄신　environmentally-friendly 친환경적인　donate 기부하다, 증여하다　portion 일부, 부분　charity 자선 단체; 자선　resident 주민, 거주자

7. Where most likely is the speech taking place?

(A) At a dance festival
(B) At an anniversary dinner
(C) At a retirement party
(D) At an awards ceremony

연설은 어디에서 일어나고 있는 것 같은가?

(A) 댄스 축제에서
(B) 기념일 만찬에서
(C) 은퇴 기념 파티에서
(D) 시상식에서

해설 연설 장소를 묻는 문제로, 담화 초반부를 집중해서 듣는다. 올해의 비즈니스 혁신상 수상자로 선정되어 영광이라고(It is an honor to be chosen for this year's Business Innovation Award) 했으므로 시상식에서 연설 중임을 알 수 있다. 따라서 정답은 (D)이다.

패러프레이징 this year's Business Innovation Award ▶ awards ceremony

8. What does the speaker say her company plans to do?

(A) Make donations to local charities
(B) Start classes for residents
(C) Open a new branch of the business
(D) Begin a research project

화자는 자신의 회사가 무엇을 할 계획이라고 말하는가?

(A) 지역 자선 단체에 기부하기
(B) 주민들을 위한 수업 시작하기
(C) 업체의 신규 지점 열기
(D) 연구 프로젝트 시작하기

해설 회사의 미래 계획을 묻는 문제로, 미래 시점이나 시제가 언급되는 부분에 주목한다. 다음 달부터(Starting from next month) 음식의 일부를 지역 푸드 뱅크와 기타 자선 단체에 기부할 예정이라고(we'll donate a portion of our food to local food banks and other charities) 했으므로 정답은 (A)이다.

어휘 donation 기부, 기증　branch 지점

패러프레이징 donate a portion of our food to local food banks and other charities
▶ make donations to local charities

● 실전 문제   본문 p.274

1. (B)   2. (A)   3. (C)   4. (D)   5. (C)   6. (D)   7. (C)   8. (A)   9. (C)   10. (B)
11. (C) 12. (D) 13. (D) 14. (B) 15. (B)

[1-3] Questions 1-3 refer to the following instruction.   1-3번은 다음 설명에 관한 문제입니다.

> ¹ Welcome to Vinson's expert panel discussion on our new health assessment device. Physicians like you can use it when checking the general health conditions of their patients. ² What sets this device apart is that it can be linked to other databases. So, you can see the patient's entire health history. ³ We are looking for people to test the features of the device while our team takes notes. If you'd like to help us with this task, please go to Room 106 after the discussion is over.

¹ 저희 새로운 건강 진단 장치에 대한 빈슨 전문가 공개 토론회에 오신 것을 환영합니다. 여러분과 같은 의사들은 그것을 환자들의 전반적인 건강 상태를 검사할 때 사용할 수 있습니다. ² 이 장치를 차별화하는 점은 이것이 다른 데이터베이스와 연결될 수 있다는 것입니다. 따라서 여러분은 환자의 전체 건강 기록을 볼 수 있습니다. ³ 저희 팀이 기록을 하는 동안 장치의 기능을 테스트해 줄 분들을 찾고 있습니다. 이 일을 도와주고 싶으시다면, 토론회가 끝난 후 106호로 가주십시오.

어휘 panel discussion 공개 토론회   assessment 진단, 평가   device (특정 작업을 위해 고안된) 장치
physician 의사, 내과 의사   set apart 눈에 띄게 하다, 구별하다   be linked to ~와 연결되다   entire 전체의, 전부의
feature 기능

1. Who most likely are the listeners?

(A) Government officials
(B) Medical professionals
(C) Board members
(D) Job applicants

청자들은 누구일 것 같은가?
(A) 국가 공무원들
(B) 의료 전문가들
(C) 이사회 임원들
(D) 취업 지원자들

해설 청자들이 누구인지 묻는 문제로, 담화 초반부에 주목한다. 새로운 건강 진단 장치에 대한 빈슨 전문가 공개 토론회에 온 것을 환영한다는(Welcome to Vinson's expert panel discussion on our new health assessment device) 말로 담화를 시작한 후, 청자들을 의사들(Physicians)로 지칭한 것으로 보아 정답은 (B)이다.

어휘 government 정부   professional 전문가   board 이사회   applicant 지원자

패러프레이징 physicians ▶ medical professionals

2. According to the speaker, what is special about the company's device?

(A) It connects to other data sources.
(B) It is easy for beginners to use.
(C) It has received positive reviews.
(D) It has a long-lasting battery.

화자의 말에 따르면, 회사 장치의 특별한 점은 무엇인가?
(A) 다른 데이터 자료에 연결된다.
(B) 초보자들이 사용하기 쉽다.
(C) 긍정적인 평가를 받았다.
(D) 배터리가 오래 지속된다.

해설 장치의 특장점을 묻는 문제이다. 이 장치를 차별화하는 점은 다른 데이터베이스와 연결될 수 있다는 것이라고(What sets this device apart is that it can be linked to other databases) 했으므로 정답은 (A)이다.

어휘 source 자료   long-lasting 오래 지속되는

패러프레이징 be linked to other databases ▶ connects to other data sources

183

3. **Why** should some listeners **go** to **Room 106**?

(A) To register for a class
(B) To watch a demonstration
(C) To test a device
(D) To place an order

일부 청자들은 왜 106호로 가야 하는가?

(A) 수업에 등록하기 위해
(B) 시연을 보기 위해
(C) 장치를 테스트하기 위해
(D) 주문을 하기 위해

> **해설** 일부 청자들이 106호로 가야 하는 이유를 묻는 문제로, 질문의 키워드인 Room 106이 언급되는 부분을 집중해서 듣는다. 장치를 테스트해 줄 사람을 찾고 있다면서(We are looking for people to test ~ device), 이 일을 도와주고 싶다면 106호로 가달라고(If you'd like to help ~ go to Room 106) 했으므로 정답은 (C)이다.

> **어휘** register 등록하다   place an order 주문하다

> **패러프레이징** test the features of the device ▶ test a device

[4-6] Questions 4-6 refer to the following talk.

4-6번은 다음 담화에 관한 문제입니다.

> I'd like to thank you all for the wonderful experience of working as a senior editor here. I'm proud of the work we've done together. Even though I'm retiring, ⁴I know that our newspaper will continue to be an important source of information for the local community. About my replacement, Andrew Sherwood, ⁵I'm pleased that we were able to hire someone with such a long work history in the industry. I know he'll do a great job. Andrew will introduce himself now, and ⁶I encourage you to ask him any questions you may have.

> 저는 여기서 선임 편집자로 일했던 멋진 경험에 대해 모든 분께 감사 인사를 전하고 싶습니다. 저는 우리가 함께 했던 일이 자랑스럽습니다. 비록 저는 은퇴하지만, ⁴저는 우리 신문이 계속해서 지역 사회의 중요한 정보원이 될 것임을 알고 있습니다. 제 후임자인 앤드루 셔우드에 대해 말씀드리자면, ⁵업계에서 그렇게 오랜 경력을 가진 분을 채용할 수 있게 되어 기쁩니다. 저는 그가 잘 해낼 거라는 걸 압니다. 이제 앤드루가 자기소개를 할 것이니, ⁶궁금한 점이 있으면 그에게 질문하시기를 권합니다.

> **어휘** senior 선임의   editor 편집자   be proud of ~을 자랑스러워하다   source 출처, 정보원
> replacement 후임자, 대신할 사람

4. **Where** do the listeners probably **work**?

(A) At a business school
(B) At an advertising agency
(C) At a Web development firm
(D) At a newspaper company

청자들은 아마도 어디에서 일하겠는가?

(A) 경영 대학원에서
(B) 광고 대행사에서
(C) 웹 개발 회사에서
(D) 신문사에서

> **해설** 청자들이 일하는 곳을 묻는 문제이다. 우리 신문이 계속해서 지역 사회의 중요한 정보원이 될 것임을 알고 있다고(I know that our newspaper will continue to be an important source of information for the local community) 한 것으로 보아 청자들이 근무하는 곳은 신문사임을 알 수 있으므로 정답은 (D)이다.

5. **What** is the speaker **pleased** about?

(A) The effectiveness of a policy
(B) The popularity of an event
(C) An employee's work experience
(D) An award nomination

화자는 무엇에 대해 기뻐하는가?

(A) 정책의 유효성
(B) 행사의 인기
(C) 직원의 경력
(D) 수상 후보 지명

> **해설** 화자가 기뻐하는 것을 묻는 문제로, 질문의 키워드인 pleased가 언급되는 부분에 주목한다. 업계에서 그렇게 오랜 경력을 가진 분을 채용할 수 있게 되어 기쁘다고(I'm pleased that we were able to hire someone with such a long work history in the industry) 했으므로 정답은 (C)이다.

> **어휘** effectiveness 효과적임, 유효성   popularity 인기   nomination 지명, 추천

> **패러프레이징** long work history in the industry ▶ work experience

6. What does the speaker encourage the listeners to do?

(A) Volunteer for a task
(B) Complete a survey
(C) Read a document
(D) Share their questions

화자는 청자들에게 무엇을 하라고 권하는가?

(A) 업무에 자원하기
(B) 설문 조사 작성하기
(C) 문서 읽기
(D) 질문 공유하기

> **해설** 화자가 권하는 것을 묻는 문제로, 제안 표현이 나오는 부분에 주목한다. 궁금한 점이 있으면 그에게 질문하기를 권한다고(I encourage you to ask him any questions you may have) 했으므로 정답은 (D)이다.

> **어휘** volunteer 자원하다

> **패러프레이징** ask him any questions you may have ▶ share their questions

---

[7-9] Questions 7-9 refer to the following excerpt from a workshop.

7-9번은 다음 워크숍 발췌록에 관한 문제입니다.

> I'd like to welcome you all to this training workshop. ⁷I'm here to help you ensure that your safety inspections are carried out accurately and efficiently. In my opinion, ⁸the biggest issue you face is having too many things to check in a short amount of time. All right, everyone is nodding their head. The way to combat this problem is to be highly organized. So, ⁹next we'll look at a checklist of the tasks you need to complete. We'll talk about how to group them together for the best results.

> 여러분 모두 이번 교육 워크숍에 오신 것을 환영합니다. ⁷저는 여러분의 안전 검사가 정확하고 효율적으로 수행될 수 있게 도와드리고자 이곳에 왔습니다. 제 생각에, ⁸여러분이 직면한 가장 큰 문제는 짧은 시간 내에 확인해야 할 것들이 너무 많다는 겁니다. 좋아요, 모두 고개를 끄덕이고 있군요. 이 문제와 싸우는 방법은 고도로 조직화되는 것입니다. 따라서 ⁹다음으로 우리는 여러분이 완료해야 하는 작업들의 체크 리스트를 살펴보겠습니다. 최상의 결과를 위해 그것들을 함께 그룹화하는 방법에 대해 이야기할 것입니다.

> **어휘** safety 안전(성) inspection 검사 carry out ~을 수행하다 accurately 정확히, 정밀하게 efficiently 효율적으로 nod (고개를) 끄덕이다 combat (방지하기 위해) 싸우다 organized 조직화된, 계획된

---

7. Who most likely are the listeners?

(A) Corporate accountants
(B) Business investors
(C) Safety inspectors
(D) Software developers

청자들은 누구일 것 같은가?

(A) 기업 회계사들
(B) 사업 투자자들
(C) 안전 검사관들
(D) 소프트웨어 개발자들

> **해설** 담화 대상을 묻는 문제로, 담화 초반부에 주목한다. 여러분의 안전 검사가 정확하고 효율적으로 수행될 수 있게 돕고자 한다고(I'm here to help you ensure that your safety inspections are carried out accurately and efficiently) 한 것으로 보아 청자들이 안전 검사를 수행하는 사람임을 알 수 있으므로 정답은 (C)이다.

> **어휘** corporate 기업의

---

8. Why does the speaker say, "everyone is nodding their head"?

(A) To show that an issue is common
(B) To confirm that a problem has been resolved
(C) To express doubt about a proposal
(D) To thank the listeners for their help

화자는 왜 "모두 고개를 끄덕이고 있군요"라고 말하는가?

(A) 문제가 일반적이라는 것을 보여주기 위해
(B) 문제가 해결되었음을 확인하기 위해
(C) 제안에 대한 의심을 표현하기 위해
(D) 청자들의 도움에 감사하기 위해

> **해설** 화자가 한 말의 의도를 묻는 문제로, 제시된 문장의 앞뒤 문맥에 주목한다. 여러분이 직면한 가장 큰 문제는 짧은 시간 내에 확인해야 할 것들이 너무 많다는 것이라고(the biggest issue you face is having too many things to check in a short amount of time) 말한 뒤, 모두 고개를 끄덕이고 있다고 덧붙였다. 이것은 이 문제에 대해 모든 사람이 동의하고 있음을 나타내려

는 의도임을 알 수 있으므로 정답은 (A)이다.

어휘 confirm 확인하다, 승인하다   resolve 해결하다

9. What will the speaker discuss next?

(A) Customer comments
(B) Regulation changes
(C) A checklist
(D) A company policy

화자는 다음에 무엇에 대해 이야기할 것인가?
(A) 고객 의견
(B) 규정 변경
(C) 체크 리스트
(D) 회사 정책

해설 화자가 다음에 이야기할 내용을 묻는 문제로, 담화 후반부에 집중한다. 다음으로 우리는 완료해야 하는 작업들의 체크 리스트를 살펴보겠다고(next we'll look at a checklist of the tasks you need to complete) 했으므로 정답은 (C)이다.

[10-12] Questions 10-12 refer to the following talk.

10-12번은 다음 담화에 관한 문제입니다.

> Welcome, everyone. ¹⁰ It's wonderful to see so many people here for our ice cream shop's grand opening. We can't wait to serve you our delicious ice cream. ¹¹ Our ice cream is extra special because it's made from milk and fruit from local orchards and dairy farms. We have a lot of unique flavors to choose from. We want our customers to be fully satisfied. ¹² So, if you don't like the taste of the ice cream you ordered, we'll replace it with a different flavor at no extra charge.

어서 오세요, 여러분. ¹⁰ 저희 아이스크림 가게 개업식을 위해 이곳에 와주신 이렇게 많은 분들을 뵙게 되니 좋습니다. 여러분께 빨리 저희의 맛있는 아이스크림을 대접하고 싶습니다. ¹¹ 저희 아이스크림은 지역 과수원과 낙농장에서 생산하는 우유와 과일로 만들어졌기 때문에 더욱 특별합니다. 저희에겐 고를 수 있는 독특한 맛이 많이 있습니다. 저희는 고객분들이 충분히 만족하기를 바랍니다. ¹² 따라서 주문하신 아이스크림의 맛이 마음에 들지 않으시면, 추가 비용 없이 다른 맛으로 바꿔 드리겠습니다.

어휘 orchard 과수원   dairy farm 낙농장   satisfied 만족하는   extra charge 추가 비용

10. What kind of event is taking place?

(A) A recruitment drive
(B) A grand opening
(C) A feedback panel
(D) A department meeting

어떤 종류의 행사가 일어나고 있는가?
(A) 신규 회원 모집
(B) 개업식
(C) 피드백 패널 조사
(D) 부서 회의

해설 진행 중인 행사 종류를 묻는 문제로, 담화 초반부에 주목한다. 아이스크림 가게 개업식을 위해 이곳에 와준(here for our ice cream shop's grand opening) 사람들을 언급한 것으로 보아 정답은 (B)이다.

어휘 recruitment 신규 모집

11. What does the speaker say is special about the ice cream?

(A) It was featured in a magazine.
(B) It is low in calories.
(C) It uses locally sourced ingredients.
(D) It comes in recyclable containers.

화자는 아이스크림의 어떤 점이 특별하다고 말하는가?
(A) 잡지에 실렸다.
(B) 칼로리가 낮다.
(C) 현지에서 조달한 재료를 사용한다.
(D) 재활용할 수 있는 용기에 담겨 나온다.

해설 아이스크림의 특별한 점을 묻는 문제로, 질문의 키워드인 special이 언급되는 부분에 주목한다. 아이스크림이 지역 과수원과 낙농장에서 생산하는 우유와 과일로 만들어져서 더욱 특별하다고(extra special because it's made from milk and fruit from local orchards and dairy farms) 했으므로 정답은 (C)이다.

어휘 ingredient 재료, 구성 요소   recyclable 재활용할 수 있는   container 용기, 그릇

패러프레이징 made from milk and fruit from local orchards and dairy farms ▶ uses locally sourced ingredients

12. What is available to some customers?

(A) A shipping option
(B) A partial discount
(C) A full refund
(D) A replacement product

일부 고객들은 무엇을 이용할 수 있는가?

(A) 배송 옵션
(B) 부분 할인
(C) 전액 환불
(D) 대체 제품

해설 고객들이 이용할 수 있는 것을 묻는 문제이다. 주문한 아이스크림의 맛이 마음에 들지 않으면, 추가 비용 없이 다른 맛으로 바꿔 주겠다고(if you don't like the taste of the ice cream you ordered, we'll replace it with a different flavor at no extra charge) 했으므로 정답은 (D)이다.

어휘 partial 부분의 refund 환불 replacement 교체, 대체

패러프레이징 replace it with a different flavor ▶ replacement product

---

[13-15] Questions 13-15 refer to the following talk and table.

13-15번은 다음 담화와 표에 관한 문제입니다.

All right, everyone. Let's get this training session started. ¹³ Congratulations on being hired to work at our call center, which provides customer care for our Internet service. When taking a call, ¹⁴ it is essential that you ask the customer to describe the problem clearly, so that's the step I want to focus on during the training. Also, we'll save time if there are no interruptions. ¹⁵ So, I suggest that you write down any questions you may have as you think of them. That way, you won't forget to ask them at the end.

Step 1: Gather the account details
▼
¹⁴ **Step 2:** Ask for the problem to be described
▼
Step 3: Apologize for the inconvenience
▼
Step 4: Explain the proposed solution

자, 여러분. 교육을 시작하겠습니다. ¹³ 우리 인터넷 서비스에 대한 고객 관리를 제공하는 콜센터에서 일하게 되신 것을 축하합니다. 전화를 받을 때, ¹⁴ 고객에게 문제를 명확하게 설명해달라고 요청하는 것이 매우 중요하므로, 이 단계를 이번 교육 동안에 중점적으로 다루고자 합니다. 또한, 중간에 중단이 없어야 우리는 시간을 절약할 수 있을 것입니다. ¹⁵ 따라서 궁금하신 점이 있으면 생각나는 대로 질문을 적어 두시길 권합니다. 그렇게 하면, 마지막에 그것들을 질문하는 것을 잊지 않을 것입니다.

1단계: 계정 세부 정보 수집하기
▼
¹⁴ 2단계: 문제를 설명하도록 요청하기
▼
3단계: 불편에 대해 사과하기
▼
4단계: 제안하는 해결책 설명하기

어휘 essential 필수적인, 극히 중요한 describe 설명하다 interruption 중단, 방해 gather 수집하다
inconvenience 불편 propose 제안하다

---

13. What job are the listeners preparing for?

(A) Computer repair person
(B) Building maintenance worker
(C) Financial advisor
(D) Customer service representative

청자들은 어떤 직무를 준비하고 있는가?

(A) 컴퓨터 수리공
(B) 건물 관리인
(C) 재정 고문
(D) 고객 서비스 상담원

해설 청자들이 준비하는 직무를 묻는 문제이다. 인터넷 서비스에 대한 고객 관리를 제공하는 콜센터에서 일하게 된 것을 축하한다는 (Congratulations on being hired to work at our call center, which provides customer care for our Internet service) 인사로 담화가 시작되고 있으므로 정답은 (D)이다.

어휘 maintenance 유지, 보수 관리 financial 재정 representative 대리인

패러프레이징 work at our call center, which provides customer care ▶ customer service representative

14. Look at the graphic. Which step will the speaker focus on?

(A) Step 1
(B) Step 2
(C) Step 3
(D) Step 4

시각 자료를 보시오. 화자는 어느 단계에 중점을 둘 것인가?

(A) 1단계
(B) 2단계
(C) 3단계
(D) 4단계

> 해설 화자가 중점을 둘 단계를 묻는 문제로, 시각 자료와 함께 질문의 키워드인 focus on이 언급되는 부분에 주목한다. 고객에게 문제를 명확하게 설명해달라고 요청하는 것이 중요하므로(it is essential that you ask the customer to describe the problem clearly) 이 단계를 교육 동안에 중점적으로 다루고자 한다고(I want to focus on) 했고, 표에서 문제 설명 요청은 2단계이므로 정답은 (B)이다.

15. What does the speaker suggest doing?

(A) Reading a manual
(B) Writing down questions
(C) Copying some slides
(D) Working with a partner

화자는 무엇을 할 것을 제안하는가?

(A) 설명서를 읽는 것
(B) 질문을 적어 두는 것
(C) 일부 슬라이드를 복사하는 것
(D) 파트너와 함께 일하는 것

> 해설 화자가 제안하는 것을 묻는 문제로, 담화 후반부에서 제안 표현이 나오는 부분에 주목한다. 궁금한 점이 있으면 생각나는 대로 질문을 적어 두길 권한다고(I suggest that you write down any questions you may have as you think of them) 했으므로 정답은 (B)이다.

> 어휘 manual 설명서

PART TEST

본문 p.276

71. (D)	72. (D)	73. (B)	74. (C)	75. (A)	76. (D)	77. (C)	78. (B)	79. (B)	80. (C)
81. (B)	82. (D)	83. (D)	84. (C)	85. (C)	86. (B)	87. (A)	88. (D)	89. (B)	90. (A)
91. (C)	92. (D)	93. (C)	94. (C)	95. (B)	96. (B)	97. (D)	98. (B)	99. (A)	100. (C)

[71-73] Questions 71-73 refer to the following talk.

71-73번은 다음 담화에 관한 문제입니다.

> I hope you're all having a great time on the tour so far. ⁷¹ Our captain is refueling the boat now, and our next stop will be Soto Island. It is home to ⁷² Haugen Market, which is known around the world for its beautiful silver jewelry. Many of the artists only sell their goods at this market. So, if you see something you like, be sure to get it. Also, ⁷³ I know that some of you wanted to get coffee or tea before the next part of our journey. We leave in 30 minutes, so that shouldn't be a problem.

> 지금까지 여행에서 모두 즐거운 시간 보내고 계시기를 바랍니다. ⁷¹ 우리 선장이 현재 배에 연료를 재급유하고 있고, 우리가 다음에 들를 곳은 소토 섬이 되겠습니다. 그곳은 호건 마켓이 있는 곳으로, ⁷² 호건 마켓은 아름다운 은 보석류로 전 세계에 알려져 있습니다. 많은 예술가들이 이 시장에서만 자신의 제품을 판매합니다. 그러니 마음에 드는 것을 보면 꼭 사도록 하세요. 또한, ⁷³ 여러분 중 몇몇 분이 우리의 다음 여정 전에 커피나 차를 드시고 싶어 하셨던 것을 압니다. 우리는 30분 뒤에 출발하니, 그건 문제가 되지 않을 겁니다.

> 어휘 so far 지금까지 captain 선장, 기장 refuel 연료를 재급유하다 be known for ~로 알려져 있다
> jewelry 보석류, 장신구류 goods 제품, 상품 journey 여정, 여행

71. What are the listeners participating in?

(A) A train tour
(B) A bus tour
(C) A bike tour
(D) A boat tour

청자들은 무엇에 참여하고 있는가?
(A) 기차 여행
(B) 버스 여행
(C) 자전거 여행
(D) 선박 여행

> 해설 청자들이 참여하고 있는 것을 묻는 문제로, 담화 초반부에 주목한다. 선장이 현재 배에 연료를 재급유하고 있으며, 다음에 소토 섬에 들른다고(Our captain is refueling the boat now, and our next stop will be Soto Island) 한 것으로 보아 정답은 (D)이다.

72. According to the speaker, what is Haugen Market famous for?

(A) Wooden furniture
(B) Traditional foods
(C) Musical instruments
(D) Silver jewelry

화자에 따르면, 호건 마켓은 무엇으로 유명한가?
(A) 목재 가구
(B) 전통 음식
(C) 악기
(D) 은 보석류

> 해설 호건 마켓이 무엇으로 유명한지 묻는 문제로, 질문의 키워드인 Haugen Market이 언급되는 부분에 주목한다. 호건 마켓은 아름다운 은 보석류로 전 세계에 알려져 있다고(Haugen Market, which is known ~ for its beautiful silver jewelry) 했으므로 정답은 (D)이다.

> 어휘 be famous for ~으로 유명하다   wooden 목재의, 나무로 만든   traditional 전통적인

> 패러프레이징 known around the world ▶ famous

73. What does the speaker mean when he says, "We leave in 30 minutes"?

(A) Some questions can be answered now.
(B) The listeners have time to get a beverage.
(C) The schedule contained an error.
(D) Some equipment is being repaired.

화자가 "우리는 30분 뒤에 출발합니다"라고 말할 때 의미하는 것은 무엇인가?
(A) 일부 질문에는 지금 답변할 수 있다.
(B) 청자들이 음료를 마실 시간이 있다.
(C) 일정에 오류가 있었다.
(D) 일부 장비를 수리 중이다.

> 해설 화자가 한 말의 의도를 묻는 문제로, 제시된 문장의 앞뒤 문맥에 주목한다. 몇몇 사람이 다음 여정 전에 커피나 차를 마시고 싶어 했다고(some of you wanted to get coffee or tea before the next part of our journey) 한 후 제시된 문장을 덧붙인 것은 커피나 차 등의 음료를 마실 시간이 충분하다는 의미이므로 정답은 (B)이다.

> 어휘 beverage 음료   contain ~이 들어 있다

[74-76] Questions 74-76 refer to the following broadcast.

74-76번은 다음 방송에 관한 문제입니다.

Hello, and **⁷⁴ welcome to *In the Kitchen*, the TV show that teaches you all about home cooking. I'm your host, Carl O'Connor.** Today we're going to get some inspiration from a new smartphone application called Taste Made. It's really easy to use. You look through a list of dishes and check the ones you like. **⁷⁵ Then it will suggest new recipes for you to try based on your answers.** There are hundreds of recipes included in the app. After you try it, **⁷⁶ please go to our Web site. There you can review the app and let us know what you think about it.**

안녕하세요, **⁷⁴ 가정 요리에 관한 모든 것을 가르쳐드리는 TV 프로그램 〈주방에서〉에 오신 것을 환영합니다. 저는 진행자인 칼 오코너입니다.** 오늘 우리는 '테이스트 메이드'라고 하는 새로운 스마트폰 앱에서 영감을 좀 얻으려고 합니다. 그것은 정말 사용하기 쉽습니다. 여러분은 요리 목록을 훑어보고 마음에 드는 것들에 체크합니다. **⁷⁵ 그리고 나면 그것이 여러분의 답변에 근거해서 여러분이 시도해볼 새로운 조리법을 제안해 줄 것입니다.** 이 앱에는 수백 가지의 조리법이 포함되어 있습니다. 여러분은 그것을 써보신 후, **⁷⁶ 저희 웹사이트에 가시기를 바랍니다. 거기서 여러분은 이 앱을 평가하시고 앱에 대해 어떻게 생각하는지 저희에게 알려주실 수 있습니다.**

어휘 host (방송의) 진행자, 주인   inspiration 영감   look through ~을 (빠르게) 훑어보다   recipe 조리법
based on ~에 근거하여   include 포함하다

74. Who is the speaker?

(A) A shop clerk
(B) A restaurant owner
(C) A television host
(D) A tour guide

화자는 누구인가?

(A) 가게 점원
(B) 식당 주인
(C) 텔레비전 방송 진행자
(D) 여행 가이드

해설 화자의 직업을 묻는 문제로, 담화 초반부에 주목한다. 자신을 〈주방에서〉라는 TV 프로그램(In the Kitchen, the TV show)의 진행자로 소개하고(I'm your host, Carl O'Connor) 있으므로 정답은 (C)이다.

어휘 clerk 점원

75. What can the smartphone application do?

(A) Suggest alternative recipes
(B) Create a shopping list
(C) Keep track of spending
(D) Recommend healthy substitutes

이 스마트폰 앱은 무엇을 할 수 있는가?

(A) 대체 가능한 조리법 제안하기
(B) 쇼핑 목록 만들기
(C) 지출 기록하기
(D) 건강 대용식 추천하기

해설 이 스마트폰 앱으로 할 수 있는 것을 묻는 문제로, 앱의 기능이 언급되는 부분에 주목한다. 앱이 청자들이 시도해볼 새로운 조리법을 제안해줄 거라고(it will suggest new recipes for you to try) 했으므로 정답은 (A)이다.

어휘 alternative 대체 가능한   keep track of ~을 기록하다   spending 지출   substitute 대용식, 대체물

패러프레이징 suggest new recipes for you to try ▶ suggest alternative recipes

76. According to the speaker, why should the listeners visit a Web site?

(A) To get a discount code
(B) To view some photos
(C) To watch a video
(D) To leave a review

화자에 따르면, 청자들은 왜 웹사이트를 방문해야 하는가?

(A) 할인 코드를 받기 위해
(B) 사진을 좀 보기 위해
(C) 영상을 시청하기 위해
(D) 평가를 남기기 위해

해설 청자들이 웹사이트를 방문해야 하는 이유를 묻는 문제로, 질문의 키워드인 Web site가 언급되는 부분에 주목한다. 웹사이트에서 앱을 평가하고 앱에 대해 어떻게 생각하는지 알려줄 수 있다고(our Web site ~ review the app and let us know what you think about it) 했으므로 정답은 (D)이다.

패러프레이징 review the app and let us know what you think about it ▶ leave a review

[77-79] Questions 77-79 refer to the following telephone message.   77-79번은 다음 전화 메시지에 관한 문제입니다.

Hi, Greg. ⁷⁷ I've just spoken to a representative at Marshall Enterprises about our fabric order. He said they had some problems at the manufacturing facility. Because of that, there's going to be a significant delay. We needed that fabric to make the items for our runway show. ⁷⁸ I've decided to order it from another place. It'll be more expensive, but the show is in one month. Fortunately, we have nearly sold out of tickets already. ⁷⁹ So, the venue is going to be full of people. I'm sure you're as happy about that as I am.

안녕하세요, 그레그. ⁷⁷ 제가 방금 마셜 엔터프라이즈의 직원과 우리의 천 주문에 관해 얘기했어요. 그가 말하길 생산 시설에 문제가 좀 있었대요. 그것 때문에 상당한 지연이 있을 거예요. 우리는 런웨이 쇼를 위한 물건들을 만들기 위해 그 천이 필요했어요. ⁷⁸ 저는 다른 곳에서 그것을 주문하기로 결정했어요. 더 비싸겠지만, 쇼가 한 달 뒤예요. 다행히도, 우리는 이미 표를 거의 다 팔았어요. ⁷⁹ 그러니 행사장이 사람들로 가득 찰 거예요. 분명히 그 점에 대해서는 당신도 저만큼 기쁠 거예요.

어휘 representative 직원, 대표자　fabric 천, 직물　manufacturing facility 생산 시설　significant 상당한, 중요한
sell out of ~을 다 팔다　venue 장소　be full of ~로 가득 차 있다

77. What type of business is Marshall Enterprises?

(A) A recruiting agency
(B) A marketing firm
(C) A fabric manufacturer
(D) A shipping company

마셜 엔터프라이즈는 어떤 종류의 업체인가?
(A) 채용 대행사
(B) 마케팅 회사
(C) 직물 제조업체
(D) 해운 회사

해설 마셜 엔터프라이즈의 업종을 묻는 문제로, 질문의 키워드인 Marshall Enterprises가 언급되는 부분에 주목한다. 화자가 방금 마셜 엔터프라이즈의 직원과 천 주문에 관해 얘기했다며(I've just spoken to a representative at Marshall Enterprises about our fabric order) 그들의 생산 시설에 문제가 있었다고(they had some problems at the manufacturing facility) 했으므로 정답은 (C)이다.

어휘 recruiting 채용 활동, 구인 활동　agency 대행 회사, 대리점　manufacturer 제조사　shipping 해상 운송, 해운업

78. Why does the speaker say, "the show is in one month"?

(A) To promote an event
(B) To explain a decision
(C) To thank the listener
(D) To recommend working overtime

화자는 왜 "쇼가 한 달 뒤예요"라고 말하는가?
(A) 행사를 홍보하기 위해
(B) 결정의 이유를 설명하기 위해
(C) 청자에게 감사하기 위해
(D) 초과 근무를 권하기 위해

해설 화자의 의도를 묻는 문제로, 제시된 문장의 앞뒤 문맥에 주목한다. 런웨이 쇼에 필요한 천을 다른 곳에서 주문하기로 결정했는데, 더 비쌀 것이라고(I've decided to order it from another place. It'll be more expensive) 한 후 제시된 문장을 덧붙인 것은 시간이 촉박해서 그러한 결정을 할 수밖에 없었다고 설명하기 위한 의도이므로 정답은 (B)이다.

어휘 promote 홍보하다　explain (~의 이유를) 설명하다

79. What is the speaker happy about?

(A) The business received good reviews.
(B) Attendance is expected to be high.
(C) More funds have been added to a budget.
(D) An expert will help with a task.

화자는 무엇에 관해 기뻐하는가?
(A) 업체가 좋은 평가를 받았다.
(B) 참석자 수가 많을 것으로 예상된다.
(C) 더 많은 자금이 예산에 추가되었다.
(D) 전문가가 일을 도와줄 것이다.

해설 화자가 무엇 때문에 기뻐하는지 묻는 문제로, 질문의 키워드인 happy가 언급된 부분에 주목한다. 표가 거의 다 팔려 행사장이 사람들로 가득 찰 거라고(the venue is going to be full of people) 한 뒤, 그 점에 대해 청자도 자신만큼 기쁠 거라고(you're as happy about that as I am) 덧붙였으므로 정답은 (B)이다.

어휘 attendance 참석자 수, 출석률　fund 자금, 기금　budget 예산　expert 전문가　task 일, 과업

패러프레이징 venue is going to be full of people ▶ attendance is expected to be high

[80-82] Questions 80-82 refer to the following talk.

80-82번은 다음 담화에 관한 문제입니다.

⁸⁰January is almost here, which is always the busiest time for our fitness center. You can expect to be booked for a lot more personal training sessions, and your group exercise classes are likely to be full. We are always looking for new ways to motivate our members. In light of this, to help people meet their goals, ⁸¹we've upgraded our Web site. Users can now track their progress with the online tool there. You might get questions about using this feature. ⁸²So, Andy, who runs our Web site, is here to show you how to open an account and input information. Please pay careful attention.

⁸⁰ 1월이 거의 다가왔습니다. 이는 항상 우리 헬스장이 가장 바쁜 시기이죠. 여러분은 훨씬 더 많은 개인 지도 시간에 예약이 되실 것을 예상할 수 있고, 여러분의 그룹 운동 수업은 만석이 될 듯합니다. 우리는 항상 회원들을 동기 부여하기 위한 새로운 방법들을 찾고 있습니다. 이를 고려하여, 사람들이 목표를 달성하도록 돕기 위해, ⁸¹ 우리는 웹사이트를 개선했습니다. 사용자들은 이제 그곳에서 온라인 도구로 자신의 진척 상황을 추적할 수 있습니다. 여러분은 이러한 기능을 이용하는 것에 관해 질문을 받을지도 모릅니다. ⁸² 그래서, 우리 웹사이트를 운영하는 앤디가 여러분에게 계정을 개설하고 정보를 입력하는 방법을 알려주기 위해 왔습니다. 주의를 기울여 주시기 바랍니다.

어휘 booked 예약된 personal training 개인 지도 motivate 동기를 부여하다 in light of ~을 고려하여, ~에 비추어
meet a goal 목표를 달성하다 track 추적하다, 뒤쫓다 progress 진척, 진전 tool 도구, 수단 feature 기능, 특징
run 운영하다 input 입력하다

80. Who is the speaker talking to?

(A) Government inspectors
(B) Bank tellers
(C) Fitness instructors
(D) Computer programmers

화자는 누구에게 이야기하고 있는가?

(A) 정부 조사관들
(B) 은행 창구 직원들
(C) 헬스 강사들
(D) 컴퓨터 프로그래머들

해설 담화 대상을 묻는 문제로, 청자들의 신원이 드러나는 담화 초반에 주목한다. 1월은 우리 헬스장이 가장 바쁜 시기라며(the busiest time for our fitness center) 개인 및 그룹 운동 수업에 대한 내용을 언급하는 것으로 보아 정답은 (C)이다.

어휘 bank teller 은행 창구 직원 instructor 강사, 교사

81. What has been added to the Web site?

(A) A photo gallery
(B) A tracking tool
(C) Job postings
(D) Promotional videos

웹사이트에 무엇이 추가되었는가?

(A) 사진첩
(B) 추적 도구
(C) 채용 공고
(D) 홍보 영상

해설 웹사이트에 추가된 것을 묻는 문제로, 질문의 키워드인 Web site가 언급되는 부분에 주목한다. 이제 웹사이트에서 사용자들이 온라인 도구로 자신의 진척 상황을 추적할 수 있다고(Users can now track their progress with the online tool there) 했으므로 정답은 (B)이다.

어휘 job posting 채용 공고 promotional 홍보의, 판촉의

패러프레이징 track their progress with the online tool ▶ tracking tool

82. What will Andy do next?

(A) Explain a regulation
(B) Announce a promotion
(C) Ask for volunteers
(D) Demonstrate a feature

앤디는 다음에 무엇을 할 것인가?

(A) 규정 설명하기
(B) 승진 발표하기
(C) 지원자 요청하기
(D) 기능을 보여주며 설명하기

해설 앤디가 다음에 할 일을 묻는 문제이다. 앤디가 계정을 개설하고 정보를 입력하는 방법을 알려주기 위해 왔다고(Andy ~ is here to show you how to open an account and input information) 했으므로 정답은 (D)이다.

어휘 regulation 규정, 규제

패러프레이징 show you how to open an account and input information ▶ demonstrate a feature

[83-85] Questions 83-85 refer to the following announcement.

83-85번은 다음 공지에 관한 문제입니다.

Good afternoon, everyone. ⁸³ Welcome aboard this express service to London. The train journey today will be about 90 minutes. ⁸⁴ I'm very sorry that we departed 15 minutes after our scheduled time. This was due to some mechanical problems. We now expect to arrive in London at approximately 2:25 P.M. ⁸⁵ Our crew will be coming through the carriages shortly with hot drinks and snacks. All major credit cards are accepted.

안녕하세요, 여러분. ⁸³ 런던행 급행편에 탑승하신 것을 환영합니다. 오늘 이 기차 여행은 약 90분 소요될 것입니다. ⁸⁴ 우리가 예정된 시간에서 15분 지나 출발한 점은 대단히 죄송합니다. 이것은 몇몇 기계적인 문제 때문이었습니다. 우리는 이제 대략 오후 2시 25분에 런던에 도착할 것으로 예상합니다. ⁸⁵ 저희 승무원이 따뜻한 음료와 간식거리를 가지고 곧 객차들을 지나가겠습니다. 모든 주요 신용 카드를 받습니다.

어휘 aboard 탑승한, 승선한 express 급행의, 신속한 depart 출발하다, 떠나다 scheduled 예정된 mechanical 기계적인 crew 승무원 come through ~을 지나오다 carriage (기차의) 객차 shortly 곧, 얼마 안 되어

83. Where is the announcement taking place?

(A) At a theater
(B) At a library
(C) On an airplane
(D) On a train

공지는 어디에서 이루어지고 있는가?
(A) 극장에서
(B) 도서관에서
(C) 비행기에서
(D) 기차에서

해설 공지 장소를 묻는 문제이다. 런던행 급행편에 탑승한 것을 환영한다며(Welcome aboard this express service to London) 오늘 기차 여행이 약 90분 소요된다고(The train journey today will be about 90 minutes) 알리는 것으로 보아 정답은 (D)이다.

84. What does the speaker apologize for?

(A) There was a price increase.
(B) Some seats are unavailable.
(C) A departure was late.
(D) Some bags have been lost.

화자는 무엇에 대해 사과하는가?
(A) 가격 인상이 있었다.
(B) 일부 좌석을 이용할 수 없다.
(C) 출발이 늦었다.
(D) 몇몇 가방이 분실되었다.

해설 화자가 사과하는 이유를 묻는 문제로, 질문의 키워드인 apologize와 관련된 사과 표현에 주목한다. 예정된 시간에서 15분 지나 출발한 점 대단히 죄송하다고(I'm very sorry that we departed 15 minutes after our scheduled time) 했으므로 정답은 (C)이다.

어휘 unavailable 이용할 수 없는 departure 출발, 떠남

패러프레이징 we departed 15 minutes after our scheduled time ▶ departure was late

85. What does the speaker imply when she says, "All major credit cards are accepted"?

(A) The listeners have made a suggestion.
(B) A system has been repaired.
(C) There is a charge for refreshments.
(D) A brochure has some incorrect information.

화자가 "모든 주요 신용 카드를 받습니다"라고 말할 때 암시하는 것은 무엇인가?
(A) 청자들이 제안을 했다.
(B) 시스템이 보수되었다.
(C) 음식물에 대한 요금이 있다.
(D) 소책자에 일부 부정확한 정보가 있다.

해설 화자가 한 말의 의도를 묻는 문제로, 제시된 문장의 앞뒤 문맥에 주목한다. 승무원이 따뜻한 음료와 간식거리를 가지고 곧 객차들을 지나간다고(Our crew will be coming through the carriages shortly with hot drinks and snacks) 한 후 제시된 문장을 덧붙인 것은 요금을 지불하고 음료와 간식을 이용해야 한다는 의미이므로 정답은 (C)이다.

어휘 make a suggestion 제안하다   charge 요금   refreshments 가벼운 음식물, 다과   incorrect 부정확한

[86-88] Questions 86-88 refer to the following excerpt from a meeting.

86-88번은 다음 회의의 발췌록에 관한 문제입니다.

> ⁸⁶ Next on this meeting's agenda, I'd like to explain a new process we'll be using when we order office supplies. At the moment, different departments repeat orders for the same items, and we end up with extra supplies. ⁸⁷ Some employees have complained because this means the supply closet has too many items in it, making it hard to find anything. So, from now on, we will place one large order for all of the departments. ⁸⁸ If you need to request something, please speak to our junior accountant, Candace Simmons. She will be placing an order each month.

⁸⁶ 이번 회의의 다음 안건으로, 저는 우리가 사무용품을 주문할 때 이용하게 될 새로운 절차를 설명하고 싶습니다. 지금은, 여러 부서들이 같은 물품에 대한 주문을 반복하여, 우리는 결국 용품이 필요 이상으로 남게 됩니다. ⁸⁷ 이것은 비품 창고 안에 너무 많은 물품들이 있어서 무언가를 찾기가 힘들게 만든다는 것을 의미하기 때문에 일부 직원들이 불평을 해왔습니다. 그래서 이제부터, 우리는 모든 부서들을 위해 한 번의 대량 주문을 할 것입니다. ⁸⁸ 만약 여러분이 무언가를 요청해야 한다면, 우리 후배 회계원인 캔더스 시몬스에게 얘기하세요. 그녀가 매달 주문을 할 것입니다.

어휘 repeat 반복하다   end up with 결국 ~하게 되다   extra 필요 이상의, 여분의   complain 불평하다, 항의하다   supply closet 비품 창고   from now on 이제부터   place an order 주문하다   accountant 회계원

---

86. What topic is the speaker discussing?

(A) An office relocation
(B) An ordering process
(C) A training program
(D) An industry conference

화자는 무슨 주제에 대해 이야기하고 있는가?

(A) 사무실 이전
(B) 주문 절차
(C) 교육 프로그램
(D) 산업 학회

해설 담화 주제를 묻는 문제로, 담화 초반부에 주목한다. 사무용품을 주문할 때 이용하게 될 새로운 절차를 설명하고 싶다고(I'd like to explain a new process we'll be using when we order office supplies) 했으므로 정답은 (B)이다.

어휘 relocation 이전, 재배치

패러프레이징 new process we'll be using when we order office supplies ▶ ordering process

---

87. What have some employees complained about?

(A) A storage area is too full.
(B) Some deadlines are too short.
(C) A regulation is strict.
(D) Some payments were incorrect.

일부 직원들이 무엇에 관해 불평해왔는가?

(A) 보관 창고가 너무 꽉 찼다.
(B) 일부 마감 기한이 너무 짧다.
(C) 규정이 엄격하다.
(D) 일부 지불금이 부정확했다.

해설 직원들이 불평한 것을 묻는 문제로, 질문의 키워드인 complained가 언급되는 부분에 주목한다. 비품 창고 안에 너무 많은 물품들이 있어서 일부 직원들이 불평을 해왔다고(Some employees have complained ~ the supply closet has too many items in it) 했으므로 정답은 (A)이다.

어휘 strict 엄격한   incorrect 부정확한, 맞지 않는

패러프레이징 supply closet has too many items in it ▶ storage area is too full

88. Who is Candace Simmons?

(A) A business owner
(B) A Web designer
(C) A corporate receptionist
(D) A junior accountant

캔더스 시몬스는 누구인가?

(A) 사업주
(B) 웹 디자이너
(C) 회사 안내데스크 직원
(D) 후배 회계원

> 해설 캔더스 시몬스가 누구인지 묻는 문제로, 질문의 키워드인 Candace Simmons가 언급되는 부분에 주목한다. 무언가를 요청해야 한다면 후배 회계원인 캔더스 시몬스에게 얘기하라고(please speak to our junior accountant, Candace Simmons) 했으므로 정답은 (D)이다.

> 어휘 corporate 회사의, 기업의   receptionist 접수원

[89-91] Questions 89-91 refer to the following telephone message.

89-91번은 다음 전화 메시지에 관한 문제입니다.

> Hi, Shelly. It's David. **89 I'm working on the financial report for our department.** I know that we were billed for some new computers, but I don't have the details. I remember that you said you didn't have any paperwork for that. Unfortunately, I need to include the details in the financial report. **90 So, could you please send me the invoice? 91 I suggest calling the supplier and informing them that you need a copy.** I'm sure it will be easy for them to e-mail one to you. Thanks.

> 안녕하세요, 셸리. 데이비드예요. **89 저는 우리 부서의 재무 보고서 작업을 하고 있는 중이에요.** 우리가 일부 새 컴퓨터의 대금을 청구받은 것으로 알고 있는데, 저에게는 세부 정보가 없어요. 저는 당신이 그것에 대한 서류를 전혀 가지고 있지 않다고 말했던 것을 기억해요. 유감스럽게도, 제가 재무 보고서에 그 세부 정보를 포함시켜야 해요. **90 그러니 제게 청구서를 보내주시겠어요? 91 공급업체에 전화하셔서 그들에게 사본이 한 부 필요하다고 알리실 것을 제안드려요.** 그들이 당신에게 이메일로 그것을 보내는 건 분명 쉬울 거예요. 고마워요.

> 어휘 bill for ~의 대금을 청구하다   paperwork 서류 (작업)   include 포함시키다   invoice 청구서, 송장
> inform 알리다, 통지하다

---

89. What is the speaker working on?

(A) A market analysis
(B) A financial report
(C) Some vacation requests
(D) Some presentation slides

화자는 무엇에 대한 작업을 하고 있는가?

(A) 시장 분석
(B) 재무 보고서
(C) 휴가 요청
(D) 발표 슬라이드

> 해설 화자가 무엇에 대한 작업을 하고 있는지 묻는 문제로, 질문의 키워드인 working on이 언급되는 부분에 주목한다. 부서의 재무 보고서 작업을 하고 있다고(I'm working on the financial report for our department) 했으므로 정답은 (B)이다.

> 어휘 analysis 분석   vacation 휴가, 방학

---

90. What does the speaker request from the listener?

(A) An invoice
(B) A password
(C) A receipt
(D) An address

화자는 청자로부터 무엇을 요청하는가?

(A) 청구서
(B) 비밀번호
(C) 영수증
(D) 주소

> 해설 화자가 요청하는 것을 묻는 문제이다. 재무 보고서 작업에 필요하다며 청구서를 보내달라고(could you please send me the invoice?) 했으므로 정답은 (A)이다.

91. What does the speaker suggest doing?

(A) Visiting a Web site
(B) Speaking to a supervisor
(C) Calling a supplier
(D) Stopping by his office

화자는 무엇을 할 것을 제안하는가?
(A) 웹사이트를 방문하는 것
(B) 감독관에게 말하는 것
(C) 공급업체에 전화하는 것
(D) 그의 사무실에 들르는 것

> 해설 화자가 제안하는 것을 묻는 문제로, 담화 후반부에서 제안 표현이 나오는 부분에 주목한다. 공급업체에 전화해서 그들에게 사본이 필요하다고 알릴 것을 제안한다고(I suggest calling the supplier and informing them that you need a copy) 했으므로 정답은 (C)이다.

> 어휘 stop by ~에 들르다

[92-94] Questions 92-94 refer to the following talk.

92-94번은 다음 담화에 관한 문제입니다.

Hello, everyone. My name is Janet, and I'll be leading this workshop. ⁹²Today you'll learn how to use the latest project management software. There are numerous tasks needed ⁹³ when developing advertising campaigns for your clients. This program will help you manage resources, create custom images, track a brand's success, and more. I'd like to make improvements to this workshop for next time. So, at the end, ⁹⁴ I'll ask you to provide your opinions about the parts you found most helpful.

안녕하세요, 여러분. 제 이름은 재닛이고, 제가 이번 워크숍을 이끌 것입니다. ⁹² 오늘 여러분은 최신 프로젝트 관리 소프트웨어를 사용하는 법을 배우게 됩니다. ⁹³ 여러분의 고객들을 위해서 광고 캠페인을 전개할 때 필요한 수많은 작업들이 있습니다. 이 프로그램은 여러분이 자원을 관리하고, 맞춤 이미지를 만들고, 브랜드의 성공을 추적하는 것 외에도 많은 것을 도와줄 것입니다. 저는 다음 번을 위해 이번 워크숍을 개선하고자 합니다. 그러니, 끝날 때 ⁹⁴ 여러분이 가장 도움이 되었다고 생각하신 부분에 대한 의견을 제공해주실 것을 요청드리겠습니다.

> 어휘 lead 이끌다, 안내하다   latest 최신의   management 관리, 운영   numerous 수많은   develop 전개하다, 발전시키다   resource 자원, 재원   custom 맞춤의   track 추적하다, 뒤쫓다   improvement 개선   at the end 끝에, 결국에는   provide 제공하다   helpful 도움이 되는

---

92. What is the topic of the workshop?

(A) How to find new clients
(B) How to organize an event
(C) How to lead a group
(D) How to use some software

워크숍의 주제는 무엇인가?
(A) 새로운 고객을 찾는 법
(B) 행사를 계획하는 법
(C) 집단을 이끄는 법
(D) 소프트웨어를 사용하는 법

> 해설 워크숍의 주제를 묻는 문제로, 담화 초반부에 주목한다. 오늘 최신 프로젝트 관리 소프트웨어를 사용하는 법을 배우게 된다고(Today you'll learn how to use the latest project management software) 했으므로 정답은 (D)이다.

> 어휘 organize 계획하다, 조직하다

---

93. What industry do the listeners most likely work in?

(A) Agriculture
(B) Insurance
(C) Advertising
(D) Manufacturing

청자들은 어떤 업계에서 일할 것 같은가?
(A) 농업
(B) 보험
(C) 광고
(D) 제조

> 해설 청자들이 일하는 분야를 묻는 문제이다. 고객들을 위해서 광고 캠페인을 전개하는 것(developing advertising campaigns for your clients)을 언급한 것으로 보아 정답은 (C)이다.

94. What are the listeners asked to do?

(A) Read some instructions
(B) Make a donation
(C) Share their feedback
(D) Take a tour

청자들은 무엇을 하라고 요청받는가?
(A) 설명서 읽기
(B) 기부하기
(C) 그들의 의견 공유하기
(D) 둘러보기

해설 청자들이 요청받는 것을 묻는 문제로, 담화 후반부에 요청 표현이 나오는 부분에 주목한다. 가장 도움이 되었다고 생각한 부분에 대한 의견을 제공해 달라고(I'll ask you to provide your opinions about the parts you found most helpful) 했으므로 정답은 (C)이다.

어휘 donation 기부, 기증

패러프레이징 provide your opinions ▶ share their feedback

[95-97] Questions 95-97 refer to the following telephone message and schedule.

95-97번은 다음 전화 메시지와 일정표에 관한 문제입니다.

Good morning, Mr. Stanford. This is Amber O'Connor. **95 I'm the site manager for the new apartment complex being built on 8th Street.** I am currently signed up for the workshop on new building regulations. However, I'm wondering if I can change which workshop I attend. **96 Our team needs to organize a big shipment of building materials at the beginning of the month.** I want to make sure I'm there for that. So, **97 could I attend the session that starts at 10 A.M. instead?** Please call me back at 555-8473. Thanks.

좋은 아침입니다, 스탠퍼드 씨. 저는 앰버 오코너입니다. 95 저는 8번가에 건설 중인 신축 아파트 단지의 현장 관리자입니다. 저는 현재 새로운 건물 규정에 대한 워크숍에 등록되어 있습니다. 하지만, 제가 참석하는 워크숍을 변경할 수 있는지 궁금합니다. 96 저희 팀이 이달 초에 다량의 건축 자재 선적물을 정리해야 합니다. 저는 반드시 그 작업을 위해 그곳에 가려고 합니다. 그러니, 97 제가 오전 10시에 시작하는 세션에 대신 참석해도 될까요? 555-8473으로 제게 다시 전화 주시기 바랍니다. 감사합니다.

Workshop: New Building Regulations

March 3, 3 P.M. – 5 P.M.
March 10, 9 A.M. – 11 A.M.
March 17, 1 P.M. – 3 P.M.
97 March 24, 10 A.M. - 12 noon

워크숍: 새로운 건물 규정

3월 3일 오후 3시 – 5시
3월 10일 오전 9시 – 11시
3월 17일 오후 1시 – 3시
97 3월 24일 오전 10시 – 12시 정오

어휘 site manager 현장 관리자 complex (건물) 단지, 복합 건물 be signed up for ~에 등록되어 있다
regulation 규정, 규제 shipment 선적물, 수송품 building material 건축 자재 make sure 반드시 ~하다
session (특정한 활동을 위한) 시간 instead 대신에

---

95. Where does the speaker most likely work?

(A) At a convention center
(B) At a construction company
(C) At a car rental firm
(D) At a hardware store

화자는 어디에서 일하는 것 같은가?
(A) 컨벤션 센터에서
(B) 건설 회사에서
(C) 자동차 대여 회사에서
(D) 철물점에서

해설 화자가 일하는 곳을 묻는 문제로, 담화 초반부에 주목한다. 8번가에 건설 중인 신축 아파트 단지의 현장 관리자라고(I'm the site manager for the new apartment complex being built on 8th Street) 자신을 소개했으므로 정답은 (B)이다.

어휘 construction 건설, 공사 rental 대여, 임대 hardware 철물

96. What does the speaker's team plan to do at the beginning of the month?

(A) Give a tour
(B) Organize some supplies
(C) Hire more workers
(D) Repair some equipment

화자의 팀은 이달 초에 무엇을 할 계획인가?
(A) 견학 시켜주기
(B) 일부 용품 정리하기
(C) 직원들을 더 고용하기
(D) 일부 장비 수리하기

> **해설** 화자의 팀이 이달 초에 할 일을 묻는 문제로, 질문의 키워드인 beginning of the month가 언급되는 부분에 주목한다. 자신의 팀이 이달 초에 다량의 건축 자재 선적물을 정리해야 한다고(Our team needs to organize a big shipment of building materials at the beginning of the month) 했으므로 정답은 (B)이다.
>
> **어휘** hire 고용하다 repair 수리하다, 수선하다
>
> **패러프레이징** big shipment of building materials ▶ some supplies

97. Look at the graphic. Which day does the speaker want to attend a workshop?

(A) March 3
(B) March 10
(C) March 17
(D) March 24

시각 자료를 보시오. 화자는 어느 날에 워크숍에 참석하기를 원하는가?
(A) 3월 3일
(B) 3월 10일
(C) 3월 17일
(D) 3월 24일

> **해설** 화자가 참석하기를 원하는 워크숍 날짜를 묻는 문제로, 제시된 시각 자료와 함께 워크숍 시간대가 언급되는 부분에 주목한다. 오전 10시에 시작하는 세션에 참석해도 될지(could I attend the session that starts at 10 A.M. instead?) 물었고, 일정표에서 오전 10시에 시작하는 워크숍 날짜는 3월 24일이므로 정답은 (D)이다.

[98-100] Questions 98-100 refer to the following excerpt from a meeting and map.

98-100번은 다음 회의 발췌록과 지도에 관한 문제입니다.

I have one more thing to cover in this meeting. As park employees, I'm sure you all know that ⁹⁸ this weekend is the annual Regional Soccer Tournament at Dawson Park. We're expecting a lot of visitors, and I'd like to thank everyone who has been helping with preparations. We were planning to have the repair work on the parking lots done by now. Unfortunately, because of some delays with the work crew, ⁹⁹ one of them is still closed... um, the area closest to the river. To help more people stay informed, ¹⁰⁰ I'd like to put a notice on the city Web site. Who has time to post that?

이번 회의에서 다룰 것이 한 가지 더 있습니다. 공원 직원으로서, 분명히 여러분 모두 ⁹⁸ 이번 주말 도슨 공원에서 연례 지역 축구 토너먼트가 있다는 것을 알 것입니다. 우리는 방문객이 많을 것으로 예상하며, 준비를 도와주고 계신 모든 분들에게 감사드리고 싶습니다. 우리는 지금쯤이면 주차장 보수 작업을 완료할 계획이었습니다. 유감스럽게도, 작업반의 일부 지연 때문에, ⁹⁹ 주차장 중 한 곳이 여전히 폐쇄되어 있는데... 음, 강에서 가장 가까운 구역입니다. 더 많은 사람들이 알고 있도록 돕기 위해서, ¹⁰⁰ 시 웹사이트에 공고를 했으면 합니다. 누가 그것을 게시할 시간이 있나요?

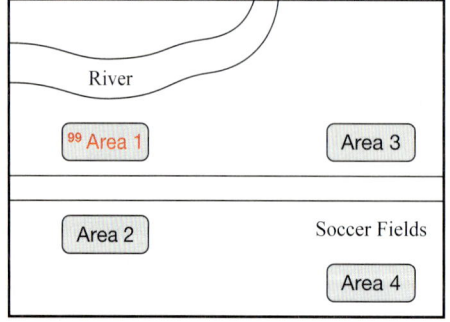

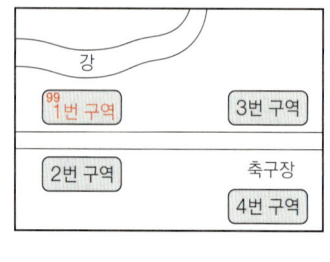

어휘 cover 다루다, 포함시키다   regional 지역의   work crew 작업반   informed 잘 아는   notice 공고문   post 게시하다

98. What will take place in the park?

(A) A cleanup
(B) A sports competition
(C) A food festival
(D) A musical performance

공원에서 무엇이 일어날 것인가?
(A) 청소
(B) 스포츠 시합
(C) 음식 축제
(D) 음악 공연

해설 공원에서 일어날 일을 묻는 문제로, 질문의 키워드인 park가 언급되는 부분에 주목한다. 이번 주말 도슨 공원에서 연례 지역 축구 토너먼트가 있다고(this weekend is the annual Regional Soccer Tournament at Dawson Park) 했으므로 정답은 (B)이다.

어휘 cleanup 청소

패러프레이징 annual Regional Soccer Tournament ▶ sports competition

99. Look at the graphic. Which parking area is currently closed?

(A) Area 1
(B) Area 2
(C) Area 3
(D) Area 4

시각 자료를 보시오. 어느 주차 구역이 현재 폐쇄되어 있는가?
(A) 1번 구역
(B) 2번 구역
(C) 3번 구역
(D) 4번 구역

해설 폐쇄된 주차 구역을 묻는 문제로, 제시된 시각 자료와 함께 질문의 키워드인 closed가 언급되는 부분에 주목한다. 주차장 중 한 곳이 여전히 폐쇄되어 있다면서 강에서 가장 가까운 구역(the area closest to the river)이라고 했고, 지도에서 강과 가장 가까운 구역은 1번 구역이므로 정답은 (A)이다.

100. What does the speaker ask a volunteer to do?

(A) Hand out flyers
(B) Move some vehicles
(C) Put a message online
(D) Call a work crew

화자는 지원자에게 무엇을 할 것을 요청하는가?
(A) 전단 배포하기
(B) 일부 차량 옮기기
(C) 온라인에 메시지 올리기
(D) 작업반에 전화하기

해설 화자가 요청하는 것을 묻는 문제로, 담화 후반부에서 요청 표현이 나오는 부분에 주목한다. 시 웹사이트에 공고를 했으면 한다면서 (I'd like to put a notice on the city Web site) 누가 그것을 게시할 시간이 있는지 물었으므로 정답은 (C)이다.

어휘 volunteer 지원자   hand out 배포하다   flyer 전단, 광고

패러프레이징 put a notice on the city Web site ▶ put a message online

실전 모의고사

본문 p.282

1. (C)	2. (D)	3. (A)	4. (C)	5. (B)	6. (C)	7. (B)	8. (C)	9. (A)	10. (B)
11. (A)	12. (C)	13. (A)	14. (C)	15. (A)	16. (B)	17. (C)	18. (A)	19. (A)	20. (C)
21. (C)	22. (B)	23. (A)	24. (C)	25. (B)	26. (A)	27. (B)	28. (C)	29. (B)	30. (A)
31. (C)	32. (D)	33. (A)	34. (B)	35. (D)	36. (A)	37. (C)	38. (A)	39. (D)	40. (C)
41. (B)	42. (D)	43. (B)	44. (C)	45. (B)	46. (C)	47. (D)	48. (C)	49. (C)	50. (B)
51. (A)	52. (A)	53. (B)	54. (D)	55. (A)	56. (D)	57. (A)	58. (C)	59. (D)	60. (D)
61. (C)	62. (A)	63. (C)	64. (C)	65. (C)	66. (B)	67. (D)	68. (B)	69. (D)	70. (D)
71. (B)	72. (D)	73. (B)	74. (B)	75. (A)	76. (A)	77. (D)	78. (B)	79. (D)	80. (A)
81. (B)	82. (D)	83. (B)	84. (A)	85. (B)	86. (A)	87. (C)	88. (D)	89. (D)	90. (B)
91. (C)	92. (D)	93. (D)	94. (B)	95. (C)	96. (A)	97. (D)	98. (A)	99. (A)	100. (B)

1. (미)

(A) She's putting on an apron.
(B) She's opening a kitchen cupboard.
(C) She's filling up a cup.
(D) She's drinking a glass of water.

(A) 그녀는 앞치마를 착용하는 중이다.
(B) 그녀는 부엌 찬장을 열고 있다.
(C) 그녀는 컵을 채우고 있다.
(D) 그녀는 물 한 잔을 마시고 있다.

해설 (A) 여자가 앞치마(apron)를 착용하는(putting on) 중이 아니라 이미 착용한 상태이므로 오답. 이미 착용한 상태는 wear로 나타낸다.
(B) 여자가 무언가를 열고(opening) 있지 않으므로 오답. 사진에 보이는 부엌 찬장(kitchen cupboard)을 이용해 혼동을 주었다.
(C) 여자가 컵에 물을 채우고 있는 모습을 적절하게 묘사한 정답.
(D) 여자가 물을 받고 있지만 마시고(drinking) 있지는 않으므로 오답.

어휘 cupboard 찬장   fill up ~을 (가득) 채우다

2. (미)

(A) A woman is cleaning a glass wall.
(B) A man is packing items into a box.
(C) Some people are waiting in line.
(D) Some people are rolling suitcases down a walkway.

(A) 여자가 유리벽을 닦고 있다.
(B) 남자가 물건들을 상자에 채워 넣고 있다.
(C) 몇몇 사람들이 줄을 서서 기다리고 있다.
(D) 몇몇 사람들이 통로를 따라 여행 가방을 끌고 있다.

해설 (A) 여자가 무언가를 닦고(cleaning) 있지 않으므로 오답. 사진에 보이는 유리벽(glass wall)을 이용해 혼동을 주었다.
(B) 남자가 물건을 채워 넣고(packing items) 있지 않으므로 오답. 사진에 보이는 여행 가방에서 연상되는 pack(짐을 싸다)의 다른 의미를 이용해 혼동을 주었다.
(C) 사진에 줄을 서서 기다리는(waiting in line) 사람들은 보이지 않으므로 오답.
(D) 두 사람이 여행 가방을 끌고 가는 모습을 적절하게 묘사한 정답.

어휘 pack (물건을) 채워 넣다, (짐을) 싸다   in line 줄을 서서   walkway 통로, 보도

3.

(A) One of the men is handing a document to another man.
(B) One of the men is answering the telephone.
(C) One of the women is setting up a laptop computer.
(D) One of the women is leading a meeting.

(A) 남자들 중 한 명이 다른 남자에게 문서를 건네고 있다.
(B) 남자들 중 한 명이 전화를 받고 있다.
(C) 여자들 중 한 명이 노트북 컴퓨터를 설치하고 있다.
(D) 여자들 중 한 명이 회의를 이끌고 있다.

해설 (A) 남자 한 명이 맞은편에 앉은 다른 남자에게 문서를 건네주는 모습을 적절하게 묘사한 정답.
(B) 사진에 전화기(telephone)는 보이지만, 전화를 받고(answering) 있는 사람은 없으므로 오답.
(C) 여자들 중 한 명이 노트북 컴퓨터(laptop computer) 앞에 앉아 있지만, 이를 설치하는(setting up) 중인지는 알 수 없으므로 오답.
(D) 사진에 있는 사람들 중에서 누가 회의를 이끄는지(leading a meeting) 파악하기 어려우므로 오답.

어휘 hand 건네주다, 넘겨주다   document 문서, 서류   set up 설치하다, 세우다   lead 이끌다, 안내하다

4.

(A) Some signs have been hung from the ceiling.
(B) Some crates have been stacked up in a warehouse.
(C) Fruit and vegetables have been put on display.
(D) A supermarket is crowded with shoppers.

(A) 몇몇 표지들이 천장에 매달려 있다.
(B) 몇몇 운송용 상자들이 창고에 쌓여 있다.
(C) 과일과 채소가 진열되어 있다.
(D) 슈퍼마켓이 쇼핑객들로 혼잡하다.

해설 (A) 사진에 가격 표지들(signs)은 보이지만, 그것들이 천장에 매달려 있는(hung from the ceiling) 상태는 아니므로 오답.
(B) 사진 속 배경이 창고(warehouse)로 보이지 않고, 쌓여 있는(stacked up) 운송용 상자들도 없으므로 오답.
(C) 진열대에 과일과 채소들이 놓여 있는 모습을 적절하게 묘사한 정답.
(D) 사진에 쇼핑객들(shoppers)이 보이지 않으므로 오답.

어휘 crate (운송용) 상자   stack up 포개어 쌓다   warehouse 창고   put on display 진열하다
be crowded with ~로 혼잡하다, 붐비다

5.

(A) Some pens are being passed out.
(B) Some people are gathered around a desk.
(C) Someone is closing the window blinds.
(D) Some plants have been placed on the table.

(A) 몇몇 펜들이 배포되고 있다.
(B) 몇몇 사람들이 책상 주위에 모여 있다.
(C) 누군가가 창문 블라인드를 닫고 있다.
(D) 몇몇 식물들이 탁자 위에 놓여 있다.

해설 (A) 몇몇 사람들이 펜(pens)을 손에 들고 있기는 하지만 이것이 배포되는(passed out) 상황은 아니므로 오답.
(B) 사람들이 책상에 둘러앉아 이야기하는 모습을 적절하게 묘사한 정답.
(C) 사진에 창문 블라인드(window blinds)는 보이지만 이를 닫고(closing) 있는 사람은 없으므로 오답.
(D) 사진에 식물(plants)이 보이지 않으므로 오답.

어휘 pass out 배포하다, 나눠 주다   be gathered 모여 있다

6.
미

(A) The men are repairing an item.
(B) There is a car entering a building.
(C) **The men are unloading a chair from a vehicle.**
(D) A van is being parked on the grass.

(A) 남자들이 물건을 수리하고 있다.
(B) 건물로 들어가고 있는 차가 있다.
(C) **남자들이 차량에서 의자를 내리고 있다.**
(D) 승합차가 잔디에 주차되고 있다.

해설 (A) 남자들이 무언가를 수리하고(repairing) 있지 않으므로 오답.
(B) 사진에 차(car)는 보이지만 건물로 들어가고(entering a building) 있지 않으므로 오답.
(C) 남자들이 차에서 의자를 내리고 있는 모습을 적절하게 묘사한 정답.
(D) 사진 속의 승합차(van)는 이미 멈춘 상태이며 현재 주차 중(being parked) 상황이 아니므로 오답.

어휘 repair 수리하다, 보수하다   enter 들어가다   unload (짐을) 내리다   vehicle 차량, 탈것   van 승합차, 밴

7.
호
미

Who has the key to the storage closet?

(A) Yes, it's quite spacious.
(B) **Becky can open it for you.**
(C) This store has reasonable prices.

누가 수납장 열쇠를 가지고 있나요?

(A) 네, 그것은 꽤 넓어요.
(B) **베키가 당신을 위해 그것을 열어줄 수 있어요.**
(C) 이 가게는 가격이 적당해요.

해설 (A) 의문사 의문문에 Yes로 답변한 오답.
(B) 수납장 열쇠를 가지고 있는 사람을 묻는 Who 의문문에 사람 이름(Becky)으로 적절하게 답변한 정답.
(C) 질문의 storage와 파생 관계인 store를 이용해 혼동을 준 오답.

어휘 storage closet 수납장   spacious 넓은, 널찍한   reasonable (가격이) 적당한, 합리적인

8.
미
호

Can you send me a copy of the meeting agenda?

(A) Are they new employees?
(B) I enjoyed meeting her.
(C) **It's posted on the Web site.**

저에게 회의 안건 사본을 보내주시겠어요?

(A) 그들은 신입 직원들인가요?
(B) 저는 그녀와 만나서 즐거웠어요.
(C) **그것은 웹사이트에 게시되어 있어요.**

해설 (A) 질문과 관련 없는 내용으로 답변한 오답.
(B) 질문의 meeting을 반복해 혼동을 주는 오답.
(C) 회의 안건을 보내달라는 요청 의문문에 해당 정보를 얻을 수 있는 방법을 제시한 정답.

어휘 agenda 안건, 의제   post 게시하다

9.
미
영

We should allocate more money to online advertisements.

(A) **That's a better way to reach our audience.**
(B) An ongoing campaign.
(C) I check my e-mail regularly.

우리는 온라인 광고에 더 많은 돈을 할당해야 해요.

(A) **그것은 우리 관객들에게 다가가는 더 좋은 방법이죠.**
(B) 계속 진행 중인 캠페인이요.
(C) 저는 주기적으로 이메일을 확인해요.

해설 (A) 온라인 광고에 돈을 더 할당해야 한다는 평서문에 그것이 좋은 방법이라는 말로 동의를 나타낸 정답.
(B) 질문의 advertisements(광고)에서 연상되는 campaign(캠페인)을 이용해 혼동을 주는 오답.
(C) 질문의 online(온라인)에서 연상되는 e-mail(이메일)을 이용해 혼동을 주는 오답.

어휘 allocate 할당하다, 배분하다   ongoing 계속 진행 중인   regularly 주기적으로, 규칙적으로

10.
(미)
(호)

Haven't the stain-resistant carpet samples arrived yet?
(A) No, I prefer to use a vacuum.
(B) Ji-su said all deliveries are running late.
(C) A soft material for the living room.

얼룩이 지지 않는 카펫 샘플이 아직 도착하지 않았나요?
(A) 아니요, 저는 진공청소기 사용을 선호해요.
(B) 지수 씨가 모든 배송이 늦어지고 있다고 말했어요.
(C) 거실을 위한 부드러운 자재요.

해설 (A) 질문의 stain(얼룩)에서 연상되는 vacuum(진공청소기)을 이용해 혼동을 주는 오답.
(B) 카펫이 아직 도착하지 않았냐고 묻는 조동사 의문문에 다른 사람이 배송이 늦어지고 있다고 말했다며 아직 도착하지 않았음을 간접적으로 나타낸 정답.
(C) 질문의 carpet(카펫)에서 연상되는 living room(거실)을 이용해 혼동을 주는 오답.

어휘 stain-resistant 얼룩이 지지 않는 vacuum 진공청소기 be running late (예정보다) 늦어지다

11.
(영)
(호)

When will the business cards with my new title be ready?
(A) I forgot to order them.
(B) To make it clear to customers.
(C) He's the new head of sales.

저의 새 직함이 들어간 명함이 언제 준비될까요?
(A) 제가 그것들을 주문하는 것을 잊었어요.
(B) 고객들에게 그것을 명확히 하기 위해서요.
(C) 그는 영업부의 새로운 책임자예요.

해설 (A) 명함이 준비될 시점을 묻는 When 의문문에 명함 주문하는 것을 잊어버렸다는 제3의 내용으로 답변한 정답.
(B) 시점을 묻는 When 의문문에 명확히 하기 위해서(to make it clear)라는 목적으로 답변한 오답.
(C) 질문의 title(직함)에서 연상되는 head(책임자)를 이용해 혼동을 주는 오답.

어휘 business card 명함 title 직함, 제목 head 책임자

12.
(호)
(영)

Can we use black and white handouts, or should they be in color?
(A) I'll give you a hand.
(B) The orientation session.
(C) Color would be better.

우리는 흑백 유인물을 사용해도 되나요, 아니면 그것들이 컬러여야 하나요?
(A) 제가 당신을 도와드릴게요.
(B) 오리엔테이션 시간이요.
(C) 컬러가 나을 거예요.

해설 (A) 질문의 handouts와 일부 음절이 같은 hand를 이용해 혼동을 주는 오답.
(B) 질문의 handouts(유인물)에서 연상되는 orientation(오리엔테이션)을 이용해 혼동을 주는 오답.
(C) 유인물을 흑백과 컬러 중 무엇으로 할지를 묻는 선택 의문문에 컬러(color)가 더 낫다며 둘 중 하나로 적절하게 답변한 정답.

어휘 handout 유인물 in color 컬러로 give a hand 도와주다

13.
(미)
(미)

Have you set up enough refreshments at the back?
(A) We're not expecting a big crowd.
(B) She'll be back in a few hours.
(C) I sat in the front row.

당신은 뒤쪽에 다과를 충분히 준비해 두었나요?
(A) 우리는 사람들이 많이 올 거라고 기대하지 않아요.
(B) 그녀가 몇 시간 후에 돌아올 거예요.
(C) 저는 앞줄에 앉았어요.

해설 (A) 다과를 충분히 준비했냐는 조동사 의문문에 No를 생략하고 사람들이 많이 오지 않을 거라는 말로 다과를 많이 준비하지 않았음을 간접적으로 드러낸 정답.
(B) 질문의 back을 반복해 혼동을 주는 오답.
(C) 질문의 back(뒤쪽)과 반대 의미인 front(앞쪽)를 이용해 혼동을 주는 오답.

어휘 refreshments 다과 expect 기대하다, 예상하다 front row 앞줄

14.
(호)
(영)

How do I change my account?

(A) I appreciate your advice.
(B) Sometime this week.
(C) You should speak to the finance team.

제 계좌를 어떻게 변경하나요?

(A) 당신의 조언에 감사드립니다.
(B) 이번 주 중에요.
(C) 당신은 재무팀에 이야기해야 해요.

해설 (A) 방법을 묻는 How 의문문에 감사 인사로 답변한 오답.
(B) 방법을 묻는 How 의문문에 이번 주 중(sometime this week)이라는 시점으로 답변한 오답.
(C) 계좌 변경 방법을 묻는 How 의문문에 재무팀에 이야기하라는 적절한 해결책을 제시한 정답.

어휘 account 계좌   appreciate 고마워하다   finance 재무, 재정

15.
(미)
(미)

Do you think the article is too short?

(A) It seems fine to me.
(B) We can't afford new uniforms.
(C) About two hours long.

글이 너무 짧다고 생각하나요?

(A) 제게는 괜찮아 보여요.
(B) 우리는 새 유니폼을 살 여유가 없어요.
(C) 두 시간 정도요.

해설 (A) 글이 너무 짧냐고 묻는 조동사 의문문에 No를 생략하고 괜찮아 보인다는 말로 상대방의 말에 동의하지 않음을 간접적으로 드러낸 정답.
(B) 질문의 too short(너무 짧은)에서 연상되는 uniforms(유니폼)를 이용해 혼동을 주는 오답.
(C) 질문의 short(짧은)와 반대 의미인 long(긴)을 이용해 혼동을 주는 오답.

어휘 article 글, 기사   afford (~을 살) 여유가 되다

16.
(호)
(미)

When will you finish the posters?

(A) A dance performance.
(B) Tomorrow morning.
(C) In the hallway.

당신은 언제 포스터를 완성할 건가요?

(A) 댄스 공연이요.
(B) 내일 아침이요.
(C) 복도에서요.

해설 (A) 질문의 posters(포스터)에서 연상되는 performance(공연)를 이용해 혼동을 주는 오답.
(B) 포스터가 완성될 시간을 묻는 When 의문문에 내일 아침(tomorrow morning)이라는 시점으로 적절하게 답변한 정답.
(C) 시간을 묻는 When 의문문에 복도(hallway)라는 장소로 답변한 오답.

어휘 performance 공연, 연주회   hallway 복도

17.
(미)
(영)

Who should I speak to about a vacation request?

(A) No, the guests have arrived.
(B) On the last day of the month.
(C) The head of the HR team.

휴가 신청에 대해 누구에게 이야기해야 하나요?

(A) 아니요, 손님들이 도착했습니다.
(B) 이번 달 마지막 날에요.
(C) 인사팀장이요.

해설 (A) 의문사 의문문에 No로 답변한 오답.
(B) 사람을 묻는 Who 의문문에 이번 달 마지막 날(last day of the month)이라는 시점으로 답변한 오답.
(C) 휴가 신청에 대해 이야기해야 할 사람을 묻는 Who 의문문에 직책명(head of the HR team)으로 적절하게 답변한 정답.

어휘 request 요청, 신청

18.
영 / 미

Don't we have any more color ink cartridges?

(A) Beth will purchase some today.
(B) My car is in the shop.
(C) The red one looks good on you.

우리에게 컬러 잉크 카트리지가 더 없나요?

(A) 베스가 오늘 몇 개 구입할 거예요.
(B) 제 차가 정비소에 있어요.
(C) 빨간색이 당신에게 잘 어울려요.

> 해설
> (A) 컬러 잉크 카트리지가 없는지 묻는 조동사 의문문에 No를 생략하고 베스가 오늘 구입할 것이라는 말로 없다는 것을 간접적으로 드러낸 정답.
> (B) 질문의 cartridges와 일부 음절이 같은 car를 이용해 혼동을 주는 오답.
> (C) 질문의 color(컬러)에서 연상되는 red(빨간색)를 이용해 혼동을 주는 오답.

> 어휘 look good on ~에게 잘 어울리다

19.
미 / 호

What did the editor say about the magazine cover?

(A) He thinks it needs some adjustments.
(B) Yes, I have a prescription.
(C) Could you cover my shift for me?

편집장이 잡지 표지에 관해 뭐라고 말했나요?

(A) 그는 수정이 좀 필요하다고 생각해요.
(B) 네, 제게 처방전이 있어요.
(C) 저 대신 근무를 해주시겠어요?

> 해설
> (A) 편집장이 한 말을 묻는 What 의문문에 editor를 대명사 he로 지칭해 수정이 필요하다고 생각한다고 적절하게 답변한 정답.
> (B) 의문사 의문문에 Yes로 답변한 오답.
> (C) 질문의 cover를 다른 의미로 반복해 혼동을 주는 오답.

> 어휘 editor 편집장, 편집자 adjustment 수정, 조정 prescription 처방전 cover one's shift ~ 대신 근무하다

20.
미 / 영

Are you ready to record the training video, or do you need more time?

(A) The train departs in an hour.
(B) It's almost 3 o'clock.
(C) I'm working out the final details.

교육 영상을 녹화할 준비가 되셨나요, 아니면 시간이 더 필요하신가요?

(A) 기차가 한 시간 뒤에 출발해요.
(B) 거의 3시예요.
(C) 최종 세부사항들을 계획하는 중이에요.

> 해설
> (A) 질문의 training과 일부 음절이 같은 train을 이용해 혼동을 주는 오답.
> (B) 질문의 time(시간)에서 연상되는 구체적 시각(3 o'clock)을 이용해 혼동을 주는 오답.
> (C) 준비가 됐는지 아니면 시간이 더 필요한지 묻는 선택 의문문에 최종 세부사항들을 계획 중이라는 말로 시간이 더 필요하다는 것을 간접적으로 드러낸 정답.

> 어휘 depart 출발하다, 떠나다 work out ~을 계획하다, 생각해내다 detail 세부사항

21.
영 / 미

How many chairs do we need for the interviews on Thursday?

(A) No later than Thursday.
(B) Yes, please prepare the questions.
(C) Six hiring committee members will be there.

목요일 면접을 위해 우리에게 의자가 몇 개 필요한가요?

(A) 늦어도 목요일까지요.
(B) 네, 질문을 준비해 주세요.
(C) 6명의 채용 위원회 위원들이 올 거예요.

> 해설
> (A) 질문의 Thursday를 반복해 혼동을 주는 오답.
> (B) 의문사 의문문에 Yes로 답변한 오답.
> (C) 필요한 의자의 수량을 묻는 How 의문문에 6명이 올 거라고 말함으로써 필요한 의자의 개수를 간접적으로 나타낸 정답.

> 어휘 no later than 늦어도 ~까지는 prepare 준비하다, 대비하다 committee 위원회

22.

Ⓜ Ⓜ

You're attending the library's lecture this Saturday, right?

(A) The registration desk.
(B) Yes. See you there.
(C) Sorry, I've run out of them.

당신은 이번 토요일에 도서관의 강좌에 참석할 거죠, 맞죠?

(A) 등록 창구요.
(B) 네. 거기서 봐요.
(C) 미안해요, 제가 그것들을 다 써버렸어요.

> 해설 (A) 질문의 lecture(강좌)에서 연상되는 registration(등록)을 이용해 혼동을 주는 오답.
> (B) 도서관의 강좌에 참석하는지 확인하는 부가 의문문에 Yes로 답변 후 그곳에서 보자고 덧붙인 정답.
> (C) 질문과 관련 없는 내용으로 답변한 오답.

> 어휘 attend 참석하다   registration desk 등록 창구   run out of ~을 다 써버리다

23.

Ⓜ Ⓗ

Would you like me to lend you my laptop for the meeting?

(A) Thanks, but I brought my tablet.
(B) In Room 304.
(C) It has a lightweight design.

회의를 위해 제 노트북 컴퓨터를 빌려드릴까요?

(A) 고맙지만 저는 제 태블릿 PC를 가져왔어요.
(B) 304호에서요.
(C) 가벼운 디자인으로 되어 있어요.

> 해설 (A) 노트북을 빌려주겠다는 제안 의문문에 고맙지만 자신의 태블릿 PC를 가져왔다며 거절을 나타낸 정답.
> (B) 제안 의문문에 장소(Room 304)로 답변한 오답. 회의 장소를 묻는 Where 의문문에 적합한 답변이다.
> (C) 질문의 laptop(노트북 컴퓨터)에서 연상되는 lightweight design(가벼운 디자인)을 이용해 혼동을 주는 오답.

> 어휘 lend 빌려주다   lightweight 가벼운, 경량의

24.

Ⓔ Ⓜ

Where can I learn about formal business writing?

(A) I think phone calls are more personal.
(B) She founded it a few years ago.
(C) The Frazier Institute has a class.

격식을 차린 비즈니스 작문에 관해 어디에서 배울 수 있을까요?

(A) 전화 통화가 더 개인적이라고 생각해요.
(B) 그녀가 몇 년 전에 그곳을 설립했어요.
(C) 프레이저 협회에 강좌가 있어요.

> 해설 (A) 질문의 business(업무)에서 연상되는 phone calls(전화 통화)를 이용해 혼동을 주는 오답.
> (B) 질문의 business를 '사업체'라는 뜻으로 이해했을 경우 연상되는 founded(설립했다)를 이용해 혼동을 주는 오답.
> (C) 비즈니스 작문을 배울 수 있는 곳을 묻는 Where 의문문에 기관명(Frazier Institute)으로 적절하게 답변한 정답.

> 어휘 formal 격식을 차린, 공식적인   personal 개인적인   found 설립하다   institute 협회, 기관

25.

Ⓜ Ⓔ

Why is the door to the employee lounge locked?

(A) Whenever you need a break.
(B) Ms. Rivera will send everyone a memo.
(C) Yes, only one per person, please.

왜 직원 휴게실로 가는 문이 잠겨 있나요?

(A) 당신이 휴식이 필요할 때마다요.
(B) 리베라 씨가 모두에게 회람을 보낼 거예요.
(C) 네, 한 사람당 하나씩만요.

> 해설 (A) 질문의 employee lounge(직원 휴게실)에서 연상되는 break(휴식)를 이용해 혼동을 주는 오답.
> (B) 직원 휴게실 문이 잠겨 있는 이유를 묻는 Why 의문문에 다른 사람이 회람을 보내 그 이유를 알려줄 거라고 간접적으로 답변한 정답.
> (C) 의문사 의문문에 Yes로 답변한 오답.

> 어휘 employee lounge 직원 휴게실   lock 잠그다   break 휴식 (시간)

26.
(미)
(미)

We should buy the concert tickets today, shouldn't we?

(A) I took care of that this morning.
(B) My favorite rock band.
(C) Get a lot of pictures.

우리는 오늘 콘서트 표를 사야 하죠, 그렇지 않나요?

(A) 오늘 아침에 제가 그것을 처리했어요.
(B) 제가 가장 좋아하는 록 밴드예요.
(C) 사진을 많이 찍으세요.

해설 (A) 오늘 콘서트 표를 사야 하는지 확인하는 부가 의문문에 자신이 오늘 아침에 처리했다는 말로 사지 않아도 된다고 간접적으로 답변한 정답.
(B) 질문의 concert(콘서트)에서 연상되는 rock band(록 밴드)를 이용해 혼동을 주는 오답.
(C) 질문과 관련 없는 내용으로 답변한 오답.

어휘 take care of ~을 처리하다, 돌보다 / get a picture 사진을 찍다

27.
(미)
(호)

Will you be attending classes this summer or taking the summer off?

(A) Yes, it's my favorite season.
(B) I've applied for an internship.
(C) Take as many as you need.

당신은 이번 여름에 수업을 들을 건가요, 아니면 여름 동안 쉴 건가요?

(A) 네, 제가 가장 좋아하는 계절이에요.
(B) 저는 인턴직에 지원했어요.
(C) 필요한 만큼 가져가세요.

해설 (A) 선택 의문문에 Yes로 답변한 오답. 질문의 summer(여름)에서 연상되는 season(계절)을 이용해 혼동을 주었다.
(B) 여름 동안 수업을 들을 건지 쉴 건지 묻는 선택 의문문에 인턴직에 지원했다며 제3의 선택으로 답변한 정답.
(C) 질문의 taking을 take로 반복해 혼동을 주는 오답.

어휘 apply for ~에 지원하다 / internship 인턴직 / as many as ~만큼 많이

28.
(미)
(영)

My computer is running slowly.

(A) A 15-inch laptop.
(B) I spend a lot of time online.
(C) When did you last upgrade the software?

제 컴퓨터가 느리게 작동하고 있어요.

(A) 15인치 노트북 컴퓨터요.
(B) 저는 온라인상에서 많은 시간을 보내요.
(C) 소프트웨어를 언제 마지막으로 업그레이드 했나요?

해설 (A) 질문의 computer(컴퓨터)에서 연상되는 laptop(노트북 컴퓨터)을 이용해 혼동을 주는 오답.
(B) 질문의 computer(컴퓨터)에서 연상되는 online(온라인상에서)을 이용해 혼동을 주는 오답.
(C) 컴퓨터가 느리다는 평서문에 소프트웨어를 언제 마지막으로 업그레이드했냐고 되물음으로써 간접적으로 해결책을 제시한 정답.

어휘 run 작동하다

29.
(호)
(미)

Who's that speaking to the building owner?

(A) Actually, I'm just a renter.
(B) The new head of maintenance.
(C) A five-story office complex.

건물주에게 이야기하고 있는 저 사람은 누구인가요?

(A) 사실, 저는 임차인일 뿐이에요.
(B) 신임 유지보수 팀장이에요.
(C) 5층짜리 사무실 단지요.

해설 (A) 질문의 building owner(건물주)에서 연상되는 renter(임차인)를 이용해 혼동을 주는 오답.
(B) 건물주와 이야기하는 사람이 누구인지 묻는 Who 의문문에 직책명(head of maintenance)으로 적절하게 답변한 정답.
(C) 질문의 building(건물)에서 연상되는 office complex(사무실 단지)를 이용해 혼동을 주는 오답.

어휘 renter 임차인, 세입자 / complex (건물) 단지, 복합 건물

30.
(미)(호)

Where is a good dry cleaner's? **(A) There's one around the corner.** (B) Every day except Sunday. (C) A dress shirt and suit.	괜찮은 세탁소가 어디에 있나요? **(A) 모퉁이에 하나 있어요.** (B) 일요일 빼고 매일이요. (C) 와이셔츠와 정장이요.

해설 (A) 세탁소의 위치를 묻는 Where 의문문에 장소(around the corner)로 적절하게 답변한 정답.
(B) 장소를 묻는 Where 의문문에 매일(every day)이라는 빈도로 답변한 오답.
(C) 질문의 dry cleaner's(세탁소)에서 연상되는 dress shirt and suit(와이셔츠와 정장)를 이용해 혼동을 주는 오답.

어휘 dry cleaner's 세탁소

31.
(호)(영)

Isn't the sales team receiving a performance bonus? (A) The delivery schedule. (B) No, I don't like playing sports. **(C) Yes, at the end of the month.**	영업팀이 실적 보너스를 받지 않나요? (A) 배송 일정표요. (B) 아니요, 저는 운동하는 걸 좋아하지 않아요. **(C) 네, 이번 달 말에요.**

해설 (A) 질문의 receiving(받다)에서 연상되는 delivery(배송)를 이용해 혼동을 주는 오답.
(B) be동사 의문문에 No로 적절하게 답변했으나, 이어지는 내용이 질문과 관련 없으므로 오답.
(C) 영업팀이 보너스를 받지 않냐고 묻는 be동사 의문문에 Yes로 답변 후 보너스를 받는 구체적인 시점을 덧붙인 정답.

어휘 performance 실적, 성과

[32-34]
(미)(영)

Questions 32-34 refer to the following conversation.

32-34번은 다음 대화에 관한 문제입니다.

M Hello, I'd like to speak to Charlotte Willis. W This is she. M Hi, Ms. Willis. This is Jack Anderson. ³²I met you briefly after the talk you gave at last month's conference in Dallas. I work for Dunbar Inc. W Oh, yes. I remember you. M Great! Well, I was wondering whether you do private sessions. I think your sales techniques would be perfect for our team, so ³³we'd like to hire you for our next training event. Would that be possible? W I'm interested, but it would depend on when you need it done. M ³⁴How about I e-mail you the dates that work best for us? Then you could let me know whether you're available.	남 여보세요, 샬럿 윌리스와 통화하고 싶습니다. 여 전데요. 남 안녕하세요, 윌리스 씨. 저는 잭 앤더슨이에요. ³²댈러스에서 열린 지난달 학회에서 당신이 했던 강연 후에 잠시 당신을 만났어요. 저는 던바 사에서 근무합니다. 여 아, 네. 당신을 기억해요. 남 잘됐네요! 음, 당신이 개인 강연도 하시는지 궁금했어요. 당신의 판매 기법이 저희 팀에게 딱 알맞을 거라고 생각해서, ³³저희의 다음 교육 행사 때 당신을 고용하고 싶습니다. 그것이 가능할까요? 여 관심은 있습니다만, 그것이 언제 진행되어야 하는지에 따라 다르겠네요. 남 ³⁴저희에게 가장 좋은 날짜들을 제가 당신에게 이메일로 보내드리면 어떨까요? 그러면 당신이 가능 여부를 제게 알려주시면 됩니다.

어휘 briefly 잠시, 간단히   whether ~인지 아닌지   technique 기법, 기술   hire 고용하다   depend on ~에 달려 있다
available 시간이 있는, 이용할 수 있는

32. What did the man do last month?

(A) He started a new job.
(B) He gave a presentation.
(C) He applied for a position.
(D) He attended a conference.

> 해설 남자가 지난달에 한 일을 묻는 문제로, 질문의 키워드인 last month가 언급되는 부분에 주목한다. 남자가 댈러스에서 열린 지난달 학회에서 여자를 만났다고(I met you ~ at last month's conference in Dallas) 했으므로 정답은 (D)이다.

> 어휘 apply for ~에 지원하다   attend 참석하다, 참가하다

33. What is the woman asked to do?

(A) Lead a training session
(B) Renew a contract
(C) Assess job candidates
(D) Submit a proposal

> 해설 여자가 요청받는 것을 묻는 문제이다. 남자가 다음 교육 행사 때 여자를 고용하고 싶다고(we'd like to hire you for our next training event) 했으므로 정답은 (A)이다.

> 어휘 renew 갱신하다   assess 평가하다   job candidate 입사 지원자   submit 제출하다   proposal 제안(서)

> 패러프레이징 training event ▶ training session

34. What does the man plan to send to the woman?

(A) A neighborhood map
(B) A list of dates
(C) A feedback survey
(D) A confirmation code

> 해설 남자가 여자에게 보낼 것을 묻는 문제로, 질문의 키워드인 send에 해당하는 e-mail이 언급되는 부분에 주목한다. 남자가 가장 좋은 날짜들을 이메일로 보내주겠다고(How about I e-mail you the dates that work best for us?) 제안했으므로 정답은 (B)이다.

> 어휘 neighborhood 동네, 인근   confirmation 확인

[35-37] Questions 35-37 refer to the following conversation.

W ³⁵ Excuse me, is this department store having a cooking demonstration today? I read online that a celebrity chef will give a presentation at 3 o'clock.
M ³⁶ Yes, I think the demonstration is in our restaurant area. Please wait a moment while I check our event schedule.
W Thank you.
M Yes, it is in the restaurant area. That's on the top floor.
W I appreciate that. ³⁷ I also need to return this sweater, as it's too big for me. Can I do that here?
M You'll have to go to the customer service counter, which is also on the top floor.

> 어휘 celebrity 유명 인사   presentation 발표, 강연   return 반품하다, 돌려주다

209

35. Where are the speakers?

    (A) At a supermarket
    (B) At a restaurant
    (C) At a cooking school
    (D) At a department store

    화자들은 어디에 있는가?
    (A) 슈퍼마켓에
    (B) 식당에
    (C) 요리 학원에
    (D) 백화점에

    > 해설 화자들이 있는 장소를 묻는 문제로, 대화 초반부에 집중해서 듣는다. 여자가 이 백화점에서 오늘 요리 시연을 하는지(is this department store having a cooking demonstration today?) 묻는 것으로 보아 정답은 (D)이다.

36. Why does the man look at a schedule?

    (A) To check a location
    (B) To confirm a presenter's name
    (C) To read a guest list
    (D) To review a price

    남자는 왜 일정표를 보는가?
    (A) 장소를 확인하기 위해
    (B) 발표자의 이름을 확인하기 위해
    (C) 손님 명단을 읽기 위해
    (D) 가격을 검토하기 위해

    > 해설 남자가 일정표를 보는 이유를 묻는 문제로, 질문의 키워드인 schedule이 언급되는 부분에 주목한다. 남자가 시연이 식당가에서 있는 것 같다면서(I think the demonstration is in our restaurant area) 행사 일정을 확인해보겠다고(I check our event schedule) 했으므로 정답은 (A)이다.

    > 어휘 location 장소, 위치 confirm 확인하다 review 검토하다

    > 패러프레이징 in our restaurant area ▶ location

37. What will the woman probably do next?

    (A) Call a friend
    (B) Pay for a ticket
    (C) Return an item
    (D) Contact another business

    여자는 아마도 다음에 무엇을 할 것 같은가?
    (A) 친구에게 전화하기
    (B) 표 값 지불하기
    (C) 물건 반납하기
    (D) 다른 업체에 연락하기

    > 해설 여자가 다음에 할 일을 묻는 문제로, 대화 후반부에 집중해서 듣는다. 여자가 스웨터를 반품해야 한다고(I also need to return this sweater) 했으므로 정답은 (C)이다.

    > 패러프레이징 sweater ▶ item

[38-40] Questions 38-40 refer to the following conversation with three speakers.

38-40번은 다음 세 명의 대화에 관한 문제입니다.

W ³⁸ We haven't had many customers since we started our bakery, but ³⁹ I found out about a contest we could enter at the Stratford Summer Festival.
M1 I was just looking at the Web site this morning. It seems that we can register for just twenty-five dollars. Even if we don't win, a lot of people will try our food, so maybe they'd become regular customers. ⁴⁰ But we have to make the items on site. I don't know how we're going to get everything there.
M2 ⁴⁰ I was just thinking the same thing. We'll need trays, mixing bowls, cooling racks...
W Don't worry. All of that will be provided.

여 ³⁸ 우리가 제과점을 시작한 이후로 손님이 많지 않았잖아요, 그런데 ³⁹ 스트래트퍼드 여름 축제에서 우리가 참가할 수 있는 경연 대회에 관해서 알게 되었어요.
남1 저도 바로 오늘 아침에 웹사이트를 보고 있었어요. 우리는 단돈 25달러에 등록할 수 있는 것 같아요. 우리가 우승을 못하더라도, 많은 사람들이 우리 음식을 먹어보게 될 테니 어쩌면 그들이 단골 고객이 될지도 몰라요. ⁴⁰ 하지만 우린 현장에서 제품들을 만들어야 해요. 어떻게 그곳에 모든 것을 가져갈지 모르겠어요.
남2 ⁴⁰ 저도 막 같은 것을 생각하고 있었어요. 우리는 쟁반, 믹싱 볼, 냉각용 선반 등이 필요할 거예요.
여 걱정 마요. 그것들 모두 제공될 거예요.

어휘 register 등록하다   even if (설사) ~일지라도   regular customer 단골 고객   on site 현장에서
cooling rack 냉각용 선반

38. Who are the speakers?

(A) Bakers
(B) Painters
(C) Dancers
(D) Fashion designers

화자들은 누구인가?

(A) 제빵사
(B) 화가
(C) 무용수
(D) 패션 디자이너

해설 화자들의 직업을 묻는 문제로, 대화 초반부에 주목한다. 여자가 제과점을 시작한 이후로 손님이 많지 않았다고(We haven't had many customers since we started our bakery) 했고, our food(우리 음식)나 mixing bowls(믹싱 볼)와 같은 표현들이 등장하는 것으로 보아 정답은 (A)이다.

39. What are the speakers discussing?

(A) A summer vacation
(B) A practice session
(C) A training strategy
(D) An upcoming competition

화자들은 무엇에 관해 논의하고 있는가?

(A) 여름휴가
(B) 연습 기간
(C) 교육 전략
(D) 다가오는 경연

해설 대화 주제를 묻는 문제이다. 대화 초반부에서 여자가 여름 축제에서 있을 경연 대회(contest we could enter at the Stratford Summer Festival)에 관해 언급한 후, 대회 참가와 관련된 세부사항으로 대화를 이어가고 있으므로 정답은 (D)이다.

어휘 practice 연습   strategy 전략   upcoming 다가오는, 곧 있을

패러프레이징 contest we could enter at the Stratford Summer Festival ▶ upcoming competition

40. What are the men worried about?

(A) Paying a registration fee
(B) Finding new group members
(C) Transporting some items
(D) Losing potential customers

남자들은 무엇에 관해 걱정하는가?

(A) 등록비를 지불하는 것
(B) 새로운 구성원들을 찾는 것
(C) 몇몇 물품들을 실어 나르는 것
(D) 잠재 고객을 잃는 것

해설 남자들이 걱정하는 것을 묻는 문제이다. 남자1이 현장에서 제품을 만들어야 하는데 어떻게 그곳에 모든 것을 가져갈지 모르겠다고(I don't know how we're going to get everything there) 하자, 남자2가 자신도 같은 생각이라며(I was just thinking the same thing) 동의했다. 따라서 정답은 (C)이다.

어휘 registration 등록   transport 실어 나르다, 수송하다

패러프레이징 get everything there ▶ transporting some items

[41-43] Questions 41-43 refer to the following conversation. 41-43번은 다음 대화에 관한 문제입니다.

미
호

W   Thanks again for helping me with the preparations for tomorrow's event, Dave. ⁴¹ I hope we can make this our most successful launch of a new product line. Is there anything else that needs to be done?

M   ⁴² Well, we have plenty of samples to give away here at the hair salon. I think people will be excited to try them.

W   I agree. Then we're all set, right?

M   Actually, we still have room in the budget. ⁴³ We could serve tea and coffee to people who attend the event.

W   All right. ⁴³ I'll ask Gordon to handle that since we'll be busy with other tasks.

여   내일 있을 행사 준비를 도와주셔서 다시 한 번 감사해요, 데이브. ⁴¹ 저는 우리가 이것을 우리의 가장 성공적인 신제품 라인 출시로 만들 수 있기를 바라요. 해야 할 또 다른 일이 있나요?

남   ⁴² 음, 이곳 미용실에서 나눠 줄 샘플이 많이 있어요. 사람들이 그것들을 써보게 되어서 신이 날 것 같아요.

여   동의해요. 그러면 우리는 준비가 다 된 거죠, 맞죠?

남   사실, 우리는 아직 예산에 여유가 있어요. ⁴³ 우리가 행사에 참석하는 사람들에게 차와 커피를 대접할 수 있어요.

여   좋아요. 우리는 다른 일들로 바쁠 테니까 ⁴³ 제가 고든에게 그것을 처리해 달라고 부탁할게요.

어휘   preparation 준비, 대비   launch 출시, 개시   plenty of 많은   give away 나누어 주다   set 준비가 된
room 여유, 여지   budget 예산   handle 처리하다, 다루다

41. What are the speakers planning?

(A) An awards ceremony
(B) A product launch
(C) A clearance sale
(D) A staff party

화자들은 무엇을 계획하고 있는가?

(A) 시상식
(B) 제품 출시
(C) 창고 정리 세일
(D) 직원 회식

해설   화자들이 계획하고 있는 것을 묻는 문제이다. 여자가 내일 있을 행사를 가장 성공적인 신제품 라인 출시(our most successful launch of a new product line)로 만들길 바란다고 했으므로 정답은 (B)이다.

패러프레이징   launch of a new product line ▶ product launch

42. Where most likely are the speakers?

(A) At a shoe store
(B) At a post office
(C) At a law firm
(D) At a hair salon

화자들은 아마도 어디에 있겠는가?

(A) 신발 가게에
(B) 우체국에
(C) 법률 사무소에
(D) 미용실에

해설   화자들이 있는 장소를 묻는 문제이다. 남자가 이곳 미용실에서 나눠 줄 샘플이 많다고(we have plenty of samples to give away here at the hair salon) 한 것으로 보아 정답은 (D)이다.

43. What will the woman ask Gordon to do?

(A) Reserve a room
(B) Serve some beverages
(C) Approve a budget
(D) Post some flyers

여자는 고든에게 무엇을 하라고 요청할 것인가?

(A) 방 예약하기
(B) 음료 대접하기
(C) 예산 승인하기
(D) 전단 붙이기

해설   여자가 고든에게 요청할 일을 묻는 문제로, 질문의 키워드인 Gordon이 언급되는 부분에 주목한다. 남자가 행사에 참석하는 사람들에게 차와 커피를 대접할 수 있다고(We could serve tea and coffee to people who attend the event) 하자, 여자가 고든에게 그것을 처리해 달라고 부탁하겠다고(I'll ask Gordon to handle that) 했으므로 정답은 (B)이다.

어휘   reserve 예약하다   beverage 음료   approve 승인하다   flyer (광고·안내용) 전단

패러프레이징   tea and coffee ▶ some beverages

[44-46] Questions 44-46 refer to the following conversation.   44-46번은 다음 대화에 관한 문제입니다.

W Hello. My name is Rebecca Douglas, and ⁴⁴ I usually get my prescriptions from your branch. They're renewed every month automatically and delivered to my house.
M Let's see... yes, Ms. Douglas. I can see that your next prescription is due to be mailed tomorrow.
W That's why I'm calling. I've moved to a new apartment. Will that be a problem? I'm almost out of my current medication.
M It usually takes a few days for the information to be added to our database. ⁴⁵ So, you'd better come here and pick up the medication yourself this time.
W All right. ⁴⁶ And can I give you the new address now?
M ⁴⁶ Yes, I'll make a note of the change.

여 여보세요. 제 이름은 레베카 더글라스이고요, ⁴⁴ 저는 보통 당신의 지점에서 제 처방약을 받습니다. 그것들이 매달 자동으로 갱신되어서 제 집으로 배달됩니다.
남 어디 볼게요... 네, 더글라스 씨. 당신의 다음 처방약이 내일 우편으로 전달될 예정인 것으로 확인됩니다.
여 그래서 제가 전화드리는 거예요. 제가 새 아파트로 이사했거든요. 그게 문제가 될까요? 제가 지금 약이 거의 다 떨어졌어요.
남 정보가 저희의 데이터베이스에 추가되는 데는 보통 며칠이 걸립니다. ⁴⁵ 그러니 이번에는 이곳에 오셔서 직접 약을 찾아가시는 게 좋겠어요.
여 알겠습니다. ⁴⁶ 그리고 지금 새 주소를 알려 드리면 될까요?
남 ⁴⁶ 네, 제가 변경사항을 적어 두겠습니다.

어휘 prescription 처방된 약, 처방전 renew 갱신하다, 연장하다 automatically 자동으로 be due to ~할 예정이다 out of ~을 다 쓴 medication 약물 make a note 적다

44. What kind of business is the woman most likely calling?

(A) A clothing shop
(B) A bank
(C) A pharmacy
(D) A hardware store

여자는 어떤 종류의 업체에 전화하고 있는 것 같은가?

(A) 옷 가게
(B) 은행
(C) 약국
(D) 철물점

해설 여자가 전화하는 장소를 묻는 문제로, 대화 초반부에 주목한다. 여자가 보통 남자의 지점에서 처방약을 받는다고(I usually get my prescriptions from your branch) 한 것으로 보아 정답은 (C)이다.

45. What does the man suggest the woman do?

(A) Call a different branch
(B) Make a visit
(C) Check a Web site
(D) Keep a receipt

남자는 여자에게 무엇을 하라고 제안하는가?

(A) 다른 지점에 전화하기
(B) 방문하기
(C) 웹사이트 확인하기
(D) 영수증 보관하기

해설 남자가 제안하는 것을 묻는 문제로, 제안 표현이 나오는 부분에 주목한다. 남자가 이번에는 이곳에 와서 직접 약을 찾아가는 게 좋겠다고(you'd better come here and pick up the medication yourself this time) 제안했으므로 정답은 (B)이다.

어휘 make a visit 방문하다 receipt 영수증

패러프레이징 come here and pick up the medication yourself ▶ make a visit

46. What will the woman do next?

(A) Post a comment online
(B) Confirm a credit card number
(C) Provide an address
(D) Wait to speak to a manager

여자는 다음에 무엇을 할 것인가?

(A) 온라인에 의견 게시하기
(B) 신용 카드 번호 확인하기
(C) 주소 제공하기
(D) 관리자와 이야기하려고 기다리기

해설 여자가 다음에 할 일을 묻는 문제로, 대화 후반부에 주목한다. 여자가 지금 새 주소를 알려주면 되냐고(can I give you the new address now?) 물었고 남자가 그렇다고(Yes) 답했으므로 정답은 (C)이다.

213

어휘 post 게시하다, 공고하다 comment 의견, 논평 provide 제공하다, 공급하다

패러프레이징 give you the new address ▶ provide an address

[47-49] Questions 47-49 refer to the following conversation. 47-49번은 다음 대화에 관한 문제입니다.

W Good morning, Gerald. ⁴⁷ I wanted to wish you luck on your presentation to the National Farming Board tomorrow. I've heard there will be over a hundred attendees there. ⁴⁸ Are you nervous? M Well, it's my fourth presentation this month. W Oh, great! You'll be gone all day tomorrow then, right? M Yes, so I won't be able to help prepare the monthly review of crop prices. ⁴⁹ Will that be an issue? W That's all right. ⁴⁹ Some of the other team members can help finish it. M I'm glad to hear it'll get done on time.	여 안녕하세요, 제럴드. ⁴⁷ 내일 전국 농업 위원회를 대상으로 하는 당신의 발표에 행운을 빌어주고 싶었어요. 그곳에 100명이 넘는 참석자들이 올 거라고 들었어요. ⁴⁸ 긴장되세요? 남 글쎄요, 이번 달에 제가 하는 네 번째 발표예요. 여 오, 굉장해요! 그러면 내일은 온종일 외부에 계시겠네요, 맞죠? 남 네, 그래서 작물 가격의 월간 검토를 준비하는 것을 도와드릴 수 없을 거예요. ⁴⁹ 그게 문제가 될까요? 여 그건 괜찮아요. ⁴⁹ 나머지 팀원들 몇 명이 도와서 그것을 끝내면 됩니다. 남 시간 맞춰 끝날 거라니 다행이에요.

어휘 board 위원회, 이사회 attendee 참석자 nervous 긴장한, 초조한 crop (농)작물 on time 시간을 어기지 않고, 정각에

47. What industry do the speakers most likely work in? 화자들은 어떤 업계에서 일하는 것 같은가?

(A) Finance
(B) Medicine
(C) Construction
(D) Agriculture

(A) 금융
(B) 의료
(C) 건설
(D) 농업

해설 화자들의 업종을 묻는 문제이다. 여자가 내일 전국 농업 위원회를 대상으로 하는 발표에 행운을 빈다며(I wanted to wish you luck ~ the National Farming Board tomorrow) 농업과 관련된 업무 대화를 이어가고 있으므로 정답은 (D)이다.

패러프레이징 Farming ▶ agriculture

48. What does the man mean when he says, "it's my fourth presentation this month"? 남자가 "이번 달에 제가 하는 네 번째 발표예요"라고 말할 때 의미하는 것은 무엇인가?

(A) He thinks that he deserves a raise.
(B) He is upset about his workload.
(C) He feels prepared for a task.
(D) He can explain a process to the woman.

(A) 그는 자신이 승급을 받을 만하다고 생각한다.
(B) 그는 자신의 업무량에 대해 언짢다.
(C) 그는 어떤 일에 준비가 되어 있다고 느낀다.
(D) 그는 여자에게 어떤 과정을 설명할 수 있다.

해설 남자가 한 말의 의도를 묻는 문제로, 제시된 문장의 앞뒤 문맥에 주목한다. 발표를 앞두고 긴장되는지(Are you nervous?) 묻는 여자의 말에 이번 달에 하는 네 번째 발표라고 답한 것은 발표를 여러 번 해서 준비가 잘 되어 있고 긴장되지 않는다는 의미이므로 정답은 (C)이다.

어휘 deserve ~을 받을 만하다 raise 승급 workload 업무량 task 일, 과업 process 과정, 절차

214

49. What does the woman plan to do to solve a problem?

(A) Send some information to the man
(B) Hire some temporary workers
(C) Have other employees do the task
(D) Assign a project to another branch

여자는 문제를 해결하기 위해 무엇을 할 계획인가?
(A) 남자에게 일부 정보 보내기
(B) 몇몇 임시 직원 고용하기
(C) 다른 직원들이 일을 하게 하기
(D) 프로젝트를 다른 지점에 배정하기

해설 여자가 문제 해결을 위해 할 일을 묻는 문제로, 질문의 키워드인 problem을 나타내는 issue가 언급되는 부분에 주목한다. 남자가 어떤 일을 도와줄 수 없다고 문제를 언급하자 여자가 나머지 팀원들 몇 명이 도와서 끝내면 된다고(Some of the other team members can help finish it) 했으므로 정답은 (C)이다.

어휘 temporary 임시의, 일시적인   assign 배정하다

패러프레이징 some of the other team members can help finish it ▶ have other employees do the task

---

[50-52] Questions 50-52 refer to the following conversation.

50-52번은 다음 대화에 관한 문제입니다.

W Hi, I'm from the maintenance department. We got your message that the air conditioner in this room won't turn on.
M That's right. And ⁵⁰ some officials from the city government will be meeting me here at 2 o'clock, so I want them to be comfortable.
W All right. I'll just reset it. That usually solves the problem.
M Thank you. ⁵¹ And this remote control can adjust the temperature, right?
W Exactly.
M Is there also a setting that will make the air drier rather than just cooler?
W ⁵² Yes, that setting is changed from the main menu. Let me just do it for you now.

여 안녕하세요, 저는 유지보수 부서에서 왔습니다. 이 방의 에어컨이 켜지지 않는다는 당신의 메시지를 받았습니다.
남 맞아요. 그리고 ⁵⁰ 시 공무원들 몇 명이 2시에 여기서 저를 만날 예정이라서, 그들이 쾌적하게 느끼기를 원해요.
여 알겠습니다. 제가 그냥 에어컨을 다시 설정할게요. 그러면 보통은 문제가 해결돼요.
남 감사합니다. ⁵¹ 그리고 이 리모컨으로 온도를 조절할 수 있죠, 맞죠?
여 맞습니다.
남 또한 공기를 단지 더 차갑게 하는 것 말고 더 건조하게 하는 설정도 있나요?
여 ⁵² 네, 그 설정은 메인 메뉴에서 변경됩니다. 제가 당신을 위해 지금 그냥 해드릴게요.

어휘 official 공무원, 관리   reset (기기 등을) 다시 맞추다   adjust 조절하다, 조정하다   temperature 온도, 기온   setting 설정

---

50. Who will the man meet this afternoon?

(A) Financial advisors
(B) Government representatives
(C) New staff members
(D) Potential customers

남자는 오늘 오후에 누구를 만날 것인가?
(A) 재정 고문
(B) 정부 대리인
(C) 신입 직원
(D) 잠재 고객

해설 남자가 오늘 오후에 만날 사람을 묻는 문제로, 질문의 키워드인 this afternoon에 해당하는 시간이 언급되는 부분에 주목한다. 남자가 시 공무원들이 2시에 자신을 만날 예정이라고(some officials from the city government will be meeting me here at 2 o'clock) 했으므로 정답은 (B)이다.

어휘 financial 금융의, 재정의   advisor 상담자, 고문   representative 대리인, 대표(자)   potential 잠재적인

패러프레이징 some officials from the city government ▶ government representatives

51. What does the man ask the woman about?

(A) Using a remote control
(B) Making a payment
(C) Accessing a building
(D) Rearranging some furniture

남자는 여자에게 무엇에 대해서 물어보는가?
(A) 리모컨을 사용하는 것
(B) 대금을 지불하는 것
(C) 건물에 들어가는 것
(D) 가구를 재배치하는 것

> **해설** 남자가 여자에게 묻는 것을 묻는 문제로, 남자의 질문 내용에 집중해서 듣는다. 남자가 리모컨으로 온도 조절이 가능한지(And this remote control can adjust the temperature, right?) 물었으므로 정답은 (A)이다.

> **어휘** access 들어가다, 접근하다 rearrange 재배치하다

52. What will the woman do next?

(A) Change a setting
(B) Print a schedule
(C) Call a colleague
(D) Give a demonstration

여자는 다음에 무엇을 할 것인가?
(A) 설정 변경하기
(B) 일정표 인쇄하기
(C) 동료에게 전화하기
(D) 시연하기

> **해설** 여자가 다음에 할 일을 묻는 문제로, 대화 후반부에 주목한다. 여자가 해당 설정이 메인 메뉴에서 변경된다며 지금 해주겠다고(that setting is changed from the main menu. Let me just do it for you now) 한 것으로 보아 정답은 (A)이다.

> **어휘** colleague (직장) 동료

> **패러프레이징** setting is changed ▶ change a setting

[53-55] Questions 53-55 refer to the following conversation.

53-55번은 다음 대화에 관한 문제입니다.

W Are you busy now, Peter? **53** I'd like to talk to you about the employee evaluations that were just completed.
M I've got some time. Is there an issue?
W Well, almost everyone in the customer service department had a lower performance than last year.
M That doesn't surprise me. **54** That department hasn't had a steady management strategy since Mr. Benson quit. We need to find a permanent replacement.
W A recruiter is already working on that.
M All right. In the meantime, **55** I can update the staff manual to make sure the expectations are clear. Then we can ask everyone to read it.

여 지금 바빠요, 피터? **53** 방금 완료된 직원 평가서에 관해 당신에게 얘기하고 싶어요.
남 시간이 좀 있어요. 문제가 있나요?
여 음, 고객 서비스 부서의 거의 모든 사람들이 작년보다 성과가 더 저조해요.
남 그건 놀랍지 않아요. **54** 그 부서는 벤슨 씨가 그만둔 이후로 꾸준한 운영 전략이 없었어요. 우리는 상임 후임자를 찾아야 해요.
여 신규 직원 채용 담당자가 이미 그 일에 애쓰고 있어요.
남 좋아요. 그러는 동안, 반드시 기대치가 명확할 수 있도록 **55** 제가 직원 매뉴얼을 업데이트할 수 있어요. 그런 다음 전 직원에게 그것을 읽으라고 요청하면 돼요.

> **어휘** evaluation 평가 performance 성과, 실적 steady 꾸준한, 한결같은 strategy 전략 permanent 상임의, 영구적인 replacement 후임자, 대신할 사람 recruiter 신규 직원을 모집하는 사람 expectation 기대, 요구

53. What does the woman want to discuss with the man?

(A) Job promotions
(B) Employee evaluations
(C) Sales projections
(D) Equipment purchases

여자는 남자와 무엇을 논의하기를 원하는가?
(A) 승진
(B) 직원 평가서
(C) 판매 예상치
(D) 장비 구입

> **해설** 여자가 남자와 논의하고 싶어 하는 주제를 묻는 문제로, 대화 초반부를 집중해서 듣는다. 여자가 직원 평가서에 관해 얘기하고 싶다고(I'd like to talk to you about the employee evaluations) 했으므로 정답은 (B)이다.

어휘 promotion 진급   projection 예상, 추정

54. What problem does the man mention?

(A) The work area is not large enough.
(B) Some products are not safe.
(C) A competitor is gaining market share.
(D) A worker has left the company.

남자는 무슨 문제를 언급하는가?
(A) 근무 구역이 충분히 넓지 않다.
(B) 일부 제품들이 안전하지 않다.
(C) 경쟁 상대가 시장 점유율을 늘리고 있다.
(D) 한 직원이 회사를 떠났다.

해설 남자가 언급한 문제점을 묻는 문제이다. 여자가 저조한 업무 성과를 언급하자 남자가 벤슨 씨가 그만둔 이후로 꾸준한 운영 전략이 없었다고(That department hasn't had ~ since Mr. Benson quit) 했으므로 정답은 (D)이다.

어휘 competitor 경쟁 상대   gain 획득하다, 얻다   market share 시장 점유율

패러프레이징 Mr. Benson quit ▶ a worker has left the company

55. What does the man offer to do?

(A) Update a manual
(B) Interview job candidates
(C) Upgrade a Web site
(D) Read a report

남자는 무엇을 해주겠다고 제안하는가?
(A) 매뉴얼 업데이트하기
(B) 입사 지원자 면접하기
(C) 웹사이트 개선하기
(D) 보고서 읽기

해설 남자가 해주겠다고 제안한 일을 묻는 문제로, 대화 후반부를 집중해서 듣는다. 남자가 자신이 직원 매뉴얼을 업데이트할 수 있다고(I can update the staff manual) 했으므로 정답은 (A)이다.

어휘 candidate 지원자, 후보자

[56-58] Questions 56-58 refer to the following conversation.

영
호

W Hi, Benjamin. ⁵⁶ How are things coming along on the posters you're designing for the Eva Corporation's annual meeting?
M To be honest, I'm having some difficulty coming up with ideas. ⁵⁷ The client was very vague about what he wanted. He's sent me the text but hasn't given me any details about the overall look he wants.
W Well, just do your best on the first draft with what you have. ⁵⁸ And if you want to hear someone else's thoughts on it, I'm here until 6 o'clock.

56-58번은 다음 대화에 관한 문제입니다.

여 안녕하세요, 벤자민. ⁵⁶ 에바 사의 연례 회의를 위해 당신이 디자인하고 있는 포스터는 어떻게 되어 가고 있나요?
남 솔직히 말하면, 아이디어를 생각해 내는 데 어려움을 겪고 있어요. ⁵⁷ 의뢰인이 자신이 뭘 원하는지에 대해 너무 모호했어요. 그가 제게 본문은 보냈지만 그가 원하는 전반적인 모양에 대해서는 자세히 설명하지 않았어요.
여 음, 일단 당신이 가지고 있는 정보로 초안에 최선을 다하세요. ⁵⁸ 그리고 그것에 대한 다른 사람의 생각을 듣고 싶으면, 난 6시까지 이곳에 있어요.

어휘 corporation 기업, 법인   have difficulty -ing ~하는 데 어려움을 겪다   vague 모호한, 애매한
give a detail about ~에 대해 상세히 설명하다   overall 전반적인, 전체의   do one's best 최선을 다하다   draft 초안

56. Who most likely is the man?

(A) A research assistant
(B) A human resources manager
(C) A sales consultant
(D) A graphic designer

남자는 누구일 것 같은가?
(A) 연구 보조
(B) 인사부 관리자
(C) 판매 컨설턴트
(D) 그래픽 디자이너

해설 남자의 직업을 묻는 문제로, 대화 초반부에 주목한다. 여자가 남자에게 특정 회사의 연례 회의를 위해 디자인하고 있는 포스터는 어떻게 되어 가고 있는지(How are things coming along on the posters you're designing) 묻는 것으로 보아 남자가 포

217

스터를 디자인하는 일을 하고 있음을 알 수 있으므로 정답은 (D)이다.

어휘 assistant 조수, 보조원 consultant 컨설턴트, 상담가

57. What problem does the man mention?

(A) A client's directions are unclear.
(B) The client cannot pay.
(C) A software program is not working.
(D) A deadline has been changed.

남자는 어떤 문제를 언급하는가?

(A) 의뢰인의 지시사항이 불명확하다.
(B) 의뢰인이 납부를 할 수 없다.
(C) 소프트웨어 프로그램이 작동하지 않는다.
(D) 마감일이 변경되었다.

해설 남자가 언급한 문제를 묻는 문제로, 불만이나 문제 상황이 언급된 부분에 주목한다. 남자가 의뢰인이 뭘 원하는지가 너무 모호하고(very vague about what he wanted) 본인이 원하는 전반적인 모양에 대해서 자세히 설명하지 않았다며(hasn't given me any details about the overall look he wants) 어려움을 토로했으므로 정답은 (A)이다.

어휘 direction 지시, 방향 unclear 불명확한, 불확실한 deadline 마감일

패러프레이징 hasn't given me any details about the overall look he wants ▶ directions are unclear

58. What does the woman mean when she says, "I'm here until 6 o'clock"?

(A) A project will be completed on time.
(B) A schedule has been changed.
(C) She is willing to share her opinions.
(D) She decided to cancel a meeting.

여자가 "난 6시까지 이곳에 있어요"라고 말할 때 의미하는 것은 무엇인가?

(A) 프로젝트는 시간에 맞춰 완료될 것이다.
(B) 일정이 변경되었다.
(C) 그녀는 기꺼이 자신의 의견을 공유할 것이다.
(D) 그녀는 회의를 취소하기로 결정했다.

해설 여자가 한 말의 의도를 묻는 문제로, 제시된 문장의 앞뒤 문맥에 주목한다. 여자가 다른 사람의 생각을 듣고 싶다면(if you want to hear someone else's thoughts on it) 자신이 6시까지 이곳에 있다고 말한 것은, 자신이 있는 시간에 찾아오면 포스터 초안에 대한 의견을 주겠다는 의미이므로 정답은 (C)이다.

어휘 be willing to 기꺼이 ~하다

[59-61] Questions 59-61 refer to the following conversation with three speakers.

59-61번은 다음 세 명의 대화에 관한 문제입니다.

(미)
(영)
(호)

M1 Thanks for getting here so quickly. I'm Tim, the person who called you. And this is Luca, the manager of the hotel.
W It's a pleasure to meet you both. So, ⁵⁹ what seems to be the problem with your computers?
M2 Every time we open the reservation software, the computer freezes.
M1 Yes, and doing a hard reset doesn't fix it. ⁶⁰ Guests are going to have to wait to get their bills issued.
M2 ⁶⁰ Right, it's a great inconvenience to them.
W Don't worry. This won't take long. ⁶¹ I've had a lot of other hotel customers reporting the same issue with this particular software program, so I know exactly how to handle it.

남1 이렇게 빨리 와주셔서 감사해요. 제가 당신에게 전화했던 사람인 팀입니다. 그리고 이쪽은 이 호텔의 지배인 루카입니다.
여 두 분 다 뵙게 되어 기쁩니다. 그러니까, ⁵⁹ 컴퓨터에 무엇이 문제인 것 같나요?
남2 저희가 예약 소프트웨어를 열 때마다 컴퓨터가 멈춰요.
남1 네, 그리고 하드를 리셋하는 것으로는 해결되지 않아요. ⁶⁰ 투숙객들이 청구서를 발급 받기 위해 기다려야 할 거예요.
남2 ⁶⁰ 맞아요, 그건 투숙객들에게는 엄청난 불편이죠.
여 걱정 마세요. 이건 오래 걸리지 않아요. ⁶¹ 이 특정한 소프트웨어 프로그램과 관련해 같은 문제를 알린 다른 호텔 고객들이 많이 있었기 때문에, 어떻게 처리하는지 정확히 알고 있어요.

어휘 reservation 예약 freeze (컴퓨터 등이) 멈추다, 정지하다 bill 청구서, 고지서 issue 발부하다; 문제
inconvenience 불편 particular 특정한 handle 처리하다

218

59. What most likely is the woman's job?

(A) Tour guide
(B) Hotel owner
(C) Health inspector
(D) Computer technician

여자의 직업은 무엇일 것 같은가?
(A) 여행 가이드
(B) 호텔 소유주
(C) 위생 검사관
(D) 컴퓨터 기술자

> **해설** 여자의 직업을 묻는 문제로, 대화 초반부에 주목한다. 여자가 컴퓨터에 무슨 문제가 있는지(what seems to be the problem with your computers?) 묻는 것으로 보아 정답은 (D)이다.

> **어휘** inspector 검사관, 조사관   technician 기술자

60. What are the men concerned about?

(A) A lack of storage
(B) A canceled reservation
(C) An increase in fees
(D) A delay in billing

남자들은 무엇에 관해 우려하는가?
(A) 저장 공간 부족
(B) 취소된 예약
(C) 요금 인상
(D) 청구서 발부 지연

> **해설** 남자들이 우려하는 것을 묻는 문제이다. 남자1이 투숙객들이 청구서를 발급받기 위해 기다려야 할 것이라고(Guests are going to have to wait to get their bills issued) 하자 남자2가 동의하며 그것은 엄청난 불편(great inconvenience)이라고 우려했으므로 정답은 (D)이다.

> **어휘** lack 부족, 결핍   storage 저장, 보관   fee 요금, 수수료   billing 청구서 발부

> **패러프레이징** have to wait to get their bills issued ▶ delay in billing

61. Why does the woman think an issue will be resolved quickly?

(A) The hotel was recently renovated.
(B) A manual explains the issue.
(C) She has worked on the same problem before.
(D) She has brought some spare parts.

여자는 왜 문제가 빨리 해결될 것이라고 생각하는가?
(A) 호텔이 최근에 개조되었다.
(B) 매뉴얼에 이 문제가 설명되어 있다.
(C) 그녀는 전에 같은 문제에 대한 작업을 했다.
(D) 그녀는 예비 부품을 좀 가져왔다.

> **해설** 여자가 문제가 빨리 해결될 거라고 생각하는 이유를 묻는 문제로, 질문의 키워드인 issue가 언급되는 부분에 주목한다. 여자가 같은 문제를 알린 다른 호텔 고객들이 많았기 때문에 어떻게 처리하는지 정확히 알고 있다고(I've had a lot of other hotel customers reporting the same issue ~ I know exactly how to handle it) 했으므로 정답은 (C)이다.

> **어휘** resolve (문제 등을) 해결하다   spare 예비의, 여분의

> **패러프레이징** same issue ▶ same problem

[62-64] Questions 62-64 refer to the following conversation and list.   62-64번은 다음 대화와 목록에 관한 문제입니다.

M   Hi, Sandra. ⁶² Thank you so much for working on the inventory report while I was gone. I wasn't expecting Mr. Lavelle to arrive until tomorrow. So, what's left?

W   Actually, I've just finished it. ⁶³ I need a printout of the report for the archives, right?

M   Yes, it goes in the black filing cabinet in the storage room. The drawers are labeled. ⁶⁴ We'll also need a copy for the oversight committee, but they don't always have time to look it over. Do you want me to do the printing?

W   Thanks, but I can take care of it.

| Drawer 1: Meeting Agendas |
| Drawer 2: Vacation Requests |
| ⁶³ Drawer 3: Archives |
| Drawer 4: Questionnaires |

남   안녕하세요, 샌드라. ⁶² 제가 없는 동안 재고 조사 보고서에 대한 작업을 해주셔서 대단히 감사해요. 저는 라벨 씨가 내일까지는 오지 않을 거라고 예상하고 있었어요. 그래서, 뭐가 남아 있나요?

여   실은, 제가 막 보고서를 끝냈어요. ⁶³ 기록 보관을 위해 제가 보고서를 출력해야 해요, 맞죠?

남   네, 그건 창고의 검정색 서류 보관함에 들어가요. 서랍에 라벨이 붙어 있어요. ⁶⁴ 우리는 또한 감독 위원회를 위해 한 부가 필요하겠지만, 그들이 항상 보고서를 훑어볼 시간이 있는 것은 아니에요. 제가 인쇄할까요?

여   고맙지만, 제가 처리할 수 있어요.

| 1번 서랍: 회의 안건 |
| 2번 서랍: 휴가 신청서 |
| ⁶³ 3번 서랍: 기록 보관 |
| 4번 서랍: 설문지 |

어휘   inventory 재고(품)   printout 인쇄(물)   archives 기록 보관소   storage room 창고   label 라벨을 붙이다
oversight 감독   committee 위원회   look over 훑어보다, 살펴보다   agenda 안건, 의제   questionnaire 설문지

62. Why did the man need the woman's help?

(A) He had to leave the office unexpectedly.
(B) He was unfamiliar with a process.
(C) He experienced a flight delay.
(D) He lost some important files.

남자는 왜 여자의 도움이 필요했는가?

(A) 그는 예상치 못하게 사무실을 비워야 했다.
(B) 그는 절차에 익숙하지 않았다.
(C) 그는 항공편 지연을 겪었다.
(D) 그는 중요한 파일 일부를 잃어버렸다.

해설   남자가 여자의 도움이 필요했던 이유를 묻는 문제이다. 남자가 자신이 없는 동안 보고서 작업을 해준 것에 대해 고마움을 표한 (Thank you so much for working on the inventory report while I was gone) 후 라벨 씨가 내일까지 오지 않을 거라고 예상하고 있었다고(I wasn't expecting ~) 했다. 따라서 남자가 예상치 못하게 온 라벨 씨로 인해 갑자기 사무실을 비우게 되어 여자의 도움이 필요했음을 알 수 있으므로 정답은 (A)이다.

어휘   unexpectedly 예상외로, 갑자기   unfamiliar with ~에 익숙하지 않은

패러프레이징   was gone ▶ leave the office

63. Look at the graphic. Which drawer will the woman put a document in?

(A) Drawer 1
(B) Drawer 2
(C) Drawer 3
(D) Drawer 4

시각 자료를 보시오. 여자는 어느 서랍 안에 문서를 넣을 것인가?

(A) 1번 서랍
(B) 2번 서랍
(C) 3번 서랍
(D) 4번 서랍

해설   여자가 문서를 넣을 서랍을 묻는 문제로, 제시된 시각 자료와 함께 질문의 키워드인 document와 관련된 부분에 주목한다. 여자가 기록 보관을 위해 보고서를 출력해야 한다고(I need a printout of the report for the archives) 했고, 목록에서 기록 보관을 위한 서랍은 3번 서랍이므로 정답은 (C)이다.

64. What does the man say about the committee members?

(A) They are looking for new participants.
(B) They prefer getting reports by e-mail.
(C) They may not review a report.
(D) They found a misprint in the last report.

남자는 위원회 위원들에 관해 무엇이라고 말하는가?

(A) 그들은 새로운 참가자들을 찾고 있다.
(B) 그들은 이메일로 보고를 받는 것을 선호한다.
(C) 그들은 보고서를 검토하지 않을지도 모른다.
(D) 그들은 지난 보고서에서 오자를 찾았다.

해설 남자가 위원회에 관해 한 말을 묻는 문제로, 질문의 키워드인 committee가 언급된 부분에 주목한다. 남자가 감독 위원회를 위해 보고서 한 부가 필요하지만 그들이 항상 보고서를 살펴볼 시간이 있는 것은 아니라고(they don't always have time to look it over) 했으므로 정답은 (C)이다.

어휘 participant 참가자 misprint 오자

패러프레이징 don't always have time to look it over ▶ may not review a report

[65-67] Questions 65-67 refer to the following conversation and storage closet.

65-67번은 다음 대화와 보관 창고에 관한 문제입니다.

W The post office is closed tomorrow, so **65 I'd better print and send the invitations today for our company's anniversary party next month.**
M All right. I was thinking that we'd better not use standard copy paper for the invitations. The paper is too thin.
W Good point. What's the thickest paper we have on hand?
M You should use the 110-pound cardstock. **66 It's in the supply closet, in a box on the top shelf on the right.**
W Thanks! By the way, **67 I loved the design you made for the invitation, especially how you included so many different pictures of our company through the years**.

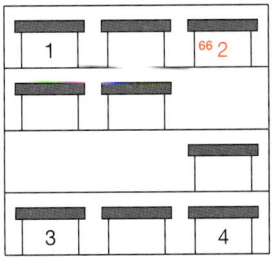

여 우체국이 내일 문을 닫아서 **65 다음 달에 있을 우리 회사 기념일 파티를 위해 오늘 초대장을 인쇄해서 보내야겠어요.**
남 알겠어요. 저는 우리가 초대장용으로 표준 복사 용지는 사용하지 않는 게 좋겠다고 생각하고 있었어요. 용지가 너무 얇아요.
여 좋은 지적이에요. 우리가 구할 수 있는 가장 두꺼운 종이가 무엇이죠?
남 당신은 110파운드 인쇄용지를 사용해야 해요. **66 그것은 비품 창고 안, 맨 위 선반의 오른쪽 상자 안에 있어요.**
여 고마워요! 그나저나, **67 당신이 초대장을 위해 만든 디자인이 아주 마음에 들었어요, 특히 여러 해에 걸친 우리 회사의 그렇게 많은 다양한 사진들을 포함시킨 방식 말이에요.**

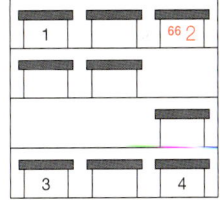

어휘 invitation 초대, 초대장 anniversary 기념일 standard 표준의, 보통의 copy paper 복사용지
on hand 구할 수 있는 cardstock (일반 종이보다 두꺼운) 인쇄용지 supply closet 비품 창고 especially 특히, 특별히

65. Why will the business hold an event next month?

(A) To introduce a service
(B) To announce a retirement
(C) To celebrate an anniversary
(D) To welcome new customers

업체는 왜 다음 달에 행사를 열 것인가?

(A) 서비스를 소개하기 위해
(B) 퇴직을 알리기 위해
(C) 기념일을 축하하기 위해
(D) 신규 고객들을 환영하기 위해

해설 업체가 다음 달에 행사를 여는 이유를 묻는 문제로, 질문의 키워드인 next month가 언급되는 부분에 주목한다. 여자가 다음 달에 있을 회사 기념일 파티(our company's anniversary party next month)를 위한 초대장을 언급했으므로 정답은 (C)이다.

221

어휘 announce 알리다, 발표하다 　retirement 퇴직, 은퇴 　celebrate 축하하다, 기념하다

66. Look at the graphic. Where can the woman get the paper she needs?

(A) Box 1
(B) Box 2
(C) Box 3
(D) Box 4

시각 자료를 보시오. 여자는 자신에게 필요한 종이를 어디에서 구할 수 있는가?

(A) 1번 상자
(B) 2번 상자
(C) 3번 상자
(D) 4번 상자

해설 여자에게 필요한 종이가 있는 곳을 묻는 문제로, 제시된 시각 자료와 함께 보관 장소가 언급되는 부분에 주목한다. 남자가 여자에게 용지가 비품 창고 안, 맨 위 선반의 오른쪽 상자 안에 있다고(It's in the supply closet, in a box on the top shelf on the right) 했고, 보관 창고에서 맨 위 선반의 오른쪽 상자는 2번이므로 정답은 (B)이다.

67. What does the woman like about the invitations?

(A) They are an interesting shape.
(B) They use a unique font.
(C) They have a lot of colors.
(D) They have a variety of images.

여자는 초대장에 대해 어떤 점을 좋아하는가?

(A) 흥미를 끄는 모양이다.
(B) 독특한 서체를 사용한다.
(C) 많은 색이 있다.
(D) 다양한 이미지가 있다.

해설 여자가 초대장의 어떤 점을 좋아하는지를 묻는 문제로, 질문의 키워드인 invitations와 함께 기호를 나타내는 표현이 언급되는 부분에 주목한다. 여자가 초대장 디자인이 마음에 든다며, 특히 여러 해에 걸친 회사의 다양한 사진들을 포함시킨 방식(especially how you included so many different pictures of our company through the years)을 언급했으므로 정답은 (D)이다.

어휘 unique 독특한 　font (인쇄 등에 쓰이는) 서체 　a variety of 다양한

패러프레이징 included so many different pictures ▶ have a variety of images

[68-70] Questions 68-70 refer to the following conversation and map.

W Oh, no! **68 I left my company ID card at home.** Is that going to be a problem?

M It's okay. I've got mine, and I can explain that we'll be working together the entire time to construct the stage for the speakers.

W That's a relief. Thanks! **69 Now, to get to the room, we need to take a right from the main entrance. It's right across from the café.**

M Oh, but wasn't it in the smallest room last year, the one by the 18th Street Entrance?

W That's right. **70 But this year, a lot more people signed up for the event**, so they changed the location.

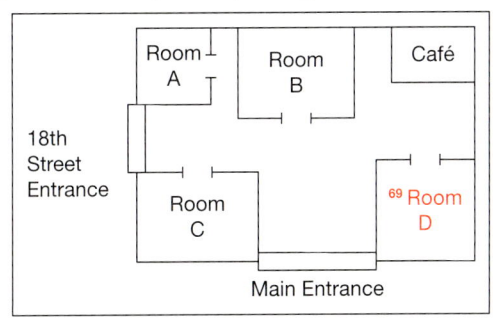
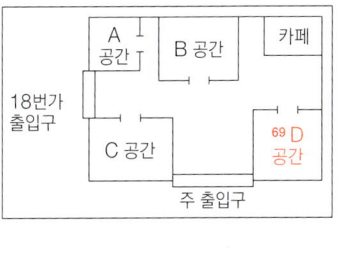

---

68. What did the woman forget to bring?

(A) A tool box
(B) An ID card
(C) A company brochure
(D) A parking pass

69. Look at the graphic. Where will the speakers work today?

(A) Room A
(B) Room B
(C) Room C
(D) Room D

70. According to the woman, how will the event be different this year?

(A) It will include food for participants.
(B) It will feature more speakers.
(C) It will last for two days.
(D) It will have a higher attendance.

여자에 따르면, 올해 행사가 어떻게 달라질 것인가?

(A) 참가자들을 위한 음식을 포함할 것이다.
(B) 더 많은 강연자들을 특별히 포함할 것이다.
(C) 이틀 동안 계속될 것이다.
(D) 참석률이 더 높을 것이다.

> 해설 올해 행사가 달라질 점을 묻는 문제로, 질문의 키워드인 this year가 언급되는 부분에 주목한다. 여자가 올해에는 훨씬 더 많은 사람들이 행사에 신청했다고(this year, a lot more people signed up for the event) 했으므로 정답은 (D)이다.

> 어휘 last 계속되다, 지속하다   attendance 참석률, 출석

> 패러프레이징 a lot more people signed up for the event ▶ it will have a higher attendance

---

[71-73] Questions 71-73 refer to the following telephone message.

71-73번은 다음 전화 메시지에 관한 문제입니다.

(미)

Hi, Aisha. It's William calling you back. To answer your question, ⁷¹ our team has not processed your bonus payment yet. The company recently changed the payment policy because of the bank's fees. ⁷² We will now send payments only once a month to cut down on costs. I hope you understand. ⁷³ I'll e-mail you a copy of the memo that explained this. I think you must have missed it. Thanks.

안녕하세요, 아이샤. 윌리엄인데요, 당신이 전화하셨다고 해서 전화드립니다. 당신의 질문에 답변하자면, ⁷¹ 저희 팀이 당신의 보너스 지급 건을 아직 처리하지 않았어요. 회사가 은행 수수료 때문에 최근 지급 정책을 변경했어요. ⁷² 저희는 비용을 줄이기 위해서 이제 한 달에 한 번만 지급을 할 예정입니다. 당신이 이해해주기를 바랍니다. ⁷³ 제가 이에 대해 설명한 회람 사본을 이메일로 보내드릴게요. 당신이 그것을 못 보신 게 틀림없어요. 감사합니다.

> 어휘 process 처리하다   fee 수수료   cut down on ~을 줄이다

---

71. What department is the speaker most likely calling from?

(A) Marketing
(B) Finance
(C) Sales
(D) Customer service

화자는 무슨 부서에서 전화하는 것 같은가?

(A) 마케팅
(B) 재무
(C) 영업
(D) 고객 서비스

> 해설 화자의 부서를 묻는 문제로, 담화 초반부에 집중해서 듣는다. 자신의 팀이 보너스 지급 건을 아직 처리하지 않았다고(our team has not processed your bonus payment yet) 한 것으로 보아 화자가 재무/회계 관련 부서에서 일하고 있음을 알 수 있으므로 정답은 (B)이다.

> 어휘 finance 재무, 재정

---

72. Why did the company change a policy?

(A) It will form a partnership.
(B) It is hiring new staff.
(C) It will expand overseas.
(D) It is trying to save money.

회사는 왜 정책을 변경했는가?

(A) 제휴를 할 것이다.
(B) 신규 직원을 채용하고 있다.
(C) 해외로 확장할 것이다.
(D) 돈을 절약하기 위해 노력하고 있다.

> 해설 회사가 정책을 변경한 이유를 묻는 문제이다. 은행 수수료 때문에 정책을 변경했다며, 비용을 줄이기 위해서 이제 한 달에 한 번만 지급할 예정이라고(We will now send payments only once a month to cut down on costs) 했으므로 정답은 (D)이다.

> 어휘 partnership 제휴, 협력

> 패러프레이징 cut down on costs ▶ save money

73. What will the speaker send to the listener?

    (A) An updated schedule
    (B) A company memo
    (C) A security code
    (D) A complaint form

화자는 청자에게 무엇을 보낼 것인가?

    (A) 최신 일정
    (B) 회사 회람
    (C) 보안 코드
    (D) 불만 신고서

해설 화자가 청자에게 무엇을 보낼지 묻는 문제이다. 회람 사본을 이메일로 보내주겠다고(I'll e-mail you a copy of the memo that explained this) 했으므로 정답은 (B)이다.

[74-76] Questions 74-76 refer to the following excerpt from a workshop.

74-76번은 다음 워크숍 발췌록에 관한 문제입니다.

> Welcome, everyone, to the first session of this four-part workshop. ⁷⁴ I'm excited that so many of you are here to learn how to cook authentic Indian dishes at home. I'll provide you with basic recipes to follow. However, ⁷⁵ don't forget to add or subtract some of the ingredients, depending on your personal preferences. I've given you a schedule of our upcoming workshops. ⁷⁶ You'll see there that on May 8 the class will be at the farmers' market, not here, so I can show you how to select produce.

> 이번 4부짜리 워크숍의 첫 시간에 오신 모든 분들을 환영합니다. ⁷⁴ 이렇게 많은 여러분이 집에서 정통 인도 요리를 만드는 법을 배우러 이곳에 오셔서 신이 나네요. 저는 여러분에게 따라 하실 기본 조리법을 제공할 것입니다. 하지만, 여러분의 개인적인 기호에 따라 ⁷⁵ 재료 중 일부를 추가하거나 빼는 것을 잊지 마세요. 제가 여러분에게 저희의 다가오는 워크숍의 일정표를 드렸습니다. ⁷⁶ 거기서 보시다시피 5월 8일에는 수업이 이곳이 아니라 농산물 직판장에서 있을 예정이어서, 제가 여러분에게 농산물을 고르는 법을 알려드릴 수 있습니다.

어휘 authentic 진짜인, 진품인   recipe 조리법   subtract (수·양을) 빼다   ingredient 재료, 성분
depending on ~에 따라   preference 기호, 선호되는 것   produce 농산물; 생산하다

---

74. What is the workshop about?

    (A) Interior design
    (B) Cooking
    (C) Creative writing
    (D) Hiking

워크숍은 무엇에 관한 것인가?

    (A) 실내 디자인
    (B) 요리
    (C) 창의적 글쓰기
    (D) 도보 여행

해설 워크숍 주제를 묻는 문제로, 담화 초반부에 주목한다. 많은 청자들이 집에서 정통 인도 요리를 만드는 법을 배우러 왔다고(so many of you are here to learn how to cook authentic Indian dishes at home) 했으므로 정답은 (B)이다.

어휘 interior 실내의   creative 창의적인   hiking 도보 여행, 하이킹

---

75. What does the speaker suggest the listeners do?

    (A) Make adjustments
    (B) Bring supplies
    (C) Work together
    (D) Take notes

화자는 청자들에게 무엇을 하라고 제안하는가?

    (A) 조절하기
    (B) 용품 가져오기
    (C) 함께 일하기
    (D) 메모하기

해설 화자가 제안하는 것을 묻는 문제이다. 개인적인 기호에 따라 재료 중 일부를 추가하거나 빼는 것을 잊지 말라는(don't forget to add or subtract some of the ingredients) 것은 재료의 양을 조절하라는 의미이므로 정답은 (A)이다.

어휘 take notes 메모하다, 기록하다

패러프레이징 add or subtract some of the ingredients ▶ make adjustments

76. What does the speaker say the group will do on May 8?

(A) Meet at a different location
(B) Take a test
(C) Receive a certificate
(D) Have a substitute instructor

| 화자는 그룹이 5월 8일에 무엇을 할 것이라고 말하는가?

(A) 다른 장소에서 만나기
(B) 시험 보기
(C) 증서 받기
(D) 대리 강사 맞이하기

해설 5월 8일에 그룹이 할 일을 묻는 문제로, 질문의 키워드인 May 8이 언급되는 부분에 주목한다. 5월 8일에는 수업이 이곳이 아니라 농산물 직판장에서 있을 것이라고(on May 8 the class will be at the farmers' market, not here) 했으므로 정답은 (A)이다.

어휘 certificate 증서, 자격증   substitute 대신하는 사람, 대체물   instructor 강사, 교사

패러프레이징 class will be at the farmers' market, not here ▶ meet at a different location

---

[77-79] Questions 77-79 refer to the following talk.

77-79번은 다음 담화에 관한 문제입니다.

Good morning, and thanks for being here for today's employee training. **77 As customer service representatives of the Macon Corporation**, it is important to be polite and professional when customers call the helpline. Now, customers often call to close their accounts. **78 We want to retain these customers, so that's what we'll be learning about in today's session. 79 I'd like to start by putting you into small groups** so you can role-play some situations.

안녕하세요, 오늘의 직원 교육을 위해 이 자리에 와주셔서 감사드립니다. **77** 메이컨 기업의 고객 서비스 담당자로서, 고객들이 전화 상담 서비스로 전화할 때 정중하고 전문적인 것은 중요합니다. 자, 고객들은 종종 계정을 해지하기 위해 전화합니다. **78** 우리는 이러한 고객들을 유지하기를 원하기 때문에, 그것이 바로 오늘 이 시간에 우리가 배우게 될 것입니다. 여러분이 몇몇 상황을 역할극으로 체험해볼 수 있도록 **79** 여러분을 소그룹으로 나누는 것으로 시작하겠습니다.

어휘 professional 전문적인   helpline 전화 상담 서비스   close an account 계정을 해지하다   retain 유지하다, 보유하다   role-play (역할을 하여) 체험하다

---

77. Who is the speaker talking to?

(A) Retail store managers
(B) Corporate investors
(C) Bank tellers
(D) Customer service representatives

화자는 누구에게 이야기하고 있는가?

(A) 소매점 관리자들
(B) 기업 투자자들
(C) 은행 창구 직원들
(D) 고객 서비스 담당자들

해설 담화 대상을 묻는 문제로, 담화 초반부에 주목한다. 화자가 청자들에게 메이컨 기업의 고객 서비스 담당자로서(As customer service representatives of the Macon Corporation) 고객들과 통화할 때 정중하고 전문적인 것이 중요하다고 한 것으로 보아 정답은 (D)이다.

어휘 retail 소매   corporate 기업의, 법인의   investor 투자자

---

78. What is the session mainly about?

(A) Using some software
(B) Retaining customers
(C) Handling complaints
(D) Increasing revenue

이 시간은 주로 무엇에 관한 것인가?

(A) 일부 소프트웨어를 사용하는 것
(B) 고객들을 유지하는 것
(C) 불만 사항을 처리하는 것
(D) 수익을 늘리는 것

해설 담화에서 이루어지고 있는 교육의 주제를 묻는 문제로, 질문의 키워드인 session이 언급되는 부분에 주목한다. 고객들을 유지하기를 원하기 때문에 그것을 오늘 이 시간에 배울 것이라고(We want to retain these customers ~ learning about in today's session) 했으므로 정답은 (B)이다.

어휘 handle 처리하다, 다루다   revenue 수익

79. What will the speaker do next?

(A) Introduce a new colleague
(B) Check an attendance sheet
(C) Show a video
(D) Assign the listeners to groups

화자는 다음에 무엇을 할 것인가?

(A) 새 동료 소개하기
(B) 출석부 확인하기
(C) 영상 보여주기
(D) 청자들을 그룹에 배치하기

> **해설** 화자가 다음에 할 일을 묻는 문제로, 담화 후반부에 주목한다. 청자들을 소그룹으로 나누는 것으로 시작하겠다고(I'd like to start by putting you into small groups) 했으므로 정답은 (D)이다.
>
> **어휘** attendance sheet 출석부 assign A to B A를 B에 배치하다
>
> **패러프레이징** putting you into small groups ▶ assign the listeners to groups

---

[80-82] Questions 80-82 refer to the following advertisement.

80-82번은 다음 광고에 관한 문제입니다.

Are you tired of scrubbing your floors to get rid of dirt and stains? There's a better way! ⁸⁰ Try Cresta-Spray, the citrus-scented spray that can make any surface clean. Whether your floors are made of wood, vinyl, or tile, Cresta-Spray can gently yet effectively clean them. ⁸¹ We use a unique formula with natural ingredients, so it is safe to use in homes that have pets who may come in contact with the product. And in November only, you could be the lucky winner of our prize package worth over five hundred dollars. ⁸² If you'd like to take part in the drawing, visit www.crestaspray.com and share your contact details.

여러분은 먼지와 얼룩을 제거하기 위해 바닥을 문지르는 데 진절머리가 나시나요? 더 나은 방법이 있습니다! ⁸⁰ 어떤 표면이든 깨끗하게 만들어 줄 수 있는 감귤 향 스프레이인 크레스타 스프레이를 써보세요. 바닥이 나무로 되어 있든, 혹은 비닐이나 타일로 되어 있든 간에, 크레스타 스프레이가 부드럽게 그러나 효과적으로 닦아줄 수 있습니다. ⁸¹ 저희는 천연 재료를 이용한 독특한 제조법을 사용하므로, 제품에 접촉할 수도 있는 반려동물이 있는 가정에서 사용하기에 안전합니다. 그리고 11월에 한해, 여러분은 500달러 이상 상당의 저희 경품 패키지를 탈 수 있는 행운의 당첨자가 될 수 있습니다. ⁸² 만약 이 추첨에 참가하고 싶으시면, www.crestaspray.com에 방문하셔서 여러분의 연락처를 공유하세요.

> **어휘** scrub 문지르다 get rid of ~을 제거하다 stain 얼룩 citrus 감귤 surface 표면 gently 부드럽게 effectively 효과적으로 unique 독특한 formula 제조법 come in contact with ~와 접촉하다, 만나다 take part in ~에 참가하다 drawing 추첨, 제비뽑기 contact details 연락처

---

80. What is the advertisement about?

(A) A cleaning agent
(B) A cooking oil
(C) An interior paint
(D) A beverage mix

광고는 무엇에 관한 것인가?

(A) 세척제
(B) 요리용 기름
(C) 실내용 페인트
(D) 음료 혼합물

> **해설** 광고 주제를 묻는 문제로, 담화 초반부에 주목한다. 어떤 표면이든 깨끗하게 만들어주는 감귤 향 스프레이를 써보라는(Try Cresta-Spray ~ that can make any surface clean) 것으로 보아 정답은 (A)이다.
>
> **어휘** cleaning agent 세척제 beverage 음료 mix 혼합체, 섞인 것

---

81. What is special about the product?

(A) Its effects last for a long time.
(B) It is not harmful to animals.
(C) It has eco-friendly packaging.
(D) It is produced locally.

이 제품에 관해 특별한 것은 무엇인가?

(A) 효과가 오래 지속된다.
(B) 동물에게 해롭지 않다.
(C) 포장재가 친환경적이다.
(D) 현지에서 생산된다.

> **해설** 광고하는 제품의 특별한 점을 묻는 문제이다. 천연 재료를 이용한 독특한 제조법(unique formula with natural ingredients)

을 사용하여 반려동물이 있는 가정에서 사용하기에 안전하다고(it is safe to use in homes that have pets) 했으므로 정답은 (B)이다.

어휘 packaging 포장재, 포장 locally 현지에서

패러프레이징 safe to use in homes that have pets ▶ not harmful to animals

82.
What does the speaker encourage the listeners to do?

(A) Try a free sample
(B) Sign a new contract
(C) View a photo gallery
(D) Enter a prize drawing

화자는 청자들에게 무엇을 하라고 권하는가?
(A) 무료 샘플 써보기
(B) 새 계약서에 서명하기
(C) 사진첩 보기
(D) 경품 추첨에 참가하기

해설 화자가 권하는 것을 묻는 문제로, 담화 후반부에 제안이나 요청 표현이 나오는 부분에 주목한다. 추첨 행사에 참가하고 싶으면 웹사이트에 방문하여 연락처를 남기라고(If you'd like to take part in the drawing ~ share your contact details) 했으므로 정답은 (D)이다.

어휘 contract 계약(서) enter ~에 참가하다, 들어가다

패러프레이징 take part in the drawing ▶ enter a prize drawing

[83-85]
Questions 83-85 refer to the following telephone message.

83-85번은 다음 전화 메시지에 관한 문제입니다.

Hi, this is Raul Wilson. 83 I'm supposed to see Dr. Evans tomorrow for a dental checkup. However, 84 I need to move that appointment to a later date. I have a scheduling conflict with a work meeting. I'd still like to see Dr. Evans, and anytime next week would be fine. Also, 85 I'd like more information about the options for payment, such as paying my bill in installments. You can reach me at 555-7963. Thank you.

안녕하세요, 저는 라울 윌슨입니다. 83 내일 치과 검진을 위해서 에반스 박사님을 만나기로 되어 있어요. 하지만, 84 저는 그 예약을 나중 날짜로 옮겨야 합니다. 제가 업무 회의와 일정이 겹칩니다. 그래도 에반스 박사님에게 진찰을 받고 싶으며, 다음 주 아무 때나 좋습니다. 또한, 제 청구서를 할부로 납부하는 것과 같은 85 지불 선택권에 관해서 더 많은 정보를 원합니다. 제게 555-7963로 연락해 주시면 됩니다. 감사합니다.

어휘 dental checkup 치과 검진 scheduling conflict 일정 충돌, 겹치는 일정 in installments 분납으로

83.
What type of business is the speaker calling?

(A) A law firm
(B) A dental clinic
(C) A hair salon
(D) A community center

화자는 어떤 종류의 업체에 전화하고 있는가?
(A) 법률 회사
(B) 치과
(C) 미용실
(D) 커뮤니티 센터

해설 화자가 전화하고 있는 업체의 종류를 묻는 문제이다. 내일 치과 검진을 위해 에반스 박사를 만나기로 되어 있다는(I'm supposed to see Dr. Evans tomorrow for a dental checkup) 것으로 보아 정답은 (B)이다.

84.
What does the speaker mention about an appointment?

(A) It must be postponed.
(B) It is at the wrong branch.
(C) It should be with another employee.
(D) It is not long enough.

화자는 예약에 관해 무엇을 언급하는가?
(A) 예약이 연기되어야 한다.
(B) 다른 지점에 예약되어 있다.
(C) 다른 직원에게 예약해야 한다.
(D) 예약 시간이 충분히 길지 않다.

해설 화자가 예약에 관해 언급한 것을 묻는 문제로, 질문의 키워드인 appointment가 언급되는 부분에 주목한다. 예약을 나중 날짜로 옮겨야 한다고(I need to move that appointment to a later date) 했으므로 정답은 (A)이다.

어휘 postpone 연기하다   branch 지점, 지사

패러프레이징 need to move that appointment to a later date ▶ it must be postponed

85. What does the speaker want to learn more about?

(A) Business hours
(B) Payment plans
(C) Job opportunities
(D) A refund policy

화자는 무엇에 관해서 더 알고 싶어 하는가?

(A) 영업시간
(B) 결제 방식
(C) 취업 기회
(D) 환불 정책

해설 화자가 더 알고 싶어 하는 것을 묻는 문제이다. 청구서를 할부로 납부하는 것 같은 지불 선택권에 관해서 더 많은 정보를 원한다고(I'd like more information about the options for payment) 했으므로 정답은 (B)이다.

어휘 payment plan 결제 방식   refund 환불

패러프레이징 options for payment ▶ payment plans

[86-88]

Questions 86-88 refer to the following talk.

86-88번은 다음 담화에 관한 문제입니다.

It's my pleasure to welcome you all to the Flanigan Mine. ⁸⁶ I will be giving you hard hats and goggles, which you must wear during the tour. As you may know, ⁸⁷ the Flanigan Mine was the region's first gold mine, and it was in operation for about 25 years. It is now used to give tours and teach people about mining. ⁸⁸ Some of you were worried that you would take a wrong turn and get separated from the group while in the mine. Don't worry. There's only one tunnel.

플래니건 광산에 오신 여러분 모두를 환영하게 되어 기쁩니다. ⁸⁶ 제가 여러분에게 안전모와 고글을 드릴 텐데요, 견학 중에 여러분은 그것을 반드시 착용하셔야 합니다. 아시다시피, ⁸⁷ 플래니건 광산은 이 지역 최초의 금광이었고, 약 25년 동안 가동되었습니다. 지금은 견학을 제공하고 사람들에게 광업에 관해 가르쳐주는 데 이용됩니다. ⁸⁸ 여러분 중 일부가 광산에 있는 동안 길을 잘못 들어 일행에서 떨어질까 봐 걱정하셨습니다. 걱정 마세요. 터널은 단 한 개뿐입니다.

어휘 hard hat 안전모   gold mine 금광   in operation 가동 중인, 운용 중인   mining 광(산)업, 채굴
take a wrong turn 진로를 잘못 들다   separate 분리하다, 떼어 놓다

86. What will the listeners receive?

(A) Protective gear
(B) A site map
(C) Group photos
(D) A gift shop coupon

청자들은 무엇을 받을 것인가?

(A) 보호 장비
(B) 현장 지도
(C) 단체 사진
(D) 기념품 가게 쿠폰

해설 청자들이 받을 것을 묻는 문제로, 무언가를 주겠다는 내용을 집중해서 듣는다. 안전모와 고글을 주겠다고(I will be giving you hard hats and goggles) 했으므로 정답은 (A)이다.

어휘 protective 보호하는, 보호의   gear 장비, 복장

패러프레이징 hard hats and goggles ▶ protective gear

87. According to the speaker, what is special about the Flanigan Mine?

(A) It is the longest-running mine.
(B) It uses new technology.
(C) It was the first gold mine in the area.
(D) It has the largest deposits of gold.

화자에 따르면, 플래니건 광산에 관해 무엇이 특별한가?

(A) 가장 오랫동안 운영된 광산이다.
(B) 신기술을 사용한다.
(C) 지역 최초의 금광이었다.
(D) 가장 큰 금 매장층이 있다.

229

해설 화자가 플래니건 광산의 어떤 점이 특별하다고 언급했는지 묻는 문제이다. 플래니건 광산이 지역 최초의 금광이었다고(Flanigan Mine was the region's first gold mine) 했으므로 정답은 (C)이다.

어휘 deposit (광물) 매장층

패러프레이징 the region's first gold mine ▶ the first gold mine in the area

88. What does the speaker suggest when he says, "There's only one tunnel"?

(A) An expansion project was delayed.
(B) An advertisement contained an error.
(C) The tour will be shorter than usual.
(D) The participants will not get lost.

화자가 "터널은 단 한 개뿐입니다"라고 말할 때 암시하는 것은 무엇인가?
(A) 확장 계획이 지연되었다.
(B) 광고에 실수가 포함되었다.
(C) 견학이 평소보다 짧을 것이다.
(D) 참가자들이 길을 잃지 않을 것이다.

해설 화자가 한 말의 의도를 묻는 문제로, 제시된 문장의 앞뒤 문맥에 주목한다. 청자들 중 일부가 길을 잘못 들어 일행에서 떨어질까 봐 걱정한(Some of you were worried that you would take a wrong turn and get separated from the group) 것에 대해 걱정 말라고 한 뒤 터널은 한 개뿐이라고 덧붙였다. 이는 길을 잃을 일이 없으니 걱정 말라는 의도이므로 정답은 (D)이다.

어휘 expansion 확장   contain 포함하다   than usual 평소보다   participant 참가자

패러프레이징 take a wrong turn and get separated from the group ▶ get lost

[89-91]

Questions 89-91 refer to the following instruction.

89-91번은 다음 설명에 관한 문제입니다.

Good afternoon, everyone. My name is Caroline, and I'm the head of the R&D team here at Duncan Furniture. **89** We appreciate your taking the time to join us today to share your opinions and advice about some products that we plan to launch soon. Our first item is a two-drawer oak nightstand, which comes flat-packed. Because of that, **90** we're especially interested in finding out how hard it is to put it together. I've given each of you a form to fill out regarding the nightstand, but **91** the boxes for responding to each question are rather small. If needed, there's a stack of blank paper on the table. Thanks.

안녕하세요, 여러분. 제 이름은 캐롤라인이고, 저는 이곳 던컨 가구사의 연구개발팀 팀장입니다. **89** 저희가 곧 출시할 계획인 일부 제품들에 대한 의견과 조언을 공유해 주시기 위해 오늘 시간을 내어 저희와 함께해 주셔서 감사드립니다. 저희의 첫 번째 품목은 서랍이 두 개 있는 오크 침실용 탁자인데요, 그것은 납작하게 포장한 조립식 가구 부품 상태로 나옵니다. 그렇기 때문에, **90** 저희는 그것이 조립하기가 얼마나 힘든지 알아내는 데 특히 관심이 있습니다. 제가 여러분 각자에게 이 침실용 탁자에 관해 기입할 양식을 드렸는데, **91** 각 질문에 응답하기 위한 칸들이 다소 작습니다. 필요하시면 테이블 위에 백지가 많이 있습니다. 감사합니다.

어휘 nightstand 침실용 탁자   flat-pack 플랫팩(납작하게 포장한 조립식 가구 부품 상태)   put together 조립하다   regarding ~에 관하여   respond to a question 질문에 답하다   a stack of 많은

89. What is the purpose of the group?

(A) To negotiate a contract
(B) To learn a new skill
(C) To select a job candidate
(D) To provide product feedback

그룹의 목적은 무엇인가?
(A) 계약을 협상하기 위해
(B) 새로운 기술을 배우기 위해
(C) 입사 지원자를 선발하기 위해
(D) 제품에 대한 의견을 제공하기 위해

해설 그룹의 목적을 묻는 문제이다. 곧 출시할 계획인 일부 제품들에 대한 의견과 조언을 공유해 주기 위해(to share your opinions and advice about some products) 함께해 주어서 고맙다고 했으므로 정답은 (D)이다.

어휘 negotiate 협상하다, 교섭하다   job candidate 입사 지원자

패러프레이징 share your opinions and advice about some products ▶ provide product feedback

230

90. According to the speaker, what does the company especially want information about?

(A) A mission statement
(B) An assembly process
(C) Some work history
(D) Some market trends

화자에 따르면, 회사는 특히 무엇에 관한 정보를 원하는가?

(A) 사명 선언
(B) 조립 과정
(C) 일부 이력
(D) 일부 시장 동향

> 해설 회사에서 특히 원하는 정보를 묻는 문제로, 질문의 키워드인 especially가 언급되는 부분에 주목한다. 침실용 탁자가 조립하기가 얼마나 힘든지 알아내는 데 특히 관심이 있다고(we're especially interested in finding out how hard it is to put it together) 했으므로 정답은 (B)이다.

> 어휘 mission 사명, 임무   statement 진술, 성명   assembly (가구 등의) 조립   trend 동향, 추세

> 패러프레이징 to put it together ▶ assembly process

91. What does the speaker mean when she says, "there's a stack of blank paper on the table"?

(A) A printer has not been repaired yet.
(B) A room did not get cleaned before use.
(C) The listeners might want to write a lot.
(D) The speaker will return with more supplies.

화자가 "테이블 위에 백지가 많이 있습니다"라고 말할 때 의미하는 것은 무엇인가?

(A) 프린터가 아직 수리되지 않았다.
(B) 방이 사용 전에 청소되지 않았다.
(C) 청자들이 많이 쓰고 싶어 할 수도 있다.
(D) 화자가 더 많은 비품을 가지고 돌아올 것이다.

> 해설 화자가 한 말의 의도를 묻는 문제로, 제시된 문장의 앞뒤 문맥에 주목한다. 질문에 응답하기 위한 칸들이 다소 작다고(the boxes for responding to each question are rather small) 한 후 제시된 문장을 덧붙인 것으로 보아 기입할 내용이 많은 사람들은 테이블 위의 백지를 써도 좋다는 의도임을 알 수 있으므로 정답은 (C)이다.

[92-94] Questions 92-94 refer to the following talk.

92-94번은 다음 담화에 관한 문제입니다.

> Welcome to this city council meeting, everyone. ⁹² When you voted for me to become a city council member, I promised to organize more events to make Ashton a more exciting place to live. ⁹³ Well, I'm pleased to say that our bid to host the National Cycling Race next summer has been accepted. It is scheduled for Saturday, July 18. We've already planned a tentative route through town that will give spectators plenty of opportunities for viewing the town's beautiful sites. ⁹⁴ Many people have expressed concerns about traffic problems due to road closures. It will take longer to get around town. But please remember that it's only for one day.

> 이번 시 의회 회의에 오신 모든 분들을 환영합니다. ⁹² 여러분이 저를 시 의회 의원이 되도록 뽑아주셨을 때, 저는 애슈턴을 더 살기 즐거운 곳으로 만들기 위해 더 많은 행사를 조직하겠다고 약속했습니다. ⁹³ 음, 내년 여름 전국 자전거 경주를 주최하기 위한 우리의 입찰이 수락되었다고 말씀드리게 되어 기쁩니다. 그것은 7월 18일 토요일로 예정되어 있습니다. 저희는 이미 관중들에게 도시의 아름다운 장소를 관람할 많은 기회를 제공하게 될 잠정적인 경로를 도시 전역에 계획했습니다. ⁹⁴ 많은 사람들이 도로 폐쇄로 인한 교통 문제에 관해 우려를 나타냈습니다. 도시를 돌아다니는 데 시간이 더 걸릴 것입니다. 하지만 단 하루 동안만이라는 걸 기억해주시기 바랍니다.

> 어휘 council 의회   vote 투표하다   promise 약속하다   organize 조직하다   bid 입찰   tentative 잠정적인   route 경로, 노선   spectator 관중   concern 우려, 걱정   road closure 도로 폐쇄

92. Who is the speaker?

(A) A local journalist
(B) A business owner
(C) A property developer
(D) An elected official

화자는 누구인가?

(A) 지역 기자
(B) 사업주
(C) 부동산 개발 업자
(D) 선출된 공무원

해설 화자의 직업을 묻는 문제로, 담화 초반부에 집중한다. 자신을 시 의회 의원으로 뽑아주었다고(you voted for me to become a city council member) 했으므로 정답은 (D)이다.

어휘 journalist 기자, 저널리스트   property 부동산, 재산   elected 선출된   official 공무원; 공식적인

패러프레이징 voted for me to become a city council member ▶ elected official

93. What will happen in Ashton next summer?

(A) A celebrity will make a visit.
(B) A food festival will be hosted.
(C) A new road will be constructed.
(D) A sports competition will be held.

내년 여름 애슈턴에서 무슨 일이 있을 것인가?

(A) 유명 인사가 방문할 것이다.
(B) 음식 축제가 개최될 것이다.
(C) 새로운 도로가 건설될 것이다.
(D) 스포츠 대회가 열릴 것이다.

해설 내년 여름에 일어날 일을 묻는 문제로, 질문의 키워드인 next summer가 언급되는 부분에 주목한다. 내년 여름 전국 자전거 경주를 주최하기 위한 입찰이 수락되었다고(our bid to host the National Cycling Race next summer has been accepted) 한 것으로 보아 정답은 (D)이다.

어휘 celebrity 유명 인사   make a visit 방문하다   construct 건설하다

패러프레이징 host the National Cycling Race ▶ sports competition will be held

94. Why does the speaker say, "It will take longer to get around town"?

(A) To explain a decision
(B) To acknowledge a problem
(C) To reject a proposal
(D) To request a schedule change

화자는 왜 "도시를 돌아다니는 데 시간이 더 걸릴 것입니다"라고 말하는가?

(A) 결정을 설명하기 위해
(B) 문제를 인정하기 위해
(C) 제안을 거절하기 위해
(D) 일정 변경을 요청하기 위해

해설 화자가 한 말의 의도를 묻는 문제로, 제시된 문장의 앞뒤 문맥에 주목한다. 많은 사람들이 도로 폐쇄로 인한 교통 문제에 관해 우려를 나타냈다고(Many people have expressed concerns about traffic problems due to road closures) 한 뒤 제시된 문장을 덧붙인 것은 교통 문제가 발생할 수 있음을 인정한다는 의미이므로 정답은 (B)이다.

어휘 acknowledge 인정하다   reject 거절하다   proposal 제안

[95-97] Questions 95-97 refer to the following talk and map.

95-97번은 다음 담화와 지도에 관한 문제입니다.

Thanks for all of your hard work in preparing for the Health and Beauty Festival. ⁹⁵ This will be a great opportunity for us to showcase our face creams and makeup. ⁹⁶ I haven't decided on how we're going to decorate the booth, so if you have any suggestions, I'd love to hear them. Also, my request for the booth location has been approved. Last year, a lot of people complained about the heat. ⁹⁷ So, this year we'll be in the booth closest to the Chester Building. That means we'll be in the shade for at least part of the day.

건강과 미용 축제를 준비하는 데 있어 여러분의 모든 노고에 감사드립니다. ⁹⁵ 이것은 우리가 우리의 페이스 크림과 화장품을 소개할 아주 좋은 기회가 될 것입니다. ⁹⁶ 저는 우리가 어떻게 부스를 장식할지 결정하지 않았기에, 여러분에게 어떤 제안이라도 있다면 그것들을 듣고 싶습니다. 또한, 부스 위치에 대한 제 요청이 승인되었습니다. 작년에는, 많은 사람들이 더위에 대해 불평했습니다. ⁹⁷ 그래서 올해 우리는 체스터 빌딩에서 가장 가까운 부스에 있게 될 것입니다. 그것은 우리가 하루 중 적어도 일부 동안에는 그늘에 있게 될 것이라는 것을 의미합니다.

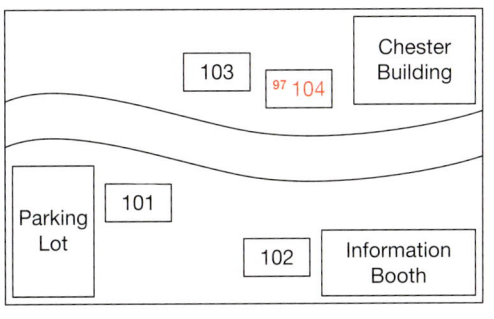
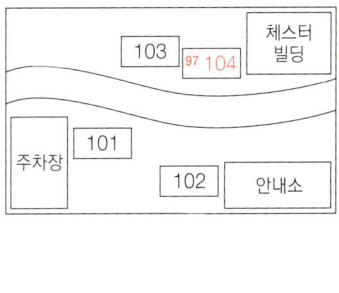

어휘 showcase (신제품 등을) 소개하다   makeup 화장품   decorate 장식하다, 꾸미다   approve 승인하다
complain 불평하다   shade 그늘

95. What kind of products does the speaker's company sell?

(A) Tools
(B) Vitamins
(C) Cosmetics
(D) Jewelry

화자의 회사는 어떤 종류의 제품을 판매하는가?
(A) 공구
(B) 비타민
(C) 화장품
(D) 보석

해설 화자의 회사가 판매하는 제품을 묻는 문제로, 담화 초반부에 주목한다. 그들의 페이스 크림과 화장품을 소개할 아주 좋은 기회가 될 것이라고(This will be a great opportunity for us to showcase our face creams and makeup) 했으므로 정답은 (C)이다.

패러프레이징 face creams and makeup ▶ cosmetics

96. What are the listeners encouraged to do?

(A) Share ideas for decorations
(B) Sign up for work shifts
(C) Transport goods to a festival
(D) Suggest a company slogan

청자들은 무엇을 하라고 권장받는가?
(A) 장식에 대한 아이디어 공유하기
(B) 근무 교대 신청하기
(C) 축제로 상품 수송하기
(D) 회사 슬로건 제안하기

해설 청자들이 권장받는 것을 묻는 문제로, 제안이나 요청 표현이 나오는 부분에 주목한다. 어떻게 부스를 장식할지 결정하지 않았으며 제안을 듣고 싶다고(I haven't decided on how we're going to decorate ~ if you have any suggestions, I'd love to hear them) 했으므로 정답은 (A)이다.

어휘 work shift 근무 교대   transport 수송하다, 이동시키다   slogan 슬로건, 구호

패러프레이징 if you have any suggestions, I'd love to hear them ▶ share ideas

97. Look at the graphic. Which booth has the speaker reserved?

(A) Booth 101
(B) Booth 102
(C) Booth 103
(D) Booth 104

> 해설 화자가 예약한 부스의 위치를 묻는 문제로, 제시된 시각 자료와 함께 부스의 위치에 관해 언급되는 부분에 주목한다. 올해는 체스터 빌딩에서 가장 가까운 부스에 있게 될 것이라고(this year we'll be in the booth closest to the Chester Building) 했고, 지도에서 체스터 빌딩에 가장 가까운 부스는 104번이므로 정답은 (D)이다.

> 어휘 reserve 예약하다

[98-100] Questions 98-100 refer to the following broadcast and schedule.

> Thanks for tuning in to *In the Backyard*. I'm your host, Denise Lawrence. **98** Each week, I have an expert with me here in the studio to give you the best advice on keeping your garden healthy and beautiful. And don't forget that **99** we've recently added a new feature to our Web site. If you click on the "Identify" tab, you can upload a photo of a flower, and our system will tell you what it is. Now on to the show. **100** Today I'll be talking with Rolando Pisani. It's great to see you, Rolando.

Upcoming Guests
March 4 - Martha Reeves
100 March 5 - Rolando Pisani
March 6 - Soomin Choi
March 7 - Lindsey Mills

> 어휘 tune in to (라디오·TV 채널을) ~에 맞추다   expert 전문가   advice on ~에 관한 조언   identify 확인하다, 식별하다

98. Why does the speaker have guests on the show?

(A) To share gardening tips
(B) To debate health facts
(C) To promote their businesses
(D) To discuss local events

> 해설 화자가 게스트들을 출연시키는 이유를 묻는 문제이다. 매주 정원을 건강하고 아름답게 유지하는 것에 관해 청취자들에게 조언을 해주기 위해 전문가 한 명을 스튜디오에 모신다고(Each week, I have an expert with me ~ advice on keeping your garden healthy and beautiful) 했으므로 정답은 (A)이다.

> 어휘 gardening 정원 가꾸기   debate 토의하다; 논의

> 패러프레이징 give you the best advice on keeping your garden healthy and beautiful ▶ share gardening tips

99. According to the speaker, what can visitors to a Web site do?

(A) Use an identification tool
(B) Recommend a guest
(C) Vote for their favorite show
(D) Download previous shows

화자에 따르면, 웹사이트 방문자들은 무엇을 할 수 있는가?

(A) 식별 도구 사용하기
(B) 게스트 추천하기
(C) 가장 좋아하는 프로그램에 투표하기
(D) 이전 방송 프로그램 다운로드하기

해설 웹사이트 방문자들이 할 수 있는 일을 묻는 문제로, 질문의 키워드인 Web site가 언급되는 부분에 주목한다. "확인하기" 탭을 클릭하여 꽃 사진을 올리면 시스템에서 그것이 무엇인지 알려준다고(If you click on the "Identify" tab, ~ our system will tell you what it is) 했다. 이는 웹사이트에서 꽃을 식별하는 도구를 사용할 수 있다는 것이므로 정답은 (A)이다.

어휘 identification 식별, 확인   previous 이전의

패러프레이징 our system will tell you what it is ▶ identification tool

100. Look at the graphic. On which date is the show being broadcast?

(A) March 4
(B) March 5
(C) March 6
(D) March 7

시각 자료를 보시오. 프로그램은 어느 날짜에 방송되고 있는가?

(A) 3월 4일
(B) 3월 5일
(C) 3월 6일
(D) 3월 7일

해설 방송되고 있는 날짜를 묻는 문제로, 제시된 시각 자료와 함께 오늘의 출연자가 언급되는 부분에 주목한다. 오늘 롤란도 피사니와 함께 이야기할 것이라고(Today I'll be talking with Rolando Pisani) 했고, 일정표에서 롤란도 피사니가 출연하는 날짜는 3월 5일이므로 정답은 (B)이다.

MEMO

MEMO

MEMO

MEMO

MEMO

정답 및 해설

에듀윌 토익 베이직 LISTENING LC
정답 및 해설

고객의 꿈, 직원의 꿈, 지역사회의 꿈을 실현한다

에듀윌 도서몰	• 부가학습자료 및 정오표: 에듀윌 도서몰 > 도서자료실
book.eduwill.net	• 교재 문의: 에듀윌 도서몰 > 문의하기 > 교재(내용, 출간) / 주문 및 배송

업계 최초 대통령상 3관왕, 정부기관상 19관왕 달성!

2010 대통령상 2019 대통령상 2019 대통령상

대한민국 브랜드대상 국무총리상 / 국무총리상 / 문화체육관광부 장관상 / 농림축산식품부 장관상 / 과학기술정보통신부 장관상 / 여성가족부장관상

서울특별시장상 / 과학기술부장관상 / 정보통신부장관상 / 산업자원부장관상 / 고용노동부장관상 / 미래창조과학부장관상 / 법무부장관상

2004
서울특별시장상 우수벤처기업 대상

2006
부총리 겸 과학기술부장관 표창 국가 과학 기술 발전 유공

2007
정보통신부장관상 디지털콘텐츠 대상
산업자원부장관 표창 대한민국 e비즈니스대상

2010
대통령 표창 대한민국 IT 이노베이션 대상

2013
고용노동부장관 표창 일자리 창출 공로

2014
미래창조과학부장관 표창 ICT Innovation 대상

2015
법무부장관 표창 사회공헌 유공

2017
여성가족부장관상 사회공헌 유공
2016 합격자 수 최고 기록 KRI 한국기록원 공식 인증

2018
2017 합격자 수 최고 기록 KRI 한국기록원 공식 인증

2019
대통령 표창 범죄예방대상
대통령 표창 일자리 창출 유공
과학기술정보통신부장관상 대한민국 ICT 대상

2020
국무총리상 대한민국 브랜드대상
2019 합격자 수 최고 기록 KRI 한국기록원 공식 인증

2021
고용노동부장관상 일·생활 균형 우수 기업 공모전 대상
문화체육관광부장관 표창 근로자휴가지원사업 우수 참여 기업
농림축산식품부장관상 대한민국 사회공헌 대상
문화체육관광부장관 표창 여가친화기업 인증 우수 기업

2022
국무총리 표창 일자리 창출 유공
농림축산식품부장관상 대한민국 ESG 대상